Wirtschaftsrecht International

Die Haftung von Zertifizierungsgesellschaften

Eine Untersuchung aus unionsrechtlicher, rechtsvergleichender und kollisionsrechtlicher Perspektive

Yannick Morath

Fachmedien Recht und Wirtschaft | dfv Mediengruppe | Frankfurt am Main

Zugleich Dissertation an der Albert-Ludwigs-Universität Freiburg

Dekan: Prof. Dr. Jan Lieder, LL.M. (Harvard)
Erstgutachter: Prof. Dr. Jan von Hein
Zweitgutachter: Prof. Dr. Jan Lieder, LL.M. (Harvard)
Dissertationsort: Freiburg
Tag der mündlichen Prüfung: 9.11.2023

Bibliografische Information Der Deutschen Nationalbibliothek

Die Deutsche Nationalbibliothek verzeichnet diese Publikation in der Deutschen Nationalbibliografie; detaillierte bibliografische Daten sind im Internet über http://dnb.de abrufbar.

ISBN 978-3-8005-1909-5

dfv Mediengruppe

www.ruw.de

Druck: Beltz Grafische Betriebe GmbH, 99947 Bad Langensalza

Printed in Germany

Für meine Mutter

Vorwort

Die vorliegende Arbeit wurde im Wintersemester 2023/2024 von der Rechtswissenschaftlichen Fakultät der Albert-Ludwigs-Universität Freiburg als Dissertation angenommen. Sie entstand hauptsächlich in der Zeit von Sommer 2019 bis Frühjahr 2022. Anschließende Entwicklungen sind bis November 2023 weitgehend eingearbeitet.

Die Veröffentlichung dieser Arbeit möchte ich zum Anlass nehmen, denjenigen Menschen zu danken, die ihre Entstehung begleitet und mich in dieser Zeit unterstützt haben.

Mein herzlicher Dank gilt daher an erster Stelle meinem Doktorvater Prof. Dr. Jan von Hein, der zu dem Thema angeregt hat und an dessen Lehrstuhl ich als Assistent die denkbar besten Arbeitsbedingungen genießen durfte. Für die zügige Erstellung des Zweitgutachtens danke ich Prof. Dr. Jan Lieder.

Die Entstehung dieser Arbeit wurde durch ein Stipendium des Studienförderwerks Klaus Murmann der Stiftung der Deutschen Wirtschaft gefördert. Hierfür sowie für die Ermöglichung des bereichernden, fächerübergreifenden Austauschs mit meinen Mitstipendiatinnen und Mitstipendiaten bin ich der sdw zu besonderem Dank verpflichtet. Herzlich danken möchte ich zudem der Wissenschaftlichen Gesellschaft Freiburg, die diese Publikation mit einem großzügigen Druckkostenzuschuss gefördert hat.

Für den großartigen Zusammenhalt und gegenseitigen Support bedanke ich mich außerdem bei meinen Lehrstuhl-Kolleginnen und Kollegen, namentlich Dr. Anna Bizer, Timmy Ebert, Dr. Nicole Grohmann, Dr. Tilman Imm, Dr. Marie Lohiede, Dr. Judith Stelbrink sowie Pia Wolf.

Insbesondere danke ich Eva-Maria Böning, die mir mit ihrem unerschütterlichen Optimismus uneingeschränkt zur Seite stand und mich durch sämtliche Höhen und Tiefen des Entstehungsprozesses dieser Arbeit und darüber hinaus begleitet hat.

Größter Dank gebührt schließlich meiner Mutter, Manuela Morath, die mich in diesem Vorhaben sowie in allem anderen stets vorbehaltlos bestärkt und unterstützt hat – ihr ist diese Arbeit gewidmet.

Düsseldorf, im Dezember 2023 Dr. Yannick Morath

Inhaltsübersicht

Inhaltsverzeichnis

Kapitel 5: Rechtsvergleichende Untersuchung

zurückzuführen, dass abstrakte Normen und Gesetze, die den Maßstab für die Zertifizierung bilden, branchen- und einzelfallspezifisch angewandt und ausgelegt werden müssen. Mitunter müssen Zertifizierungsgesellschaften im Laufe des Zertifizierungsprozesses unter einer Vielzahl von Befugnissen und Maßnahmen wählen und insofern zwischen den Rechten ihrer Auftraggeber und dem Interesse der Marktteilnehmer an einer möglichst umfassenden Prüfung und Überwachung des Zertifizierungsgegenstandes abwägen. Insbesondere müssen die Zertifizierungsgesellschaften den zertifizierten Gegenstand auch nach Ausstellung des Zertifikats überwachen, bei Anzeichen von Konformitätsabweichungen geeignete Maßnahmen ergreifen und die Zertifizierung ggf. aussetzen oder zurückziehen. Speziell dieser Überwachungsprozess verlangt von den Zertifizierungsgesellschaften eine kontinuierliche Auseinandersetzung mit den technischen Entwicklungen der jeweiligen Branche sowie den der Zertifizierung zugrunde gelegten Normen. Die hohe Komplexität der Zertifizierungsleistung führt zwingend zur Frage nach den haftungsrechtlichen Konsequenzen einer Pflichtverletzung aufseiten der Zertifizierungsgesellschaften. Dabei ist zu beachten, dass Personen, die auf eine Zertifizierung vertraut haben, erhebliche Schäden erleiden können, wenn das Zertifikat aufgrund unerkannter Konformitätsabweichungen von vornherein nicht hätte ausgestellt werden dürfen. Besonders deutlich wird dies z. B. im Bereich obligatorischer Sicherheitszertifizierungen, die Konsumenten vor unsicheren Produkten schützen sollen. Wurde ein Herstellungsprozess zu Unrecht zertifiziert, weil bspw. bestimmte Sicherheitsmängel nicht aufgedeckt wurden, führt das spätere Inverkehrbringen der Produkte zu einer Gefährdung der Konsumenten. Im Falle einer Rechtsgutsverletzung werden sie sich nicht nur an den Verkäufer oder den Hersteller des Produkts wenden, sondern versuchen, ihre Schäden auch bei der Zertifizierungsgesellschaft, die das rechtmäßige Inverkehrbringen des Produkts ermöglicht hat, geltend zu machen.

Verletzt eine Zertifizierungsgesellschaft ihre Pflichten nach dem jeweiligen Zertifizierungsvertrag bzw. den möglicherweise existierenden gesetzlichen Regelungen, ist indes auch denkbar, dass der Auftraggeber der Zertifizierungsgesellschaft Schäden erleidet. Legt eine Zertifizierungsgesellschaft der Konformitätsprüfung zu hohe oder die falschen Maßstäbe zugrunde und stellt aus diesem Grund ein Zertifikat zu Unrecht nicht aus, drohen dem Auftraggeber unter Umständen empfindliche wirtschaftliche Nachteile. Denkbar ist etwa, dass eine Kooperation mit einem anderen Unternehmen nicht zustande kommt, weil in der jeweiligen Branche die Vorlage bestimmter Zertifikate für die Aufnahme von Vertragsverhandlungen vorausgesetzt wird. Wird eine Zertifizierung verweigert oder fälschlicherweise ausgesetzt, kann dies also dazu führen, dass das Potenzial, den Zertifizierungsgegenstand erfolgreich zu vermarkten, erheblich eingeschränkt ist. Noch drastischer sind die Folgen im Falle gesetzlich vorgeschriebener Zertifizierungen. Ohne das Zertifikat ist dem Auftraggeber der Zertifizierungsgesellschaft bspw. das rechtmäßige Inverkehrbringen seiner Produkte nicht möglich, entsprechend schwer wiegen die wirtschaftlichen Konsequenzen einer zu Unrecht verweigerten Zertifizierung.

Es offenbart sich im Einzelfall mithin eine komplexe Drei-Personen-Konstellation, bestehend aus der Zertifizierungsgesellschaft, ihrem Auftraggeber und dem designierten Adressaten, gegenüber dem der Auftraggeber das Zertifikat vorlegt. Zertifizierungsgesellschaften müssen bei der Erbringung ihrer Leistung die Interessen und Rechte des Auftraggebers sowie der vertragsfremden Dritten berücksichtigen und gegeneinander abwägen. Die im Rahmen dieser Arbeit vorzunehmende Untersuchung der zivilrechtlichen Haftung der Zertifizierungsgesellschaften nimmt daher folgerichtig sowohl das Rechtsverhältnis zum Auftraggeber als auch zu vertragsfremden Dritten in den Fokus. Eine zusätzliche Spannung entsteht in dieser Drei-Personen-Konstellation dadurch, dass die Unternehmen, die die Zertifizierungsgesellschaft beauftragen und bezahlen, gleichzeitig objektiv und unabhängig überprüft werden sollen. Es steht zu befürchten, dass für die Zertifizierungsgesellschaften ein Anreiz besteht, ihre Sorgfaltsbemühungen an den Interessen ihrer Auftraggeber auszurichten.

Die vorliegende Arbeit beschränkt sich indes nicht auf die materiellrechtlichen Fragen der Haftung und Dritthaftung, sondern befasst sich in einem weiteren Schwerpunkt mit der kollisionsrechtlichen Dimension der Zertifiziererhaftung. Dabei gilt es im Ausgangspunkt zu beachten, dass den Zertifizierungsfällen in der Praxis oft Sachverhalte zugrunde liegen, die Berührungspunkte zu mehreren Staaten aufweisen. Das grenzüberschreitende Element kann einerseits darauf zurückgeführt werden, dass Zertifizierungsgesellschaften ihre Dienste oftmals in einer Vielzahl von Staaten, ggf. sogar weltweit anbieten. Andererseits kommen auch die ausgestellten Zertifikate selbst regelmäßig in mehreren Staaten zur Anwendung, etwa wenn der Zertifikatinhaber seine zertifizierten Produkte weitläufig vertreibt. Aus diesen Gründen stellt sich in den Haftungsfällen regelmäßig die schwierige Frage, nach welchem nationalen Recht sich die Haftung und Dritthaftung einer Zertifizierungsgesellschaft richtet. Da die nationalen Rechtsordnungen die Haftung und Dritthaftung teilweise sehr unterschiedlich regeln, ist die Frage nach dem jeweils anwendbaren Recht auch in praktischer Hinsicht von überragender Bedeutung für sämtliche Beteiligte.

I. Exemplarisch: Der „*PIP*-Fall"

In der Vergangenheit haben einige spektakuläre Fälle nicht nur das Interesse der Rechtswissenschaft, sondern auch der breiteren Öffentlichkeit an den

Tätigkeiten der Zertifizierungsgesellschaften geweckt. So stellten sich etwa 2019 im Nachgang eines verheerenden Staudammunglücks in Brasilien mit über 270 Toten Fragen nach der Verantwortlichkeit einer Tochtergesellschaft der TÜV Süd AG, die die Sicherheit des Staudamms möglicherweise zu Unrecht zertifiziert hatte.[2] Auch nach der tragischen Havarie eines unter panamischer Flagge fahrenden Passagierschaffes im Februar 2006 versuchten die Hinterbliebenen der über 1.000 Opfer das italienische Unternehmen, das für die Zertifizierung und Klassifizierung des Schiffes zuständig war, zur Verantwortung zu ziehen.[3]

Besondere Wellen schlug in den vergangenen Jahren aber vor allem der sog. „PIP-Skandal".[4] Er illustriert besonders anschaulich die komplexen materiell- und kollisionsrechtlichen Probleme der Zertifiziererhaftung gegenüber vertragsfremden Dritten. Hintergrund des Falls ist die in der Union obligatorische, d. h. gesetzlich verpflichtend vorgeschriebenen Zertifizierung von Medizinprodukten.[5] Zur Gewährleistung der Produktsicherheit auf dem EU-Binnenmarkt sind die Hersteller bestimmter Medizinprodukte verpflichtet, sich einer Konformitätsprüfung durch eine Zertifizierungsgesellschaft, der sog. „benannten Stelle", zu unterziehen. Nur nach erfolgreicher Prüfung dürfen die Produkte auf dem Binnenmarkt vertrieben werden. Aus diesem Grund beauftragte auch das Unternehmen *Poly Implantat Prothèse* (PIP), ein Hersteller von Silikonimplantaten aus Toulon, eine benannte Stelle, den TÜV Rheinland, mit der Zertifizierung seines Qualitätsmanagements. Im Jahr 2010 deckte die französische Marktüberwachungsbehörde auf, dass PIP bei der Produktion seiner Brustimplantate nicht medizinisch unbedenkliches Silikon, sondern billiges Industriesilikon verwendete. Weltweit waren hiervon ca. 300.000 Patientinnen betroffen, die in vielen Fällen Entzündungen in Folge von gerissenen Implantaten erlitten. Auch eine erhöhte Krebsgefahr wurde vermutet. Da PIP bald nach der Aufdeckung dieser Praxis insolvent war, entdeckten die Betroffenen im TÜV Rheinland einen möglichen Anspruchsgegner. Ihm wird vorgeworfen, das Sicherheitszertifikat zu Unrecht ausgestellt bzw. nicht zurückgezogen zu haben. Der TÜV habe eklatante Hinweise auf die Verwendung des Industriesilikons verkannt und insbesondere keine unangekündigten Inspektionen der Produktionsstät-

2 Im Frühjahr 2022 sind zwei zivilrechtliche Schadensersatzklagen vor dem LG München I anhängig, vgl. zu diesem Fall die LTO-Berichterstattung vom 25.1.2022 („Katastrophe mit TÜV-Siegel"), abrufbar unter https://www.lto.de/recht/hintergruende/h/dammbruch-brasilien-brumadinho-tuev-sued-vale-schadensersatz-schmerzensgeld-igbce-bestechung-fahrlaessige-toetung/ (Stand: 24.5.2023).

3 Vgl. hierzu EuGH, Urt. v. 7.5.2020 – C-641/18 (*Rina SpA*) = EuZW 2020, 898; eingehend zu den internationalprivatrechtlichen Problemen des Falls, Kap. 6 B.III.

4 Vgl. für eine Zusammenfassung des Sachverhalts BT-Drs. 17/8548 sowie zuletzt das Urteil des BGH v. 27.2.2020 – VII ZR 151/18 = NJW 2020, 1514.

5 Ausführlich zu diesem Zertifizierungssystem, Kap. 2 C. I.

ten vorgenommen. Er trage daher eine Mitverantwortung für die von den Produkten ausgehenden Gefahren und sei verpflichtet Schadensersatz und Schmerzensgeld zu zahlen. Der Fall offenbart, welche Konsequenzen die Pflichtverletzungen von Zertifizierungsgesellschaften nach sich ziehen können. Gleichzeitig wird deutlich, dass auch eine international-privatrechtliche Untersuchung des Falls dringend angezeigt ist, denn er weist aufgrund der Betroffenheit der Patientinnen in einer Vielzahl von Staaten ein grenzüberschreitendes Element auf. Im Laufe dieser Arbeit wird daher an verschiedenen Stellen auf die nationale und EuGH-Rechtsprechung zu diesem Fall Bezug genommen.

II. Die materiell- und kollisionsrechtlichen Fragestellungen der Zertifiziererhaftung im Überblick

Die vorliegende Arbeit untersucht die Haftung und Dritthaftung von Zertifizierungsgesellschaften aus unionsrechtlicher, rechtsvergleichender und kollisionsrechtlicher Perspektive. Fallkonstellationen, in denen die Haftung einer Zertifizierungsgesellschaft in Betracht kommt, weisen einige spezielle Charakteristika auf, die wiederum besondere rechtliche Fragestellungen aufwerfen. Dies gilt vor allem für die Haftung gegenüber vertragsfremden Dritten. So ist etwa zu beachten, dass Rechtsgutsverletzungen, die eine Dritthaftung auslösen könnten, regelmäßig auch zu einer Verantwortlichkeit anderer Akteure führen. Wird bspw. ein Verbraucher durch ein zu Unrecht zertifiziertes und gefährliches Produkt verletzt, wird sich der Verbraucher in erster Linie an den Verkäufer oder Hersteller des Produkts wenden. Erforderlich ist vor diesem Hintergrund eine eingehende Auseinandersetzung mit den Pflichten einer Zertifizierungsgesellschaft im Laufe des Zertifizierungsprozesses. Dies stellt den Ausgangsprunkt für die Abgrenzung der Verantwortungssphären der unterschiedlichen Akteure des jeweiligen Einzelfalls dar. Haftungsrechtlich führt die Besonderheit sich teilweise überlappender Verantwortungsbereiche zu der mitunter schwierigen Frage, inwiefern ein konkreter Schaden einer Zertifizierungsgesellschaft zugerechnet werden kann.

Besondere Herausforderungen ergeben sich ferner aus der großen Vielfalt unterschiedlicher Zertifizierungssysteme. Speziell die gesetzlich ausgestalteten oder gar verpflichtend vorgeschriebenen Zertifizierungen weisen eine unterschiedlich stark ausgeprägte öffentlich-rechtliche Überlagerung auf. In einzelnen Regelungsbereichen nehmen Zertifizierungsgesellschaften Aufgaben wahr, die bei funktionaler Betrachtung der Domäne der staatlichen Verwaltung zugeordnet werden können. Speziell im europäischen Produktsicherheitsrecht entstand eine Verwaltungsstruktur zur Regulierung des Marktzugangs und zur Gewährleistung von Mindeststandards, die sich die

Expertise und Erfahrung der Zertifizierungsgesellschaften zunutze macht. Gleichzeitig ist die privatautonome Gestaltung des Zertifizierungsvertrages durch die Vertragsparteien in diesem Bereich teilweise beschränkt. Die rechtliche Qualifizierung des Rechtsverhältnisses einer Zertifizierungsgesellschaft zu ihrem Auftraggeber ist vor diesem Hintergrund fraglich. So stellt sich etwa im nationalen Recht die Frage, ob die Zertifizierungsgesellschaften als Beliehene des Staates auftreten, mit der Konsequenz, dass die von einer Pflichtverletzung Betroffenen staatshaftungsrechtliche Ansprüche geltend machen könnten. Auf kollisionsrechtlicher Ebene stellt sich ferner die Frage, ob die bestehenden Regelungen des internationalen Schuldrechts auf solche Fälle anwendbar sind und sachgerechte Lösungen bereithalten. Die Verschränkung privaten Haftungsrechts mit der teilweise zu attestierenden Verwaltungsfunktion der Zertifizierung zieht sich somit als wiederkehrendes Problem durch die im Laufe dieser Arbeit vorzunehmenden Untersuchungen.

Der Umstand, dass die neu geschaffenen Verwaltungsstrukturen zudem nicht nur die nationalstaatliche Ebene betreffen, sondern in erster Linie durch den EU-Gesetzgeber vorangetrieben werden, verlangt schließlich auch nach einer Auseinandersetzung mit den unionsrechtlichen Vorgaben für das nationale Haftungsrecht. Dabei ist zu beachten, dass die Haftung bzw. Dritthaftung der Zertifizierungsgesellschaften durch den EU-Gesetzgeber nicht ausdrücklich geregelt wurde. Möglicherweise wurde hierbei jedoch verkannt, dass eine gewisse Harmonisierung des Haftungsrechts sogar nach dem unionalen Primärrecht geboten gewesen wäre. Ob Drittbetroffenen nach dem Unionsrecht ein subjektives Recht gegenüber den Zertifizierungsgesellschaften zusteht, stellt daher eine wichtige Frage im Rahmen dieser Arbeit dar.

Eine weitere strukturelle Besonderheit der Zertifiziererhaftung gegenüber Dritten, die sich auf unterschiedliche Weise Bahn bricht, ist, dass die Zertifizierungsgesellschaft im Ausgangspunkt nur gegenüber ihrem Auftraggeber verpflichtet ist. Nur mit diesem wurde ausdrücklich ein Vertrag über die Durchführung der Zertifizierung geschlossen, der die Pflichten der Zertifizierungsgesellschaften aktiviert. Wann immer vertragsfremde Dritte, die auf die Konformitätsaussage eines Zertifikats vertrauten, Ansprüche geltend machen, steht daher die Frage im Raum, ob und inwiefern die Verletzung einer Pflicht, die im Ausgangspunkt durch den Zertifizierungsvertrag ausgelöst wurde, zu einer Dritthaftung führen kann. Auf der anderen Seite besteht für die Zertifizierungsgesellschaften die Gefahr, von einer Vielzahl von Personen haftbar gemacht zu werden, die sie womöglich nicht überblicken kann. Der Umstand, dass eine Fehlzertifizierung zahlreiche Personen in unterschiedlichen Ländern betreffen kann, birgt potenziell ein großes Haftungsrisiko. Einerseits muss daher geklärt werden, wie die unterschiedlichen nationalen Rechtsordnungen die widerstreitenden Interessen zum Ausgleich bringen. Andererseits stellt sich die schwierige Frage, ob die Dritthaftung der Zertifizierungsgesellschaften der vertraglichen oder außervertraglichen Sphäre zugeordnet werden muss. Dieses Problem tritt sowohl im materiellen als auch im internationalen Privatrecht auf und stellt jeweils einen Schwerpunkt dieser Arbeit dar. Zu beachten ist dabei, dass die Zertifiziererhaftung einige Parallelen zu vergleichbaren Fallgruppen, namentlich der Haftung von Gutachtern, Ratingagenturen und Experten der unterschiedlichsten Art aufweist. Es wird insbesondere zu untersuchen sein, inwiefern die in Literatur und Rechtsprechung entwickelten Lösungen für diese Fallgruppen auf die Zertifizierung übertragbar sind.

Verschiedene rechtliche Fragestellungen treten schließlich auch im Kontext sog. reiner Vermögensschäden auf, die sich dadurch auszeichnen, dass sie nicht durch die Verletzung eines absolut geschützten Rechtsguts vermittelt werden. Derartige Fallkonstellationen sind auch im Zusammenhang mit Zertifizierungen typisch, etwa wenn in ein zu Unrecht zertifiziertes Unternehmen investiert wird oder ein fälschlicherweise zertifiziertes Produkt gekauft wird. Könnten Dritte ihre Vermögensschäden bei der Zertifizierungsgesellschaft ersetzt verlangen, droht letzterer ein enormes Haftungsrisiko. Es wird daher zu untersuchen sein, ob und unter welchen Voraussetzungen Zertifizierungsgesellschaften nach den unterschiedlichen Rechtsordnungen für reine Vermögensschäden haften. Kollisionsrechtlich kommen schließlich ähnliche Erwägungen zum Tragen, wenn es darum geht, den Erfolgsort eines reinen Vermögensschadens zu lokalisieren. Da es an einem physisch greifbaren Rechtsgut fehlt, bereitet die Lokalisierung erhebliche Schwierigkeiten. Dieses nach wie vor nicht abschließend geklärte Problem erfordert eine sich an den Besonderheiten der Zertifizierungsfälle orientierende Lösung, die dogmatisch tragfähig und praktisch interessengerechte Anknüpfungen ermöglicht.

Es gilt festzuhalten, dass das Thema dieser Arbeit eine Vielzahl allgemeiner und zertifizierungsspezifischer Fragestellungen aufwirft, die in unterschiedlichem rechtlichem Gewand zu Tage treten. Die Zertifiziererhaftung offenbart sich somit als Querschnittsmaterie, die eine Untersuchung aus dem Blickwinkel des Unionsrechts, der nationalen Haftungsrechte sowie des Kollisionsrechts rechtfertigt.

B. Gang der Untersuchung

Die Beantwortung der im vorherigen Abschnitt aufgeworfenen Fragen erfordert zunächst eine eingehende Auseinandersetzung mit dem Instrument der privaten Zertifizierung in seinen unterschiedlichen Erscheinungsformen

(Kapitel 2). In diesem Zuge werden drei Zertifizierungssysteme näher vorgestellt: Die rechtlich verpflichtend vorgeschriebenen Zertifizierungen des europäischen Produktsicherheitsrechts, die gesetzlich geregelte, aber freiwillige GS-Zertifizierung sowie die gesetzlich ungeregelte Zertifizierung von Qualitätsmanagementsystemen nach der unverbindlichen Norm ISO 9001. Das sich anschließende Kapitel 3 befasst sich mit der Bedeutung und Funktion der Zertifiziererhaftung. Nachdem die Verantwortungssphäre der Zertifizierungsgesellschaft in Abgrenzung zu anderen Akteuren konkretisiert wurde, wird die Bedeutung der privatrechtlichen Haftung vor dem Hintergrund systemischer Fehlanreize beleuchtet, ehe das Problem der unzureichenden unionsrechtlichen Regelung der Zertifiziererhaftung unter die Lupe genommen wird.

In Kapitel 4 wird sodann ausführlich die Haftung der Zertifizierungsgesellschaft gegenüber ihrem Vertragspartner und vertragsfremden Dritten nach deutschem Recht behandelt. In den Blick genommen werden jeweils vertragliche und deliktische Anspruchsgrundlagen sowie weitere Haftungsmodalitäten wie etwa die Verjährung und die Zulässigkeit von Haftungsbeschränkungen im Überblick. Im Anschluss folgt die rechtsvergleichende Untersuchung der Haftung und Dritthaftung in Kapitel 5. Untersucht wird das englische und französische Recht, wobei die Ausführungen schwerpunktmäßig auf die Aufdeckung systemischer Unterschiede in den nationalen Rechtsordnungen gerichtet sind. Die Ergebnisse der rechtsvergleichenden Untersuchung werden in einem eigenen Abschnitt zusammengefasst und bewertet.

Kapitel 6 widmet sich schließlich dem internationalen Privatrecht. Auf eine knappe Einführung in die Besonderheiten dieses weitgehend europarechtlich harmonisierten Rechtsgebiets folgt eine eingehende Auseinandersetzung mit dem internationalprivatrechtlichen Vertragsbegriff. Auf dessen Grundlage erfolgt sodann die kollisionsrechtliche Untersuchung der Haftung und Dritthaftung. Die Ergebnisse der Arbeit werden zuletzt in Kapitel 7 zusammengefasst.

Kapitel 2: Das Instrument der privaten Zertifizierung

Zur Annäherung an den Forschungsgegenstand beschäftigt sich dieses Kapitel – weitgehend losgelöst von der haftungs- und kollisionsrechtlichen Frage – mit dem Phänomen der privaten Zertifizierung. Die Ausleuchtung des öffentlich-rechtlichen und ökonomischen Hintergrunds dient als Vorarbeit für die anschließende Untersuchung der sachrechtlichen und kollisionsrechtlichen Haftungsproblematiken. Zu Beginn des Kapitels stehen terminologische Klarstellungen (A.). Im Abschnitt B erfolgt dann eine allgemeine Einführung in die Zertifizierung, an deren Ende eine Konkretisierung des Forschungsgegenstandes zugunsten eines funktional-normbezogenen Zertifizierungsbegriffs vorgenommen wird. Anschließend werden ausgewählte Zertifizierungssysteme vorgestellt und einem Vergleich unterzogen (C.). Die Ergebnisse werden zuletzt im Abschnitt D zusammengefasst.

A. Terminologie

I. Zertifizierung

Unter dem Begriff der Zertifizierung (lat. *certum facere* für „sicher machen“) versteht man die von einer unabhängigen Stelle durchgeführte Überprüfung eines Produkts, einer Dienstleistung, eines Verfahrens, einer Person oder einer Einrichtung auf seine bzw. ihre Übereinstimmung mit vorher festgelegten Anforderungen und die Bestätigung dieser Konformität.[6] Dieses Verständnis entstammt dem Technikrecht und orientiert sich an der Definition der Ziffer 5.5 der Norm DIN EN ISO/IEC 17000.[7] Sie hat sich als Umschreibung für das Phänomen der Zertifizierung in seinen unterschiedlichen Ausgestaltungen durchgesetzt und umfasst Zertifizierungen im privatwirtschaftlichen und öffentlich-rechtlichen Bereich. Der Maßstab kann sich dabei entweder aus Rechtsvorschriften oder unverbindlichen privaten Normen ergeben.

Die vorliegende Arbeit schließt sich diesem Begriffsverständnis im Grundsatz an. Zu beachten ist allerdings, dass diese weite Definition strenggenom-

---

6 In diesem Sinne *Belson*, Certification and Collective Marks, S. 9; *Bieback*, Zertifizierung und Akkreditierung, S. 33; *De Bruyne*, Third-Party Certifiers, Rn. 2; *Dimitropoulos*, Zertifizierung und Akkreditierung im Internationalen Verwaltungsverbund, S. 38 ff.; *Röhl/Schreiber*, Konformitätsbewertung in Deutschland, S. 1, 5; *Rott*, Certification – Trust, Accountability, Liability, S. 1; *Wollmann*, in: Pfeifer/Schmitt, Masing Handbuch Qualitätsmanagement, S. 769 (772).

7 Zertifizierung als „Bestätigung durch eine dritte Seite bezogen auf Produkte, Prozesse, Systeme oder Personen.“

B. Einführung in die private Zertifizierung

I. Die Grundidee der Zertifizierung

Im Rechts- und Wirtschaftsverkehr komplexer und arbeitsteiliger Gesellschaften besteht in vielen Situationen das Bedürfnis, darauf vertrauen zu können, dass ein Produkt, eine Dienstleistung oder ein Verfahren zuvor festgelegte Anforderungen erfüllt. Ein Verbraucher erwartet beispielsweise, dass ein von ihm erstandenes Produkt, etwa ein elektronisches Gerät oder ein Medizinprodukt, sicher ist, eine bestimmte Qualität aufweist oder besonders umweltschonend hergestellt wurde. Der Kontakt mit einem datenverarbeitenden Dienstleister geht mit der Erwartung einher, dass der Datenschutz eingehalten wird. Ein Arbeitnehmer vertraut darauf, dass die Maschine, die er in Ausübung seiner beruflichen Tätigkeit bedient, die geltenden Sicherheitsanforderungen erfüllt. Hersteller und Zwischenhändler müssen sich bei der Beteiligung an Liefer- und Produktionsketten auf die Einhaltung von Warenstandards verlassen können. Im grenzüberschreitenden Warenverkehr müssen schließlich Behörden auf die Konformität von Gütern mit den einschlägigen Anforderungen vertrauen, um den Zugang zum heimischen Markt herzustellen.[21]

Die Gründe für das Bedürfnis nach Vertrauen sind vielfältig: Zum einen geht es um die Beherrschung von Risiken, die der Einzelne nicht überblicken und steuern kann. Verbrauchern sowie professionellen Wirtschaftsakteuren fehlt es zum anderen regelmäßig an der Kompetenz oder den Ressourcen, um die Einhaltung von Standards bewerten zu können. Und selbst wenn die Kapazitäten hierfür zur Verfügung stehen, kann eine eigene Prüfung wirtschaftlich unrentabel sein, wenn andere diese Aufgabe mit geringerem Aufwand leisten können. Behördliches Vertrauen gründet schließlich in dem Bedürfnis, den europäischen Binnenmarkt zu realisieren.

Die Grundidee der Zertifizierung ist es, die geschilderten Bedürfnisse zu befriedigen, indem ein Bezugsobjekt geschaffen wird, auf das die am Rechts- und Wirtschaftsverkehr Beteiligten berechtigterweise vertrauen können.[22] Dieses Bezugsobjekt ist die Bescheinigung über die Konformität mit den einschlägigen Anforderungen, also das *Zertifikat* als Ergebnis der erfolgreichen Zertifizierung. Regelmäßig berechtigt die Zertifizierung dann zur Führung eines bestimmten Kennzeichens oder Siegels. Auf diese Weise wird

---

21 Z.B. bei den Zertifizierungen des europäischen Produktsicherheitsrechts, vgl. Kap.2 C.I.

22 So auch *Röhl/Schreiber*, Konformitätsbewertung in Deutschland, S. 1, 14 ff.; vgl. auch *Drechsel*, in: Pfeifer/Schmitt, Masing Handbuch Qualitätsmanagement, S. 348 (352), „der Wert der Zertifizierung ist der Grad an öffentlichem Vertrauen"; und ferner *Daskalova/Heldweg*, in: Rott, Certification – Trust, Accountability, Liability, S. 23 (49), die in der Zertifizierung die „Produktion" vertrauenswürdiger Informationen sehen.

die Zertifizierung gegenüber potenziellen Kunden dokumentiert und weckt berechtigte Erwartungen an die Normkonformität des Zertifizierungsgegenstands.[23]

Die Zertifizierung generiert das Vertrauen insbesondere dadurch, dass sie durch eine unabhängige und objektive Stelle in einem transparenten Verfahren durchgeführt wird.[24] Ferner speist sich das Vertrauen aus der fachlichen Kompetenz und oftmals langjährigen Erfahrung der Stelle, die zu einer hohen Reputation am Markt geführt hat. Auch dass sich der Prüfungsmaßstab und das Verfahren regelmäßig aus einem Gesetz oder aus von Experten aufwendig erarbeiteten technischen Normen ergibt, legitimiert die Arbeit der Zertifizierungsstellen. Nicht zuletzt erhöhen ein strenges Akkreditierungsregime und etwaige behördliche Überwachungen die Vertrauenswürdigkeit des Gesamtsystems. Ermächtigt die Konformitätsfeststellung zur Führung eines auf dem Prüfungsgegenstand anzubringenden Zeichens, sichern ggf. Vorschriften des Ordnungswidrigkeiten- und Strafrechts die Glaubwürdigkeit solcher Zeichen, indem missbräuchliche Verwendungen geahndet werden. Das unter diesen Bedingungen geschaffene Vertrauen ist die wichtigste Voraussetzung für die Funktionsweise der Zertifizierung und gleichzeitig das immer wieder zu erreichende Ziel dieses Instruments.

Schon an dieser Stelle wird die Bedeutung der zivilrechtlichen Haftung von Zertifizierungsgesellschaften für das Gesamtsystem deutlich.[25] Fehlerhafte Zertifikate erschüttern das Vertrauen in die Zertifizierung und gefährden mittelbar deren Funktionsweise.[26] Indem das Haftungsrecht entstandene Schäden kompensiert und somit die Verletzung des Vertrauens sanktioniert, trägt es dazu bei, die Effektivität der Zertifizierung als regulatorisches Instrument zu gewährleisten.[27]

Aus einem größeren Blickwinkel betrachtet, leistet die akkreditierte Zertifizierung einen Beitrag zur Bewältigung von Vertrauensdefiziten, wie sie in der globalen Wissensgesellschaft vielfach auftreten.[28] Zu beachten ist, dass die Zertifizierung ursprünglich ein rein privatwirtschaftliches Instrument darstellte. Mittlerweile existieren in manchen Zertifizierungssystemen

---

23 Der Aussagegehalt eines Kennzeichens muss für vor dem Hintergrund des jeweiligen Zertifizierungssystems bestimmt werden. So ist das CE-Zeichen nach überwiegender Ansicht ein bloßes „Verwaltungszeichen“ (vgl. Kap. 2 C. I.5), während es sich bei dem GS-Zeichen um ein Sicherheitssigel handelt (vgl. Kap. 2 C.II.5.).

24 Vgl. *De Bruyne*, Third-Party Certifiers, Rn. 23.

25 Vgl. *Reimer*, Qualitätssicherung: Grundlagen eines Dienstleistungsverwaltungsrechts, S. 289, der daneben auch die strafrechtliche Haftung hervorhebt.

26 Vgl. *De Bruyne*, Third-Party Certifiers, Rn. 67.

27 Vgl. nur *Rott/Glinski*, in: Josef Falke zum 65. Geburtstag, S. 137 (150 f.), das „Damoklesschwert“ der Haftung verhindere ein „race to the bottom“ hinsichtlich der Kontrolldichte.

28 Eingehend *Schmidt-Aßmann/Dimitropoulos*, in: Vertrauen in der Krise, S. 129 (144 ff.).

jedoch umfangreiche gesetzliche Begleitstrukturen, die die Zertifizierung durch private Akteure zunehmend in das öffentliche Wirtschaftsverwaltungsrecht integrieren.[29] So entwickelt sich ein Regulierungsmodell, das zur Bewältigung öffentlicher Aufgaben im Interesse des Gemeinwohls auf private Ressourcen und Expertisen zurückgreift. Durch die supranationale und internationale Koordinierung der akkreditierten Zertifizierung entsteht ein grenzüberschreitender Verwaltungsverbund, in dem die Ziele dieses Instruments effektiv verfolgt werden können.[30] Das Zusammenwirken staatlicher und privater Akteure in harmonisierten Strukturen und Verfahren schafft letztlich eine besondere Form der „kooperativen Regulierung“,[31] innerhalb derer eine Vertrauensgenerierung *durch* das Recht möglich wird.

II. Grundlegende Elemente und Strukturen

1. Gegenstände der Zertifizierung

Zertifizierung kann theoretisch überall dort stattfinden, wo es möglich ist, einen konkreten Prüfgegenstand und für diesen geltende Maßstäbe und Standards zu definieren. Der Anwendungsbereich dieses Instruments ist damit denkbar groß.[32] Ein klassisches Feld der Zertifizierung ist das Produktsicherheitsrecht, das heute weitgehend europarechtlich harmonisiert ist.[33] Gegenstände solcher Zertifizierungssysteme können Baumuster oder die Produkte selbst sein, also beispielsweise Maschinen und technische Anlagen, Bauprodukte, Aufzüge, Medizinprodukte oder Spielzeug. Ferner können auch unkörperliche Gegenstände wie Software, Finanzprodukte oder Unternehmen zertifiziert werden. Regelmäßig kommt es im Produktsicherheitsrecht auch zu einer Zertifizierung von Qualitätsmanagementsystemen,[34] also von Prozessen und Verfahren der Qualitätssicherung. Solche Zertifizierungen sind in der Praxis in den unterschiedlichsten Branchen sehr stark verbreitet. Ein weiteres Beispiel für die Zertifizierung eines unternehmensinternen Prozes-

---

29 Am stärksten ausgeprägt sind diese Strukturen im europäischen Produktsicherheitsrecht, Kap. 2 C. I.

30 Eingehend *Dimitropoulos*, Zertifizierung und Akkreditierung im Internationalen Verwaltungsverbund; *Röhl*, in: Der europäische Verwaltungsverbund, S. 153.

31 *Schuppert*, in: Hoffmann-Riem/Schmidt-Aßmann/Voßkuhle, Grundlagen des Verwaltungsrechts, Band I, § 16, Rn. 26.

32 Ein ungewöhnliches Beispiel ist etwa die Zertifizierung von Rechtsordnungen. Auf Unionsebene könnte die Vergabe eines Gütesigels für mitgliedstaatliches GmbH-Recht zur Europäisierung des Kapitalgesellschaftsrechts beitragen. Eingehend zu dieser „dritten Spur“ zwischen Harmonisierung und der Schaffung supranationaler Rechtsformen, *Möslein*, ZHR 2012, 470.

33 Eingehend hierzu Kap. 2 C. I. 1.

34 Weit verbreitet sind die Standards der Normenreihe EN ISO 9000 ff. Siehe hierzu eingehend Kap. 2 C. III.

ses ist etwa die Einhaltung des Datenschutzes bei der Verarbeitung sensibler Daten[35] oder die Beachtung von Umwelt- und Sozialstandards.[36] Auch die Normkonformität von Dienstleistungen kann Gegenstand einer Zertifizierung sein,[37] bspw. im Tourismus oder in der Finanzbranche. Ferner ist auch denkbar, dass Personen auf bestimmte Eigenschaften überprüft werden, etwa wenn diese in Unternehmen selbst für die Überwachung von Verfahren und Produkten zuständig sind.[38] Da sich die Zertifizierung als Instrument zur Regulierung innovativer Technologien bewährt hat, wird in jüngerer Zeit außerdem die Zertifizierung von Algorithmen zur Risikosteuerung im Bereich künstlicher Intelligenz diskutiert.[39]

2. Zertifizierungsgesellschaften

Oftmals sieht der regulatorische Rahmen vor, dass sowohl öffentliche Stellen, d.h. öffentliche Unternehmen, Beliehene, Ämter oder Behörden, als auch private Anbieter zur Durchführung von Zertifizierungen akkreditiert und zugelassen werden können.[40] Typisch und am weitesten verbreitet sind aber privatrechtliche Zertifizierungsunternehmen.[41] Sie werden üblicherweise gegen Entgelt und auf der Grundlage eines privatrechtlichen Vertrages mit dem Unternehmen, das eine Zertifizierung benötigt, tätig.[42] Die Möglichkeit grenzüberschreitender Akkreditierungen erlaubt in vielen Fällen die Einschaltung ausländischer Zertifizierungsgesellschaften. Auch im Falle gesetzlich vorgeschriebener Pflichtzertifizierungen können Unternehmen regelmäßig zwischen mehreren nationalen und internationalen Anbietern wählen.

Die zahlreichen Einsatzfelder der Zertifizierung haben zu einem stark ausdifferenzierten und hart umkämpften Markt geführt, auf dem hochspeziali-

---

35 Vgl. Art. 42, 43 DSGVO.

36 Dabei muss nicht zwingend die Sach- oder Dienstleistung zertifiziert werden. Auch die Gesellschaft selbst kann Gegenstand einer Zertifizierung sein, vgl. hierzu *Burgi/Möslein*, Zertifizierung nachhaltiger Kapitalgesellschaften.

37 Schon die Begriffsdefinition der Ziffer 3.3 DIN EN/ISOIEC 17000:2005 mach deutlich, dass auch Dienstleistungen „Produkte" im Sinne dieser Norm darstellen.

38 *Röhl/Schreiber*, Konformitätsbewertung in Deutschland, S. 4.

39 Vgl. hierzu das Gutachten der von der Bundesregierung eingesetzten *Datenethikkommission* vom 23.10.2019, S. 201 ff., abrufbar auf der Internetseite des Bundesministeriums der Justiz, https://www.bmj.de/DE/Themen/FokusThemen/Datenethikkommission/Datenethikkommission_node.html (Stand: 24.5.2023).

40 Bspw. im europäischen Produktsicherheitsrecht, vgl. *Bieback*, Zertifizierung und Akkreditierung, S. 58.

41 Dieser Organisationstypus bietet die größte Flexibilität, um der internationalen Orientierung der Zertifizierung gerecht zu werden, *Dimitropoulos*, Zertifizierung und Akkreditierung im Internationalen Verwaltungsverbund, S. 47.

42 Dabei handelt es nach deutschem Zivilrecht um einen Werkvertrag, vgl. Kap. 4 A.I.1.

sierte Zertifizierer neben weltweit und branchenübergreifend tätigen Prüfgesellschaften ihre Dienste anbieten.[43] Zu den Marktführern, die weltweit Tochtergesellschaften betreiben, gehören u. a. die deutschen Unternehmen Dekra SE, TÜV Süd AG und TÜV Rheinland AG, ferner die französische Bureau Veritas S.A., die schweizerische SGS-Group sowie Lloyds Register aus Großbritannien. Da sie auch allgemeine Beratungsdienstleistungen erbringen, werden die Zertifizierungstätigkeiten zum Teil in eigens hierfür gegründete Gesellschaften ausgegliedert.

3. Der Zertifizierungsprozess

Die Zertifizierung setzt sich im Kern aus zwei aufeinander aufbauenden Prozessen zusammen: der Überprüfung der Normkonformität des Zertifizierungsgegenstandes und schließlich deren Bescheinigung, also der Ausstellung des Zertifikats.[44] Zertifizierungsgesellschaften werden nach Abschluss eines Vertrages mit ihren Kunden tätig, der diese beiden Aspekte der Zertifizierung regelt.[45] Teilweise ergeben sich die Pflichten der Zertifizierungsgesellschaft bzw. die Anforderungen an den Zertifizierungsprozess aber auch aus dem Gesetz. Beachtet werden muss, dass die Prüfungstätigkeit und die Ausstellung des Zertifikats nicht zwingend von einer einzigen Stelle vorgenommen wird, sondern auch auf mehrere, mehr oder weniger unabhängige Stellen verteilt werden kann.[46] Vor der eigentlichen Prüfung finden regelmäßig Vorbereitungshandlungen statt, z. B. eine vom Zertifizierer angeleitete Selbstbeurteilung durch den Kunden sowie die Aushändigung relevanter Dokumente.[47] Je nach Ausgestaltung der zu prüfenden Konformitätsmaßstäbe und je nach Zertifizierungsgegenstand ergeben sich unterschiedliche Prüfungsverfahren. Im Bereich der Produktsicherheit müssen etwa die physischen oder chemischen Eigenschaften einzelner Produktserien bzw. stichprobenartig überprüft werden. Teilweise findet die Prüfung auch lediglich auf der Grundlage von technischen Dokumenten oder Prototypen statt, die vom Hersteller zur Verfügung gestellt werden.[48] Das Untersuchungsverfahren bzgl. Qualitätsmanagementsystemen wird als Auditierung bezeichnet.[49] Dabei werden die internen Arbeitsabläufe und Strukturen eines Unterneh-

---

43 *Möslein*, in: Burgi/Möslein, Zertifizierung nachhaltiger Kapitalgesellschaften, S. 411 (414 ff.); *Röhl/Schreiber*, Konformitätsbewertung in Deutschland, S. 8.

44 Vgl. *Daskalova/Heldweg*, in: Rott, Certification – Trust, Accountability, Liability, S. 23 (32), die betonen, dass auch die Standardsetzung als Bestandteil des Zertifizierungsprozesses angesehen werden kann.

45 *Bieback*, Zertifizierung und Akkreditierung, S. 193.

46 *Daskalova/Heldweg*, in: Rott, Certification – Trust, Accountability, Liability, S. 23 (32).

47 *Dimitropoulos*, Zertifizierung und Akkreditierung im Internationalen Verwaltungsverbund, S. 48; *Ensthaler u. a.*, Zertifizierung und Akkreditierung, S. 15 f.

48 Z. B. bei der EU-Baumusterprüfung, vgl. Kap. 2 C. I. 1. c.

49 Anforderungen an von Zertifizierungsgesellschaften durchgeführte Audits sind in der

mens untersucht, wobei auch hier Elemente der reinen Dokumentationsprüfung und der tatsächlichen Inaugenscheinnahme vor Ort, kombiniert werden. Einzelne Zertifizierungssysteme sehen auch die Möglichkeit unangekündigter Inspektionen vor.[50]

Bei positiver Prüfung wird eine Konformitätsbescheinigung – das Zertifikat – ausgestellt. Sind die Voraussetzungen für eine Zertifizierung erfüllt, ist die Zertifizierungsgesellschaft im Rahmen der ordnungsgemäßen Vertragserfüllung verpflichtet, das Zertifikat mit dem vereinbarten Inhalt auszustellen.[51] Ist ein Konformitätskennzeichen vorgesehen, wird dieses durch den Kunden oder den Zertifizierer angebracht.

Der Zertifizierungsprozess im weiteren Sinne umfasst neben der Prüfung des Zertifizierungsgegenstands und der eigentlichen Ausstellung des Zertifikats, eine weitere, dritte Phase.[52] Nach der Ausstellung des Zertifikats unterliegt der Zertifizierungsgegenstand einer regelmäßigen Überwachung und Kontrolle durch die Zertifizierungsgesellschaft. Sie prüft in dieser Phase, ob die Voraussetzungen für die Zertifizierung aufrechterhalten werden und ob ggf. Maßnahmen bis hin zu Aussetzung oder Entziehung des Zertifikats ergriffen werden müssen. Entsprechende Pflichten der Zertifizierungsgesellschaft werden entweder vertraglich festgelegt oder ergeben sich aus dem gesetzlichen Rahmen des Zertifizierungssystems.

Zertifizierungen sind in der Regel befristet, erlöschen also nach einer bestimmten Zeit, ohne dass die Zertifizierungsgesellschaft sie ausdrücklich aufheben muss.[53] Um dies zu verhindern, muss der Zertifizierungsprozess turnusmäßig wiederholt werden.

4. Rechtsverhältnisse der beteiligten Akteure

Zertifizierungsgesellschaften schließen mit ihren Kunden Verträge über die Durchführung der Zertifizierungstätigkeit. Sowohl im privatwirtschaftlichen als auch im öffentlich-rechtlich determinierten Bereich handelt es sich dabei prinzipiell um privatrechtliche Verträge.[54] Gegebenenfalls besteht aber ein Kontrahierungszwang zulasten der Zertifizierungsgesellschaften.[55] Eine

Norm ISO/IEC 17021 festgelegt. Der Auditierungsleitfaden der Norm DIN EN ISO 19011 richtet sich hingegen an Hersteller und Kunden.

50 Zu dieser Befugnis der benannten Stellen im europäischen Produktsicherheitsrecht, vgl. Kap. 2 C.I.4.c.

51 *Bieback*, Zertifizierung und Akkreditierung, S. 193.

52 Vgl. das Drei-Phasen-Modell von *De Bruyne*, Third-Party Certifiers, S. 27 ff.

53 *Dimitropoulos*, Zertifizierung und Akkreditierung im Internationalen Verwaltungsverbund, S. 48.

54 *Schucht*, NJW 2019, 1335 (1340).

55 Einen Kontrahierungszwang sehen die harmonisierten Normen für Zertifizierungsstellen vor, vgl. Nr. 4.1.2 DIN EN 45011, vgl. zum Verhältnis der benannten Stellen des

Besonderheit der Zertifizierungsverträge ist, dass diese je nach Zertifizierungssystem in ein mehr oder weniger starres gesetzliches Regelungsumfeld eingebettet sind, das das Rechtsverhältnis zwischen dem Zertifizierer und seinem Kunden beeinflusst und einer privatautonomen Ausgestaltung entzieht. Der Inhalt des Vertrages kann etwa hinsichtlich des Prüfungsverfahrens sowie des Prüfungsmaßstabes gesetzlich vorgeschrieben sein. Sofern ein Zertifizierungsvertrag zwingende gesetzliche Vorgaben des jeweiligen Zertifizierungssystems missachtet, ist er nach § 134 BGB nichtig.[56]

Da die Folgen einer fehlerhaften Zertifizierung auch weitere Personenkreise betreffen können, stellt sich v. a. aus haftungsrechtlicher Sicht die Frage, wie das Rechtsverhältnis zwischen diesen Personen, also beispielsweise dem Käufer eines zertifizierten Produkts, und der Zertifizierungsgesellschaft ausgestaltet ist. Charakteristisch für die Zertifizierung ist, dass die Endabnehmer am Abschluss des Zertifizierungsvertrages nicht beteiligt sind und auch sonst nicht in unmittelbaren Kontakt mit der Zertifizierungsgesellschaft treten. Das mit der Zertifizierung verbindende Element stellt regelmäßig das Zertifikat oder ein Zertifizierungszeichen dar, mit dem das zertifizierte Unternehmen die Durchführung der Zertifizierung nach außen dokumentiert und ggf. bewirbt. Gleichwohl ist es regelmäßig eine Verletzung einer Pflicht des Zertifizierungsvertrages, die zu einer Schädigung Dritter führt. Die Qualifizierung des Rechtsverhältnisses einer Zertifizierungsgesellschaft und einem prinzipiell vertragsfremden Dritten im Grenzbereich der vertraglichen und deliktischen Sphäre bereitet daher sowohl auf sachrechtlicher als auch kollisionsrechtlicher Ebene zum Teil erhebliche Schwierigkeiten und bilden daher einen Schwerpunkt dieser Arbeit.

5. Konstitutionalisierung durch Normung

Unter Normung versteht man im Technikrecht die Schaffung von Regeln durch nichtstaatliche Institutionen.[57] Ihr übergeordnetes Ziel ist die Erleichterung des weltweiten Handels durch die Standardisierung von Waren und

---

europäischen Produktsicherheitsrechts zu ihren Kunden, *Dimitropoulos*, Zertifizierung und Akkreditierung im Internationalen Verwaltungsverbund, S. 106; *Röhl*, Akkreditierung und Zertifizierung im Produktsicherheitsrecht, S. 90; einen Kontrahierungszwang hingegen ablehnend, *Merten*, Private Entscheidungsträger und Europäisierung der Verwaltungsrechtsdogmatik, S. 211 f.; *Möslein*, in: Burgi/Möslein, Zertifizierung nachhaltiger Kapitalgesellschaften, S. 411 (412 ff.).

56 *Möslein*, in: Burgi/Möslein, Zertifizierung nachhaltiger Kapitalgesellschaften, S. 411 (418).

57 Für die einzelne Norm wird auch der Begriff des „Standards“ verwendet. Er wird definiert, als „in der Regel nicht unmittelbar verbindliche (Detail-)Regelung, die von speziell zu diesem Zweck errichteten Organisationen oder Strukturen formuliert wird“, vgl. *Röhl*, in: Möllers/Voßkuhle/Walter, Internationales Verwaltungsrecht, S. 319 (319).

Dienstleistungen.[58] Die Normung hat für das Zertifizierungsrecht und für die Praxis eine überragende Bedeutung. Zum einen sorgt sie für eine einheitliche Terminologie bzgl. sämtlicher Formen der Konformitätsbewertung. Zum anderen werden in Normen harmonisierte Standards, d.h. konkrete materielle Anforderungen an Produkte und Dienstleistungen festgelegt, die im Rahmen der Zertifizierung überprüft werden. Außerdem gibt es Verfahrensnormen, die die Durchführung der Konformitätsprüfungen regeln.[59] Die ausdifferenzierten Regeln konstitutionalisieren auf diese Weise das Zertifizierungsrecht.[60]

Vor diesem Hintergrund erfüllen die privaten Organisationen, die mit der Schaffung und Weiterentwicklung technischer Normen befasst sind, eine wichtige Funktion. Private Normungsorganisationen finden sich auf internationaler (ISO/IEC), europäischer (CEN, u.a.) und nationaler Ebene (DIN), wobei die nationalen Organisationen regelmäßig Normen der höheren Ebene in die nationalen Regelwerke übertragen.[61] Aufgrund ihrer nichtstaatlichen Herkunft sind die Normen rechtlich unverbindlich, sie können jedoch durch gesetzliche Verweisungen in das Recht inkorporiert werden.[62] Die zum Teil sehr hohe praktische Bedeutung der Normen ergibt sich dadurch, dass in gesetzlich geregelten Zertifizierungssystemen, bei Einhaltung der technischen Normen widerleglich vermutet wird, dass auch die gesetzlich festgelegten allgemeineren Anforderungen erfüllt sind. Doch auch im rein privatwirtschaftlichen Bereich können Normen eine jedenfalls faktisch bindende Wirkung entfalten, wenn sich ihre materiellen Vorgaben als Maßstab für den aktuellen Stand der Technik auf dem Markt durchgesetzt haben.[63]

6. Bedeutung der Akkreditierung

Mit der Anerkennung und Bescheinigung der fachlichen Kompetenz der Zertifizierungsgesellschaften im Rahmen der Akkreditierung findet eine „Zertifizierung der Zertifizierungsstellen“ statt, die die Qualität, Unabhän-

---

58 Für das Jahr 2011 wurde in Deutschland ein volkswirtschaftlicher Nutzen der Normung i.H.v. 16,77 Mrd. Euro ermittelt, was 0,72% des Bruttoinlandsprodukts entsprach, vgl. die Studie von *Blind (u. a.)*, Der gesamtwirtschaftliche Nutzen der Normung, hrsg. vom Deutschen Institut für Normung (DIN).

59 Vgl. zu diesen Funktionen auch *Röhl/Schreiber*, Konformitätsbewertung in Deutschland, S. 11.

60 Von einer *„constitutionalisation of private regulation“* sprechen auch *Verbruggen/Leeuwen, van*, ELR 2018, 394 (405 ff.).

61 *Dimitropoulos*, Zertifizierung und Akkreditierung im Internationalen Verwaltungsverbund, S. 42.

62 Eingehend, auch zur verfassungsrechtlichen Zulässigkeit solcher Verweisungen, *di Fabio*, Produktharmonisierung durch Normung und Selbstüberwachung.

63 Dies gilt etwa für die Standardisierung im IT- und Kommunikationssektor, vgl. *Datenethikkommission*, Gutachten vom 23.10.2019, S. 76.

gigkeit und Objektivität der Konformitätsbewertung garantieren soll.[64] Sie stellt daher einen wichtigen Bestandteil der Zertifizierungssysteme dar und erhöht das Vertrauen in die Arbeit der Zertifizierungsgesellschaften. Zu beachten ist, dass auch die Akkreditierung auf der Grundlage von international harmonisierten Normen stattfindet.

In rein vertraglichen Zertifizierungssystemen, also solchen, die ohne gesetzliche Begleitstrukturen auskommen, lassen sich die Zertifizierungsgesellschaften freiwillig akkreditieren, um gegenüber nicht akkreditierten Anbietern einen Wettbewerbsvorteil zu erzielen.[65] Auch in gesetzlich geregelten Systemen ist die Akkreditierung in der Regel keine zwingende Voraussetzung, um als Konformitätsbewertungsstelle zugelassen zu werden.[66] Allerdings müssen die Stellen ihre fachliche Kompetenz gegenüber einer Zulassungsbehörde nachweisen. Dabei stellt die Akkreditierung das bevorzugte Mittel dar, um diesen Nachweis zu führen.[67] Auch aufgrund der gesetzlichen Privilegierungen, die an eine erfolgreiche Akkreditierung geknüpft werden,[68] und des deutlich höheren Aufwands, der mit alternativen Nachweisen einhergeht,[69] ist die Akkreditierung in der Praxis häufig alternativlos.

Seit der Harmonisierung des Akkreditierungsrechts in der Union durch die VO Nr. 765/2008/EG dürfen die Mitgliedstaaten nur noch eine einzige nationale Akkreditierungsstelle benennen (vgl. Art. 4), die sowohl für die Akkreditierungen im gesetzlich geregelten als auch im ungeregelten Bereich verantwortlich ist (Art. 3).[70] Vor dieser Reform war Deutschland der einzige Mitgliedstaat mit einer stark ausdifferenzierten Akkreditierungslandschaft und mehreren unterschiedlichen Akkreditierungsstellen.[71] Akkreditierungen im gesetzlich nicht geregelten Bereich fanden lediglich durch private

---

64 Siehe zur Terminologie bereits oben Kap. 2 A.II.

65 *Dimitropoulos*, Zertifizierung und Akkreditierung im Internationalen Verwaltungsverbund, S. 49; *Möslein*, in: Burgi/Möslein, Zertifizierung nachhaltiger Kapitalgesellschaften, S. 411 (412 f.).

66 Eine Ausnahme gilt bspw. für die Konformitätsbewertungsstellen im Messewessen (§ 13 Abs. 1 S. 2 Nr. 2 MessEG), vgl. zum Ganzen mit weiteren Beispielen, *Frank*, in Bloehs/Frank AkkStelleG, § 1 Rn. 12 f.

67 Vgl. Erwägungsgrund Nr. 12 der Verordnung Nr. 765/2008/EG vom 9.7.2008 über die Vorschriften für die Akkreditierung und Marktüberwachung im Zusammenhang mit der Vermarktung von Produkten und zur Aufhebung der Verordnung (EWG) Nr. 339/93 des Rates.

68 Vgl. bspw. §§ 14, 15 ProdSG.

69 *Frank*, in Bloehs/Frank AkkStelleG, § 1 Rn. 13.

70 Vgl. *Neerhof*, in: Rott, Certification – Trust, Accountability, Liability, S. 72 (75); *Dimitropoulos*, Zertifizierung und Akkreditierung im Internationalen Verwaltungsverbund, S. 60, sieht darin gar die Abschaffung dieser strikten Trennung.

71 Für einen Vergleich des alten und neuen Systems m. w. N. siehe *Dimitropoulos*, Zertifizierung und Akkreditierung im Internationalen Verwaltungsverbund, S. 71 ff.

Stellen statt, zumeist unter dem Dach der jeweiligen Industrieverbände.[72] Die Einführung einer einzigen staatlichen Akkreditierungsstelle, die für alle Bereiche zuständig ist, vermeidet Mehrfachakkreditierungen bei unterschiedlichen Stellen und schafft einheitlichere Kompetenzstandards.[73] Außerdem ermöglicht die Harmonisierung die Anerkennung von erfolgreichen Akkreditierungen in anderen EU-Staaten.[74] Die Akkreditierungsstellen nehmen eine hoheitliche Aufgabe wahr.[75] Denkbar ist sowohl die Einrichtung einer staatlichen Behörde als auch die Beleihung einer privatrechtlich organisierten Stelle.[76] In Deutschland entschied man sich für eine Beleihung der zu diesem Zweck gegründeten Deutschen Akkreditierungsstelle GmbH („DAkkS").[77] Die nationalen Akkreditierungsstellen müssen fachlich kompetent und unabhängig sein, insbesondere dürfen sie nicht selbst als Konformitätsbewertungsstelle tätig werden oder andere kommerzielle Dienstleistungen anbieten. Ferner bestehen umfangreiche Dokumentations- und Mitteilungspflichten gegenüber der Kommission. Die Einhaltung der Anforderungen an die staatlichen Akkreditierungsstellen, die durch harmonisierte Normen konkretisiert werden,[78] müssen die Mitgliedstaaten sicherstellen und überwachen.

III. Privatwirtschaftlicher und öffentlich-rechtlicher Bereich

Konformitätsbewertungen durch externe Stellen finden einerseits in der Privatwirtschaft, andererseits aber auch als Instrument der Verwaltung im öffentlich-rechtlichen Bereich statt. Zertifizierungsgesellschaften werden regelmäßig in beiden Rechtsphären beauftragt. In beiden Bereichen geht es ganz allgemein darum, durch anerkennungsfähige Zertifikate eine Vertrauensgrundlage zu schaffen. Bei genauer Betrachtung erfüllen die Zertifizierungen aber unterschiedliche Funktionen: Obligatorische Zertifizierungen des öffentlich-rechtlichen Bereichs verfolgen – anderes als freiwillige Zertifizierungen des privatwirtschaftlichen Bereichs – primär ein öffentliches

---

72 *Bloehs/Frank*, in Bloehs/Frank, Syst. Einf., Rn. 17; *Kapoor/Klindt*, EuZW 2009, 134 (135 f.).

73 *Kapoor/Klindt*, EuZW 2009, 134 (136).

74 Vgl. Art. 11 Abs. 2 VO Nr. 765/2008/EG.

75 Vgl. Art. 4 Abs. 5 VO Nr. 765/2008/EG und § 1 S. 1 AkkStelleG.

76 Hierzu *Frank*, in Bloehs/Frank AkkStelleG, § 1 Rn. 2. Dass es sich bei der Akkreditierung um eine hoheitliche Aufgabe handelt, hat haftungsrechtlich zur Folge, dass Rechtsverstöße durch die Akkreditierungsstelle lediglich Amtshaftungsansprüche (in Deutschland nach Art. 34 S. 1 GG i. V. m. § 839 Abs. 1 S. 1 BGB) nach sich ziehen können, *Frank*, in Bloehs/Frank AkkStelleG, § 1 Rn. 4.

77 Die Beleihung erfolgt gem. § 1 Abs. 1 AkkStelleGBV auf der Grundlage von § 8 Abs. 1 AkkStelleG.

78 Einschlägig ist die DIN EN ISO/IEC 17011:2004.

Ordnungsinteresse. Eben dieses rechtfertigt aus Sicht des Gesetzgebers die Einführung einer Zertifizierungspflicht.

Die Vielfalt der Zertifizierungssysteme zeigt andererseits, dass eine streng binäre Betrachtungsweise – rein privater Bereich auf der einen, rein öffentlich-rechtlicher Bereich auf der anderen Seite – zu kurz greift. Die Rechtssphären überlappen, es existieren Mischformen auf einer „gleitenden Skala zwischen Freiheit und Kontrolle".[79] Die Praxis der privaten Zertifizierungsgesellschaften wird je nach Zertifizierungssystem unterschiedlich stark durch das öffentliche Recht determiniert.[80] Ein System der akkreditierten Zertifizierung kann durch den Gesetzgeber angeboten und für bestimmte Branchen im Interesse des Gemeinwohls gesetzlich ausgestaltet sein, ohne dass die Zertifizierung obligatorisch ist. Wenn hier dennoch von einem privaten und einem öffentlich-rechtlichen Bereich gesprochen wird, erfolgt die Zuordnung anhand des Kriteriums der Freiwilligkeit bzw. der gesetzlichen Pflicht, eine Zertifizierung durchführen zu müssen. Dieses Kriterium eignet sich zur Systematisierung, da es am deutlichsten die Funktion der jeweiligen Zertifizierung zum Ausdruck bringt.[81] Wird staatlicherseits eine Zertifizierung verlangt, offenbart dies ein besonderes öffentliches Steuerungsinteresse, das in dieser Form nicht besteht, wenn die Zertifizierung lediglich in das Belieben des Wirtschaftsakteurs gestellt wird.

Terminologisch und in der Sache ist dieser Ansatz nicht deckungsgleich mit der in Deutschland lange gängigen Unterscheidung zwischen dem gesetzlich geregelten und ungeregelten Bereich.[82] Richtigerweise ist ein Bereich schon dann „gesetzlich geregelt", wenn es überhaupt Rechtsvorschriften gibt, die die Zertifizierung betreffen,[83] und nicht erst, wenn sie zwingend vorgeschrieben ist.[84]

---

79 *Dimitropoulos*, Zertifizierung und Akkreditierung im Internationalen Verwaltungsverbund, S. 141 im Rahmen der Charakterisierung der GS-Zertifizierung.

80 So auch *Daskalova/Heldweg*, in: Rott, Certification – Trust, Accountability, Liability, S. 23 (46).

81 Vgl. zu diesem Unterscheidungsmerkmal auch *De Bruyne*, Third-Party Certifiers, Rn. 107 ff.

82 Hintergrund für diese Differenzierung war die in Deutschland bestehende Trennung von privaten und staatlichen Akkreditierungsstellen, *Röhl/Schreiber*, Konformitätsbewertung in Deutschland, S. 28, Fn. 93.

83 So die überwiegende Ansicht, vgl. *Bieback*, Zertifizierung und Akkreditierung, S. 38 f.; *Röhl/Schreiber*, Konformitätsbewertung in Deutschland, S. 28 f. jeweils m. w. N.

84 In diesem Sinne *Mittmann u. a.*, in: Hansen, Zertifizierung und Akkreditierung von Produkten und Leistungen der Wirtschaft, S. 44.

1. Freiwillige Zertifizierung als Instrument der Privatwirtschaft

Die Zertifizierung ist ursprünglich ein Instrument der Privatwirtschaft.[85] Das zeigt exemplarisch die Geschichte der Technischen Überwachungsvereine in Deutschland. Nachdem 1865 in einer Mannheimer Brauerei ein Dampfkessel explodierte und dabei eine Person starb und mehrere verletzt wurden, gründeten badische Unternehmer die „Gesellschaft zur Überwachung und Versicherung von Dampfkesseln“, den ersten Vorläufer der heutigen TÜV-Unternehmen.[86] Auf freiwilliger Basis sollten fortan unabhängige Überprüfungen dieser damals hochriskanten Anlagen durchgeführt werden, was sich als überaus erfolgreiches Modell herausstellte. Das Beispiel zeigt, dass Konformitätsbewertung und Zertifizierung auch aus unternehmerischer Eigeninitiative erfolgen. Das bei den Wirtschaftsakteuren vorhandene Wissen und deren Erfahrung mit der neuen Technologie konnten dafür eingesetzt werden, die Sicherheit der Mitarbeiter und der Umwelt zu erhöhen, was letztlich im wirtschaftlichen Interesse der Unternehmer lag.

Zur Gewährleistung von Sicherheit und Qualität unterwerfen sich Unternehmen auch heute noch freiwilligen Überprüfungen durch externe Dritte. Dies erfolgt einerseits zur Optimierung der betrieblichen Abläufe. Ferner haben Zertifikate eine Bedeutung als Instrument der Risikosteuerung und sind insofern Bestandteil der unternehmerischen Compliance-Strategie. Sieht sich ein Importeur oder Händler einem Verschuldensvorwurf ausgesetzt – dies kann etwa bei produzentenhaftungsrechtlichen Verkehrssicherungspflichten gem. § 823 Abs. 1 BGB oder im Rahmen der Tatbestände des Ordnungswidrigkeiten- und Strafrechts relevant werden – können eingeholte Zertifikate den handelnden Akteur entlasten und damit Haftungs- und Strafbarkeitsrisiken reduzieren.[87] Andererseits – und dieser Aspekt dürfte bei der Zertifizierung im Vergleich zu anderen Unternehmensprüfungen im Vordergrund stehen – erhoffen sich Unternehmen durch die Zertifizierung einen Marktvorteil, indem Handelsbeziehungen mit ihnen erleichtert werden. Dabei ist das unternehmerische Interesse weniger auf den Prüfungsvorgang, sondern vielmehr auf das die erfolgreiche Prüfung bescheinigende Zertifikat und ggf. das damit einhergehende Recht, ein bestimmtes Kennzeichen zu führen, gerichtet. Dieses soll den Kunden von einem Produkt, einer Dienstleistung oder einem Unternehmen überzeugen. In diesem Sinne wird mit der Zertifizierung mittelbar die Erhöhung des Absatzes verfolgt.[88] Freiwillige Zertifizierungen können ferner eine so große Bedeutung erlangen, dass sie *de*

---

85 Vgl. *Neerhof*, in: Rott, Certification – Trust, Accountability, Liability, S. 72 (72).

86 Eingehend zu dieser Entwicklung *Uekötter*, in: Handbuch Technikethik, S. 50.

87 Vgl. *Schucht*, NJW 2019, 1335 (1338 f.).

88 Vgl. *Ensthaler u. a.*, Zertifizierung und Akkreditierung, S. 4; *Röhl/Schreiber*, Konformitätsbewertung in Deutschland, S. 15.

facto eine Marktzugangsvoraussetzung darstellen.[89] Unternehmen werden dann aus wirtschaftlichen Gründen gezwungen, sich zertifizieren zu lassen. Das ist beispielsweise der Fall, wenn Handelspartner die Aufnahme von Geschäftsbeziehungen vom Vorliegen einer Zertifizierung abhängig machen.[90]

Für den Kunden ergibt sich der Vorteil, dass die Zertifizierung bestehende Informationsasymmetrien zu seinen Gunsten ausgleicht, indem sie ihm Orientierung und eine informierte Kaufentscheidung ermöglicht.[91] Wenn bestimmte Eigenschaften eines Produkts den Interessenten verborgen bleiben würden, kann die Zertifizierung dazu beitragen, die Einhaltung von Umwelt- und Sozialstandards oder generelle Qualitätsunterschiede sichtbar zu machen.[92] Ein Ausgleich von Informationsdefiziten findet nicht nur gegenüber Verbrauchern, sondern auch in professionelle Geschäftsbeziehungen statt, insbesondere im internationalen Kontext.[93] Die Zertifizierung erleichtert den Handel und die Abwicklung von Lieferketten, indem sie den beteiligten Akteuren ermöglicht, sich über die Einhaltung technischer Standards zu vergewissern. Aus ökonomischer Sicht agieren Zertifizierungsgesellschaften als Informationsintermediäre, die Vertrauensdefizite am Markt ausgleichen und mithin zu dessen Funktionieren beitragen.[94]

2. Obligatorische Zertifizierung im öffentlichen Wirtschaftsverwaltungsrecht

Der Staat nutzt die private Zertifizierung heute vielfach zur Verwirklichung seiner Ordnungsziele, insbesondere indem er sie für bestimmte Gegenstände verpflichtend vorschreibt. Dies ist keine völlig neue Entwicklung, was erneut die Geschichte der Technischen Überwachungsvereine veranschaulicht. Die Tätigkeit der Vereine erwies sich als so erfolgreich, dass von ihnen geprüfte Dampfkessel zunächst von der staatlichen Kontrolle befreit wurden, ehe diese Tätigkeit um 1900 vollständig den privaten Akteuren übertragen

---

89 *Daskalova/Heldweg*, in: Rott, Certification – Trust, Accountability, Liability, S. 23 (50).

90 Z.B. die Zertifizierung von Qualitätsmanagementsystemen in der Automobilbranche, vgl. Kap. 2 C.III.1.a.

91 Vgl. *De Bruyne*, Eur. Rev. Priv. L. 2019, 429 (430); *Ferrari*, JETL 2010, 266 (267); *Jahn u.a.*, JCP 2005, 53 (54 ff.); *Möslein*, in: Burgi/Möslein, Zertifizierung nachhaltiger Kapitalgesellschaften, S. 3 (4); eingehend *Wangenheim, von*, in: Rott, Certification – Trust, Accountability, Liability, S. 11 ff.

92 Vgl. *Möslein*, in: Burgi/Möslein, Zertifizierung nachhaltiger Kapitalgesellschaften, S. 3 (4); ders. ZHR 2012, 470 (483).

93 Vgl. *Röhl/Schreiber*, Konformitätsbewertung in Deutschland, S. 15.

94 So zur Funktion von Klassifikationsgesellschaften im maritimen Bereich *Goebel*, RdTW 2018, 365 (365); monographisch *Goebel*, Classification Societies, S. 151 ff.; vgl. ferner *Daskalova/Heldweg*, in: Rott, Certification – Trust, Accountability, Liability, S. 23 (47).

wurde.[95] Damals wie heute stehen hinter diesen Formen der Privatisierung ähnliche Beweggründe:[96] Der finanziell und kapazitiv überforderte Staat macht sich die in der Gesellschaft vorhandenen Erfahrungen und Ressourcen zunutze. Gerade in technisch innovativen Bereichen leiden staatliche Behörden oft unter einem Wissensdefizit, das durch private Expertisen ausgeglichen wird. Schließlich ermöglicht die privatrechtliche Einkleidung der Zertifizierung, den Herausforderungen internationalisierter Märkte besser begegnen zu können, denn in grenzüberschreitenden Fällen offenbart das klassische nationalstaatliche Verwaltungsinstrumentarium aufgrund des Territorialitätsprinzips eine Zugriffsschwäche.[97]

Die Strukturen und die Praxis der privaten Zertifizierung wurden im Rahmen ihrer „Entdeckung" durch den nationalen und supranationalen Gesetzgeber zunehmend verrechtlicht. Dies macht deutlich, dass der Staat zwar öffentliche Aufgaben auf private Akteure überträgt, er sich aber andererseits nicht vollständig zurückzieht, sondern seiner „Gewährleistungsverantwortung"[98] durch die Ausgestaltung des rechtlichen Rahmens der Zertifizierung nachkommt. Er wird ihr etwa durch inhaltliche Vorgaben bzgl. der Zertifizierung, der Einführung strenger Akkreditierungsregime sowie durch behördliche Überwachungstätigkeiten gerecht.[99]

Charakteristisch für die obligatorischen Zertifizierungen ist trotz allem, dass es den Verpflichteten freisteht, an welche Zertifizierungsgesellschaft sie sich wenden. Dadurch gelten auch im öffentlich-rechtlichen Bereich die Gesetzmäßigkeiten des Marktes.[100] Die Zertifizierer handeln mit Gewinnerzielungsabsicht und sehen sich nationaler wie internationaler Konkurrenz ausgesetzt. Vielfach wird in diesem System die Gefahr von Fehlanreizen beschworen.[101] Führt eine Zertifizierungsgesellschaft sehr strenge Prüfungen durch, könnte dies zu einem Marktnachteil gegenüber anderen Anbietern führen, die besonders großzügig die erforderlichen Bescheinigungen

95 *Uekötter*, in: Handbuch Technikethik, S. 50 (51).

96 Eingehend zu diesen Gründen *Thoma*, Regulierte Selbstregulierung im Ordnungsverwaltungsrecht, S. 47 ff., 66 ff.

97 Vgl. zum Territorialitätsprinzip im internationalen öffentlichen Recht *Kegel/Schurig*, IPR, § 23 I 2.

98 Vgl. hierzu *Bieback*, Zertifizierung und Akkreditierung, S. 284 ff.; *Pünder*, ZHR 2006, 567 (594 f.); *Thoma*, Regulierte Selbstregulierung im Ordnungsverwaltungsrecht, S. 57 ff.; eingehend zur „Gewährleistungsverwaltung" m. w. N. *Schoch*, NVwZ 2008, 241.

99 *Pünder*, ZHR 2006, 567 (595).

100 *Daskalova/Heldweg*, in: Rott, Certification – Trust, Accountability, Liability, S. 23 (46 f.).

101 *De Bruyne*, Eur. Rev. Priv. L. 2019, 429 (447 f.); *De Bruyne/Vanleenhove*, JIML 2014, 103 (108 ff.); *Thoma*, Regulierte Selbstregulierung im Ordnungsverwaltungsrecht, S. 210, 450; *Wagner*, JZ 2018, 130 (135); *Wagner*, in MüKo BGB, § 823, Rn. 945.

ausstellen. Zudem garantieren nur positive Zertifizierungen die Aussicht auf Anschlussverträge mit dem jeweiligen Kunden.[102] Es ist zu vermuten, dass einzelne Unternehmen dazu neigen, sich an Zertifizierungsgesellschaften zu wenden, die im Ruf stehen, weniger streng zu prüfen. Es wird zunehmend kritisiert, dass es auf diese Weise zu einer „natürlichen Auslese“[103] unter den Zertifizierungsgesellschaften kommt.

3. Zwischenfazit

Festzuhalten bleibt, dass die freiwillige Zertifizierung im privatwirtschaftlichen Bereich in erster Linie ein Instrument zur Vereinfachung und Förderung des Handels darstellt. Auch wenn dieses Instrument zur Vermeidung von Informationsasymmetrien und zur Gewährleistung von Sicherheit und Qualität beiträgt, hat es überwiegend die Funktion einen Marktvorteil zugunsten der zertifizierten Unternehmen zu schaffen. Demgegenüber haben obligatorische Zertifizierungen des Wirtschaftsverwaltungsrechts primär eine öffentlich-rechtliche Ordnungsfunktion. Mit der Zuordnung zu dieser zweiten Kategorie ist allerdings noch nicht geklärt, wie ein Zertifizierungssystem (verwaltungs)rechtlich exakt zu qualifizieren ist. Insbesondere muss die Frage, ob die Zertifizierungsgesellschaft jeweils Hoheitsrechte ausübt, für jedes Zertifizierungssystem gesondert geprüft werden.

IV. Konkretisierung des Forschungsgegenstandes

1. Erforderlichkeit der Konkretisierung des technischen Zertifizierungsbegriffs

Die gängige Definition der Zertifizierung würde aufgrund ihres weiten Anwendungsbereichs eine Vielzahl von Phänomenen erfassen, denn private Akteure werden in den unterschiedlichsten Konstellationen herangezogen, um die Einhaltung vorher festgelegter Anforderungen einer Sache zu überprüfen und zu bescheinigen. Zu nennen sind etwa Immobiliengutachter, Wirtschaftsprüfer oder Rating-Agenturen. Auch die Einbindung privater Sachverständiger in staatliche Entscheidungsprozesse würde strenggenommen unter die Definition der Zertifizierung fallen. Erforderlich ist daher eine Einschränkung, die die Besonderheiten der Zertifizierung herausstellt und damit von anderen Prüftätigkeiten abgrenzt.

---

102 *Homburg/Becker*, WiSt 1996, 444 (448).

103 So im Zusammenhang mit dem brasilianischen Staudammunglück vom Januar 2019 der ehemalige Vorsitzende der Umweltbehörde von Minas Gerais *Julio Cesar Dutra Grillo*, zitiert nach einem Zeit-Online-Artikel von Maria da Luz Miranda v. 24.7.2019, abrufbar unter https://www.zeit.de/2019/31/tuev-sued-dammbruch-brasilien-bergbau-staatsanwaltschaft-ermittlungen/komplettansicht (Stand: 24.5.2023).

2. Funktional-normbezogener Zertifizierungsbegriff

Diesem vielfach nicht beachteten Eingrenzungsproblem begegnen *Röhl* und *Schreiber* mit der Entwicklung eines funktional-normbezogenen Begriffs der Konformitätsbewertung.[104] Die vorliegende Arbeit schließt sich diesem Begriffsverständnis an.

Zertifizierung in diesem Sinne zielt darauf ab, anerkennungsfähige Konformitätsaussagen zu treffen. Dies gilt zum einen für die Funktion der Erleichterung der Geschäftsbeziehungen im privatwirtschaftlichen Bereich, als auch für die öffentliche Ordnungsfunktion. In beiden Bereichen soll die Konformitätsaussage nicht lediglich im internen Bereich verwendet werden, sondern muss von anderen Akteuren anerkannt werden können. Diese Anerkennungsfähigkeit wird vor allem durch die gesetzliche oder vertragliche Bezugnahme auf harmonisierte Normen erreicht. Der Normbezug ist damit das zweite Kriterium, das zur Eingrenzung des Forschungsgegenstandes herangezogen wird. Die Normen legen nicht nur die materiellen Prüfungsanforderungen fest, sondern führen auch zu harmonisierten Zertifizierungsverfahren und sind deshalb entscheidend für die Anerkennungsfähigkeit der ausgestellten Zertifikate. Auch die Akkreditierung erfolgt auf der Grundlage von Normen. Der funktional-normbezogene Zertifizierungsbegriff umfasst daher nur solche Konformitätsprüfungen durch externe Stellen, die die Anerkennungsfähigkeit der Zertifikate zum Ziel haben und dies durch Bezugnahme auf die Standards und die Verfahren harmonisierter Normen erreichen.[105]

Bei einer Reihe von Prüfungstätigkeiten stellt sich die Frage, ob die Anforderungen an diesen Zertifizierungsbegriff erfüllt sind, also die Anerkennungsfunktion und der Normbezug gegeben sind. Die klassischen Formen der Sachverständigenbeteiligung[106] verfehlen bereits das funktionale Kriterium. Sie zielen in der Regel darauf ab, externen Sachverstand in ein Verwaltungsverfahren zu integrieren, wobei die Prüfbescheinigung lediglich

---

104 *Röhl/Schreiber*, Konformitätsbewertung in Deutschland, S. 19 ff. Zu beachten ist, dass die Autoren mit ihrer Begriffsbestimmung auch die anderen Formen der Konformitätsbewertungen erfassen (vgl. zur Konformitätsbewertung durch die „erste" und „zweite" Stelle, Kap. 2 A. I.). Im Rahmen dieser Arbeit ist jedoch nur die Variante der Zertifizierung durch externe Dritte von Interesse.

105 In Anlehnung an *Röhl/Schreiber*, Konformitätsbewertung in Deutschland, S. 26.

106 Bspw. Prüfingenieure für Baustatik, öffentlich-bestellte Vermessungsingenieure, Bezirksschornsteinfeger oder Sachverständige des Anlagengenehmigungsrechts (vgl. § 13 9. BImSchV, §§ 26, 29a BImSchG), für weitere Beispiele und Systematisierungsansätze, vgl. *Scholl*, Der private Sachverständige im Verwaltungsrecht, S. 45 ff.; *Seidel*, Privater Sachverstand und staatliche Garantenstellung im Verwaltungsrecht, S. 195 ff.

eine nationale Behörde adressiert und folglich kein darüberhinausgehendes Anerkennungsinteresse besteht.[107]

Auch Privatgutachter, Wirtschaftsprüfer und Rating-Agenturen prüfen die Konformität mit vorher festgelegten Anforderungen. Fraglos besteht ein Interesse des Marktes, auf die Richtigkeit der Prüfungsergebnisse dieser Akteure vertrauen zu können. Insofern verfolgen sie die die Schaffung anerkennungsfähiger Testate, die auch zu einer Vereinfachung von Geschäftsbeziehungen beitragen. Jedoch ist hier das Merkmal des Bezugs zu international harmonisierten Prüf- und Verfahrensnormen nicht erfüllt.[108]

Fraglich ist, ob bei der Vergabe von Gütezeichen[109] Zertifizierungen im funktional-normbezogenen Sinne stattfinden.[110] Bei Gütezeichen handelt es sich um „Garantieausweise", mit denen Produkte und Dienstleistungen gekennzeichnet werden, die nach zuvor festgelegten Qualitätsstandards hergestellt oder angeboten werden.[111] Die Kennzeichnung bezweckt, „dem Verbraucher neutrale, verlässliche Informationen für seine Marktauswahl zu geben."[112] Im Rahmen der Zeichenvergabe werden teilweise externe Prüfstellen eingeschaltet. Eine durch den Bezug auf harmonisierte Normen gewährleistete wechselseitige Anerkennungsfähigkeit wird hierbei jedoch nicht beabsichtigt.[113] Im Unterschied zur Zertifizierung erfolgt die Vergabe von Gütezeichen im Rahmen individueller und weniger starrer Systeme.[114] Insbesondere muss beachtet werden, dass sich die materiellen Qualitätskriterien nicht aus Normen ergeben, sondern im Wesentlichen von Unternehmen oder Verbänden entwickelt werden.[115] Die Vergabe von Gütezeichen erfüllt

107 *Röhl/Schreiber*, Konformitätsbewertung in Deutschland, S. 23; vgl. zu den Aspekten der Wissensversorgung und Wissensproduktion *Scholl*, Der private Sachverständige im Verwaltungsrecht, S. 104 f.

108 *Röhl/Schreiber*, Konformitätsbewertung in Deutschland, S. 27.

109 Gütezeichen sind etwa im Lebensmittelsektor weit verbreitet, z. B. das Siegel des Marine Stewardship Council (MSC) für nachhaltige Fischerei oder das Fairtrade-Siegel der Fairtrade Labelling Organizations, weitere Beispiele bei *Wollmann*, in: Pfeifer/Schmitt, Masing Handbuch Qualitätsmanagement, S. 769 (775 ff.).

110 *Röhl/Schreiber*, Konformitätsbewertung in Deutschland, S. 24 ff.

111 Vgl. Abschnitt 1.2. der Grundsätze für Gütezeichen des RAL Deutsches Institut für Gütesicherung und Kennzeichnung e. V., abrufbar unter https://www.ral-guetezeichen.de/wp-content/uploads/sites/2/2017/07/ral_broschuere_grundsaetze_fuer_ral_guetezeichen.pdf (Stand: 24.5.2023); vgl. zum RAL-Gütezeichen-System *Wollmann*, in: Pfeifer/Schmitt, Masing Handbuch Qualitätsmanagement, S. 769 (781 ff.).

112 Abschnitt 1., RAL-Grundsätze für Gütezeichen.

113 *Röhl/Schreiber*, Konformitätsbewertung in Deutschland, S. 26; vgl. auch *Wollmann*, in: Pfeifer/Schmitt, Masing Handbuch Qualitätsmanagement, S. 769 (785), der dies auch am Fehlen einheitlicher Notifizierungs- und Akkreditierungsverfahren festmacht.

114 *Wollmann*, in: Pfeifer/Schmitt, Masing Handbuch Qualitätsmanagement, S. 769 (775).

115 Trotz der strukturellen Unterschiede stellen Gütezeichen ein wichtige Selbstregulie-

damit nicht die Anforderungen an eine Zertifizierung im funktional-normbezogenen Sinne und bleibt daher im Rahmen dieser Arbeit außer Betracht.

C. Vorstellung ausgewählter Zertifizierungssysteme

Im Folgenden werden drei Zertifizierungssysteme näher vorgestellt. Die hier getroffene Auswahl soll die strukturellen und funktionalen Unterschiede der obligatorischen und freiwilligen Zertifizierung sowie die unterschiedlichen Grade der öffentlich-rechtlichen Prägung verdeutlichen.[116] Als Beispiel für eine obligatorische Zertifizierung des Wirtschaftsverwaltungsrechts wird die Zertifizierung des europäischen Produktsicherheitsrechts näher beleuchtet (I.). Ferner werden zwei Arten der freiwilligen Zertifizierung vorgestellt. Zunächst wird die Zertifizierung im Rahmen der Zuerkennung des GS-Zeichens untersucht, die sich dadurch auszeichnet, dass sie durch den Gesetzgeber eingehend mittels Rechtsvorschriften geregelt wurde (II.). Ebenfalls freiwillig, aber gesetzlich nicht geregelt, ist hingegen die Zertifizierung von Qualitätsmanagementsystemen nach ISO 9001 (III.).

I. Zertifizierung im europäischen Produktsicherheitsrecht

In keinem Anwendungsbereich sind die Strukturen der akkreditierten Zertifizierung stärker ausgeprägt als im Produktsicherheitsrecht.[117] Institutionell und normativ hat dieses Gebiet heute Modellcharakter für andere Anwendungsbereiche der Zertifizierung. Die vormals nationalen Strukturen wurden in der Union nunmehr durch ein ausdifferenziertes harmonisiertes Regelwerk abgelöst, dem es im Kern um die Abschaffung nationaler Marktzugangsregime und somit um die Vollendung des Binnenmarktes geht.[118] Das erfolgreiche Durchlaufen der in der Union vorgeschriebenen Konfor-

---

rungsmaßnahme der Wirtschaft dar, vgl. *Wollmann*, in: Pfeifer/Schmitt, Masing Handbuch Qualitätsmanagement, S. 769 (785 f.).

116 Auch andere Systematisierungsansätze wären denkbar. Bspw. könnte nach dem Grad der staatlichen Überwachung, der Zertifizierungsgegenstände oder der Herkunft der überprüften Maßstäbe differenziert werden, vgl. die Ansätze von *De Bruyne*, Third-Party Certifiers, S. 77 ff. Die hier vorgenommen Differenzierung bringt jedoch am deutlichsten die strukturellen Unterschiede der verschiedenen Zertifizierungsformen zum Ausdruck.

117 Vgl. *Dimitropoulos*, Zertifizierung und Akkreditierung im Internationalen Verwaltungsverbund, S. 77 f.; *Bieback*, Zertifizierung und Akkreditierung, S. 32, die gar vom „Prototyp der Zertifizierung" spricht.

118 International geben die Abkommen der Welthandelsorganisation (WTO) den Rahmen vor, in den auch das europäische Produktsicherheitsrecht eingebettet ist, eingehend *Dimitropoulos*, Zertifizierung und Akkreditierung im Internationalen Verwaltungsverbund, S. 78 ff.

mitätsbewertungsverfahren berechtigt den Hersteller eines Produkts zur Anbringung des bekannten CE-Kennzeichens. Es signalisiert die Einhaltung der sicherheitsrechtlichen Vorgaben und dient dem jeweiligen Produkt als „Reisepass"[119] bzw. „Schlüssel"[120] zum Binnenmarkt. Der angestrebte freie Warenverkehr steht dabei in einem Spannungsverhältnis zu dem parallel verfolgten Ziel, Verbraucher und Öffentlichkeit vor unsicheren Produkten zu schützen.

1. Hintergrund

a. Genese des europäischen Produktsicherheitsrechts

Der europäische Binnenmarkt kann nicht allein durch den Abbau von Handelserschwernissen wie Zöllen und mengenmäßigen Beschränkungen (vgl. Art. 34 – 36 AEUV) erreicht werden. Ein gemeinsamer Markt zeichnet sich idealerweise auch durch harmonisierte Produktanforderungen bzw. ein einheitliches Marktzugangsregime aus.[121] Es gilt zu verhindern, dass gefahrenträchtige Produkte wie etwa Maschinen, Spielzeug oder Medizinprodukte bei grenzüberschreitendem Vertrieb in jedem Mitgliedsstaat ein neues Zulassungsverfahren mit unterschiedlichen technischen Vorgaben und sicherheitsrechtlichen Anforderungen durchlaufen müssen.[122] Hersteller wären gezwungen, unterschiedliche Serien ihrer Produkte zu produzieren, um den divergierenden Anforderungen gerecht zu werden. Die vielen durchzuführenden Verfahren wären zeit- und kostenintensiv, würden den Freihandel stark einschränken und gingen zulasten der Wettbewerbsfähigkeit europäischer Unternehmen auf dem Weltmarkt.[123] Zu beachten ist, dass sich die Mitgliedstaaten in diesem Bereich der einfuhrbeschränkenden Maßnahmen gleicher Wirkung in vielen Fällen auf berechtigte Schutzinteressen i. S. v. Art. 36 AEUV, insbesondere den Verbraucher-, Umwelt- und Arbeitnehmerschutz, berufen konnten, weswegen die unterschiedlichen Anforderungen nach dem Primärrecht gerechtfertigt waren.[124] Ohne einen auf europäischer Ebene initiierten Prozess der Rechtsangleichung, drohte eine Zersplitterung des Binnenmarkts.[125]

---

119 *Ensthaler u. a.*, Zertifizierung und Akkreditierung, S. 187.

120 *Wagner*, BB 1997, 2489 (2497).

121 Vgl. *di Fabio*, Produktharmonisierung durch Normung und Selbstüberwachung, S. 2 ff.

122 *Bieback*, Zertifizierung und Akkreditierung, S. 41 f.; *Pünder*, ZHR 2006, 567 (569).

123 Vgl. *di Fabio*, Produktharmonisierung durch Normung und Selbstüberwachung, S. 4.

124 *Langner*, in Dauses/Ludwigs, Hdb. EU-WirtschaftsR, C.VI. Rn. 2; *Tünnesen-Harmes*, DVBl. 1994, 1334 (1335).

125 *Langner*, in Dauses/Ludwigs, Hdb. EU-WirtschaftsR, C.VI. Rn. 2.

Um dem entgegenzuwirken, verfolgte die Europäische Union zunächst eine Strategie der Detailharmonisierung.[126] Dabei entwickelte der europäische Gesetzgeber selbst Rechtsvorschriften, die bis ins kleinste Detail die produktsicherheitsrechtlichen und technischen Anforderungen für die einzelnen Produktkategorien regelten. Dieses sogenannte alte Konzept war Ausdruck des traditionellen Modells, in dem es nationalen Behörden vorbehalten war, technische Rechtsvorschriften auszuarbeiten und in dem Wirtschaftsakteuren bei Fragen der öffentlichen Sicherheit und Gesundheit mit Misstrauen begegnet wurde.[127] Wenngleich diese Strategie im Lebensmittelrecht und im Automobilbereich auch heute noch verfolgt wird, gilt sie im Bereich der Produktsicherheit als gescheitert.[128] So erschwerte insbesondere das bis 1986 bestehende Einstimmigkeitserfordernis (damals Art. 100 EWG) die Annahme der Rechtsvorschriften.[129] Der große gesetzgeberische Aufwand machte das Modell schwerfällig und unflexibel, wodurch es den technologischen Entwicklungen notorisch hinterherhinkte.[130] Dies hatte eine abschreckende Wirkung auf die Hersteller innovativer Produkte und bewirkte somit eine Blockade für den weiteren Fortschritt.[131]

Die Aufgabe des alten und die dann erfolgte Einführung des neuen Konzepts (engl. „New Approach"), muss auch vor dem Hintergrund des Grundsatzes der gegenseitigen Anerkennung gesehen werden, insbesondere in seiner Ausgestaltung durch den EuGH in der Rechtssache *Cassis de Dijon*.[132] Ihm zufolge soll ein Produkt, das in einem Mitgliedstaat rechtmäßig hergestellt und in Verkehr gebracht wurde, grundsätzlich in der gesamten Union verkehrsfähig sein.[133] Sollen Handelshemmnisse aufgrund mitgliedsstaatlicher Rechtsunterschiede allein durch den Anerkennungsgrundsatz[134] überwunden

---

126 *Langner*, in Dauses/Ludwigs, Hdb. EU-WirtschaftsR, C.VI. Rn. 3; *Klindt*, EuZW 2002, 133 (133 f.).

127 *EU-Kommission*, Leitfaden für die Umsetzung der Produktvorschriften der EU 2016 („Blue Guide"), 2016, Abschnitt 1.1.1.

128 Vgl. *di Fabio*, Produktharmonisierung durch Normung und Selbstüberwachung, S. 7; *Klindt*, EuZW 2002, 133 (133); *Reihlen*, EuZW 1990, 444 (446); *Schucht*, EuZW 2017, 46 (46); *Tünnesen-Harmes*, DVBl. 1994, 1334 (1336); *Wagner*, AcP 2006, 352 (436 f., 440).

129 *EU-Kommission*, Leitfaden für die Umsetzung der Produktvorschriften der EU 2016 („Blue Guide"), Abschnitt 1.1.1.

130 *Klindt*, EuZW 2002, 133 (133).

131 *Langner*, in Dauses/Ludwigs, Hdb. EU-WirtschaftsR, C.VI. Rn. 3; *Schucht*, EuZW 2017, 46 (46).

132 EuGH, Urt. v. 20.2.1979 – C-120/78 (*Cassis de Dijon*) = NJW 1979, 1766.

133 *EU-Kommission*, Leitfaden für die Umsetzung der Produktvorschriften der EU 2016 („Blue Guide"), 2016, Abschnitt 1.1.2.; *Kaufhold*, EuR 2012, 408 (411).

134 Die Grundidee der gegenseitigen Anerkennung im Bereich des Warenverkehrs wurde in der Folge auf viele andere Bereiche übertragen. Sie gilt als Keimzelle des Grundsatzes des gegenseitigen Vertrauens, der heute die Zusammenarbeit im „Raum der

werden, ist indes (aller nationaler Besonderheiten zum Trotz) eine prinzipielle Vergleichbarkeit der Rechtsordnungen erforderlich. Diese Prämisse war im Bereich der Marktzugangsverfahren und Produktzertifizierung nicht erfüllt, sodass in der Praxis der Nachweis der Gleichwertigkeit kaum zu erbringen war.[135]

Lediglich auf den Anerkennungsgrundsatz zu setzen, genügte also nicht, um die Handelshemmnisse in diesem Bereich abzubauen. Es war vielmehr erforderlich, parallel eine Strategie der teilweisen Harmonisierung zu verfolgen, um zunächst eine höhere Vergleichbarkeit der nationalen Verfahren und damit die Wirkungsvoraussetzung für den Anerkennungsgrundsatz zu schaffen.

Entscheidend war, dass bereits auf der Grundlage der *Cassis de Dijon*-Entscheidung die Mitgliedstaaten die Vermarktung EU-ausländischer Produkte nur noch im Fall der Nichteinhaltung „wesentlicher Anforderungen“ verbieten oder einschränken konnten.[136] Unter diesen Rahmenbedingungen beschränkt sich die EU auf die Rechtsangleichung dieser „wesentlichen bzw. grundlegenden Anforderungen“, was einen deutlich einfacheren gesetzgeberischen Auftrag darstellt. Nicht wesentliche Anforderungen zu vereinheitlichen war nicht mehr erforderlich, da deren Nichteinhaltung nicht mehr einen Grund für die Einschränkung der Warenverkehrsfreiheit darstellte.[137] Damit war die Strategie der Detailharmonisierung obsolet geworden. An ihre Stelle trat eine Kombination aus teilweiser Harmonisierung und gegenseitiger Anerkennung.[138] Ihre Umsetzung wurde mit der Entschließung des Rates vom 7.5.1985 über eine neue Konzeption auf dem Gebiet der technischen Harmonisierung und der Normung in die Wege geleitet.[139]

b. Grundprinzipien des Neuen Konzepts

Dieses Neue Konzept beruht wesentlich auf den folgenden vier Grundprinzipien:[140]

Freiheit, des Sicherheit und des Rechts“ (Art. 67 ff. AEUV) prägt, vgl. *Kaufhold*, EuR 2012, 408 (410 ff.).

135 *Tünnesen-Harmes*, DVBl. 1994, 1334 (1336).

136 *EU-Kommission*, Leitfaden für die Umsetzung der Produktvorschriften der EU 2016 („Blue Guide“), 2016, Abschnitt 1.1.3.

137 Ebd.

138 Siehe zu der notwendigen Parallele von gegenseitiger Anerkennung und teilweiser Rechtsangleichung auch das Weißbuch der Europäischen Kommission zur „Vollendung des Binnenmarktes“ von 1985, KOM(85) 310 endg. Nr. 64.

139 Entschließung des Rates vom 7.5.1985 über eine neue Konzeption auf dem Gebiet der technischen Harmonisierung und der Normung, ABl. 1985 C 136, 01.

140 Vgl. *Langner*, in Dauses/Ludwigs, Hdb. EU-WirtschaftsR, C.VI. Rn. 8; Kommission,

(1) Der europäische Gesetzgeber harmonisiert im Interesse des Gemeinwohls lediglich die wesentlichen Sicherheitsanforderungen, die für Produkte im europäischen Binnenmarkt gelten sollen. Indem relativ allgemein gehaltene Zielvorgaben, insbesondere für die Aspekte des Verbraucher-, Umwelt- und Gesundheitsschutzes, definiert werden, können die Rechtsakte schlanker und prägnanter ausfallen. Der Gesetzgebungsprozess wird insgesamt vereinfacht, wodurch ein Regulierungsmodell entsteht, in dem flexibler auf Innovationen reagiert werden kann.
(2) Die gesetzlich festgelegten wesentlichen Anforderungen werden dann von den europäischen Normungsorganisationen konkretisiert. Die ausgearbeiteten technischen Normen werden von den nationalen Normungsorganisationen übernommen und in dem jeweiligen Mitgliedstaat bekannt gemacht (in Deutschland durch das Deutsche Institut für Normung als DIN EN).
(3) Die Anwendung dieser technischen Normen ist für die Hersteller von Produkten freiwillig. Rechtlich verpflichtet sind sie lediglich zur Einhaltung der wesentlichen Anforderungen.
(4) Bei Einhaltung der technischen Normen wird widerlegbar vermutet, dass der Hersteller die wesentlichen Anforderungen erfüllt hat, sog. Konformitätsvermutung. Der Hersteller muss dann die Einhaltung der wesentlichen Anforderungen nicht durch ein supranationales oder nationales Verfahren nachweisen.

c. Das globale Konzept für Zertifizierung und Prüfwesen und die modulare Konzeption der Konformitätsbewertungsverfahren

Die mit dem Neuen Konzept eingeleitete industrie- und wirtschaftspolitische Wende wird ergänzt durch das sogenannte globale Konzept.[141] Die Ergänzung war notwendig, weil sich das Neue Konzept zunächst nur sehr allgemein mit der Frage beschäftigte, wie die Konformität eines Produkts mit den wesentlichen Anforderungen oder den harmonisierten Normen untersucht und bestätigt wird.[142] Wichtigstes Anliegen des globalen Konzepts war es, ein System zu schaffen, wonach die nationalen Behörden, die in anderen Mitgliedstaaten erbrachten Herstellererklärungen und Zertifizierungen gegenseitig anerkennen.[143] Hierfür sollten die Normen für die Anerkennung, Organisation und Arbeitsweise der benannten Zertifizierungsstellen, sowie

„Blue Guide", 2016, Abschnitt 1.1.3; *Klindt*, EuZW 2002, 133 (134); *Schucht*, EuZW 2017, 46 (46, 47); *Weiß*, Die rechtliche Gewährleistung der Produktsicherheit, S. 265 f.

141 Es ist zurückzuführen auf die Mitteilung der Kommission über ein globales Konzept für Zertifizierung und Prüfwesen vom 15.6.1989 (ABl. 1989 C 267, 3).

142 *Langner*, in Dauses/Ludwigs, Hdb. EU-WirtschaftsR, C.VI. Rn. 12.

143 *Schneider*, Zertifizierung im Rahmen der CE-Kennzeichnung, S. 6.

der staatlichen Akkreditierungsstellen harmonisiert werden.[144] Durch die Vereinheitlichung der Konformitätsbewertungsverfahren wird die Grundlage für das wechselseitige Vertrauen in nationale Entscheidungen geschaffen. Das Konzept der Kommission wurde vom Rat in einem (ebenfalls rechtlich nicht bindenden) Entschluss angenommen.[145]

Auf der Grundlage des globalen Konzepts wurde insbesondere die sogenannte modulare Konzeption entwickelt.[146] In dieser wurden acht unterschiedliche Konformitätsbewertungsverfahren geschaffen, derer sich der EU-Gesetzgeber nach dem „Baukasten"-Prinzip[147] bedienen kann (aber nicht muss). Die einzelnen Module definieren unterschiedliche Anforderungen an die Qualitätssicherung, Prüfung und Zertifizierung. Die Konformitätsbewertung ist dabei entweder produkt- oder prozessorientiert, d. h. sie nimmt entweder das konkrete Erzeugnis oder das Herstellungs- und Entwicklungsverfahren in den Blick.[148] Alle Konformitätsbewertungsverfahren enden mit der Erklärung des Herstellers über die Einhaltung des Sicherheitsrechts (sog. Konformitätserklärung[149]) und der Anbringung des CE-Zeichens durch den Hersteller. Inwiefern in diesem Verfahren externe Zertifizierungsstellen einzuschalten sind, bestimmt sich danach, welches Modul bzw. welche Module nach der jeweils einschlägigen Richtlinie oder Verordnung gelten. Sind Zertifizierungsstellen hinzuziehen, stellen diese im Falle einer erfolgreichen Prüfung eine Bescheinigung aus, die den nationalen Behörden im Rahmen des grenzüberschreitenden Warenverkehrs die Einhaltung der wesentlichen Sicherheitsanforderungen signalisiert.

---

144 *Schneider*, Zertifizierung im Rahmen der CE-Kennzeichnung, S. 6.

145 Entschließung des Rates vom 21. Dezember 1989 zu einem Gesamtkonzept für die Konformitätsbewertung, ABl. 1990 C 10, 1.

146 Beschluss 90/683/EWG des Rates vom 13.12.1990 (ABl. 1990 L 380, 13); später ersetzt durch den Beschluss 93/465/EWG des Rates vom 22.6.1993 (ABl. 1993 L 220, 23).

147 *Langner*, in Dauses/Ludwigs, Hdb. EU-WirtschaftsR, C.VI. Rn. 14.

148 *Langner*, in Dauses/Ludwigs, Hdb. EU-WirtschaftsR, C.VI. Rn. 31; *Spoerr*, in Meyer-Sparenberg/Jäckle, Beck'sches M&A-Hdb., § 83 Rn. 12.

149 Die Konformitätserklärung ist eine Eigenerklärung des Herstellers, die gemeinsam mit der Anbringung des CE-Zeichens den Abschluss des Konformitätsbewertungsverfahrens zum Ausdruck bringt. Der Hersteller erklärt mit ihr, dass er die Verantwortung für die Konformität des Produkts übernimmt. Sie gehört grundsätzlich nicht zum Lieferumfang des Produkts (Ausnahme: Art. 5 Abs. 1 lit. e Maschinen-RL 2006/42/EG), vgl. zur Konformitätserklärung *EU-Kommission*, Leitfaden für die Umsetzung der Produktvorschriften der EU 2016 („Blue Guide"), 2016, Abschnitt 4.4., *Schucht*, NJW 2019, 1335 (1336).

Neben allgemeinen Leitlinien für die Anwendung von Konformitätsbewertungsverfahren unterscheidet die Konzeption folgende an Prüfungsintensität zunehmenden Module:[150]

- *(A) Interne Fertigungskontrolle:* Dieses Modul wird vielfach für Produkte mit geringem Risikopotenzial eingesetzt. Das Konformitätsbewertungsverfahren ist relativ unkompliziert, da es das einzige ist, dass ohne die Einschaltung einer benannten Stelle auskommt.
- *(B) EG-Baumusterprüfung:* Die Zertifizierungsstellen prüfen nach diesem Modul vom Hersteller bereitgestellte Prototypen sowie die technische Dokumentation. Das Verfahren mündet bei positiver Prüfung in der Ausstellung einer Baumusterprüfbescheinigung. Das Modul ist auch in Kombination mit den Modulen A, C, D, E oder F anwendbar.
- *(C) Konformität mit der Bauart:* Es kommt nur i. V. m. dem Modul B zum Einsatz. Der Hersteller muss für alle Produkte sicherstellen und erklären, dass sie entsprechend der im Rahmen von Modul B geprüften Baumuster hergestellt wurden.
- *(D) Qualitätssicherung Produktion:* Der Hersteller muss nach diesem Modul ein zugelassenes Qualitätsmanagementsystem[151] für die Herstellung, Endabnahme und Prüfung einführen und bei der Produktion laufend einhalten, was wiederum von einer benannten Stelle überprüft und bescheinigt wird.
- *(E) Qualitätssicherung Produkt:* Hier muss der Hersteller ein Qualitätssicherungssystem einführen, bei dem anders als im Modul D nicht der Produktionsvorgang, sondern jedes einzelne Produkt überprüft wird. Das Qualitätssicherungssystem wird von der benannten Stelle überprüft. Dessen Einhaltung wird überwacht und entsprechend bescheinigt.
- *(F) Prüfung der Produkte:* Das Verfahren sieht je nach Wahl des Herstellers entweder die Prüfung jedes einzelnen Produkts oder mindestens eine statistische Kontrolle durch eine benannte Stelle vor. Aufgrund der engen Einbindung der Zertifizierungsstellen bietet sich dieses Modul bei hohen Sicherheitsanforderungen an.
- *(G) Einzelprüfung:* Hier ist die Prüfung jedes einzelnen Produkts durch eine benannte Stelle ausdrücklich erforderlich. Eine Prüfung auf statistischer Grundlage ist nicht mehr möglich.
- *(H) Umfassende Qualitätssicherung:* Nach diesem sehr aufwändigen Verfahren muss ein von einer benannten Stelle zu überprüfendes umfassendes Qualitätssicherungssystem für Entwurf, Herstellung, Endabnahme und Prüfung beachtet werden.

---

150 Vgl. die Darstellungen von *Ensthaler*, in: Pfeifer/Schmitt, Masing Handbuch Qualitätsmanagement, S. 125 (145 f.); *Schneider*, Zertifizierung im Rahmen der CE-Kennzeichnung, S. 44 ff.

151 In Betracht kommt die Zertifizierung nach ISO 9001, vgl. Kap. 2 C.III.6.

d. Entwicklung des rechtlichen Rahmens unter dem Neuen und globalen Konzept

Das Grundmodell des Neuen Konzepts, also die Entwicklung „generalklauselartig formulierter Sicherheitsanforderungen“[152] in Kombination mit der dynamischen Einbeziehung von harmonisierten Normen wird – gestützt auf Art. 114 ff. AEUV – für eine Vielzahl von Produkttypen und Gefahrenquellen eingesetzt. Prinzipiell kommt es für alle Produkte in Betracht, die weder einer hoheitlichen Prüfung unterzogen werden müssen noch gänzlich dem freien Markt überlassen werden können.[153] Der Anwendungsbereich umfasst beispielsweise Maschinen[154] und Medizinprodukte[155]. Ein Beispiel für die Regulierung produktunspezifischer Gefahrenquellen ist die Richtlinie 2014/30/EU[156] über die elektromagnetische Verträglichkeit von Betriebsmitteln. Zu beachten ist, dass für ein einzelnes Produkt sowohl produktbezogene (vertikale), als auch gefahrenspezifische (horizontale) Richtlinien gelten können, was ggf. mehrere Konformitätsbewertungs- und Zertifizierungsverfahren erforderlich macht.[157]

Die sektoralen Bestimmungen des Neuen Konzepts werden von der sogenannten allgemeinen Produktsicherheitsrichtlinie 2001/95/EG[158] überlagert. Nach ihrem Art. 2 lit. a gilt sie für alle Produkte, die für Verbraucher bestimmt sind oder unter vernünftigerweise vorhersehbaren Bedingungen von Verbrauchern benutzt werden könnten. Gemäß Art. 1 Abs. 2 UAbs. 1 findet sie aber nur Anwendung, wenn für das jeweilige Produkt keine spezielleren Bestimmungen existieren.[159] Strukturell übernimmt die Richtlinie einige Merkmale des Neuen Konzepts, jedoch nicht alle.[160] Insbesondere ist in ihrem Anwendungsbereich keine CE-Kennzeichnung vorgesehen. Auf-

---

152 *Klindt*, EuZW 2002, 133 (133).

153 *Dimitropoulos*, Zertifizierung und Akkreditierung im Internationalen Verwaltungsverbund, S. 96.

154 RL 89/392/EWG (ABl. 1989 L 183, 9), abgelöst durch RL 98/37/EG (ABl. 1998 L 201, 1), abgelöst durch die heutige RL 2006/42/EG (ABl. 2006 L 157, 24).

155 Zunächst in RL 90/385/EWG (ABl. 1990 L 189, 17) und RL 93/42/EWG (ABl. 1993 L 169, 1) und ergänzt durch RL 98/79/EG (ABl. 1998 L 331, 1). Ab dem 26.5.2020 bzw. dem 26.5.2022 gelten signifikante Änderungen durch die VO (EU) 2017/745 (ABl. 2017 L 117, 1) und die VO (EU) 2017/746 (ABl. 2017 L 117, 176); siehe zum Regelwerk in diesem Bereich auch *Langner,* in Dauses/Ludwigs, Hdb. EU-WirtschaftsR, C.VI. Rn. 136 ff.

156 ABl. L 96, 79.

157 *Langner,* in Dauses/Ludwigs, Hdb. EU-WirtschaftsR, C.VI. Rn. 16, dort auch zur Kritik an diesem Umstand.

158 ABl. L 2002 L 11, 4, sie ersetzte die RL 92/59/EWG (ABl. 1992 L 228, 24).

159 Auch wenn es spezieller Vorschriften gibt, können Teilaspekte der RL 2001/95/EG in den Fällen des Art. 1 Abs. 2 UAbs. 2 dennoch zur Anwendung kommen.

160 *Klindt*, EuZW 2002, 133 (136).

grund der Auffangfunktion der RL hätte dies andernfalls eine Kennzeichnungspflicht für sämtliche Verbraucher-Produkte und damit eine inflationäre Verwendung des CE-Zeichens nach sich gezogen. Komplettiert wird die Sicherheitsarchitektur noch durch die Verordnung 764/2008/EG[161], die zu einer Rechtsangleichung im produktrechtlich ansonsten nicht harmonisierten Bereich führt.[162]

Nach eingehender Überprüfung des Neuen Konzepts wurden 2008 verschiedene Aspekte durch das sog. „New Legislative Framework" (NLF) reformiert.[163] Wichtige Rechtsakte des NLF sind der Beschluss 768/2008/EG[164] und die Verordnung 765/2008/EG[165]. In ersterem verständigte man sich auf die künftige Vereinheitlichung der Konformitätsverfahren, insbesondere wenn das Produkt von mehreren harmonisierten Vorschriften erfasst wird.[166] Mit der Verordnung 765/2008/EG wurden u.a. behördliche Meldepflichten ausgeweitet und das Recht der behördlichen Marktüberwachung erstmals umfassend harmonisiert. Durch die Zurückdrängung nationaler Spielräume wurde ein nahezu geschlossenes europäisches Regelungssystem geschaffen.[167] Für das Recht der Zertifizierung bedeutsam ist, dass die Verordnung 765/2008/EG erstmals harmonisierte Standards für die Akkreditierung der benannten Zertifizierungsstellen schuf. Außerdem wurden allgemeine Grundsätze zur CE-Kennzeichnung festgelegt, die das bisherige Regelwerk konkretisierten.

e. Die europäische Normung im Rahmen des Neuen Konzepts

Die private Industrienormung war historisch gesehen ein Instrument der Selbstregulierung der Wirtschaft, das durch das Neue Konzept für das öffentliche Wirtschaftsverwaltungsrecht nutzbar gemacht wurde.[168] Dies konnte durch die Implementierung der technischen Normen in das gesetzliche Regulierungssystem erreicht werden: Im Rahmen des Neuen Konzepts löst die Einhaltung bestimmter Normen die widerlegliche Vermutung aus, dass die in den Richtlinien festgelegten grundlegenden Sicherheitsanforde-

161 ABl. 2009 L 218, 21.
162 Vgl. hierzu *Schucht*, NJW 2019, 1335 (1339f.).
163 Siehe hierzu ausführlich *Kapoor/Klindt*, EuZW 2009, 134; *Schucht*, EuZW 2014, 848.
164 Beschluss 768/2008/EG des Europäischen Parlaments und des Rates vom 9.7.2008 über einen gemeinsamen Rechtsrahmen für die Vermarktung von Produkten und zur Aufhebung des Beschlusses 93/465/EWG des Rates (ABl. 2008 L 218, 82).
165 VO 765/2008/EG des Europäischen Parlaments und des Rates vom 9.7.2008 über die Vorschriften für die Akkreditierung und Marktüberwachung im Zusammenhang mit der Vermarktung von Produkten und zur Aufhebung der Verordnung (EWG) Nr. 339/93 des Rates (ABl. 2008 L 218, 30).
166 *Langner*, in Dauses/Ludwigs, Hdb. EU-WirtschaftsR, C.VI. Rn. 19.
167 *Schucht*, EuZW 2014, 848 (853).
168 *di Fabio*, Produktharmonisierung durch Normung und Selbstüberwachung, S. 50.

rungen erfüllt sind. Die Hersteller können den Konformitätsnachweis zwar prinzipiell auch erbringen, indem sie von den rechtlich nicht bindenden Normen abweichen und eigene Lösungen finden, die den grundlegenden Anforderungen entsprechen. Zumeist wählen sie jedoch den einfacheren Weg der Einhaltung der relevanten Normen, um in den Genuss der Konformitätsvermutung zu kommen.[169]

Die Konformitätsvermutung setzt voraus, dass die Hersteller unter der Vielzahl der in Europa existierenden Normen die sogenannten harmonisierten Normen einhalten. Dies sind ausweislich des Art. 2 Nr. 1 lit. c der EU-Normungsverordnung[170] jene, die auf Grundlage eines Auftrags der Kommission zur Durchführung von Harmonisierungsrechtsvorschriften ausgearbeitet wurden. Die europäische Kommission beauftragt je nach Regelungsmaterie eine der europäischen Normungsorganisationen (vgl. Anhang I der Normungsverordnung) mit der Konkretisierung der grundlegenden Anforderungen. Speziell für die Bereiche Elektrotechnik und Telekommunikation sind jeweils das CENELEC (*Comité Européen de Normalisation Électrotechnique*) und das ETSI (*European Telecommunications Standards Institute*) zuständig. Für die übrigen Bereiche wird das CEN[171] (*Comité Européen de Normalisation*) mit der Ausarbeitung betraut. Sie alle arbeiten dabei eng mit den internationalen Normungsorganisationen ISO und IEC zusammen.[172] Die Kommission prüft, ob die erarbeiteten Normen die grundlegenden Anforderungen, wie sie in der jeweils einschlägigen Richtlinie festgelegt wurden, einhalten. Sie werden dann im Amtsblatt der EU veröffentlicht und von den nationalen Organisationen in nationale Normen umgewandelt (in Deutschland dann als DIN EN).[173]

Die drei Normungsorganisationen sind privatrechtlich als Vereine nach belgischem (CEN und CENELEC) bzw. französischem Recht (ETSI) organisiert. Auch wenn die von ihnen entwickelten Normen nicht unmittelbar rechtlich bindend sind und sie formal von der Kommission angenommen werden, muss sich das regulatorische Instrument der dynamischen Verweisung auf privat gesetzte Normen am Demokratie- und Rechtsstaatsprinzip messen lassen. Da die Normen lediglich eine Vermutungswirkung auslösen und nicht in den Rang der auf sie verweisenden Rechtsvorschriften erhoben

---

169 *Thoma*, Regulierte Selbstregulierung im Ordnungsverwaltungsrecht, S. 174.
170 VO 1025/2012/EU (ABl. 2012 L 316, 12).
171 Vgl. Art. 2 Abs. 8 der VO (EU) 1025/2012 (ABl. 2012 L 316, 12).
172 Die Arbeit von CEN und ISO wird bspw. durch das sog. Wiener Abkommen von 1991 koordiniert.
173 Vgl. *Langner*, in Dauses/Ludwigs, Hdb. EU-WirtschaftsR, C.VI. Rn. 24.

werden, wird das Modell jedoch verfassungsrechtlich für zulässig gehalten.[174]

Die Bedeutung der europäischen Normung wird ferner stark durch die Rechtsprechung des EuGH beeinflusst. In der Rechtssache *Fra.bo* entschied er, dass sich die Tätigkeiten einer privaten Normungsorganisation (sie war im Fall zugleich auch die Zertifizierungsstelle) an der Warenverkehrsfreiheit des Art. 34 AEUV messen lassen muss.[175] Damit wird der faktisch marktzugangsregelnden Funktion der privaten Normung Rechnung getragen. Außerdem erklärte sich der EuGH zuständig für die Auslegung der harmonisierten Normen im Vorabentscheidungsverfahren nach Art. 267 AEUV.[176] Auch wenn die Normen von privaten Akteuren erarbeitet werden, stellen sie doch aufgrund der Vermutungswirkung, der Beauftragung durch die Kommission und der Veröffentlichung im Amtsblatt einen justiziablen Teil des Unionsrechts dar. In dieser Rechtsprechungslinie, die mit dem Urteil *Schmitt* zum PIP-Fall[177] ihre Fortsetzung fand, sehen *Verbruggen* und *van Leeuwen* richtigerweise eine zunehmende *„constitutionalisation of private regulation"*.[178] Die weitreichende Einbeziehung privater Akteure in die Gewährleistung der Produktsicherheit erfordert aufgrund des großen öffentlichen Interesses einen regulatorischen Rahmen, in dem den Befugnissen Privater Grenzen gesetzt werden und Rechtsverstöße gerichtlich geltend gemacht werden können. Das auch hier zutage tretende Spannungsverhältnis aus öffentlichem und Privatrecht ist prägend für die Rechtsbeziehungen zwischen den Akteuren des Neuen Konzepts, einschließlich der Verbraucher.

f. Ergänzende Marktüberwachung

Nationale Behörden übernehmen die Aufgabe der Marktüberwachung. Diese dient als Korrektiv für das liberale europäische Marktzugangsregime, das auf staatliche Zulassungsverfahren vor dem Inverkehrbringen des Produkts verzichtet.[179] Das erstmals durch das NLF harmonisierte Recht der Marktüberwachung[180] sieht Maßnahmen gegen Verstöße des formellen und ma-

174 *di Fabio*, Produktharmonisierung durch Normung und Selbstüberwachung, S. 19 ff., 93 ff.; *Weiß*, Die rechtliche Gewährleistung der Produktsicherheit, S. 329 ff.; vgl. auch *Winkler*, AL 2012, 92.

175 EuGH, Urt. v. 12.7.2012 – C-171/11 (*Frau.bo*) = EuZW 2012, 797; eingehend hierzu *Saria*, EuZW 2020, 53; *Saria*, EuZW 2020, 90.

176 EuGH, Urt. v. 27.10.2016 – C-613/14 (*James Elliott*) = NJW 2017, 311.

177 EuGH, Urt. v. 16.2.2017 – C-219/15 (*Schmitt*) = NJW 2017, 1161; vgl. zum PIP-Fall, Kap. 1 A. I.

178 *Verbruggen/Leeuwen, van*, ELR 2018, 394 (405 ff.).

179 *Schucht*, NJW 2019, 1335 (1339); *Schucht*, BB 2015, 654 (655).

180 Zuletzt reformiert durch die VO 2019/1020 vom 20.6.2019 über Marktüberwachung und die Konformität von Produkten, eingehend hierzu *Geiß/Felz*, NJW 2019, 2961.

teriellen Produktsicherheitsrechts vor.[181] Die Behörden müssen bei einem Verstoß geeignete Maßnahmen ergreifen. Im Rahmen ihrer Tätigkeit können sie Unterlagen von den Herstellern einfordern, Stichproben vornehmen oder unangekündigte Inspektionen vor Ort durchführen.[182] Nach einer erfolglosen Aufforderung an den Hersteller, Korrekturmaßnahmen zu ergreifen, sieht der Maßnahmenkatalog u. a. die Verhinderung der Bereitstellung auf dem Markt, die Rücknahme des Produkts oder gar ein generelles Bereitstellungsverbot vor.[183] Die Behörden unterliegen dabei weitreichenden Informations- und Kooperationspflichten.[184] Stellt sich heraus, dass die Gefahrenquelle auf Mängeln einer benannten Stelle beruhen, muss der Mitgliedstaat, dessen Akkreditierungsstelle die benannte Stelle anerkannt hat, die Akkreditierung überprüfen.

2. Gegenstand und Maßstab der Zertifizierung

Die grundlegenden Anforderungen an die Produkte ergeben sich aus den EU-Richtlinien, die wiederum durch technische Normen konkretisiert werden. Hersteller sind verpflichtet, die grundlegenden Anforderungen einzuhalten. Die Zertifizierung soll die Richtlinienkonformität der Produkte sicherstellen und bescheinigen. Dies wird jedoch auf unterschiedliche Weise gewährleistet, denn es existiert kein einheitlicher Zertifizierungsgegenstand.[185] Was im Einzelfall genau zertifiziert wird, hängt davon ab, welche Konformitätsbewertungsmodule[186] nach den für das jeweilige Produkt geltenden Richtlinien vorgesehen sind. Zu beachten ist, dass die Richtlinien die Module miteinander kombinieren oder dem Hersteller mehrere Module zur Auswahl stellen können.[187] Nach dem Verfahren des Moduls A muss keine benannte Stelle hinzugezogen werden, weshalb es hier mangels externer Prüfer nicht zu einer Zertifizierung kommt. Zertifizierungsgenstand des Moduls B ist ein Baumuster, also ein für die geplante Produktion repräsentatives Muster des Produkts.[188] Qualitätssicherungssysteme hinsichtlich des Produktionsprozesses bzw. des Produkts werden im Rahmen der

---

181 Vgl. *Schucht*, EuZW 2014, 848 (852).

182 Art. 14 Abs. 4 VO 2019/1020/EU.

183 Art. 16 VO 2019/1020/EU.

184 Eine Besonderheit stellt das sog. Schutzklauselverfahren dar, s. hierzu *Langner*, in Dauses/Ludwigs, Hdb. EU-WirtschaftsR, C.VI. Rn. 54 f.; eingehend zu den Kooperationspflichten der Behörden sowie der Wirtschaftsakteure, *Schucht*, BB 2015, 654.

185 Vgl. *Bieback*, Zertifizierung und Akkreditierung, S. 60.

186 Vgl. zur modularen Konzeption Kap. 2 C. I. 1. c.

187 *Bieback*, Zertifizierung und Akkreditierung, S. 60; *Schneider*, Zertifizierung im Rahmen der CE-Kennzeichnung, S. 46.

188 Z. B. Anhang III RL 93/42/EWG v. 14.6.1993 (Medizinprodukte), Anhang IX RL 95/16/EG v. 17.5.2006 (Maschinen), Anhang III Nr. 3 RL 2014/68/EU v. 15.5.2014 (Druckgeräte).

Module D und E zertifiziert.[189] Im Rahmen des Moduls F wird entweder jedes einzelne Produkt zertifiziert oder eine statistische Kontrolle durchgeführt.[190] Hingegen ist eine Zertifizierung jedes einzelnen Produkts nach dem Modul G zwingend vorgeschrieben.[191] Zertifizierungsgegenstand des Moduls H ist schließlich ein umfassendes Qualitätsmanagementsystem.[192] Es sind demnach also drei unterschiedliche Zertifizierungsgegenstände mit eigenständigen Prüfungsinhalten zu unterscheiden: Baumuster, Produkt oder Qualitätssicherungssystem.

3. Zertifizierungsstellen: Die benannten Stellen

Die EU-Konformitätsverfahren dürfen nur von hierfür zugelassenen Zertifizierungsstellen durchgeführt werden. Sie müssen hierfür das sogenannte Notifizierungsverfahren durchlaufen.[193] Jeder Mitgliedstaat benennt eine Behörde, die für die Durchführung dieses Verfahrens zuständig ist. Mit der Notifizierung wird das rechtliche Dürfen zur Durchführung der Zertifizierungen festgestellt. Hiervon zu unterscheiden ist die Akkreditierung, im Rahmen derer das fachliche Können geprüft und festgestellt wird.[194] In institutioneller Hinsicht können Notifizierung und Akkreditierung von einer einzigen Stelle durchgeführt werden.[195] In Deutschland besteht keine solche Zuständigkeitskonzentration, da die Akkreditierung in die Zuständigkeit des Bundes und die Notifizierung in die Zuständigkeit der Länder fällt.[196] Die deutsche Notifizierungsstelle bzw. nach der Terminologie des ProdSG die Befugnis erteilende Behörde ist die Zentralstelle der Länder für Sicherheitstechnik (ZLS), die per Staatsvertrag[197] die Aufgaben der Benennung und Überwachung der Konformitätsbewertungsstellen für sämtliche Bundesländer übernimmt.[198]

189 Z.B. Anhang IV und VII RL 2014/34/EU v. 26.2.2014 (Explosionsschutz). Ein anerkanntes QM-System ist das nach DIN EN ISO 9001, vgl. Kap. 2 C.III.6.

190 Z.B. Anhang V RL 2014/34/EU v. 26.2.2014 (Explosionsschutz).

191 Z.B. Anhang III Nr. 10 RL 2014/68/EU v. 15.5.2014 (Druckgeräte).

192 Z.B. Anhang III Nr. 11 RL 2014/68/EU v. 15.5.2014 (Druckgeräte).

193 Zum Verfahren im Überblick *Kapoor*, in Klindt ProdSG, § 15 Rn. 1 ff.

194 Siehe hierzu bereits Kap. 2 B.II.6. Dass heute ein in weiten Teilen harmonisiertes Akkreditierungswesen existiert, ist den Reformen des New Legislative Frameworks (NLF) zu verdanken, vgl. zur geschichtlichen Entwicklung *Kapoor/Klindt*, EuZW 2009, 134; *Tiede u. a.*, NVwZ 2012, 1212 (1213 f.).

195 Anhang I Art. R14 Abs. 2 Beschluss Nr. 768/2008/EG.

196 *Frank*, in Bloehs/Frank AkkStelleG, § 1 Rn. 11.

197 Vgl. GVBl 1994, 875.

198 In einigen sensiblen Bereichen existieren spezielle Zuständigkeitsregelungen, vgl. § 1 Abs. 2 AkkStelleG. Beispielsweise ist die zuständige Befugnis erteilende Behörde für das Medizinprodukterecht die Zentralstelle der Länder für Gesundheitsschutz bei Arzneimitteln und Medizinprodukten (ZLG) in Bonn.

Die Konformitätsbewertungsstellen müssen bei der Befugnis erteilenden Behörde einen Antrag auf Notifizierung stellen, vgl. § 12 Abs. 1 ProdSG. Ihr gegenüber muss sie sodann die materiell-rechtlichen Voraussetzungen der Notifizierung nachweisen. Diese ergeben sich aus Anhang I Art. R17 des Beschlusses Nr. 768/2008/EG bzw. § 13 ProdSG, der sie in nationales Recht umgesetzt hat.[199] Demnach muss es sich „um einen unabhängigen Dritten handeln, der mit der Einrichtung oder dem Produkt, die bzw. das er bewertet, in keinerlei Verbindung steht."[200] Die Vertraulichkeit, Objektivität und Unparteilichkeit ihrer Tätigkeiten müssen gewährleistet sein. Außerdem werden höchste Anforderungen an Professionalität, fachliche Kompetenz sowie die technische Ausstattung gestellt. Der Nachweis, dass diese Anforderungen erfüllt sind, kann mittels einer entsprechenden Akkreditierung geführt werden, § 12 Abs. 2 ProdSG. Für die Praxis wichtig ist, dass die materiellen Anforderungen an die Konformitätsbewertungsstellen in harmonisierten Normen konkretisiert wurden. Zugunsten der Konformitätsbewertungsstelle wird widerleglich vermutet, dass sie die Anforderungen aus § 13 ProdSG erfüllt, wenn sie erfolgreich auf Grundlage der einschlägigen harmonisierten Normen akkreditiert wurde.[201] Es besteht für die Konformitätsbewertungsstelle alternativ auch die Möglichkeit, der Befugnis erteilenden Behörde alle Unterlagen vorzulegen, die dafür erforderlich sind, dass die Behörde die materiellen Anforderungen eigenständig prüfen kann, § 12 Abs. 3 ProdSG. Die Akkreditierung ist also nicht zwingend vorgeschrieben. Wegen des geringeren Aufwands und der gesetzlichen Privilegierungen,[202] stellt sie jedoch aus Sicht des EU-Gesetzgebers und auch in der Praxis das bevorzugte Mittel dar, um die fachliche Kompetenz der Konformitätsbewertungsstelle nachzuweisen.[203] Die tatsächliche „Kontrolle der Kontrolleure"[204] findet daher regelmäßig im vorgelagerten Akkreditierungsverfahren statt. Hingegen beschränkt sich die Befugnis erteilende Behörde in der Regel lediglich darauf, zu prüfen, ob die erforderlichen Akkreditierungsurkunden vorliegen.[205]

---

199 Das ProdSG löste am 1.12.2011 das alte GPSG ab. Es stellt gewissermaßen den „allgemeinen Teil" des deutschen Produktsicherheitsrechts dar, *Schucht*, DÖV 2018, 431 (432). Besondere Bestimmungen finden sich in Zusatzverordnungen zum ProdSG, mit denen europäische Richtlinien in nationales Recht umgesetzt werden sowie in Gesetzen, die Regelungsbereiche betreffen, die vom Anwendungsbereich des ProdSG (vgl. § 1 ProdSG) ausgeschlossen sind, etwa das Medizinprodukterecht.

200 Anhang I Art. R17 Abs. 3 Beschluss Nr. 768/2008/EG.

201 Vgl. § 14 ProdSG bzw. Anhang I Art. R18 Beschluss Nr. 768/2008/EG.

202 Neben der Vermutungswirkung des § 14 ProdSG genießt die Konformitätsbewertungsstelle bei Vorlage einer Akkreditierungsurkunde auch eine verkürzte Frist, innerhalb derer die Kommission und andere Mitgliedstaaten Einwände gegen Notifizierung erheben können, § 15 Abs. 2 ProdSG.

203 Vgl. Erwägungsgrund Nr. 12 der Verordnung Nr. 765/2008/EG.

204 *Bieback*, Zertifizierung und Akkreditierung, S. 282.

205 Vgl. *Kapoor*, in Klindt ProdSG, § 12 Rn. 6.

Wurde die Einhaltung der materiellen Anforderungen festgestellt, wird den Zertifizierungsstellen die Befugnis zur Durchführung der EU-Konformitätsverfahren erteilt (§ 15 Abs. 1 ProdSG). Außerdem erfolgt die Notifizierung, also die Meldung der Zertifizierungsstelle an die Kommission und die übrigen Mitgliedstaaten,[206] sowie die Vergabe einer Registrierungsnummer. Bei der Befugniserteilung handelt es sich um einen begünstigenden Verwaltungsakt gem. § 35 VwVfG, der transnationale Wirkung entfaltet, also unmittelbar in den Rechtsordnungen der anderen Mitgliedstaaten wirkt.[207] Die Notifizierung hat hingegen keinen Regelungscharakter und stellt daher schlichtes Verwaltungshandeln dar.[208] In der Praxis werden ganz überwiegend private Stellen zugelassen, doch besteht diese Möglichkeit prinzipiell auch für staatliche Behörden. Als benannte Stellen (engl. *notified bodies*) sind sie berechtigt, in der gesamten Union Konformitätsverfahren durchzuführen. Hersteller können also mit jeder inländischen oder ausländischen benannte Stelle Verträge über die Durchführung der EU-Konformitätsverfahren abschließen. Die Konformitätsbewertung kann auch außerhalb der Union stattfinden, wenn sich die Produktionsanlage eines Herstellers in einem Drittstaat befindet.[209]

Die nationalen Behörden sind schließlich noch verpflichtet fortlaufend zu überwachen, ob die von ihnen zugelassenen benannten Stellen, die Notifizierungsanforderungen erfüllen und ihren gesetzlichen Pflichten (vgl. §§ 16 ff. ProdSG) nachkommen, § 9 Abs. 3 ProdSG. Ggf. müssen sie eine erteilte Befugnis einschränken, aussetzen oder widerrufen.[210] Ferner unterliegen sie ständigen Unterrichtungspflichten gegenüber der Kommission.

4. Befugnisse der Zertifizierungsstellen

Das Zertifizierungssystem des europäischen Produktsicherheitsrechts sieht für die benannten Stellen eine Reihe von Befugnissen vor, die diese im Rahmen ihrer Tätigkeit im In- und Ausland wahrnehmen können. Hintergrund dieser Befugnisse sind die einschlägigen Richtlinien und Verordnungen. Teilweise müssen sie auch ausdrücklich in den Zertifizierungsvertrag mit dem Hersteller aufgenommen werden.

---

206 Die Kommission entwickelte hierfür das Online-Informationssystem „NANDO“ (New Approach Notified and Designated Organisations Information System), vgl. https://ec.europa.eu/growth/tools-databases/nando/ (Stand: 24.5.2023).

207 *Dimitropoulos*, Zertifizierung und Akkreditierung im Internationalen Verwaltungsverbund, S. 61 & 243.

208 *Kapoor*, in Klindt ProdSG, § 15 Rn. 6.

209 *Dimitropoulos*, Zertifizierung und Akkreditierung im Internationalen Verwaltungsverbund, S. 104; *Röhl*, in: Der europäische Verwaltungsverbund, S. 153 (159).

210 Vgl. Anhang I Art. R25 Beschluss Nr. 768/2008/E bzw. § 19 Abs. 1 ProdSG.

Zentral ist die Befugnis zur Zertifizierung. Die benannten Stellen prüfen die Richtlinienkonformität eines Produkts oder Unternehmens und stellen eine entsprechende Bescheinigung aus. Mit der Erteilung der Konformitätsbescheinigung entscheiden die benannten Stellen über eine Voraussetzung, die vorliegen muss, damit ein Produkt auf dem Binnenmarkt rechtmäßig angeboten werden darf.[211] Insofern nehmen sie einseitige Regelungsbefugnisse wahr.

Fraglich ist, ob sich die Bindungswirkung ihrer Entscheidung auch auf den Fall einer abgelehnten Konformitätsbescheinigung erstreckt, ob sich also ein Hersteller im Anschluss an eine nicht bestandene Überprüfung an eine andere benannte Stelle wenden kann.[212] Die EU-Rechtsakte regeln die Reichweite der Bindungswirkung nicht ausdrücklich. Dies könnte die Möglichkeit der selbständigen und unvoreingenommenen Prüfung durch eine andere Stelle nahelegen.[213] Die neueren Richtlinien und Verordnungen sehen heute jedoch überwiegend vor, dass der Hersteller schriftlich erklären muss, denselben Antrag nicht bei einer anderen benannten Stelle eingereicht zu haben.[214] Die einmalige Stellung des Antrags bei einer einzigen benannten Stelle dürfte daher der von den Rechtsakten vorgesehene Regelfall sein. Zu beachten ist ferner, dass sich die benannten Stellen gegenseitig über ausgestellte, verweigerte oder zurückgezogene Bescheinigungen informieren müssen.[215] Sie sind insofern zur Kooperation verpflichtet.[216] Die Effektivität des Gesamtsystems wäre geschwächt, wenn die Kooperationspflicht nicht so weit reichen würde, dass ein einmal abgelehnter Antrag von einer anderen Stelle positiv beschieden werden dürfte. Daher sprechen die besseren Argumente für eine negative Bindungswirkung.

Die benannten Stellen sind ferner nicht nur zur Ausstellung der Konformitätsbescheinigung, sondern auch zur einseitigen nachträglichen Aussetzung, Einschränkung oder zum Widerruf der Bescheinigung befugt, sofern deren Voraussetzungen nicht mehr erfüllt sind. Insofern nehmen sie Kontrollbefugnisse wahr, die eine konsequente Fortsetzung der Zertifizierungsbefugnis darstellen. Diese sind in den europäischen Rechtsakten teilweise ausdrück-

---

211 *Röhl*, in: Der europäische Verwaltungsverbund, S. 153 (164).

212 In diesem Sinne *Bieback*, Zertifizierung und Akkreditierung, S. 62, 241; *Röhl*, in: Der europäische Verwaltungsverbund, S. 153 (164 f.); diese Bindungswirkung ablehnend, *Hofmann*, Rechtsschutz und Haftung im europäischen Verwaltungsverbund, S. 42 Fn. 108 a. E.

213 *Hofmann*, Rechtsschutz und Haftung im europäischen Verwaltungsverbund, S. 42 Fn. 108 a. E.

214 Z. B. Anhang VII Nr. 3 lit. b VO 2016/425/EU; Anhang II Nr. 1.3. lit. b RL 2014/29/EU; Anhang V Nr. 3.1. lit. d RL 2014/33/EU.

215 Z. B. Anhang II Nr. 1.8. RL 2014/29/EU; Anhang VIII Nr. 7 VO 2016/425/EU.

216 *Bieback*, Zertifizierung und Akkreditierung, S. 62.

lich vorgesehen.[217] Wenn dies nicht der Fall ist, ergeben sie sich aus dem Zertifizierungsvertrag mit dem Hersteller. Zur Aufnahme einer entsprechenden Klausel sind die Parteien verpflichtet.[218] Im Ergebnis besteht daher kein Unterschied zu der ausdrücklichen gesetzlichen Anordnung.

Eine Besonderheit ist die Befugnis, unangekündigte Inspektionen beim Hersteller durchführen zu können.[219] Es handelt sich dabei ebenfalls um eine Überwachungsbefugnis, die etwa im Rahmen der Auditierung eines Qualitätsmanagementverfahrens ausgeübt werden kann. Benannte Stellen dürfen zu diesem Zweck kurzfristig und ohne Anmeldung Betriebsräume des Herstellers betreten und besichtigen. Sie sind dabei auf die Kooperation mit den Herstellern angewiesen. Diese sind verpflichtet, die benannten Stellen gewähren zu lassen.[220] Ob die benannte Stelle zur Durchführung von unangekündigten Inspektionen verpflichtet sein kann, war eine der zentralen Fragen des PIP-Falls. In seinem Urteil in der Rechtssache *Schmitt* entschied der EuGH, dass eine solche Pflicht nicht generell, sondern lediglich anlassbezogen besteht, wenn „Hinweise" darauf vorliegen, dass ein Medizinprodukt die Richtlinien-Anforderungen nicht erfüllt.[221] Diese Rechtsprechung wird später noch eingehend in den Blick genommen.[222]

5. Bedeutung des CE-Zeichens

Produkte, die unter eine oder mehrere Richtlinien des neuen Konzepts fallen, müssen vor dem Inverkehrbringen mit dem CE-Kennzeichen[223] versehen werden. Zu beachten ist, dass das Zeichen nicht durch die ggf. einzuschaltende benannten Stelle angebracht wird, sondern durch den Hersteller oder einen Bevollmächtigten in eigener Verantwortung (Art. 30 Abs. 1 VO 765/2008/EG). Auch wenn in dem jeweils einschlägigen Verfahren keine benannte Stelle hinzugezogen werden muss – dies ist bei der internen Fertigungskontrolle nach dem Modul A der Fall – müssen die Produkte mit dem CE-Kennzeichen versehen werden.[224] Die Frage, welche Bedeutung

---

217 Z.B. Art. 56 Abs. 4 VO 2017/745/EU; s. auch § 18 Abs. 1 MPG.

218 *Röhl*, in: Der europäische Verwaltungsverbund, S. 153 (165); *Voßkuhle*, in: Hoffmann-Riem/Schmidt-Aßmann, Verwaltungsverfahren und Verwaltungsverfahrensgesetz, S. 278 (314).

219 Vgl. z. B. Anhang II Nr. 4.4. Modul D Beschluss 768/2008/EWG; Anhang VII Nr. 3.3. VO 2017/745/EU.

220 Vgl. z. B. Anhang X Nr. 3.2. RL 2006/42/EG (Maschinen).

221 EuGH – C-219/15, NJW 2017, 1161 (1162), Rn. 48.

222 Vgl. Kap. 3 A.II.3.b.

223 Wofür die Initialen „CE" stehen, ist nicht eindeutig. Verbreitet sind die Deutungen *Communautés Européennes* oder *Conformitée Européenne*, vgl. m. w. N. *Wende*, in Klindt ProdSG, § 7 Rn. 3.

224 Die Anforderungen für die grafische Ausgestaltung ergeben sich aus Art. 30 Abs. 2 VO 765/2008/EG i. V. m. dem Anhang II der Verordnung.

das Zeichen für den Rechtsverkehr hat, ist von großer Bedeutung, denn das von der benannten Stelle ausgegebene Zertifikat wird den Produkten nicht beigelegt. Jedenfalls Endverbraucher kommen daher in der Praxis nicht in Kontakt mit dem Zertifikat, sondern nur mit dem CE-Zeichen.[225]

Die Kennzeichnung bringt die Konformität eines Produkts mit den grundlegenden sicherheitsrechtlichen Anforderungen zum Ausdruck,[226] hingegen nicht die Einhaltung der technischen Normen.[227] Sie steht in engem Zusammenhang mit der Konformitätserklärung des Herstellers, dass er den Verpflichtungen des Konformitätsbewertungsverfahren nachgekommen ist und die einschlägigen Richtlinien eingehalten hat. Das CE-Zeichen dokumentiert außerdem den erfolgreichen Abschluss des Konformitätsbewertungsverfahrens.[228] Gem. Art. 30 Abs. 3 VO 765/2008/EG übernimmt der Hersteller mit der Anbringung die Verantwortung für die Konformität des jeweiligen Produkts.

Dabei adressiert das Zeichen in erster Linie nicht die Marktteilnehmer, sondern die nationalen Marktüberwachungsbehörden. Es handelt sich daher nicht um ein Güte- oder Qualitätssiegel,[229] sondern um ein „Verwaltungszeichen".[230] Den staatlichen Behörden dient es bei einem Grenzübertritt des Produkts als Hinweis des Herstellers auf die Einhaltung der sicherheitsrechtlichen Mindestanforderungen.[231] Da es sich um eine bloße Behauptung des Herstellers handelt, darf von der Anbringung des Zeichens aber nicht auf die tatsächliche Sicherheit des Produkts geschlossen werden. Nur die Erfüllung harmonisierter Normen löst eine Vermutungswirkung hinsichtlich der Einhaltung der grundlegenden Sicherheitsanforderungen aus.

Anders war dies noch unter dem bis 2011 geltenden § 8 Abs. 2 S. 3 GPSG a. F. Nach dieser Vorschrift, die bei der Schaffung des ProdSG nicht über-

---

225 In professionellen Handelsbeziehungen spielen die eigentlichen Zertifikate hingegen eine wichtige Rolle, etwa aus Compliance-Gründen, *Schucht*, NJW 2019, 1335 (1338). Importeure ausländischer Produkte sind verpflichtet, bei europäisch-harmonisierten Produkten zu gewährleisten, „dass das betreffende Konformitätsbewertungsverfahren vom Hersteller durchgeführt wurde" (Art. R4 Abs. 2 S. 1 des Beschlusses Nr. 768/2008/EG). Als Nachweis werden sie die Vorlage der Zertifikate verlangen.

226 *Langner*, in Dauses/Ludwigs, Hdb. EU-WirtschaftsR, C.VI. Rn. 51.

227 *Lenz*, in Hübner-FS (2012), S. 531 (550).

228 *Lenz*, in Hübner-FS (2012), S. 531 (550).

229 Vgl. BGH, Urt. v. 27.2.2020 – VII ZR 151/18 = NJW 2020, 1514 (1517 Rn. 29).

230 *di Fabio*, Produktharmonisierung durch Normung und Selbstüberwachung, S. 24; *Dimitropoulos*, Zertifizierung und Akkreditierung im Internationalen Verwaltungsverbund, S. 112; *Ensthaler u. a.*, Zertifizierung und Akkreditierung, S. 187; *Thoma*, Regulierte Selbstregulierung im Ordnungsverwaltungsrecht, S. 190; *Weiß*, Die rechtliche Gewährleistung der Produktsicherheit, S. 349.

231 *Wende*, in Klindt ProdSG, § 7 Rn. 5.

nommen wurde, durften die Marktüberwachungsbehörden davon ausgehen, dass die Sicherheitsanforderungen erfüllt sind, wenn das CE-Zeichen angebracht wurde. Vor dem Hintergrund, dass diese Vermutungsregel europarechtlich in dieser Form nicht vorgesehen ist,[232] ist die Reform zu begrüßen, auch wenn die dadurch eingeschränkte Bedeutung des Zeichens zum Teil kritisiert wird.[233] Im Rahmen von nationalen Verordnungen zum ProdSG wird indes für einzelne Produktkategorien an der Vermutungswirkung festgehalten,[234] jedoch kommt diese nur bei gleichzeitiger Vorlage der Konformitätserklärung oder gar der Baumusterprüfbescheinigung zum Tragen.[235] Das bloße CE-Zeichen vermag dies jedenfalls nicht zu leisten.

Verbraucher sollten ein fehlendes CE-Zeichen immerhin als Indiz für die mangelnde Sicherheit des Produkts verstehen, denn der Hersteller ist jedenfalls dieser produktsicherheitsrechtlichen Pflicht nicht nachgekommen.[236] Eine Grundlage für ein gesteigertes Vertrauen in die Sicherheit des Produkts stellt ein vorhandenes CE-Kennzeichen aufgrund des eingeschränkten Aussagegehalts und der marktöffnenden Funktion jedoch nicht dar.[237]

Bei der Bewertung des Aussagegehalts des CE-Zeichens muss schließlich berücksichtigt werden, dass gem. Art. R12 Abs. 3 des Anhangs I des Beschlusses Nr. 768/2008/EG neben dem Zeichen die Kennnummer der benannten Stelle steht, sofern diese bei der Fertigungskontrolle eingeschaltet werden musste.[238] Auch diese Kennnummer wird vom Hersteller selbst angebracht. Während Marktteilnehmer dem CE-Zeichen normalerweise nicht entnehmen können, ob ein sachkundiger Dritter die Sicherheit des Produkts überprüft hat, ist dies im Anwendungsbereich dieser Vorschrift abweichend zu beurteilen: Zwar dokumentiert das Zeichen auch i. V. m. der Kennnummer weiterhin lediglich die Einhaltung der gesetzlichen Mindestanforderungen, es lässt aber zumindest den Rückschluss auf die Beteiligung einer benannten Stelle zu,[239] wobei aber die Art und Weise der Beteiligung bzw. der exakte Gegenstand der Zertifizierung nach den einschlägigen Prüfungsmodulen nicht zu erkennen ist.

---

232 Vgl. *Wende*, in Klindt ProdSG, § 7 Rn. 6.
233 *Lenz*, in Hübner-FS (2012), S. 531 (551).
234 Z. B. § 7 Abs. 1 S. 2 der neunten Verordnung zum ProdSG (= MaschinenVO).
235 Vgl. *Polly/Lach*, BB 2012, 71 (72 f.); *Schucht*, DÖV 2018, 431 (436); *Wende*, in Klindt ProdSG, § 7 Rn. 6.
236 *Schucht*, NJW 2019, 1335 (1336).
237 Vgl. BGH, Urt. v. 27.2.2020 – VII ZR 151/18 = NJW 2020, 1514 (1517 Rn. 29).
238 Vgl. *Wollmann*, in: Pfeifer/Schmitt, Masing Handbuch Qualitätsmanagement, S. 769 (779).
239 *Bieback*, Zertifizierung und Akkreditierung, S. 52.

6. Rechtliche Bedeutung der Zertifizierung

Die Konformitätsbescheinigungen der benannten Stellen spielen eine tragende Rolle im Rahmen der Regulierung des Marktzugangs. Für die von den europäischen Rechtsakten erfassten Produkte gilt, dass sie nur dann in den Verkehr eingebracht werden dürfen, wenn ihre Konformität mit den wesentlichen Sicherheitsanforderungen vom Hersteller in eigener Verantwortung erklärt und von einer benannten Stelle zertifiziert wurde. Dies wird jeweils durch das CE-Zeichen dokumentiert. Voraussetzung für das rechtmäßige Führen des CE-Zeichens ist die erfolgreiche Durchführung des Konformitätsbewertungsverfahrens, einschließlich der Zertifizierung. Das jeweilige Produkt unterfällt dann der Freiverkehrsklausel der geltenden Richtlinie oder Verordnung,[240] die es in der gesamten Union verkehrsfähig macht.[241] Fehlt es an einer Zertifizierung, liegt ein Verstoß gegen das Produktsicherheitsrecht vor, der die Marktüberwachungsbehörden ermächtigt, die Bereitstellung des Produkts zu untersagen.[242] Die Konformitätsbescheinigungen der benannten Stellen entfalten eine Vermutungswirkung bzgl. der Einhaltung der wesentlichen Sicherheitsanforderungen.[243] Anderweitige systematische Zulassungsverfahren oder Kontrollen sind unzulässig.

Andererseits haben die mitgliedstaatlichen Marktüberwachungsbehörden jederzeit, d.h. auch vor dem erstmaligen Inverkehrbringen, die Möglichkeit, auch zertifizierten Produkten den Marktzugang zu versagen. Wegen der Schwere dieses Grundrechtseingriffs und der Einschränkung der Warenverkehrsfreiheit gelten hohe Anforderungen für diese Maßnahmen. Dennoch können sich die Behörden über die Konformitätsbescheinigung hinwegsetzen, ohne diese formal aufheben zu müssen.[244] Anders als etwa eine Baugenehmigung schützt die Konformitätsbescheinigung nicht vor behördlichen Maßnahmen, führt also nicht zu formellen Legalität gesetzeswidriger Produkte.[245]

Die Zertifizierung ist demnach Bestandteil der gesetzlich vorgeschriebenen Konformitätsverfahren und legalisiert das Führen des CE-Zeichens. In diesem Sinne ist sie zwingende Voraussetzung für den Marktzugang, der dann allerdings unter dem Vorbehalt behördlicher Maßnahmen steht.

---

240 Z.B. Art. 24 der Verordnung 2017/745/EU vom 5.4.2017 über Medizinprodukte.

241 Hierzu *Langner*, in Dauses/Ludwigs, Hdb. EU-WirtschaftsR, C.VI. Rn. 49.

242 *Schucht*, BB 2020, 1990 (1994).

243 *Dimitropoulos*, Zertifizierung und Akkreditierung im Internationalen Verwaltungsverbund, S. 109 vergleicht die Vermutungswirkung gar mit der Bestandskraft eines Verwaltungsakts.

244 *Hofmann*, Rechtsschutz und Haftung im europäischen Verwaltungsverbund, S. S. 42 Fn. 108.

245 *Bieback*, Zertifizierung und Akkreditierung, S. 243.

7. Dogmatische Einordnung

Im europäischen Produktsicherheitsrecht werden unabhängige Stellen bei der Überprüfung von Produkten auf deren Übereinstimmung mit vorher festgelegten Anforderungen eingesetzt. Folglich handelt es sich hierbei um Zertifizierungen. Die Voraussetzungen für eine Zertifizierung werden lediglich im Bereich der rein internen Fertigungskontrolle (Modul A) nicht erfüllt, denn dieses Verfahren beschränkt sich auf die Abgabe einer Herstellererklärung und es werden zu keiner Zeit externe Stellen herangezogen.[246]

Fraglich ist, wie das Zertifizierungssystem zu qualifizieren ist. Hierbei stellt sich zunächst die Frage nach einer Zertifizierungspflicht und damit der Zuordnung zum privatwirtschaftlichen oder öffentlich-rechtlichen Bereich.[247] Darüber hinaus ist zu prüfen, ob die benannte Stelle Hoheitsrechte ausübt bzw. als Beliehene des Akkreditierungsstaates anzusehen ist.

a. Obligatorische Zertifizierung des öffentlich-rechtlichen Bereichs

Zu beachten ist, dass nicht die Anbringung des CE-Zeichens eine Zertifizierung darstellt, sondern diese in der Durchführung des jeweils einschlägigen Konformitätsbewertungsverfahrens und der Bescheinigung des Prüfergebnisses zu sehen ist. Hersteller sind gesetzlich verpflichtet, sich oder ihre Produkte zertifizieren zu lassen, sofern diese von einer entsprechenden Richtlinie oder Verordnung erfasst werden und vom Hersteller im Binnenmarkt in Verkehr gebracht werden sollen. Demnach handelt es sich um ein Zertifizierungssystem, das dem öffentlich-rechtlichen Bereich zuzuordnen ist. Das Ziel, das mit der Zertifizierung verfolgt wird, ist die Realisierung des Binnenmarkts. Diese Schlussfolgerung ist auch deshalb naheliegend, weil die einschlägigen Kompetenztitel des Unionsgesetzgebers (Art. 114 Abs. 1, 26 AEUV) gerade ein Tätigwerden zur Realisierung des Binnenmarkts voraussetzen. Dennoch dient das Zertifizierungssystem auch dem Schutz der Gesundheit und Sicherheit der Unionsbürger.[248] Zur Verfolgung dieser Ziele ist die Union ganz allgemein verpflichtet.[249] Ferner hat der EuGH festgestellt, dass die benannten Stellen gerade auch zum Schutz der Endempfänger gefährlicher Produkte tätig werden.[250] Die Gewährleistung eines ausreichenden Schutzniveaus kann daher als zweites öffentliches Ordnungsziel des Zertifizierungssystems identifiziert werden.

---

246 *Bieback*, Zertifizierung und Akkreditierung, S. 56 f.; *Schucht*, NJW 2019, 1335 (1337), „first party certification" oder Selbstzertifizierung.

247 Vgl zu dieser Unterscheidung, Kap. 2 B.II.

248 *Dimitropoulos*, Zertifizierung und Akkreditierung im Internationalen Verwaltungsverbund, S. 91.

249 Vgl. Art. 4 Abs. 2 lit. k und f sowie Art. 9 AEUV.

250 EuGH, Urt. v. 16.2.2017 – C-219/15 (*Schmitt*) = NJW 2017, 1161 (1162 Rn. 49 ff.).

b. Rechtliche Qualifizierung

Die akkreditierte Zertifizierung im europäischen Produktsicherheitsrecht stellt in ihrer konkreten Ausgestaltung und aufgrund des supranationalen Hintergrunds eine besondere Form der Kooperation zwischen staatlichen und privaten Stellen dar. Die europäischen Rechtsakte der Neuen Konzeption nehmen dabei keine ausdrückliche Qualifizierung vor. Die Verwaltungsrechtswissenschaft hat das immer noch relativ neue Instrument eingehend untersucht. Dessen Beschreibung mithilfe der gängigen verwaltungs- und steuerungsrechtlichen Kategorien hat sich als schwierig erwiesen. Insbesondere die im Folgenden Abschnitt untersuchte Frage, ob die Zertifizierungstätigkeit staatliches oder privates Handeln darstellt, wird kontrovers diskutiert.[251]

aa. Meinungsbild

Die wohl überwiegende Ansicht sieht in den Zertifizierungen des europäischen Produktsicherheitsrechts eine private Tätigkeit im Rahmen einer staatlich regulierten Selbstregulierung.[252] Teilweise werden die Zertifizierungsstellen aber auch als Beliehene des Staates qualifiziert.[253] Dies hätte die haftungsrechtliche Konsequenz, dass fehlerhafte Zertifizierungen allenfalls Amtshaftungsansprüche auslösen könnten. Vertreten wird schließlich auch die Ansicht, die Zertifizierung stelle eine hoheitliche Tätigkeit dar, ohne dass die Voraussetzungen für eine Beleihung vorlägen.[254]

---

251 Wenn dabei die fließende Grenze zwischen dem staatlichen und privaten Sektor ausgeleuchtet wird, ist dies allenfalls als Indiz für die internationalprivatrechtliche Qualifikation zu sehen. Letztere wird nach einem eigenen, autonom zu entwickelndem Maßstab erfolgen, vgl. *Röhl*, Akkreditierung und Zertifizierung im Produktsicherheitsrecht, S. 28; zum IPR-Problem Kap. 6 B.

252 *Beyerbach*, GesR 2015, 522 (524 f.); *Bieback*, Zertifizierung und Akkreditierung, S. 226 ff., 240 ff.; lediglich eine Beleihung ablehnend *di Fabio*, Produktharmonisierung durch Normung und Selbstüberwachung, S. 79; *Hofmann*, Rechtsschutz und Haftung im europäischen Verwaltungsverbund, S. 42, insbes. in Fn. 108; *Merten*, DVBl. 2004, 1211; *Merten*, Private Entscheidungsträger und Europäisierung der Verwaltungsrechtsdogmatik, S. 214 ff.; *Pünder*, ZHR 2006, 567 (578 ff.); *Seidel*, Privater Sachverstand und staatliche Garantenstellung im Verwaltungsrecht, S. 269 ff.; *Schmidt-Aßmann*, Das allgemeine Verwaltungsrecht als Ordnungsidee, Kap. 3, Rn. 57; *Schmidt-Preuß*, VVDStRL 1997, 160 (167) in Fn. 18; *Scholl*, Der private Sachverständige im Verwaltungsrecht, S. 279 ff.; *Unger*, EuZW 2017, 299 (301); *Wolff u. a.*, Verwaltungsrecht, Bd. 3, Rn. 28.

253 Differenzierend, *Kadelbach*, Allgemeines Verwaltungsrecht unter europäischem Einfluß, S. 329 f.; *Scheel*, Privater Sachverstand im Verwaltungsvollzug des europäischen Rechts, S. 96 ff.; *Scheel*, DVBl. 1999, 442.

254 *Burgi*, in Maurer-FS (2001), S. 581 (586); *Röhl/Schreiber*, Konformitätsbewertung in Deutschland, S. 63; *Röhl*, in: Der europäische Verwaltungsverbund, S. 153 (163 ff.);

Nach der ganz herrschenden Befugnis- bzw. Rechtstellungstheorie ist von einer Beleihung auszugehen, wenn eine natürliche oder juristische Person des Privatrechts Verwaltungsaufgaben erfüllt und ihr die öffentlich-rechtliche Befugnis verliehen wurde, diese selbständig in den Handlungsformen des öffentlichen Rechts im eigenen Namen wahrzunehmen.[255] Hoheitliche Befugnisse können dabei obrigkeitliches oder schlicht-hoheitliches Handeln darstellen.[256] Die Übertragung unterliegt einem institutionellen Gesetzesvorbehalt, d.h. sie muss durch oder aufgrund eines formellen Gesetzes erfolgen.[257]

Zunächst scheint einiges für das Vorliegen einer Beleihung zu sprechen. Die Nutzung privater Kompetenzen sowie die Entlastung der öffentlichen Verwaltung – allesamt Ziele der europäischen Produktzertifizierung – sind typische Motive für eine Beleihung.[258] Die Gewährleistung der Sicherheit von Produkten und Dienstleistungen sowie eines gewissen Qualitätsniveaus stellen eine öffentliche Aufgabe dar, da mit ihnen kollektive Bedürfnisse befriedigt werden.[259] Das Hauptargument für die Annahme einer Beleihung ist die starke Position der benannten Stellen im Rahmen des Marktzugangsregimes. Sie nehmen gegenüber dem Hersteller einseitige Regelungsbefugnisse in Anspruch, die nicht lediglich Ausdruck privater Selbstregulierung seien.[260] Das Inverkehrbringen eines Produkts setzt die Konformitätsbescheinigung einer benannten Stelle voraus.[261] Nur bei deren Vorliegen darf das CE-Zeichen angebracht und geführt werden, was für die rechtmäßige Vermarktung der Produkte im Binnenmarkt erforderlich ist. Die Wahrnehmung einer grundrechtlich geschützten Freiheit – des Marktzugangs – werde an die positive Feststellung der Richtlinienkonformität durch die benann-

---

Röhl, Akkreditierung und Zertifizierung im Produktsicherheitsrecht, S. 23 ff.; *Voßkuhle*, in: Hoffmann-Riem/Schmidt-Aßmann, Verwaltungsverfahren und Verwaltungsverfahrensgesetz, S. 278 (313).

255 BVerwG, NVwZ 2011, 368; *Ehlers/Schneider*, in Schoch/Schneider/Bier, VwGO, § 40 Rn. 275 m. w. N. zur Mindermeinung der Aufgabentheorie; *Rennert*, in Eyermann, VwGO, § 40 Rn. 87; *Sodan*, in Sodan/Ziekow, VwGO, § 40 Rn. 359.

256 Ein Beispiel für schlicht-hoheitliches Tätigwerden Beliehener ist die Durchführung der Kfz-Hauptuntersuchung nach § 29 StVZO durch entsprechende Stellen wie die Technischen Überwachungsvereine, *Wolff u. a.*, Verwaltungsrecht, Bd. 3 Rn. 15.

257 BVerwG, NVwZ 195, 48; *Ehlers/Schneider*, in Schoch/Schneider/Bier, VwGO, § 40 Rn. 276; *Rennert*, in Eyermann, VwGO, § 40 Rn. 87; *Sellmann*, NVwZ 2008, 817 (818).

258 *Ehlers/Schneider*, in Schoch/Schneider/Bier, VwGO, § 40 Rn. 275.

259 *Pünder*, ZHR 2006, 567 (593); *Thoma*, Regulierte Selbstregulierung im Ordnungsverwaltungsrecht, S. 200.

260 *Röhl*, in: Der europäische Verwaltungsverbund, S. 153 (164).

261 *Scheel*, Privater Sachverstand im Verwaltungsvollzug des europäischen Rechts, S. 97.

te Stelle geknüpft.[262] Die Entscheidung ist bindend, ohne dass eine andere (behördliche) Entscheidungsinstanz vorgesehen wäre. Die Möglichkeit, die Konformitätsbescheinigungen einseitig aufzuheben, runden die umfassenden Regelungsbefugnisse ab.[263] Funktional handle die benannte Stelle demnach als Zulassungsbehörde, das Verhältnis zum Hersteller habe subordinativen Charakter.[264] Das Regulierungsmodell gleiche einem präventiven Verbot mit Erlaubnisvorbehalt.[265] Das Zertifizierungsverfahren enthält ferner eigenständige verwaltungsverfahrensrechtliche Elemente, die die hoheitliche Funktion verdeutlichen sollen.[266] Wird eine Konformitätsbescheinigung nicht ausgestellt, ist dies etwa ausführlich zu begründen.[267] Gegen die Entscheidungen der benannten Stellen sind außerdem Einspruchsverfahren vorgesehen.[268] Macht die benannte Stelle von ihrer Befugnis Gebrauch, eine Konformitätsbescheinigung zurückzunehmen, ist der Hersteller vorher anzuhören.[269] Schließlich haben die benannten Stellen den Verhältnismäßigkeitsgrundsatz zu beachten.[270]

Gegen das Vorliegen einer Beleihung wird der europarechtliche Hintergrund der Produktzertifizierungen angeführt. Nicht nur entfalten die Konformitätsbescheinigungen europaweite Wirksamkeit, die benannten Stellen dürfen auch in der gesamten Union tätig werden, d.h. auch außerhalb des Akkreditierungsstaates ihre weitreichenden Befugnisse ausüben. Aus diesem Grund könne sich die Rechtsbeziehung zum Hersteller nicht nach nationalem öffentlichen Recht richten, was aber gerade die Folge einer Beleihung wäre.[271] Würden die benannten Stellen hoheitliche Befugnisse des Akkreditierungsstaates im Ausland ausüben, stünde dies in Konflikt mit dem völkerrechtlichen Souveränitätsprinzip, das vor dem Tätigwerden ausländischer

---

262 *Scheel*, DVBl. 1999, 442 (447); *Voßkuhle*, in: Hoffmann-Riem/Schmidt-Aßmann, Verwaltungsverfahren und Verwaltungsverfahrensgesetz, S. 278 (313).

263 Vgl. *Röhl*, in: Der europäische Verwaltungsverbund, S. 153 (165); *Voßkuhle*, in: Hoffmann-Riem/Schmidt-Aßmann, Verwaltungsverfahren und Verwaltungsverfahrensgesetz, S. 278 (314).

264 *Weiß*, Die rechtliche Gewährleistung der Produktsicherheit, S. 351.

265 *Scheel*, DVBl. 1999, 442 (446).

266 Eingehend *Voßkuhle*, in: Hoffmann-Riem/Schmidt-Aßmann, Verwaltungsverfahren und Verwaltungsverfahrensgesetz, S. 278 (313).

267 Z.B. Anhang VIII Nr. 4 RL 2014/33/EU.

268 Z.B. Art. 33 RL 2014/33/EU; Art. 30 RL 2014/29/EU.

269 Z.B. § 18 Abs. 2 MPG.

270 Z.B. Anhang I Art. R27 Beschluss 768/2008/EG, Art. 56 Abs. 4 VO 2017/745/EU. Vgl. hierzu *Merten*, Private Entscheidungsträger und Europäisierung der Verwaltungsrechtsdogmatik, S. 155, der darin keinen Beleg für eine staatliche Aufgabenwahrnehmung sieht, sondern lediglich eine „Direktive an den nationalen Gesetzgeber".

271 *Röhl*, in: Der europäische Verwaltungsverbund, S. 153 (167).

staatlicher Stellen im eigenen Hoheitsgebiet schützt.[272] Lediglich die im Inland akkreditierten Stellen als Beliehene anzusehen und ansonsten von privatrechtlichen Rechtsverhältnissen auszugehen überzeuge nicht.[273] Da ein eigenständiges europäisches Recht nicht zur Verfügung steht, „müssen die Rechtsbeziehungen in den in allen Mitgliedstaaten vorhandenen Mantel des Privatvertragsrechts eingekleidet werden.“[274]

Die Vertreter einer rein privatrechtlichen Qualifizierung argumentieren darüber hinaus mit der Eigenverantwortung der Hersteller für die Sicherheit der Produkte. Die benannte Stelle handle lediglich im Auftrag des Herstellers, der mit ihrer Hilfe seiner eigenen Verantwortung gerecht werde.[275] Der Hersteller hat die freie Wahl unter den miteinander konkurrierenden benannten Stellen und schließt mit ihnen einen Vertrag über die Durchführung der Zertifizierung ab. Vereinbarungen über die Vergütung können dabei frei getroffen werden. Die benannten Stellen agieren mit Gewinnerzielungsabsicht.

Außerdem wird bezweifelt, dass die benannte Stelle eine bindende Marktzulassungsentscheidung trifft. Die Zertifizierung löse keine rechtliche Bindungs- sondern eine bloße Vermutungswirkung aus, die zudem nicht an die Prüfungstätigkeit der benannten Stelle, sondern an die vom Hersteller selbst vorgenommene CE-Kennzeichnung geknüpft werde.[276] Es bestehe daher kein Unterschied zu den Konstellationen, in denen eine bloße Eigenkontrolle durch den Hersteller ohne Hinzuschaltung einer benannten Stelle vorgeschrieben ist. Außerdem sei der freie Warenverkehr schon durch die europarechtlichen Grundfreiheiten eröffnet. Die eigentliche Marktzugangsentscheidung treffe der Gesetzgeber, indem er es verbietet, Produkte ohne CE-Kennzeichen zu vertreiben.[277] Weil die Marktüberwachungsbehörden zudem jederzeit eingreifen können, ohne vorher die Konformitätsbescheinigungen aufheben zu müssen, komme diesen keine Legalisierungswirkung zu.[278]

---

272 *Bieback*, Zertifizierung und Akkreditierung, S. 244 f.; *Merten*, DVBl. 2004, 1211 (1213); *Pünder*, ZHR 2006, 567 (581 f.).

273 *Pünder*, ZHR 2006, 567 (579) prüft eine Lösung des Souveränitätsproblems über Art. 23 Abs. 1 S. 2 GG. Hoheitsrechte können demnach nicht nur auf EU-Organe, sondern auch auf andere Mitgliedstaaten und deren Beliehene übertragen werden. Eine Übertragung scheitere aber schon daran, dass Deutschland die Tätigkeit der benannten Stellen selbst nicht als hoheitlich ansehe, was sich aus Vorschriften über die Haftpflichtversicherung ergebe, vgl. heute § 13 Abs. 8 ProdSG.

274 *Röhl*, in: Der europäische Verwaltungsverbund, S. 153 (167).

275 *Pünder*, ZHR 2006, 567 (581).

276 *Pünder*, ZHR 2006, 567 (580).

277 *Bieback*, Zertifizierung und Akkreditierung, S. 242 f.

278 *Hofmann*, Rechtsschutz und Haftung im europäischen Verwaltungsverbund, S. S. 42 Fn. 108.

bb. Stellungnahme

Die benannten Stellen nehmen einseitige Regelungsbefugnisse im öffentlichen Interesse wahr. Als privatrechtliche Akteure sind sie in eine europäische Verwaltungsstruktur zur Regulierung des Marktzugangs und zur Gewährleistung eines Mindestsicherheitsniveaus eingebunden, ohne dass eine Beleihung nach nationalem Recht vorläge. Unter den Bedingungen des Privatrechts üben sie funktional eine Verwaltungstätigkeit aus, wobei das zugrundeliegende Rechtsverhältnis materiell überwiegend durch Gesetzesrecht geprägt ist.[279]

Die Zertifizierung entfaltet eine gewisse Legalisierungswirkung. Zwar wird die Vermutungswirkung an das CE-Zeichen geknüpft, doch darf dieses rechtmäßiger Weise nur dann geführt werden, wenn ein gesetzlich verpflichtend vorgeschriebenes Konformitätsverfahren erfolgreich durchgeführt wurde.[280] Der Zertifizierung kommt somit mittelbar eine marktöffnende Wirkung zu, denn nur das rechtmäßige Führen des CE-Zeichens löst die Vermutung der Richtlinienkonformität aus und berechtigt zur Vermarktung des Produkts. Der Hersteller kann diese Voraussetzung des grundfreiheitlich und grundrechtlich geschützten Marktzugangs nicht eigenständig erfüllen, sondern ist auf die benannte Stelle angewiesen. Die Gewährleistung der Produktsicherheit ist damit nicht dem Hersteller in alleiniger Verantwortung übertragen worden.[281]

Dennoch liegt keine Beleihung nach deutschem Recht vor, weshalb sich die Rechtsbeziehung zum Hersteller nach dem Privatrecht richtet. Die Zertifizierung schützt nicht vor nachträglichen Maßnahmen der Marktüberwachungsbehörden, weshalb ihre Legalisierungswirkung eingeschränkt ist.[282] In der Praxis werden die benannten Stellen von den Behörden aufgefordert, bereits ausgestellte Konformitätsbescheinigungen zurückzuziehen.[283] Die benannten Stellen können die Einhaltung der Richtlinienkonformität sowie die Durchführung ihrer Befugnisse ferner nicht mit Zwangsmitteln durchsetzen. Einziges „Druckmittel“ ist die Vorenthaltung des Zertifikats. Vor allem aber passt die Annahme einer Beleihung nicht zum europarechtlichen Hintergrund des Zertifizierungssystems. Es ist anzunehmen, dass der

---

279 Vgl. zu diesem Aspekt auch *Spoerr*, in Meyer-Sparenberg/Jäckle, Beck'sches M&A-Hdb., § 83 Rn. 33.

280 Die Ähnlichkeit zu behördlichen Zulassungsverfahren trotz des privatrechtlichen Charakters der Zertifizierungstätigkeit betont auch der BGH, vgl. Urt. v. 27.2.2020 – VII ZR 151/18 = NJW 2020,1514 (1517 Rn. 26).

281 So nun auch der BGH, Urt. v. 27.2.2020 – VII ZR 151/18 = NJW 2020, 1514 (1517 Rn. 33 und 38); ähnlich *Dimitropoulos*, Zertifizierung und Akkreditierung im Internationalen Verwaltungsverbund, S. 128.

282 S. o. Kap. 2 C. I.6.

283 *Kapoor*, in Klindt ProdSG (2. Aufl., 2015), Einl. zu §§ 9–19, Rn. 24.

Unionsgesetzgeber in Ermangelung eigener Mechanismen zur Vollziehung der Marktzugangsregulierung auf die flexiblen privatrechtlichen Strukturen der Mitgliedstaaten zurückgreifen wollte. Gleichzeitig wird den Parteien die Ausgestaltung des Privatrechtsverhältnisses teilweise entzogen, indem dessen Inhalte gesetzlich vorgeschrieben werden. Überspitzt formuliert, wird die Verwaltungstätigkeit unter dem Deckmantel der Privatautonomie vollzogen. Auf diese Weise wird die aufwändige Harmonisierung des nationalen öffentlichen Rechts vermieden. Die privatrechtliche Einkleidung vereinfacht insbesondere die grenzüberschreitenden Tätigkeiten der benannten Stellen. Es handelt sich also um eine genuin europäische Verwaltungsstruktur, die bewusst die öffentlich-rechtliche Ebene umgeht. Nationale Behörden sind unmittelbar lediglich mit der Akkreditierung und Marktüberwachung betraut. Auf ein staatliches Genehmigungsverfahren soll im Rahmen des europäischen Produktsicherheitsrechts gerade verzichtet werden. Und selbst wenn man annimmt, dass das Europarecht auch eine mitgliedstaatliche Umsetzung in Form der Beleihung erlaubt,[284] bedürfte es hierfür weiterhin eines ausdrücklichen Rechtsakts nach mitgliedstaatlichem Recht. An einem solchen fehlt es vorliegend.

II. GS-Zertifizierung im deutschen Produktsicherheitsrecht

Das europäische Produktsicherheitsrecht ist nicht vollständig harmonisiert, wird also weiterhin durch nationale Regelungen mit eigenständigen Zertifizierungssystemen flankiert. Von großer praktischer Bedeutung ist die Zertifizierung im Rahmen der Vergabe des GS-Zeichens.[285] Die Zertifizierung ist gesetzlich in den §§ 20–24 ProdSG geregelt, bleibt dabei allerdings freiwillig.[286] Es handelt sich um ein nationales Zertifizierungssystem, das in

---

284 Dies legen etwa die Vorschriften nahe, die vorsehen, dass die benannte Stelle eine Haftpflichtversicherung abschließen muss. Diese Pflicht soll nämlich entfallen, wenn die Haftpflicht aufgrund nationalen Rechts von dem Mitgliedstaat gedeckt wird, vgl. Nr. 1.4.1. Anhang VII VO 2017/745/EU. Die Ausnahme wäre nach dem deutschen Recht bei der Annahme einer Beleihung erfüllt, denn dann käme eine Amtshaftung in Betracht.

285 Praktisch bedeutsam ist in Deutschland außerdem die sog. VDE-Zertifizierung durch den Verband der Elektrotechnik, Elektronik und Informationstechnik e. V. Dabei handelt es sich ebenfalls um eine freiwillige Produktzertifizierung, die allerdings nicht gesetzlich geregelt wird, zum VDE-Zeichen im Überblick, *Hoffmeyer*, Die zivilrechtliche Haftung von Zertifizierungsstellen, S. 24 ff.; *Wollmann*, in: Pfeifer/Schmitt, Masing Handbuch Qualitätsmanagement, S. 769 (773 f.).

286 Freiwillige Zertifizierungssysteme mit gesetzlichen Begleitstrukturen finden sich zunehmend auch auf europäischer Ebene. Zu nennen ist das *Eco Management and Autit Scheme* (EMAS), das auf VO 1221/2009/EG v. 25.11.2009 beruht, zuletzt geändert durch VO 2017/1505/EU v. 28.8.2017. Es handelt sich um ein öffentlich-rechtliches Regelwerk, mit dem die EU ein freiwilliges Gemeinschaftssystem für das Umwelt-

seiner konkreten Ausgestaltung auf mehrere Strukturen des europäischen Produktsicherheitsrechts zurückgreift und weltweit Anerkennung genießt. Die sogenannten GS-Stellen führen die Zertifizierung durch und vergeben das GS-Zeichen, wofür eine Akkreditierung erforderlich ist.

1. Hintergrund

a. Genese der GS-Zertifizierung

Das Kürzel GS steht für „geprüfte Sicherheit“ und deutet damit an, worum es bei dieser Zertifizierung geht: Das Siegel soll in besonderem Maße die Qualität und Sicherheit des zertifizierten Produkts gewährleisten und zum Schutz der durch die Verwendung gefährdeten Rechtsgüter beitragen.[287] Erstmals gesetzlich geregelt wurde die Vergabe des GS-Zeichens im Gerätesicherheitsgesetz von 1979, also bereits vor der Einführung der Neuen Konzeption auf EU-Ebene. Zur damaligen Zeit sah das deutsche Recht für die meisten Produkte keine obligatorischen Zertifizierungs- oder Zulassungsverfahren vor. Die Einhaltung der Sicherheitsanforderungen oblag der privaten Selbstregulierung, die durch freiwillige Zertifizierungssysteme begleitet wurde.[288] Lediglich für bestimmte Produkte war eine behördliche Zulassung vorgeschrieben. Auch nach der Implementierung der europarechtlichen Produktzertifizierung und -kennzeichnung erfreut sich das GS-Zeichen nicht nur in Deutschland anhaltender Beliebtheit.[289] Der Rechtsrahmen hat sich dabei bis zum heutigen ProdSG kontinuierlich weiterentwickelt. Zuletzt wurde das Recht der GS-Zertifizierung 2021 reformiert.[290]

---

management von Organisationen und Unternehmen eingeführt hat. Es bezweckt eine kontinuierliche Verbesserung der Umweltleistung und greift hierfür auf Zertifizierungen durch private Umweltgutachter zurück, vgl. hierzu *Bieback*, Zertifizierung und Akkreditierung, S. 97 ff.; eingehend *Ensthaler*, in: Pfeifer/Schmitt, Masing Handbuch Qualitätsmanagement, S. 125 (147 ff.); *Knopp*, NVwZ 2001, 1098; *Langerfeldt*, NVwZ 2002, 1156; *Stibbe*, in: Gadatsch/Ihne/Monhemius/Schreiber, Nachhaltiges Wirtschaften im digitalen Zeitalter, S. 307. Ein weiteres Beispiel sind datenschutzrechtliche Zertifizierungen gem. Art. 42, 43 DSGVO (VO 2016/679/EU v. 27.4.2016), vgl. hierzu eingehend *Hornung/Bauer*, in: Rott, Certification – Trust, Accountability, Liability, S. 108; ferner *Hofmann*, ZD-Aktuell 2016, 05324; *Spindler*, ZD 2016, 407.

287 *Bieback*, Zertifizierung und Akkreditierung, S. 88.

288 *Dimitropoulos*, Zertifizierung und Akkreditierung im Internationalen Verwaltungsverbund, S. 139 f.; *Röhl*, in: Der europäische Verwaltungsverbund, S. 153 (160 f.).

289 Vgl. *Klindt*, in Klindt ProdSG, § 20 Rn. 5.

290 Vgl. das Gesetz zur Anpassung des Produktsicherheitsgesetzes und zur Neuordnung des Rechts der überwachungsbedürftigen Anlagen v. 27.7.2021 (BGBl. 2021 I, S. 3146); vgl. zu den Neuerungen im Überblick *Schucht*, CB 2021, 244.

b. Anwendungsbereich nach dem ProdSG

Damit ein Produkt[291] mit dem GS-Zeichen versehen werden kann, muss es zunächst in den allgemeinen Anwendungsbereich des ProdSG fallen. Das Gesetz gilt gem. § 1 Abs. 1 ProdSG, „wenn im Rahmen einer Geschäftstätigkeit Produkte auf dem Markt bereitgestellt, ausgestellt oder erstmals verwendet werden." Ausnahmen vom Anwendungsbereich regeln § 1 Abs. 3 und 4 ProdSG, beispielsweise für Medizinprodukte (§ 1 Abs. 3 Nr. 5 ProdSG), für die das speziellere Medizinproduktegesetz (MPG) gilt. Die vom allgemeinen Anwendungsbereich des ProdSG ausgenommenen Produkte können von vornherein nicht nach den GS-Kriterien zertifiziert werden. Den GS-Anwendungsbereich im engeren Sinne regelt § 20 Abs. 1 ProdSG. Das Zeichen kommt demnach nur für „verwendungsfertige" Produkte in Betracht. Gem. § 2 Nr. 26 Hs. 1 ProdSG sind Produkte verwendungsfertig, „wenn sie bestimmungsgemäß verwendet werden können, ohne dass weitere Teile eingefügt zu werden brauchen."[292] Weiterhin muss das Produkt für die GS-Zertifizierung „geeignet" sein. Mit dem Merkmal der Geeignetheit sollen u. a. Produkte ausgeschlossen werden, deren Zertifizierung eine falsche Sicherheit suggerieren könnte, wie z. B. Fahrradschlösser oder Schusswaffen.[293] Auch Trivialprodukte, die sich durch einen einfachen Aufbau und ein geringes Gefahrenpotenzial auszeichnen sind ungeeignet i. S. v. Art. 20 Abs. 1 ProdSG und können daher nicht zertifiziert werden.[294] Der persönliche Anwendungsbereich der GS-Zertifizierung ist ebenfalls in § 20 Abs. 1 ProdSG geregelt. Demnach ist jeder Hersteller oder dessen Bevollmächtigter berechtigt, den Antrag auf Zuerkennung des GS-Zeichens bei einer GS-Stelle zu stellen.[295] Der Hersteller muss seinen Sitz nicht notwendigerweise in der EU oder der europäischen Freihandelszone haben. In diesem Fall muss jedoch zwingend ein Bevollmächtigter in der EU eingeschaltet werden, sodass ein

291 Ein Produkt ist „eine Ware, ein Stoff oder ein Gemisch, das durch einen Fertigungsprozess hergestellt worden ist", § 2 Nr. 21 ProdSG.

292 Nach § 2 Nr. 26 Hs. 2 ProdSG ist ein Produkt auch verwendungsfertig, wenn (lit. a.) alle Teile, aus denen es zusammengesetzt werden soll, zusammen von einer Person in den Verkehr gebracht werden, (lit. b) es nur noch aufgestellt oder angeschlossen werden muss oder (lit. c) es ohne die Teile in den Verkehr gebracht wird, die üblicherweise gesondert beschafft und bei der bestimmungsgemäßen Verwendung eingefügt werden.

293 BR-Drs. 130/21, S. 77.

294 BR-Drs. 130/21, S. 78.

295 Gem. § 2 Nr. 15 ProdSG „ist Hersteller jede natürliche oder juristische Person, die ein Produkt herstellt oder entwickeln oder herstellen lässt und dieses Produkt unter ihrem eigenen Namen oder ihrer eigenen Marke vermarktet; als Hersteller gilt auch jeder, der a) geschäftsmäßig seinen Namen, seine Marke oder ein anderes unterscheidungskräftiges Kennzeichen an einem Produkt anbringt und sich dadurch als Hersteller ausgibt oder b) ein Produkt wiederaufarbeitet oder die Sicherheitseigenschaften eines Verbraucherprodukts beeinflusst und dieses anschließend auf dem Markt bereitstellt."

Adressat für behördliche Maßnahmen z. B. im Falle von Ordnungswidrigkeiten zur Verfügung steht.[296]

c. Verhältnis zur CE-Kennzeichnung

Fraglich ist, ob die GS-Zertifizierung und die damit einhergehende Kennzeichnung der zertifizierten Produkte mit dem Europarecht vereinbar ist. Da sich die Anwendungsbereiche zum Teil überschneiden, kann es vorkommen, dass ein Produkt sowohl mit dem CE- als auch mit dem GS-Zeichen versehen wird.[297] Ein gewisses Verwechslungsrisiko kann daher nicht ganz ausgeschlossen werden. Unionsrechtlich ist vorgeschrieben, dass es neben der CE-Kennzeichnung keine weiteren Kennzeichen geben darf, die die Konformität mit dem Produktsicherheitsrecht zum Ausdruck bringen oder die Gefahr einer Verwechslung hervorrufen (vgl. Art. 30 Abs. 4 und 5 VO 765/2008/EG). Eine andere Kennzeichnung darf allerdings angebracht werden, „sofern sie Sichtbarkeit, Lesbarkeit und Bedeutung der CE-Kennzeichnung nicht beeinträchtigt." (Art. 30 Abs. 5 S. 2 VO 765/2008/EG).[298] Das GS-Zeichen fällt unter dieser Klausel. Es geht in seinem Aussagegehalt über das CE-Zeichen, das eine bloße Herstellererklärung und ein Verwaltungszeichen darstellt, hinaus und ist als echtes Qualitätssigel europarechtlich zulässig.[299] Insbesondere gilt für das GS-Zeichen auch ein eigenständiger Prüfungsmaßstab, der von dem der europäischen Konformitätsverfahren abweicht.

Sollten allerdings für ein bestimmtes Produkt europarechtlich harmonisierte CE-Standards gelten, die mit denen der GS-Zertifizierung mindestens gleichwertig sind, darf gem. § 20 Abs. 2 ProdSG kein GS-Zeichen vergeben werden.[300] Das GS-Zeichen darf also nur vergeben werden, wenn seine Anforderungen über dem des CE-Zeichens liegen.[301] Der deutsche Gesetzgeber hat erkannt, dass es in Einzelfällen zu identischen Prüfungsmaßstäben kom-

---

296 BR-Drs. 130/21, S. 78.

297 Vgl. zum CE-Zeichen, Kap. 2 C. I.5.

298 Vgl. hierzu auch Erwägungsgrund 38 der VO 765/2008/EG.

299 Vgl. *Schucht*, NJW 2019, 1335 (1337); ders., hier allerdings ohne Begründung, BB 2020, 1990 (1994).

300 „Diese Gleichwertigkeit kann unterstellt werden, wenn die CE-Kennzeichnung für umfassende Sicherheit steht und ein Konformitätsbewertungsverfahren angewendet wurde, das dem bei der Zuerkennung des GS-Zeichens (Baumusterprüfung plus Fertigungsüberwachung) mindestens gleichwertig ist. Dem modularen Ansatz der CE-Richtlinien entsprechend ist dies der Fall für die Module bzw. Modulkombinationen B+D, B+E, B+F, G und H1 (…).", BT-Drs. 17/6276, S. 46; vgl. hierzu auch mit Bsp., *Klindt*, in Klindt ProdSG, § 20 Rn. 18 ff.; Klindt/Schucht, in *Ehlers u. a.*, Besonderes Verwaltungsrecht Bd. 1, § 36 Rn. 235.

301 So auch *Kapoor/Klindt*, NVwZ 2012, 719 (723).

men könnte und gewährt in diesen Konstellationen der CE-Kennzeichnung den europarechtlich zwingenden Vorzug.

2. Gegenstand und Maßstab der Zertifizierung

Zertifiziert wird die Sicherheit von verwendungsfertigen Produkten. Verbreitet ist beispielsweise die Zertifizierung von technischen Arbeitsmitteln, Elektronikartikeln, Werkzeug, Sportartikeln und Haushaltsgeräten. Die erforderliche Konformitätsprüfung erfolgt zweigleisig:[302] Zum einen muss die GS-Stelle ein Baumuster des Produkts auf seine Sicherheit überprüfen. Zum anderen muss der Herstellungsprozess der Produkte in den Blick genommen werden, wodurch verhindert werden soll, dass die finalen Produkte von den für die Prüfung eingereichten Baumustern abweichen.[303] Das Zertifizierungssystem kombiniert also die Prüfung einer gegenständlichen Sache mit der Prüfung eines betrieblichen Prozesses.

Der materielle Prüfungsmaßstab wird in den § 20 Abs. 3 ProdSG definiert. Zunächst muss das Baumuster den Anforderungen des § 3 ProdSG, also den allgemeinen Anforderungen an die Bereitstellung von Produkten auf dem Markt, entsprechen. Für Produkte des harmonisierten Bereichs gelten daher gem. § 3 Abs. 1 i. V. m. § 8 ProdSG die europarechtlichen Standards. Im nicht harmonisierten Bereich gelten die Bereitstellungsvoraussetzungen des § 3 Abs. 2 ProdSG. Seit der Reform von 2021 gelten für Verbraucherprodukte nicht mehr die zusätzlichen Voraussetzungen des § 6 ProdSG, da dieser nach Ansicht des Gesetzgebers keine unmittelbar sicherheitsrelevanten Anforderungen aufstellt.[304] Nach § 20 Abs. 3 Nr. 2 ProdSG müssen für das GS-Zeichen aber weiterhin die „Anforderungen anderer Rechtsvorschriften hinsichtlich der Gewährleistung des Schutzes von Sicherheit und Gesundheit von Personen“, erfüllt sein. Erfasst sind damit sämtliche, außerhalb des ProdSG stehenden Rechtsvorschriften.[305] § 20 Abs. 3 Nr. 3 ProdSG nimmt darüber hinaus die vom Ausschuss für Produktsicherheit ermittelten Spezifikationen in den Anforderungskatalog des Zuerkennungsverfahrens auf. Mit diesem Instrument soll flexibel und zügig auf neuere Entwicklungen reagiert werden können, noch bevor der EU-Gesetzgeber oder die Normungsorganisationen aktiv werden.[306] Schließlich muss sichergestellt werden, dass die hergestellten Produkte auch tatsächlich mit dem geprüften Baumuster übereinstimmen. Hierzu ist nach Art. 20 Abs. 3 Nr. 4 ProdSG zwingend eine Vor-Ort-Inspektion durch die GS-Stelle vorgeschrieben. Diese wird typi-

302 Vgl. auch *Bieback*, Zertifizierung und Akkreditierung, S. 91.
303 *Klindt*, in Klindt ProdSG, § 21 Rn. 12.
304 BR-Drs. 130/21, S. 78; krit. zu dieser Änderung *Schucht*, CB 2021, 244 (246).
305 Vgl. mit Beispielen *Klindt*, in Klindt ProdSG, § 21 Rn 9; *Schucht*, InTeR 2016, 128 (129 f.).
306 Vgl. hierzu BT-Drs. 17/6276, S. 46; *Schucht*, NJW 2019, 1335 (1336).

scherweise in Form einer Werkserstbesichtigung erfolgen. Überprüft werden können in diesem Zuge etwa die technische und personelle Ausstattung, das Fertigungsverfahren, die qualifizierte Wareneingangskontrolle, die Fertigungskontrolle sowie weitere produktspezifische Anforderungen.[307] Um auch die Überwachung der laufenden Produktion zu gewährleisten, müssen Hersteller und GS-Stelle nunmehr nach § 20 Abs. 3 Nr. 5 ProdSG eine separate Vereinbarung über diese Maßnahmen treffen.

3. GS-Stellen

Die Zuerkennung des GS-Zeichens erfolgt durch die GS-Stellen. Nach § 2 Nr. 12 ProdSG ist dies „jede Konformitätsbewertungsstelle, der von der Befugnis erteilenden Behörde die Befugnis erteilt wurde, das GS-Zeichen zuzuerkennen." Die Befugnis erteilende Behörde ist die Zentralstelle der Länder für Sicherheitstechnik (ZLS), die dem Bayerischen Staatsministerium für Umwelt und Verbraucherschutz angehört und die auch für das Notifizierungsverfahren der benannten Stellen zuständig ist. Bei den GS-Stellen handelt es sich überwiegend um privatrechtlich organisierte Unternehmen, es gibt aber auch öffentlich-rechtlich organisierte Stellen.[308] Sie können ihren Sitz auch in einem anderen Mitgliedstaat der EU oder der Europäischen Freihandelszone haben, was allerdings ein Verwaltungsabkommen mit dem jeweiligen Staat voraussetzt, § 21 Abs. 5 ProdSG. Ausländische Stellen wurden bislang in Dänemark, Finnland, Frankreich, Italien, Österreich und der Slowakischen Republik zugelassen.[309] Dies zeigt bereits, dass die GS-Zertifizierung trotz ihres nationalen Ursprungs über die deutschen Grenzen hinaus Bedeutung und Anerkennung erlangt.

Das Antragsverfahren vor der ZLS und die Anforderungen an die GS-Stellen werden in § 21 Abs. 1 und 2 ProdSG geregelt. Durch den Verweis auf die §§ 13, 19 ProdSG gelten für sie dieselben Anforderungen wie für die benannten Stellen. In der Praxis besitzen viele Zertifizierungsgesellschaften Akkreditierungen und Zulassungen für beide Zertifizierungssysteme.[310]

---

307 BR-Drs. 130/21, S. 79.

308 *Bieback*, Zertifizierung und Akkreditierung, S. 91; *Klindt*, in Klindt ProdSG, § 20 Rn. 16.

309 Eine Übersicht über die Prüfstellen findet sich auf der Seite der Bundesanstalt für Arbeitsschutz und Arbeitsmedizin (BAUA), https://www.baua.de/DE/Aufgaben/Gesetzliche-und-hoheitliche-Aufgaben/Produktsicherheitsgesetz/Suche_GS-Pruefstellen/Suche_GS-Pruefstellen_form.html?nn=88d62903-0780-420f-892f-d4935725377f&sortOrder.GROUP=1&cl2Addresses_Adresse_Country.GROUP=1&gotoLabels_int.GROUP=1&zipCode.GROUP=1 (Stand: 24.5.2023).

310 Das zeigt ein Vergleich der von der Kommission geführten Liste der benannten Stellen (vgl. Fn. 202) sowie der entsprechenden Liste der BAUA über die GS-Stellen (vgl. Fn. 308).

Ausdrücklich geregelt ist nunmehr die Möglichkeit der GS-Stellen, einzelne mit der Zuerkennung des GS-Zeichens verbundene Aufgaben an externe Stellen zu delegieren (§ 23 Abs. 1 ProdSG), sofern der Hersteller dem zugestimmt hat. Davon ausgenommen sind die Bewertung des Antrags, die Bewertung der Prüfergebnisse und die Entscheidung über die Zuerkennung des GS-Zeichens, mithin also die zentralen Aufgaben im Rahmen des Zertifizierungsprozesses. Externe Stellen können demnach bspw. einzelne Inspektionen im Rahmen der Prüfung und Überwachung übernehmen. Dass die GS-Stelle auch in diesem Fall die Verantwortung trägt, wird durch § 23 Abs. 4 ProdSG sichergestellt.

4. Befugnisse der Zertifizierungsstellen

Gem. § 20 Abs. 5 ProdSG erteilt die GS-Stelle eine Bescheinigung über die Zuerkennung des GS-Zeichens, sofern die entsprechenden Voraussetzungen erfüllt sind. Die Zuerkennung gilt dann entweder für einen Zeitraum von fünf Jahren oder beschränkt sich auf ein bestimmtes Fertigungskontingent oder -los. Im Rahmen der Konformitätsprüfung ist die GS-Stelle weltweit zu Prüfungen und Inspektionen befugt. Bei der erstmaligen Zuerkennung wird das Baumuster in der Regel einer Laborprüfung unterzogen. Um zu überprüfen, ob Vorkehrungen getroffen wurden, die gewährleisten, dass die verwendungsfertigen Produkte mit dem geprüften Baumuster übereinstimmen, wird eine Vor-Ort-Inspektion der Produktionsstätten vorgenommen.[311] Ferner stehen der GS-Stelle verschiedene Maßnahmen zur Produktionsüberwachung zur Verfügung. In Betracht kommen u. a. wiederkehrende Besichtigungen sowie Produktentnahmen aus dem Markt oder dem Lager des Herstellers (§ 22 Abs. 4 ProdSG). Die GS-Stellen können auf sie zurückgreifen, um die Herstellung der Produkte sowie die rechtmäßige Verwendung des GS-Zeichens zu überwachen.[312] Als Sanktionsinstrumente gegenüber dem Auftraggeber kommen der Entzug (§ 22 Abs. 4 ProdSG) oder als milderes Mittel die Aussetzung (§ 22 Abs. 7 ProdSG) der Zuerkennung des GS-Zeichens in Betracht, wenn die Zertifizierungsanforderungen nicht mehr erfüllt sind oder begründete Zweifel an der rechtmäßigen Zuerkennung bestehen. Für den Fall, dass die GS-Stelle Kenntnis von einem Zeichenmissbrauch erhält, trifft sie gem. § 22 Abs. 2 ProdSG die erforderlichen Maßnahmen[313] und unterrichtet die anderen Stellen, die ZLS sowie die Öffentlichkeit.

311 § 20 Abs. 3 Nr. 4 ProdSG.

312 Zur Aufdeckung missbräuchlicher Zeichenverwendung kommt auch das Mittel der Marktbeobachtung in Betracht, vgl. BT-Drs. 17/6276, S. 47.

313 Geeignete Maßnahmen sind z. B. die Abmahnung eines widerrechtlichen Verwenders, die Aufforderung zur Abgabe von Unterlassungserklärungen, das Einschalten der Wettbewerbszentrale oder die Durchsetzung von Unterlassungsansprüchen, BT-Drs. 17/6276, S. 46 f.

5. Bedeutung des GS-Zeichens

Im Unterschied zum CE-Zeichen handelt es sich beim GS-Zeichen nicht um ein die staatlichen Überwachungsbehörden adressierendes Verwaltungszeichen, sondern um ein echtes Sicherheits- und Qualitätssiegel.[314] Es signalisiert, dass eine unabhängige Zertifizierungsgesellschaft die Erfüllung der sicherheitstechnischen Anforderungen für ein bestimmtes Produkt bestätigt hat und dessen Fertigung regelmäßig überwacht. Es adressiert in erster Linie die Verbraucher, die von dem Produkt überzeugt werden sollen. Das GS-Zeichen trifft über die Bestätigung der Einhaltung der sicherheitsrechtlichen Anforderungen hinaus eine belastbare Aussage über die tatsächliche Sicherheit des jeweiligen Produkts, auf die Verbraucher vertrauen dürfen.[315] Angebracht wird das Zeichen durch den Hersteller. Zu beachten ist, dass das GS-Zeichen immer mit einem Symbol der GS-Stelle kombiniert werden muss (vgl. § 24 Abs. 3 ProdSG i. V. m. der Anlage Nr. 7 zum ProdSG), sodass ein eindeutiger Rückschluss auf die Beteiligung einer bestimmten Zertifizierungsgesellschaft möglich ist.

6. Rechtliche Bedeutung der Zertifizierung

Die Zertifizierung durch die GS-Stelle berechtigt den Antragsteller, das GS-Zeichen auf dem Produkt anzubringen und mit diesem zu werben, § 24 Abs. 2 ProdSG. Sie ist damit Voraussetzung, um in den Genuss dieses Marketinginstruments zu gelangen. Die Zertifizierung nach den GS-Kriterien stellt keine rechtliche Voraussetzung für das Inverkehrbringen eines Produkts dar.

Auch marktüberwachungsrechtlich werden GS-zertifizierte Produkte nicht privilegiert.[316] § 8 Abs. 2 S. 4 GPSG a. F. – der mit Einführung des ProdSG am 1.12.2011 ersatzlos gestrichen wurde – sah hingehen noch eine Vermutung produktsicherheitsrechtlicher Konformität zugunsten GS-zertifizierter Produkte vor. Wer ein GS-Zeichen führte, konnte sich – etwa im Rahmen von behördlichen Beanstandungen[317] – darauf berufen, dass das Produkt den Anforderungen des § 3 ProdSG sowie allen anderen einschlägigen Sicherheitsvorschriften entspricht. Die Streichung der Vermutungswirkung führt

---

314 *Dimitropoulos*, Zertifizierung und Akkreditierung im Internationalen Verwaltungsverbund, S. 141. *Klindt*, in Klindt ProdSG, § 20 Rn. 4; *Schucht*, NJW 2019, 1335 (1336); ders. InTeR 2016, 128 (127); *Veltins*, in Hauschka/Moosmayer/Lösler, Corporate Compliance, § 23 Rn. 44.

315 *Schucht*, NJW 2019, 1335 (1337).

316 *Schucht*, NJW 2019, 1335 (1336 f.).

317 *Kapoor/Klindt*, NVwZ 2012, 719 (723).

zu einer gewissen Schwächung des Zeichens.[318] Es soll aber aufgrund der sonstigen Verschärfungen durch das ProdSG weiterhin eine beachtliche Rolle bei der produktsicherheitsrechtlichen Bewertung spielen.[319]

In Haftungsfällen kann die Zertifizierung zur Entlastung des Unternehmens oder seiner Mitarbeiter beitragen. Da überwiegend die Einhaltung von Mindeststandards überprüft wird, ist die haftungsentlastende Wirkung des GS-Zertifikats allerdings begrenzt.[320]

7. Dogmatische Einordnung

Im Rahmen der Zuerkennung des GS-Zeichens finden Zertifizierungen im hier verstandenen Sinne statt. Fraglich ist, wie das Zertifizierungssystem zu qualifizieren ist. Liegt eine Zertifizierungspflicht vor, handelt es sich um den öffentlich-rechtlichen, andernfalls um den privatwirtschaftlichen Bereich.[321] Ähnlich wie bei den Zertifizierungen im europäischen Produktsicherheitsrecht, muss ferner auch hier geprüft werden, ob die Zertifizierungsstellen als Beliehene Hoheitsrechte ausüben.

a. Privatwirtschaftlicher Bereich

Die Zuerkennung des GS-Zeichens erfolgt auf der Grundlage einer Bescheinigung, die durch eine externe unabhängige Stelle ausgestellt wird. Diese Zertifizierung ist nicht obligatorisch. Sie beruht auf der freiwilligen Unterwerfung eines Unternehmens unter ein weitgehend gesetzlich geregeltes Zertifizierungssystem. Daher ist sie dem privatwirtschaftlichen Bereich zuzuordnen. Hersteller können mit einer bestandenen Zertifizierung für ihre Produkte werben.[322] Die GS-Zertifizierung stellt in erster Linie ein Marketinginstrument dar und bezweckt einen Wettbewerbsvorteil gegenüber nicht-zertifizierten Konkurrenten.[323] Das GS-Zeichen trägt die „Sicherheit" im Namen und durch das anzubringende Symbol der Zertifizierungsstelle soll in Kombination mit dem gesetzlich verankerten Prüfungsstandard eine besondere Vertrauensgrundlage geschaffen werden.[324] Aufgrund der strengen

---

318 Klindt/Schucht, in *Ehlers u. a.*, Besonderes Verwaltungsrecht Bd. 1, § 36 Rn. 239; *Polly/Lach*, BB 2012, 71 (73); *Schucht*, in Klindt ProdSG, § 26 Rn. 235.

319 *Schucht*, InTeR 2016, 128 (133).

320 Vgl. BGH, Urt. v. 5.2.2013 – VI ZR 1/12 = NJW 2013, 1302; *Schucht*, NJW 2019, 1335 (1337); *Veltins*, in Hauschka/Moosmayer/Lösler, Corporate Compliance, § 23 Rn. 47.

321 Vgl. Kap. 2 B.III.

322 Dies sieht das ProdSG ausdrücklich vor, vgl. § 24 Abs. 2 und 4 ProdSG.

323 *Schucht*, NJW 2019, 1335 (1336).

324 Das Zeichen verleiht dem Produkt eine „Aura umfassender Verwendungssicherheit", *Schucht*, NJW 2019, 1335 (1336).

gesetzlichen Begleitstrukturen hat das Zertifizierungssystem aber auch das Potenzial zur tatsächlichen Gewährleistung der Produktsicherheit beizutragen.[325] Das GS-Zeichen nimmt aufgrund seiner gesetzlichen Regulierung eine Sonderrolle unter den freiwilligen Zertifizierungssystem ein.[326]

b. Rechtliche Qualifizierung

Die ganz herrschende Meinung qualifiziert die GS-Zertifizierung privatrechtlich.[327] Lediglich vereinzelt wurde ein hoheitliches Handeln[328] oder ausdrücklich eine Beleihung angenommen.[329] Nachdem die Rechtsprechung zunächst vertrat, die Zuerkennung des GS-Zeichens stelle einen Verwaltungsakt gem. § 35 VwVfG dar,[330] wodurch eine Behördentätigkeit nahegelegt wird, lehnt sie dies mittlerweile ausdrücklich ab.[331] Richtig ist, dass die GS-Stelle auf der Grundlage eines privatrechtlichen Vertrages mit ihren Kunden tätig wird. Ihre Zertifizierungs- und Überwachungsbefugnisse gründen in diesem Vertrag. Die Vorgaben des ProdSG stellen dabei eine gesetzliche Ausgestaltung vertraglich begründeter Pflichten und keine Übertragung hoheitlicher Aufgaben dar.[332] Im Übrigen bestehen trotz der Regelungen im öffentlichen Sicherheitsrecht privatautonom auszufüllende Gestaltungsspielräume, die mittels Allgemeiner Geschäftsbedingungen (AGB) etwa im Bereich des Entzugs und der Aussetzung der Zeichen-Zuerkennung genutzt werden.[333] Die GS-Zertifizierung ist außerdem keine Voraussetzung für den grundrechtlich geschützten Marktzugang, entfaltet insofern also keine Le-

---

325 *Weiß*, Die rechtliche Gewährleistung der Produktsicherheit, S. S. 361.

326 Vgl. *Thoma*, Regulierte Selbstregulierung im Ordnungsverwaltungsrecht, der von einer „hoheitlich regulierten Selbstregulierung" spricht.

327 Eingehend *Bieback*, Zertifizierung und Akkreditierung, S. 247; *Hoffmeyer*, Die zivilrechtliche Haftung von Zertifizierungsstellen, S. 48 ff.; *Klindt*, in Klindt ProdSG, § 20 Rn. 17; Klindt/Schucht, in *Ehlers u. a.*, Besonderes Verwaltungsrecht Bd. 1, § 36 Rn. 236; *Klindt*, NVwZ 1999, 1177 (1180), Fn. 59; *Scheel*, Privater Sachverstand im Verwaltungsvollzug des europäischen Rechts, S. 97; *Schucht*, NJW 2019, 1335 (1335).

328 *Backherms*, GewArch 1979, 119, der diese Qualifizierung für die Vorgänger der heutigen GS-Stellen unter dem damaligen Gesetz über technische Arbeitsmittel vertrat.

329 Dieser Ansicht war wohl der Bundesrat bei der Einführung des GSG a. F., vgl. BT-Drs. 8/3013, S. 2.

330 BGH, Urt. v. 23.10.1997 – I ZR 98-95 = NJW-PR 1998, 1198, dort noch zum alten GPSG, allerdings in Bezug auf eine öffentlich-rechtlich organisierte Zertifizierungsstelle und ohne nähere Begründung.

331 Insbes. BGH, Beschl. v. 31.3.2011 – III ZR 339/09 = NVwZ-PR 2011, 556; zuvor bereits LG München I, Urt. v. 19.11.2007 – 14 HKO 7323/07 = BeckRS 2008, 7080; OLG Hamm, Urt. v. 27.6.1990 – 11 U 51/90 = NVwZ 1990, 1105.

332 *Bieback*, Zertifizierung und Akkreditierung, S. 248.

333 BGH, Beschl. v. 31.3.2011 – III ZR 339/09 = NVwZ-RR 2011, 556 (557); *Schucht*, InTeR 2016, 128 (131 f.).

galisierungswirkung.[334] Die GS-Stellen nehmen keine hoheitlichen Befugnisse wahr und können diese nicht mit Zwangsmitteln durchsetzen. Nur die privatrechtliche Einordnung vermag schließlich auch die grenzüberschreitenden Tätigkeiten der GS-Stellen, die ohne weiteres möglich sind, zur erklären. Denn das Tätigwerden von Beliehenen im Ausland steht in Konflikt mit dem Souveränitätsanspruch des Staates, in dem die Befugnisse ausgeübt werden.[335]

III. Zertifizierung von Qualitätsmanagementsystemen nach ISO 9001

Ein weiteres Zertifizierungssystem, das im Rahmen dieser Arbeit näher vorgestellt werden soll, ist die Zertifizierung von Qualitätsmanagementsystemen nach dem internationalen Standard der ISO 9001.[336] Gesetzlich geregelte Zertifizierungssysteme, etwa die des Produktsicherheitsrechts, verweisen auf technische Normen, um die allgemein gehaltenen Gesetzesvorgaben zu konkretisieren. Die privat gesetzten Normen stehen aber freilich auch unabhängig von auf sie verweisenden Gesetzen als Zertifizierungsstandard zur Verfügung. Um eben diesen besonderen Typus der Zertifizierung soll es in diesem Abschnitt gehen. Er unterscheidet sich von den bereits vorgestellten Systemen vor allem durch das Fehlen öffentlich-rechtlicher Begleitstrukturen. Die Zertifizierung unterliegt damit dem freien Spiel der Marktkräfte.[337] In der Praxis ist die Zertifizierung von Qualitätsmanagementverfahren anhand internationaler Normen weit verbreitet. Mit über 900.000 ausgestellten Zertifikaten nach dem ISO 9001-Standard ist dies der erfolgreichste Maßstab im Bereich Qualitätsmanagement.[338]

---

334 BGH, Beschl. v. 31.3.2011 – III ZR 339/09 = NVwZ-RR 2011, 556 (556); *Bieback*, Zertifizierung und Akkreditierung, S. 248.

335 Zum parallelen Problem im Rahmen der Zertifizierung des europäischen Produktsicherheitsrechts, Kap. 2 C.I.7.b.aa.

336 Die Norm wurde als „DIN EN 9001“ in die europäischen und deutschen Normenwerke übertragen. Zur Vereinfachung wird hier die kürzere Bezeichnung „ISO 9001“ verwendet.

337 *Schucht*, NJW 2019, 1335 (1338).

338 So der Stand im Dezember 2020, die Statistik der ISO ist abrufbar unter https://www.iso.org/the-iso-survey.html (Stand: 24.5.2023); vgl. auch *Brüggemann/Bremer*, Grundlagen Qualitätsmanagement, S. 7.

1. Hintergrund

a. Funktion von Qualitätsmanagementsystemen und deren Standardisierung

Der Begriff der Qualität wird allgemein definiert als „die Übereinstimmung der Beschaffenheit eines Produkts oder einer Dienstleistung mit den Forderungen bzw. Erwartungen des Kunden, welche von diesem stets im Vergleich zu konkurrierenden Produkten und Dienstleistungen bewertet wird.“[339] Unternehmen streben aus Wettbewerbsgründen an, diese Kundenerwartungen zu erfüllen. Um ein entsprechendes Qualitätsniveau zu erreichen, implementieren sie systematische Planungs- und Steuerungsprozesse. Dementsprechend versteht man unter einem Qualitätsmanagement (QM) „aufeinander abgestimmte Tätigkeiten zum Leiten und Lenken einer Organisation bezüglich [der] Qualität“.[340] Zentrale Elemente eines QM sind die Festlegung der Qualitätspolitik und der Qualitätsziele, ferner die Qualitätsplanung, -lenkung, -sicherung und -verbesserung.[341] Ein QM-System stellt für Unternehmen ein wichtiges Instrument dar, um innerorganisatorische Prozesse zu optimieren und auf eine stetige Verbesserung der Qualität der eigenen Produkte und Dienstleistungen hinzuwirken. Der betriebswirtschaftliche Nutzen eines QM-Systems erklärt aber noch nicht, weshalb private Organisationen unter großem Aufwand internationale Normen für diesen Bereich erarbeiten. Hintergrund dieser Standardisierung ist es, mittels einer Zertifizierung anerkennungsfähige Nachweise über die Einführung und Einhaltung eines QM-Systems zu ermöglichen.[342] Aus diesem Grund halten die internationalen Normen nicht nur die materiellen Standards, sondern gleich auch Vorgaben für das jeweilige Zertifizierungsregime bereit.

Ein Unternehmen kann mit einer erfolgreichen Zertifizierung die Konformität mit den QM-Standards demonstrieren. Verschiedene Wirtschaftsakteure, etwa Handelspartner in Lieferketten oder Investoren, können so auf die Qualitätssicherungsmaßnahmen des zertifizierten Unternehmens vertrauen und auf eine eigene zeit- und kostenintensive Beurteilung des QM-Systems verzichten.[343] Es zeigt sich, dass ein hohes Marktinteresse an einer Verein-

---

339 *Masing*, in: Pfeifer/Schmitt, Masing Handbuch Qualitätsmanagement, S. 4 (4); ähnlich *Brüggemann/Bremer*, Grundlagen Qualitätsmanagement. Ausgangspunkt dieses Verständnisses ist die technische Begriffsbestimmung der ISO 9001. Qualität ist demnach „der Grad, in dem ein Satz inhärenter Merkmale Forderungen erfüllt.“

340 Definition aus DIN EN ISO 9000, vgl. hierzu *Brüggemann/Bremer*, Grundlagen Qualitätsmanagement, S. 124.

341 Vgl. DIN EN ISO 9000.

342 Vgl. *Jacob*, in: Pfeifer/Schmitt, Masing Handbuch Qualitätsmanagement, S. 103 (112 ff.).

343 *Jacob*, in: Pfeifer/Schmitt, Masing Handbuch Qualitätsmanagement, S. 103 (112).

heitlichung betrieblicher Abläufe besteht.[344] Das Vorliegen eines genormten QM-Systems wird in manchen Branchen, etwa im Automobilsektor, als Voraussetzung für die Aufnahme von Geschäftsbeziehungen verlangt.[345] Die Zertifizierung nach internationalen Normen dient damit dem Abbau von Handelsbarrieren und erleichtert bzw. ermöglicht den Eintritt in ausländische Märkte.[346] Daher ist die Aussicht auf eine Zertifizierung regelmäßig das Hauptmotiv für die Implementierung eines genormten QM-Systems.[347]

b. Maßstabsbildung durch internationale Normung

Grundlegend für die Zertifizierung von QM-Systemen ist die Normenreihe der ISO 9000 ff., wobei die Anforderungen an das QM-System in der ISO 9001 festgelegt sind. Als technische Normen beanspruchen sie keine unmittelbare Rechtskraft, sondern haben den Charakter von Empfehlungen, die der Selbstregulierung des Marktes unterliegen.[348] Die erste Fassung der ISO 9001 entstand 1987 und orientierte sich noch stark an älteren Normen aus dem angloamerikanischen Raum.[349] Seitdem wurde das Regelwerk mehrfach überarbeitet, zuletzt 2015. Zu beachten ist, dass die Grundstruktur der ISO 9001 zum Modell für eine Vielzahl anderer Managementsysteme wurde,[350] beispielsweise für die Bereiche Umwelt (ISO 14001) und Informationssicherheit (ISO 27001). Diese Managementsysteme definieren sehr allgemeine Vorgaben und kommen daher für Unternehmen von unterschied-

---

344 Die Märkte üben in manchen Branchen einen starken „Zertifizierungsdruck" aus, *Walgenbach*, IndBez 1998, 135 (139).

345 *Brückner*, ZWF 2009, 889 (889); *Kohl*, Standards for Management Systems, S. 6; *Schlutz*, PHi 1996, 122 (129).

346 Nationale Normen würden nichttarifäre Handelshemmnisse darstellen, *Homburg/Becker*, WiSt 1996, 444 (444).

347 *Kohl*, Standards for Management Systems, S. 669; dass die Zertifizierung des QM-Systems im Mittelpunkt steht, wird regelmäßig kritisiert, vgl. zu dieser Kritik m. w. N. *Walgenbach*, IndBez 1998, 135, der vom „Aufbau einer Legitimationsfassade" spricht; vgl. hingegen *Drechsel*, in: Pfeifer/Schmitt, Masing Handbuch Qualitätsmanagement, S. 348 (358), der die positiven Effekte der Zertifizierung auf die Wirksamkeit des QM-Systems betont.

348 *Schlutz*, PHi 1996, 122 (125).

349 Bei den Vorgängernormen handelte sich um Anforderungen an Zulieferer, die zunächst von Regierungsstellen für die Beschaffung militärischer Produkte und kurze Zeit später von der Industrie für den Automobilbau entwickelt wurden, vgl. *Brüggemann/Bremer*, Grundlagen Qualitätsmanagement, S. 126; *Homburg/Becker*, WiSt 1996, 444 (444); *Kohl*, Standards for Management Systems, S. 22; eingehend zur geschichtlichen Entwicklung des QM *Zollondz*, in: Pfeifer/Schmitt, Masing Handbuch Qualitätsmanagement, S. 15.

350 *Kohl*, Standards for Management Systems, S. 22, „mother of all management system standards".

licher Größe und Branche in Betracht.[351] Sie werden daher noch von einer Reihe industriespezifischer Normen flankiert, die strukturell ebenfalls auf der ISO 9001 basieren.[352]

Um die Akzeptanz der Zertifizierungen zu gewährleisten und den Anforderungen globalisierter Märkte zu begegnen, ist es unerlässlich, dass die Normen auf internationaler Ebene erarbeitet werden. Die Zusammenarbeit von 164 nationalen Normungsorganisationen wird unter dem Dach der *International Organization for Standardization* (ISO) koordiniert, einem Verein nach schweizerischem Recht mit Sitz in Genf.[353] Die QM-Normen werden wie auch anderen ISO-Normen in einem transparenten Verfahren erarbeitet,[354] an dem neben den nationalen Organisationen auch weitere Parteien wie Industrieverbände beteiligt sind.[355] Nationale Normungsorganisationen haben nach Abschluss des Entwicklungsprozesses die Möglichkeit, die Standards in ihre nationalen Normenwerke zu übernehmen.[356]

2. Gegenstand und Maßstab der Zertifizierung

Gegenstände der Zertifizierung sind nicht die Produkte bzw. Dienstleistungen eines Unternehmens oder dessen Personal, sondern ausschließlich das QM-System.[357] Dieses kann sich auf einzelne Unternehmensbereiche oder aber auf das Unternehmen als Ganzes beziehen. Die materiellen Zertifizierungsanforderungen ergeben sich aus der Norm ISO 9001.[358] Sie verfolgt einen prozessorientieren Ansatz, wobei die Anforderungen genereller Natur sind und bei der Implementierung für und durch das jeweilige Unternehmen konkretisiert werden müssen.[359] Die Prozessorientierung bedeutet, dass betriebsinterne Ablaufstrukturen identifiziert und kontinuierlich verbessert

---

351 Die hohe Anpassungsfähigkeit zeigt sich auch dadurch, dass nicht nur private Unternehmen, sondern bspw. auch Kommunen zertifiziert werden können.

352 Eingehend zu industriespezifisch genormten Managementsystemen *Kohl*, Standards for Management Systems, S. 251 ff.

353 Aus jedem Staat darf eine einzige Organisation Mitglied der ISO werden. Aus Deutschland ist dies das Deutsche Institut für Normung e. V., vgl. für ein Liste mit den nationalen Mitgliedsorganisationen https://www.iso.org/members.html (Stand: 24.5.2023).

354 Geregelt ist das Verfahren in entsprechenden ISO/IEC-Richtlinien, abrufbar unter https://www.iso.org/directives-and-policies.html (Stand: 24.5.2023).

355 Vgl. zum Entstehungsprozess der Normen im Überblick *Kohl*, Standards for Management Systems, S. 7 ff.

356 In Deutschland werden sie dann als DIN ISO Normen veröffentlicht.

357 *Brüggemann/Bremer*, Grundlagen Qualitätsmanagement, S. 138.

358 Vgl. den Überblick bei *Drechsel*, in: Pfeifer/Schmitt, Masing Handbuch Qualitätsmanagement, S. 348 (353).

359 „Each organization has to fill them with life", *Kohl*, Standards for Management Systems, S. 22.

werden müssen.[360] Weiteres Charakteristikum des Systems ist ein risikobasierter Ansatz, also die Auseinandersetzung mit den betrieblichen Risiken, die Einfluss auf die Organisationsziele haben sowie eine strukturierte und reflektierte Kundenorientierung.[361]

3. Zertifizierungsstellen

Die Zertifizierung wird nicht von den Normungsorganisationen, sondern von privaten Zertifizierungsgesellschaften gegen Entgelt vorgenommen. Anders als in gesetzlich geregelten Systemen ist eine behördliche Befugniserteilung bzw. eine Akkreditierung nicht zwingend erforderlich. Aus Wettbewerbsgründen streben die Zertifizierungsgesellschaften in der Praxis dennoch an, akkreditiert zu werden, um Kunden eine unabhängige Bestätigung ihrer Kompetenz vorweisen zu können.[362] Von einer akkreditierten Gesellschaft zertifiziert zu werden, erhöht zudem die Anerkennung der ausgestellten Zertifikate.[363] Die Akkreditierungen im hier einschlägigen gesetzlich nicht geregelten Bereich werden in der Union von den unter Art. 4 Abs. 1 VO 765/2008 eingerichteten nationalen Akkreditierungsstellen durchgeführt.[364] Der maßgebliche Akkreditierungsstandard ergibt sich aus ISO 17021.[365] Zertifizierungsgesellschaften müssen unparteiisch sein – anderweitige Beratungsdienstleistungen sind nicht erlaubt – und über ausreichend kompetentes Personal verfügen. Sie müssen die Zertifizierungen eigenständig und in eigener Verantwortung durchführen.

4. Befugnisse der Zertifizierungsstellen

Die Befugnisse im Rahmen des Zertifizierungsverfahrens ergeben sich aus dem Vertrag mit dem Kunden der Zertifizierungsgesellschaft. Das Zertifizierungsverfahren beginnt – nach Abschluss des Zertifizierungsvertrages – mit einem Einführungsgespräch und einer groben Vorprüfung zur Feststellung der Zertifizierungsbereitschaft, ehe eine detaillierte Prüfung des Qualitätsmanagements vorgenommen wird.[366] Während dieses sogenannten Hauptaudits sammeln die Auditoren relevante Informationen und befragen Mitar-

---

360 *Hinsch*, ISO 9001, S. 5.

361 *Hinsch*, ISO 9001, S. 6 f.; für eingehende Erläuterungen zu den Zertifizierungsanforderungen vgl. *Kohl*, Standards for Management Systems, S. 27 ff.

362 *Drechsel*, in: Pfeifer/Schmitt, Masing Handbuch Qualitätsmanagement, S. 348 (353).

363 *Kohl*, Standards for Management Systems, S. 669.

364 Zuvor wurde die Akkreditierung in Deutschland im gesetzlich ungeregelten Bereich von privaten Stellen vorgenommen, s. hierzu *Dimitropoulos*, Zertifizierung und Akkreditierung im Internationalen Verwaltungsverbund, S. 71 ff.; *Drechsel*, in: Pfeifer/Schmitt, Masing Handbuch Qualitätsmanagement, S. 348 (352 f.).

365 Eingehend *Kohl*, Standards for Management Systems, S. 674 ff.

366 Eingehend zum Zertifizierungsprozess *Drechsel*, in: Pfeifer/Schmitt, Masing Hand-

beiter; außerdem sind sie befugt, die Standorte des Unternehmens bzw. der Organisation zu betreten und zu untersuchen. Bei umfangreichen Projekten werden ggf. mehrere Auditoren und Experten im In- und Ausland eingesetzt. Die eigentliche Konformitätsentscheidung wird dann in einem formellen Verfahren von eigens hierfür eingesetztem Personal auf der Grundlage einer Dokumentationsprüfung vorgenommen.[367] Bei positiver Prüfung wird von der Zertifizierungsstelle ein entsprechendes Zertifikat ausgestellt und das Recht zur Verwendung eines entsprechenden Zeichens erteilt. Dieses ist drei Jahre lang gültig, wobei jährliche Überwachungsaudits stattfinden.[368]

5. Bedeutung des ISO-9001-Zeichens

Unternehmen werden durch das Zertifikat berechtigt, ein Kennzeichen der Zertifizierungsstelle (nicht der Normungsorganisation)[369] zu führen und mit diesem für sich zu werben. Um den Eindruck einer Produktzertifizierung zu vermeiden, darf das Zeichen nicht auf dem Produkt selbst angebracht werden, sondern beispielsweise auf Broschüren, Firmenwagen oder im Internet. Optisch unterscheiden sich die Zeichen zum Teil stark. Sie müssen jedenfalls das Logo der Zertifizierungsstelle, sowie den Hinweis auf die ISO Norm 9000 ff. enthalten.[370] Wettbewerbsrechtlich kann ein Hinweis auf das QM-System als eigentlicher Gegenstand der Zertifizierung, erforderlich sein.[371]

Explizite Aussagen über die Qualität und Sicherheit der Produkte oder Dienstleistungen trifft das Zeichen nicht. Es bescheinigt lediglich, dass das Unternehmen branchenunabhängige Mindeststandards bzgl. der betriebsinternen Qualitätssicherungsmaßnahmen beachtet, um selbst definierte Qualitätsziele zu erreichen. Auch wenn dem Zertifikat und dem Zeichen der Zertifizierungsgesellschaft keine Informationen über die tatsächliche Qualität der Leistungen zu entnehmen sind, wird ihnen dennoch ein nicht zu unterschätzender Marketingwert beigemessen.[372] Zertifizierte Unternehmen erhoffen sich einen Imagegewinn und höheres Kundenvertrauen in die Produktqua-

---

buch Qualitätsmanagement, S. 348 (354 ff.); *Hinsch*, ISO 9001, S. 9 f.; *Kohl*, Standards for Management Systems, S. 684 ff.

367 *Drechsel*, in: Pfeifer/Schmitt, Masing Handbuch Qualitätsmanagement, S. 348 (356); *Kohl*, Standards for Management Systems, S. 686 f.

368 Vgl. zu den Überwachungsaudits *Drechsel*, in: Pfeifer/Schmitt, Masing Handbuch Qualitätsmanagement, S. 348 (356 f.).

369 Vgl. https://www.iso.org/iso-name-and-logo.html (Stand: 24.5.2023).

370 Vorgaben für die Zeichenvergabe durch die Zertifizierungsstellen finden sich in der ISO 17021.

371 OLG Düsseldorf, Urt. v. 23.5.2019 – 2 U 50/18 = DStR 2019, 2222, m. Anm. *Ring*.

372 *Jahn u. a.*, JCP 2005, 53 (58); *Schlutz*, PHi 1996, 122 (131).

lität.[373] Inwiefern diese Erwartungen gerechtfertigt sind, ist allerdings fraglich. Ein konkretes Qualitätsniveau verspricht das Vorliegen des QM-Systems jedenfalls nicht.[374] Auch Unternehmen, die qualitativ bewusst hinter dem Marktstandard zurückbleiben und auf den Niedrigpreissektor abzielen, können ohne Weiteres ein QM-System implementieren und zertifizieren lassen. Rückschlüsse auf die Qualität der Leistungen im Vergleich zu anderen Anbietern sollten daher nicht gezogen werden. Zertifiziert wird lediglich die Normkonformität betriebsinterner Prozesse. Berechtigt ist das Kundenvertrauen daher bspw. im Hinblick auf die Konstanz der Produktqualität, da der Umgang mit Produktionsfehlern und deren Vermeidung wichtiger Bestandteil des QM-Systems ist.[375]

6. Rechtliche Bedeutung der Zertifizierung

Die Zertifizierung eines QM-Systems nach ISO 9001 erfolgt freiwillig, um die Prozesse eines Unternehmens oder einer Organisation zu optimieren und die Forderungen das Marktes nach einem entsprechenden Zertifikat als Nachweis der Qualitätsfähigkeit zu erfüllen. Insoweit sind an die Zertifizierung keine unmittelbaren Rechtsfolgen geknüpft. Bedeutung erlangt sie mittelbar bei der Steuerung von Haftungsrisiken, indem sie in Haftungsfällen zur Entlastung des zertifizierten Unternehmens oder seiner Mitarbeiter indiziell beitragen kann.[376] Die umfangreiche Dokumentation über qualitätsrelevante Vorgänge im Rahmen des QM-Systems, kann sich bei Beweisfragen indes auch negativ auswirken.[377]

Im Übrigen existieren auch Anwendungsbereiche, in denen das Recht ausdrücklich auf die ISO 9001 verweist. In diesen Fällen wird sie als Maßstab bzw. Konkretisierung allgemeiner gesetzlicher Anforderungen in ein gesetzlich geregeltes Zertifizierungssystem integriert. Wichtigstes Beispiel ist das europäische Produktsicherheitsrecht. EU-Richtlinien, die auf die Module D, E und H zurückgreifen,[378] verlangen von Herstellern die Implementierung und Zertifizierung eines QM-Systems. Dieser Pflicht können die Herstel-

---

373 *Brückner*, ZWF 2009, 889 (890); *Homburg/Becker*, WiSt 1996, 444 (448).

374 Gesteigerte Qualitätserwartungen können sich als „Trugschluss“ erweisen, *Hoffmeyer*, Die zivilrechtliche Haftung von Zertifizierungsstellen, S. 41; vgl. auch *Veltins*, in Hauschka/Moosmayer/Lösler, Corporate Compliance, § 23 Rn. 43.

375 *Brückner*, ZWF 2009, 889 (890).

376 *Veltins*, in Hauschka/Moosmayer/Lösler, Corporate Compliance, § 23 Rn. 43, 47; kritischer *Spindler*, in BeckOGK, § 823, Rn. 725; für eine weitreichende Haftungsentlastung hingegen *Möllers*, DB 1996, 1455.

377 Zu den prozessualen Auswirkungen auf Produkthaftungsklagen, *Schlutz*, PHi 1996, 122 (131 ff.).

378 Siehe zur modularen Konzeption Kap. 2 C.I.1.c.

ler mit einer Zertifizierung nach ISO 9001 nachkommen.[379] Außerhalb gesetzlich geregelter Zertifizierungssysteme wird die ISO 9001-Zertifizierung beispielsweise bei der Erteilung der EG-Typengenehmigung im Automobilbereich berücksichtigt.[380] Außerdem ist sie im deutschen Vergaberecht gem. § 49 Abs. 1 S. 1 VgV zu beachten, wenn der öffentliche Auftraggeber Belege für Qualitätssicherungsmaßnahmen verlangt.[381]

7. Dogmatische Einordnung

Vorliegend geht es um die Zertifizierung nach ISO 9001 als eigenständiges Zertifizierungssystem, also nicht um die Inbezugnahme dieser Norm durch einen gesetzlichen Verweis.

a. Privatwirtschaftlicher Bereich

Die Zertifizierung im Rahmen dieses eigenständigen Systems erfolgt freiwillig. Daher ist sie dem privatwirtschaftlichen Bereich zuzuordnen.[382] Funktional dient sie der Steigerung der Wettbewerbsfähigkeit der zertifizierten Unternehmen. Es gibt ferner keine gesetzlichen Regelungen, die das Zertifizierungssystem betreffen und damit keine dahinterstehendes öffentliches Ordnungsinteresse.[383]

b. Rechtliche Qualifizierung

Die Zertifizierungsgesellschaft wird auf der Grundlage eines rein privatrechtlichen Vertrages tätig. Dieser verweist auf die ISO-Normen und begründet die Befugnisse der Zertifizierungsgesellschaft. Diese übt folglich keine Hoheitsrechte aus.

---

379 Vgl. die Tabelle im Anhang II des Beschlusses 768/2008/EG, vgl. auch *Schneider*, Zertifizierung im Rahmen der CE-Kennzeichnung, S. 49 ff.

380 Vgl. Anhang X Nr. 1.2.1.1. RL 2007/46/EG.

381 Vgl. hierzu *Tomerius*, in Pünder/Schellenberg VgV, § 49 Rn. 2 ff.; allgemein zu Zertifikaten im Vergabeverfahren, *Baumann*, VergabeR 2015, 367.

382 Zur Abgrenzung zum öffentlich-rechtlichen Bereich anhand des Kriteriums einer Zertifizierungspflicht, vgl. Kap. 2 B.III.

383 Eine öffentlich-rechtliche Prägung besteht lediglich auf der Akkreditierungsebene, denn die nationale Akkreditierungsstelle wird hoheitlich tätig.

IV. Tabellarischer Vergleich

	Europäische Produktsicherheitszertifizierung	**GS-Zertifizierung nach deutschem Recht**	**ISO 9001-Zertifizierung**
Funktionen	Regulierung des Marktzugangs/ Einhaltung von Mindestsicherheitsstandards	Verbesserung der Produktsicherheit/ Marketinginstrument	Vereinfachung von Geschäftsbeziehungen/Marketinginstrument
Gegenstand	Je nach Modul: Baumuster, QM-System und/oder Produkt	Baumuster und Herstellungsprozess	QM-System
Maßstab	EU-Recht, konkretisiert in technischen Normen	Nationales und EU-Recht, teilweise konkretisiert in technischen Normen	Technische Norm (ISO 9001)
Zertifizierungszeichen	Verwaltungszeichen (CE)	Sicherheits- und Qualitätssigel (GS)	Individuelles QM-Zeichen der Zertifizierungsgesellschaft mit Hinweis auf ISO 9001
Gesetzlich geregelt	Ja (zahlreiche RL und VO)	Ja (§§ 20–24 ProdSG)	Nein
Zertifizierungspflicht	Ja (Ausnahme: Modul A als reine Selbstzertifizierung)	Nein	Nein
Hoheitliche Befugniserteilung erforderlich	Ja	Ja	Nein

D. Zusammenfassung

Bereits die Auseinandersetzung mit drei unterschiedlichen Zertifizierungssystemen hat die Vielfältigkeit der Zertifizierungslandschaft deutlich gemacht. Andererseits sind auch wiederkehrende Strukturen sichtbar geworden, die es rechtfertigen, die funktional-normbezogene Zertifizierung als einheitlichen Forschungsgegenstand zu betrachten. In allen untersuchten Systemen werden private Akteure zur Überprüfung und Bescheinigung der Konformität eines bestimmten Zertifizierungsgegenstandes mit vorher festgelegten Anforderungen eingesetzt. Behörden, Handelspartner und Verbraucher vertrauen auf die Richtigkeit der Zertifikate. Ihre Anerkennungsfähigkeit beruht neben der Inbezugnahme von harmonisierten technischen Normen auf obligatorischen oder freiwilligen Akkreditierungsregimen und teilweise auf öffentlich-rechtlicher Regulierung. Die Zertifizierungsgesellschaften werden auf der Grundlage eines privatrechtlichen Vertrages gegen Entgelt tätig, wobei eine grenzüberschreitende Zertifizierung ohne weiteres möglich ist.

Offen zutage traten die unterschiedlichen Grade der öffentlich-rechtlichen Prägung. Während freiwillige Zertifizierungen nach internationalen Normen – wie die hier in den Blick genommene ISO 9001-Zertifizierung – völlig ohne gesetzliche Begleitstrukturen auskommen, sind die beiden untersuchten Produktzertifizierungssysteme in ein mehr oder weniger starres rechtliches Korsett gebettet. Auf der Skala der öffentlich-rechtlichen Prägung nehmen die freiwilligen, aber gesetzlich geregelten Zertifizierungen die mittlere Position ein, während die obligatorischen Zertifizierungen am stärksten durch Gesetzesrecht geprägt sind.

Die untersuchten Zertifizierungssysteme eint die Ausrichtung auf die Vertrauensgenerierung. Jenseits dieser abstrakten Zweckrichtung zeigen sich indes unterschiedliche Funktionen, die jedoch wiederum nicht in Reinform auftreten. Bei der obligatorischen Zertifizierung steht die Verfolgung von Gemeinwohlinteressen am deutlichsten im Mittelpunkt. Im Falle der europäischen Produktzertifizierung sind dies die Regulierung des Marktzugangs, mittelbar also das Funktionieren des gemeinsamen Binnenmarkts, sowie die Gewährleistung eines Mindestsicherheitsniveaus bei potenziell gefährlichen Produkten. Letzteres soll gerade auch zum Schutz einzelner Verbraucher beitragen. Die Ambivalenz der Zielverfolgung wird bei den freiwilligen, gesetzlich geregelten Systemen besonders deutlich. Einerseits gleichen sie die Wissensdefizite verschiedener Marktakteure, insbesondere potenzieller Kunden, aus, weshalb sich zertifizierte Unternehmen einen Vorteil gegenüber nicht-zertifizierten Konkurrenten erhoffen. Andererseits erlauben sie dem regulierenden Gesetzgeber die Verfolgung der unterschiedlichsten politischen Ziele. Im Falle der GS-Zertifizierung ist dies ein bestimmtes Produktsicherheitsniveau. Einsatz findet das Modell jedoch auch im Dienst des Umweltschutzes, des Datenschutzes oder anderer Ziele. In seiner Funktion als Regulierungsinstrument macht sich diese Form der Zertifizierung gerade die erhofften Mechanismen des Marktes, namentlich die verbesserten Absatzchancen zertifizierter Produkte, Dienstleistungen usw., zunutze. Die ungeregelte, freiwillige Zertifizierung ist hingegen gänzlich frei von politischen Erwägungen und wird ausschließlich aus wirtschaftlichem Eigenantrieb und zur Befriedigung entsprechender Marktbedürfnisse vorgenommen.

Kapitel 3: Bedeutung und Funktion der Zertifizierererhaftung

Bevor eine Untersuchung des zivilrechtlichen Haftungs- und Dritthaftungsniveaus nach dem deutschen, französischen und englischen Sachrecht vorgenommen wird, sollen in diesem Kapitel einige wichtige Aspekte vorangestellt werden. Zunächst wird die Verantwortungssphäre der Zertifizierungsgesellschaften in Abgrenzung zu anderen Akteuren potenzieller Haftungsfälle ausgelotet (A). Zu diesem Zweck müssen deren Pflichten im Laufe der verschiedenen Phasen des Zertifizierungsprozesses näher beleuchtet werden. Anschließend widmet sich das Kapitel der Frage, welche Bedeutung der Zertifizierererhaftung für die Funktionsweise des jeweiligen Zertifizierungssystems zukommt, da vielfach deren verhaltenssteuernde Wirkung hervorgehoben wird (B). Schließlich wird untersucht, inwiefern die Haftung durch den regulatorischen Rahmen der Zertifizierungssysteme oder das nationale Recht ausdrücklich aufgegriffen wird (C).

A. Die Zuordnung der Verantwortungssphären

Um die zivilrechtliche Haftung von Zertifizierungsgesellschaften beurteilen zu können, ist eine Bestimmung ihrer Verantwortungssphäre unerlässlich. In welchen Fällen mit Beteiligung einer Zertifizierungsgesellschaft kommt deren Haftung in Betracht? Inwiefern sind sie allein oder neben dem Inhaber des Zertifikats, also etwa dem Hersteller oder Dienstleister, für die Normkonformität des Zertifizierungsgegenstandes verantwortlich? Die Antworten auf diese Fragen liefern die Anknüpfungspunkte für die Haftung nach dem jeweils anwendbaren nationalen Recht.

I. Die primäre Verantwortung des Zertifikatinhabers

Ein Blick auf die unterschiedlichen Zertifizierungssysteme offenbart, dass die Zertifizierungsgesellschaften scheinbar weitgehend aus der Verantwortung genommen werden. Nicht nur wird deren Haftung nicht oder nur am Rande erwähnt, es wird auch umgekehrt regelmäßig die Verantwortung der Zertifikatinhaber betont. Deutlich wird dies im europäischen Produktsicherheitsrecht bei dem Erfordernis der vom Hersteller abzugebenden Konformitätserklärung, die gemeinsam mit der Anbringung des CE-Zeichens das Konformitätsverfahren abschließt.[384] „Mit der Ausstellung und Unterzeichnung der EU-Konformitätserklärung übernimmt der Hersteller die Verant-

384 So auch GA *Sharpston*, Schlussantrag v. 15.9.2016 – C-219/15 = PharmR 2016, 449 (454 Rn. 33); *Pünder*, ZHR 2006, 567 (581).

wortung für die Konformität des Produkts."[385] Die Herstellerverantwortung zeigt sich ferner auch darin, dass Hersteller regelmäßig zwischen verschiedenen Konformitätsverfahren wählen können. So können z. B. die Hersteller von Medizinprodukten der Klasse III[386] gem. Art. 52 Abs. 3 der Medizinprodukte-VO 2017/745/EU entscheiden, ob sie sich einer Konformitätsbewertung auf der Grundlage eines QM-Systems und einer Bewertung der technischen Dokumentation nach Anhang IX oder einer Baumusterprüfung (Anhang X) in Kombination mit einer Produktkonformitätsprüfung (Anhang XI) unterwerfen. Das europäische Produktsicherheitsrecht mit seinen umfassenden Zertifizierungspflichten bezweckt also nicht die generelle Entlastung der Hersteller. Vielmehr wird ihre Eigenverantwortlichkeit trotz der Einschaltung der benannten Stellen als Bestandteil des liberalen Marktzugangsregimes verstanden.[387] Auch die GS-Zertifizierung nimmt den Hersteller nicht aus der Verantwortung.[388] Gem. § 24 Abs. 1 ProdSG „hat [er] dafür Sorge zu tragen, dass die von ihm hergestellten verwendungsfertigen Produkte mit dem geprüften Baumuster übereinstimmen." Dass der Hersteller der zentrale Akteur bei der Gewährleistung der Produktsicherheit ist, wird auch durch das ProdHaftG klargestellt, sofern dessen Anwendungsbereich eröffnet ist.[389] Gem. § 1 S. 1 ProdHaftG bzw. Art. 1 der zugrunde liegende RL Nr. 85/374/EWG haftet der Hersteller für Schäden, die durch einen Fehler des Produkts verursacht wurden. Auch die rein vertraglichen Zertifizierungssysteme bilden insofern keine Ausnahme. Die Verantwortlichkeit des Zertifikatinhabers zeigt sich etwa in der eingeschränkten haftungsentlastenden Wirkung von ISO 9001-Zertifikaten, die allenfalls indizielle Bedeutung haben.[390] Die Zertifizierungsgesellschaften schließen in ihren Allgemeinen

385 *EU-Kommission*, Leitfaden für die Umsetzung der Produktvorschriften der EU 2016 („Blue Guide"), 2016, Abschnitt 4.4. Vgl. für eine konkrete RL-Umsetzung bspw. Art. 13 Abs. 3 RL 2011/65/EU v. 8.6.2011 (Elektro- und Elektronikgeräte).

386 Dabei handelt es sich um Produkte mit dem höchsten Gefahrenpotential. Produkte der Klasse III sind bspw. künstliche Gelenke, Herzschrittmacher und Brustimplantate. Vgl. zu den Klassifizierungsregeln den Anhang VIII der VO 2017/745/EU (Mediuinprodukte).

387 Vgl. *Dimitropoulos*, Zertifizierung und Akkreditierung im Internationalen Verwaltungsverbund, S. 128.

388 Vgl. zur eingeschränkten haftungsentlastenden Wirkung des GS-Zeichens Kap. 2 C.II.6.

389 Der TÜV Rheinland schloss im PIP-Fall aus der europarechtlichen Herstellerhaftung gem. der RL 85/374, dass eine Haftung benannter Stellen aus systematischen Gründen ausgeschlossen sei. Die RL bezweckt jedoch nur eine vollständige Harmonisierung im Bereich der verschuldensunabhängigen Haftung für fehlerhafte Produkte, schließt also eine Verschuldenshaftung der benannten Stelle nach nationalem Recht nicht aus, in diesem Sinne GA *Sharpston* in ihrem Schlussantrag v. 15.9.2016 – C-219/15, PharmR 2016, 449 (453 f. Rn. 31 f.).

390 Vgl. hierzu Kap. 2 C.III.6.

Geschäftsbedingungen (AGB) zudem regelmäßig die Gewähr für die Normkonformität des Zertifizierungsgegenstands aus.[391]

Die primäre Verantwortlichkeit der Zertifikatinhaber ist freilich sinnvoll. Sie haben den größten Einfluss auf die Beschaffenheit des Zertifizierungsgegenstands, können also Gefahrenquellen überblicken und effektiv beseitigen. Außerdem sind sie häufig die unmittelbaren Vertragspartner der Geschädigten oder sind mit diesen zumindest durch eine ununterbrochene Vertragskette verbunden. Sie profitieren also auch wirtschaftlich von einem Reüssieren des Zertifizierungsgenstandes am Markt, bspw. wenn ein zertifiziertes Produkt verkauft wird oder ein zertifiziertes Unternehmen den Zuschlag für einen Auftrag erhält. Schließlich können sie etwaige Haftungsrisiken aufgrund ihrer Nähe zum Zertifizierungsgegenstand am günstigsten versichern. Dies alles rechtefertigt die Verantwortung der Zertifikatinhaber für den Zertifizierungsgegenstand und die daraus resultierenden Haftungsrisiken.

Dennoch bleibt Raum für die Haftung der Zertifizierungsgesellschaften. Die Zertifizierung schafft gerade eine zusätzliche Verantwortungsebene, auf deren Grundlage eine zivilrechtliche Haftung möglich ist.[392] Der Anknüpfungspunkt für die Haftung ist indes nicht per se die Nichtkonformität des Zertifizierungsgegenstands mit den geprüften Standards. Von zentraler Bedeutung sind vielmehr die gesetzlichen und vertraglichen Pflichten der Zertifizierungsgesellschaften nach dem jeweiligen Zertifizierungssystem.[393] Werden diese verletzt, ist eine Haftung gegenüber dem Vertragspartner und im Falle der Drittwirkung dieser Pflichten gegenüber weiteren Personenkreisen denkbar.[394] Ferner können sie zur Konkretisierung allgemeiner zivilrechtlicher Verkehrspflichten nach den nationalen Rechtsordnungen herangezogen werden. Aus diesen Gründen gilt es, den Zertifizierungsprozess näher in den Blick zu nehmen.

II. Die Pflichten im Rahmen des Zertifizierungsprozesses

Die Haftung einer Zertifizierungsgesellschaft kommt in Betracht, wenn diese im Laufe des Zertifizierungsprozesses eine Pflicht verletzt, die aufseiten der Antragssteller oder Dritter zu einem Schaden geführt hat. Die Pflichten der Zertifizierungsgesellschaft während des Zertifizierungsprozesses sind daher zentraler Bestandteil der haftungsrechtlichen Untersuchung. Der

---

391 Vgl. zu dieser Praxis auch *De Bruyne*, Third-Party Certifiers, Rn. 64.

392 Vgl. *De Bruyne/Vanleenhove*, Eur. Rev. Priv. L. 2016, 823 (845 ff.).

393 So auch *De Bruyne*, Third-Party Certifiers, Rn. 104.

394 Das „Nebeneinander" der Herstellerhaftung sowie der Dritthaftung benannter Stellen betont auch der BGH in seinem Urt. v. 27.2.2020 – VII ZR 151/18 = NJW 2020, 1514 (1519 Rn. 42); so auch *Rott/Glinski*, ZEuP 2015, 192 (207).

Zertifizierungsprozess wird dabei in drei Phasen eingeteilt:[395] Zunächst erfolgen Vorbereitungshandlungen sowie die Konformitätsprüfung des Zertifizierungsgegenstands (Prüfungsphase). Sodann wird über die Ausstellung oder Zurückhaltung des jeweiligen Zertifikats entschieden (Zertifizierungsphase). Nach der Ausstellung unterliegt der Zertifizierungsgegenstand bzw. der Inhaber des Zertifikats einer regelmäßigen Überwachung (Überwachungsphase).

Eine abschließende Liste der Zertifiziererpflichten kann und soll hier indes nicht erarbeitet werden. Speziell bei den Zertifizierungen im Rahmen der EU-Konformitätsverfahren ergeben sich erhebliche Unterschiede je nach Modulkombination und Produktkategorie. Vor allem in gesetzlich nicht geregelten Systemen steht es den Parteien zudem frei, den Pflichtenkatalog vertraglich auszugestalten und ihren Bedürfnissen anzupassen. Die Ausführungen sollen daher lediglich wiederkehrende Muster in den unterschiedlichen Zertifizierungssystemen und -phasen aufdecken und dabei die zentralen Zertifiziererpflichten identifizieren, deren Verletzung eine zivilrechtliche Haftung auslösen könnten.

1. Prüfungsphase

Zertifizierer unterliegen im Stadium vor der Ausstellung der Zertifikate einer Vielzahl von Pflichten. Beispielsweise besteht bei der Zertifizierung von genormten QM-Systemen die Pflicht, ein vorläufiges Audit durchzuführen bzw. eine Voreinschätzung bezüglich der Zertifizierungsreife des Antragstellers abzugeben.[396] Auf diese Weise können Schwachstellen aufgedeckt und die Vorgaben des einschlägigen Normkatalogs, etwa der ISO 9001, effektiv umgesetzt werden.[397] Beratungspflichten können prinzipiell vereinbart werden, dürfen aber nicht den Zertifizierungsgegenstand als solchen betreffen, um die Unabhängigkeit, Unparteilichkeit und Objektivität der vertragsgegenständlichen Prüfungsleistung sicherzustellen.[398]

Ist in dem jeweiligen Zertifizierungssystem eine Notifizierung bzw. Akkreditierung obligatorisch, ist die Zertifizierungsgesellschaft zudem verpflichtet, die entsprechenden Anforderungen an Objektivität, Unabhängigkeit, fachliche Kompetenz usw. während des gesamten Prozesses einzuhalten. Die Zertifizierungsgesellschaften haben ihren Kunden vertraglich eine an-

395 Vgl, bereits Kap. 2 B.II.3; diesen Ansatz verfolgt auch *De Bruyne*, Third-Party Certifiers, Rn. 32 ff.

396 *Kohl*, Standards for Management Systems, S. 686.

397 *Drechsel*, in: Pfeifer/Schmitt, Masing Handbuch Qualitätsmanagement, S. 348 (355).

398 Vgl. Ziffer A-1.1 der Prüf- und Zertifizierordnung (PZO) der TÜV SÜD Gruppe, abrufbar unter https://www.tuvsud.com/de-de/-/media/de/product-service/pdf/agbs/pruef--und-zertifizierordnung-von-tuev-sued-gruppe.pdf?la=de-de&hash=BDFE4123998CF1BB5F025CDE7FB00EEC (Stand: 24.5.2023).

erkennungsfähige Prüfungs- und Zertifizierungsleistung in Aussicht gestellt, die nur sichergestellt ist, wenn die einschlägigen Akkreditierungsvoraussetzungen erfüllt sind. Hat sich die Zertifizierungsgesellschaft im privatwirtschaftlichen Bereich freiwillig akkreditieren lassen und wurde dieser Umstand vertraglich vorausgesetzt, besteht diese Pflicht auch hier in gleicher Weise.

Im Mittelpunkt sämtlicher Zertifizierungssysteme steht in dieser Phase freilich die Pflicht, die Konformität des Zertifizierungsgegenstands in einer bestimmten Zeit zu überprüfen. Diese Tätigkeit mündet in einen Prüfbericht, der die Grundlage für die Entscheidung über die Ausstellung des Zertifikats bildet. Charakteristisch ist, dass die Zertifizierungsgesellschaften hinsichtlich des *Obs* der Prüfung einen konkreten Erfolg schulden, während hinsichtlich des *Wies* ein Ermessensspielraum besteht.[399] Sie sind also zur Erbringung einer Prüfungsleistung nach den vertraglichen Konditionen verpflichtet. Im Falle der Nichtleistung handelt die Zertifizierungsgesellschaft demnach vertragsbrüchig. Vorgaben für die eigentliche Leistungserbringung können sich aus dem Zertifizierungsvertrag einschließlich allgemeiner Geschäftsbedingungen, Gesetzen und internationalen Normen ergeben. Die konkreten Methoden der Leistungserbringung können die Zertifizierungsgesellschaften jedoch regelmäßig nach sachgemäßem Ermessen selbst bestimmen.[400] Sie sind in dieser Hinsicht also nicht zur Erbringung eines bestimmten Erfolges, sondern zur Erbringung einer Dienstleistung verpflichtet. Dabei müssen sie mit angemessener Sorgfalt vorgehen.[401] Die französische Zertifizierungsgesellschaft Bureau Veritas erklärt bspw. im Pflichtenkatalog ihrer General Terms and Conditions for Certification Services, dass die Prüfung durchgeführt werden muss, „*with reasonable care, skill and diligence as expected of a competent body experienced in the certification industry and in performing services of a similar nature to the Services and under similar circumstances*“.[402] Dieser allgemeine Befund wird durch einen Blick auf die einzelnen Zertifizierungssysteme bestätigt.

a. Die Pflichten der benannten Stellen

Die Pflichten der benannten Stellen im Rahmen der Prüfungsphase ergeben sich aus Anhang I Art. R27 Abs. 1 und 2 des Beschlusses Nr. 768/2008/

399 Vgl. *De Bruyne*, Third-Party Certifiers, Rn. 37 f.

400 Vgl. bspw. Ziffer 3.2 der AGB der TÜV Rheinland LGA Products GmbH, abrufbar unter https://www.tuv.com/germany/de/allgemeine-gesch%C3%A4ftsbedingungen.html (Stand: 24.5.2023).

401 Vgl. *De Bruyne*, Third-Party Certifiers, Rn. 52.

402 Ziffer 6.1, Bureau Veritas, General Terms and Conditions for Certification Services, abrufbar unter https://www.bvna.com/sites/g/files/zypfnx386/files/media/document/General%20Conditions%20of%20Service%20UKAS.pdf (Stand: 24.5.2023).

EG.[403] An diese Bestimmung angelehnt ist § 16 Abs. 1 ProdSG. Demnach sind die benannten Stellen verpflichtet, die Konformitätsbewertung im Einklang mit den nach den einschlägigen Richtlinien vorgesehenen Konformitätsbewertungsverfahren durchzuführen. Es besteht also eine strikte Bindung an die Richtlinien-Vorgaben, die es den benannten Stellen verbietet, auf andere als die vorgeschriebenen Konformitätsverfahren zurückzugreifen.[404] Die Konformitätsbewertung ist unter Wahrung der Verhältnismäßigkeit durchzuführen. Die benannten Stellen „üben ihre Tätigkeiten unter gebührender Berücksichtigung der Größe eines Unternehmens, der Branche, in der es tätig ist, seiner Struktur sowie des Grads der Komplexität der betroffenen Produkttechnologie und des Massenfertigungs- oder Seriencharakters des Fertigungsprozesses aus. Hierbei gehen sie allerdings so streng vor und halten ein Schutzniveau ein, wie dies für die Konformität des Produkts mit den Bestimmungen erforderlich ist."[405] Die Einhaltung der Schutzziele der jeweiligen Richtlinie müssen demnach mit der Vermeidung unnötiger Belastungen für den Hersteller abgewogen werden. Schwierigkeiten bereitet die Wahrung des Verhältnismäßigkeitsgrundsatzes, insbesondere wenn für ein bestimmtes Produkt keine harmonisierten Normen existieren oder der Hersteller von vorhandenen Normen abweicht,[406] die benannte Stelle also nicht auf konkretisierte Prüfvorgaben zurückgreifen kann.[407] Sie stehen in diesen Fällen vor der Aufgabe, im Rahmen der Konformitätsprüfung das richtige Maß an „Strenge" zu finden.

Die weiteren Pflichten hängen von den Prüfungsmodulen der jeweils einschlägigen Richtlinien ab.[408] Beispielsweise war der TÜV Rheinland im PIP-Fall[409] zur Überprüfung des Qualitätssicherungssystems sowie der Produktauslegung des Herstellers verpflichtet.[410] Konkret bedeutet dies die Prüfung von Unterlagen und unternehmensinternen Verfahren, wobei auch eine Besichtigung der Betriebsstätten des Herstellers erforderlich ist. Hinsichtlich des anzuwendenden Sorgfaltsmaßstabs enthalten die Richt-

---

403 Beschluss Nr. 768/2008/EG v. 9.7.2008 – ABl. 2008 L 218, 82. Es handelt sich um einen Rechtsakt des New Legislative Framework (NLF), vgl. hierzu Kap. 2 C. I. 1. d.

404 *Kapoor*, in Klindt ProdSG, § 16 Rn. 3.

405 Art. R27 Abs. 2 Beschluss Nr. 768/2008/EG.

406 Hersteller können von den rechtlich unverbindlichen Normen abweichen, kommen dann allerdings nicht in den Genuss der Konformitätsvermutung, vgl. hierzu Kap. 2 C. I. 1. e.

407 Vgl. *Kapoor*, Klindt ProdSG, § 16 Rn. 5.

408 Vgl. zur modularen Konzeption Kap. 2 C. I. 1. c und Kap. 2 C. I. 2.

409 Vgl. Kap. 1 A. I.

410 Vgl. Anhang II Nr. 3 und 4 RL 93/42/EWG (Medizinprodukte). Bei Medizinprodukten der Klasse III stand neben diesem Verfahren der vollständigen Qualitätssicherung auch das Verfahren der EG-Baumusterprüfung zur Verfügung. Der Hersteller hat diesbezüglich ein Wahlrecht, vgl. Art. 11 lit. a und b der RL.

linien und Verordnungen keine weiteren Konkretisierungen. Die von den benannten Stellen anzuwendende Sorgfalt war eines der zentralen Themen bei der gerichtlichen Aufarbeitung des PIP-Falls. Der EuGH betonte in seiner Entscheidung, dass die benannten Stellen einer „mit ihrem Tätigwerden im Rahmen des Verfahrens der EG-Konformitätserklärung verbundene[n] allgemeine[n] Sorgfaltspflicht" unterliegen.[411] Zu beachten ist allerdings, dass im PIP-Fall die Verletzung einer Überwachungspflicht im Raum stand. Dem TÜV Rheinland wurde vorgeworfen, bei der Überwachung des Herstellers nach Ausstellung des Zertifikats nicht die erforderlichen Maßnahmen ergriffen zu haben, um dessen betrügerische Aktivitäten aufzudecken. In dem Fall ging es also nicht um die Pflichten während der Prüfungsphase, sondern um die Frage, ob sich die Befugnisse während der Überwachungsphase, insbesondere die Befugnis zu unangekündigten Inspektionen, zu einer Rechtspflicht verdichten können.[412] Der EuGH argumentierte, dass der Ermessensspielraum der benannten Stelle eingeschränkt sei, wenn „Hinweise" darauf vorliegen, dass ein Medizinprodukt die Anforderungen der einschlägigen Richtlinie möglicherweise nicht erfüllt. Hierzu wird weiter unten noch eingehend Stellung bezogen.[413] Bezüglich der in diesem Abschnitt interessierenden Pflichten im Vorfeld der Zertifizierung stellt sich allerdings die Frage, ob auch in diesem Stadium der Ermessensspielraum der benannten Stellen eingeschränkt werden kann, sodass sie zur Ergreifung bestimmter Maßnahmen rechtlich verpflichtet sind. Dafür spricht, dass der EuGH mit einer „allgemeinen Sorgfaltspflicht" argumentierte, die der benannten Stelle u. a. aufgrund ihrer besonderen Funktion zukommt. Wäre sie bei Vorliegen entsprechender „Hinweise" berechtigt, untätig zu bleiben, „ließe sich nicht sicherstellen, dass sie ihre Rolle im Rahmen des Verfahrens der EG-Konformitätserklärung wahrnimmt."[414] Diese Argumentation lässt sich auf die Prüfungsphase übertragen. Die Einschaltung der benannten Stellen im Rahmen der Konformitätsbewertungsverfahren bezweckt die effektive Gewährleistung eines Mindestmaßes an Produktsicherheit bei gleichzeitigem Verzicht auf behördliche Zulassungsverfahren. In der Prüfungsphase ist daher von einer weitreichenden Sorgfaltspflicht der benannten Stelle auszugehen,[415] denn eine positive Konformitätsprüfung führt zu einer Zertifizierung, die

---

411 EuGH, Urt. v. 16.2.2017 – C-219/15 (*Schmitt*) = NJW 2017, 1161 (1162 Rn. 46).

412 Vgl. zur Befugnis der benannten Stelle, unangekündigte Inspektionen beim Hersteller durchzuführen, Kap. 2 C. I.4.

413 Vgl. Kap. 3 A.II.3.b.aa., dort auch zur Übertragbarkeit dieser Rechtsprechung auf andere Bereiche als das Medizinprodukterecht.

414 EuGH, Urt. v. 16.2.2017 – C-219/15 (*Schmitt*) = NJW 2017, 1161 (1162 Rn. 45).

415 Dies zeigt auch Anhang 1 Nr. 3 der infolge des PIP-Skandals erlassenen Empfehlung 2013/473/EU v. 24.9.2013 – L 253/27, wonach die benannten Stellen bei der Prüfung bestimmter Aspekte der grundlegenden Sicherheits- und Gesundheitsanforderungen an Medizinprodukte „besonders sorgfältig" prüfen müssen.

wiederum den Zugang zum Binnenmarkt eröffnet. Bei Tätigkeiten, die zur (erstmaligen) Eröffnung des Marktzugangs führen, ist sogar ein noch höherer Sorgfaltsmaßstab angezeigt, als dies im Rahmen der Überwachung vom EuGH angenommen wurde. Jedenfalls gibt es keinen Grund dafür, warum die Anforderungen hinter dem Maßstab für Überwachungstätigkeiten, die „lediglich" ein Aufrechterhalten des Marktzugangs nach sich ziehen können, zurückbleiben sollen.

Zu beachten ist, dass der Ermessensspielraum im Rahmen der Prüfungsphase durch die EU-Richtlinien und -Verordnungen weniger deutlich herausgestellt wird, als dies bei der Überwachungsphase der Fall ist. Die Prüfungstätigkeit wird anders als die Überwachungstätigkeit zumeist detaillierter durch harmonisierte Normen geregelt. Dennoch existieren auch hinsichtlich der Prüfungstätigkeit Ermessensspielräume. Dies zeigte bereits Anhang I Art. R27 Abs. 2 des Beschlusses Nr. 768/2008/EG mit seinen Vorgaben zur Wahrung der Verhältnismäßigkeit. Ermessensspielräume folgen außerdem aus den Anforderungen an die Unabhängigkeit und fachliche Kompetenz der benannten Stellen, denn es würde diesen Anforderungen „völlig zuwiderlaufen, wenn der Gerichtshof unnötig präskriptive Anforderungen an die Art und Weise ihrer Tätigkeit festlegen würde."[416] Konkret ist das Ermessen z. B. auszuüben, wenn benannte Stellen bei der Feststellung von Konformitätsabweichungen „geeignete Maßnahmen"[417] treffen sollen, die gesetzlich nicht näher konkretisiert werden. Nach dem zuvor Gesagten unterliegen die benannten Stellen hierbei einer allgemeinen Sorgfaltspflicht. Im Einzelfall kann dies bedeuten, dass nur eine einzige der jeweils infrage kommenden Maßnahmen ein pflichtgemäßes Verhalten darstellt. Ferner können benannte Stellen auch bereits in der Prüfungsphase aufgrund ihrer Sorgfaltspflichten anlassbezogen verpflichtet sein, einzelne Produkte zu inspizieren, die Geschäftsunterlagen des Herstellers zu sichten oder unangekündigte Inspektionen durchzuführen, selbst wenn diese Pflichten nicht obligatorisch sind.

b. Die Pflichten der GS-Stellen

Auch bei freiwilligen Zertifizierungen im gesetzlich geregelten Bereich unterliegen die Zertifizierungsgesellschaften vergleichbaren Sorgfaltspflichten. Zwar ist etwa die Zuerkennung des GS-Zeichens keine rechtliche Marktzugangsvoraussetzung und dient überwiegend Marketingzwecken,[418] doch bezweckt die GS-Zertifizierung auch eine tatsächliche Verbesserung der

416 GA *Sharpston*, Schlussantrag vom v. 15.9.2016 – C-219/15, PharmR 2016, 449 (455) Rn. 44.

417 Vgl. z. B. Nr. 4 Anhang IX RL 2014/33/EU v. 26.2.2014 (Aufzüge).

418 Vgl. Kap. 2 C.II.7.b.

Produktsicherheit.[419] Das Selbstverständnis dieses Zertifizierungssystems, nachdem das GS-Qualitätssiegel einen verlässlichen Sicherheitsnachweis darstellen soll,[420] ist konsequenterweise nur denkbar, wenn die mit großer Expertise ausgestatteten GS-Stellen entsprechend hohen Sorgfaltspflichten unterliegen. Nur so kann das gewünschte Vertrauen generiert werden. Diese Sorgfaltspflichten sind im Laufe der Prüfungsphase und insbesondere bei Ermessensentscheidungen zu beachten, etwa wenn die genauen Methoden der zu erbringenden Prüfungsleistung gesetzlich nicht geregelt sind und sich auch nicht aus technischen Normen ergeben.[421] Konkret müssen sich die GS-Stellen bei der sorgfältigen Ausführung der vertraglich vereinbarten und gesetzlich determinierten Prüfungsleistung an den Zielen des Zertifizierungssystems orientieren. Im Einzelfall kann dies bedeuten, dass sie ähnlich wie die benannten Stellen der EU-Konformitätsverfahren zur Ausreizung ihrer Befugnisse verpflichtet sind, wenn Hinweise auf Konformitätsabweichungen auftreten.

c. Die Pflichten der ISO 9001-Zertifizierungsgesellschaften

Bei freiwilligen Zertifizierungen im gesetzlich ungeregelten Bereich wie der Zertifizierung nach ISO 9001 haben die Parteien mangels öffentlich-rechtlicher Überlagerung die größten Freiheiten bei der Gestaltung des Zertifizierungsvertrages. Dies gilt auch für die Phase der Konformitätsprüfung, dem sogenannten Hauptaudit. Der Pflichtenkatalog der Zertifizierungsgesellschaften wird u. a. durch die vertragliche Inbezugnahme internationaler Normen definiert.[422] Die Auditoren greifen auf die ihnen eingeräumten Befugnisse zurück, um Informationen über die Implementierung und Einhaltung des QM-Systems zu sammeln.[423] Eine wesentliche Aufgabe besteht darin, nicht normkonforme Elemente des QM-Systems der zu zertifizierenden Organisation zu identifizieren sowie entsprechend eingeleitete Korrekturmaßnahmen zu überprüfen.[424] Da die allgemeinen und branchenunspezifischen Vorgaben der ISO 9001 erst durch die jeweiligen Organisationen mit Leben gefüllt werden müssen,[425] wird auch von der Zertifizierungsgesellschaft eine

---

419 Vgl. Kap. 2 C.II.6.

420 Vgl. Kap. 2 C.II.5.

421 Das Zertifizierungsverfahren ist im ProdSG nicht ausdrücklich geregelt. Die Prüfungspflichten ergeben sich mittelbar aus den Zertifizierungsanforderungen gem. § 20 Abs. 3 ProdSG (hierzu im Einzelnen Kap. 2 C.II.2.).

422 Anforderungen an die Audits ergeben sich aus der Norm ISO/IEC 17021.

423 Vgl. Kap. 2 C.III.4.

424 Vgl. *Drechsel*, in: Pfeifer/Schmitt, Masing Handbuch Qualitätsmanagement, S. 348 (356); *Hinsch*, ISO 9001, S. 13.

425 Vgl. Kap. 2 C.III.2.

Transferleistung verlangt, die ein hohes Maß an Expertise und angemessene Sorgfalt bei der Durchführung der Prüfungsleistung voraussetzt.

2. Zertifizierungsphase

Die Entscheidung, ob auf der Grundlage der zuvor festgestellten Prüfergebnisse ein Zertifikat ausgestellt wird, trifft die Zertifizierungsgesellschaft in der zweiten Phase des Zertifizierungsprozesses. Aus der Perspektive der Antragsteller ist dies freilich der zentrale Aspekt der Zertifizierung. Die Aussicht auf das Zertifikat ist der maßgebliche Grund für die entgeltliche Einschaltung der Zertifizierungsgesellschaft.[426] Zu beachten ist, dass Prüfberichte aus der ersten Phase des Prozesses, etwa die Berichte der Auditoren oder Laborergebnisse, rechtlich in keiner Weise die eigentliche Zertifizierungsentscheidung determinieren. Das für diese Entscheidung eingesetzte Personal der Zertifizierungsstelle muss sich mit der gebotenen Sorgfalt vom Vorliegen der relevanten Zertifizierungsvoraussetzungen überzeugen und zieht hierfür die verschriftlichten Ergebnisse der Prüfungsphase zu Rate. Die Personen, die die Entscheidung über die Zertifizierung treffen, dürfen nicht an der vorherigen Begutachtung und Prüfung des Zertifizierungsgenstandes beteiligt gewesen sein.[427] Auf diese Weise wird eine unabhängige und unparteiliche Entscheidungsfindung gewährleistet. Auch die Unabhängigkeit gegenüber dem Antragsteller muss in dieser Phase selbstverständlich gewahrt werden.[428]

Nach dem Zertifizierungsvertrag ist die Zertifizierungsgesellschaft verpflichtet, das Zertifikat auszustellen, wenn die Voraussetzungen hierfür erfüllt sind.[429] Die Antragsteller haben also einen entsprechenden Anspruch auf das Zertifikat, der gerichtlich eingeklagt werden kann.[430] Insofern schul-

---

426 Bei der Zertifizierung von QM-Systemen wird betont, dass sich eine reflektierte Auseinandersetzung mit der eigenen Qualitätspolitik im Laufe des Zertifizierungsprozesses positiv auf die betrieblichen Abläufe auswirkt. Dieser wünschenswerte Effekt tritt unabhängig von der eigentlichen Zertifizierungsentscheidung ein. Letztlich dürfte aber die Aussicht auf das Zertifikat das maßgebliche Motiv für eine Zertifizierung darstellen, vgl. hierzu Kap. 2 C.III.1.a.

427 Zu diesem Aspekt im Bereich der QM-Zertifizierung *Drechsel*, in: Pfeifer/Schmitt, Masing Handbuch Qualitätsmanagement, S. 348 (356). Im Bereich der Produktzertifizierung macht die Norm DIN EN ISO/IEC 17065 (vgl. Nr. 7.6.2) Vorgaben hinsichtlich der Unabhängigkeit und Unparteilichkeit der Zertifizierung und der Stellen, die sie vornehmen, vgl. hierzu *De Bruyne*, Third-Party Certifiers, Rn. 75. Die Vorgaben der Norm stellen eine Akkreditierungsvoraussetzung dar.

428 Detaillierte Vorgaben zu Unabhängigkeit und Unparteilichkeit sind z. B. in Anhang VII Nr. 1.2. VO 2017/745/EU (Medizinprodukte) festgelegt; eingehend zum Aspekt der Unabhängigkeit *De Bruyne*, Third-Party Certifiers Rn. 66 ff.

429 *Bieback*, Zertifizierung und Akkreditierung, S. 193.

430 *De Bruyne*, Third-Party Certifiers, Rn. 60.

det die Zertifizierungsgesellschaft einen konkreten Erfolg, sobald die Bedingung der Zertifizierungsreife erfüllt ist und festgestellt werden konnte. Eine unberechtigterweise verweigerte oder verspätete Erfüllung der Zertifizierungspflicht kann aufseiten der Antragsteller zu Schäden führen, bspw. weil Verträge mit Handelspartnern nicht zustande kamen, die rechtlichen Voraussetzungen für den Zugang zum europäischen Binnenmarkt nicht geschaffen wurden oder das antragstellende Unternehmen im Rahmen öffentlicher Vergabeverfahren nicht berücksichtigt wurde. Hier offenbart sich also ein nicht zu unterschätzendes Haftungsrisiko aufseiten der Zertifizierer.

Erfüllt der Zertifizierungsgegenstand nicht die einschlägigen Voraussetzungen, ist die Zertifizierungsgesellschaft berechtigt, das Zertifikat zurückzuhalten. Für etwaige Schäden des Antragstellers, die diese Entscheidung zur Folge hat, haftet die Zertifizierungsgesellschaft nicht.[431] Wird die Zertifizierung abgelehnt, sind die Zertifizierungsgesellschaften verpflichtet, diese Entscheidung ausführlich zu begründen, um dem Antragsteller die Möglichkeit zu geben, die Zertifizierungsvoraussetzungen noch zu erfüllen.[432] Hervorzuheben ist ferner, dass die Zertifizierer nach dem Zertifizierungsvertrag eine inhaltlich „korrekte" Zertifizierungsentscheidung schulden, weshalb sie auch verpflichtet sind, ein Zertifikat nicht auszustellen, wenn die Voraussetzungen hierfür nicht vorliegen.[433] Im gesetzlich geregelten Bereich ergibt sich dies auch bereits aus dem Gesetz: Für die GS-Stellen folgt ein entsprechendes Verbot aus § 20 Abs. 3 ProdSG. Für die benannten Stellen bestimmt Anhang I Art. R27 Abs. 3 des Beschlusses Nr. 768/2008/EG bzw. § 16 Abs. 2 ProdSG, dass eine Konformitätsbescheinigung im Falle von Konformitätsabweichungen nicht ausgestellt werden darf und der Hersteller vielmehr zu angemessenen Korrekturmaßnahmen aufgefordert werden muss. Die eindeutige gesetzliche Regelung soll vermeiden, dass die in Wettbewerb stehenden benannten Stellen unrichtige Konformitätsbescheinigungen ausstellen, um Kunden an sich zu binden, obwohl die Voraussetzungen hierfür nicht erfüllt sind.[434]

3. Überwachungsphase

Zertifizierungsgesellschaften unterliegen im Anschluss an die Ausstellung des Zertifikats strengen Überwachungspflichten. Das bedeutet, dass sie während des Gültigkeitszeitraums des Zertifikats den Zertifizierungsgegen-

---

431 So auch Ziffer II.9. der Allgemeinen Prüf- und Zertifizierungsordnung der TÜV NORD Systems GmbH & Co. KG, abrufbar unter https://www.tuev-nord.de/de/agb/ (Stand: 24.5.2023).

432 Vgl. für die benannten Stellen bspw. Anhang VII Nr. 4.9. VO Nr. 2017/745/EU (Medizinprodukte).

433 Vgl. *Hoffmeyer*, Die zivilrechtliche Haftung von Zertifizierungsstellen, S. 58 f.

434 *Kapoor*, in Klindt ProdSG, § 16 Rn. 8.

stand überwachen müssen, um sicherzustellen, dass die Zertifizierungsanforderungen eingehalten werden. Es handelt sich dabei um einen wichtigen Aspekt der Vertrauensgenerierung. Die Adressaten der Zertifikate können auch noch Jahre nach der erstmaligen Ausstellung davon ausgehen, dass die Konformität des Zertifizierungsgegenstands fortlaufend überprüft wird, wenngleich die Intensität der Prüfungen hinter denen der Prüfungsphase zurückbleibt.

a. Generelle Anmerkungen zu den Überwachungspflichten

Zum Teil sind die Überwachungspflichten im Zertifizierungsvertrag oder in Begleitgesetzen konkret ausformuliert, etwa in Gestalt von turnusmäßig durchzuführenden Prüfungstätigkeiten.[435] Üblich ist auch, dass die Zertifizierungsgesellschaften die geeigneten und erforderlichen Überwachungsmaßnahmen nach sorgfältigem Ermessen auswählen und ergreifen müssen.[436] Dabei können bestimmte Anlässe, z. B. neue wissenschaftliche Erkenntnisse oder Anzeichen für Konformitätsabweichungen, konkrete Nachprüfungen erforderlich machen. Dies kann dazu führen, dass die Zertifizierungsgesellschaft verpflichtet ist, die Zertifizierung zurückziehen oder zumindest auszusetzen.[437] Die Überwachung bedeutet indes keine absolute Garantie zur Aufdeckung jeglicher Konformitätsabweichungen. Eine Haftung kommt dann in Betracht, wenn die Zertifizierungsgesellschaft nicht mit der nötigen Sorgfalt agiert, Hinweisen auf Konformitätsabweichungen nicht ausreichend nachgeht oder im Falle der Feststellung der Nichtkonformität nicht die nötigen Maßnahmen ergreift.[438]

Auch wenn die Überwachung subordinativen Charakter zu haben scheint und teilweise gesetzlich determiniert ist, muss beachtet werden, dass die Befugnisse der Zertifizierungsgesellschaft erst durch den Zertifizierungsvertrag begründet werden und nicht mit hoheitlichen Zwangsmitteln durchgesetzt werden können.[439] In der Praxis werden die zertifizierten Unternehmen freilich nicht daran interessiert sein, einer strengen Überwachung zu unterliegen, um nicht den Verlust des Zertifikats zu riskieren. Gleichwohl stellen die Überwachung und die ggf. erforderliche Entziehung des Zertifikats eine wesentliche Vertragspflicht der Zertifizierungsgesellschaft dar. Nur so kann die gewünschte Anerkennungsfähigkeit der Zertifikate gewährleistet

---

435 Z. B. sind benannte Stellen im Medizinprodukterecht verpflichtet, mindestens alle 12 Monate geeignete Audits und Bewertungen durchzuführen, vgl. Anhang IX Nr. 3.3. VO 2017/745/EU.

436 *De Bruyne*, Third-Party Certifiers, Rn. 79.

437 Vgl. § 22 Abs. 5 und 7 ProdSG.

438 *De Bruyne*, Third-Party Certifiers, Rn. 79.

439 U. a. deswegen liegt auch keine Beleihung der benannten Stellen bzw. der GS-Stellen vor, vgl. jeweils Kap. 2 C.I.7.b. und Kap. 2 C.II.7.b.

werden.[440] Die Zertifizierungsgesellschaften sind daher verpflichtet, die effektive Durchführung der Überwachung durch eine entsprechende Vertragsgestaltung sicherzustellen.[441]

Aufschluss über die allgemeinen Überwachungspflichten der benannten Stellen geben Anhang I Art. R27 Abs. 4 und 5 des Beschlusses Nr. 768/2008/EG bzw. § 16 Abs. 3 und 4 ProdSG. Werden im Rahmen der Überwachung Konformitätsabweichungen festgestellt,[442] müssen die benannten Stellen, den Hersteller zu Korrekturmaßnahmen auffordern; falls nötig, ist die Konformitätsbescheinigung einzuschränken, auszusetzen oder zurückzuziehen. Hierbei haben die benannten Stellen den Verhältnismäßigkeitsgrundsatz zu beachten, weshalb insbesondere die Zurückziehung des Zertifikats nur als ultima ratio in Betracht gezogen werden darf.[443] Die konkreten Zeitabstände und Methoden der Überwachung hängen von den jeweils einschlägigen Richtlinien oder Verordnungen ab.[444]

Ähnliche Befugnisse haben die GS-Stellen im Rahmen der Zuerkennung des GS-Zeichens. Nach § 22 Abs. 4 ProdSG hat die GS-Stelle ab der Aufnahme der Produktion des zertifizierten Produkts „regelmäßige Kontrollmaßnahmen durchzuführen." Beispielhaft genannt werden wiederkehrende Besichtigungen der Produktion oder Produktentnahmen aus der Produktion, dem Markt oder dem Lager.[445] Deren praktische Durchführung wird durch die nach § 20 Abs. 3 Nr. 5 ProdSG erforderliche Vereinbarung zwischen der GS-Stelle und dem Hersteller über die Möglichkeit, im laufenden Betrieb Überwachungsmaßnahmen durchführen zu können, sichergestellt. Die Überwachung der Produktion soll grundsätzlich jährlich stattfinden, muss

---

440 Freilich tritt gerade hier die Gefahr der Fehlanreize besonders deutlich hervor. Das Geschäftsmodell der Zertifizierungsgesellschaften setzt voraus, dass sie von ihren Kunden beauftragt werden. Stehen einige Anbieter im Ruf, ihren Überwachungspflichten strenger als andere nachzukommen, ist dies zwar im Sinne des Zertifizierungssystems, kann aber dazu führen, dass diese Anbieter vom Markt verdrängt werden.

441 Vgl. etwa *Kapoor*, in Klindt ProdSG, § 16 Rn. 13 f. Benannte Stellen riskieren andernfalls den Widerruf ihrer Befugnis zur Durchführung der Konformitätsbewertungsverfahren gem. § 19 Abs. 1 ProdSG.

442 Die fehlende Übereinstimmung eines Produkts mit den einschlägigen RL-Anforderungen kann auch darauf beruhen, dass die Vermutungswirkung einer harmonisierten Norm aufgehoben wurde oder sich die Norm während der Laufzeit der Konformitätsbescheinigung geändert hat, vgl. *Kapoor*, in Klindt ProdSG, § 16 Rn. 12.

443 *Kapoor*, in Klindt ProdSG, § 16 Rn. 11.

444 Die zur Verfügung stehenden Maßnahmen werden – vor dem Hintergrund der Rechtsprechung im PIP-Fall – für den Bereich des Medizinprodukterechts weiter unten erläutert, Kap. 3 A.II.3.b.

445 § 21 Abs. 5 ProdSG a. F. sprach noch lediglich von „geeigneten Maßnahmen". Durch die 2021 vorgenommene Konkretisierung wurden die in der Praxis wichtigsten Überwachungsmaßnahmen nunmehr auch in den Gesetzestext aufgenommen; vgl. hierzu *Schucht*, CB 2021, 244 (248).

aber in Abhängigkeit von den Gegebenheiten des Einzelfalls variiert werden. Dabei sind „Zeitabstände und Methode der Überwachung (…) von der GS-Stelle festzulegen und ständig anzupassen.“[446] Werden Mängel festgestellt, hat die GS-Stelle nach pflichtgemäßem Ermessen geeignete Maßnahmen zu ergreifen, deren Intensität von den Auswirkungen der Mängel auf die Sicherheit der Produkte abhängen.[447] Neben Hinweisen und Aufforderungen an den Hersteller kommen der Entzug (§ 22 Abs. 5 ProdSG) und als milderes Mittel die Aussetzung des Zertifikats (§ 22 Abs. 7 ProdSG) in Betracht.[448] Im Anschluss an eine Entziehung oder Aussetzung ist die GS-Stelle nach § 22 Abs. 8 ProdSG zudem verpflichtet, etwaige weitere Zertifikate desselben Herstellers unmittelbar zu überprüfen, da zu vermuten ist, dass sich die festgestellten Mängel möglicherweise auch auf andere Produktionen erstrecken.[449] Die GS-Stellen sind schließlich auch in die Überwachung der rechtmäßigen Verwendung des GS-Zeichens eingebunden. Der Gesetzgeber verweist insofern auf die Methoden der Marktüberwachung.[450] Wird ein Zeichenmissbrauch festgestellt, ist die GS-Stelle verpflichtet, die „erforderlichen Maßnahmen“ zu ergreifen, § 22 Abs. 2 ProdSG.[451]

Auch in rein vertraglichen Zertifizierungssystemen ist die Zertifizierungsgesellschaft zu Überwachungsmaßnahmen verpflichtet. Sie ergeben sich unmittelbar aus dem Vertrag oder den technischen Normen, nach denen die Zertifizierung stattfindet. Gleichwohl sind die Überwachungspflichten nicht so weitreichend und detailliert wie im gesetzlich geregelten Bereich. Bei der Zertifizierung nach ISO 9001 ist mindestens einmal im Jahr ein Überwachungsaudit durchzuführen.[452] Dabei werden die wesentlichen

---

446 Nr. 6 lit. a) des Grundsatzbeschlusses des „Zentralen Erfahrungsaustauschkreises der notifizierten Stellen und der GS-Stellen nach dem Produktsicherheitsgesetz“ (ZEK) zur Konkretisierung von Anforderungen für eine GS-Zeichen-Zuerkennung nach Abschnitt 5 ProdSG, ZEK-GB-2017-01 rev. 1 vom 26.9.2018, abrufbar unter https://www.zls-muenchen.bayern.de (Stand: 24.5.2023).

447 Vgl. den Maßnahmenkatalog in Nr. 7 des Grundsatzbeschlusses des „Zentralen Erfahrungsaustauschkreises der notifizierten Stellen und der GS-Stellen nach dem Produktsicherheitsgesetz“ (ZEK) zur Konkretisierung von Anforderungen für eine GS-Zeichen-Zuerkennung nach Abschnitt 5 ProdSG, ZEK-GB-2017-01 rev. 1 vom 26.9.2018, abrufbar unter https://www.zls-muenchen.bayern.de (Stand: 24.5.2023).

448 Vgl. zu den Voraussetzungen der Sanktionsinstrumente auch *Klindt*, in Klindt ProdSG, § 21 Rn. 24 ff.

449 *Schucht*, CB 2021, 244 (248).

450 BT-Drs. 17/6276, S. 47.

451 In Betracht kommen die Abmahnung eines widerrechtlichen Verwenders, die Aufforderung zur Abgabe von Unterlassungserklärungen, das Einschalten der Wettbewerbszentrale oder die Durchsetzung von Unterlassungsansprüchen im Klagewege vor den ordentlichen Gerichten, BT-Drs. 17/6276, S. 46 f.; vgl. hierzu auch *Kapoor/Klindt*, NVwZ 2012, 719 (723).

452 *Hinsch*, ISO 9001, S. 14; *Kohl*, Standards for Management Systems, S. 687.

Komponenten des Managementsystems auditiert, die Prüfungsintensität und -dauer bleibt aber hinter den Prüfungen des Hauptaudits zurück.[453] Über die Mindestanforderungen des einschlägigen Normenkatalogs hinaus kann der Zertifizierungsvertrag engmaschigere oder kurzfristige Überwachungsaudits vorsehen, deren Erforderlichkeit im Ermessen der Zertifizierungsgesellschaft liegt.[454] Aus der vertraglichen Sorgfaltspflicht gegenüber der zertifizierten Organisation folgt, dass die Zertifizierungsgesellschaft Anzeichen auf Konformitätsabweichungen mit den ihr zur Verfügung stehenden Mitteln nachgehen muss. Werden die Anforderungen der ISO 9001 nachweislich nicht mehr erfüllt, muss die Zertifizierungsgesellschaft das Zertifikat zurückziehen. Dies folgt entweder ausdrücklich aus dem Vertrag oder ergibt sich mittelbar aus der Verantwortung der Zertifizierungsgesellschaft für die inhaltliche Richtigkeit der Zertifikate.

b. Die Pflichten der benannten Stelle in der Rechtsprechung zum PIP-Fall

Ob die benannten Stellen im Rahmen der EU-Konformitätsverfahren für Medizinprodukte dazu verpflichtet sind, ihnen zustehende Überwachungsbefugnisse auszuüben, war eine zentrale Frage des PIP-Falls.[455] Namentlich ging es um die Möglichkeit, im Rahmen der Überwachung des Herstellers dessen Produktionsstätten zu auditieren, ohne dies vorher ankündigen zu müssen.[456] Gemäß Anhang II Nr. 5.4. der damals geltenden Medizinprodukte-Richtlinie 93/42/EWG „kann" die benannte Stelle unangemeldete Besichtigungen und erforderlichenfalls Prüfungen zur Kontrolle des ordnungsgemäßen Funktionierens des Qualitätssicherungssystems durchführen. Möglicherweise hätte der TÜV Rheinland mithilfe dieser Maßnahmen den Betrug um die Verwendung des billigen Industriesilikons aufdecken können.[457] Tatsächlich wurden die Audits immer mehrere Tage vorher angekündigt.[458] Der Hersteller hatte so die Möglichkeit, seine Produktion kurzzeitig

---

453 Aspekte des QM-Systems, die überprüft werden, betreffen die Verantwortung der obersten Leitung, die Grundsätze des Managementsystems und dessen Weiterentwicklung, *Drechsel*, in: Pfeifer/Schmitt, Masing Handbuch Qualitätsmanagement, S. 348 (356).

454 Vgl. z. B. Nr. 2 der Allgemeinen Bedingungen zur Zertifizierung von Managementsystemen der TÜV Nord Cert GmbH, abrufbar unter https://www.tuev-nord.de/de/agb/ (Stand: 24.5.2023).

455 Vgl. zum Sachverhalt bereits Kap. 1 A. I.

456 Siehe zu den Befugnissen der benannten Stellen bereits Kap. 2 C. I. 4.

457 Letztlich war es eine unangekündigte Inspektion durch die französische Marktüberwachungsbehörde, die zur Aufdeckung des Betrugs führte, *Rott/Glinski*, in: Josef Falke zum 65. Geburtstag, S. 137 (146).

458 Vgl. die Sachverhaltsschilderung des BGH, Urt. v. 22.6.2017 – VII ZR 36/14 = NJW 2017, 2617 (2617).

auf das zugelassene und medizinisch unbedenkliche Silikon umzustellen. Eine Einsicht in die Geschäftsunterlagen wurde ferner durch den TÜV ebenso wenig vorgenommen wie die Anordnung oder Durchführung einer außerordentlichen Prüfung der Implantate. Es wurde außerdem argumentiert, dass bereits eine Prüfung der Rechnungslegung den ungewöhnlich hohen Verbrauch an Industriesilikon aufgedeckt hätte.[459] Die deutschen Instanzgerichte verneinten dennoch allesamt eine Sorgfaltspflichtverletzung.[460] Hingegen wurde der TÜV in Frankreich nach einer Sammelklage von ca. 1.600 betroffenen Frauen zunächst zur Zahlung von Schadensersatz verurteilt.[461] Der BGH erkannte, dass eine weitere Aufklärung über den Pflichtenkatalog durch den EuGH erforderlich ist und entschied sich 2015 zur Vorlage.[462]

Bevor die Entscheidung des EuGH in den Blick genommen wird, ist noch anzumerken, dass im Nachklang des PIP-Falls eine Ausweitung der obligatorischen Überwachungsmaßnahmen der benannten Stellen gefordert wurde.[463] Diese Forderungen nahm der EU-Gesetzgeber auf, indem er nach der neuen Verordnung 2017/745/EU die benannte Stelle bei der Zertifizierung potenziell gefährlicher Medizinprodukte zu unangekündigten Audits, die mindestens alle fünf Jahre nach dem Zufallsprinzip durchzuführen sind, verpflichtet.[464] Durch diese Reformen hat sich auch das Haftungsrisiko der benannten Stellen erhöht.[465]

---

459 Vgl. zu diesem Aspekt z. B. OLG Frankfurt, Urt. v. 21.3.2018 – 4 U 269/16 = BeckRS 2018, 9098 (Rn. 40); *Rott/Glinski*, ZEuP 2015, 192 (206 f.) gehen bereits aus diesem Grund von einer Schutzpflichtverletzung des TÜV aus.

460 OLG Zweibrücken, Urt. v. 30.1.2014 – 4 U 66/13 = ZEuP 2015, 192, m. Anm. *Rott/Glinski*; LG Frankenthal, Urt. v. 14.3.2013 – 6 O 304/12 = MPR 2013, 134; vgl. ferner LG Essen, Urt. v. 9.2.2015 – 1 O 212/13 = BeckRS 2015, 11619; LG Karlsruhe, Urt. v. 25.11.2014 – 2 O 25/12 = BeckRS 2015, 7880; LG Nürnberg-Fürth, Urt. v. 10.9.2013 – 11 O 3900/13 = MPR 2014, 14, m. Anm. *Handorn.*

461 Zu diesem Ergebnis kam das Tribunal de Commerce de Toulon in seinem Urt. v. 14.6.2012 – RG 2010 F479, vgl. hierzu auch *Rott/Glinski*, ZEuP 2015, 192; *De Bruyne/Vanleenhove*, ELR 2016, 823 (839 f.); diese Entscheidung wurde durch die Cour d'appel d'Aix-en-Provence aufgehoben, vgl. Urt. v. 2.7.2015 – n° 13-22482, vgl. die Anm. von *Fröding*, MPR 2015, 162; diese Entscheidung wurde nach dem EuGH-Urteil wiederum durch die Cour de Cassation kassiert, vgl. Urt. v. 10.10.2018 – No.-14401, No. 16-19430, No. 15-26093, vgl. hierzu *Ernst*, GPR 2019, 13.

462 BGH, Beschl. v. 9.4.2015 – VII ZR 36/14 = VuR 2015, 286, m. Anm. *Rott*; die weiteren Vorlagefragen betrafen den Schutzzweck und die haftungsrechtlichen Vorgaben der Richtlinie.

463 Die EU reagierte zunächst mit einer Empfehlung an die benannten Stellen, unangekündigte Inspektionen durchzuführen, vgl. Anhang III Beschluss 2013/473/EU v. 24.9.2013; vgl. auch *Wagner*, JZ 2018, 130 (138); eingehend zu den Reaktionsmaßnahmen *Rott*, in: Rott, Certification – Trust, Accountability, Liability, S. 189 (197 ff.).

464 Vgl. ErwGr 52 und Anhang IX Nr. 3.4. der VO 2017/745/EU v. 5.4.2017.

465 Vgl. *Finn*, NJW 2017, 2590 (2592); *Unger*, EuZW 2017, 299 (303).

aa. Konkretisierung durch den EuGH in der Rechtssache *Schmitt*

In seinem *Schmitt*-Urteil lehnte der EuGH eine generelle Pflicht zur Durchführung unangekündigter Inspektionen nach der Medizinprodukte-RL 93/42/EWG ab.[466] Auch wenn dies vor dem Hintergrund eines möglichst umfassenden Patientenschutzes, den die Richtlinie zweifelsohne bezweckt,[467] unzureichend sein mag, ließ der Wortlaut der Richtlinie („kann") keinen anderen Schluss zu. Gleichwohl können die benannten Stellen bei bestimmten Anlässen verpflichtet sein, konkrete Maßnahmen zu ergreifen. Ausgangspunkt dieser Überlegung ist der weite Ermessensspielraum der benannten Stellen im Rahmen der Überwachung. Die generellen Überwachungspflichten blieben „inhaltsleer, wenn dieser Ermessensspielraum keiner Beschränkung unterläge."[468] Zudem ist die benannte Stelle im Rahmen ihres Tätigwerdens allgemein zu Sorgfalt verpflichtet.[469] Daraus folgert der EuGH, dass für die benannte Stelle eine Rechtspflicht besteht, die erforderlichen Maßnahmen zu ergreifen, wenn „Hinweise" darauf vorliegen, „dass ein Medizinprodukt die Anforderungen der RL 93/42 möglicherweise nicht erfüllt."[470] Unangemeldete Inspektionen, außerplanmäßige Produktprüfungen oder die Sichtung von Geschäftsunterlagen müssen also im Falle von Hinweisen auf Konformitätsabweichungen zwingend vorgenommen werden.

Die Argumentation des EuGH zugunsten anlassbezogener Pflichten ist nachvollziehbar und überzeugend.[471] Was die benannte Stelle bei der Überwachung anlassunabhängig leisten muss, wird durch die Richtlinie abschließend geregelt. Die Annahme anlassbezogener Pflichten nimmt die benannten Stellen hingegen in die Verantwortung, auch wenn gesetzlich nicht vorgeschrieben ist, dass bestimmte Überwachungsmaßnahmen turnusmäßig wiederholt werden müssen. Dies wird zum einen dem weiten Ermessensspielraum der benannten Stellen gerecht, der sich aus ihrer Unabhängigkeit und fachlichen Kompetenz ergibt.[472] Zum anderen wird aber auch

---

466 EuGH – C-219/15, NJW 2017, 1161 (1162), Rn. 40, 48.

467 Vgl. ErwGr Nr. 5 der RL Nr. 93/42/EWG: „Medizinprodukte müssen für Patienten, Anwender und Dritte einen hochgradigen Schutz bieten und die vom Hersteller angegebenen Leistungen erreichen. Die Aufrechterhaltung bzw. Verbesserung des in den Mitgliedstaaten erreichten Schutzniveaus ist eines der wesentlichen Ziele dieser Richtlinie".

468 EuGH – C-219/15, NJW 2017, 1161 (1162), Rn. 45; zustimmend *Spickhoff*, LMK 2017, 389314.

469 EuGH – C-219/15, NJW 2017, 1161 (1162), Rn. 46.

470 EuGH – C-219/15, NJW 2017, 1161 (1162), Rn. 48.

471 Vgl. für eine kritischere Lesart *Brüggemeier*, MedR 2017, 527 (530), der dem EuGH vorwirft, er wolle die Verurteilung des TÜV verhindern, um nicht das Konformitätsbewertungssystem durch Insolvenzen der benannten Stellen zu gefährden.

472 So bereits GA *Sharpston*, Schlussantrag vom v. 15.9.2016 – C-219/15, PharmR 2016, 449 (454) Rn. 44.

ihre Funktion bei der Gewährleistung der Produktsicherheit berücksichtigt. Mithilfe der Überwachung soll die Aufrechterhaltung der Marktzugangsvoraussetzungen, also der Mindestsicherheitsstandards, nach dem erstmaligen *placing on the market* gewährleistet werden. Vor diesem Hintergrund ist es folgerichtig, dass die benannte Stelle im Einzelfall zur Ausreizung ihrer Befugnisse verpflichtet ist. Dass ihr Ermessensspielraum nicht grenzenlos ist, zeigt, dass eine zivilrechtliche Haftung für die unzureichende Ausübung der Überwachungstätigkeit möglich ist.[473]

Die Entscheidung des EuGH ist außerdem auch auf andere Regelungsbereiche übertragbar, denn er stützte diese nicht auf medizinrechtliche Besonderheiten, sondern auf allgemeine Überlegungen zum System der EU-Konformitätsverfahren und der Rolle der benannten Stellen. Zwar ist zu vermuten, dass der Unionsgesetzgeber künftig jedenfalls bei Risikoprodukten strengere obligatorische Überwachungsmaßnahmen vorschreiben wird, wie dies bereits bei der neuen Medizinprodukte-VO geschehen ist.[474] Doch gibt es nach wie vor Bereiche, in denen etwa unangekündigte Audits zwar möglich, aber nicht generell verpflichtend sind.[475] Auch hier müssen die benannten Stellen nach den Feststellungen des EuGH anlassbezogen über das gesetzliche Mindestprogramm der Konformitätsüberwachung hinausgehen.

Die schwierige Frage, wann genau ausreichende „Hinweise“ vorliegen und auf welchem Wege diese erlangt werden sollen, wurden vom EuGH leider nicht näher konkretisiert.[476] Die nationalen Gerichte haben im Einzelfall festzustellen, welche konkreten Maßnahmen bei dem gegebenen Informationsstand angezeigt waren.[477] Die vorgegebenen Leitlinien des EuGH sind äußerst vage. Auch die anderen Sprachfassungen liefern insofern keinen Erkenntnisgewinn.[478] Nach der Generalanwältin, der der EuGH im Ergebnis und in der Argumentation ansonsten weitgehend folgte, löse erst die „Kenntnis (…), dass ein Medizinprodukt fehlerhaft sein könnte“ die Pflicht zur

---

473 Vgl. auch *Wallerman*, CMLR 2018, 265 (276).

474 So auch *Holtorf/Traumann*, GRUR-Prax 2017, 134 (134).

475 Lediglich eine Befugnis („kann“) zu unangemeldeten Besichtigungen ist z. B. noch in der Maschinen-RL 2006/42/EG v. 17.5.2006 vorgesehen, vgl. Anhang X Abschnitt 3.4.

476 Krit. hierzu *Finn*, NJW 2017, 2590 (2591); *Nietsch/Osmanovic*, ZIP 2020, 2316 (2322).

477 Krit. hierzu *Spickhoff*, LMK 2017, 389314, der „schwarze Peter“ liege bei den Tatsachengerichten.

478 In der englischen Fassung ist die Rede von „evidence indicating that a medical device may not comply with the requirements”, in der französischen von „indices suggérant qu’un dispositif médical est susceptible d’être non conforme aux exigences”, vgl. jeweils Rn. 48.

Ausübung der Befugnisse aus.[479] Der Schlussantrag („Kenntnis“) scheint also zunächst etwas enger zu sein, als das Urteil („Hinweise“).[480] Doch wird dieser Unterschied dadurch relativiert, dass nach der Generalanwältin gerade die Kenntnis ausreicht, dass eine Konformitätsabweichung vorliegen „könnte“. Positive Kenntnis im Sinne von absoluter Gewissheit verlangt sie nicht, was im Übrigen auch zulasten der Effektivität der privatisierten Marktüberwachung gehen würde und daher als Maßstab ungeeignet ist. Immerhin machte der Schlussantrag deutlich, dass es nicht darauf ankommt, ob die Informationen aufgrund von eigenen Inspektionen oder auf anderem Wege erlangt wurden.[481] Letztlich kommt es darauf an, ob eine mit der gebotenen Sorgfalt tätige Konformitätsbewertungsstelle unter den fraglichen Umständen eine unangekündigte Inspektion oder eine andere erforderliche Maßnahme vorgenommen hätte.[482] Je konkreter sich die bestehenden Anhaltspunkte im Einzelfall darstellen, desto intensiver sollten die Nachforschungen der benannten Stelle ausfallen. Dabei muss sie auch den Grad der Gefährlichkeit der jeweiligen Produkte sowie das potenzielle Risiko, das für die Verbraucher bzw. Patienten mit der vermuteten Konformitätsabweichung einhergeht, berücksichtigen.[483]

bb. Überblick über die nationale Folgerechtsprechung

Bei den Klagen im PIP-Skandal ist eine der fallentscheidenden Tatsachenfragen, ob vor dem Zeitpunkt der Einsetzung der Implantate im jeweiligen Einzelfall Umstände vorlagen, die „Hinweise“ auf Konformitätsabweichungen darstellten und mithin den TÜV zu weiterreichenden Überwachungsmaßnahmen verpflichtet hätten.[484] Dass die nationalen Gerichte bei der Konkretisierung der Verhaltenspflichten zu unterschiedlichen Ergebnissen kommen, überrascht nicht angesichts der vagen „Hinweise-Rechtsprechung“ des EuGH. Gleichwohl sind gewisse nationale Unterschiede hinzunehmen und auch in der EuGH-Entscheidung berücksichtigt, denn es wurde eindeutig festgestellt, dass – mangels unionsrechtlicher Harmonisierung – die Haftung letztlich nach mitgliedstaatlichem Recht zu beurteilen ist.[485] Dabei ist zu be-

479 GA *Sharpston*, Schlussantrag vom v. 15.9.2016 – C-219/15, PharmR 2016, 449 (454) Rn. 59.

480 Vgl. *Finn*, NJW 2017, 2590 (2591).

481 GA *Sharpston*, Schlussantrag vom v. 15.9.2016 – C-219/15, PharmR 2016, 449 (454) Rn. 54.

482 GA *Sharpston*, Schlussantrag vom v. 15.9.2016 – C-219/15, PharmR 2016, 449 (454) Rn. 57; vgl. auch *De Bruyne*, Third-Party Certifiers, Rn. 99; *Rott*, NJW 2017, 1146 (1148).

483 Zu diesem Aspekt *Rott*, NJW 2017, 1146 (1148).

484 *Brüggemeier*, JZ 2018, 191 (195).

485 EuGH – C-219/15, NJW 2017, 1161 (1163), Rn. 59.

achten, dass der öffentlich-rechtliche Pflichtenkatalog der Medizinprodukte-Richtlinie nur den Ausgangspunkt bei der Ermittlung der nach dem jeweils anwendbaren Zivilrecht im Einzelfall zu konkretisierenden Verhaltenspflichten darstellt.[486] Diese Konkretisierungsbedürftigkeit ergibt sich schon dadurch, dass die öffentlich-rechtliche Risikoregulierung abstrakt-generelle Verhaltenspflichten aufstellt, um ex ante den Eintritt eines Schadens zu verhindern, während das zivile Haftungsrecht ex post tatsächlich angefallene Schäden kompensieren muss.[487] Unionales öffentliches Recht und nationales Zivilrecht sind insofern nicht deckungsgleich, sondern unabhängig voneinander zu betrachten. Dennoch muss sich der EuGH vorwerfen lassen, die öffentlich-rechtlichen Pflichten, die gleichsam als Mindeststandard in das zivile Haftungsrecht hineinwirken, nicht ausreichend konkretisiert zu haben.

Dies führte zu der unterschiedlichen Rezeption der Rechtsprechung in Deutschland und Frankreich. Die deutschen Gerichte zeigten sich zunächst restriktiver bei der Annahme außerplanmäßiger Prüfpflichten als die französischen.[488] Der BGH sah keinen ausreichenden Anlass für unangekündigte Audits, Produkt- oder Dokumentationsprüfungen.[489] Das lediglich festgestellte „abstrakte Gefährdungspotenzial" genüge jedenfalls nicht.[490] Verschiedene Presseartikel sowie Berichte der französischen, britischen und US-amerikanischen Aufsichtsbehörden beträfen entweder nicht die Zuverlässigkeit von PIP oder seien dem TÜV erst zu einem späteren Zeitpunkt bekannt geworden. Ob der TÜV von den verschiedenen Anhaltspunkten für den Betrug hätte wissen *müssen*, wird hingegen nicht thematisiert.[491] Die Oberlandesgerichte folgten dieser strengen Linie.[492] Wiederkehrend festgestellte Abweichungen im Rahmen der turnusmäßigen Audits[493] oder die Tatsache, dass die französische Gesundheitsbehörde bereits im Jahr 2000 Maßnahmen gegen den Hersteller einleitete,[494] mussten den TÜV danach nicht zu einer verschärften Überwachung veranlassen. Die Zurückhaltung

---

486 *Brüggemeier*, JZ 2018, 191 (195).

487 *Brüggemeier*, JZ 2018, 191 (194); *Rott/Glinski*, ZEuP 2015, 192 (207).

488 Vgl. *Ernst*, GPR 2019, 133 (136); *Rott*, VuR 2019, 41 (41 f.); *Verbruggen/Leeuwen, van*, ELR 2018, 394 (402 ff.).

489 BGH, Urt. v. 22.6.2017 – VII ZR 36/14 = NJW 2017, 2617 (2618 Rn. 29 ff.); auf dieser Basis zustimmend aber ansonsten kritisch *Wagner*, JZ 2018, 130 (138).

490 BGH, Urt. v. 22.6.2017 – VII ZR 36/14 = NJW 2017, 2617 (2619 Rn. 34).

491 Vgl. die deutliche Kritik von *Brüggemeier*, JZ 2018, 191 (195); vgl. auch *Verbruggen/Leeuwen, van*, ELR 2018, 394 (404), da es sich um eine Tatsachenfrage handle, liege der Grund für die unterschiedliche Herangehensweise der nationalen Gerichte u. a. an abweichenden Regeln des jeweiligen Prozessrechts.

492 Vgl. *Rott*, VuR 2019, 41 (41).

493 OLG Frankfurt, Urt. v. 21.3.2018 – 4 U 269/16 = BeckRS 2018, 9098 (Rn. 38 f.).

494 OLG Karlsruhe, Urt. v. 27.6.2018 – 7 U 96/17 = BeckRS 2018, 25317 (Rn. 25).

mag indes auch mit dem Ausnahmecharakter des PIP-Falls zu tun haben.[495] Es ging eben nicht um eine fahrlässige Nichtbeachtung der Sicherheitsanforderungen durch den Hersteller, die die benannte Stelle möglicherweise hätte aufdecken müssen. Vielmehr hat der Hersteller mit außergewöhnlicher krimineller Energie ein „nahezu perfektes System der Vertuschung" geschaffen.[496]

Allerdings konnte dies die französische Cour de Cassation nicht davon abhalten, eine strengere Linie gegenüber den benannten Stellen zu vertreten. Sie kassierte ein vorheriges Urteil des Berufungsgerichts Aix-en-Provence, in dem eine Pflichtverletzung des TÜV noch abgelehnt wurde.[497] Eben jenes Berufungsgericht folgte der Cour de Cassation im Februar 2021 und verurteilte den TÜV zur Zahlung von Schadensersatz.[498] Der TÜV habe zahlreiche Anzeichen für die Missstände bei PIP ignoriert und keine Kontrollen der verwendeten Rohmaterialen oder unangekündigte Inspektionen durchgeführt. Derartige außerplanmäßige Maßnahmen hätten es ermöglicht, den Betrug des Herstellers aufzudecken.

Die benannten Stellen auch bei der Aufdeckung von Betrugsfällen in die Pflicht zu nehmen und diese im öffentlichen Interesse liegende Aufgabe nicht ausschließlich den staatlichen Marktaufsichtsbehörden zuzuschreiben,[499] ist eine konsequente Fortsetzung der hinter der Neuen Konzeption[500] stehenden Privatisierungsidee. Die französischen Gerichte zeigten eine größere Bereitschaft, die Interpretationsspielräume des EuGH-Urteils auszunutzen, während der BGH vorschnell an dem Ausnahmecharakter unangekündigter Inspektionen festhielt.[501] Eine echte Korrektur dieser Rechtsprechung erfolgte auch nicht durch die Entscheidung aus dem Jahr 2020. Der BGH sprach sich

---

495 So auch *Finn*, NJW 2017, 2590 (2591); vgl. zu diesem Aspekt auch *Rott/Glinski*, ZEuP 2015, 192 (205); sowie bereits GA Sharpston, Schlussantrag vom v. 15.9.2016 – C-219/15, PharmR 2016, 449 (454) Rz 52.

496 BT-Drs. 17/8548, S. 2.

497 Cour de cassation, Urt. v. 10.10.2018 – n° du pourvoi 17-14401, n° 16-19430, n° 15-26093, vgl. zu letzterem die Besprechung und Übersetzung von *Ernst*, GPR 2019, 13; zur Vorinstanz, Cour d'appel d'Aix-en-Provence, Urt. v. 2.7.2015 – n° 13-22482, hierzu *Fröding*, MPR 2015, 162.

498 Vgl. die Pressemitteilung des Gerichts v. 11.2.2021, abrufbar unter https://www.cours-appel.justice.fr/aix-en-provence/communique-de-presse-du-11-fevrier-2021-cour-dappel-daix-en-provence (Stand: 24.5.2023); vgl. auch die Stellungnahme des TÜV zu diesem Urteil, abrufbar unter https://presse.tuv.com/stellungnahme-tuev-rheinland-zur-entscheidung-in-berufungsverfahren-in-aix-en-provence-im-zusammenhang-mit-brustimplantaten-von-pip/ (Stand: 24.5.2023).

499 Eben diese Aufgabenverteilung haben die deutschen Instanzgerichte abweichend beurteilt, vgl. *De Bruyne*, Third-Party Certifiers, Rn. 92; *Rott/Glinski*, in: Josef Falke zum 65. Geburtstag, S. 137 (146 f.).

500 Hierzu Kap. 2 C. I. 1. b.

501 Vgl. *Ernst*, GPR 2019, 133 (136 f.).

gegen eine Haftung nach den Grundsätzen zum Vertrag mit Schutzwirkung für Dritte und für die Haftung nach § 823 Abs. 2 BGB aus, nachdem die Instanzgerichte einen Anspruch bereits aus Rechtsgründen abgelehnt hatten.[502] Der BGH unterstellte in diesem Fall aus revisionsrechtlichen Gründen eine Pflichtverletzung des TÜV,[503] musste sich also nicht mit der vagen „Hinweise-Rechtsprechung" des EuGH auseinandersetzen, weshalb diesbezüglich nach wie vor vieles offen ist. Allerdings ist davon auszugehen, dass mit diesem Urteil, in dem der BGH seine Zurückhaltung hinsichtlich der Dritthaftung der benannten Stelle aufgegeben hat, auch in Deutschland eine Kehrtwende bei der gerichtlichen Aufarbeitung des PIP-Skandals einhergehen wird.

c. Abgrenzung zu den Überwachungspflichten anderer Akteure

Neben der Zertifizierungsgesellschaft können auch andere Akteure, insbesondere der Zertifikatinhaber sowie staatliche Stellen, verpflichtet sein, den Zertifizierungsgegenstand zu überwachen.[504] Zu beachten ist, dass auch in diesem Stadium der Zertifikatinhaber die primäre Verantwortung für die Einhaltung der Zertifizierungsanforderungen trägt, was ihn dazu verpflichtet, den Zertifizierungsgegenstand zu überwachen.[505] Zudem ist er zur Kooperation mit der Zertifizierungsgesellschaft verpflichtet, muss also ihm zur Verfügung stehende Informationen, die den Zertifizierungsstatus betreffen weiterleiten und Maßnahmen des Zertifizierers dulden.[506] Schwierigkeiten kann die Zuordnung der Verantwortungssphären bereiten, wenn den Zertifikatinhaber allgemeine Überwachungspflichten treffen, die auch unabhängig von einer erfolgten Zertifizierung bestehen würden. Es kann dann dazu kommen, dass sich diese Pflichten mit den Überwachungspflichten der Zertifizierungsgesellschaft überschneiden. Das ist insbesondere im Produktsicherheitsrecht der Fall.[507] Da der Hersteller über die effektivsten und kostengünstigsten Mittel der Gefahrsteuerung verfügt, unterliegt er auch

502 BGH, Urt. v. 27.2.2020 – VII ZR 151/18 = NJW 2020, 1514; vgl. die Besprechung von *Bellinghausen/Krause*, NJW 2020, 1480.

503 BGH, Urt. v. 27.2.2020 – VII ZR 151/18 = NJW 2020, 1514 (1517 Rn. 32).

504 Vgl. auch *De Bruyne*, Third-Party Certifiers Rn. 90 ff.

505 Diese Pflicht ergibt sich aus dem Vertrag mit der Zertifizierungsgesellschaft, deren Zeichen der Zertifikatinhaber verwendet oder bereits aus dem Gesetz. Bspw. ist in § 24 Abs. 2 S. 1 ProdSG geregelt, dass ein Hersteller das GS-Zeichen nur führen darf, wenn die Zertifizierungsanforderungen des § 20 Abs. 3 ProdSG fortlaufend eingehalten werden; zur primären Verantwortung des Zertifikatinhabers bereits Kap. 3 A. I.

506 *De Bruyne*, Third-Party Certifiers Rn. 93 ff.

507 Die allgemeinen produktsicherheitsrechtlichen Beobachtungspflichten des Herstellers werden regelmäßig über seine rein zertifizierungsrechtlichen Überwachungspflichten hinausgehen. Letztere betreffen „lediglich" den Zertifizierungsstandard, während erstere die allgemeine Sicherheit des Produkts sicherstellen sollen.

umfassenden Produktbeobachtungspflichten über den Zeitpunkt des Inverkehrbringens hinaus.[508] Diese ergeben sich nicht aus dem Produkthaftungsgesetz, das hierzu keine Vorgaben macht, sondern im deutschen Recht aus der allgemeinen deliktischen Produzentenhaftung.[509] Kernbestand dieser besonderen Verkehrspflicht ist es zum einen, Reklamationen von Kunden über Schadensfälle und Sicherheitsdefizite zu sammeln und nachzugehen sowie zum anderen fortlaufend Informationen über mögliche Schadensrisiken zu generieren.[510] Dafür müssen die wissenschaftliche und technische Entwicklung im Auge behalten und ggf. eigenständige Produktprüfungen vorgenommen werden.[511] Der Hersteller ist unter Umständen dazu verpflichtet, seine Produktion umzustellen, vor bestimmten Sicherheitsrisiken zu warnen oder das Produkt zurückzurufen.[512] Außerhalb deliktischer Verkehrssicherungspflichten können sich Beobachtungs- und bei entsprechender behördlicher Anordnung auch Rückrufpflichten aus dem öffentlichen Recht ergeben.[513] Im Hinblick auf die Reaktionspflichten unterscheiden sich die Pflichten des Herstellers von denen der Zertifizierungsgesellschaft, denn letztere kann zwar das Zertifikat zurückziehen aber selbst keine Produkte zurückrufen. Zu Überschneidungen kann es aber im Bereich der Informationsgewinnungspflichten kommen. Unterlassen Hersteller und Zertifizierer die erforderlichen und ihnen möglichen Reaktionsmaßnahmen, ist auch eine Haftung beider Akteure denkbar.

In gesetzlich geregelten Zertifizierungssystemen müssen zudem behördliche Überwachungstätigkeiten berücksichtigt werden. Etwaige behördliche Pflichtverletzungen können eine Amtshaftung des Staates nach sich ziehen. Im Rahmen des Systems der europäischen Produktsicherheit wird die behördliche Marktüberwachung als Korrektiv für das liberale Marktzugangs-

---

508 Grundlegend für das deutsche Recht sind die beiden sog. „Apfelschorf"-Entscheidungen des BGH, vgl. Urt. v. 17.3.1981 – VI ZR 286/78 = BGHZ 80, 199 und Urt. v. 17.3.1981 – VI ZR 191/79 = BGHZ 80, 186.

509 *Hager*, in Staudinger, § 823 Rn. F5; *Rolland*, in Produkthaftungsrecht, § 1 ProdHaftG Rn. 190 ff; *Taschner*, ZEuP 2012, 560 (563).

510 *Hager*, in Staudinger, § 823 Rn. F21; *Wagner*, in MüKo BGB, § 823 Rn. 990 f.

511 *Wagner/Ruttloff*, BB 2018, 1288 (1292).

512 Insbesondere die Voraussetzungen für eine deliktische Rückrufpflicht des Herstellers sind heftig umstritten; vgl. im Überblick *Wagner*, in MüKo BGB, § 823 Rn. 1000 ff. m. w. N.; gegen eine solche Pflicht bspw. LG Frankfurt a. M., Urt. v. 1.8.2006 – 2-19 O 429/04 = VersR 2007, 1575; mit unterschiedlichen Anforderungen dafür *Hager*, in Staudinger, § 823 Rn. F25; *Krause*, in Soergel, § 823 Anh. III Rn. 28; zur umstrittenen Frage der Kostentragung m. w. N. *Hager*, in Staudinger, § 823 Rn. F26; zu den IPR-Problemen bei grenzüberschreitendem Produktrückruf *Finkelmeier*, RIW 2020, 253; monographisch zum Ganzen *Bodewig*, Der Rückruf fehlerhafter Produkte.

513 Vgl. *Wagner*, in MüKo BGB, § 823 Rn. 1003.

recht verstanden.[514] Folglich regeln die Art. 15 ff. VO Nr. 765/2008/EG bzw. die §§ 25 ff. ProdSG sowie das Marktüberwachungsgesetz (MüG)[515] eingehend die Marktüberwachungspflichten und -maßnahmen der hierzu einzurichtenden staatlichen Behörde. Die Aufgabenverteilung zwischen den Behörden und der Zertifizierungsgesellschaft hat bereits im PIP-Fall für Irritationen gesorgt.[516] Die Schwierigkeiten sind darauf zurückzuführen, dass im Bereich der Marktzugangskontrolle ausschließlich die benannten Stellen in die Pflicht genommen werden, dieser hohe Privatisierungsgrad bei der Organisation der Nachmarktkontrolle aber nicht eingehalten wurde. Vielmehr treten nun in diesem Stadium die staatlichen Behörden auf den Plan. Auf diese Weise werden auch schwerwiegendere Maßnahmen wie Bereitstellungsverbote oder die Anordnung eines Produktrückrufs ermöglicht, die zur Vervollständigung der Sicherheitsarchitektur unverzichtbar sind.[517] Die benannten Stellen mit derartigen Befugnissen und der Möglichkeit der zwangsweisen Durchsetzung auszustatten, war mit der für sie vorgesehenen privatrechtlichen Organisation nicht vereinbar.

Die Aufgabenverteilung könnte so verstanden werden, dass die benannten Stellen, vorwiegend auf der Grundlage regelmäßiger Audits und der Dokumentation des Herstellers, wissenschaftlich-fachlichen Prüfungen vornehmen,[518] während die Behörden die Kontrolle der eigentlichen Produkte und des Herstellers durchführen.[519] Allerdings darf diese Aufteilung nicht trennscharf verstanden und die Zertifizierungsgesellschaft nicht vorschnell aus der Verantwortung genommen werden.[520] Sie befindet sich durch das Konformitätsverfahren bereits in engem Kontakt mit den Herstellern und ist aufgrund der ihr eingeräumten Befugnisse auch tatsächlich besser in der Lage fahrlässiges und betrügerisches Fehlverhalten aufzudecken.[521] Ferner stellen die benannten Stellen in der Überwachungsphase in systemischer Hinsicht einen ebenso wichtigen Baustein der Sicherheitsarchitektur dar, denn anders als die staatlichen Behörden können sie ohne Weiteres grenzüberschreitend tätig werden. Folglich kann eine effektive Marktüber-

514 *Schucht*, NJW 2019, 1335 (1339).

515 Gesetz zur Marktüberwachung und zur Sicherstellung der Konformität von Produkten (Marktüberwachungsgesetz – MüG), in Kraft seit dem 16.7.2021 (BGBl. I S. 1723).

516 Vgl. oben Kap. 3 A.II.3.b.bb.

517 Hierzu *Schucht*, in Klindt ProdSG, § 26 Rn. 74 ff.

518 Die „wissenschaftliche Rolle“ der benannten Stelle betonnte auch GS *Sharpston*, Schlussantrag vom v. 15.9.2016 – C-219/15, PharmR 2016, 449 (455) Rn. 45.

519 Vgl. *Wagner*, JZ 2018, 130 (138 f.).

520 So aber wohl die frühe deutsche Rechtsprechung zum PIP-Skandal, vgl. LG Frankenthal, Urt. v. 14.3.2013 – 6 O 304/12 = MPR 2013, 134 (137); vgl. die Analysen von *De Bruyne*, Third-Party Certifiers Rn. 92; *Rott/Glinski*, in: Josef Falke zum 65. Geburtstag, S. 137 (146).

521 Vgl. auch *Heynemann*, GuP 2017, 98 (101).

wachung auch nur durch eine Kooperation der Behörden und der benannten Stellen gewährleistet werden. Hier zeigt sich erneut, dass sie eben nicht bloße Begleiter oder Erfüllungsgehilfen der Hersteller sind, sondern eine Aufgabe im öffentlichen Interesse wahrnehmen.[522]

4. Zwischenergebnis

Zertifizierer müssen in allen Phasen des Zertifizierungsprozesses umfassende gesetzliche und vertragliche Pflichten beachten. Deren exakte Bestimmung bereitet Schwierigkeiten, wenn der Zertifizierungsgesellschaft Ermessensspielräume eingeräumt werden, gleichzeitig staatliche Stellen tätig werden oder es im privatwirtschaftlichen Bereich an Begleitgesetzen fehlt. Zentral ist zunächst die sorgfältige Durchführung der geschuldeten Konformitätsprüfung und im Anschluss die unabhängige Entscheidung über die Ausstellung des Zertifikats. Die Zertifizierungsgesellschaft schuldet entweder die Ausstellung oder die Zurückhaltung des Zertifikats als konkreten Erfolg. Die Zertifizierung stellt indes kein singuläres Ereignis dar, das nach einer positiven Entscheidung abgeschlossen wäre, denn darüber hinaus ist die sorgfältige Überwachung des Zertifizierungsgegenstandes geschuldet. Es handelt sich also um eine fortlaufende Tätigkeit, die in den einzelnen Phasen des Zertifizierungsprozesses unterschiedliche Ausprägungen erfährt. Die Ausführungen haben dabei gezeigt, dass in allen drei Phasen Anknüpfungspunkte für eine zivilrechtliche Haftung zu finden sind.

III. Amtshaftung bei Pflichtverletzungen staatlicher Akteure

Die wichtige behördliche Aufgabe der Marktüberwachung wurde bereits angesprochen.[523] Doch übernehmen staatliche Stellen auch andere Funktionen im Rahmen der öffentlich-rechtlichen und auch der privatwirtschaftlichen Zertifizierungssysteme.[524] Aus diesem Grund ergeben sich Konstellationen, in denen nicht der Zertifikatinhaber oder die Zertifizierungsgesellschaft als Haftungsgegner in Betracht kommen, sondern stattdessen der Staat im Wege der Amtshaftung nach Art. 34 S. GG i. V. m. § 839 BGB. Zusammenfassend lässt sich sagen, dass staatliche Stellen dafür verantwortlich sind, die Rahmenbedingungen der Zertifizierung zu gewährleisten. Hoheitliche Aufgaben werden bei der Akkreditierung, Befugniserteilung und Überwachung der

522 Das betonte auch GA *Sharpston*, Schlussantrag vom v. 15.9.2016 – C-219/15, PharmR 2016, 449 (456) Rn. 51.

523 Vgl. oben Kap. 3 A.II.3.c.

524 Auch im gesetzlich ungeregelten Bereich ist mittlerweile ausschließlich die nationale Akkreditierungsstelle für die freiwilligen Akkreditierungen zuständig, vgl. Kap. 2 B.II.6.

Zertifizierungsgesellschaften ausgeübt.[525] Auslöser für eine Amtshaftung könnte daher die rechtswidrige Zulassung einer ungeeigneten Zertifizierungsgesellschaft darstellen, wenn diese in Ausübung ihrer Tätigkeit einen Schaden verursacht.[526] Da die Zertifizierungsgesellschaften nach hier vertretener Auffassung selbst nicht als Beliehene anzusehen sind,[527] ist es nicht deren Pflichtverletzung, die zu einer Amtshaftung führen könnte, sondern die zuvor vorgenommene behördliche Akkreditierung oder Befugniserteilung. Soweit ersichtlich, existiert hierzu noch keine Rechtsprechung. Auch wenn eine Amtspflichtverletzung im Einzelfall schwer nachweisbar sein dürfte, sollte diese Möglichkeit in der Praxis, insbesondere bei eklatanten Kompetenzmängeln aufseiten der Zertifizierungsgesellschaften, nicht übersehen werden.

IV. Zusammenfassung

Der Zertifikatinhaber trägt die primäre Verantwortung für den Zertifizierungsgegenstand. Er ist daher der bevorzugte Klagegegner, wenn es um die Haftung für Schäden geht, die auf die Nichtkonformität des Zertifizierungsgegenstandes zurückzuführen sind. Eine Haftung der Zertifizierungsgesellschaft kommt immer dann in Betracht, wenn sie eine ihrer Pflichten im Laufe des Zertifizierungsprozesses verletzt hat. Dies gilt sowohl für die Haftung gegenüber dem Vertragspartner als auch gegenüber Dritten. Festzuhalten bleibt, dass die Zertifizierungsgesellschaft nicht die absolute Normkonformität des Zertifizierungsgegenstandes schuldet, sondern eine sorgfältige Durchführung der Zertifizierungsleistung. Dies ist der Dreh- und Angelpunkt ihrer Verantwortungssphäre.

B. Die systemische Bedeutung der privatrechtlichen Zertifiziererhaftung

Der Zertifiziererhaftung gegenüber Dritten wird bisweilen eine systemrelevante Funktion innerhalb der Zertifizierung oder dem Wirtschaftsbereich, in dem sie zu Anwendung kommt, zugesprochen.[528] Über die Kompensation von im Einzelfall entstandenen Schäden hinaus, soll die Haftung strukturelle Defizite der Zertifizierungssysteme ausgleichen. Konkret geht es um

525 Vgl. für die Akkreditierungsstelle Art. 4 Abs. 5 VO Nr. 765/2008/EG.

526 Vgl. *Frank*, in Bloehs/Frank AkkStelleG, § 1 Rn. 4.

527 Vgl. Kap. 2 C. I.7.b.bb. und C.II.7.b.

528 Vgl. *De Bruyne/Vanleenhove*, Eur. Rev. Priv. L. 2016, 823 (846 ff.); *Jahn u. a.*, JCP 2005, 53 (63 f.); *Rott*, in: Rott, Certification – Trust, Accountability, Liability, S. 189 (203); *Wagner*, JZ 2018, 130 (134 ff.), ders. in MüKo BGB, § 823 Rn. 945.

die Fehlanreize, die dadurch entstehen können, dass die Zertifizierer von den Antragstellern beauftragt und bezahlt werden. Umgekehrt wird indes die Sorge formuliert, uferlose Haftungs- und damit Insolvenzrisiken bedrohten die Zertifizierung als regulatorisches Instrument.[529] Die funktionale Bedeutung der privatrechtlichen Haftung soll daher in diesem Abschnitt beleuchtet werden. Sie ist auch deshalb relevant, weil sie sachrechtliche Konsequenzen nach sich ziehen kann. Zum Tragen kommt die Ausgleichung von Fehlanreizen beispielsweise im deutschen Recht bei der Beurteilung des Schutzgesetzcharakters kodifizierter Zertifiziererpflichten.[530] Zudem könnte sich im Unionsrecht vor dem Hintergrund der systemischen Notwendigkeit der Haftung ein konkretes Haftungsgebot ergeben, selbst wenn dies nicht ausdrücklich angeordnet wird.[531]

I. Haftung als Lösung für das Anreizproblem

Das Verhältnis zwischen Zertifizierungsgesellschaft und Antragsteller ist geprägt von einem besonderen Spannungsverhältnis: Die Zertifizierungsgesellschaft, die den Antragsteller objektiv und unvoreingenommen bewerten soll, wird ausgerechnet von diesem für die Zertifizierungstätigkeit ausgewählt und schließlich bezahlt. Auf dem umkämpften internationalen Zertifizierungsmarkt herrscht ein großer Wettbewerb und Preisdruck. Zertifizierungsgesellschaften sind nach ihrem Geschäftsmodell darauf angewiesen, von ihren Kunden beauftragt zu werden.[532] Geht man davon aus, dass der Erhalt des Zertifikats das zentrale Interesse des Antragstellers ist, so steht zu befürchten, dass dieser sich an einen Anbieter wendet, der bei der Konformitätsprüfung besonders großzügig verfährt und beispielsweise auf nicht obligatorische Maßnahmen wie unangekündigte Inspektionen verzichtet. Es besteht die Gefahr, dass sich eine laxe und damit auch kostengünstigere Kontrolldichte in einem „*race to the bottom*“ am Markt durchsetzt.[533] Dies

---

529 *Brüggemeier*, JZ 2018, 191 (194); *Wangenheim, von*, in: Rott, Certification – Trust, Accountability, Liability, S. 11 (15).

530 Die Schaffung eines individuellen Schadensersatzanspruchs nach § 823 Abs. 2 BGB muss „sinnvoll und im Lichte des haftungsrechtlichen Gesamtsystems tragbar erscheinen.“ Der BGH bejahte dies im PIP-Fall u. a. mit der Vermeidung „asymmetrischer Anreize zulasten der Endempfänger der Medizinprodukte“, vgl. BGH, Urt. v. 27.2.2020 – VII ZR 151/18 = NJW 2020, 1514 (1519 Rn. 43); krit. *Bellinghausen/Krause*, NJW 2020, 1480 (1482), die Anreizfunktion wirke wegen unklarer Haftungsvoraussetzungen ins Ungewisse; ausführlich zur Dritthaftung nach § 823 Abs. 2 BGB in Kap. 4 B.III.3.

531 Vgl. hierzu Kap. 3 C.III.

532 Insbesondere erhoffen sie sich, ihre Kunden auch für die Anschlusszertifizierung nach Ablauf eines erstmals ausgestellten Zertifikats halten zu können, vgl. *De Bruyne*, Third-Party Certifiers, Rn. 389.

533 *Rott/Glinski*, ZEuP 2015, 192 (209).

würde sich unzweifelhaft negativ auf die Qualität der Zertifikate auswirken. Fehlzertifizierungen wären die Folge, was den Verlust des Vertrauens in das Zertifizierungssystem nach sich zöge und im gesetzlich geregelten Bereich das regulatorische Ziel der Zertifizierung gefährden würde. Gerade in sensiblen Bereichen wie dem Medizinprodukterecht gewährleistet die hier geschilderte Anreizstruktur nicht das angestrebte Schutzniveau im Interesse der Verbraucher und Patienten.[534]

In der Praxis aufkommende Fälle von Fehlzertifizierungen zeigen, dass der Reputationsverlust bei den Zertifizierungsgesellschaften kein ausreichendes Gegengewicht bildet.[535] Obwohl das Vertrauen in ihre Kompetenz und Zuverlässigkeit ihr wichtigstes Kapital darstellt, scheinen die selbstreinigenden Prozesse des Zertifizierungsmarktes das Anreizproblem nicht lösen zu können. Diesem teilweisen Marktversagen muss mit einer Ausgestaltung des *rechtlichen* Gesamtrahmens der Zertifizierung begegnet werden, die zur Vermeidung der Interessenkonflikte beiträgt. Ein wichtiger Baustein dieses Lösungsansatzes ist die zivilrechtliche Haftung der Zertifizierungsgesellschaften. Das „Damoklesschwert der Haftung“[536] soll letztere zu den sorgfältigen Prüfungsleistungen anregen, auf die der Markt und seine Teilnehmer angewiesen sind.

Das hier beschriebene Spannungsverhältnis ist auch aus anderen Bereichen bekannt, in denen private Informationsintermediäre im Interesse Dritter tätig werden, insbesondere dem Kapitalmarktrecht.[537] So werden etwa Rating-Agenturen und Wirtschaftsprüfer von ihren Kunden damit beauftragt, ihre Finanzprodukte und Bilanzen zu begutachten. Positive Prüfungsergebnisse ermöglichen oder erleichtern wie bei der Zertifizierung den Zugang zum (Kapital-)Markt; dies erfolgt letztlich im Interesse Dritter, die bei Finanzentscheidungen auf die Richtigkeit der Testate vertrauen.[538] In der englischsprachigen Literatur werden diese Akteure treffenderweise als „*Gatekeeper*“ (deutsch: Torwächter) bezeichnet, da sie den Markt vor unzureichenden Produkten schützen sollen.[539] Speziell die Dritthaftung dieser *Gatekeeper* soll

---

534 *Rott*, in: Rott, Certification – Trust, Accountability, Liability, S. 189 (203).

535 Ähnlich *Partnoy*, B. U. L. Rev. 2004, 365 (366).

536 *Rott/Glinski*, ZEuP 2015, 192 (209).

537 Diese Parallelität betonen bspw. *De Bruyne/Vanleenhove*, Eur. Rev. Priv. L. 2016, 823 (847); *Nietsch/Osmanovic*, ZIP 2020, 2316 (2326); instruktiv *Wagner*, JZ 2018, 130 (134 ff.); *De Bruyne*, Third-Party Certifiers, S. 7 ff. fasst diese Phänomene gar unter einem erweiterten Zertifizierungsbegriff zusammen; zum Anreizproblem in der Wirtschaftsprüfung *Wagner*, in: Calliess, Transnationales Recht, S. 307 (319 ff.).

538 *Wagner*, JZ 2018, 130 (134 f.).

539 Vgl. *Coffee*, Gatekeepers: The professions and corporate governance; *Kraakman*, J. L. Econ. & Org. 1986, 53; *Lee*, J. Int. Bank. Law a. Reg. 2015, 82.

die bestehenden Interessenkonflikte ausgleichen.[540] Mittelbar dient die Ermächtigung der Anleger zur privatrechtlichen Rechtsdurchsetzung und die dadurch angestrebte Verhaltenssteuerung auch der Funktionsfähigkeit des Kapitalmarkts,[541] denn Anleger sind bei ihren Investitionsentscheidungen auf zuverlässige Informationsintermediäre angewiesen. Dies gilt in gleicher Weise für die Wirtschaftsbereiche, in denen die Zertifizierung zum Einsatz kommt. Handelspartner, Investoren, Kunden oder auch staatlichen Stellen dient sie als Informationsquelle, die unrentable eigene Nachforschungen entbehrlich macht. Werden die Adressaten der Zertifikate in die Lage versetzt, gegen die Zertifizierer vorzugehen, führt das dadurch entstehende Haftungsrisiko zu der erhofften Verhaltenssteuerung, die wiederum die Funktionsfähigkeit der Zertifizierungssysteme sicherstellt. Private Akteure und das Privatrecht werden insofern in Anspruch genommen, um zumindest auch öffentliche Zwecke zu verfolgen.[542]

---

540 Die Dritthaftung der Intermediäre des Kapitalmarkts ist allerdings nach dem geltenden deutschen Recht nur unter strengen Voraussetzungen möglich. Eine Fahrlässigkeitshaftung von Wirtschaftsprüfern für unsorgfältige Prüfungen wird von der Rechtsprechung abgelehnt, vgl. BGH, Urt. v. 6.4.2006 – III ZR 256/04 = NJW 2006, 1975. Mangels Vertrages mit Schutzwirkung für Dritte und wegen des fehlenden Schutzgesetzcharakters von § 323 HGB außerhalb von handelsrechtlichen Pflichtprüfungen (vgl. zuletzt BGH, Urt. v. 12.3.2020 – VII ZR 236/19 = NJW-RR 2020, 1049), bleibt § 826 BGB i. d. R. die einzige Option, vgl. *Oechsler*, in Staudinger, § 826 Rn. 223b ff.; *Wagner*, in MüKo BGB, § 826 Rn. 144; ders. zum Ganzen, JZ 2018, 130, 135; ders., in: Calliess, Transnationales Recht, S. 307 (313 ff.). Im Zuge des Wirecard-Skandals kündigte die deutsche Bundesregierung indes u. a. an, die zivilrechtliche Haftung von Abschlussprüfern „auf den Prüfstand zu stellen, um die Qualität der Abschlussprüfung zu fördern.“, vgl. den entsprechenden Aktionsplan vom 6.10.2020, abrufbar unter https://www.bundesfinanzministerium.de/Content/DE/Downloads/Finanzmarktpolitik/2020-10-08-aktionsplan-bekaempfung-bilanzbetrug.pdf?__blob=publicationFile&v=2 (Stand: 24.5.2023), krit. zu den Präventionswirkungen des Haftungsrechts *Nietsch/Osmanovic*, ZIP 2020, 2316. Für die Dritthaftung von Ratingagenturen existiert mittlerweile mit Art. 35a der VO Nr. 462/2013/EU v. 21.5.2013 (Änderung der Rating-VO Nr. 1060/2009/EG v. 16.9.2009) ein spezieller europarechtlicher Haftungstatbestand. Der Unionsgesetzgeber hat hier also das Steuerungspotenzial der Dritthaftung und ihre Bedeutung für das Funktionieren des Kapitalbinnenmarkts erkannt. Gleichwohl wird die Norm aufgrund ihrer strengen Anforderungen kritisiert. Praktische Unterschiede zu § 826 BGB seien nicht zu erwarten, vgl. *Wagner*, in MüKo BGB, § 826 Rn. 150; vgl. zu Art. 35a Rating-VO auch *Halfmeier*, in: Rott, Certification – Trust, Accountability, Liability, S. 230 (237 ff.); zum IPR *Dutta*, IPRax 2014, 33.

541 Vgl. *Hellgardt*, Regulierung und Privatrecht, S. 170.

542 Vgl. mit Beispielen aus dem Wettbewerbsrecht *Becker*, NVwZ 2019, 1385 (1390 f.).

II. Verhaltenssteuerung durch ziviles Haftungsrecht

Betont man die funktionale Bedeutung der Zertifiziererhaftung, so geht dies mit der Erwartung einher, dass die Zertifizierungsgesellschaften ihren Pflichten besonders sorgfältig nachgehen werden, um Schadensersatzpflichten gegenüber ihren Kunden und Dritten möglichst zu vermeiden. Es wird insofern eine Verhaltenssteuerung durch das Privatrecht propagiert. Ob das Privatrecht auf diese Weise für ordnungspolitische Steuerungsziele instrumentalisiert werden darf und soll, wird insbesondere in der deutschen Rechtswissenschaft seit langem kontrovers diskutiert.[543] Dass das Privatrecht und insbesondere das vertragliche und deliktische Haftungsrecht jedenfalls faktisch das Verhalten rational agierender Rechtssubjekte steuert, kann nicht ernsthaft geleugnet werden.[544] Wer sich durch eine bestimmte Tätigkeit der Gefahr von Schadensersatzansprüchen aussetzt, wird seinen Sorgfaltsaufwand ausdehnen, um den maßgeblichen Verhaltensstandard einzuhalten.[545] Traditionell wurde die präventive Wirkung jedoch allenfalls als willkommener Nebeneffekt und nicht als tragfähiges Prinzip der zivilrechtlichen, insbesondere der deliktischen Haftung angesehen.[546] Diese diene vorwiegend dem Schadensausgleich und dürfe nicht mit Steuerungszielen überfrachtet werden.[547] Heute werden Präventions- und Ausgleichsfunktion überwiegend als gleichberechtigt zusammenwirkende Prinzipien

---

543 Monographisch zuletzt *Franck*, Marktordnung durch Haftung; sowie *Hellgardt*, Regulierung und Privatrecht; *Poelzig*, Normdurchsetzung durch Privatrecht, S. 255 ff.; instruktiv auch *Wagner*, AcP 2006, 352.

544 *Spickhoff*, in Soergel Vor § 823, Rn. 32; *Wagner*, AcP 2006, 352 (426, 454).

545 Zur Funktion des Haftungsrechts aus der Perspektive der ökonomischen Analyse des Rechts *Hager*, in Staudinger, Vorbem. zu §§ 823 ff., Rn. 14 ff.; m. w. N. zu empirischen Nachweisen *Wagner*, in MüKo BGB, Vor § 823 Rn. 67; eingehend hierzu auch *Franck*, Marktordnung durch Haftung, S. 54 ff.

546 Vgl. *Deutsch*, in Wahl-FS (1973), S. 339 (341); *Deutsch*, JZ 1971, 244 (246); *Larenz*, Schuldrecht Bd. I AT § 27 I (S. 423 f.); *Mertens*, Vermögensschaden, S. 109.

547 Vor einer Überfrachtung des Privatrechts mit Steuerungszielen wurde außerhalb des vertraglichen und deliktischen Haftungsrechts insbesondere bei der Einführung der §§ 241a, 661a BGB gewarnt, zum Ganzen *Wagner*, AcP 2006, 352 (369 ff.); kritischer zuletzt *Stegmaier*, NJW 2020, 1642; vgl. zu § 241a BGB etwa die vernichtende Kritik von *Flume*, ZIP 2000, 1427 (1428); vgl. zu § 661a *Schneider*, BB 2002, 1653.

angesehen;[548] teilweise wird die Prävention sogar in den Vordergrund gerückt.[549]

Dieser Streit soll hier nicht erneut wiedergegeben werden. Von Interesse ist vielmehr die Frage, ob die zweifellos erforderliche Aufgabe, das Verhalten der Zertifizierungsgesellschaften zu steuern, im Privatrecht richtig aufgehoben ist. Diese Überlegungen erfolgen freilich auf der Grundlage der überzeugenden herrschenden Meinung, nach der sich das Privatrecht derartigen Steuerungsfunktionen nicht (mehr) gänzlich verschließen darf. Im Ergebnis spricht einiges dafür, das Haftungsrecht aufgrund seiner Präventivfunktion als integralen Bestandteil der Zertifizierungssysteme zu begreifen. Das ist insbesondere der Fall, wenn die Zertifizierung als Element einer europarechtlich regulierten Selbstregulierung anzusehen ist, wie dies etwa bei den EU-Konformitätsverfahren unter Beteiligung der benannten Stellen der Fall ist. Dieses System macht sich gerade die privatrechtliche Einkleidung der Zertifizierung zunutze, um eine flexible und grenzüberschreitende Prüfungspraxis zu ermöglichen. Es liegt daher nahe, die privatrechtliche Struktur auch als Hebel für die Steuerung des Verhaltens, der an diesem Modell beteiligten Akteure zu aktivieren. Das Verwaltungsrecht kann diese Aufgabe jedenfalls nicht allein bewältigen. Insbesondere die Aussetzung oder der Entzug der Befugnis, die staatlicherseits als Reaktion auf ein Fehlverhalten der benannten Stellen in Betracht kommen, stellen zwar ein sehr scharfes und mithin potenziell abschreckendes Mittel dar, erlauben jedoch keine differenzierte Sanktionierung, die den Umständen des Einzelfalls gerecht wird.[550] Da für die Maßnahmen tatbestandlich hohe Hürden vorgesehen sind,[551] können sie unterhalb dieser Schwelle kaum eine präventive Wirkung entfalten. Ihr Steuerungspotenzial ist also erheblich eingeschränkt. Ferner gehen die behördlichen Befugnisse in grenzüberschreitenden Fällen mit ei-

548 *Förster*, in BeckOK BGB, § 823 Rn. 9 ff.; *Hager*, in Staudinger, Vorbem. zu §§ 823 ff., Rn. 10; *Spickhoff*, in Soergel, Vor § 823 Rn. 31 ff.; vgl. auch die Rechtsprechung des BGH zu Persönlichkeitsrechtsverletzungen, insbes. das Urt. v. 5.12.1995 – VI ZR 332/94 = NJW 1996, 984 (986), von der „Höhe der Geldentschädigung" müsse „ein echter Hemmungseffekt ausgehen"; gleichwohl kann die Präventionsfunktion laut BGH nicht eigenständig einen Schadensersatzanspruch begründen, vgl. Urt. v. 6.12.2005 – VI ZR 265/04 = NJW 2006, 605 (607 Rn. 14).

549 *Franck*, Marktordnung durch Haftung, S. 69 ff.; *Kötz*, in: Festschrift für Ernst Steindorff zum 70. Geburtstag, S. 643; aufgrund unionsrechtlicher Legitimation *Poelzig*, Normdurchsetzung durch Privatrecht, S. 255 ff.; *Schäfer/Ott*, Lehrbuch der ökonomischen Analyse des Zivilrechts, S. 249 ff.; *Wagner*, AcP 2006, 352; ders., in MüKo BGB, Vor § 823 Rn. 45 f.

550 Geregelt sind diese Maßnahmen in § 19 ProdSG, der inhaltlich auf Anhang I Art. R25 des Beschlusses Nr. 768/2008/EG beruht.

551 Namentlich die Nichteinhaltung der materiellen Notifizierungsanforderungen gem. § 13 ProdSG oder der Pflichten aus §§ 16 ff. ProdSG, vgl. *Kapoor*, in Klindt ProdSG, § 19 Rn. 3 ff.

ner gewissen Zugriffsschwäche einher, denn die mitgliedstaatlichen Stellen sind insofern auf ihre gegenseitige Kooperation angewiesen.[552] Es steht außerdem zu befürchten, dass die mit knappen Ressourcen ausgestattete staatliche Aufsicht bei der Aufdeckung von Pflichtverletzungen weniger effektiv ist als die Indienstnahme derer, die Schäden infolge einer fehlerhaften Zertifizierung davongetragen haben und daher näher an dem Geschehen beteiligt sind.[553] Diese mit einem Schadensersatzanspruch auszustatten, stellt aus regulatorischer Sicht mithin ein effektives Mittel zur Verhaltenssteuerung dar.[554] Dies gilt auch in Abgrenzung zum Strafrecht, dessen scharfes Schwert zur gesellschaftlichen Feinsteuerung in derart komplexen Situationen nicht in der Lage ist.[555] Die Pflichtverletzungen der Zertifizierungsgesellschaften werden in den seltensten Fällen die Schwelle des strafrechtlich relevanten Verhaltens überschreiten.

Zu beachten ist, dass das Haftungsrecht die Steuerungsaufgabe auf der anderen Seite auch nicht allein leisten kann und soll. Der rechtliche Rahmen der Zertifizierungssysteme stellt sich als Kooperationsmodell von öffentlichem und Privatrecht dar. Auch die Ausweitung der mitgliedstaatlichen Aufsicht über die Zertifizierungsgesellschaften kommt daher als Steuerungsinstrument in Betracht. Ergänzend können weitere positive Anreize, etwa in Form steuerlicher Begünstigungen, herangezogen werden.[556]

Diese Erwägungen treffen auf Zertifizierungssysteme zu, die durch den Gesetzgeber zur Verfolgung bestimmter Ziele gesetzlich eingerichtet und ausgestaltet werden. Hier scheint das Steuerungsbedürfnis besonders offensichtlich zu sein, denn die Zertifizierung dient einem öffentlichen Interesse, zu dessen Verfolgung sich der Gesetzgeber entschieden hat (Produktsicherheit, Umweltschutz, Datenschutz usw.). Im gesetzlich ungeregelten Bereich findet die Zertifizierung hingegen ausschließlich im Interesse der Marktteilnehmer statt.[557] Das Privatrecht ist hier natürlicherweise berufen, die Interessen der Beteiligten auszugleichen. Die Verortung der Steuerungsaufgabe muss hier also nicht hinterfragt werden. Auch die Haftung der Zertifizierungsgesellschaften im gesetzlich ungeregelten Bereich entfaltet frei-

552 Die Befugnis zur Durchführung der Zertifizierungsverfahren kann nur von der jeweils zuständigen nationalen Behörde entzogen werden, *Kapoor*, in Klindt ProdSG, § 19 Rn. 2.

553 Vgl. *Poelzig*, Normdurchsetzung durch Privatrecht, S. 262 f.

554 Vgl. zur Frage, ob die Haftung der benannten Stellen primärrechtlich geboten ist, Kap. 3.C.III.3.

555 Vgl. *Wagner*, AcP 2006, 352 (355).

556 Eingehend zu Strategien zur Verbesserung der Qualität und Zuverlässigkeit der Drittzertifizierung, *De Bruyne*, Third-Party Certifiers, Rn. 367 ff.

557 Bspw. dient die freiwillige und gesetzlich nicht geregelte Zertifizierung von Qualitätsmanagementsystemen der Steigerung der Wettbewerbsfähigkeit von Unternehmen, vgl. Kap. C III.

lich eine präventive Wirkung. Das insofern befriedigte Steuerungsbedürfnis speist sich allerdings nicht aus einer spezifischen Politik des Gesetzgebers, sondern ausschließlich aus dem allgemeinen Interesse der beteiligten Rechtssubjekte am Schutz ihrer Rechtsgüter.

III. Funktionsbedingungen der steuernden Zertifiziererhaftung

Rechtspraktische Bedingung der präventiven Wirkung des Haftungsrechts ist freilich, dass der Schädiger auch wirklich zur Verantwortung gezogen wird, mit anderen Worten eine effektive Rechtsdurchsetzung gewährleistet ist.[558] Vergleicht man die überragende Bedeutung und hunderttausendfache Durchführung von Zertifizierungsverfahren in den unterschiedlichsten Wirtschaftsbereichen mit den zahlenmäßig überschaubaren Urteilen zur Dritthaftung, liegt die Annahme nahe, dass das mit ihr verbundene Steuerungspotenzial bei weitem nicht ausgereizt wird. Schwierigkeiten bei der Rechtsdurchsetzung ergeben sich dadurch, dass Dritte praktisch nie in unmittelbarem Kontakt zu den Zertifizierern stehen und der Inhaber des Zertifikats als Klagegegner bevorzugt wird. Haben Dritte nach dem anwendbaren Recht zudem die Beweislast zu tragen, wird eine Haftung zunehmend unwahrscheinlicher. Nicht zuletzt ist angesichts der globalisierten Zertifizierungspraxis internationalprivatrechtliche Rechtssicherheit erforderlich, damit die Zertifiziererhaftung die ihr anvertraute Regulierungsfunktion wahrnehmen kann.

Ferner muss die Haftung auch spürbar sein, darf also nicht so niedrig sein, dass das haftungsbegründende Delikt wirtschaftlich lukrativ bleibt.[559] Dreh- und Angelpunkt der Überlegungen zur Ausgestaltung der *Gatekeeper*-Haftung ist die Frage, ob diese nur für vorsätzliche und fahrlässige Pflichtverletzungen oder auch verschuldensunabhängig haften sollen.[560] Nachteil der Verschuldenshaftung ist, dass die im Einzelfall angewendete Prüfungssorgfalt ermittelt und bewertet werden muss, was in der Praxis schwierig ist und zu Rechtsunsicherheit bei der Bestimmung des haftungsrechtlich relevanten Sorgfaltsmaßstabs führt.[561] Für eine Gefährdungshaftung spräche, dass

558 *Wagner*, AcP 2006, 352 (463 ff.).

559 *Becker*, NVwZ 2019, 1385 (1385 f.); *Wagner*, in MüKo BGB, Vor § 823 Rn. 46.

560 Eingehend *De Bruyne*, Third-Party Certifiers, Rn. 437 ff. zugunsten einer Verschuldenshaftung von Wirtschaftsprüfern argumentiert *Wagner*, in: Calliess, Transnationales Recht, S. 307 (323); vgl. zur Debatte um die Gatekeeper-Haftung aus der angloamerikanischen Literatur insbes. *Coffee*, B. U. L. Rev. 2004, 301; 102 ff. *Hamdani*, S. Cal. L. Rev. 2004, 53; kritischer gegenüber einer „strict liability" hingegen *Partnoy*, B. U. L. Rev. 2004, 365; speziell zu Ratingagenturen vgl. *Ellis u. a.*, Stan. J. L. Bus. & Fin. 2012, 175 (217 ff.).

561 *Rohe*, AcP 2001, 117 (150); *Wangenheim, von*, in: Rott, Certification – Trust, Accountability, Liability, S. 11 (16).

Drittbetroffene von ihrer Beweislast befreit werden. Von dem mithin deutlich erhöhten Haftungsrisiko wäre eine besonders effektive Verhaltenssteuerung zu erwarten.[562] Höhere Preise durch die Internalisierung der vollen Schadenskosten und gesteigerte Insolvenzrisiken gefährden andererseits das Geschäftsmodell und damit die Funktionsfähigkeit der Zertifizierung.[563] Zu beachten ist, dass fehlerhafte Zertifikate, ähnlich wie fehlerhafte Ratings oder Bilanzprüfungen, einen kaum überschaubaren Personenkreis schädigen können.[564] Selbst eine in ihrer Höhe begrenzte Gefährdungshaftung der Zertifizierer für das Fehlverhalten ihrer Kunden, ggf. in Kombination mit Haftungsausschlussgründen, würde über das Ziel hinaus schießen. Zudem wäre bei dieser Ausgestaltung die Versicherbarkeit der Haftung nicht gewährleistet.

Gegen die Gefährdungshaftung spricht außerdem, dass sie typischerweise als Korrelat für die Zulassung nicht voll beherrschbarer technischer Risiken herangezogen wird.[565] Während die Nutzung des Zertifizierungsgegenstands (z.B. der Betrieb einer Industrieanlage) freilich ein solches Risiko begründen kann, ist die Zertifizierung als solche keine gefährliche Tätigkeit.[566] Die Gefährdungshaftung beruht auf dem sozialen Gerechtigkeitssinn, dass derjenige, der eine besondere Gefahr für die Allgemeinheit schafft, steuert und von dieser profitiert, „auch die besonderen Wagnisse dieses Betriebes“ auf sich nehmen muss.[567] Die Einwirkungsmöglichkeiten der Zertifizie-

---

562 So jedenfalls *De Bruyne*, Third-Party Certifiers, Rn. 445; tatsächlich ist die präventive Wirkung der verschuldensunabhängigen Haftung umstritten, vgl. *Kötz/Wagner*, Deliktsrecht, Rn. 500 ff., die davon ausgehen, dass Verschuldens- und Gefährdungshaftung zu identischen Unfallverhütungsmaßnahmen führen, das Präventionspotenzial der Gefährdungshaftung sei vielmehr darin zu sehen, dass gefährliche Aktivitäten wegen der höheren Preise seltener nachgefragt werden; vgl. zugunsten einer präventiven Wirkung auch die Begründung zum UmweltHG, BT-Drs. 11/7104 v. 10.5.1990, S. 14; anders hingegen *Rohe*, AcP 2001, 117 (151), der argumentiert, dass der Anreiz, den optimalen Präventionsgrad zu erreichen, sogar geschmälert wird, wenn in jedem Fall gehaftet wird; ähnlich bereits *Esser*, Grundlagen und Entwicklung der Gefährdungshaftung, S. 116.

563 *Brüggemeier*, JZ 2018, 191 (194); *De Bruyne*, Third-Party Certifiers, Rn. 446; *Wangenheim, von*, in: Rott, Certification – Trust, Accountability, Liability, S. 11 (15).

564 Andererseits muss berücksichtigt werden, dass fehlerhafte Zertifizierungen i.d.R. nicht zu reinen Vermögensschäden bei Dritten führen werden, sondern andere Rechtsgüter wie Leib, Leben und Gesundheit betroffen sein können, vgl. *Wagner*, JZ 2018, 130 (136), der daraus schließt, dass der Kreis der potenziell Geschädigten kleiner ist, als dies bei fehlerhaften Ratings der Fall ist.

565 *Brüggemeier*, Prinzipien des Haftungsrechts, S. 82; grundlegend *Esser*, Grundlagen und Entwicklung der Gefährdungshaftung, S. 69 ff.; *Kötz*, AcP 1970, 1 (21); *Kötz/Wagner*, Deliktsrecht, Rn. 498.

566 Vgl. *De Bruyne*, Third-Party Certifiers, Rn. 458 f.

567 *Kötz*, AcP 1970, 1 (21).

rungsgesellschaft auf die eigentliche Gefahr ist jedoch eingeschränkt.[568] Selbst bei obligatorischen Zertifizierungen des öffentlich-rechtlichen Bereichs kann nichts anderes gelten. Zwar begründet die Konformitätsprüfung durch eine benannte Stelle die Gefahr, dass ein unsicheres Produkt auf dem Binnenmarkt angeboten wird. Die primäre Verantwortung für die konkreten Risiken, die durch das Produkt entstehen, trägt aber der Hersteller.[569] Folgerichtig unterliegt er auch dem strengen Haftungsregime des § 1 Abs. 1 ProdHaftG.[570] Eine verschuldensunabhängige *Gatekeeper*-Haftung der Zertifizierungsgesellschaften ist hingegen nicht angezeigt. Die Verschuldenshaftung ist der bessere Kompromiss aus zielgerichteter Verhaltenssteuerung und gerechter Verteilung der Verantwortungssphären.

IV. Zusammenfassung

Die Zertifizierungssysteme offenbaren eine asymmetrische Anreizstruktur: Während das zertifizierte Unternehmen durch zu strenge Prüfungen geschädigt werden kann, werden die Interessen Dritter durch zu laxe Prüfungen gefährdet.[571] Das Haftungsrecht kann neben anderen öffentlich-rechtlichen Instrumenten einen wichtigen Beitrag zur Auflösung dieses Interessenkonflikts leisten. Erneut zeigt sich, dass die gesetzlich geregelten Zertifizierungssysteme eine Querschnittsmaterie aus Privatrecht und öffentlichem Recht darstellen. Das Privatrecht sollte sich der Steuerungsaufgabe nicht verschließen, zumal die strenge Abgrenzung der beiden Teilrechtsordnungen rechtshistorisch und rechtsvergleichend als Besonderheit des jüngeren deutschen Rechts anzusehen ist.[572] Die Haftung ist daher als ein Baustein des regulatorischen Rahmens der Zertifizierung zu verstehen. Vorzugswürdig erscheint eine Verschuldenshaftung. Ob das geltende Haftungsrecht dem Steuerungsanspruch gerecht wird, werden die Ausführungen in den Kapiteln 4 und 5 zeigen.

---

568 Dies rechtfertigt die primäre Verantwortlichkeit des Zertifikatinhabers, vgl. Kap. 3 A. I.

569 Vgl. Kap. 3 A. I.

570 Ob es sich dabei um eine Gefährdungshaftung handelt, ist umstritten, vgl. zu dem Streit im Überblick m. w. N. *Oechsler*, in Staudinger, Einl zum ProdHaftG Rn. 27 ff., der i. E. von einem nicht eindeutig bestimmbaren Mischsystem aus Haftung für Verhaltensunrecht und Gefahr ausgeht; ähnlich *Wagner*, in MüKo BGB, Einl. ProdHaftG Rn. 23; je nach Fehlertyp differenzierend *Kötz*, in: Festschrift für Werner Lorenz, S. 109 (112 ff.); zugunsten einer Gefährdungshaftung argumentiert insbes. *Taschner*, NJW 1986, 611 (611); ders. zuletzt ZEuP 2012, 560 (567); von einer verschuldensunabhängige Unrechtshaftung ausgehend *Schmidt-Salzer*, BB 1986, 1103 (1104).

571 *Wagner*, JZ 2018, 130 (135); ders. zur parallelen Problematik im Bereich der Wirtschaftsprüfung in: Calliess, Transnationales Recht, S. 307 (319 ff.).

572 *Wagner*, AcP 2006, 352 (422 f.).

C. Die unzureichende Regelung der Zertifiziererhaftung

Nachdem die besondere Bedeutung der zivilrechtlichen Haftung für die Funktionsweise der Zertifizierungssysteme herausgearbeitet wurde, stellt sich die Frage, inwiefern letztere das Haftungsthema aufgreifen. Wie sich zeigen wird, fehlen ausdrückliche gesetzliche Regelungen zur Haftung und Dritthaftung der Zertifizierungsgesellschaften (I.). Allenfalls Vorgaben zu Versicherungspflichten könnten Aufschluss über die Vorstellungen des Gesetzgebers zu den Haftungsfragen geben (II.). Die Haftung richtet sich letztlich nach dem allgemeinen und jeweils anwendbaren nationalen Privatrecht, wobei insbesondere das Zusammenspiel mit den europarechtlichen Vorgaben klärungsbedürftig ist (III.).

I. Das Fehlen ausdrücklicher Haftungsregelungen

Soweit ersichtlich, existiert keine nationale Rechtsordnung, die die Haftung der Zertifizierungsgesellschaften in einem speziellen Gesetz regelt.[573] Auch auf internationaler und supranationaler Ebene besteht insofern eine Regelungslücke.[574] Es werden in den gesetzlich geregelten Zertifizierungssystemen lediglich öffentlich-rechtliche Verhaltenspflichten aufgestellt. Die zivilrechtlichen Konsequenzen einer schuldhaften Pflichtverletzung werden nicht geregelt.[575]

II. Die Bedeutung obligatorischer Haftpflichtversicherungen

Erwähnung findet das Haftungsthema nur am Rande, wenn für die Zertifizierungsgesellschaften eine Pflicht zum Abschluss einer Haftpflichtversicherung aufgestellt wird.[576] Im deutschen Produktsicherheitsrecht ergibt sich diese Pflicht für die benannten Stellen sowie die GS-Stellen aus § 13 Abs. 8 ProdSG.[577] Es handelt sich dabei um eine Pflichtversicherung i. S. v.

---

573 Kritisch zu dieser Regelungslücke aus der Perspektive des deutschen Rechts, *Möslein*, in: Burgi/Möslein, Zertifizierung nachhaltiger Kapitalgesellschaften, S. 411 (427 f.).

574 So auch *De Bruyne*, Third-Party Certifiers Rn. 223, 227.

575 Vgl. zur relativen Unabhängigkeit von öffentlicher Regulierung und zivilem Haftungsrecht in Deutschland, *Brüggemeier*, JZ 2018, 191 (194 f.).

576 Derartige Versicherungspflichten führen nicht dazu, dass das Haftungsrecht seine präventive Wirkung verliert. Versicherer wirken zur Vermeidung künftiger Schäden auf ihre Versicherungsnehmer ein, bspw. durch die Erhöhung der Prämien, die Geltendmachung eines Selbstbehalts oder die Kündigung des Vertrages, vgl. jeweils m. w. N. *Hager*, in Staudinger, Vorbem zur §§ 823 ff. Rn. 7 f.; *Wagner*, in MüKo BGB, Vor § 823 Rn. 74 f.

577 Für die GS-Stellen gelten die Vorgaben des § 13 ProdSG über den Verweis in § 21 Abs. 2 ProdSG.

§ 113 VVG.[578] Für die benannten Stellen ist die obligatorische Haftpflichtversicherung unionsrechtlich als zwingende Zulassungsvoraussetzung vorgesehen.[579] Dies gilt nicht nur für das allgemeine Produktsicherheitsrecht, sondern auch für das speziellere Medizinprodukterecht.[580] Die Medizinprodukte-Verordnung regelt zudem, dass Umfang und Deckungssumme der Versicherung „dem Ausmaß und der geografischen Reichweite der Tätigkeiten der benannten Stelle sowie dem Risikoprofil der (…) zertifizierten Produkte" entsprechen müssen.[581] Anders als bei diesen gesetzlich geregelten Zertifizierungssystemen bestehen im gesetzlich ungeregelten Bereich keine Versicherungspflichten.

Wird gesetzlich eine Haftpflichtversicherung vorgeschrieben, kann daraus zumindest geschlossen werden, dass der Gesetzgeber davon ausging, dass die Zertifizierungsgesellschaften für irgendetwas haften müssen.[582] Nicht eindeutig ist jedoch, welche Haftung versichert werden muss.[583] In Betracht käme die Haftung der Zertifizierungsgesellschaften gegenüber ihren Kunden und/oder gegenüber Dritten. „In Ermangelung jeder weiteren Präzisierung" maß der EuGH der Haftpflichtversicherung in seinem Urteil in der Rechtssache *Schmitt* keine Bedeutung bei.[584] Im Schrifttum wurde die Versicherungspflicht andererseits als Hinweis darauf verstanden, dass die benannten Stellen auch gegenüber Dritten haften *sollen*; eine bloße Versicherung der Haftung im Innenverhältnis zu den Herstellern sei jedenfalls unwahrscheinlich.[585] In der Tat ist nicht ersichtlich, warum nicht auch die

578 Daraus folgt, dass gem. § 114 VVG eine Mindestversicherung i. H. v. 250.000 Euro je Versicherungsfall bzw. 1.000.000 Euro für alle Versicherungsfälle eines Versicherungsjahres vorgeschrieben ist und Gläubiger ggf. einen Direktanspruch gegen den Versicherer geltend machen können, vgl. *Kapoor*, in Klindt ProdSG, § 13 Rn. 26.

579 Vgl. Art. R17 Abs. IX Anhang I des Beschlusses Nr. 768/2008/EG v. 9.7.2008, der allerdings auch eine Ausnahme zulässt „sofern die Haftpflicht nicht aufgrund der nationalen Rechtsvorschriften vom Staat übernommen wird oder der Mitgliedstaat selbst unmittelbar für die Konformitätsbewertung verantwortlich ist." Auf diese Vorschrift wurde bereits bei der rechtlichen Qualifizierung der Konformitätsbewertung eingegangen, denn sie legt nahe, dass prinzipiell auch eine hoheitliche Ausgestaltung möglich ist, vgl. *Pünder*, ZHR 2006, 567 (579 ff.); eingehend zur rechtlichen Qualifizierung Kap. 2 C. I. 7. b.

580 Vgl. Nr. 1.4.1. Anhang VII der VO (EU) 2017/745 v. 5.4.2017; vgl. zuvor die identische Regelung in Nr. 6 Anhang XI der RL 93/42/EWG v. 14.6.1993.

581 Nr. 1.4.2. Anhang VII der VO (EU) 2017/745 v. 5.4.2017.

582 GA *Sharpston*, Schlussantrag vom v. 15.9.2016 – C-219/15 = PharmR 2016, 449 (454) Rn. 35.

583 Vgl. *Unger*, EuZW 2017, 299 (302).

584 EuGH, Urt. v. 26.2.2017 – C-219/15 (*Schmitt*) = NJW 2017, 1161 (1163 Rn. 57).

585 *Brüggemeier*, JZ 2018, 191 (194); ders., MedR 2017, 527 (530); vgl. auch *Rott*, in: Rott, Certification – Trust, Accountability, Liability, S. 189 (201), „clearly important in the light of third party liability under national laws"; offenlassend hingegen *De Bruyne*, Third-Party Certifiers, Rn. 228.

Haftung gegenüber Dritten von der Versicherungspflicht umfasst sein soll, wenn doch die benannte Stelle gerade auch zum Schutz der Endverbraucher tätig werden. Dies legt auch die mittlerweile vorgenommene Verknüpfung der erforderlichen Versicherungssumme mit dem Gefährlichkeitsgrad der zertifizierten Produkte durch die Medizinprodukte-Verordnung nahe. Fehlerhafte Zertifizierungen gefährlicher Produkte stellen vor allem ein Risiko für die Endempfänger der Produkte dar. Das gesetzliche Erfordernis einer höheren Deckungssumme kann daher am besten mit einer potenziell kostspieligen Dritthaftung erklärt werden.[586] Die obligatorische Haftpflichtversicherung schützt insofern die berechtigten Schadensersatzansprüche gegen den möglicherweise insolventen Zertifizierer.[587]

Zu versichern ist demnach sowohl die Haftung gegenüber den Vertragspartnern der Zertifizierungsgesellschaften als auch gegenüber Dritten. In der europäischen Produktsicherheitsarchitektur ergibt sich mithin folgendes Bild: Die Hersteller haften nach der Produkthaftungs-RL Nr. 85/374/EWG, sind jedoch unionsrechtlich nicht zum Abschluss einer Haftpflichtversicherung verpflichtet.[588] Für die benannten Stellen ist die Situation umgekehrt. Ihre

---

586 Zwingend ist diese Lesart freilich nicht. Bei der Zertifizierung gefährlicher Produkte drohen auch höhere Haftungssummen im Innenverhältnis, etwa wenn die Hersteller die Zertifizierungsgesellschaften für ihre Haftung gegenüber den Endverbrauchern in Regress nehmen wollen. Die erhöhten Versicherungssummen könnten auch zur Deckung dieser Haftung vorgesehen sein.

587 In der Praxis kann die Befriedigung der Ansprüche an versicherungsvertraglich vereinbarten Deckungseinwänden oder zu niedrigen Deckungssummen scheitern, vgl. *Kapoor*, in Klindt ProdSG, § 13 Rn. 27.

588 Gleichwohl können Hersteller nach nationalem Recht zum Abschluss einer Haftpflichtversicherung verpflichtet sein. Dies ist etwa in Frankreich der Fall, vgl. Art. L.1142-2 des *Code de la santé publique* (Gesetzbuch über das öffentliche Gesundheitswesen). Im PIP-Fall versuchten Betroffene Direktansprüche gegen den Versicherer des insolventen Herstellers nach französischem Recht geltend zu machen. Als problematisch erwies sich, dass die PIP mit ihrer Versicherungsgesellschaft eine geografische Beschränkung des Versicherungsschutzes vereinbart hatte. Die Versicherung sollte nach dem Vertrag lediglich für Schäden aufkommen, die im französischen Hoheitsgebiet entstanden sind. Betroffene, die sich die Implantate im Ausland einsetzen ließen, stünde demnach kein Anspruch gegen die Versicherung zu. Das OLG Frankfurt a. M. (vgl. Vorlagebeschluss v. 11.9.2018 – 8 U 27/17 = NJW 2019, 525) stellte dem EuGH die Frage, ob eine solche Klausel mit Art. 18 Abs. 1 AEUV vereinbar ist, das Diskriminierungsverbot also eine unmittelbare Drittwirkung zwischen Privaten entfalte. Anders als GA *Bobek* (vgl. Schlussanatrag vom 6.2.2020 – C-581/18, Rn. 26 ff., krit. hierzu *Unseld*, EuZW 2020, 421.) lehnte der EuGH, u. a. mangels unionsrechtlicher Versicherungspflichten für den Hersteller, die Eröffnung des Anwendungsbereichs des Unionsrechts ab, vgl. EuGH, Urt. v. 11.6.2020 – C-581/18 = NJW 2020, 2169 (2172 Rn. 36 ff.). Die Klausel verstößt demnach nicht gegen das Unionsrecht. Betroffene, die sich die Implantate außerhalb Frankreichs einsetzen ließen, können sich folglich nicht an den Versicherer von PIP wenden.

Haftung ist nicht ausdrücklich harmonisiert worden. Lediglich über die Versicherungspflicht deutet das Unionsrecht an, dass im Falle einer (Dritt-)Haftung für eine ausreichende Versicherungsdeckung gesorgt sein muss. Materiellrechtliche Konsequenzen hinsichtlich der Frage, *ob* die benannte Stelle haftet, lassen sich aus den Versicherungspflichten nicht ableiten.

III. Haftung nach nationalem Privatrecht – aber unter Berücksichtigung eines unionsrechtlichen Haftungsgebots?

Die Begleitgesetze der europäischen Zertifizierungssysteme, allen voran jene des Produktsicherheitsrechts, schweigen sich darüber aus, welche zivilrechtlichen Folgen an eine Pflichtverletzung der Zertifizierungsgesellschaft zu knüpfen sind. Dies veranlasste den EuGH dazu, die Haftung der Zertifizierungsgesellschaften gegenüber den Endverbrauchern vollständig dem Privatrecht der Mitgliedstaaten zu unterstellen.[589] Einen Regelungsanspruch des Europarechts in dieser Frage zu verneinen, hat einige Kritik nach sich gezogen. Möglicherweise wäre es primärrechtlich geboten gewesen, trotz fehlender ausdrücklicher Haftungsregelungen, ein unionsrechtliches Haftungsregime im Sinne des *private enforcement* zu entwickeln.

1. Die Entscheidung des EuGH in der Rechtssache *Schmitt*

Der EuGH befasste sich mit der Frage, ob eine schuldhafte Verletzung der Überwachungspflichten durch die benannten Stellen deren Haftung gegenüber den Endverbrauchern auslösen kann. Unter Verweis auf seine Entscheidung in *Peter Paul*,[590] argumentierte er, dass weder aus den gesetzlichen Pflichten, noch aus dem Umstand, dass diese den Schutz der Geschädigten bezwecken, ein subjektives Recht der Geschädigten abgeleitet werden kann.[591] Die Medizinprodukte-RL enthalte zudem keinerlei Angaben zu den Modalitäten der Begründung einer zivilrechtlichen Haftung.[592] Andererseits erfolgte durch die Richtlinie 85/374/EWG keine Vollharmonisierung der Haftung für fehlerhafte Produkte, weshalb die Anwendung nationaler Regelungen der vertraglichen oder außervertraglichen *Verschuldens*haftung nicht ausgeschlossen sei.[593] „Vorbehaltlich der Grundsätze der Äquivalenz

589 EuGH, Urt. v. 16.2.2017 – C-219/15 (*Schmitt*) = NJW 2017, 1161 (1163 Rn. 54 ff.).
590 EuGH, Urt. v. 12.10.2004 – C-222/02 (*Peter Paul*) = NJW 2004, 3479 (3480 f. Rn. 38–40); krit. zur Heranziehung dieser Rechtsprechung *Rott*, NJW 2017, 1146 (1147).
591 EuGH, Urt. v. 16.2.2017 – C-219/15 (*Schmitt*) = NJW 2017, 1161 (1163 Rn. 55).
592 EuGH, Urt. v. 16.2.2017 – C-219/15 (*Schmitt*) = NJW 2017, 1161 (1163 Rn. 56).
593 EuGH, Urt. v. 16.2.2017 – C-219/15 (*Schmitt*) = NJW 2017, 1161 (1163 Rn. 58); vgl. hierzu bereits GA *Sharpston*, Schlussantrag vom v. 15.9.2016 – C-219/15 = PharmR 2016, 449 (453 f.) Rn. 31 ff.

und der Effektivität", richte sich die Dritthaftung daher nach nationalem Recht.[594]

Die Lösung des EuGH wurde treffend als „*protection without entitlement*" zusammengefasst.[595] Zwar dient die obligatorische Konformitätsbewertung der Produkte auch dem Schutz der Endempfänger, doch eine Dritthaftung ist nach der Entscheidung nicht zwingend erforderlich, um diesem Zweck gerecht zu werden. Vielmehr müssen sich nationale Haftungsregime am Effektivitäts- und Äquivalenzgrundsatz messen lassen, was eine allzu strenge Ausgestaltung der Haftung einschränkt.[596] Hintergrund der Luxemburger Entscheidung ist die Doppelfunktion der Konformitätsbewertung, die einerseits eine effektive Marktzugangsregulierung und andererseits den Schutz der Endempfänger gewährleisten soll. Eine zu strenge Aufsichtshaftung könnte in Kombination mit dann drohenden Insolvenzen der benannten Stellen die Funktionsfähigkeit dieses Systems gefährden.[597] Der vom EuGH vorgenommene Spagat stellt einen fragwürdigen Kompromiss zwischen den beiden Funktionen dar. Lediglich aus deutscher Sicht scheint die Entscheidung zu einer Stärkung des *private enforcement* beizutragen. Die Vorlage des BGH zielte darauf ab, die Möglichkeiten einer Haftung nach § 823 Abs. 2 BGB auszuloten. Die eindeutige Antwort des EuGH zum drittschützenden Charakter der Überwachungspflichten genügte dem BGH, um später eine Haftung nach § 823 Abs. 2 BGB anzunehmen.[598] Die Frage, ob schon aus Gründen des Unionsrechts, insbesondere des Effektivitätsgebots, eine Dritthaftung erforderlich ist, wurde durch den EuGH nicht ausdrücklich aufgeworfen.[599] Gerade in Rechtsordnungen, die das deutsche Schutzgesetzkonzept nicht kennen, ist die Rezeption der EuGH-Entscheidung daher fraglich. Sie dürfte zu einem uneinheitlichen,[600] tendenziell eher niedrigen Haftungsniveau in den Mitgliedstaaten führen. Für diese Prognose spricht auch die Zurückhaltung des EuGH bei der Konkretisierung des Pflichtenkatalogs der benannten Stellen im Rahmen der Überwachung der Hersteller.[601] Jedenfalls wurde das verhaltenssteuernde Potenzial einer stärker akzentuierten und harmonisierten Dritthaftung nicht voll ausgeschöpft. Aus regulatorischer Sicht setzt der EuGH auf die öffentlichen Überwachungsinstrumente

---

594 EuGH, Urt. v. 16.2.2017 – C-219/15 (*Schmitt*) = NJW 2017, 1161 (1163 Rn. 59).

595 *Wallerman*, CMLR 2018, 265 (272 ff.).

596 Vgl. *Spickhoff*, LMK 2017, 389314; *Wallerman*, CMLR 2018, 265 (275 f.); unklar ist indes, worauf sich die Äquivalenz des allein relevanten nationalen Haftungsrechts beziehen soll, vgl. *Brüggemeier*, JZ 2018, 191 (194).

597 So auch *Brüggemeier*, JZ 2018, 191 (193 f.).

598 BGH, Urt. v. 27.2.2020 – VII ZR 151/18 = NJW 2020, 1514 (1517 ff. Rn. 31 ff.).

599 Vgl. die Kritik von *Wagner*, JZ 2018, 130 (133).

600 So auch *Heynemann*, GuP 2017, 98 (101).

601 Vgl. hierzu Kap. 3 A.II.3.b.aa.

sowie auf eine eingeschränkte Haftung nach nationalem Recht, auf die er nur begrenzt Einfluss ausüben kann.[602]

2. *Private enforcement* im europäischen Wirtschaftsrecht

Vordergründig scheint es konsequent, eine europarechtliche Haftung abzulehnen, wenn diese durch den Unionsgesetzgeber nicht ausdrücklich angeordnet wird. Anders als im Nachklang der Finanzkrise von 2008, als in dem Bedürfnis nach einer strengeren Regulierung des Kapitalmarkts ein europäischer Haftungstatbestand für Rating-Agenturen geschaffen wurde,[603] konnte sich der Unionsgesetzgeber hierzu nach dem PIP-Skandal im (Medizin-) Produkterecht nicht durchringen. Es ist anzunehmen, dass er bisher bewusst auf die Einführung sekundärrechtlicher Haftungsvorschriften verzichtet hat.[604]

Andererseits setzt der EuGH seit jeher neben der öffentlichen Regulierung auf die Inanspruchnahme des Privatrechts zur effektiven Durchsetzung der praktischen Wirksamkeit des Unionsrechts, auch und gerade, wenn europarechtliche Haftungsvorschriften fehlen.[605] Privatrechtssubjekte wurden von ihm in der Vergangenheit im Wege der „funktionalen Subjektivierung"[606] mit Schadensersatzansprüchen ausgestattet, um Unionsrechtsverstöße dezentral und über den Hebel des individuellen Eigeninteresses zu verfolgen. Auf Grundlage des Effektivitätsgebots des Art. 4 Abs. 3 EUV wurden Mitgliedstaaten gerügt, die bei der Umsetzung von Richtlinienrecht nicht für eine „wirksam[e], verhältnismäßig[e] und abschreckend[e]" Sanktionierung

602 Ähnlich *Brüggemeier*, JZ 2018, 191 (194).

603 Vgl. Art. 35a der Rating-VO Nr. 462/2013/EU.

604 Dafür spricht auch, dass die privatrechtliche Haftung der benannten Stellen seit dem PIP-Fall eine große Aufmerksamkeit in Rechtsprechung und Literatur erhalten hat. Dass die Haftung bei der Reform des Medizinprodukterechts thematisiert wurde, zeigt schon die Abänderung der Vorschriften über die obligatorische Haftpflichtversicherung, vgl. hierzu Kap. 3 C.II.

605 Bereits in *van Gend & Loos* spricht der EuGH von der privatrechtlichen Rechtsdurchsetzung als einer wichtigen Aufgabe „für das Funktionieren und die Entwicklung der Wirtschaftsgemeinschaft", vgl. EuGH, Urt. v. 5.2.1963 – C 26/62 (*van Gend & Loos*) = NJW 1963, 974 (976); zu dieser Entscheidung im Zusammenhang mit der privaten Rechtsdurchsetzung *Heinze*, Schadensersatz im Unionsprivatrecht, S. 18 ff.; *Wallerman*, CMLR 2018, 265 (273).

606 Zum Strukturprinzip der funktionalen Subjektivierung *Ruffert*, in Callies/Ruffert, Art. 1 AEUV Rn. 29; ders., DVBl. 1998, 69 (72); *Schoch*, NVwZ 1999, 457 (463 ff.); zur Übertragung dieser ursprünglich verwaltungsrechtlichen Lehre auf das Privatrecht *Poelzig*, Normdurchsetzung durch Privatrecht, S. 275 ff.; begrifflich auch bei *Wagner*, AcP 2006, 352 (421); krit. hingegen *Heinze*, Schadensersatz im Unionsprivatrecht, S. 559.

der Rechtsverstöße gesorgt haben.[607] Diese Chiffre findet sich mittlerweile auch in der reformierten Medizinprodukte-Verordnung,[608] geht aber inhaltlich nicht über das ohnehin primärrechtlich geltende Effektivitätsgebot hinaus.[609]

Grundsätzlich steht es im Ermessen der Mitgliedstaaten, ob sie auf verwaltungsrechtliche, strafrechtliche oder privatrechtliche Sanktionsinstrumente setzen, um dem *effet utile* zu genügen.[610] Unter bestimmten Umständen kann die praktische Wirksamkeit einer unionsrechtlichen Norm aber nur gewährleistet werden, wenn die Mitgliedstaaten eine Sanktionierung von Rechtsverstößen mit den Mitteln des Privatrechts ermöglichen. Der EuGH hat unter Verweis auf den *effet utile* in mehreren wegweisenden Entscheidungen, etwa zum europäischen Wettbewerbsrecht, explizit die innerstaatliche Durchsetzung im Wege privatrechtlicher Ansprüche gefordert.[611] Nach seinem *Courage*-Urteil steht der benachteiligten Partei eines gegen Art. 81 Abs. 1 EG (heute Art. 101 Abs. 1 AEUV) verstoßenden Vertrages ein unionsrechtlich begründeter Schadensersatzanspruch zu.[612] Die nationalen Gerichte, die das Unionsrecht anwenden, müssen „die volle Wirkung von dessen Bestimmungen gewährleisten und die Rechte schützen, die das Gemeinschaftsrecht dem Einzelnen verleiht".[613] Die praktische Wirksamkeit des wettbewerbsrechtlichen Verbots sei „beeinträchtigt, wenn nicht *jedermann* Ersatz des Schadens verlangen könnte, der ihm durch einen Vertrag, der den Wettbewerb beschränken oder verfälschen kann, oder durch ein entsprechendes Verhalten entstanden ist."[614] Es wurden hier nicht lediglich nationale Zivilrechtsfolgen anhand primär- oder sekundärrechtlicher Vorgaben kontrolliert, sondern erstmals ein unionsrechtlich zwingender Zivilrechtsanspruch aus

607 EuGH, Urt. v. 21.9.1989 – C 68/88 = NJW 1990, 2245 (2246 Rn. 24); vgl. zuvor die Rechtsprechung zum Anti-Diskriminierungsrecht, insbes. EuGH, Urt. v. 10.4.1984 – C 14/83 = NJW 1984, 2021 (2022); zum Ganzen *Wagner*, JZ 2018, 130 (131 f.); eingehend zum Anti-Diskriminierungsrecht ders, AcP 2006, 352 (389 ff.).

608 Vgl. ErwGr 87 und Art. 113 der VO Nr. 2017/745/EU v. 5.4.2017.

609 Vgl. EuGH, Urt. v. 21.9.1989 – C-68/88, Rn. 23; eingehend *Heinze*, Schadensersatz im Unionsprivatrecht, S. 38 ff.; *Poelzig*, Normdurchsetzung durch Privatrecht, S. 260; *Wagner*, JZ 2018, 130 (134); ders., AcP 2006, 352 (418).

610 EuGH, Urt. v. 10.4.1984 – C 14/83 = NJW 1984, 2021 (2022); vgl. auch *Harnos*, ZEuP 2015, 546 (562); *Heinze*, Schadensersatz im Unionsprivatrecht, S. 497 f.: „Prinzip der mitgliedstaatlichen Wahlfreiheit bei den Sanktionen" als Teil der mitgliedstaatlichen Verfahrensautonomie; *Poelzig*, Normdurchsetzung durch Privatrecht, S. 261 f.; *Wagner*, JZ 2018, 130 (132).

611 Eingehend *Heinze*, Schadensersatz im Unionsprivatrecht, S. 149 ff.; *Franck*, Marktordnung durch Haftung, S. 198 ff.; *Wagner*, AcP 2006, 352 (404 ff.).

612 EuGH, Urt. v. 20.9.2001 – C-453/99 (*Courage*) = EuZW 2001, 715 (716 Rn. 23 ff.), m. Anm. *Nowak*; vgl. auch die Besprechung von *Weyer*, ZEuP 2003, 318 (324 ff.).

613 EuGH, Urt. v. 20.9.2001 – C-453/99 (*Courage*) = EuZW 2001, 715 (716 Rn. 25).

614 EuGH, Urt. v. 20.9.2001 – C-453/99 (*Courage*) = EuZW 2001, 715 (716 Rn. 26).

der Taufe gehoben, ohne dass es hierfür eine ausdrückliche Regelung gab.[615] Zudem wird ganz offen mit der verhaltenssteuernden Wirkung der Haftung argumentiert.[616] Gleichwohl handelt es sich nicht um eine originär unionsrechtliche Anspruchsgrundlage; vielmehr verpflichtet diese Rechtsprechung die Mitgliedstaaten, eine effektive *privatrechtliche* Sanktionierung des Unionsrechtsverstoßes zu gewährleisten.[617] Das *Ob* des Anspruchs wird durch das Haftungsgebot unionsrechtlich determiniert, während die konkrete Ausgestaltung der mitgliedstaatlichen Verfahrensautonomie, begrenzt durch den Äquivalenz- und Effektivitätsgrundsatz, überlassen wird.

In *Manfredi* wurde dieser neue Ansatz bestätigt, außerdem müsse der Anspruch auch den Endverbrauchern, denen aufgrund eines Wettbewerbsverstoßes Mehrkosten entstanden sind, zugutekommen.[618] Ein ungeschriebener privatrechtlicher (Unterlassungs-)Anspruch wurde in *Muñoz* schließlich auch bei Verstößen gegen sekundärrechtliche Wettbewerbsregeln angenommen.[619] Konkret ging es um die Klage eines Wettbewerbers, der die Nichteinhaltung von Kennzeichnungsvorschriften für Obst und Gemüse durch seinen Konkurrenten rügte. Im Interesse der Qualitätssicherung, des Verbraucherschutzes und der Gewährleistung lauteren Wettbewerbs sei eine entsprechende Klagebefugnis aus Effektivitätsgründen erforderlich.[620] „Sie ergänzt die Tätigkeit der Stellen, die in den Mitgliedstaaten für die Durchführung der in dieser Regelung vorgesehenen Kontrollen zuständig sind, und trägt damit dazu bei, oft nur schwer aufzudeckende Praktiken zu unterbinden, die den Wettbewerb verfälschen könnten. So gesehen sind Klagen von Konkurrenten vor nationalen Gerichten besonders geeignet, wesentlich

---

615 Ob damit in methodischer Hinsicht eine echte Abkehr von der traditionellen Kontroll-Rechtsprechung des EuGH erfolgt ist, wird unterschiedlich bewertet, in diesem Sinne insbes. *Komninos*, CMLR 2002, 447 (466 ff., 483); vgl. andererseits *Weyer*, ZEuP 2003, 318 (324 f.), der den neuen Ansatz jedenfalls in dieser Hinsicht in methodischer Kohärenz mit dem traditionellen Ansatz sieht, neu (und fragwürdig) sei vielmehr, dass der EuGH zur Begründung der Zivilrechtsfolgen auf die Pflichten und nicht auf die Rechte der Beteiligten abstelle.

616 Vgl. *Wagner*, AcP 2006, 352 (404).

617 *Franck*, Marktordnung durch Haftung, S. 198; *Poelzig*, Normdurchsetzung durch Privatrecht, S. 298 ff.; *Weyer*, ZEuP 2003, 318 (319 ff.); anders hingegen *Mäsch*, EuR 2003, 825 (837 ff.), der von einer originär gemeinschaftsrechtlichen Anspruchsgrundlage ausgeht.

618 EuGH, Urt. v. 13.7.2006 – C-295/04 bis C-298/04 (*Manfredi*) = EuZW 2006, 529 (533 Rn. 58 ff.), m. Anm. *Lübbig*.

619 EuGH, Urt. v. 17.9.2002 – C-253/00 (*Muñoz*) = BeckRS 2004, 75459 (Rn. 23 ff.); vgl. zu dieser Entscheidung *Franck*, Marktordnung durch Haftung, S. 200 ff.; *Wagner*, AcP 2006, 352 (413 ff., 447).

620 EuGH, Urt. v. 17.9.2002 – C-253/00 (*Muñoz*) = BeckRS 2004, 75459 (Rn. 29 f.).

zur Sicherung eines lauteren Handels und der Markttransparenz in der Gemeinschaft beizutragen."[621]

Die funktionale Subjektivierung wurde indes nicht in allen Bereichen verfolgt. Wie bereits oben angedeutet, verwies der EuGH in *Schmitt* auf seine Entscheidung *Peter Paul* aus dem Jahr 2004. In dieser lehnte der EuGH eine Haftung des Staates gegenüber privaten Anlegern ***für*** die mangelhafte behördliche Beaufsichtigung von Kreditinstituten ab.[622] Interessant ist daran zunächst, dass es sich um einen staatshaftungsrechtlichen Fall handelte. Ähnlich wie im Privatrecht hat der EuGH im Staatshaftungsrecht seit *Frankovich* auf das Mittel der funktionalen Subjektivierung zur Durchsetzung des Europarechts gesetzt.[623] In beiden Rechtsgebieten scheint der EuGH jedoch vor diesem Schritt zurückzuschrecken, wenn es in der Sache um die Haftung für unzureichende Marktaufsichtsmaßnahmen geht.[624] Unabhängig davon, ob diese behördlich (*Peter Paul*) oder von privaten Zertifizierungsgesellschaften (*Schmitt*) durchgeführt werden, lehnt der EuGH ein unionsrechtliches Haftungsgebot ab. Es bleibt hier bei dem tradierten Modell, in dem unionsrechtliche Verhaltensnormen von mitgliedstaatlichen Sanktionsmechanismen und Verfahren flankiert werden.[625] Dabei dürfen sie die unionsrechtlichen Ziele nicht vereiteln, was durch den EuGH kontrolliert wird; der *effet utile* verlange aber nicht die Einführung eines privatrechtlichen Sanktionsmechanismus.[626]

3. Ungeschriebener Schadensersatzanspruch im europäischen Produktsicherheitsrecht?

Es stellt sich die schwierige Frage, ob – entgegen dem EuGH – die Haftung der benannten Stellen primärrechtlich geboten ist.[627] Da die EuGH-Rechtsprechung zur funktionalen Subjektivierung keine abstrakten Voraussetzungen für derartige Haftungsgebote definiert, sind die genauen Kriterien zur Begründung subjektiver Rechte und entsprechender ungeschriebener Scha-

---

621 EuGH, Urt. v. 17.9.2002 – C-253/00 (*Muñoz*) = BeckRS 2004, 75459 (Rn. 31).

622 EuGH, Urt. v. 12.10.2004 – C-222/02 (*Peter Paul*) = NJW 2004, 3479 (3481 Rn. 40).

623 Vgl. EuGH, Urt. v. 19.11.1991 – C-6/90 und C-9/90 (*Frankovich*) = NJW 1992, 165; eingehend zur Parallelität der staatshaftungsrechtlichen und privatrechtlichen Entwicklung *Heinze*, Schadensersatz im Unionsprivatrecht, S. 151 ff.; vgl. auch *Wagner*, AcP 2006, 352 (419); *Weyer*, ZEuP 2003, 318 (318, 326, 329 f.).

624 Vgl. *Wagner*, JZ 2018, 130 (133).

625 Vgl. allgemein zur dualistischen Theorie der Normsetzung und -durchsetzung m. w. N. *Poelzig*, Normdurchsetzung durch Privatrecht, S. 258 f.

626 Vgl. zu dieser negativen Wirkung des Effektivitätsgebots *Harnos*, ZEuP 2015, 546 (566 f.).

627 Dafür *Wagner*, JZ 2018, 130 (131 ff.); dagegen *Nietsch/Osmanovic*, ZIP 2020, 2316 (2317 ff.).

densersatzansprüche nicht abschließend geklärt.[628] Die verschiedenen in der Diskussion stehenden Beurteilungskriterien sollen nachfolgend auf die Konstellation der benannten Stellen angewendet werden.

a. Kompetenzgefüge der Union

Der EuGH entwickelt die funktionale Subjektivierung ausschließlich aus dem Effektivitätsgebot, verlangt also nicht ausdrücklich eine EU-Kompetenz für den jeweiligen Regelungsbereich.[629] Diese Rechtsprechung steht in einem Spannungsverhältnis zum Grundsatz der begrenzten Einzelermächtigung gem. Art. 5 Abs. 1 EUV. Es besteht die Gefahr einer expansionistischen Rechtsprechung, wenn diese in Bereiche vordringt, die im Zuständigkeitsbereich der Mitgliedstaaten liegen.[630] Daher ist die Annahme eines ungeschriebenen Schadensersatzanspruchs gegen die benannten Stellen von vornherein nur denkbar, wenn die Union die Kompetenz für die Einführung eines solchen Anspruchs hätte.[631] Maßgeblich für die Harmonisierungsmaßnahmen der EU im Bereich der Produktsicherheit einschließlich der marktzugangsregulierenden Zertifizierung ist der Binnenmarktkompetenztitel des Art. 114 AEUV (vormals Art. 95 EGV).[632] Er ermöglicht die Rechtsangleichung, wenn ein hinreichender Bezug zum Binnenmarkt besteht (vgl. Art. 26 AEUV), also insbesondere wenn nationale Vorschriften die Grundfreiheiten einschränken oder den Wettbewerb verfälschen.[633] Die Harmonisierung der Pflichten der benannten Stellen kann ohne weiteres auf dieser Grundlage erfolgen, denn sie übernehmen im Binnenmarkt funktional die Aufgabe der Zulassungsbehörde, garantieren also die Einhaltung grundlegender Sicherheitsvorschriften frei zirkulierender Waren. Berücksichtigt man diese bedeutsame Funktion, ist es auch naheliegend, den zivilrechtlichen Folgen einer Pflichtverletzung einen ausreichenden Binnenmarktbezug zuzusprechen. Richtigerweise ist die Haftung aufgrund ihrer systemischen Bedeutung zum Ausgleich der fehlerhaften Anreizstruktur als Element des regulatorischen

---

628 Vgl. *Wagner*, in MüKo BGB, § 823 Rn. 542.

629 Vgl. *Harnos*, ZEuP 2015, 546 (566); *Poelzig*, ZGR 2015, 801 (813).

630 Vgl. *Harnos*, ZEuP 2015, 546 (548, 550 ff.); *Poelzig*, ZGR 2015, 801 (812 f.).

631 Im Rahmen der EU-Kompetenzen ist der EuGH auch nach Ansicht des BVerfG berechtigt und sogar berufen, Rechtsfortbildung aus Gründen des *effet utile* zu betreiben, BVerfG, Bechl. v. 8.4.1987 – 2 BvR 687 85 = NJW 1988, 1459 (Kloppenburg); vgl. hierzu *Voßkuhle*, NVwZ 2010, 1 (3).

632 Z.B. VO (EU) Nr. 2017/745 v. 5.4.2017 (Medizinprodukte), hier in Kombination mit Art. 168 Abs. 4 lit. c AEUV; RL 2006/42/EG v. 17.5.2005 (Maschinen); RL Nr. 2009/48/EG v. 18.6.2009 (Spielzeug).

633 Vgl. EuGH, Urt. v. 5.10.2000 – C-376/98 = NJW 2000, 3701 (3702 Rn. 84 ff.); *Korte*, in Calliess/Ruffert, Art. 114 AEUV, Rn. 38 ff.; *M. Schröder*, in Streinz, Art. 114 AEUV, Rn. 18 ff.

Gesamtsystems anzusehen.[634] Sie stellt demnach einen funktionellen Bestandteil des Marktzugangsregimes dar. Insofern besteht ein enger Bezug zur Gewährleistung der Warenverkehrsfreiheit. Auch für das vergleichbare Problem der Haftung von Rating-Agenturen hat der Unionsgesetzgeber bei der Einführung des Art. 35a Rating-VO auf Art. 114 AEUV als Kompetenztitel gesetzt.[635] Aufgrund des verbraucherschützenden Charakters eines etwaigen Schadensersatzanspruchs kann zudem auf Art. 169 Abs. 2 lit. b AEUV (dann i. V. m. Art. 114 AEUV) abgestellt werden.

Die Ausübung der Kompetenzen könnte allerdings durch den Subsidiaritätsgrundsatz gem. Art. 5 Abs. 1 S. 2, Abs. 3 EUV eingeschränkt sein. Er besagt, dass die Union außerhalb ihrer ausschließlichen Kompetenzen nur gesetzgeberisch tätig werden darf, wenn das angestrebte Ziel nicht durch mitgliedstaatliche Regelungen zu erzielen ist (Negativkriterium) und gleichzeitig auf EU-Ebene besser erreicht werden kann (Positivkriterium).[636] Die hier in Betracht kommenden Kompetenztitel für die Bereiche Binnenmarkt und Verbraucherschutz fallen gem. Art. 4 Abs. 2 lit. a bzw. lit. f AEUV in die geteilte Zuständigkeit der Union und der Mitgliedstaaten,[637] weshalb der Subsidiaritätsgrundsatz Anwendung findet. Mit Blick auf das Negativkriterium ist festzuhalten, dass die Regelung der Zertifiziererhaftung auf mitgliedstaatlicher Ebene zu unterschiedlichen Haftungsniveaus führt.[638] Der unterschiedliche Umgang mit der fehlerhaften Anreizstruktur des Zertifizierungssystems bevorzugt benannte Stellen, die einer weniger strengen Haftung unterliegen und verzerrt mithin den Wettbewerb unter den benannten Stellen. Unterschiedlich regulierte Zertifizierungsordnungen sind in diesem Bereich besonders problematisch, denn eine positive Konformitätsentscheidung macht das Produkt in der gesamten Union verkehrsfähig.[639] Das Leistungspotenzial mitgliedstaatlicher Regulierungsmaßnahmen ist aufgrund dieser transnationalen Reichweite der Zertifizierung eingeschränkt. Nur eine harmonisierte Regelung auf Unionsebene kann diese Nachteile ausgleichen (Positivkriterium). Der Subsidiaritätsgrundsatz stünde einer unionsrechtlichen Ausgestaltung der Haftung der benannten Stellen also nicht entgegen.

---

634 Vgl. oben Kap. 3 B.

635 VO (EU) Nr. 462/2013 v. 21.5.2013.

636 Eingehend zu den Anforderungen *Calliess*, in Ruffert/Calliess, Art. 5 EUV, Rn. 26 ff.; monographisch *Molsberger*, Das Subsidiaritätsprinzip im Prozess europäischer Konstitutionalisierung.

637 Vgl. zu Verbraucherschutzmaßnahmen nach Art. 169 AEUV *Calliess*, in Calliess/Ruffert, Art. 4 AEUV, Rn. 14; dass auch Maßnahmen nach Art. 114 AEUV in die geteilte Zuständigkeit fallen, hat der EuGH ausdrücklich festgestellt, vgl. (noch zu Art. 95 EGV), EuGH, Urt. v. 10.12.2002 – C-491/01 = BeckRS 2004, 77482 (Rn. 179).

638 Vgl. die Zusammenfassung der rechtsvergleichenden Untersuchung in Kap. 5 C.II.

639 Vgl. zur marktzugangsregulierenden Funktion der Konformitätsbewertung Kap. 2 C.I.6.

Aus diesem Grund sprechen auch keine kompetenziellen Gründe gegen die Annahme eines aus Effektivitätsgründen erforderlichen Schadensersatzanspruchs.

Möglicherweise ergibt sich aber aus der bewussten Entscheidung des Unionsgesetzgebers gegen die Ausübung seiner Regelungskompetenz eine abschließende Wertung hinsichtlich der Ablehnung privatrechtlicher Ansprüche.[640] Dagegen spricht jedoch, dass die Mitgliedstaaten nach dem geltenden Sekundärrecht ohne weiteres privatrechtliche Haftungsregime einführen können.[641] Ob sie hierzu verpflichtet sind, ist dann keine Frage des Sekundärrechts, sondern des Art. 4 Abs. 3 EUV, an den der Unionsgesetzgeber und die Mitgliedstaaten gebunden sind.[642] Die oben skizzierte EuGH-Rechtsprechung zur funktionalen Subjektivierung behandelte Rechtsmaterien, in denen trotz hoher Regelungsdichte gerade keine Schadensersatzansprüche ausdrücklich vorgesehen waren.

b. Unmittelbare Wirkung der verletzten Primärnorm[643]

Es ist fraglich, ob ungeschriebene Schadensersatzansprüche nur angenommen werden können, wenn die verletzten Pflichten unmittelbare Wirkung zwischen Privaten entfalten. Dies gilt zunächst unproblematisch für primärrechtliche Verhaltenspflichten.[644] Auch Verordnungen erlangen nach Art. 288 Abs. 2 AEUV unmittelbare Geltung, in ihnen kodifizierte Pflichten wirken also grundsätzlich ohne weiteres zwischen Privaten. Richtlinien bedürfen andererseits der Umsetzung in nationales Recht durch die Mitgliedstaaten (Art. 288 Abs. 3 AEUV). Umstritten ist daher, ob auch bei Verstößen gegen Richtlinienrecht ein *private enforcement* in Form von Schadensersatzansprüchen zwingend geboten sein kann.[645] Dies ist hier deshalb relevant, weil

---

640 Zum parallelen Problem im EU-Marktmissbrauchsrecht *Poelzig*, ZGR 2015, 801 (814 f.).

641 Das zeigen die Versicherungspflichten (hierzu Kap. 3 C.II.), sowie das teilweise vorgesehene Mandat, eine „wirksame, verhältnismäßige und abschreckende" Sanktionierung einzuführen (vgl. ErwGr 87 und Art. 113 der VO Nr. 2017/745/EU v. 5.4.2017).

642 *Poelzig*, ZGR 2015, 801 (814).

643 Die „Primärnorm" ist die Vorschrift, die die Verhaltenspflichten der Zertifizierungsgesellschaften aufstellt. Der Begriff ist nicht zu verwechseln mit dem unionsrechtlichen „Primärrecht", also den von den EU-Mitgliedsstaaten geschlossenen Verträgen, insbes. EUV und AEUV.

644 In *Courage* begründete der EuGH das Erfordernis einer privatrechtlichen Sanktionierung u. a. auch mit der unmittelbaren Geltung der wettbewerbsrechtlichen Verhaltensregeln aus Art. 85 und 86 EGV (heute Art. 101 und 102 AEUV), vgl. Urt. v. 20.9.2001 – C-453/99 (*Courage*) = EuZW 2001, 715 (716 Rn. 23).

645 Dafür *Heinze*, Schadensersatz im Unionsprivatrecht, S. 516 ff.; für das Richtlinien-Kapitalmarktrecht wohl auch *Hellgardt*, AG 2012, 154 (156 ff.); ferner *Poelzig*, Normdurchsetzung durch Privatrecht, S. 291 f.; *Ruffert*, in Calliess/Ruffert, Art. 288 AEUV

sich die Prüfungspflichten der benannten Stellen je nach Produktkategorie sowohl aus Richtlinien als auch aus Verordnungen ergeben können.

Richtigerweise ist eine Differenzierung zwischen Richtlinien und Verordnungen bei der Begründung ungeschriebener Schadensersatzansprüche nicht überzeugend. Die Gegenansicht argumentiert, dass sich die mitgliedstaatliche Loyalitäts- und Mitwirkungspflicht aus Art. 4 Abs. 3 EUV im Falle von Richtlinienrecht nur auf die Umsetzungspflicht aus Art. 288 Abs. 3 AEUV beziehen könne, nicht hingegen auf eine unmittelbar zulasten eines Einzelnen geltende Rechtspflicht.[646] Die Richtlinie zeichne gerade aus, dass sie den Mitgliedstaat nur hinsichtlich des zu erreichenden Ziels binde, um eine systemgerechte Integration der unionsrechtlichen Vorgaben in das nationale Recht zu ermöglichen. Wenn insofern die Verfahrensautonomie stärker gewichtet wird, müsse sich dies konsequenterweise auch auf die gestalterischen Vorgaben aus Art. 4 Abs. 3 EUV auswirken.[647]

Das verkennt, dass jedenfalls dem umgesetzten Richtlinienrecht über die Pflicht zur richtlinienkonformen Auslegung faktisch eine direkte Wirkung im Verhältnis der beteiligten Privaten zukommt.[648] Aus diesem Grund gelten für die Voraussetzungen, unter denen die Mitgliedstaaten zur Einführung privatrechtlicher Sanktionsmechanismen verpflichtet sind, dieselben Kriterien wie im Fall von unmittelbar geltendem Recht.[649] Ob jeweils ein *private enforcement* geboten ist, muss sich nach einheitlichen materiellen Kriterien, insbesondere dem Zweck der betreffenden Regelung und den Erfordernissen ihrer effektiven Durchsetzung richten, nicht nach der Erlassform des dahinter stehenden Rechtsakts.[650] Gerade die Zertifiziererpflichten zeigen, dass eine Differenzierung nicht angezeigt ist. Während zu Beginn der Strategie des *New Approach* überwiegend auf Richtlinien gesetzt wurde, scheint der Trend heute eher zur Verordnung zu gehen.[651] Die Wahl für die eine oder andere Rechtsform ist dabei nicht aus kompetenziellen Gründen vorgezeich-

---

Rn. 45; *Wilman*, Private enforcement of EU law before national courts, Rn. 11.18; anders hingegen *Franck*, Marktordnung durch Haftung, S. 264 ff.; *Wagner*, in MüKo BGB, § 823 Rn. 539.

646 *Franck*, Marktordnung durch Haftung, S. 267.

647 *Franck*, Marktordnung durch Haftung, S. 268.

648 *Heinze*, Schadensersatz im Unionsprivatrecht, S. 516 ff. Voraussetzung für die faktische Wirkung zwischen Privaten ist also die Umsetzung bzw. Auslegungsfähigkeit der verletzten Primärnorm der Richtlinie. Nur wenn diese ausnahmsweise nicht gegeben ist, stellt sich die Frage nach dem Rechtsbehelf nicht, weil bereits die Primärpflicht keine Wirkung entfalten konnte, S. 519 f.

649 *Poelzig*, JZ 2014, 256 (259).

650 *Heinze*, Schadensersatz im Unionsprivatrecht, S. 517 f.

651 Beispielhaft zeigt sich diese Entwicklung im Medizinprodukterecht, wo die VO (EU) 2017/745 v. 5.4.2017 die zuvor geltenden Richtlinien ablöste.

net.[652] Da sich die Pflichten der benannten Stelle auch maßgeblich nach dem jeweils einschlägigen Konformitätsbewertungsmodul richten,[653] auf das die Rechtsakte Bezug nehmen, sind keine generellen Unterschiede in der Regelungsdichte zu erkennen. Auch aus diesem Grund ist eine Differenzierung nach der Natur des Rechtsakts nicht überzeugend.

c. Bestimmung der Anspruchsberechtigten

Schwierigkeiten bereitet die Bestimmung des Kreises der Anspruchsberechtigten. Konkret stellt sich die Frage, ob die Abnehmer der Produkte oder sogar weitere Akteure, wie z. B. die Konkurrenten eines Herstellers, dessen Produkte zu Unrecht zertifiziert wurden, in den Genuss eines ungeschriebenen Schadensersatzanspruchs kommen können. Naheliegend ist ein Rückgriff auf Schutzzweckerwägungen. Nach dem EuGH genügt der durch eine Primärnorm intendierte Schutz eines bestimmten Personenkreises aber für sich genommen nicht zur Begründung eines subjektiven Rechts.[654] Aufgrund des funktionalen Privatrechtsverständnisses, das der Mobilisierung Privater zur Durchsetzung des Unionsrechts zugrundeliegt, ist auch die relativ enge Schutzgesetzdogmatik des § 823 Abs. 2 BGB für das Unionsrecht nicht geeignet.[655] Welche originär unionsrechtlichen Kriterien herangezogen werden können, wird unterschiedlich beurteilt. *Poelzig* hält zunächst fest, dass nicht die in ihren Interessen verletzten Marktteilnehmer berechtigt sein sollen, sondern diejenigen, die zur Normdurchsetzung „*geeignet*" sind.[656] Während der objektive Normzweck als sachliches Kriterium zur Begründung subjektiver Recht herangezogen werden müsse, soll zur personellen Abgrenzung eine faktische Betroffenheit ausreichen.[657] Anspruchsberechtigt ist daher derjenige, der im weitesten Sinne durch den Rechtsverstoß faktisch betroffen bzw. durch die verletzte Primärnorm tatsächlich begünstigt war.[658] *Heinze* orientiert sich hingegen enger an den Schutzzwecken der Primärnormen. Die Anspruchsberechtigung setze voraus, dass diese für den jeweiligen Kläger wegen des Wortlauts, der Entstehungsgeschichte, der Regelungs-

652 Einschlägig ist Art. 114 AEUV. Unter diesem Kompetenztitel kann der Gesetzgeber zwischen sämtlichen Handlungsformen des Art. 288 AEUV relativ frei wählen, vgl. *Korte*, in Calliess/Ruffert, Art. 288 AEUV, Rn. 65.

653 Vgl. Kap. 2 C. I. 1. c. und Kap. 3 A. II. 1. a.

654 EuGH, Urt. v. 12.10.2004 – C-222/02 (*Peter Paul*) = NJW 2004, 3479 (3481 Rn. 40); EuGH, Urt. v. 16.2.2017 – C-219/15 (*Schmitt*) = NJW 2017, 1161 (1163 Rn. 55); krit. zur Trennung von Schutzzweckanalyse und der Begründung subjektiver Rechte *Wagner*, JZ 2018, 130 (133).

655 *Heinze*, Schadensersatz im Unionsprivatrecht, S. 559; *Poelzig*, Normdurchsetzung durch Privatrecht, S. 284.

656 *Poelzig*, Normdurchsetzung durch Privatrecht, S. 284.

657 *Poelzig*, ZGR 2015, 801 (285 ff.).

658 *Poelzig*, Normdurchsetzung durch Privatrecht, S. 287 f.

systematik und/oder der Zwecke der konkreten Vorschrift geboten ist.[659] In gewissem Umfang auf den Schutzzweck zu rekurrieren und ihn gleichsam als Grenze der Anspruchsberechtigung zu verstehen, erlaubt auch ein sachgerechtes Verständnis der vom EuGH im Wettbewerbsrecht entwickelten Jedermann-Formel.[660]

Vor diesem Hintergrund muss – sofern auch die übrigen Voraussetzungen erfüllt sind – zumindest den Abnehmern zertifizierter Produkte ein Anspruch zustehen. Ein wichtiger Zweck der Konformitätsbewertungsvorschriften ist der Schutz der Verbraucher und Patienten, also der Personen, die bestimmungsgemäß mit einem zertifizierten Produkt in Berührung kommen. Sie sind faktisch von einer Pflichtverletzung betroffen, wenn sie durch unsichere Produkte Schäden erleiden. Mithin haben sie ein persönliches Interesse an der Beachtung der Primärnormen und sind insofern geeignet, um für die private Rechtsdurchsetzung mobilisiert zu werden.

Fraglich ist, ob die Konkurrenten der Hersteller anspruchsberechtigt sein könnten. Die marktzugangsregulierende Zertifizierung hat zur Folge, dass nur Produkte, die den obligatorischen Sicherheitsstandards entsprechen, im Binnenmarkt zirkulieren dürfen. Dementsprechend sind Hersteller daran interessiert, dass sich sämtliche Wettbewerber an diese Standards halten. Zertifiziert eine benannte Stelle in pflichtwidriger Weise einen Hersteller, dessen Produkte die einschlägigen Anforderungen nicht erfüllen, erfährt dieser Hersteller einen Wettbewerbsvorteil. Dessen Konkurrenten, die unter größerem Aufwand die Einhaltung der Standards gewährleisten müssen, sind mittelbar von der Pflichtverletzung der benannten Stelle betroffen. Rechtsschutzerwägungen sprechen indes gegen die Anspruchsberechtigung der Wettbewerber. Die kodifizierten Pflichten der benannten Stellen sind kein marktordnendes bzw. wettbewerbsschützendes Recht. Dies bezwecken lediglich die materiellen Sicherheitsvorschriften. Deren Einhaltung einzuklagen ist aus Effektivitätsgründen sinnvoll.[661] Der faktische Schutz des Wettbewerbs durch die benannten Stellen ist jedoch ein bloßer Reflex der Konformitätsbewertung und im Gesamtsystem des Marktzugangsregimes nicht angelegt. Die Wettbewerber der zertifizierten Hersteller sind daher nicht anspruchsberechtigt.

659 *Heinze*, Schadensersatz im Unionsprivatrecht, S. 562 f.

660 Vgl. zu dieser Rechtsprechung Kap. 3 C.III.2.; eingehend zur Begrenzung *Heinze*, Schadensersatz im Unionsprivatrecht, S. 572 f.

661 U. a. aus diesem Grund wurden Wettbewerber in *Muñoz* zur Durchsetzung des Marktordnungsrechts eingesetzt und mit einem entsprechenden Anspruch ausgestattet, EuGH, Urt. v. 17.9.2002 – C-253/00 (*Muñoz*) = BeckRS 2004, 75459 (Rn. 29 f.).

d. Beeinträchtigung der praktischen Wirksamkeit der unionsrechtlichen Primärnormen

Die entscheidende Voraussetzung für die aus funktionalen Gründen erforderliche Annahme eines subjektiven Rechts ist die Beeinträchtigung, die der praktischen Wirksamkeit der verletzten Primärnorm droht, wenn es (ggf. in Ergänzung zu administrativen Maßnahmen) an einer privatrechtlichen Sanktionierung fehlt.[662] Die nationalen Gerichte, „die im Rahmen ihrer Zuständigkeit das Gemeinschaftsrecht anzuwenden haben, [müssen] die volle Wirkung seiner Bestimmungen gewährleisten und die Rechte schützen, die das Gemeinschaftsrecht dem Einzelnen verleiht."[663] *Heinze* ermittelte folgende Merkmale, die die Existenz von Schadensersatzansprüchen nahelegen: Der Charakter der Primärnorm als „grundlegende Bestimmung"[664] des Unionsrechts, die Zielsetzung der Primärnorm, eine bestimmte Wettbewerbsordnung zu errichten, der Beitrag privater Schadensersatzansprüche zur Aufdeckung und Abschreckung von andernfalls schwer aufzudeckenden Verstößen gegen die Primärnorm sowie den Umstand, dass der angestrebte Zustand nur durch Schadensersatzansprüche wiederhergestellt werden kann.[665]

Nicht die in den Richtlinien und Verordnungen festgeschriebenen Sicherheitsanforderungen, sondern die Pflichten der benannten Stelle, diese zu überprüfen, müssten also „grundlegende Bestimmungen" darstellen. Dabei kommt es nicht zwingend auf die Bedeutung der Sachmaterie an, denn in *Muñoz* ließ sich der EuGH nicht von der Annahme eines privatrechtlichen Anspruchs abhalten, obwohl es lediglich um die Durchsetzung scheinbar trivialer Kennzeichnungsvorschriften für Tafeltrauben ging.[666] Vielmehr ist die Bedeutung der Ziele der Primärnorm für die Rechtsordnung und das Funktionieren des Binnenmarkts zu beleuchten. Mit den EU-Konformitätsbewertungsverfahren wird eine Regulierung des Marktzugangs sowie die Einhaltung minimaler Sicherheitsvorgaben an Produkte und damit der Schutz der Verbraucher bezweckt. Vorschriften zur Regulierung eines Marktes, in dem sichere Produkte ungehindert zirkulieren können, sind zweifellos von grundlegender Bedeutung für die Union. Die Pflichten der benannten Stellen sind ein Bestandteil dieser Binnenmarkt- und Produktsicherheitsarchitektur.

---

662 *Harnos*, ZEuP 2015, 546 (561 f.); eingehend *Heinze*, Schadensersatz im Unionsprivatrecht, S. 521 ff.; *Poelzig*, Normdurchsetzung durch Privatrecht, S. 283 ff.; *Schmolke*, NZG 2016, 721 (724 ff.), der jedoch keine „maximale" Wirksamkeit fordert, sondern das im jeweiligen Einzelfall angestrebte Effektivitätsniveau.

663 Vgl. EuGH, Urt. v. 20.9.2001 – C-453/99 (*Courage*) = EuZW 2001, 715 (716 Rn. 25); EuGH, Urt. v. 17.9.2002 – C-253/00 (*Muñoz*) = BeckRS 2004, 75459 (Rn. 28).

664 EuGH, Urt. v. 20.9.2001 – C-453/99 (*Courage*) = EuZW 2001, 715 (716 Rn. 20).

665 *Heinze*, Schadensersatz im Unionsprivatrecht, S. 522 f.

666 EuGH, Urt. v. 17.9.2002 – C-253/00 (*Muñoz*) = BeckRS 2004, 75459 (Rn. 2).

Fraglich ist, ob deren Einhaltung effektiv nur durch das *private enforcement* sicherzustellen ist. Dagegen spricht, dass Dritte in der Regel keinen Einblick in den Konformitätsbewertungsprozess haben. Andererseits tragen sie letztlich die Konsequenzen einer fehlerhaften Konformitätsprüfung, etwa wenn sie körperliche Schäden durch ein unerkannt unsicheres Medizinprodukt erleiden. Die Endabnehmer mit einem Schadensersatzanspruch auszustatten, kann die erforderliche Aufmerksamkeit auf die Tätigkeit der benannten Stellen richten und so zur Aufdeckung von Pflichtverletzungen beitragen. Gerade der PIP-Fall hat gezeigt, dass ohne die Zertifiziererhaftung im Falle der Herstellerinsolvenz kein ausreichender privatrechtlicher Schutz sichergestellt ist.[667]

Schließlich ist die staatliche Aufsicht über die benannten Stellen nach dem aktuell geltenden Recht nur mit unzureichenden Sanktionsmechanismen ausgestattet.[668] So existiert etwa kein formelles Beschwerdeverfahren, das es Betroffenen ermöglichen könnte, die zuständigen Aufsichtsbehörden im Einzelfall einzuschalten.[669] In Reaktion auf den PIP-Skandal wurden indes die Überwachungsbefugnisse der nationalen Behörden ausgeweitet. Diese sind nunmehr verpflichtet, regelmäßige Vor-Ort-Bewertungen der benannten Stellen durchzuführen.[670] Die staatliche Aufsicht mag daher in der Lage sein, grundlegende Mängel der Organisation und Arbeitsweise der benannten Stellen aufzudecken, jedoch nicht ein konkretes Fehlverhalten im Rahmen eines einzelnen Konformitätsbewertungsverfahrens. Hier fehlt es an praktischen Aufdeckungsmöglichkeiten durch die staatliche Aufsicht. Aufgrund von strukturellen Schwächen[671] – die grenzüberschreitende Tätigkeit der benannten Stellen sorgt für eine Zugriffsschwäche nationaler Aufsichtsbehörden – versprechen auch weitergehende Reformen keine nennenswerten Verbesserungen. Ferner existiert nach wie vor nur das grobe Sanktionsmittel des Entzugs bzw. der Aussetzung der Zulassung, als benannte Stelle tätig zu werden.[672]

---

667 *Rott*, NJW 2017, 1146 (1147).

668 Vgl. bereits Kap. 3 B.II.; ähnlich zur unzureichenden öffentlich-rechtlichen Sanktionierung *Rott*, NJW 2017, 1146 (1147).

669 Selbst wenn diese Möglichkeit bestünde, spräche dies nicht zwingend gegen die funktionelle Subjektivierung. In *Muñoz* beschwerte sich die Klägerin mehrfach erfolglos bei der zuständigen Wettbewerbsbehörde. Nach dem Generalanwalt könne es nicht sein, „dass eine Privatperson bei der Verwirklichung der ihr aus einer Verordnung zustehenden Rechte allein vom guten Willen einer Kontrollstelle zur Durchsetzung dieser Rechte abhängig ist", GA *Geelhoed*, Schlussantrag v. 13.12.2001 – C-253/00 (*Muñoz*), Rn. 60.

670 Art. 5 Abs. 1 der Durchführungsverordnung (EU) Nr. 920/2013 v. 24.9.2013.

671 Allgemein zu den strukturell bedingten Vollzugsdefiziten der behördlichen Rechtsdurchsetzung auf mitgliedstaatlicher und unionaler Ebene *Poelzig*, Normdurchsetzung durch Privatrecht, S. 262 f.

672 Vgl. § 19 ProdSG bzw. § 16 Abs. 2 MPG.

Zusammenfassend lässt sich daher festhalten, dass die Mobilisierung der Endverbraucher merklich zur Aufdeckung und Prävention pflichtwidrigen Verhaltens von Zertifizierungsgesellschaften und damit zur Gewährleistung des freien Verkehrs sicherer Produkte im Binnenmarkt beitragen kann. Gegenüber verwaltungsrechtlichen Sanktionsinstrumenten verspricht allein das *private enforcement* eine ausreichend effektive Durchsetzung des Unionsrechts, die der grundlegenden Bedeutung der einschlägigen Primärnormen gerecht wird.

e. Einschränkung wegen zu weitreichender Marktaufsichtshaftung?

In der Rechtsprechung des EuGH wurde die funktionelle Subjektivierung immer dann abgelehnt, wenn es sich um die Haftung für fehlerhafte behördliche oder privatisierte Aufsichtsmaßnahmen handelte.[673] Fraglich ist, ob sich diese Beobachtung zu einer sachlich berechtigten Ausnahme des unionsrechtlichen Haftungsgebots verallgemeinern lässt. Die offensichtliche Zurückhaltung des EuGH bei der Annahme eines Haftungsgebots lässt sich mit der Sorge vor einer zu weitreichenden Haftung der Aufsichtsorgane erklären.[674] Kommt eine sehr große, ggf. schwer überschaubare Personengruppe in den Genuss eines Schadensersatzanspruchs, könnte das hohe Haftungsrisiko die Funktionsweise der Marktaufsicht gefährden. Um der von der Haftung ausgehenden Insolvenzgefahr zu entgehen, könnten benannte Stellen zur ständigen Ausreizung ihrer Prüfungsbefugnisse angeregt werden. Die Konformitätsverfahren würden dadurch umfangreicher und wirtschaftlich unrentabler. Im schlimmsten Fall führt dies zu einer unerwünschten Überregulierung des Marktzugangs und mithin zu einer Lähmung des freien Warenverkehrs. Während dies in *Schmitt* nicht ausdrücklich zur Sprache kam, argumentierte der EuGH in *Peter Paul* offen mit den unterschiedlichen Interessen, die die (behördliche) Aufsicht beachten müsse, „darunter insbesondere dasjenige an der Stabilität des Finanzsystems".[675] An dieser Stelle klingt die Sorge an, eine mit einer ausufernden Aufsichtshaftung einhergehende Überregulierung, könne zu Verwerfungen im jeweiligen Gesamtsystem führen.

Im Kern sind auch diese einschränkenden Überlegungen zur privaten Rechtsdurchsetzung auf Effektivitätserwägungen zurückzuführen. Die widerstreitenden Positionen sind im Falle des Produktsicherheitsrechts einerseits die Effektivität des Verbraucher- bzw. Patientenschutzes sowie andererseits die Effektivität des Marktzugangsregimes, dessen praktische

673 Vgl. bereits Kap. 3 C.III.2. a. E.; zu dieser Feststellung insbes. *Wagner*, JZ 2018, 130 (133); ders. in MüKo BGB, § 823 Rn. 542.

674 Vgl. *Brüggemeier*, JZ 2018, 191 (193 f.); *Nietsch/Osmanovic*, ZIP 2020, 2316 (2318).

675 EuGH, Urt. v. 12.10.2004 – C-222/02 (*Peter Paul*) = NJW 2004, 3479 (3481 Rn. 44).

Wirksamkeit im Interesse des Warenverkehrs hinreichend durchlässig sein muss. Die besseren Argumente sprechen indes für die Annahme eines Haftungsgebots. Der PIP-Skandal hat gezeigt, dass die Prüfungsintensität derzeit eher zu niedrig, als zu hoch ist. Anzeichen für eine Überregulierung des Zugangs zum Binnenmarkt sind nicht ersichtlich. Die Gefahr einer ausufernden Haftung kann auch durch die genaue Definition und sachgerechte Begrenzung der Anspruchsberechtigten erfolgen, vorliegend insbesondere durch den Ausschluss von Konkurrentenklagen. Im Interesse des Verbraucherschutzes gebietet das Unionsrecht folglich den Mitgliedstaaten eine effektive *privatrechtliche* Sanktionierung einzuführen. Sollten einzelne Mitgliedstaaten bei der Umsetzung tatsächlich ein Haftungsregime einführen, das eine zu weitgehende Haftung der benannten Stellen und mithin eine Überregulierung befürchten lässt, ist es Sache des EuGH, dieser Umsetzung unter Verweis auf die Effektivität des Warenverkehrs Einhalt zu gebieten.

f. Ergebnis

Entgegen dem EuGH ist die privatrechtliche Dritthaftung der benannten Stellen zur Gewährleistung der praktischen Wirksamkeit des Unionsrechts geboten. Dies folgt aus dem Effektivitätsgrundsatz des Art. 4 Abs. 3 EUV. Konkret ist ein entsprechender Anspruch der Endabnehmer der Produkte nach dem jeweils anwendbaren nationalen Recht einzuführen. Nicht zwingend erforderlich ist hingegen eine Haftung gegenüber den Wettbewerbern der zertifizierungspflichtigen Hersteller. Die zu unterstellenden Sorgen des EuGH vor einer ausufernden Marktaufsichtshaftung sind nicht überzeugend und haben zu einer Schwächung des unionsrechtlichen *private enforcement* geführt. Der vielfältigen EuGH-Rechtsprechung zur funktionalen Subjektivierung im Privatrecht wurde mit *Schmitt* ein weiteres Puzzlestück hinzugefügt, das sich nur schwer in eine kohärente Dogmatik einfügen lässt.

IV. Zusammenfassung

De lege lata trifft das Sekundärrecht mit Ausnahme der obligatorischen Haftpflichtversicherungen keine Regelungen zu den privatrechtlichen Konsequenzen einer Pflichtverletzung durch die benannten Stellen. Nach der hier vertretenen Auffassung ist allerdings die Dritthaftung der benannten Stellen gegenüber den Endabnehmern nach dem Primärrecht geboten. Wünschenswert wäre, dass der Unionsgesetzgeber das Thema aufgreift und einen unionsrechtlichen Haftungstatbestand einführt. Mit der Harmonisierung der Dritthaftung könnten einerseits nationale Haftungsunterschiede überwunden werden. Andererseits besteht ein Bedürfnis nach einer gesetzgeberischen Ausgestaltung der Marktaufsichtshaftung, um auch der berechtigten Sorge vor einer ausufernden Haftung für das ggf. schwer aufzudeckende Fehlverhalten Dritter gerecht zu werden. Konkret eignen sich etwa Haftungshöchstsummen, die Beschränkung auf eine Verschuldenshaftung und eine eingrenzende Bestimmung der Anspruchsberechtigten, um eine Balance zwischen effektiver Produktsicherheit und effektiver Warenverkehrsfreiheit herzustellen.

Kapitel 4: Die Haftung von Zertifizierungsgesellschaften für Vertragsverletzungen nach deutschem Recht

Das vorherige Kapitel hat u.a. gezeigt, dass sich die Haftung von Zertifizierungsgesellschaften mangels supranationaler Harmonisierung nach dem jeweils anwendbaren nationalen Privatrecht richtet. Das nun folgende Kapitel widmet sich daher der privatrechtlichen Haftung von Zertifizierungsgesellschaften aufgrund von Vertragsverletzungen nach deutschem Recht. In den Blick genommen wird die Haftung gegenüber den Vertragspartnern der Zertifizierungsgesellschaften (A.) sowie gegenüber Dritten, die nicht Parteien des Zertifizierungsvertrages geworden sind (B.).

A. Die Haftung gegenüber dem Vertragspartner

Die Haftung gegenüber den Vertragspartnern ist nicht gesondert geregelt, d.h. es existieren keine spezialgesetzlichen Anspruchsgrundlagen. Auch der Vertrag über die Durchführung der Zertifizierung hat im BGB keine eigene Kodifizierung erfahren. Es gelten daher die allgemeinen Regeln. In Betracht kommen die vertragliche und deliktische Haftung der Zertifizierungsgesellschaft.

I. Vertragliche Haftung

Ausgangspunkt der haftungsrechtlichen Untersuchung ist die durch den Zertifizierungsvertrag begründete Sonderverbindung zwischen der Zertifizierungsgesellschaft und ihrem Kunden. Überwiegend wird der Vertrag als Werkvertrag gem. §631 BGB qualifiziert.[676]

676 Werkvertrag mit dienstvertraglichen Elementen im Fall der GS-Zertifizierung, OLG München, Urt.v. 30.7.2009 – 23 U 2005/08 = NJOZ 2010, 2609 (2609); *Bieback*, Zertifizierung und Akkreditierung, S.62, 93; Werkvertrag mit andersartiger Nebenleistung, *Hoffmeyer*, Die zivilrechtliche Haftung von Zertifizierungsstellen, S.51 ff.; *Möslein*, in: Burgi/Möslein, Zertifizierung nachhaltiger Kapitalgesellschaften, S.411 (421); *Pünder*, ZHR 2006, 567 (581); *Schucht*, NJW 2019, 1335 (1335); die Abgrenzung zum Dienstvertrag offenlassend, *Klindt*, in Klindt ProdSG, §20 Rn.14; *Spoerr*, in Meyer-Sparenberg/Jäckle, Beck'sches M&A-Hdb., §83 Rn.32; *Wiebe*, WRP 1993, 156 (158).

1. Qualifizierung des Zertifizierungsvertrages

Die Zertifizierung ist ein komplexer, mehraktiger Vorgang, der sich aus der Prüfungsphase, während derer der Zertifizierungsgegenstand auf seine Konformität überprüft wird, der eigentlichen Zertifizierungsphase, in der über die Ausstellung des Zertifikats und u. U. die Vergabe eines Zeichens entschieden wird, sowie der anschließenden Überwachungsphase, zusammensetzt.[677] Vor diesem Hintergrund ist die Qualifizierung des Zertifizierungsvertrages nicht unproblematisch, denn die Zertifizierung besteht nicht aus einem einzigen Vorgang, sondern umfasst unterschiedliche Tätigkeiten. Die Zertifizierung offenbart bei genauer Betrachtung dienst-, werk- und lizenzvertragliche Elemente. Im Kern geht es bei der Behandlung von atypischen und gemischten Verträgen um die Frage, welche Rechtsvorschriften des BGB auf den Vertrag anzuwenden sind.[678] Dabei verbietet sich eine schematische Lösung nach der Absorptionstheorie,[679] die das Recht der im Vordergrund stehenden Leistung für den ganzen Vertrag zur Anwendung bringen will, oder nach der Kombinationstheorie,[680] die die einzelnen Vertragsbestandteile den jeweils auf sie anzuwenden Normen unterstellt.[681] Es kommt vielmehr auf den Sinn und Zweck des konkreten Vertrages, die jeweilige Interessenlage der Parteien sowie die Umstände des Einzelfalls an.[682]

a. Werkvertraglicher Schwerpunkt

Bei dem Zertifizierungsvertrag könnte es sich um einen Werkvertrag gem. § 631 BGB oder um einen Dienstvertrag gem. § 611 BGB handeln. Ausgangspunkt für die Abgrenzung ist die Frage, ob der Vertrag tätigkeits- oder erfolgsbezogen ist: Beim Dienstvertrag ist eine Dienstleistung, also ein bestimmtes Tätigwerden geschuldet, während der Werkunternehmer das Ergebnis einer Tätigkeit, mithin einen konkreten Erfolg schuldet.[683] Was der im Vertrag bestimmte Leistungsgegenstand ist, muss im Wege der Ausle-

677 Eingehend hierzu Kap. 3 A.II.

678 Vgl. *Feldmann*, in Staudinger, § 311 Rn. 37.

679 Begründet von *Lotmar*, Der Arbeitsvertrag, S. 215 ff.

680 Begründet von *Rümelin*, Dienstvertrag und Werkvertrag, S. 321; und *Hoeniger*, Untersuchungen zum Problem der gemischten Verträge, Band I: Die gemischten Verträge in ihren Grundformen, S. 87 ff.

681 *Emmerich*, in MüKo BGB, § 311 Rn. 28; *Feldmann*, in Staudinger, § 311 Rn. 38 ff.; *Gehrlein*, in BeckOK BGB, § 311 Rn. 21; *Gröschler*, in Soergel, § 311 Rn. 27.

682 *Emmerich*, in MüKo BGB, § 311 Rn. 28; *Feldmann*, in Staudinger, § 311 Rn. 37; *Gehrlein*, in BeckOK BGB, § 311 Rn. 21; *Gröschler*, in Soergel, § 311 Rn. 27; BGH, Urt. v. 13.9.2007 – I ZR 207/04 = NJW 2008, 1072 (1073 Rn. 19).

683 *Busche*, in MüKo BGB, § 631 Rn. 17; *Peters/Jacoby*, in Staudinger, Vor § 631 Rn. 26, auch zu den Schwächen dieses Kriteriums; *Voit*, BeckOK BGB, § 631 Rn. 4; BGH, Urt. v. 6.6.2013 – VII ZR 355/12 = NJW 2013, 3022; BGH, Urt. v. 16.7.2002 – X ZR 27/01 = NJW 2002, 3323; BGH, Urt. v. 4.6.1970 – VII ZR 187/86 = NJW 1970, 1596.

gung ermittelt werden; in einer Gesamtbetrachtung zu berücksichtigen sind außerdem die Umstände des Vertragsschlusses, die vertragliche Risikoverteilung und die Angemessenheit der jeweiligen Rechtsfolgen.[684] Charakteristisch für den Werkvertrag ist ferner eine wirtschaftlich selbständige und unabhängige Arbeitsweise, während ein Dienstverpflichteter an die Weisungen seines Vertragspartners gebunden ist.[685]

Vor diesem Hintergrund ist die werkvertragliche Qualifizierung des Zertifizierungsvertrages überzeugend. Die Zertifizierungsgesellschaften schulden nicht lediglich die Durchführung von Prüfungsleistungen, sondern eine inhaltlich korrekte Zertifizierungsentscheidung als konkreten Erfolg.[686] Diese steht im Mittelpunkt des Parteiinteresses. Die Vertragspartner der Zertifizierungsgesellschaften benötigen aus rechtlichen oder wirtschaftlichen Gründen ein anerkennungsfähiges Zertifikat, das zur Vorlage gegenüber Behörden, Geschäftspartnern oder Kunden geeignet ist. Diese Interessenlage wird durch das kodifizierte Werkvertragsrecht gespiegelt. Im Falle einer mangelhaften Leistung sieht das Dienstvertragsrecht nämlich anders als das Werkvertragsrecht keine Gewährleistung in Form der Nacherfüllung vor.[687] Das zentrale Interesse an einem korrekten und gültigen Zertifikat setzt sich gewährleistungsrechtlich in einem Interesse an Nacherfüllung fort.

Die einzelnen Prüfungsleistungen im Vorfeld der Zertifizierungsentscheidung könnten bei isolierter Betrachtung hingegen auch die Qualifizierung als Dienstvertrag nahelegen. Dagegen spricht jedoch, dass sie gerade dazu dienen, die Zertifizierungsentscheidung vorzubereiten.[688] Dass derartige Vorbereitungshandlungen einem Werkvertrag nicht entgegenstehen zeigt bereits § 631 Abs. 2 BGB.[689] Ein Indiz für die Annahme eines Werkvertrages ist ferner die werkvertragliche Qualifizierung des Gutachtervertrages, die in Rechtsprechung und Literatur anerkannt ist.[690] Die Parallele zur Zertifizierung ist darin zu sehen, dass Gutachter wie Zertifizierer das Ergebnis einer im Vorfeld vorgenommen Untersuchungsleistung schulden.[691] Schließlich

684 *Busche*, in MüKo BGB, § 631 Rn. 20; *Peters/Jacoby*, in Staudinger, Vor § 631 Rn. 29.

685 *Busche*, in MüKo BGB, § 631 Rn. 20; *Peters/Jacoby*, in Staudinger, Vor § 631 Rn. 29; BAG, Urt. v. 25.9.2013 – 10 AZR 282/12 = NJW 2013, 3672 (3674 Rn. 16).

686 Siehe bereits Kap. 3 A.II.2.; vgl. auch *Hoffmeyer*, Die zivilrechtliche Haftung von Zertifizierungsstellen, S. 52 f.; *Möslein*, in: Burgi/Möslein, Zertifizierung nachhaltiger Kapitalgesellschaften, S. 411 (421).

687 *Peters/Jacoby,* in Staudinger, Vor § 631 Rn. 25.

688 So auch *Hoffmeyer*, Die zivilrechtliche Haftung von Zertifizierungsstellen, S. 53 f.

689 Vgl. *Hoffmeyer*, Die zivilrechtliche Haftung von Zertifizierungsstellen, S. 53 f.

690 Bspw. BGH, Urt. v. 4.4.2006 – X ZR 122/05 = NJW 2006, 2472; BGH, Urt. v. 10.11.1994 – III ZR 50/94 = NJW 1995, 392; m. w. N. *Busche*, in MüKo BGB, § 631 Rn. 150; *Retzlaff*, in Grüneberg, Einf. v. § 631 Rn. 24.

691 Die Parallelen der GS-Zertifizierung mit einer Gutachtertätigkeit betont etwa das OLG München, in seinem Urt. v. 30.7.2009 – 23 U 2005/08 = NJOZ 2010, 2609 (2609).

entspricht auch die erforderliche Unabhängigkeit der Zertifizierungsgesellschaften dem gesetzlichen Leitbild des Werkvertrages.[692]

Zusammenfassend lässt sich also sagen, dass die Leistungen der Prüfungsphase isoliert betrachtet dienstvertraglichen Charakter haben, aber aufgrund ihrer vorbereitenden Funktion und dem zentralen Parteiinteresse an den Leistungen der Zertifizierungsphase in den Hintergrund treten. Folglich ist prinzipiell das Werkvertragsrecht der §§ 631 ff. BGB heranzuziehen.

b. Qualifizierung der Überwachungsphase

Fraglich ist, wie die Leistungen der Überwachungsphase zu qualifizieren sind. Während der in der Regel mehrjährigen Laufzeit der Zertifikate sind die Zertifizierungsgesellschaften verpflichtet, die Einhaltung der Zertifizierungsanforderungen turnusmäßig und nach pflichtgemäßem Ermessen mit den im Einzelfall geeigneten Maßnahmen zu überwachen.[693] Die Überwachungsleistungen müssen als fester Bestandteil der Zertifizierungssysteme angesehen werden, insbesondere wenn sie gesetzlich vorgeschrieben sind. Andererseits sind sie bei Vertragsschluss in der Regel noch nicht exakt konkretisiert, sondern müssen den Umständen und Entwicklungen des Einzelfalls angepasst werden. Ähnlich wie bei der Prüfungsphase käme eine dienstvertragliche Qualifizierung in Betracht.[694] Dagegen spricht abermals, dass die durchzuführenden Nachprüfungen oder Überwachungsaudits nicht isoliert betrachtet werden können, sondern in eine Entscheidung über die Aufrechterhaltung der Zertifizierung münden. Die Leistungen der Überwachungsphase setzen sich bei genauer Betrachtung erneut aus einer (in ihrem Umfang eingeschränkten) Prüfung und der Feststellung der Konformität des Zertifizierungsgegenstandes zusammen. Die positive oder negative Entscheidung über die Aufrechterhaltung stellt den maßgeblichen Leistungsgegenstand während der Überwachungsphase dar, weshalb eine werkvertragliche Qualifizierung auch hier interessengerecht ist.

---

692 Gesetzliche Vorgaben zur Unabhängigkeit und Unparteilichkeit benannter Stellen sieht bspw. Anhang VII Nr. 1.2. der Medizinprodukte-Verordnung (VO 2017/745/EU) vor; eingehend zur Unabhängigkeit von Zertifizierungsesellschaften *De Bruyne*, Third-Party Certifiers, Rn. 66 ff.

693 Vgl. hierzu Kap. 3 A.II.3.

694 Vgl. OLG München, Urt. v. 30.7.2009 – 23 U 2005/08 = NJOZ 2010, 2609 (2609), wonach jedenfalls die „Kontrollmaßnahmen zur Überwachung" dienstvertraglichen Charakter haben. I. E. wurde aber auch hier eine werkvertragliche Qualifizierung vertreten. Die Erfolgsbezogenheit ergebe sich aus der Erfassung der durch die Maßnahmen erkennbar werdenden Mängel.

c. Lizenzvertragliches Element

Der Vertrag hat auch lizenzvertragliche Elemente. Zertifizierungsgesellschaften räumen ihren Kunden im Falle der erfolgreichen Zertifizierung regelmäßig das Recht ein, ein bestimmtes Zertifizierungszeichen zu verwenden. Im Falle der Zertifizierung eines Qualitätsmanagementsystems nach ISO 9001 handelt es sich um das Logo der Zertifizierungsgesellschaft i. V. m. einem Hinweis auf den Zertifizierungsstandard.[695] Bei der GS-Zertifizierung wird das GS-Zeichen mit einem individuellen Symbol der eingeschalteten GS-Stelle kombiniert.[696] Lediglich bei den EU-Konformitätsverfahren wird kein Zertifizierungszeichen vergeben. Das CE-Zeichen wird durch den Hersteller in eigener Verantwortung im Anschluss an das Verfahren angebracht und ist ein bloßes Verwaltungszeichen.[697] In den anderen Fällen sind die Symbole der Zertifizierungsgesellschaften, die das Zertifizierungszeichen bilden oder ergänzen in der Regel eingetragene Marken.[698] Deren rechtmäßige Verwendung durch die zertifizierten Unternehmen beruht auf einem Markenlizenzvertrag i. S. v. § 30 MarkenG.[699]

Fraglich ist, wie sich dieses Vertragselement in das Gesamtgefüge des Zertifizierungsvertrages einordnen lässt. Zu beachten, ist, dass die Lizenzierung von der positiven Zertifizierungsentscheidung abhängt und eine Ergänzung der im Mittelpunkt stehenden Werkleistung darstellt. Überzeugend ist daher die Annahme eines sogenannten Vertrages mit andersartiger Nebenleistung.[700] Bei dieser Form der gemischten Verträge wird eine Nebenleistung vereinbart, die für sich betrachtet einem anderen Vertragstyp als die Hauptleistung entspricht.[701] Sie werden vorrangig nach dem Recht der Hauptleistung behandelt, hier also nach Werkvertragsrecht. Das betrifft insbesondere die Vertragsauflösung durch Rücktritt oder Kündigung.[702] Die Vorschriften des Nebentyps können jedoch herangezogen werden, sofern Zweck und Eigenart des Gesamtvertrages dem nicht entgegenstehen.[703] Für rein lizenzrechtliche Fragestellungen, die unabhängig von der Zertifizierung als Werkleistung zu beurteilen sind, also z. B. die Modalitäten der Zeichenverwendung, ist der Rückgriff auf das Markenlizenzrecht sachgerecht.

---

695 Vgl. Kap. 2 C.III.5.

696 Vgl. Anlage Nr. 7 zum ProdSG; vgl. zum GS-Zeichen bereits Kap. 2 C.II.5.

697 Vgl. Kap. 2 C.I.5.

698 Vgl. *Hoffmeyer*, Die zivilrechtliche Haftung von Zertifizierungsstellen, S. 54 f.

699 Vgl. *Hoffmeyer*, Die zivilrechtliche Haftung von Zertifizierungsstellen, S. 54 f.

700 Vgl. *Hoffmeyer*, Die zivilrechtliche Haftung von Zertifizierungsstellen, S. 55 ff.

701 *Dieckmann*, in Erman BGB, Vor § 311 Rn. 18; *Emmerich*, in MüKo BGB, § 311 Rn. 32; *Gehrlein*, in BeckOK BGB, § 311 Rn. 22.

702 *Emmerich*, in MüKo BGB, § 311 Rn. 32.

703 *Gehrlein*, in BeckOK BGB, § 311 Rn. 22; BGH, Urt. v. 9.12.1974 – VII ZR 182/73 = NJW 1975, 305.

d. Dauerschuldverhältnis

Die Zertifizierung könnte ein Dauerschuldverhältnis darstellen.[704] Dies hätte Auswirkungen für die Aufhebung und Rückabwicklung des Vertrages. Auch Werkverträge können aufgrund ihrer konkreten Gestaltung ein Dauerschuldverhältnis begründen.[705] Typisch für Dauerschuldverhältnisse ist die zeitliche Dimension der Leistungserbringung und, dass während der Vertragslaufzeit ständig neue Leistungs-, Neben- und Schutzpflichten entstehen.[706] Der Umfang der vertragstypischen Leistung ist daher bei Vertragsschluss noch nicht überschaubar und wird erst mit Ablauf der Zeit quantifizierbar.[707] Für die Annahme eines Dauerschuldverhältnisses im Falle der Zertifizierung spricht, dass die Zertifizierungsgesellschaft im Laufe der regelmäßig über mehrere Jahre andauernden Vertragsdurchführung keine im Vorfeld exakt festgelegten Leistungen erbringen muss, sondern diese den Umständen des Einzelfalls angepasst werden müssen.[708] Dies betrifft bereits die erstmalige Prüfung des Zertifizierungsgegenstands, gilt jedoch vor allem für die Überwachung und Entscheidung über die Aufrechterhaltung der Zertifizierung während des i. d. R. drei- bis fünfjährigen Gültigkeitszeitraums eines Zertifikats.[709] Welche konkreten Prüfungen und Maßnahmen ergriffen werden müssen, ergibt sich erst im Laufe der Zeit. Beispielsweise können im Rahmen der Überwachung bestimmte Anlässe wie neue wissenschaftliche Erkenntnisse zusätzliche Überprüfungen des Zertifizierungsgegenstandes erforderlich machen.[710] Damit ergibt sich das für Dauerschuldverhältnisse typische Risiko,[711] den Umfang der Leistungen nicht exakt prognostizieren zu können. Der Zertifizierungsvertrag begründet folglich ein Dauerschuldverhältnis, das bis zum Ende der Laufzeit des ausgestellten Zertifikats andauert.

---

704 Vgl. *Hoffmeyer*, Die zivilrechtliche Haftung von Zertifizierungsstellen, S. 56 ff.

705 *Gaier*, in MüKo BGB, § 314 Rn. 7; *Grüneberg*, in Grüneberg, § 314 Rn. 2; BGH, Urt. v. 4.3.2010 – III ZR 79/09 (Internet-System-Vertrag) = NJW 2010, 1449; OLG Oldenburg, Urt. v. 6.9.2012 – 8 U 96/12 (Architektenvertrag) = NJW-RR 2013, 463.

706 *Gaier*, in MüKO BGB, § 314 Rn. 7; *Grüneberg*, in Grüneberg, § 314 Rn. 2; *Weth*, in jurisPK-BGB, § 314. Rn. 5.

707 *Gaier*, in MüKo BGB, § 314 Rn. 6; *Weth*, in jurisPK-BGB, § 314. Rn. 5.

708 So auch *Hoffmeyer*, Die zivilrechtliche Haftung von Zertifizierungsstellen, S. 57 f.

709 EU-Konformitätsbescheinigungen für Medizinprodukte haben bspw. eine maximale Gültigkeitsdauer von fünf Jahren, vgl. Art. 56 Abs. 2 VO (EU) 2017/745. Das gleiche gilt gem. § 20 Abs. 5 S. 2 ProdSG für GS-Zertifikate. ISO 9001-Zertifikate enden hingegen regelmäßig nach drei Jahren, Ziff. 9.1.1. DIN EN ISO 17021, generell muss im gesetzlich ungeregelten Bereich allerdings berücksichtigt werden, dass die Gültigkeitsdauer auch vertraglich geregelt werden kann, vgl. *Schucht*, BB 2020, 1990 (1994).

710 Vgl. Kap. 3 A.II.3.

711 Vgl. BGH, Urt. v. 26.9.1996 – I ZR 265/95 = NJW 1997, 1702 (1704).

Dies hat Konsequenzen für die Aufhebung des Zertifizierungsvertrages. Denkbar wäre etwa, dass sich die außerordentliche Kündigung des Vertrages nach § 314 Abs. 1 BGB richtet. Zu beachten ist jedoch, dass § 314 Abs. 1 BGB durch das speziellere werkvertragliche Kündigungsrecht des § 648a Abs. 1 BGB verdrängt wird.[712] § 648a Abs. 1 BGB verzichtet auf das Erfordernis eines Dauerschuldverhältnisses oder einer sonstigen längeren Zusammenarbeit[713] und verlangt allgemein das Vorliegen eines wichtigen Grundes.[714]

Fraglich ist, welche Konsequenzen sich für den Rücktritt nach §§ 323 ff. BGB (i. V. m. §§ 634 Nr. 3 Fall 1, 636 BGB) ergeben.[715] Bei in Vollzug gesetzten Dauerschuldverhältnissen haben die Parteien in der Regel kein Interesse an der vollständigen Rückabwicklung des Schuldverhältnisses, sondern streben lediglich eine Lösung vom Vertrag mit Wirkung für die Zukunft an.[716] § 314 BGB bzw. die spezielleren außerordentlichen Kündigungsrechte ersetzen daher nach der Invollzugsetzung die Rücktrittsrechte der Parteien.[717] Ein Rücktritt ist allerdings auch nach Invollzugsetzung nicht prinzipiell ausgeschlossen, sondern kommt in Betracht, wenn die Parteien ein berechtigtes Interesse daran haben, die erbrachten Leistungen rückgängig zu machen bzw. wenn der Rücktritt sachgerecht und unschwer möglich ist.[718] Bei den Zertifizierungsverträgen wird der Rücktritt nach der Invollzugsetzung regelmäßig ausscheiden.[719] Einerseits ist zwar eine Rückgewähr der Vergütung bzw. des verkörperten Zertifikats ohne weiteres möglich.[720] Andererseits ist die Rückabwicklung einer über mehrere Zyklen und damit

---

712 *Gaier*, in MüKo BGB, § 314 Rn. 15; *Retzlaff*, in Grüneberg, § 648a Rn. 15; zur Behandlung von Altfällen m. w. N. *Busche*, in MüKo BGB, § 648a Rn. 14 ff.; zur Kündigung des Zertifizierungsvertrages aus wichtigem Grund nach § 314 BGB vor der Einführung des § 648a BGB *Hoffmeyer*, Die zivilrechtliche Haftung von Zertifizierungsstellen, S. 127 ff.

713 *Busche*, in MüKo BGB, § 648a Rn. 1; Gaier, in MüKo BGB, § 314 Rn. 15; vgl. auch die Begr. zum RegE zum Gesetz zur Reform des Bauvertragsrechts, BT-Drs. 18/8468, S. 24 (51).

714 Ein wichtiger Grund liegt gem. § 648a Abs. 1 S. 2 BGB vor, „wenn dem kündigenden Teil unter Berücksichtigung aller Umstände des Einzelfalls und unter Abwägung der beiderseitigen Interessen die Fortsetzung des Vertragsverhältnisses bis zur Fertigstellung des Werks nicht zugemutet werden kann.“; vgl. zu § 648a BGB auch Kap. 4 A. I. 2.

715 Vgl. zu Rücktritt und Minderung auch Kap. 4 A. I. 6. c.

716 *Schwarze*, in Staudinger, § 323 Rn. A32 f.

717 *Ernst*, in MüKo BGB, § 323, Rn. 35; *Grüneberg*, in Grüneberg, § 314 Rn. 12; *H.Schmidt*, in BeckOK BGB, § 323 Rn. 2; *Schwarze*, in Staudinger, § 323 Rn. A32 f.

718 Vgl. BGH, Urt. v. 19.2.2002 – X ZR 166/99 = NJW 2002, 1870; *Ernst*, in MüKo BGB, § 323, Rn. 36; *Grüneberg*, in Grüneberg, § 314 Rn. 12; *H.Schmidt*, in BeckOK BGB, § 323 Rn. 2.

719 So auch *Hoffmeyer*, Die zivilrechtliche Haftung von Zertifizierungsstellen, S. 125 ff.

720 So zum Gutachtervertrag *Busche*, in MüKo BGB, § 634 Rn. 27.

viele Jahre laufenden Zertifizierung nicht sinnvoll. Wurde die erstmalige Zertifizierung ordnungsgemäß durchgeführt und waren erst Leistungen der anschließenden Überprüfungsphasen mangelbehaftet, ist nicht ersichtlich, warum ein Interesse an der komplizierten Rückabwicklung der vorherigen Leistungen, also des ganzen Vertrages bestehen sollte.[721] Auch bei Mängeln im Laufe der erstmaligen Ausstellung des Zertifikats, wenn also das zeitliche Element des Schuldverhältnisses noch nicht stark ausgeprägt ist, ist die Kündigung vorzugswürdig. Die Interessenlage ist in dieser Konstellation mit derjenigen eines Dienstvertrages vergleichbar, denn die Leistungen der Prüfungsphase haben für sich betrachtet dienstvertraglichen Charakter. Im Dienstvertragsrecht erfolgt die Vertragsaufhebung generell im Wege der Kündigung.[722]

Es bleibt die Frage, ob ein berechtigtes Interesse an einem Teilrückritt in Betracht kommt, etwa für den Fall, dass die Zertifizierungsgesellschaft in einer späten Phase der Vertragslaufzeit vertragswidrig gehandelt hat. Ein Teilrücktritt setzt aber voraus, dass die geschuldete Leistung aus technischen oder rechtlichen Gründen teilbar ist und folglich eine Aufspaltung des Vertrags in einen erfüllten und in einen nichterfüllten Vertrag möglich ist.[723] Zu beachten ist, dass die einzelnen Phasen der Zertifizierung aufeinander aufbauen und damit eine rechtliche und tatsächliche Einheit bilden. Insbesondere die Überwachung stellt einen festen Bestandteil der Zertifizierung dar, da sie wesentlich zur Anerkennungsfähigkeit der Zertifikate beiträgt. Ferner müssen im Rahmen der ordnungsgemäßen Überwachung zuvor identifizierte Anzeichen für Konformitätsabweichungen des Zertifizierungsgegenstands besonders berücksichtigt werden.[724] Die Zertifizierung verlangt eine fortlaufende Auseinandersetzung mit der Normkonformität des Gegenstands, wobei sich die Erforderlichkeit einzelner Maßnahmen aus den in den vorherigen Phasen gewonnen Erkenntnissen ergeben kann. Aufgrund dieser Wechselwirkungen der einzelnen Phasen scheidet eine Teilbarkeit der Zer-

---

721 Dies zeigt auch ein Blick auf die wirtschaftlichen Rücktrittsfolgen. Es müssten nämlich auch die zuvor ordnungsgemäß durchgeführten Leistungen rückabgewickelt werden. Da die Herausgabe von Prüfungsleistungen in Natur nicht möglich ist, würde die Zertifizierungsgesellschaft einen Wertersatzanspruch geltend machen, dessen Höhe sich an der vereinbarten Vergütung orientiert (§ 346 Abs. 2 S. 1 Nr. 1, S. 2 BGB). Der Wertersatz entspräche also letztlich exakt dem Betrag, den auch der Besteller nach dem Rücktritt zurückfordern kann, vgl. *Hoffmeyer*, Die zivilrechtliche Haftung von Zertifizierungsstellen, S. 126.

722 Ein Rücktritt nach §§ 323, 326 BGB ist durch die Sonderregelung des § 626 BGB zur fristlosen Kündigung ausgeschlossen, vgl. *Weidenkaff*, in Grüneberg, § 626 Rn. 3.

723 *Ernst*, in MüKo BGB, § 323 Rn. 203; ähnlich *Schwarze*, in Staudinger, § 323 Rn. B137; vgl. auch BGH, Urt. v. 27.6.1990 – VIII ZR 72/89 = NJW-RR 1990, 1462; sowie BGH, Urt. v. 7.3.1990 – VIII ZR 56/89 = NJW 1990, 3011.

724 Eingehend zu den Pflichten im Rahmen der Überwachung Kap. 3 A.II.3.

tifizierung und mithin ein Teilrücktritt aus. Im Übrigen ist auch ein praktisches Interesse an einem Teilrücktritt regelmäßig nicht gegeben, da die übrigen Rechtsbehelfe wirtschaftlich identische Ergebnisse ermöglichen.

Sach- und interessengerecht ist nach der Invollzugsetzung[725] folglich – vorbehaltlich außergewöhnlicher Umstände im Einzelfall – die Auflösung des Vertrages mit Wirkung für die Zukunft im Wege der Kündigung gem. § 648a BGB sowie die Geltendmachung etwaiger Schadensersatzansprüche.

e. Ergebnis

Der Zertifizierungsvertrag ist trotz einzelner dienstvertraglicher Elemente als Werkvertrag zu qualifizieren. Das bedeutet, das vorbehaltlich einer im Einzelfall abweichenden vertraglichen Risikoordnung die Vorschriften der §§ 631 ff. BGB anzuwenden sind. Sieht der Zertifizierungsvertrag die Verwendung eines als eingetragene Marke geschützten Symbols der Zertifizierungsgesellschaft vor, liegt zudem ein Lizenzverhältnis i. S. v. § 30 MarkenG vor. Zu beachten ist ferner, dass es sich bei der Zertifizierung um ein Dauerschuldverhältnis handelt.

2. Die Kündigung gem. § 648a BGB

Keine Frage der vertraglichen Haftung im engeren Sinne ist die Möglichkeit des Bestellers, sich vom Zertifizierungsvertrag zu lösen. Der Vollständigkeit halber soll an dieser Stelle dennoch auf das Recht zur außerordentlichen Kündigung gem. § 648a BGB eingegangen werden.[726] Zu beachten ist, dass sich ein Kündigungsrecht daneben auch aus dem Zertifizierungsvertrag ergeben kann;[727] außerdem kann der Besteller bis zur Vollendung des Werks nach Maßgabe des § 648 BGB kündigen, ohne dass es hierfür einer Veranlassung durch den Unternehmer bedarf.[728]

---

725 Vor der Invollzugsetzung des Zertifizierungsverhältnisses ist das Rücktrittsrecht nicht ausgeschlossen. Da noch keine Abnahme erfolgt ist, gelten für diesen Zeitraum die allgemeinen Regeln, d. h. die §§ 323 ff. BGB sind unabhängig von § 634 Nr. 3 Fall 1 BGB einschlägig (vgl. zu den Rechten des Bestellers vor der Abnahme Kap. 4 A. I. 4.).

726 Vgl. zum Vorzug der Kündigung ggü. dem Rücktritt aufgrund der Qualifizierung als Dauerschuldverhältnis Kap. 4 A. I. 1. d.

727 Dieses Recht wird beispielsweise eingeräumt, wenn die Zertifizierungsentscheidung negativ ausgefallen ist, weil die entsprechenden Voraussetzungen nicht erfüllt wurden, vgl. § 4.7.3 der Allgemeinen Zertifizierungsbedingungen (AZB) der Dekra Certfication GmbH für Systemzertifizierungen, abrufbar unter https://www.dekra.de/media/d-030-17-allgemeine-zertifizierungsbedingungen-azb.pdf (Stand: 24.5.2023).

728 § 648 BGB ist selbständig neben § 648a BGB anwendbar. Kehrseite dieses Kündigungsrechts ist, dass der Unternehmer gem. § 648 S. 2 BGB seine Vergütung abzüglich ersparter Aufwendungen verlangen kann. Bzgl. der noch nicht erbrachten Werkleistungen wird nach § 648 S. 3 BGB vermutet, dass dem Unternehmer 5 Prozent der

Das praktisch wichtige Kündigungsrecht des § 648a Abs. 1 S. 1 BGB erfordert indes das Vorliegen eines wichtigen Grundes. Nach § 648a Abs. 1 S. 2 BGB liegt ein solcher vor „wenn dem kündigenden Teil unter Berücksichtigung aller Umstände des Einzelfalls und unter Abwägung der beiderseitigen Interessen die Fortsetzung des Vertragsverhältnisses bis zur Fertigstellung des Werks nicht zugemutet werden kann." Erforderlich ist eine massive Erschütterung des Vertrauensverhältnisses bzw. eine schwerwiegende Vertragsstörung.[729] So liegt ein wichtiger Grund z. B. vor, wenn die bereits erbrachten Leistungen grobe Mängel aufweisen.[730] Im Falle der Zertifizierung wäre dies etwa anzunehmen, wenn der Zertifizierungsgesellschaft in der Prüfungsphase schwerwiegende Fehler unterlaufen, z. B. die Heranziehung falscher Prüfungsmaßstäbe.[731] Gerade bei potenziellen Kündigungsgründen, die in der frühen Prüfungsphase der Vertragsdurchführung auftreten, wird der Besteller aufgrund der noch ausstehenden langfristigen Bindung an einer Vertragsauflösung interessiert sein. Dennoch sollte nicht vorschnell von Unzumutbarkeit ausgegangen werden.[732] Die Schwelle dürfte jedenfalls bei einmaligen Pflichtverletzungen der Zertifizierungsgesellschaft nicht überschritten sein. Unzweifelhaft zur außerordentlichen Kündigung berechtigt wäre der Besteller, wenn ihm von der Zertifizierungsgesellschaft das Vorliegen einer Akkreditierung oder öffentlich-rechtlichen Zulassung vorgetäuscht werden würde. In diesem Fall wäre das Vertrauensverhältnis dauerhaft beschädigt. Ferner käme eine Kündigung in Betracht, wenn die

---

ausstehenden Restvergütung zustehen. Bei der Zertifizierung stellt sich die Frage, inwiefern noch nicht erbrachte Leistungen der Überwachungsphase abgerechnet werden können, wenn die Kündigung vor der erstmaligen Ausstellung des Zertifikats erklärt wird. Dies ist deshalb fraglich, weil die Überwachungsleistungen gerade unter der aufschiebenden Bedingung der Zertifikatsausstellung stehen. Die bisherige Rechtsprechung geht davon aus, dass die Vergütungspflicht bei aufschiebend bedingten Werkverträgen ausgeschlossen ist, vgl. OLG Düsseldorf, Urt. v. 19.6.2012 – I-23 U 122/11 = NJW-Spezial 2012, 717; OLG Brandenburg, Urt. v. 11.11.1997 – 66 U 61-97 = NJW-RR 1998, 1746; überzeugender ist es jedoch jedenfalls dann von einem Vergütungsanspruch auszugehen, wenn die Bedingung ohne die Kündigung eingetreten wäre, vgl. *Raab*, in NK-BGB, § 648 Rn. 8; *Stelzner*, in Staudinger, § 648 Rn. 16; *Voit*, in BeckOK BGB, § 648 Rn. 21. Dies wäre anzunehmen, wenn sämtliche Prüfungen zur Konformitätsfeststellung abgeschlossen wurden und lediglich die Ausstellung des Zertifikats noch aussteht.

729 Vgl. *Busche*, in MüKo BGB, § 648a Rn. 2 ff.; ähnlich *Schwenker/Rodemann*, in Erman, § 648a Rn. 2 f.; *Voit*, in BeckOK BGB, § 648a Rn. 2; vgl. auch *Peters*, in Staudinger, § 648a Rn. 3, der von einer Parallele zu den Anforderungen für einen Schadensersatz statt der ganzen Leistung gem. §§ 281 Abs. 1 S. 3 bzw. § 282 BGB ausgeht.

730 *Retzlaff*, in Grüneberg, § 648a Rn. 4.

731 Zur Einordnung als Werkmangel vgl. Kap. 4 A. I.3.a.aa.(2).

732 Großzügiger (noch zu § 314 Abs. 1 BGB) *Hoffmeyer*, Die zivilrechtliche Haftung von Zertifizierungsstellen, S. 127 f.

Zertifizierungsgesellschaft die Leistungserbringung ohne Grund dauerhaft verweigert[733] oder auch bei schwerwiegenden Schutzpflichtverletzungen.

Beruht der besondere Kündigungsgrund auf einer Vertragspflichtverletzung – was regelmäßig der Fall sein wird – ist die Kündigung gem. §§ 648a Abs. 3, 314 Abs. 2 BGB erst nach erfolglosem Ablauf einer zur Abhilfe bestimmten Frist bzw. einer erfolglosen Abmahnung zulässig, sofern diese nicht in den Fällen des § 323 Abs. 2 Nr. 1 oder 2 BGB ausnahmsweise entbehrlich sind.[734] Durch die ergänzenden Voraussetzungen der §§ 648a Abs. 3, 314 Abs. 2 BGB werden Kündigung und Rücktritt einander angenähert. Den Besonderheiten der werkvertraglichen Dauerschuldverhältnisse wird dann aber auf der Rechtsfolgenseite Rechnung getragen: Das Vertragsverhältnis wird lediglich mit Wirkung für die Zukunft beendet, wobei dem Unternehmer gem. § 648a Abs. 5 BGB der Anspruch auf Vergütung für die bis zur Kündigung erbrachten mangelfreien Leistungen erhalten bleibt.[735] Die Vergütungspflicht entfällt allerdings unabhängig von etwaigen Mängeln der erbrachten Teilleistung, wenn diese für den Besteller nicht brauchbar oder ihre Verwertung unzumutbar ist.[736] Für die Zertifizierungsgesellschaft sind bereits erbrachte Prüfungsleistungen in der Regel wertlos, wenn sie nicht in eine Zertifizierungsentscheidung münden. Teilweise können einzelne Prüfungsleistungen aber bei der Zertifizierung durch eine andere Zertifizierungsgesellschaft im Rahmen der Ersatzvornahme verwendet werden.[737] In diesem Fall müsste die erbrachte Leistung also vergütet werden.

3. Die Mangelhaftigkeit der Zertifizierung

Ausgangspunkt der werkvertraglichen Gewährleistung ist die Mangelhaftigkeit des Werks. Nach § 633 Abs. 1 BGB hat der Unternehmer dem Besteller das Werk frei von Sach- und Rechtsmängeln zu verschaffen. Für den Fall, dass ein Mangel vorliegt, sieht § 634 BGB für den Besteller eine Reihe von Rechten vor. Für die Ansprüche der Kunden der Zertifizierungsgesellschaften ist daher zunächst entscheidend, wann eine Zertifizierung als mangelhaft im Sinne von § 633 BGB anzusehen ist. In Betracht kommen sowohl Sach- als auch Rechtsmängel.

---

733 Vgl. zu diesem Kündigungsgrund BGH, Urt. v. 29.6.1989 – VII ZR 330/87 = NJW-RR 1989, 1248.

734 Vgl. hierzu *Busche*, in MüKo BGB, § 648a Rn. 8; *Peters*, in Staudinger, § 648a Rn. 5.

735 *Busche*, in MüKo BGB, § 648a Rn. 10; *Voit*, in BeckOK BGB, § 648a Rn. 8.

736 BGH, Urt. v. 5.6.1997 – VII ZR 124/96 = NJW 1997, 3017; *Busche*, in MüKo BGB, § 648a Rn. 10; *Voit*, in BeckOK BGB, § 648a Rn. 8.

737 Siehe hierzu Kap. 4 A. I.6.b.

a. Sachmängel

Voraussetzung für einen Sachmangel ist, dass die Ist-Beschaffenheit des Werks von dessen Soll-Beschaffenheit abweicht.[738] Es gilt ein subjektiv-objektiver Mangelbegriff, d. h. die Soll-Beschaffenheit richtet sich primär nach den vertraglich vereinbarten Beschaffenheitsvereinbarungen, § 633 Abs. 2 S. 1 BGB.[739] Erst wenn es an einer Beschaffenheitsvereinbarung fehlt, wird die Soll-Beschaffenheit nach dem vertraglich vorausgesetzten Gebrauch (Abs. 2 S. 2 Nr. 1) oder nach der Eignung zur gewöhnlichen Verwendbarkeit (Abs. 2 S. 2 Nr. 2) bestimmt. Schließlich umfasst der Sachmängelbegriff auch Falschleistungen und Mengenfehler (Abs. 2 S. 3). Für die Bestimmung der Soll-Beschaffenheit wird auf den Zeitpunkt des Vertragsschlusses abgestellt,[740] der maßgebliche Zeitpunkt für die Ist-Beschaffenheit ist nach überwiegender Auffassung der Zeitpunkt des Gefahrübergangs, der grundsätzlich mit der Abnahme des Werks erfolgt.[741]

aa. Abweichungen von der vereinbarten Beschaffenheit

Der Soll-Zustand der Beschaffenheit der Zertifikate richtet sich hauptsächlich nach den Parteivereinbarungen. Unter der Beschaffenheit versteht man allgemein die dem Werk anhaftenden physischen Eigenschaften bzw. bei unkörperlichen Werken deren geistige Wesenszüge einschließlich der äußeren Umstände, denen das Werk zwangsläufig unterliegt, sowie sämtliche Faktoren, die sich auf die Verwendung und den Wert des Werks auswirken.[742]

(1) Inhaltliche Richtigkeit der Zertifizierungsentscheidungen

Ein Zertifikat wird durch ein Schriftstück dokumentiert, stellt aber in erster Linie ein unkörperliches Werk dar, da es auf dessen vergeistigten Inhalt ankommt. Die von den Zertifizierungsgesellschaften zu erbringende Zertifizierungsleistung muss dabei inhaltlich korrekt sein. Die Richtigkeit der Zertifizierungsentscheidung ist als geistiger Wesenszug das zentrale Beschaffenheitsmerkmal dieser Werkleistung. Von der Richtigkeit des Zertifikats

---

738 *Busche*, in MüKo BGB, § 633 Rn. 7; *Retzlaff*, in Grüneberg, § 633 Rn. 3; *Voit*, in BeckOK BGB, § 633 Rn. 3.

739 *Busche*, in MüKo BGB, § 633 Rn. 7.

740 *Busche*, in MüKo BGB, § 633 Rn. 7.

741 BGH, Urt. v. 7.2.2019 – VII ZR 274/17 = NJW 2019, 2169 (2171 Rn. 25); BGH, Urt. v. 25.2.2016 – VII ZR 210/13 = NJW 2016, 2183 (2183 Rn. 15); *Retzlaff*, in Grüneberg, § 633 Rn. 4; *Voit*, in BeckOK BGB, § 633 Rn. 3; anders hingegen *Busche*, in MüKo BGB, § 633 Rn. 8, der auf den Zeitpunkt der abnahmereifen Herstellung abstellt.

742 BGH, Urt. 31.8.2017 – VII ZR 5/17 = NJW 2017, 3590 (3591) Rn. 22; *Busche*, in MüKo BGB, § 633 Rn. 10; *Peters/Jacoby*, in Staudinger, § 633 Rn. 158 ff.; *Retzlaff*, in Grüneberg, § 633 Rn. 3; *Voit*, in BeckOK BGB, § 633 Rn. 4.

hängt dessen Anerkennung und damit die Funktionsweise der gesamten Zertifizierung ab. Im Falle der Konformität muss diese positiv festgestellt und das entsprechende Zertifikat ausgestellt werden, andernfalls ist die Ausstellung zu versagen und zu begründen. Für die gesetzlich geregelten Systeme ergibt sich die Pflicht zur korrekten Zertifizierungsentscheidung bereits aus den gesetzlichen Vorschriften, die Einzug in die Parteivereinbarung finden müssen.[743] Aber auch unabhängig davon ist die inhaltliche Richtigkeit untrennbar mit der Zertifizierung verbunden, sodass ein Zertifizierungsvertrag ohne eine entsprechende Beschaffenheitsvereinbarung nicht denkbar ist. Fehlt es an einer ausdrücklichen Klausel im Vertrag oder den allgemeinen Geschäftsbedingungen, kann i. d. R. im Wege der ergänzenden Vertragsauslegung eine entsprechende Beschaffenheitsvereinbarung angenommen werden.[744] Eine inhaltlich nicht gerechtfertigte positive oder negative Zertifizierungsentscheidung stellt folglich immer einen Sachmangel dar.[745]

(2) Bedeutung des Zertifizierungsmaßstabs

Mit der Vereinbarung über die Ausstellung eines bestimmten Zertifikats haben sich die Parteien auch auf den jeweils geltenden Zertifizierungsmaßstab geeinigt. Dieser muss von den Zertifizierungsstellen bei der Prüfung zugrunde gelegt werden. Die Zertifizierungssysteme legen die Voraussetzungen für die Vergabe eines Zertifikats eigenständig fest. Bei der GS-Zertifizierung bestimmt § 20 ProdSG den materiellen Prüfungsmaßstab. Im Falle der EU-Konformitätsverfahren sind es die grundlegenden Sicherheitsanforderungen der jeweils einschlägigen Richtlinien oder Verordnungen. Maßstab der ISO 9001-Zertifizierung ist freilich die ISO-Norm 9001. Prüfungsmaßstab und Zertifizierung können nicht unabhängig voneinander gesehen werden. Die Vereinbarung über eine Zertifizierung umfasst notwendigerweise auch die Voraussetzungen über die Ausstellung des Zertifikats. Der Prüfungsmaßstab ist folglich Bestandteil der Beschaffenheitsvereinbarung.[746] Wird der Zertifizierung ein anderer als der vereinbarte Maßstab zugrunde gelegt, stellt dies folglich einen Sachmangel des ausgestellten Zertifikats dar.

---

743 Gem. § 20 Abs. 3 ProdSG darf das GS-Zeichen nur zuerkannt werden, wenn die materiellen Zertifizierungsvoraussetzungen erfüllt sind. Für die EU-Konformitätsverfahren ergibt sich dies aus Anhang I Art. R27 Abs. 3 Beschluss Nr. 768/2008/EG bzw. § 16 Abs. 2 ProdSG.

744 Vgl. hingegen *Hoffmeyer*, Die zivilrechtliche Haftung von Zertifizierungsstellen, S. 59, der jedenfalls § 633 Abs. 2 S. 2 Nr. 2 BGB für einschlägig hält.

745 Vgl. für den Fall eines zu Unrecht ausgestellten GS-Zertifikats OLG München, Urt. v. 30.7.2009 – 23 U 2005/08 = NJOZ 2010, 2609, allerdings unter unbegründetem Verweis auf § 633 Abs. 2 S. 2 Nr. 1 BGB; vgl. zu falschen Schlussfolgerungen eines Gutachters als Werkmangel *J. Schmidt*, in BeckOGK, § 633 Rn. 277.

746 I. E. auch *Hoffmeyer*, Die zivilrechtliche Haftung von Zertifizierungsstellen, S. 62 ff.

Fraglich ist im Falle der gesetzlich geregelten Systeme, ob auch unverbindliche Normen, die den allgemeinen gesetzlichen Maßstab konkretisieren, Teil der Beschaffenheitsvereinbarung sind. Zu beachten ist, dass Produkthersteller an die konkretisierenden Normen nicht gebunden sind, jedoch bei deren Einhaltung in den Genuss einer Konformitätsvermutung kommen.[747] Auch wenn sie abweichende technische Lösungen zur Einhaltung des allgemeinen Sicherheitsstandards wählen können, vereinfacht die Einhaltung der technischen Normen die Zertifizierungspraxis. Hat ein Hersteller nach den Vorgaben technischer Normen produziert, ist es sinnvoll, die Zertifizierungsgesellschaft vertraglich zur Heranziehung dieses konkretisierten Prüfungsmaßstabs zu verpflichten. In diesem Fall sind dann auch die unverbindlichen Normen Teil der Beschaffenheitsvereinbarung.

(3) Bedeutung der Prüfungsmethoden

Möglicherweise können auch die Methoden der Leistungserbringung, namentlich die Prüfungs- und Überwachungsmethoden Gegenstand einer Beschaffenheitsvereinbarung sein. Gemeinhin gilt, dass der Unternehmer aufgrund der werkvertraglichen Erfolgshaftung bei der Wahl seiner Arbeitsmethoden weitgehend frei ist.[748] Im Falle der Zertifizierung muss jedoch berücksichtigt werden, dass die angewendeten Prüfungsmethoden die Zuverlässigkeit und damit die Anerkennungsfähigkeit der Zertifikate erheblich beeinflussen.[749] Sie wirken sich damit auf die funktionale Verwendung des Zertifikats und damit auch auf seine Beschaffenheit aus. Bestellt ein Kunde ein bestimmtes Zertifikat, bedeutet dies auch eine Vereinbarung über die Durchführung der Zertifizierung nach den Vorgaben des jeweiligen Zertifizierungssystems. Ähnlich wie bei der Beurteilung des Prüfungsmaßstabs muss hinsichtlich der Prüfungsmethoden festgestellt werden, dass diese untrennbar mit dem jeweiligen Zertifizierungssystem verbunden sind. Weicht die Zertifizierungsgesellschaft von diesen ab, begründet dies folglich einen Sachmangel des Zertifikats gem. § 633 Abs. 2 S. 1 BGB. Berücksichtigt werden muss indessen, dass die Parteien über die Methoden nicht gänzlich frei disponieren können. Die Zertifizierer verfügen über Ermessensspielräume hinsichtlich der zu ergreifenden Maßnahmen.[750] Eine detaillierte Vorab-Planung sämtlicher Arbeitsschritte ist weder möglich noch mit der (zum Teil gesetzlich)[751] vorgeschriebenen Unabhängigkeit der Zertifizierungsgesellschaften vereinbar. Gegenstand der Beschaffenheitsvereinbarung sind folglich lediglich die Arbeitsmethoden in der Gestalt, wie sie durch die Be-

747 Vgl. Kap. 2 C.I.1.e.
748 *Peters/Jacoby*, in Staudinger, § 633 Rn. 158.
749 So auch *Hoffmeyer*, Die zivilrechtliche Haftung von Zertifizierungsstellen, S. 70.
750 S. hierzu Kap. 3 A.II.1.; vgl. auch *De Bruyne*, Third-Party Certifiers, Rn. 37 f.
751 Vgl. § 13 Abs. 2 ProdSG.

gleitgesetze oder technische Normen vorgeben werden. Wird hiervon abgewichen, bspw. wenn die Zertifizierungsgesellschaft ungeeignete Methoden anwendet oder ihr Ermessen falsch ausübt, ist die Zertifizierung mangelhaft.

Daneben können sich Vorgaben hinsichtlich der Prüfungsmethoden aus den sogenannten anerkannten Regeln der Technik ergeben.[752] Bei technischen Regelwerken wie DIN-Normen wird widerleglich vermutet, dass es sich um anerkannte Regeln der Technik handelt.[753] Nach wohl überwiegender Ansicht sind sie auch nach Inkrafttreten des SchuldRModG als stillschweigende Beschaffenheitsvereinbarung zu berücksichtigen.[754] Sofern anerkannte technische Regeln für die Zertifizierungspraxis existieren, sind diese unter dem Vorbehalt abweichender ausdrücklicher Vereinbarungen bei der Bestimmung der Sollbeschaffenheit der Zertifizierung zu berücksichtigen.[755] In Betracht kommen nationale oder internationale Normwerke, die Vorgaben hinsichtlich der Arbeitsmethoden machen und von den Parteien nicht explizit in den Vertrag aufgenommen wurden. Beispielsweise existieren allgemeine ISO-Normen für die Zertifizierung und Auditierung von Produkten und Unternehmen.[756] Alternativ können auch speziellere Normen einzelner

---

752 Sie werden definiert als technische Regeln für den Entwurf und die Ausführung von Werkanlagen, die in der Wissenschaft als theoretisch richtig anerkannt sind und feststehen sowie insbesondere in dem Kreise der für die Anwendung der betreffenden Regeln maßgeblichen, nach dem neuesten Erkenntnisstand vorgebildeten Techniker durchweg bekannt und auf Grund fortdauernder praktischer Erfahrung als technisch geeignet, angemessen und notwendig anerkannt sind; *Busche*, in MüKo BGB, § 633 Rn. 18; *Peters/Jacoby*, in Staudinger, § 633 Rn. 178.

753 *Busche*, in MüKo BGB, § 633 Rn. 19; *Genius*, in juris-PK-BGB, § 633 Rn. 29; *Peters/Jacoby*, in Staudinger, § 633 Rn. 179; vgl. zur Ablehnung einer DIN-Norm als anerkannte Regel der Technik BGH, Urt. v. 4.6.2009 – VII ZR 54/07 = NJW 2009, 2439 (2440 Rn. 14); zur Annahme eines Werkmangels trotz Einhaltung einer DIN-Norm auch OLG Hamm, Urt. v. 17.2.1998 – 7 U 5-96 = NJW-RR 1998, 668.

754 BGH, Urt. v. 7.7.2013 – VII ZR 134/12 = NJW 2013, 1226 (1226 Rn. 9); OLG Düsseldorf, Urt. v. 15.5.2018 – I-21 U 63/17 = NJW-RR 2018, 1490 (1491 Rn. 38); zum alten Recht bspw. BGH, Urt. v. 14.5.1998 – VII ZR 184-97 = NJW 1998, 2814; *Busche*, in MüKo BGB, § 633 Rn. 21; *Genius*, in jurisPK-BGB, § 633 Rn. 28; nach der Gegenauffassung bestimmen die anerkannten Regeln der Technik, was üblich ist und der Besteller erwarten kann (§ 633 Abs. 2 S. 2 Nr. 2 BGB), vgl. *Peters/Jacoby*, in Staudinger § 633 Rn. 177; *Voit*, in BeckOK BGB, § 633 Rn. 14; vgl. zur zunächst erwogenen Aufnahme der anerkannten Regeln der Technik in § 633 Abs. 2 S. 2 BGB Begr. RegE, BT-Drs. 14/6040, 261.

755 Vgl. *Hoffmeyer*, Die zivilrechtliche Haftung von Zertifizierungsstellen, S. 73 ff.; allgemein im Hinblick auf Sachverständige und Gutachter *J. Schmidt*, in BeckOGK, § 633 Rn. 275.

756 Vgl. die ICS (*International Classification of Standards*), Abschnitt 03.120.20, https://www.iso.org/ics/03.120.20/x/ (Stand: 24.5.2023); zur Qualifizierung als anerkannte Regeln der Technik *Hoffmeyer*, Die zivilrechtliche Haftung von Zertifizierungsstellen, S. 77.

Zertifizierungssysteme als stillschweigende Beschaffenheitsvereinbarung hinsichtlich der Zertifizierungsmethoden Geltung erlangen.[757]

(4) Fehlende Akkreditierung oder Zulassung der Zertifizierungsgesellschaft

Gesetzlich ungeregelte Zertifizierungen können prinzipiell von jedermann durchgeführt werden, allerdings sind Akkreditierungen aus Wettbewerbsgründen üblich. Die Akkreditierung sorgt für eine höhere Anerkennung der ausgestellten Zertifikate im Wirtschaftsverkehr.[758] Wurde vertraglich eine Zertifizierung durch eine akkreditierte Stelle zugesichert, stellt es eine erhebliche Einschränkung der Verwendbarkeit des Zertifikats dar, wenn sich herausstellt, dass die Stelle tatsächlich über keine Akkreditierung verfügte. Das Zertifikat taugt in diesem Fall z. B. nicht mehr zur Vorlage gegenüber Handelspartnern, die eine akkreditierte Zertifizierung verlangt haben. Die eingeschränkte Verwendbarkeit und Wertigkeit stellen daher einen Sachmangel i. S. v. § 633 Abs. 2 S. 1 BGB dar.[759]

Zertifizierungsgesellschaften, die gesetzlich geregelte Zertifizierungen durchführen, benötigen hingegen eine besondere öffentlich-rechtliche Zulassung.[760] Die Zulassungsvoraussetzungen können mithilfe einer Akkreditierung nachgewiesen werden. Die fehlende Zulassung macht die Zertifizierung und mithin die Verwendung des Zertifikats rechtswidrig. Bringt ein Hersteller ein Produkt ohne rechtmäßige EU-Konformitätsbescheinigung auf den Markt oder verwendet er unrechtmäßigerweise das GS-Zeichen, stellt dies gem. §§ 28 Abs. 2 Nr. 6 und 9 ProdSG eine Ordnungswidrigkeit dar. Dies bedeutet, dass die Zertifikate nicht zu ihrer vorgesehenen Verwendung geeignet sind. Berücksichtigt werden muss, dass sich auch aus dem Verwendungszweck des Werkes stillschweigende Beschaffenheitsvereinbarungen ergeben können.[761] Wenn nun eine EU-Konformitätsbescheinigung oder ein GS-Zertifikat bestellt wird, muss davon ausgegangen werden, dass zumindest stillschweigend die gesetzlich vorgesehene Beschaffenheit vereinbart wurde. Andernfalls ist die angestrebte Zertifizierung sinnlos. Folg-

---

757 Dies betrifft bspw. die grundlegende Norm ISO 17021, die u. a. Auditierungsmethoden für die Zertifizierung von Qualitätsmanagement-Systemen bereithält, so. i. E. auch *Hoffmeyer*, Die zivilrechtliche Haftung von Zertifizierungsstellen, S. 81.

758 *Kohl*, Standards for Management Systems, S. 669.

759 Anders hingegen *Hoffmeyer*, Die zivilrechtliche Haftung von Zertifizierungsstellen, S. 110 f., der lediglich mit dem im gesetzlich ungeregelten Bereich fehlenden Berechtigungserfordernis argumentiert. Dies verkennt aber die tatsächliche Bedeutung der Akkreditierung für die Anerkennungsfähigkeit und damit praktische Verwendbarkeit der Zertifikate.

760 Vgl. zu den benannten Stellen Kap. 2 C. I. 3. bzw. zu den GS-Stellen Kap. 2 C. II. 3.

761 *Busche*, in MüKo BGB, § 633 Rn. 17.

lich liegt ein Sachmangel gem. § 633 Abs. 2 S. 1 BGB vor, wenn die Zertifizierungsgesellschaft entgegen der (konkludenten) Vereinbarung nicht über die erforderliche Zulassung verfügt.

Zu beachten ist schließlich, dass der Besteller bei der Verwendung eines Zeichens, das von einer unbefugten Stelle vergeben wurde, eine irreführende geschäftliche Handlung vornimmt. Die Wettbewerbswidrigkeit schränkt die Nutzung des Zertifikats erheblich ein, weshalb nach überzeugender Auffassung auch hierhin ein Sachmangel zu sehen ist.[762]

bb. Sonstige Sachmängel

Die Zertifizierung könnte auch gem. § 633 Abs. 2 S. 2 Nr. 1 bzw. Nr. 2 BGB mangelhaft sein. Aufgrund von gesetzlichen Begleitstrukturen und/oder technischen Normen, die für die Zertifizierung maßgeblich sind, liegen bereits detaillierte, im Zweifel stillschweigend getroffene Beschaffenheitsvereinbarungen vor. Welche Funktion der Zertifizierung zukommt, ergibt sich folglich regelmäßig aus dem Vertrag, der auf die Gesetze oder Normen ausdrücklich oder stillschweigend Bezug nimmt. Der Rückgriff auf die objektive Verwendungseignung spielt daher nur eine untergeordnete Rolle.

Gem. § 633 Abs. 2 S. 3 BGB stellen auch Falschleistungen und Mengenfehler einen Sachmangel dar. In der Zertifizierungspraxis sind Mengenfehler kaum vorstellbar. Zwar können Zertifizierungsgesellschaften von einem Besteller für eine Vielzahl von Zertifizierungen eingeschaltet werden. Es ist dann jedoch sachgerechter von mehreren individuellen Zertifizierungsverträgen auszugehen. Eine Falschleistung läge etwa vor, wenn die Zertifizierungsgesellschaft nach einem anderem als dem vereinbarten Zertifizierungssystem zertifiziert. Doch dürfte auch dies praktisch nie vorkommen, zumal Zertifizierungsgesellschaft und Besteller im Laufe des Vertragsverhältnisses z. B. bei der Bereitstellung von Baumustern oder Vor-Ort-Audits kooperieren müssen und ein derart schwerer Fehler wohl vor der Abnahme aufgedeckt werden würde.

b. Rechtsmängel

Gem. § 633 Abs. 3 BGB ist ein Werk frei von Rechtsmängeln, wenn Dritte keine oder nur die im Vertrag übernommenen Rechte gegen den Besteller

---

762 Konkret handelt es sich um eine irreführende geschäftliche Handlung gem. § 3 Abs. 1, 5 Abs. 1 S. 1 und 2 Nr. 1 UWG bzw. gegenüber Verbrauchern gem. § 3 Abs. 3 UWG i. V. m. Nr. 2 und Nr. 4 Anhang UWG. Weil der Wettbewerbsverstoß keine Rechte Dritter begründet, sondern die Benutzung des Zeichens einschränkt, handelt es sich nicht um einen Rechts-, sondern um einen Sachmangel, eingehend *Hoffmeyer*, Die zivilrechtliche Haftung von Zertifizierungsstellen, S. 99 ff., 110.

geltend machen können. Gemeint sind Rechte, die geeignet sind, die Nutzbarkeit des Werks durch den Besteller zu vereiteln oder zu beeinträchtigen.[763] Rechtsmängel könnten sich bei der Zertifizierung daraus ergeben, dass die Zertifizierungsgesellschaft das Recht zur Nutzung eines markenrechtlich geschützten Zeichens einräumt, obwohl sie hierzu nicht berechtigt war. Der Markeninhaber hat in diesem Fall einen Unterlassungsanspruch gegen den Besteller gem. § 14 Abs. 5 MarkenG; ggf. kommt auch ein verschuldensabhängiger Schadensersatzanspruch nach § 14 Abs. 6 MarkenG oder ein bereicherungsrechtlicher Anspruch gem. §§ 812 Abs. 1 S. 1 Alt. 2, 818 Abs. 2 BGB in Betracht.[764] Durch diese Ansprüche wird die Nutzung des Zeichens, das als Bestandteil der Werkleistung anzusehen ist, erheblich eingeschränkt, weshalb die unberechtigte Lizenzierung zu einem Rechtsmangel führt. Denkbar ist ein solcher Rechtsmangel etwa im Bereich der GS-Zertifizierung. Das GS-Zeichen wird immer in Verbindung mit einem Symbol der GS-Stelle verwendet.[765] Zusammen können sie als Marke geschützt werden.[766] Auch die individuellen ISO 9001-Zeichen können markenrechtlich geschützt werden.[767] Bei den EU-Konformitätsverfahren wird hingegen kein Recht zur Verwendung eines markenrechtlich geschützten Zeichens vergeben. Das CE-Zeichen wird durch den Hersteller in eigener Verantwortung angebracht.[768]

c. Fazit

Die Sollbeschaffenheit der Zertifikate ergibt sich vor allem durch ausdrückliche oder konkludente Beschaffenheitsvereinbarungen. Relevante Faktoren sind die inhaltliche Richtigkeit des Zertifikats, die Wahl des Zertifizierungsmaßstabs und der Zertifizierungsmethoden sowie die Zulassung oder Akkreditierung der Zertifizierungsgesellschaft. Abweichungen der Ist-Beschaffenheit hinsichtlich dieser Faktoren, die in sämtlichen Zertifizierungssystemen vorkommen können, stellen einen Sachmangel dar. Rechtsmängel kommen im Falle der unberechtigten Lizenzierung vor allem bei der GS- und ISO 9001-Zertifizierung in Betracht.

---

763 *Busche*, in MüKo BGB, § 633 Rn. 34; *Peters/Jacoby*, in Staudinger, § 633 Rn. 198.

764 Eingehend *Hoffmeyer*, Die zivilrechtliche Haftung von Zertifizierungsstellen, S. 89 ff.; vgl. zum markenrechtlichen Bereicherungsanspruch im Überblick *Fezer*, in Fezer Markenrecht, § 14 Rn. 1053 f.; grundlegend hierzu BGH, Urt. v. 18.12.1986 – I ZR 111/84 = BGHZ 99, 244.

765 Vgl. die Anlage zum ProdSG über die Gestaltung des GS-Zeichens.

766 Vgl. z. B. die Marke Nr. 010108744 der TÜV Rheinland AG, abrufbar über das Online-Register des Deutschen Patent- und Markenamts, https://register.dpma.de/DPMAregister/marke/basis (Stand: 24.5.2023).

767 Vgl. zur Bedeutung des Zeichens Kap. 2 C.III.5.

768 Art. 30 Abs. 1, 3 der VO Nr. 765/2008/EG; vgl. zum CE-Zeichen auch Kap. 2 C.I.5.

4. Im Überblick: Die Rechte des Bestellers vor der Abnahme

Nach herrschender Auffassung sind die speziellen werkvertraglichen Mängelrechte des § 634 BGB erst nach dem Gefahrübergang, also grundsätzlich nach der Abnahme des Werks anwendbar.[769] Zuvor hat der Besteller den vertraglichen Erfüllungsanspruch auf Herstellung und Verschaffung eines mangelfreien Werks.[770] Im Hinblick auf Leistungsstörungen gelten die allgemeinen Regeln.[771] Ausnahmsweise ist nach der Rechtsprechung bereits in der Herstellungsphase ein Rückgriff auf die Mängelrechte des § 634 BGB möglich, „wenn der Besteller nicht mehr Erfüllung des Vertrages verlangen kann und das Vertragsverhältnis in ein Abrechnungsverhältnis übergegangen ist."[772] Das wäre z. B. anzunehmen, wenn der Unternehmer die Leistung nicht vertragsgemäß erbringt und es offensichtlich ist, dass er die Mängel nicht beseitigen kann oder hierzu endgültig nicht mehr bereit ist.[773] Denkbar wäre also etwa der Fall, dass der Besteller des Zertifikats bereits während der Durchführung der Konformitätsprüfungen erkennt, dass der Zertifizierungsgesellschaft eine vertraglich vereinbarte Akkreditierung fehlt und diese auch nicht nachgeholt werden soll. In dieser Konstellation könnte der Besteller sofort einen Kostenvorschuss für die Einschaltung einer tatsächlich akkreditierten Stelle verlangen (§§ 634 Nr. 2 § 637 Abs. 1, 3 BGB) oder die Vergütung mindern (§§ 634 Nr. 3 Fall 2, 638 Abs. 1 BGB).[774] Er muss also

769 Dass die Geltendmachung der Mängelrechte grundsätzlich die Abnahme voraussetzt, war lange umstritten, zum Meinungsstand *Busche*, in MüKo BGB, § 634 Rn. 3 ff.; mittlerweile wurde dies durch den BGH bestätigt, vgl. die drei Urt. v. 19.1.2017 – VII ZR 301/13 = NJW 2017, 1604; VII ZR 235/15 = NJW 2017, 1607; VII ZR 193/15 = BeckRS 2017, 102864; so auch *Genius*, in juris-PK BGB, § 634 Rn. 6; *Peters/Jakoby*, in Staudinger, § 634 Rn. 11; *Schwenker*, NJW 2017, 1579 (1581); *Retzlaff*, in Grüneberg, § 634 Rn. 4; hingegen setzt *Busche*, in MüKo BGB, § 634 Rn. 4, die zeitliche Zäsur bei der abnahmereifen Herstellung des Werks.

770 *Retzlaff*, in Grüneberg, § 634 Rn. 5; BGH, Urt. 19.1.2017 – VII ZR 301/13 = NJW 2017, 1604, (1606), Rn. 38.

771 Aufgrund der ähnlichen Rechtsnatur von Erfüllungs- und Nacherfüllungsanspruch könnten auch bereits vor der Abnahme § 635 Abs. 1 und 3 BGB zur Anwendung kommen, was zur Folge hätte, dass Besteller die Beseitigung von Mängeln verlangen und Unternehmer diese bei unverhältnismäßig hohem Aufwand verweigern können, in diesem Sinne *Peters/Jacoby*, in Staudinger, § 633 Rn. 92; *Retzlaff*, in Grüneberg, § 634 Rn. 5; eingehend hierzu und i. E. dagegen *Voit*, in BeckOK, § 364 Rn. 3.

772 BGH, Urt. 19.1.2017 – VII ZR 301/13 = NJW 2017, 1604, (1609), Rn. 45; krit. zu dieser Rechtsprechung *Busche*, in MüKo BGB, § 634 Rn. 3 ff.

773 OLG Brandenburg, Urt. v. 14.1.2015 – 4 U 27/13 = NJW 2015, 1611; OLG Hamm, Urt. v. 19.8.2014 – 24 U 41/14 = NJW 2015, 960; zu diesen und weiteren Beispielen aus der Rechtsprechung vgl. *Retzlaff*, in Grüneberg, § 634 Rn. 6.

774 Vgl. im Einzelnen zur Selbstvornahme Kap. 4 A. I. 6. b. sowie zur Minderung Kap. 4 A. I. 6. c.

nicht zunächst das mangelhafte Zertifikat unter Vorbehalt abnehmen, um erst dann in den Genuss der Rechte des § 634 BGB zu kommen.

5. Die Abnahme des Zertifikats

Der Erfüllungsanspruch des Bestellers wird nach der Abnahme grundsätzlich durch die Rechte des § 634 BGB abgelöst, wobei die Rechte aus § 634 Nr. 1–3 BGB ausgeschlossen sind, wenn der Besteller den Mangel kannte und bei Abnahme kein entsprechender Vorbehalt erklärt wurde, vgl. § 640 Abs. 3 BGB.[775] Tatbestandlich setzt die Abnahme nach § 640 Abs. 1 BGB die Billigung des Werks als im Wesentlichen vertragsgemäß sowie ergänzend dessen körperliche Entgegennahme voraus.[776]

Die Abnahme könnte aufgrund der Qualifizierung der Zertifizierung als Dauerschuldverhältnis gem. § 646 BGB wegen der Beschaffenheit des Werks ausgeschlossen sein.[777] Dagegen spricht jedoch, dass mit der erstmaligen Zertifizierung und der anschließenden Überwachung nicht die Aufrechterhaltung eines bestimmten Zustands, sondern die wiederholte Herbeiführung eines konkreten Erfolgs, nämlich der Entscheidung über die Zertifizierung, geschuldet ist.[778] Die Abnahme ist daher nicht ausgeschlossen. Vielmehr führen die wiederholten Zertifizierungsentscheidungen konsequenterweise auch zu mehrmaligen Abnahmen der einzeln geschuldeten Erfolge.[779]

Auch die geistige Beschaffenheit eines Werks steht der Abnahme nicht entgegen, sofern eine Verkörperung der geistigen Werkleistung übergeben werden kann.[780] Dies ist bei der Zertifizierung aufgrund der Verkörperung der Zertifizierungsentscheidung durch das Zertifikat oder die schriftliche Ab-

---

775 Hierzu und zu den vielfältigen weiteren Wirkungen der Abnahme *Busche*, in MüKo BGB, § 640 Rn. 51 ff.; *Retzlaff*, in Grüneberg, § 640 Rn. 18.

776 Diesen zweigliedrigen Abnahmebegriff vertritt insbes. die Rspr. vgl. BGH, Urt. v. 18.9.1967 – VII ZR 88/65 = BGHZ 48, 257 (262); ferner auch *Busche*, in MüKo BGB, § 640 Rn. 2; *Schwenker/Rodemann*, in Erman, § 640 Rn. 3; *Retzlaff*, in Grüneberg, § 640 Rn. 5; auf die Voraussetzung der körperlichen Entgegennahme verzichtet *Voit*, in BeckOK BGB, § 640 Rn. 18; hingegen verzichten *Peters/Jacoby*, in Staudinger, § 640 Rn. 7 auf das Billigungselement.

777 Im Falle eines als Dauerschuldverhältnis zu qualifizierenden Computerwartungsvertrags könne keine Abnahme erfolgen, denn das Werk „besteht aus der dauernden Aufrechterhaltung eines möglichst störungsfreien Zustands, so dass eine ebenfalls dauernde Abnahme, d. h. hier eine ununterbrochene Kundgabe der Anerkennung dieses Zustands erfolgen müsste", OLG München, Urt. v. 22.11.1988 – 25 U 5810/86 = BeckRS 2010, 9111.

778 Vgl. *Hoffmeyer*, Die zivilrechtliche Haftung von Zertifizierungsstellen, S. 113 ff.

779 Ebenso *Hoffmeyer*, Die zivilrechtliche Haftung von Zertifizierungsstellen, S. 116.

780 *Retzlaff*, in Grüneberg, § 640 Rn. 5; *Voit*, in BeckOK BGB, § 646 Rn. 2; zur Abnahme eines hydrologischen Gutachtens vgl. BGH, Urt. v. 28.4.1992 – X ZR 27/91 = NJW-RR 1992, 1078.

lehnung der Fall. Die Billigung erfolgt durch die ausdrückliche oder konkludente Erklärung des Bestellers;[781] letzteres wäre z. B. anzunehmen, wenn der Besteller nach Zugang der Zertifizierungsentscheidung und Ablauf einer angemessen Prüfungsfrist[782] den Werklohn entrichtet und keine Beschwerde hinsichtlich der Entscheidung einlegt.[783]

Fraglich ist, ob ein teilweiser Ausschluss der Mängelrechte nach § 640 Abs. 3 BGB durch vorbehaltlose Abnahme trotz Kenntnis um die Mängel denkbar ist. Erforderlich ist positive Kenntnisnahme, fahrlässige Unkenntnis des Bestellers reicht nicht aus.[784] Zu berücksichtigen ist, dass die Mangelhaftigkeit der Zertifizierung, etwa wegen inhaltlicher Falschbewertungen oder der Verwendung ungeeigneter Methoden, nicht ohne Weiteres erkennbar ist. Andererseits muss der Besteller der Zertifizierung vielfach mit der Zertifizierungsgesellschaft kooperieren, bspw. wenn Vertragsleistungen wie Vor-Ort-Audits auf dem Betriebsgelände des Bestellers durchgeführt werden. Es ist daher denkbar, dass der Besteller davon erfährt, wenn die Zertifizierungsgesellschaft ihren Pflichten nicht nachkommt. Lässt die Kenntnis des Bestellers den Rückschluss auf die Mangelhaftigkeit der Zertifizierung zu, was vor allem bei schwerwiegenden Verfehlungen denkbar ist, kommt ein Ausschluss nach § 640 Abs. 3 BGB in Betracht. Dem Besteller stünden dann nur noch Schadensersatz- und Aufwendungsersatzansprüche nach Maßgabe des § 634 Nr. 4 BGB zu.

6. Die Rechte des Bestellers gem. § 634 BGB im Einzelnen

§ 634 BGB regelt die gewährleistungsrechtlichen Ansprüche, Gestaltungsrechte und Befugnisse des Bestellers. Abgesehen vom Schadensersatzanspruch nach § 634 Nr. 4 Fall 1 BGB sind die Mängelrechte verschuldensunabhängig.[785] Zu beachten ist, dass die Rechte in einem Stufenverhältnis stehen: Das primäre Mängelrecht ist der Anspruch auf Nacherfüllung gem. §§ 634 Nr. 1, 635 BGB.[786] Die übrigen sekundären Mängelrechte, unter denen der Besteller frei wählen kann,[787] entstehen, wenn der Besteller dem

---

781 *Busche*, in MüKo BGB, § 640 Rn. 6.

782 Zu diesem Erfordernis speziell bei unkörperlichen Werkleistungen *Busche*, in MüKo BGB, § 640 Rn. 20; vgl. auch BGH, Urt. v. 25.2.2010 – VII ZR 64/09 = NJW-RR 2010, 748 (konkludente Abnahme einer Architektenleistung).

783 Vgl. *Hoffmeyer*, Die zivilrechtliche Haftung von Zertifizierungsstellen, S. 117.

784 *Busche*, in MüKo BGB, § 640 Rn. 36; *Peters/Jacoby*, in Staudinger, § 640 Rn. 57.

785 *Busche*, in MüKo BGB, § 634 Rn. 13; *Genius*, in juris-PK BGB, § 634 Rn. 1.

786 *Retzlaff*, in Grüneberg, § 634 Rn. 9; *Voit*, in BeckOK BGB, § 634 Rn. 16.

787 *Genius*, in juris-PK BGB, § 634 Rn. 1; *Retzlaff*, in Grüneberg, § 634 Rn. 9; BGH, Urt. v. 11.9.2012 – XI ZR 56/11 = NJW 2013, 1228 (1230 Rn. 20).

Unternehmer erfolglos eine angemessene Frist zur Nacherfüllung gesetzt hat oder diese ausnahmsweise entbehrlich ist.[788]

a. Nacherfüllung

Gem. §§ 634 Nr. 1, 635 Abs. 1 BGB kann der Besteller Nacherfüllung verlangen. In Betracht kommen nach der Wahl des Unternehmers die Beseitigung des Mangels oder die Herstellung eines neuen Werks. Zu berücksichtigen ist, dass der Besteller auch im Nacherfüllungsstadium zur Vornahme von Mitwirkungshandlungen, die nach §§ 642, 643 BGB zu behandeln sind, verpflichtet ist.[789] Das bedeutet, dass der Besteller der Zertifizierungsgesellschaft weiterhin Zugang zum Zertifizierungsgegenstand und den notwendigen Unterlagen gewähren muss.

Eine mangelhafte Zertifizierung hat in der Regel zur Folge, dass einzelne Vertragsleistungen nachgeholt werden müssen und ein neues Zertifikat ausgestellt werden muss. Wurde eine inhaltlich falsche Zertifizierungsentscheidung auf der Grundlage ordnungsgemäß durchgeführter Prüfungen getroffen, genügt eine Wiederholung der Leistungen der Zertifizierungsphase, also eine Neubewertung der Prüfergebnisse und eine entsprechende Zertifizierungsentscheidung. Wurden den Prüfungen falsche Maßstäbe oder Methoden zugrunde gelegt, ist zu differenzieren: Hat die Zertifizierungsgesellschaft zu lax geprüft oder gänzlich ungeeignete Maßstäbe oder Methoden angewendet, müssen die Leistungen der Prüfungsphase erneut durchgeführt werden. Wurden hingegen zu strenge Prüfungen vorgenommen, ist dies nicht zwingend erforderlich. Wenn z. B. bei der Prüfung der physischen Eigenschaften eines Produkts strengere als die eigentlich vorgesehenen Grenzwerte zugrunde gelegt wurden, ist eine erneute Durchführung der Prüfungen nicht erforderlich.[790] Entscheidend ist, dass die eigentlich geschuldete Prüfung vollständig in der tatsächlich durchgeführten Prüfung aufgeht und eine belastbare Zertifizierungsentscheidung erlaubt. Ein solches Stufenverhältnis kann in Bezug auf die Prüfungsmethoden nur schwerer angenommen werden. Vermeintlich strenge Vor-Ort-Audits können z. B. keine eigentlich durchzuführende Baumusterprüfung ersetzen. In diesem Fall müssen die tatsächlich geschuldeten Prüfungsleistungen nachgeholt werden. Andererseits können z. B. stichprobenartige Prüfungen auf statistischer Grundlage durch Einzelprüfungen ersetzt werden.

---

788 *Peters/Jacoby*, in Staudinger, § 634 Rn. 48; *Retzlaff*, in Grüneberg, § 634 Rn. 9, *Voit*, in BeckOK BGB, § 634 Rn. 16.

789 *Busche*, in MüKo BGB, § 634 Rn. 15; *Peters/Jacoby*, in Staudinger, § 634 Rn. 30; vgl. zur Mitwirkungspflicht auch BGH, Urt. v. 8.11.2007 – VII ZR 183/05 = NJW 2008, 511 (513 Rn. 19).

790 Vgl. zum Merkmal der Erforderlichkeit der Nacherfüllungsmaßnahmen *Busche*, in MüKo BGB, § 635 Rn. 12.

Der Rechtsmangel einer fehlenden Lizenzierungsberechtigung kann dadurch behoben werden, dass die Zertifizierungsgesellschaft eine Berechtigung zur Unterlizenzierung erwirbt oder den Inhaber selbst zur Lizenzvergabe veranlasst.[791] Die Kosten oder der Aufwand können hierfür theoretisch so groß sein, dass die Nacherfüllung gem. § 275 Abs. 2 BGB unmöglich oder gem. § 635 Abs. 3 BGB ausgeschlossen ist.[792] Aufgrund der hohen Hürden dieser Vorschriften dürfte dies jedoch nur in Ausnahmefällen anzunehmen sein.

Fraglich ist, was im Falle einer fehlenden Zulassung oder Akkreditierung zu leisten ist. Möglicherweise entfaltet eine nachgeholte Zulassung oder Akkreditierung eine Wirkung für die Vergangenheit, sodass die Mangelhaftigkeit der zuvor vorgenommenen Zertifizierungshandlungen rückwirkend geheilt wird. Zu beachten ist, dass die Befugniserteilung der GS- und benannten Stellen per begünstigendem Verwaltungsakt gem. § 35 S. 1 VwVfG erfolgt.[793] Verwaltungsakte können auch Wirkungen für den Zeitraum vor der Bekanntgabe entfalten, hierzu bedarf es allerdings einer gesetzlichen Ermächtigung.[794] Eine solche fehlt im Recht der GS-Zertifizierung oder der EU-Konformitätsverfahren. Etwas anderes wäre auch mit dem Sinn und Zweck der gesetzlich geregelten Zertifizierung unvereinbar, denn nach der Befugniserteilung unterliegt die Zertifizierungsgesellschaft gem. § 9 Abs. 3 ProdSG einer staatlichen Überwachung, die die Einhaltung der Zulassungsvoraussetzungen und gesetzlichen Pflichten sicherstellen soll. Auch die rein privatrechtliche Akkreditierung ist nicht auf die einmalige Feststellung der Akkreditierungsvoraussetzungen begrenzt, sondern geht mit Überwachungsmaßnahmen einher. Sowohl im gesetzlichen als auch im ungeregelten Bereich entfaltet eine nachgeholte Zulassung oder Akkreditierung daher keine legalisierende Rückwirkung. Um dem Nacherfüllungsanspruch gerecht zu werden, muss die Zertifizierungsgesellschaft folglich nicht nur zugelassen bzw. akkreditiert werden, sondern auch die Zertifizierungsleistungen nachholen. Wird die ursprünglich beauftragte Zertifizierungsgesellschaft endgül-

---

791 *Hoffmeyer*, Die zivilrechtliche Haftung von Zertifizierungsstellen, S. 111 f.; allgemein liegt kein Fall der subjektiven Unmöglichkeit vor, wenn der Unternehmer die Leistung noch mit Hilfe Dritter erbringen kann, vgl. *Busche*, in MüKo BGB, § 635 Rn. 28.

792 Schon der Wortlaut des § 635 Abs. 3 BGB zeigt, dass die Leistungsverweigerungsrechte des Unternehmers ggü. § 275 Abs. 2 BGB erweitert werden sollen, vgl. Begr. RegE zum SchuldRModG, BT-Drs. 14/6040, 265; *Busche*, in MüKo BGB, § 635 Rn. 38; umstritten ist, ob es bei § 635 Abs. 3 BGB auf das Leistungsinteresse des Bestellers ankommt, so jedenfalls OLG Karlsruhe, Hinw.Beschl. v. 1.2.2018 – 9 U 52/17 = NJW-RR 2018, 784 (785 Rn. 19); OLG Düsseldorf, Urt. v. 16.6.2017 – I-22 U 14/17 = NJW 2018, 627 (634 Rn. 147); *Retzlaff*, in Grüneberg, § 635 Rn. 11; anders hingegen *Busche*, in MüKo BGB, § 635 Rn. 38.

793 *Kapoor*, in Klindt ProdSG, § 15 Rn. 4; die Geltung des VwVfG wird für das Befugniserteilungsverfahren der GS-Stellen in § 21 Abs. 1 S. 2 ProdSG angeordnet.

794 *Sachs*, in Stelkens/Bonk/Sachs VwVfG, § 43 Rn. 182; BVerwG, Urt. v. 6.6.1991 – 3 C 46/86 = NVwZ 1992, 473.

tig nicht zugelassen oder akkreditiert, muss sie in den Grenzen der §§ 635 Abs. 3, 275 Abs. 2 BGB eine andere, berechtigte Zertifizierungsgesellschaft mit der Nacherfüllung betrauen.

b. Selbstvornahme und Ersatz erforderlicher Aufwendungen

Nach Ablauf einer angemessenen Frist zur Nacherfüllung hat der Besteller gem. §§ 634 Nr. 2, 637 Abs. 1 BGB das Recht, den Mangel selbst zu beseitigen und Ersatz für die erforderlichen Aufwendungen zu verlangen, sofern der Unternehmer die Nacherfüllung nicht zu Recht verweigert hat. § 637 Abs. 3 BGB gewährt dem Besteller zudem einen Anspruch auf Vorschuss.

Die Angemessenheit der Frist richtet sich nach den Umständen des Einzelfalls, wobei zu berücksichtigen ist, ob lediglich eine neue Zertifizierungsentscheidung zu treffen ist oder zeitaufwendige Prüfungen durchgeführt werden müssen. Die Fristsetzung ist u. a. entbehrlich, wenn die Nacherfüllung dem Besteller unzumutbar ist, § 637 Abs. 2 S. 2 Alt. 2 BGB. Dies setzt eine nachhaltige Zerstörung des Vertrauensverhältnisses zum Unternehmer oder einen besonders schwerwiegenden Pflichtenverstoß voraus.[795] Unzumutbarkeit wäre z. B. anzunehmen, wenn der Zertifizierer arglistig über das Vorliegen einer Akkreditierung getäuscht hat.[796] In diesem Fall hätte der Besteller das Recht zur sofortigen Selbstvornahme.

Im Falle der Zertifizierung ist von vornherein lediglich die Selbstvornahme durch Beauftragung eines Drittunternehmens zur Mängelbeseitigung denkbar.[797] Die Zertifizierung stellt ihrem Wesen nach eine Konformitätsbewertung durch eine externe und unabhängige Stelle dar, weshalb eine Beseitigung der Mängel, also eine Vornahme von Zertifizierungshandlungen durch den Besteller selbst, ausgeschlossen ist.[798] Bei den in dieser Arbeit untersuchten funktional-normbezogenen Zertifizierungen existiert jeweils eine Vielzahl zugelassener bzw. akkreditierter Anbieter, sodass die Selbst-

---

795 *Busche*, in MüKo BGB, § 637 Rn. 4; *Genius*, in jurisPK-BGB, § 637 Rn. 8; *Voit*, in BeckOK BGB, § 637 Rn. 4.

796 Während bei § 637 Abs. 2 S. 2 Alt. 2 BGB nur die Interessen des Bestellers maßgeblich sind, muss bei § 323 Abs. 2 Nr. 3 BGB eine Abwägung mit den Interessen des Unternehmers erfolgen, vgl. *Retzlaff*, in Grüneberg, § 636 Rn. 16; nach *Busche*, in MüKo BGB, § 636 Rn. 16 ist daher nach arglistiger Täuschung von Unzumutbarkeit der Nacherfüllung auszugehen; hingegen stellt der BGH (im Kaufrecht) auf § 323 Abs. 2 Nr. 3 BGB ab, vgl. BGH, Urt. v. 8.12.2006 – V ZR 249/05 = NJW 2007, 835 (837 Rn. 13).

797 Zu dieser Möglichkeit *Peters/Jacoby*, in Staudinger, § 634 Rn. 82; *Schwenker/Rodemann*, in Erman, § 637 Rn. 9; OLG Naumburg, Urt. v. 25.3.2010 – 1 U 90/09 = NJW-RR 2010, 1389 (1390).

798 So auch *Hoffmeyer*, Die zivilrechtliche Haftung von Zertifizierungsstellen, S. 119.

vornahme nicht schon mangels in Frage kommender Drittunternehmen ausgeschlossen ist.[799]

Fraglich ist, welche Maßnahmen im Rahmen der Selbstvornahme zulässig und mithin vom Ersatz- bzw. Vorschussanspruch umfasst sind.[800] Prinzipiell kommt es darauf an, was ein vernünftiger, wirtschaftlich denkender Besteller im Zeitpunkt der Nachbesserung für *erforderlich* halten durfte.[801] Bei der Einschaltung eines Drittunternehmers müssen sich die Aufwendungen in vertretbaren Grenzen halten, es muss z. B. nicht aufwendig nach dem preisgünstigsten Angebot gesucht werden;[802] höhere Kosten sind im Zweifel hinzunehmen.[803] Konkret stellt sich die Frage, ob die hinzugezogene Zertifizierungsgesellschaft erneut vollständig prüfen muss oder ordnungsgemäß durchgeführte Prüfungsleistungen ihrer Vorgängerin berücksichtigt werden können. Bleiben Zweifel hinsichtlich der Mangelfreiheit der abgeschlossen Prüfungsleistungen, darf der Besteller auf einer erneuten Durchführung durch den Drittunternehmer bestehen. Andernfalls wäre eine sichere Mangelbeseitigung nicht gewährleistet. Fehlt bspw. eine Akkreditierung, ist es dem Besteller nicht zumutbar, im Rahmen der Selbstvornahme auf vermeintlich ordnungsgemäße Prüfungen der Zertifizierungsgesellschaft zu vertrauen, denn die Akkreditierung soll gerade einen gewissen Qualitätsstandard sicherstellen.[804] Bei der Beurteilung der Erforderlichkeit der Maßnahmen ist ferner auch das Risiko des Drittunternehmers, selbst Mängelansprüchen ausgesetzt zu sein, zu berücksichtigen.[805] Die Übernahme von Prüfergebnissen anderer Zertifizierer geht mit Unsicherheiten und einem erhöhten Haftungsrisiko einher.[806] Aus diesen Gründen ist es regelmäßig erforderlich, die Zertifizierung vollständig neu durchzuführen. Etwas anderes gilt, wenn der Werkunternehmer, also die ursprünglich beauftragte Zertifizierungsgesellschaft, bestimmte Leistungen durch Externe hat vornehmen lassen. Wurden z. B. einzelne Laborprüfungen ausgelagert,[807] besteht kein Grund, auf deren

---

799 In diesem Sinne aber zu „rein vertraglichen Zertifizierungssystemen" auf der Grundlage eines weiteren Zertifizierungsbegriffs *Hoffmeyer*, Die zivilrechtliche Haftung von Zertifizierungsstellen, S. 120 f.

800 Zu Übereinstimmung von Ersatzanspruch und Vorschuss *Peters/Jacoby*, in Staudinger, § 634 Rn. 86; *Retzlaff*, in Grüneberg, § 637 Rn. 9.

801 BGH, Urt. v. 27.3.2003 – VII ZR 443/01 = NJW-RR 2003, 1021 (1022); vgl. zum früheren Recht BGH, Urt. v. 31.1.1991 – VII ZR 63/90 = NJW-RR 1991, 789; vgl. zu dieser Formel und zum Grundsatz der Erforderlichkeit *Busche*, in MüKo BGB, § 637 Rn. 9; *Peters/Jacoby*, in Staudinger, § 634 Rn. 82; *Voit*, in BeckOK, § 637 Rn. 9.

802 *Busche*, in MüKo BGB, § 637 Rn. 12; *Peters/Jacoby*, in Staudinger, § 634 Rn. 82.

803 *Busche*, in MüKo BGB, § 637 Rn. 11.

804 Vgl. zur Bedeutung der Akkreditierung Kap. 2 B.6.

805 *Busche*, in MüKo BGB, § 637 Rn. 11.

806 So auch *Hoffmeyer*, Die zivilrechtliche Haftung von Zertifizierungsstellen, S. 121 f.

807 Die Möglichkeit, externe Prüflaboratorien bzw. allgemein Unterauftragnehmer einzuschalten, ist in der Praxis üblich und wird zum Teil in den AGB der Zertifizierungsge-

weitere Verwendung zu verzichten, wenn das Laborunternehmen unabhängig von der Zertifizierungsgesellschaft und in eigener Verantwortung anerkennungsfähige Ergebnisse ermittelt hat. Eine erneute Durchführung wäre wirtschaftlich unsinnig und folglich im Zuge der Selbstvornahme nicht erforderlich. Die Kosten für derartige Maßnahmen sind demnach nicht ersatz- bzw. vorschussfähig.

c. Rücktritt und Minderung

Das Rücktrittsrecht gem. §§ 634 Nr. 3 Fall 1, 636, 323 bzw. 326 Abs. 5 BGB ist bei der als Dauerschuldverhältnis ausgestalteten und in Vollzug gesetzten Zertifizierung in der Regel ausgeschlossen.[808] Vorrangig kommt zur Vertragsaufhebung die Kündigung gem. § 648a BGB in Betracht.

Sind die Rücktrittsvoraussetzungen erfüllt,[809] besteht für den Besteller jedoch auch die Möglichkeit, die Höhe der Vergütung im Wege der Minderung gem. §§ 634 Nr. 3 Fall 2, 638 Abs. 1 BGB zurückzusetzen. In der Praxis dürfte das Minderungsrecht für den Besteller eines Zertifikats selten relevant werden.[810] Wurde etwa ein Zertifikat unberechtigterweise nicht ausgestellt, wird der Besteller in der Regel den Vertrag kündigen und eine andere Zertifizierungsgesellschaft einschalten. Zu beachten ist, dass die Kündigung den Vergütungsanspruch für bereits erbrachte Leistungen entfallen lässt, wenn das Werk für den Besteller wertlos ist, weil es für ihn unbrauchbar oder seine Verwertung unzumutbar ist.[811] Eine falsch getroffene Zertifizierungsentscheidung ist für den Besteller unbrauchbar, weshalb die Vergütung infolge der Kündigung entfällt. Sie muss mithin nicht mehr gemindert werden.

Will der Besteller dennoch von seinem Minderungsrecht Gebrauch machen, setzt dies wie bei den übrigen Mängelrechten die Mangelhaftigkeit des Werks und dessen Abnahme voraus; ferner muss nach Ablauf der Nacherfüllungsfrist die Minderung gegenüber dem Unternehmer erklärt werden.[812]

---

sellschaften geregelt, vgl. z. B. die Abschnitte II.1. und II.6. der Allgemeinen Prüf- und Zertifizierungsordnung der TÜV NORD Systems GmbH & Co. KG, abrufbar unter https://www.tuev-nord.de/de/agb/ (Stand: 24.5.2023); vgl. ferner die detaillierten gesetzlichen Vorgaben zu Unterauftragnehmern und externen Sachverständigen in Anhang VII Nr. 3.4. der VO (EU) 2017/745 v. 5.4.2017 (Medizinprodukte).

808 Vgl. bereits eingehend Kap. 4 A. I. 1.d.

809 Vgl. den Wortlaut von § 638 Abs. 1 BGB („statt zurückzutreten“); hierzu *Busch*, in MüKo BGB, § 638 Rn. 4; *Retzlaff*, in Grüneberg, § 638 Rn. 2.

810 Mit ähnlicher Begründung *Hoffmeyer*, Die zivilrechtliche Haftung von Zertifizierungsstellen, S. 123 ff.

811 *Busche*, in MüKo BGB, § 648a Rn. 10; *Voit*, in BeckOK BGB, § 648a Rn. 8; BGH, Urt. v. 5.6.1997 – VII ZR 124/96 = NJW 1997, 3017.

812 Vgl. zu den Voraussetzungen im Überblick *Busche*, in MüKo BGB, § 638 Rn. 4 ff.; *Genius*, in jurisPK-BGB, § 638 Rn. 4 ff.

Die Minderung darf außerdem nicht ausgeschlossen sein.[813] Denkbar ist ein Ausschluss nach §§ 634 Nr. 3, 323 Abs. 6 Alt. 1 BGB, also in dem Fall, dass der Besteller für den Minderungsgrund allein oder weit überwiegend verantwortlich ist. Dies wäre etwa anzunehmen, wenn der Besteller seinen Mitwirkungspflichten im Rahmen der Zertifizierung besonders eklatant oder gar vorsätzlich nicht nachkommt, sodass eine ordnungsgemäße Durchführung der Zertifizierung nicht möglich war. In Betracht kommt z. B., dass der Besteller nicht die erforderlichen Dokumente bzw. Baumuster zur Verfügung gestellt oder im Laufe von Betriebsprüfungen eine normkonforme Organisation vorgetäuscht hat.

d. Schadensersatz statt der Leistung wegen Nicht- oder Schlechtleistung

Unter den Voraussetzungen der §§ 634 Nr. 4, 280 Abs. 1, 3, 281 Abs. 1 BGB kann der Besteller Schadensersatz statt der Leistung verlangen. Ersetzt werden Schäden, die sich aus dem endgültigen Ausbleiben der Leistung ergeben.[814] Der Anspruch tritt an die Stelle der Leistung bzw. ersetzt diese funktional.[815] Entscheidend ist nach überwiegender Ansicht, ob eine hypothetische Nacherfüllung im letztmöglichen Zeitpunkt den Schaden beseitigt hätte, denn nur so ist die Sinnhaftigkeit des im Unterschied zum Schadensersatz neben der Leistung verlangten Fristsetzungserfordernis gegeben.[816] Nach §§ 634 Nr. 4, 280 Abs. 1, 3, 281 Abs. 1 BGB ersatzfähig sind insbesondere die Mehrkosten, die im Rahmen eines Deckungsgeschäfts, also der Einschaltung einer weiteren Zertifizierungsgesellschaft, angefallen sind, sowie der Gewinn, der dem Besteller mangels ordnungsgemäßer Zertifizierung und den damit verbundenen Marktnachteilen entgangen ist.[817]

aa. Schadensersatz statt der ganzen Leistung

Fraglich ist, ob der Besteller im Falle einer teilweisen Nicht- oder Schlechtleistung, wenn also nicht die ganze Zertifizierung mangelbehaftet ist, son-

---

813 Gem. § 638 Abs. 1 S. 2 BGB kommt der Ausschlussgrund des § 323 Abs. 5 S. 2 BGB nicht zur Anwendung, die Minderung ist also auch im Falle von unerheblichen Werkmängeln möglich, vgl. hierzu und zu sämtlichen Ausschlussgründen im Überblick *Genius*, in juris-PK BGB, § 638 Rn. 5 f.

814 *Lorenz*, in BeckOK BGB, § 280 Rn. 43.

815 *Seichter*, in jurisPK-BGB, § 280 Rn. 52; vgl. auch BGH, Urt. v. 3.7.2013 – VIII ZR 169/12 – juris Rn. 25.

816 Jeweils m. w. N. *Ernst*, in MüKo BGB, § 280 Rn. 70; *Lorenz*, in BeckOK BGB, § 280 Rn. 25 ff. *Seichter*, in jurisPK-BGB, § 280 Rn. 53; eingehend *Gsell*, in Canaris-FS (2017), S. 451; vgl. zur Kritik an dieser Formel *Benicke/Hellwig*, NJW 2014, 1697.

817 Eingehend zu diesen Schadenspositionen *Hoffmeyer*, Die zivilrechtliche Haftung von Zertifizierungsstellen, S. 135 ff.

dern z. B. lediglich im Rahmen der Überwachung ein Zertifikat fälschlicherweise entzogen oder über die weitere Aufrechterhaltung der Zertifizierung gar nicht entschieden wurde, Schadensersatz bezüglich des ganzen Schuldverhältnisses verlangen kann. Allgemein kann ein Gläubiger bei einer teilweisen Nicht- oder Schlechtleistung entweder die Gegenleistung zurückweisen und Ersatz des gesamten Schadens verlangen (sog. „großer" Schadensersatz, vgl. § 280 Abs. 1 S. 2, 3 BGB) oder die Gegenleistung behalten und den Minderwert liquidieren (sog. „kleiner" Schadensersatz).[818]

Schwierigkeiten bereitet der Schadensersatz bezüglich der ganzen Zertifizierung aufgrund der Qualifizierung als Dauerschuldverhältnis. Die Geltendmachung des Schadensersatzes statt der ganzen Leistung hat zur Folge, dass nach Maßgabe des § 281 Abs. 4 BGB die Leistungspflichten rückwirkend beseitigt werden und dementsprechend nach §§ 281 Abs. 5, 346 ff. BGB die empfangenen Leistungen zurückgewährt werden müssen.[819] Typischerweise soll aber bei den in Vollzug gesetzten Dauerschuldverhältnissen der in der Vergangenheit erfolgte Leistungsaustausch unangetastet bleiben.[820] Ein Anspruch auf (großen) Schadensersatz statt der ganzen Leistung scheidet daher auch bei der Zertifizierung regelmäßig aus.[821] Der (kleine) Schadensersatz statt der Leistung kann bei Dauerschuldverhältnissen im Hinblick auf mangelhafte Einzelleistungen hingegen unproblematisch geltend gemacht werden.[822]

Ausnahmsweise kann aber auch ein Schadensersatz hinsichtlich der gesamten Zertifizierungspflichten in Betracht kommen. Dies gilt freilich zunächst, wenn gar keine Einzelleistungen erbracht wurden, das Dauerschuldverhältnis also gar nicht in Vollzug gesetzt wurde. Dann bedarf es auch nicht der zusätzlichen Voraussetzungen des § 281 Abs. 1 S. 2 oder 3 BGB.[823] Nach der Invollzugsetzung ist ein Schadensersatz statt der Leistung bezüglich der gesamten im Dauerschuldverhältnis angelegten Leistungspflichten nach § 281 Abs. 1 S. 2 BGB möglich, wenn der Gläubiger ausnahmsweise das Interesse an den bereits erbrachten Einzelleistungen verliert, weil die jetzt fälligen und künftigen Leistungen nicht bzw. nicht mehr erbracht werden.[824] Ein feh-

---

818 *Ulber*, in Erman, § 281 Rn. 79; eingehend zu § 281 Abs. 1 S. 2, 3 BGB *Ernst*, in MüKo BGB, § 281 Rn. 131 ff.

819 *Ernst*, in MüKo BGB, § 281 Rn. 133.

820 *Schwarze*, in Staudinger, § 281 Rn. A 36; bereits eingehend zum parallelen Problem beim Rücktritt Kap. 4 A. I. 1. d.

821 So auch *Hoffmeyer*, Die zivilrechtliche Haftung von Zertifizierungsstellen, S. 131 f.

822 *Schwarze*, in Staudinger, § 281 Rn. C 29.

823 *Schwarze*, Das Recht der Leistungsstörungen, § 22 Rn. 2.

824 Instruktiv *Schwarze*, in Staudinger, § 281 Rn. C 29; ders., in Das Recht der Leistungsstörungen, § 22 Rn. 2, jeweils mit dem Beispiel einer ausgebliebenen Ergänzungslieferung einer auf Dauer abonnierten Loseblattsamlung; ähnlich für den Fall, dass ein Schuldverhältnis mehrere Pflichten begründet *Ernst*, in MüKo BGB, § 281 Rn. 148 f.

lendes Gesamtleistungsinteresse kann konkret angenommen werden, wenn eine Zertifizierungsgesellschaft ordnungsgemäß die erstmalige Prüfung des Zertifizierungsgegenstandes vorgenommen hat, dann jedoch die Zertifizierungsentscheidung dauerhaft verweigert. Die bereits erbrachten Prüfungsleistungen sind für den Besteller in der Regel wertlos.[825] Ein Interesse an den noch geschuldeten Überwachungsleistungen besteht mangels Zertifizierung ebenfalls nicht, weshalb in dieser Konstellation für sämtliche Leistungen Schadensersatz statt der Leistung verlangt werden kann.

Erfolgte die Schlechtleistung erst im Laufe der Überwachungsphase, hat der Besteller nach wie vor ein Interesse an den bereits erbrachten Einzelleistungen. Er könnte dann jedoch nach überzeugender Ansicht zumindest die künftig noch zu erbringenden Leistungen ablehnen und Schadensersatz statt der Leistung verlangen, wenn jedenfalls die Voraussetzungen von § 281 Abs. 1 S. 3 BGB vorlägen, die Pflichtverletzung also erheblich ist.[826] Zu beachten ist dabei, dass Mängel im Rahmen der Zertifizierung praktisch immer dazu führen, dass der getroffenen Zertifizierungsentscheidung die Anerkennungsfähigkeit versagt werden muss. Die Erheblichkeitsschwelle wird in der Regel überschritten sein, weshalb Schadensersatz statt der Leistung hinsichtlich der künftig noch zu erbringenden Leistungen verlangt werden kann.[827]

Es gilt zusammenfassend festzuhalten, dass der Besteller unproblematisch den kleinen Schadensersatz statt der Leistung hinsichtlich mangelhafter Einzelleistungen verlangen kann. Wegen des Charakters als Dauerschuldverhältnis bleiben die bereits erbrachten Leistungen grundsätzlich unberührt, es sei denn es handelt sich ausschließlich um Prüfungsleistungen und die Zertifizierungsentscheidung bleibt dauerhaft aus. Schadensersatz statt der künftig geschuldeten Leistungen kann bei erheblichen Pflichtverletzungen verlangt werden.

---

825 Etwas anderes gilt, wenn die Prüfungsleistungen nicht lediglich eine Zertifizierung ermöglichen sollen, sondern der Besteller ein Interesse an der Überprüfung durch Externe hat, etwa weil er die gewonnenen Erkenntnisse unabhängig vom erhalt eines Zertifikats für die Optimierung seines Betriebes nutzen will. Teilweise kann ein Interesse an den Prüfungslistungen bestehen, wenn diese ausnahmsweise geeignet sind, im Rahmen der Zertifizierung durch eine andere Stelle verwendet zu werden, vgl. zu diesem Aspekt auch im Zusammenhang mit der Selbstvornahme Kap. 4 A. I.6.b.

826 *Hoffmeyer*, Die zivilrechtliche Haftung von Zertifizierungsstellen, S. 132 f.; vgl. hingegen *Schwarze*, Das Recht der Leistungsstörungen, § 22 Rn. 3, der auf die Unzumutbarkeit am Festhalten des Vertrages abstellt.

827 *Hoffmeyer*, Die zivilrechtliche Haftung von Zertifizierungsstellen, S. 132 f.

bb. Vertretenmüssen der Pflichtverletzung

Der Anspruch auf Schadensersatz statt der Leistung setzt anders als die sonstigen werkvertraglichen Mängelrechte voraus, dass die Zertifizierungsgesellschaft die Pflichtverletzung zu vertreten hat, was nach § 280 Abs. 1 S. 2 BGB vermutet wird. Das Vertretenmüssen bezweckt die Zurechnung der Pflichtverletzung an den Schuldner, wobei der regelmäßige Zurechnungsgrund das vorsätzliche oder fahrlässige Verschulden der Pflichtverletzung gem. § 276 Abs. 1 S. 1 BGB darstellt.[828]

Unabhängig davon kann die Zurechnung gem. § 276 Abs. 1 S. 1 BGB auch aufgrund der Übernahme einer Garantie oder eines Risikos erfolgen. Im Falle der Zertifizierung könnte erwogen werden, ob die Zertifizierungsgesellschaft die inhaltliche Richtigkeit, der von ihr getroffenen Zertifizierungsentscheidungen garantiert. Eine Garantie muss indessen ausdrücklich oder konkludent vereinbart worden sein, was durch Auslegung zu ermitteln ist.[829] Möglicherweise könnte sich eine Garantie aus dem Auftreten der Zertifizierungsgesellschaften am Markt ergeben. Die Zertifizierungsgesellschaften werben offensiv mit ihrer Vertrauenswürdigkeit, Unabhängigkeit und branchenspezifischen Expertise und wecken damit hohe Erwartungen hinsichtlich der Qualität ihrer Erzeugnisse. Gleichwohl offenbart die praktische Vertragsgestaltung ein anderes Bild, denn Qualitätszusagen hinsichtlich der Richtigkeit der Zertifizierungsentscheidungen werden regelmäßig nicht getroffen oder ausdrücklich ausgeschlossen.[830] Gegen eine entsprechende Garantie spricht ferner, dass die Konformitätsprüfung eine wissenschaftlich anspruchsvolle Tätigkeit darstellt, bei der die Zertifizierungsgesellschaft zum Teil auf die Kooperationsbereitschaft des Bestellers angewiesen ist. Eine Abrede hinsichtlich der verschuldensunabhängigen Haftung für die Schäden, die infolge einer Fehlzertifizierung auftreten, kann vor diesem Hintergrund nicht angenommen werden.

Entscheidend für die Zurechnung ist folglich, dass die Zertifizierungsgesellschaft die Pflichtverletzung verschuldet hat. Maßgeblicher Bezugspunkt ist bei dem Anspruch auf Schadensersatz statt der Leistung nicht die Verletzung der Leistungspflicht im Moment der Durchsetzbarkeit und Fälligkeit des Anspruchs, sondern der Zeitpunkt, in dem die Tatbestandsvoraussetzungen des Anspruchs vorliegen müssen, also der Moment des erfolglosen Fris-

---

828 *Ernst*, in MüKo BGB, § 280 Rn. 21.

829 *Grundmann*, in MüKo BGB, § 276 Rn. 174; *Grüneberg*, in Grüneberg, § 276 Rn. 29.

830 Dies erfolgt oft im Rahmen von AGB, vgl. bspw. Ziffer 12.1 der General Conditions for Certification Services der SGS SA (Version: „Global"), abrufbar unter https://www.sgs.com/en/terms-and-conditions (Stand: 24.5.2023): *„SGS [...] accepts responsibility only in cases of proven negligence."*; vgl. zu dieser Praxis mit weiteren Beispielen *De Bruyne*, Third-Party Certifiers, Rn. 62.

tablaufs.[831] In Betracht kommt vor allem Fahrlässigkeit gem. §276 Abs.2 BGB.[832] Es kommt nach dem objektiven Fahrlässigkeitsbegriff darauf an, welches Verhalten von einem durchschnittlichen Vertreter des jeweiligen gruppenspezifischen Verkehrskreises in der konkreten Situation erwartet werden konnte.[833] Entscheidend ist also, wie sich eine kompetente und gewissenhaft agierende Zertifizierungsgesellschaft jeweils verhalten hätte. Die nähere Konkretisierung dieses Verhaltensstandards bestimmt sich nach der Art der Zertifizierung sowie der Branche, in der sie stattfinden soll. Der anzuwendende Sorgfaltsmaßstab kann ferner mithilfe von Gesetzen oder technischen Normen konkretisiert werden.[834] Dadurch können die Vorgaben des im Einzelfall angewandten Zertifizierungssystems berücksichtigt werden. Hat die Zertifizierungsgesellschaft eine externe Stelle zur Durchführung einzelner Prüfungsleistungen eingeschaltet, ist diese als Erfüllungsgehilfin i.S.v. §278 S.1 BGB anzusehen; ein schuldhaftes Handeln wird der Zertifizierungsgesellschaft folglich zugerechnet.[835]

e. Schadensersatz neben der Leistung

Gem. §§634 Nr.4, 280 Abs.1 BGB kann der Besteller Schadensersatz neben der Leistung verlangen. Hinsichtlich der Voraussetzungen dieses Anspruchs – Werkvertrag, Mangel bei Abnahme und Vertretenmüssen – kann auf die bisherigen Ausführungen verwiesen werden. Fraglich ist aber, welche Schadenspositionen ersatzfähig sind. Zu beachten ist, dass nach §§634 Nr.4, 280 Abs.1 BGB Schäden ersetzt werden, die durch eine mangelhafte Zertifizierung hervorgerufen wurden. Unabhängig von einem Mangel kann Schadensersatz neben der Leistung auch bei der Verletzung von Nebenpflichten gem. §§280 Abs.1, 241 Abs.2 BGB und bei Verzögerungsschäden nach §§280 Abs.2, 286 Abs.1 BGB geltend gemacht werden.[836]

Von §§634 Nr.4, 280 Abs.1 BGB erfasst werden insbesondere Begleitschäden bzw. Mangelfolgeschäden, also solche die unabhängig von einer hypothetischen Nacherfüllung an anderen Rechtsgütern oder dem Vermögen

---

831 Jeweils m.w.N. auch zur Gegenansicht *Ernst*, in MüKo BGB, §281 Rn.50; *Grüneberg*, in Grüneberg, §281 Rn.16; *Lorenz*, in BeckOK BGB, §281 Rn.14.

832 Eine vorsätzliche Nicht- oder Schlechtleistung wird nur selten vorliegen, könnte jedoch im Falle einer fehlenden Zulassung oder Akkreditierung der Zertifizierungsgesellschaft in Betracht kommen.

833 *Grüneberg*, in Grüneberg, §276 Rn.15, 17; *Lorenz*, in BeckOK BGB, §276 Rn.21.

834 *Grüneberg*, in Grüneberg, §276 Rn.18.

835 *Hoffmeyer*, Die zivilrechtliche Haftung von Zertifizierungsstellen, S.132, 142f.

836 Vgl. zur Systematik *Busche*, in MüKo BGB, §634 Rn.62; vgl. zu den mangelunabhängigen Rechten des Bestellers Kap.4 A.I.7.

des Gläubigers infolge der mangelhaften Leistung aufgetreten sind.[837] Eine mangelhafte Zertifizierung kann aufseiten des Bestellers eines Zertifikats vor allem Vermögensschäden verursachen. Dies ist zum einen der entgangene Gewinn, wobei §§634 Nr.4, 280 Abs.1 BGB nur die Gewinnverluste im Zeitraum zwischen Abnahme und Geltendmachung des Schadensersatzes statt der Leistung erfasst;[838] danach wird der entgangene Gewinn nach §§634 Nr.4, 281 Abs.1 BGB ersetzt.[839] Weitere Vermögensschäden infolge einer mangelhaften Zertifizierung erleidet der Besteller, wenn er selbst Schadensersatzansprüchen Dritter ausgesetzt ist.[840] Er wird dann versuchen, die Zertifizierungsgesellschaft über §§634 Nr.1, 280 Abs.1 BGB in Regress zu nehmen. Ansprüche Dritter gegen den Besteller des Zertifikats infolge einer mangelhaften Zertifizierung sind aus verschiedenen Gründen denkbar. Insbesondere Konformitätsabweichungen, die die Zertifizierungsgesellschaft nicht aufgedeckt hat, können zur Folge haben, dass Dritte, die im Vertrauen auf die Richtigkeit des Zertifikats mit dem Zertifizierungsgegenstand in Berührung gekommen sind, durch diesen geschädigt werden. Wurde beispielsweise die Sicherheit eines Produkts zu Unrecht zertifiziert und wurde ein Verbraucher bei dessen Verwendung verletzt, wird er produkthaftungsrechtliche Ansprüche gegen den Hersteller geltend machen. Es ist fraglich, ob eine derartige Vermögenseinbuße des Zertifikatinhabers ein der Zertifizierungsgesellschaft zurechenbarer Mangelfolgeschaden darstellt. Die Zurechnung steht dabei in einem Spannungsverhältnis zur allgemeinen Verantwortung des Zertifikatinhabers für den Zertifizierungsgegenstand.[841] Zu beachten ist, dass die Pflichtverletzung der Zertifizierungsgesellschaft, also die mangelhafte Zertifizierung, für die Ansprüche Dritter gegen den Zertifikatinhaber nicht ursächlich geworden ist, wenn der Dritte auch ohne die Pflichtverletzung geschädigt worden wäre. Die Ansprüche eines Ver-

837 *Peters*, in Staudinger, §436, Rn.120; *Ulber*, in Erman BGB, §280, Rn.16, 18; *Voit*, in BeckOK BGB, §636 Rn.71; BGH, Urt.v. 7.2.2019 – VII ZR 63/18 = NJW 2019, 1867; zur umstrittenen Behandlung von Mangelschäden und Mangelfolgeschäden vor Inkrafttreten des SchuldRModG m.w.N. *Ernst*, in MüKo BGB, §280 Rn.69; vgl. auch *Lorenz*, NJW 2002, 2497 (2500).

838 Die Gewinnverluste im Zeitraum zwischen Abnahme und Geltendmachung des Schadensersatzes statt der Leistung wären auch bei einer Nacherfüllung im letztmöglichen Moment nicht entfallen, werden also als Schadensersatz neben der Leistung ersetzt; eingehend, auch zur Abgrenzung zu §286 *Hoffmeyer*, Die zivilrechtliche Haftung von Zertifizierungsstellen, S.143ff.; vgl. zur Ersatzfähigkeit des mangelbedingten Nutzungsausfallschadens unabhängig von den Verzugsvoraussetzungen BGH, Urt. 19.6.2009 – V ZR 93/08 = NJW 2009, 2674.

839 Vgl. Kap.4 A.I.6.d.

840 Bereits eingehend hierzu *Hoffmeyer*, Die zivilrechtliche Haftung von Zertifizierungsstellen, S.146ff.; vgl. allgemein zu geistigen Werkleistungen *Busche*, in MüKo BGB, §634 Rn.56.

841 Vgl. hierzu Kap.3 A.I.

brauchers gegen den Hersteller eines Produkts, dessen Sicherheit zu Unrecht zertifiziert wurde, kann der Hersteller also nicht bei der Zertifizierungsgesellschaft geltend machen, wenn der Verbraucher das Produkt unabhängig von der Zertifizierung gekauft hätte und in der Folge verletzt worden wäre. Es fehlt dann bereits an der Kausalität im Sinne der Äquivalenztheorie.[842] Zu beachten ist das insbesondere bei den freiwilligen Zertifizierungen wie der GS-Zertifizierung. Anders zu beurteilen sind gesetzlich verpflichtende Zertifizierungen wie die EU-Konformitätsbewertungen, denn diese sind eine zwingende Voraussetzung für die Vermarktung des Produkts.[843] Die fehlerhafte Ausstellung einer EU-Konformitätsbescheinigung kann nicht hinweggedacht werden, ohne dass der Erfolg, also die Schädigung des Verbrauchers durch das Produkt, entfiele. Die Kausalität kann bei den Pflichtzertifizierungen also einfacher nachgewiesen werden als bei den freiwilligen Zertifizierungen. Ist diese Hürde genommen, liegt es auch nicht außerhalb jeder Wahrscheinlichkeit, dass eine mangelhafte Zertifizierung bzw. die Nichtaufdeckung von Mängeln Schäden bei Dritten hervorruft, die diese beim Zertifikatinhaber geltend machen. Die Pflichtverletzung wäre folglich auch adäquat kausal für die Regressansprüche gegen die Zertifizierungsgesellschaft.[844]

Zweifel an der Zurechnung ergeben sich aber mit Blick auf den Schutzzweck der verletzten Norm. Im Rahmen der vertraglichen Haftung kommt dieses Zurechnungskriterium dahingehend zur Anwendung, dass eine Ersatzpflicht nur dann bestehen soll, wenn die verletzte Vertragsbestimmung gerade den Eintritt des fraglichen Schadens verhindern sollte.[845] Entscheidend ist also, ob die Pflicht zur mangelfreien Zertifizierung bezweckt, dass der Besteller des Zertifikats vor den Ansprüchen Dritter geschützt wird.[846] Anders als im Rahmen der unmittelbaren Dritthaftung der Zertifizierungsgesellschaft nach den Grundsätzen zum Vertrag mit Schutzwirkung oder nach § 823 Abs. 2 BGB, geht es hier also nicht um die Frage, inwiefern die Zertifizierung Dritte schützt, sondern darum, ob der Zertifikatinhaber vor Ansprüchen Dritter geschützt werden soll. Diese Schutzwirkung könnte jedenfalls angenommen werden, wenn der Besteller die Zertifizierungsgesellschaft auch deshalb beauftragt hat, um sich selbst von der Konformität des Zertifizierungsgegenstands zu überzeugen und dies aus dem Zertifizie-

842 Vgl. zur Äquivalenztheorie *Grüneberg*, in Grüneberg, Vorb v § 249 Rn. 25; *Oetker*, in MüKo BGB, § 249 Rn. 103; *Schiemann*, in Staudinger, § 249 Rn. 8.

843 Kap. 2 C. I. 6.

844 Vgl. zur Adäquanztheorie *Grüneberg*, in Grüneberg, Vorb v § 249 Rn. 26 ff.; *Oetker*, in MüKo BGB, § 249 Rn. 109 ff.; *Schiemann*, in Staudinger, § 249 Rn. 12 ff.; i. E. ebenso mit ähnlicher Begründung *Hoffmeyer*, Die zivilrechtliche Haftung von Zertifizierungsstellen, S. 146 f.

845 *Oetker*, in MüKo BGB, § 249 Rn. 123.

846 Ähnlich *Hoffmeyer*, Die zivilrechtliche Haftung von Zertifizierungsstellen, S. 147.

rungsvertrag hervorgeht.[847] Selbst wenn dies nicht ausdrücklich erklärt wurde, kann dem Zertifizierungsvertrag aber eine entsprechende Schutzwirkung im Wege der Auslegung entnommen werden. Dies gilt jedenfalls für die gesetzlich ungeregelten Zertifizierungen. Bei ihnen werden Eigenschaften zertifiziert, zu deren Einhaltung der Besteller nicht bereits gesetzlich verpflichtet ist. Ob bspw. das Managementsystem eines Unternehmens nach dem Maßstab der ISO 9001 organisiert ist, ist eine sehr komplexe Frage, die der Besteller eines Zertifikats üblicherweise nicht selbst beantworten kann. Ferner ist zu berücksichtigen, dass diese Zertifizierungen vorwiegend aus Marketinggründen durchgeführt werden. Es ist daher für die Zertifizierungsgesellschaften erkennbar, dass die Aufdeckung von Mängeln auch im Verhältnis zu den Geschäftspartnern des Bestellers von Bedeutung ist.[848] Die vertraglich vereinbarten Prüfungs- und Zertifizierungsleistungen sollen dem Besteller gerade ermöglichen, eine belastbare Aussage über den zertifizierten Gegenstand treffen zu können. Sie sollen ihn vor diesem Hintergrund auch vor Schäden schützen, die dadurch resultieren, dass einzelne Konformitätsabweichungen übersehen wurden. Entsprechende Mangelfolgeschäden können der Zertifizierungsgesellschaft daher zugerechnet werden. Im Einzelfall muss jedoch u. U. ein Mitverschulden des Bestellers gem. § 254 Abs. 1 BGB berücksichtigt werden.[849]

Etwas anderes gilt für die gesetzlichen Pflichtzertifizierungen. Zur Beachtung des Produktsicherheitsrechts ist ein Hersteller unabhängig von einer Zertifizierung verpflichtet. Die Konformitätsbewertung durch die benannte Stelle hat u. a. den Zweck, die Vermarktung unsicherer Produkte auf dem Binnenmarkt zu verhindern. Die Pflicht zur ordnungsgemäßen Zertifizierung bezweckt folglich den Schutz der Verbraucher und nicht den Schutz der Hersteller. Letztere können eine benannte Stelle folglich nicht in Regress nehmen, wenn sie selbst Schadensersatzansprüchen Dritter ausgesetzt sind.

---

847 Dies entsprach der Konstellation eines Falles aus dem Jahr 2009, in dem das OLG München den Vermögensschaden des Bestellers der Zertifizierungsgesellschaft nach der Schutzzwecklehre zurechnete, OLG München, Urt. v. 30.7.2009 – 23 U 2005/08 = NJOZ 2010, 2609; vgl. *Hoffmeyer*, Die zivilrechtliche Haftung von Zertifizierungsstellen, S. 147 f.

848 So argumentiert auch das OLG München, in seinem Urt. v. 30.7.2009 – 23 U 2005/08 = NJOZ 2010, 2609 (2611).

849 Ein Mitverschulden kann sich nicht daraus ergeben, dass z. B. ein Hersteller ein Produkt vermarktet, das nicht dem Zertifizierungsmaßstab entspricht, denn davor soll er ja gerade geschützt werden. Dennoch bestehen Anknüpfungspunkte für ein Mitverschulden, etwa wenn Mitwirkungspflichten im Rahmen der Prüfung missachtet wurden, vgl. hingegen *Hoffmeyer*, Die zivilrechtliche Haftung von Zertifizierungsstellen, S. 149, der wohl keinen Anwendungsbereich für § 254 BGB sieht; vgl. ferner die Prüfung des OLG München, Urt. v. 30.7.2009 – 23 U 2005/08 = NJOZ 2010, 2609 (2611).

Hinsichtlich §§634 Nr.4, 280 Abs. 1 BGB gilt es zusammenfassend festzuhalten, dass diese Anspruchsgrundlage für Mangelfolgeschäden des Zertifikatinhabers, insbesondere an dessen Vermögen in Betracht kommt. Ansprüche Dritter können der Zertifizierungsgesellschaft vor dem Hintergrund des Schutzzwecks der verletzten Vertragsbestimmungen aber schadensrechtlich nur dann zugerechnet werden, wenn die Zertifizierung freiwillig erfolgte.

f. Ersatz vergeblicher Aufwendungen

Anstelle eines Schadensersatzanspruchs statt der Leistung kann der Besteller auch vergebliche Aufwendungen, die er im Vertrauen auf die Leistung vorgenommen hat, bei der Zertifizierungsgesellschaft geltend machen (§§634 Nr.4, 284 BGB). Erforderlich ist hierfür zunächst, dass die Voraussetzungen für einen Anspruch auf Schadensersatz statt der Leistung vorliegen.[850] In Erwartung der Zertifizierung werden von den Bestellern regelmäßig verschiedene Aufwendungen getätigt. Um die Werbung für den zertifizierten Gegenstand vorzubereiten, werden beispielsweise Prospekte angefertigt oder der Internetauftritt des Unternehmens überarbeitet.[851] Fraglich ist, ob für derartige Aufwendungen ein ausreichender Vertrauenstatbestand vorlag, denn ob letztlich ein Zertifikat ausgestellt werden kann, ist zu diesem Zeitpunkt ggf. nicht absehbar. Zu beachten ist aber, dass Aufwendungen ersetzt werden, die im Vertrauen auf die ordnungsgemäße Durchführung des Schuldverhältnisses billigerweise gemacht werden durften.[852] Wird ein Zertifikat zu Unrecht nicht ausgestellt, wurde gerade das Vertrauen des Bestellers in die ordnungsgemäße Leistungserbringung verletzt. Der erforderliche Vertrauenstatbestand ist insofern gegeben. Die für den Anspruch ferner notwendige Zweckverfehlung hängt davon ab, ob die Aufwendungen vergeblich waren, sich also infolge der mangelhaften Leistung als nutzlos erwiesen.[853] Bzgl. der Werbeaufwendungen wäre eine bestimmungsgemäße Nutzung noch möglich, wenn die Zertifizierung nachgeholt wird. Dies wäre auch bei einer Zertifizierung durch eine andere Zertifizierungsgesellschaft der Fall, wenn die Prospekte, Aufkleber usw. keinen Hinweis auf die ur-

---

850 *Grüneberg*, in Grüneberg, §284 Rn.4; *Lorenz*, in BeckOK BGB, §284 Rn.9.

851 Vgl. LG München, Urt.v. 19.11.2007 – 14HK O 7323/07 – juris Rn.6. Derartige Aufwendungen wären jedenfalls nicht nach der von der Rspr. entwickelten sog. Rentabilitätsvermutung im Rahmen des Anspruchs auf Schadensersatz statt der Leistung ersatzfähig, denn die Rentabilitätsvermutung erstreckt sich nur auf Aufwendungen, die unmittelbar mit dem Erwerb der Gegenleistung zusammenhängen, vgl. *Ernst*, in MüKo BGB, §284 Rn.4; m.w.N. BGH, Urt.v. 26.3.1999 – V ZR 364-97 = NJW 1999, 2269.

852 *Grüneberg*, in Grüneberg, §284 Rn.6; *Lorenz*, in BeckOK BGB, §284 Rn.17f.

853 *Lorenz*, in BeckOK BGB, §284 Rn.17; BGH, Urt.v. 20.7.2005 – VIII ZR 275/04 = NJW 2005, 2848 (2850).

sprünglich eingeschaltete Zertifizierungsgesellschaft enthalten. Andernfalls sind die Aufwendungen ersetzbar.

7. Sonstige mangelunabhängige Rechte des Bestellers

Im Folgenden werden die Rechte des Bestellers gegenüber der Zertifizierungsgesellschaft untersucht, die nicht auf einem Mangel, sondern einer anderen Pflichtverletzung beruhen. Sie ergeben sich unmittelbar aus dem allgemeinen Schuldrecht, ohne dass es der ergänzenden Voraussetzungen der §§ 633 ff. BGB bedarf.[854] So kann der Besteller im Falle der Nichtleistung, wenn also die Zertifizierungsgesellschaft ihren Pflichten überhaupt nicht nachkommt, nach Maßgabe des § 323 Abs. 1 BGB zurücktreten[855] und unter den Voraussetzungen der §§ 280 Abs. 1, 3, 281 BGB Schadensersatz statt der Leistung verlangen.[856] Wird die Zertifizierung verspätet durchgeführt, können Verzögerungsschäden nach §§ 280 Abs. 1, 2, 286 BGB ersetzt werden.[857] Werden bei Durchführung der Zertifizierung Schutzpflichten i. S. v. § 241 Abs. 2 BGB verletzt, z. B. wenn im Rahmen eines Vor-Ort-Audits Produktionsanlagen fahrlässig beschädigt werden, besteht eine Ersatzpflicht der Zertifizierungsgesellschaft nach §§ 280 Abs. 1, 241 Abs. 2 BGB.[858] Bei schwerwiegenden Verletzungen kann auch ein Anspruch auf Schadensersatz statt der Leistung gem. §§ 280 Abs. 1, 3, 282 BGB vorliegen.

Der Besteller könnte ferner Schadensersatzansprüche wegen Unmöglichkeit der Leistung gegenüber der Zertifizierungsgesellschaft geltend machen. Zwar verweist auch § 634 Nr. 4 BGB auf die §§ 283, 311a BGB, doch sind Konstellationen, in denen die Unmöglichkeit der Zertifizierung auf einem Mangel beruht, kaum vorstellbar.[859] Die einschlägigen Anspruchsgrundla-

---

854 *Retzlaff*, in Grüneberg, § 634 Rn. 1.

855 Im Falle der Nichtleistung, wenn also das Dauerschuldverhältnis noch nicht vollzogen wurde, ist der Rücktritt unproblematisch möglich. Danach kommt zur Vertragsaufhebung nur noch die Kündigung in Betracht, vgl. Kap. 4 A. I. 1. d.

856 *Hoffmeyer*, Die zivilrechtliche Haftung von Zertifizierungsstellen, S. 156.

857 *Hoffmeyer*, Die zivilrechtliche Haftung von Zertifizierungsstellen, S. 156, bei einer Verzögerung der Nacherfüllung ist hingegen §§ 634 Nr. 4, 280 Abs. 1, 2, 286 BGB die richtige Anspruchsgrundlage, S. 154.

858 Eingehend zu diesem und weiteren Beispielen *Hoffmeyer*, Die zivilrechtliche Haftung von Zertifizierungsstellen, S. 160 ff.

859 Eine zu Unrecht verweigerte und daher mangelhafte Zertifizierung könnte die Unmöglichkeit der Leistung zur Folge haben, wenn es sich um ein absolutes Fixgeschäft handelte. Bei ihnen führt die Nichteinhaltung der Leistungszeit zur Unmöglichkeit der Leistung gem. § 275 Abs. 1 BGB, *Ernst*, in MüKo BGB, § 275 Rn. 50; *Grüneberg*, in Grüneberg, § 271 Rn. 17. Ein absolutes Fixgeschäft dürfte aber üblicherweise nicht vorliegen. Zwar ist denkbar, dass ein Besteller die Zertifizierung benötigt, um sie gerade an einem bestimmten Stichtag einem Geschäftspartner vorzulegen, doch ist die Einhaltung des Termins regelmäßig nicht so wesentlich, dass eine spätere Zertifizie-

gen sind daher die §§ 280 Abs. 1, 3, 283 BGB bzw. bei anfänglicher Unmöglichkeit § 311a Abs. 2 BGB.

Die Zertifizierung kann aus unterschiedlichen Gründen unmöglich sein. Ein Fall objektiver Unmöglichkeit gem. § 275 Abs. 1 BGB läge vor, wenn der Zertifizierungsgegenstand untergegangen ist. Das wäre z. B. der Fall, wenn die Herstellung eines zu zertifizierenden Produkts eingestellt wurde oder ein zu zertifizierendes Managementsystem nach der Auflösung des Unternehmens nicht mehr existiert. Der Besteller würde nach § 326 Abs. 1 S. 1 BGB von der Gegenleistungspflicht befreit. Schadensersatzansprüche gegen die Zertifizierungsgesellschaft scheitern in diesen Fällen aber regelmäßig am Verschuldenserfordernis des § 280 Abs. 1 S. 2 BGB.[860] Bereits kein Fall der Unmöglichkeit liegt vor, wenn die beauftragte Zertifizierungsgesellschaft nach Vertragsschluss die erforderliche Akkreditierung bzw. Zulassung verliert. In diesem Fall ist es ohne weiteres möglich, dass die Schuldnerin ihren Pflichten durch Hinzuziehung einer anderen Zertifizierungsgesellschaft nachkommt, denn es handelt sich bei der Zertifizierung nicht um eine höchstpersönliche Leistung.[861]

Ein Fall der anfänglichen Unmöglichkeit läge vor, wenn bereits bei Vertragsschluss feststeht, dass der Zertifizierungsgegenstand nicht nach dem vereinbarten System zertifiziert werden kann. Das wäre z. B. anzunehmen, wenn ein Vertrag über die GS-Zertifizierung eines Produkts geschlossen wurde, das nicht verwendungsfertig oder geeignet i. S. v. § 20 Abs. 1 ProdSG ist.[862] Aufgrund ihrer Expertenstellung hätte die Zertifizierungsgesellschaft von diesem Leistungshindernis Kenntnis i. S. v. § 311a Abs. 2 S. 2 BGB haben müssen. Gem. § 311a Abs. 2 S. 1 BGB kann der Besteller folglich Schadensatz statt der Leistung[863] oder Aufwendungsersatz verlangen.[864] Ist die Ungeeignetheit des Zertifizierungsgegenstandes offensichtlich, kann im

---

rung keine Erfüllung mehr darstellt. Dies gilt auch für die in der Überwachungsphase fälligen Zertifizierungsentscheidungen. Sie sind ohne weiteres nachholbar und liegen i. d. R. weiterhin im Interesse des Bestellers.

860 So bereits *Hoffmeyer*, Die zivilrechtliche Haftung von Zertifizierungsstellen, S. 157.

861 Vgl. zu höchstpersönlichen Leistungen im Zusammenhang mit Unmöglichkeit *Ernst*, in MüKo BGB, § 275 Rn. 39; *Seichter*, in juris-PK BGB, § 275 Rn. 14 ff.

862 LG München I, Urt. v. 19.11.2007 – 14 HKO 7323/07 – juris Rn. 20 ff.; vgl. hierzu auch *Hoffmeyer*, Die zivilrechtliche Haftung von Zertifizierungsstellen, S. 157.

863 Die Ersatzfähigkeit des positiven Interesses wird von der ganz herrschenden Meinung im Einklang mit dem Wortlaut des § 311a Abs. 2 S. 1 BGB vertreten, vgl. *Canaris*, Juristenzeitung 2001, 499 (507).; *Feldmann*, in Staudinger, § 311a Rn. 34 ff.; anders hingegen *Lobinger*, Die Grenzen rechtsgeschäftlicher Leistungspflichten, S. 273 ff., der eine teleologische Reduktion auf den Ersatz des negativen Interesses vertritt.

864 Vgl. zum inhaltsgleichen Anspruch auf Schadensersatz statt der Leistung nach § 281 Abs. 1 BGB bereits Kap. 4 A. I. 6. d bzw. zum Aufwendungsersatz nach Maßgabe des § 284 BGB Kap. 4 A. I. 6. f.

Einzelfall angenommen werden, dass sie auch dem Besteller hätte bekannt sein müssen. In diesem Fall muss er sich ein Mitverschulden gem. § 254 Abs. 1 BGB vorwerfen lassen.[865]

II. Deliktische Haftung

Auch außervertragliche Anspruchsgrundlagen können eine Haftung der Zertifizierungsgesellschaften gegenüber ihren Kunden begründen. In Betracht kommen insbesondere Ansprüche aus §§ 823 Abs. 1, Abs. 2, 826, 831 Abs. 1 BGB. Vertragliche und deliktische Ansprüche können grundsätzlich nebeneinander und unabhängig voneinander geltend gemacht werden. Das deutsche Recht geht von einer echten Anspruchskonkurrenz aus.[866] Stellt eine Vertragspflichtverletzung gleichzeitig eine unerlaubte Handlung dar, kommt es also zu einer Anspruchshäufung, wobei sich der Geschädigte auf die ihm günstigere Anspruchsgrundlage stützen kann.[867]

1. Zurechnungsfragen

Zertifizierungsgesellschaften sind als juristische Personen organisiert. Für eine deliktische Haftung ist es daher erforderlich, dass das Handeln des konkreten Schädigers der Zertifizierungsgesellschaft zugerechnet werden kann. Dies ist im Rahmen von § 823 Abs. 1 BGB von erheblicher Bedeutung, da die Gesellschaft andernfalls nur nach § 831 BGB haftet, wobei ihr regelmäßig der Entlastungsbeweis nach § 831 Abs. 1 S. 2 BGB gelingen wird. Die Zurechnung richtet sich nach § 31 BGB, der auf juristische Personen unmittelbar und auf Personenhandelsgesellschaften entsprechend angewendet wird.[868] Im Falle der in der Zertifizierungsbranche verbreiteten Organisationsform der GmbH kann jedenfalls unproblematisch das Verhalten der Geschäftsführungsmitglieder zugerechnet werden. Jedoch ist die Zurechnung nicht auf die Organe und die ausdrücklich in der Satzung berufenen Vertreter beschränkt, vielmehr gilt § 31 BGB analog auch für solche Personen,

---

865 Zur Anwendbarkeit des § 254 BGB im Rahmen von § 311a Abs. 2 S. 1 BGB *Ernst*, in MüKo BGB, § 311a Rn. 68; *Feldmann*, in Staudinger, § 311a Rn. 54 f.; *Huber/Faust*, Schuldrechtsmodernisierung, Kap. 7 Rn. 45.

866 Grdlg. BGH, Urt. v. 248.4.1953 – I ZR 47/52 = NJW 1953, 1180; mit zahlreichen weiteren Nachweisen aus der Rspr. des RG und des BGH *Hager*, in Staudinger, Vor § 823 Rn. 38; vgl. aus rechtsvergleichender Perspektive auch *Spickhoff*, in: Grigoleit/Petersen, Privatrechtsdogmatik im 21. Jahrhundert: Festschrift für Claus-Wilhelm Canaris zum 80. Geburtstag, S. 547 (551 ff.).; eingehend auch *Wagner*, in MüKo BGB, Vor § 823 Rn. 82 ff.

867 *Hager*, in Staudinger, Vor § 823 Rn. 40; *Wagner*, in MüKo BGB, Vor § 823 Rn. 82.

868 *Ellenberger*, in Grüneberg, § 31 Rn. 3; *Leuschner*, in MüKo BGB, § 31 Rn. 4; *Schwennicke*, in Staudinger, § 31 Rn. 104, „gewohnheitsrechtlich“ anerkannt.

denen „durch die allgemeine Betriebsregelung und Handhabung bedeutsame, wesensgemäße Funktionen der juristischen Person zur selbstständigen, eigenverantwortlichen Erfüllung zugewiesen sind, so dass sie die juristische Person im Rechtsverkehr repräsentieren.“[869] Vor diesem Hintergrund müssen jedenfalls Personen, die die Zertifizierungsentscheidung treffen und damit die zentrale Vertragsleistung erbringen, als Repräsentanten der Zertifizierungsgesellschaft angesehen werden. Dies muss ferner auch für Personen gelten, die in leitender Position die Durchführung der Prüfungs- und Überwachungsmaßnahmen zu verantworten haben.[870] Anders als Personen, die die Prüfungen oder Audits schlicht durchführen, treten sie gegenüber den Kunden eigenständig als Vertreter der Zertifizierungsgesellschaft auf. Dass sie im Innenverhältnis ggf. weisungsgebunden sind, ist für die Zurechnung unschädlich.[871]

Eine Haftung der Zertifizierungsgesellschaft könnte sich ferner wegen eines Organisationsverschuldens ergeben. Dieser Ansatz, der die Schwächen des § 831 BGB ausgleichen soll, stützt sich auf den Vorwurf, die juristische Person habe für einen zentralen Organisationsbereich keinen besonderen Vertreter bestellt, sondern lediglich Verrichtungsgehilfen eingesetzt.[872] Nach richtiger Ansicht besteht für diesen Ansatz neben der erweiterten Anwendung des § 31 BGB kein Raum.[873] Letztere dient bereits als Korrektiv zu § 831 BGB, ohne dabei mit dem Grundsatz der Satzungsautonomie in Konflikt zu geraten. Nicht zu übersehen ist allerdings, dass die Gesellschaft haftet, wenn sie ihre allgemeine Verkehrssicherungspflicht verletzt hat, indem durch die tatsächliche Organisation betrieblicher Abläufe Gefahren für Dritte geschaffen wurden.[874] Dies könnte beispielsweise der Fall sein, wenn die Zertifizierungsgesellschaft fachlich ungeeignetes Personal einsetzt oder

---

869 BGH, Urt. v. 5.33.1998 – III ZR 183-96 = NJW 1998, 1854 (1856); BGH, Urt. v. 15.1.1985 – VI ZR 8/83 = NJW-RR 1986, 281 (282); vgl. hierzu *Leuschner*, in MüKo BGB, § 31 Rn. 14 f.; andere gehen nicht von einer Analogie, sondern von einer weiten Auslegung des Begriffs des verfassungsmäßig berufenen Vertreters aus, vgl. bspw. *Ellenberger*, in Grüneberg, § 31 Rn. 6.

870 Ähnlich *Hoffmeyer*, Die zivilrechtliche Haftung von Zertifizierungsstellen, S. 168 f.

871 BGH, Urt. v. 12.7.1977 – VI ZR 159/75 = NJW 1977, 2259 (2260).

872 *Leuschner*, in MüKo BGB, § 31 Rn. 33; *Schöpflin*, in BeckOK BGB, § 31 Rn. 14; *Schwennicke*, in Staudinger, § 31 Rn. 33 ff.; BGH, Urt. v. 8.7.1980 – VI ZR 158/78 = NJW 1980, 2810 (2811).

873 *Flume*, BGB AT I/2, § 11 III 2 (S. 387); *Leuschner*, in MüKo BGB, § 31 Rn. 34; eingehend *Matusche-Beckmann*, Organisationsverschulden, S. 137 ff.; *Schwennicke*, in Staudinger, § 31 Rn. 36 ff.; vgl. auch *Schürnbrand*, Organschaft im Recht der privaten Verbände, S. 114 ff., der auch die analoge Anwendung des § 31 BGB ablehnt und für eine Korrektur von § 831 BGB plädiert.

874 *Leuschner*, in MüKo BGB, § 31 Rn. 34; *Schwennicke*, in Staudinger, § 31 Rn. 38.

unzureichend unterweist oder überwacht.[875] Werden in der Folge Rechtsgüter des Bestellers verletzt und beruht dies auf einer Organisationspflichtverletzung, haftet die Zertifizierungsgesellschaft nach § 823 Abs. 1 BGB, auch wenn die handelnde Person nicht als Repräsentant der Gesellschaft analog § 31 BGB anzusehen ist.

Zusammenfassend gilt also, dass eine deliktische Haftung der Zertifizierungsgesellschaft möglich ist, wenn die schädigende Handlung nach Maßgabe des § 31 BGB zugerechnet werden kann oder durch eine mangelhafte Organisation eine allgemeine Verkehrssicherungspflicht verletzt wurde.

2. Verletzung absolut geschützter Rechtsgüter

a. Verletzungen des Eigentums des Bestellers

Ein Anspruch aus § 823 Abs. 1 BGB setzt die Verletzung eines der genannten Rechtsgüter oder eines sonstigen Rechts voraus. Denkbar ist etwa, dass das Eigentum des Bestellers, z. B. Produktionsanlagen oder sonstige betriebliche Infrastruktur, bei der Durchführung von Prüfungen auf dem Betriebsgelände beschädigt wird. Im Zusammenhang mit dem Werkvertragsrecht wird außerdem darüber diskutiert, inwiefern bereits eine mangelhafte Werkleistung das Eigentum des Bestellers am Werk verletzt. Nach der Rechtsprechung des BGH scheidet ein Anspruch aus § 823 Abs. 1 BGB aus, wenn der geltend gemachte Schaden lediglich auf der Mangelhaftigkeit der Werkleistung beruht und diese nicht auf einen bisher unversehrten Teil des Werkes übergreift.[876] Im Bereich der Zertifizierung stellt sich dieses Problem zunächst nicht, denn die Zertifizierungsgesellschaft bleibt Eigentümerin des Zertifikats und erlaubt dem Besteller lediglich schuldrechtlich dessen Nutzung.[877] Auf diese Weise wird die unkomplizierte Rückforderung des Zertifikats nach Ablauf der Laufzeit oder bei einer wegen Konformitätsabweichungen erforderlich gewordenen Entziehung sichergestellt. Im Übrigen ist aber auch nicht von einer Verletzung des berechtigten Besitzes, der als sonstiges Recht i. S. v.

---

875 Eingehend zu den Unternehmensorganisationspflichten nach § 823 Abs. 1 BGB *Wagner*, in MüKo BGB, § 823 Rn, 108 ff.

876 Vgl. BGH, Urt. v. 27.1.2005 – VII ZR 158/03 = NJW 2005, 1423; BGH, Urt. v. 12.12.2000 – VI ZR 242/99 = NJW 2001, 1346; BGH, Urt. v. 18.1.1983 – VI ZR 310/79 = NJW 1983, 810; *Peters*, in Staudinger, § 634 Rn. 168; vgl. hingegen zur Gegenansicht, die bei einer mangelhaften Werkleistung ohne Weiteres von einer Eigentumsverletzung ausgeht, *Busche*, in MüKo BGB, § 634 Rn. 10 f.; *Freund/Barthelmess*, NJW 1975, 281; *Gsell*, JZ 2005, 1171 (1172 f.).

877 Ausdrücklich in diesem Sinne bspw. Abschnitt III.1.b der Allgemeinen Prüf- und Zertifizierungsordnung der TÜV Nord Systems GmbH & Co. KG (Version 3/2018), abrufbar unter https://www.tuev-nord.de/fileadmin/Content/TUEV_NORD_DE/pdf/2019_01_Allgemeine_Pruef-_und_Zertifizierungsordnung_der_TUEV_NORD_Systems.pdf (Stand: 24.5.2023).

§ 823 Abs. 1 BGB geschützt wird,[878] auszugehen, wenn das Zertifikat inhaltlich mangelhaft ist. Ein Übergreifen auf einen unversehrten Teil ist nicht denkbar, da es sich bei dem Zertifikat um ein geistiges und in sich abgeschlossenes Werk handelt. Eine Verletzung des Eigentums oder des Besitzrechts an dem Zertifikat lediglich wegen inhaltlicher Mängel scheidet somit aus.

b. Verletzungen des Rechts am eingerichteten und ausgeübten Gewerbebetrieb

Möglicherweise kommt eine Verletzung des Rechts am eingerichteten und ausgeübten Gewerbetrieb in Betracht. Dieses wurde von der Rechtsprechung als sonstiges Recht i. S. v. § 823 Abs. 1 BGB entwickelt, um vermeintlichen Lücken im deliktischen Vermögensschutz mit einem flexiblen Auffangtatbestand begegnen zu können.[879] Der Schutz des Unternehmers ist gerichtet auf die „ungestörte Betätigung und Entfaltung seines Betriebs [...] und umfasst alles, was in der Gesamtheit den wirtschaftlichen Wert des Betriebs als bestehende Einheit ausmacht.“[880] Einschränkungen erfährt das Recht am eingerichteten und ausgeübten Gewerbetrieb wiederum dadurch, dass ein unmittelbar betriebsbezogener Eingriff vorliegen muss, die Rechtswidrigkeit des Verhaltens im Wege einer Interessenabwägung positiv festgestellt werden muss sowie durch die Subsidiarität des Anspruchs gegenüber anderen deliktischen Ansprüchen.[881] Bezogen auf die Zertifizierung kommt eine Verletzung dieses Rechts etwa in Betracht, wenn die Zertifizierungsgesellschaft Betriebsgeheimnisse, von denen sie im Laufe der Vertragsdurchführung Kenntnis erlangt hat, veruntreut, wobei in diesem Fall regelmäßig Ansprüche aus § 826 BGB oder §§ 6 ff. GeschGehG vorrangig sind.[882]

---

878 Aus der Rspr. bspw. BGH, Urt. v. 4.11.1997 – VI ZR 348/96 = NJW 1998, 377 (380); m. w. N. *Wagner*, in MüKo BGB, § 823 Rn. 324 ff.

879 Vgl. bereits RG, Urt. v. 29.5.1902 – VI 50/02 = RGZ 51, 369 (374); aus der frühen BGH-Rspr. bspw. BGH, Urt. v. 26.10.1951 – I ZR 8/51 = NJW 1952, 660; BGH, Urt. v. 28.11.1952 – I ZR 21/52 = NJW 1953, 297; zur geschichtlichen Entwicklung und Kritik im Überblick und m. w. N. *Hager*, in Staudinger, § 823 Rn. D1 ff.; *Wagner*, in MüKo BGB, § 823 Rn. 361 ff.; vgl. zur Ablehnung dieses Rechts *Larenz/Canaris*, Schuldrecht Bd. II BT, § 81 II 2 (S. 545), § 81 IV (S. 560 ff.); *Sack*, Recht am Gewerbetrieb, S. 142 ff.

880 BAG, Urt. v. 25.8.2015 – 1 AZR 754/13 = NJW 2016, 666 (668 Rn. 35).

881 *Lange/Hansen*, in jurisPK-BGB, § 823 Rn. 42.; *Wagner*, in MüKo BGB, § 823 Rn. 368 ff.

882 Eingehend *Hoffmeyer*, Die zivilrechtliche Haftung von Zertifizierungsstellen, S. 170 ff., hier allerdings noch zur Konkurrenz zu § 823 Abs. 2 BGB i. V. m. § 18 UWG a. F., der mit Einführung des GeschGehG abgeschafft wurde; vgl. hingegen *Ohly*, GRUR 2014, 1 (8), der einen betriebsbezogenen Eingriff in das Recht am eingerichteten und ausgeübten Gewerbetrieb bei der Verletzung von Betriebsgeheimnissen generell ablehnt.

Möglicherweise kommt es zur Verletzung des Rechts am Gewerbetrieb, wenn die Zertifizierungsgesellschaft eine (negative) Zertifizierungsentscheidung in geschäftsschädigender Weise öffentlich macht. Zu beachten ist, dass die Zertifizierungsgesellschaft bereits vertraglich zur Geheimhaltung der Zertifizierungsentscheidung verpflichtet ist. Wurde dies nicht ausdrücklich vereinbart, spricht vieles für die Annahme einer entsprechenden Schutzpflicht nach § 241 Abs. 2 BGB.[883] Gerade im Falle negativer Entscheidungen darf die Zertifizierungsgesellschaft die Vermögensinteressen des Bestellers nicht durch eine Veröffentlichung der Entscheidung oder ihr zugrunde liegender Testergebnisse gefährden.[884] Dies hat auch Konsequenzen für das Deliktsrecht. Wer die Geheimhaltungspflicht verletzt, kann sich auch im Rahmen einer deliktischen Haftung nicht auf Art. 5 Abs. 1 GG berufen, selbst wenn die geschäftsschädigende Tatsachenbehauptung[885] der Wahrheit entspricht.[886] § 823 Abs. 1 BGB kommt ferner als Anspruchsgrundlage in Betracht, wenn die Zertifizierungsgesellschaft ein negatives Werturteil über den Besteller fällt und geschäftsschädigend verbreitet. Im Fall unwahrer Tatsachenbehauptungen wird das Recht am Gewerbetrieb aber ggf. durch § 824 Abs. 1 BGB oder § 826 BGB verdrängt.[887] Insgesamt ist die Bedeutung des Deliktsrechts in diesen Fällen gering, da ohnehin auch eine Verletzung der vertraglichen Schutzpflichten vorliegen wird.

---

883 Vgl. zu Vertraulichkeitspflichten nach § 241 Abs. 2 BGB *Bachmann*, in MüKo BGB, § 241 Rn. 114.

884 In diesem Sinne unterscheidet sich die Haftung der Zertifizierungsgesellschaft für geschäftsschädigende Äußerungen auch von der Haftung unabhängiger Stiftungen, die die Ergebnisse von Warentests, ggf. in Verbindung mit einem Werturteil publik machen, vgl. hierzu *Hager*, in Staudinger, § 823 Rn. D32; *Wagner*, in MüKo BGB, § 823 Rn. 393; aus der Rspr. insbes. BGH, Urt. v. 9.12.1975 – VI ZR 157/73 = NJW 1976, 620. Die entwickelten Grundsätze können nicht auf die Zertifizierung übertragen werden. Zertifikate sind nicht das Ergebnis externer Testungen, die im Interesse der Öffentlichkeit erstellt werden. Ob und wie Zertifikate verwendet, also der Öffentlichkeit präsentiert werden, obliegt allein dem Besteller des Zertifikats. Daher muss ein strengerer Maßstab gelten. Die Zertifizierungsgesellschaft haftet letztlich bei jedweder geschäftsschädigenden Veröffentlichung gegen den Willen des Bestellers.

885 Zertifizierungsentscheidungen stellen Tatsachenbehauptungen dar, denn aufgrund des objektiven Zertifizierungsmaßstabs ist sie einer Richtigkeitskontrolle ohne Weiteres zugänglich, vgl. zur Abgrenzung zu Werturteilen m. w. N. *Wagner*, in MüKo BGB, § 824 Rn. 15.

886 BGH, Urt. v. 24.1.2006 – XI ZR 384/03 = NJW 2006, 830 (842 f. Rn. 124); vgl. hierzu *Hager*, in Staudinger, § 823 Rn. D25.

887 *Förster*, in BeckOK BGB, § 823 Rn. 192; *Hager*, in Staudinger, § 823 Rn. D26; *Wagner*, in MüKo BGB § 823 Rn. 385 ff.; BGH, Urt. v. 24.1.2006 – XI ZR 384/03 = NJW 2006, 830 (836 Rn. 61); BGH, Urt. vom 7.2.1984 – VI ZR 193/82 = NJW 1984, 1607.

3. Verletzung eines Schutzgesetzes

Im Falle der gesetzlich geregelten Zertifizierungssysteme ergeben sich die Pflichten und Befugnisse der Zertifizierungsgesellschaften teilweise aus den öffentlich-rechtlichen Begleitgesetzen eines Staates oder der Union. Fraglich ist, ob eine Verletzung der gesetzlichen Vorgaben eine Haftung gegenüber den Bestellern gem. § 823 Abs. 2 BGB auslösen kann. Keine Zweifel bestehen hinsichtlich des Normcharakters dieser Vorschriften, wobei im Falle europäischer Richtlinien lediglich die nationalen Umsetzungsakte als Schutzgesetze in Betracht kommen.[888] Entscheidend ist sodann, ob die verletzte Norm zumindest auch dem Schutz der Individualinteressen des Geschädigten zu dienen bestimmt ist.[889] Es kommt nicht auf die Wirkung, sondern auf Inhalt und Zweck eines Gesetzes nach dem Willen des Gesetzgebers an.[890] Keinen Schutzgesetzcharakter haben die Vorschriften, die die materiellen Voraussetzungen für eine Zertifizierung oder die allgemeinen Modalitäten der Konformitätsprüfung festlegen.[891] Das Regelungsanliegen des Gesetzgebers ist hier auf die mit der Zertifizierung verfolgten Ziele (z. B. Produktsicherheit) gerichtet. Etwas anderes gilt möglicherweise für Vorschriften, die unmittelbar das Verhältnis zwischen Zertifizierungsgesellschaft und Besteller betreffen, etwa wenn die Überwachungsbefugnisse der Zertifizierungsgesellschaft geregelt werden.[892] Diese Regelungen sind Ausdruck einer Abwägung zwischen dem Interesse an einer möglichst umfassenden Gewährleistung der Zertifizierungsstandards und dem Interesse der Besteller, nicht einer allumfassenden Überwachung ausgesetzt zu sein. Wird dieses Interesse verletzt, indem die Zertifizierungsgesellschaft ihre Überwachungsbefugnisse überschreitet, und erleidet der Besteller hierdurch einen (Vermögens-)Schaden, kommt eine Haftung nach § 823 Abs. 2 BGB i. V. m. der jeweiligen Vorschrift in Betracht. Zweifel an der Vereinbarkeit mit dem deliktsrechtlichen Gesamtsystem bestehen nicht. Gleichwohl dürfte dieser Anspruch selten praktisch relevant werden, da der Zertifizierungsvertrag mit dem Inhalt der gesetzlichen Vorgaben zustande kommt und die Zertifizierungsgesellschaft mithin auch nach §§ 280 ff. BGB haftet.

---

888 *Wagner*, in MüKo BGB, § 823 Rn. 539 f.

889 *Förster*, in BeckOK BGB, § 823 Rn. 276; *Wagner*, in MüKo BGB, § 823 Rn. 562.

890 So die ständige Rspr., vgl. zuletzt BGH, Urt. v. 25.5.2020 – VI ZR 252/19 = NJW 2020, 1962 (1971 Rn. 73); vgl. m. w. N. *Förster*, in BeckOK BGB, § 823 Rn. 276.

891 Bspw. § 20 Abs. 3 ProdSG, der die materiellen Voraussetzungen für die Vergabe eines GS-Zertifikats und die entsprechende Dokumentationspflicht der GS-Stellen regelt, ferner Art. 53 Abs. 5 VO (EU) 2017/745 (Medizinprodukte), der die Mitwirkung der benannten Stellen am Konformitätsbewertungsverfahren regelt.

892 Bspw. § 22 Abs. 4 ProdSG oder Anhang IX Nr. 3 VO (EU) 2017/745 (Medizinprodukte).

Von vornherein ausgeschlossen ist indes ein Anspruch gem. § 823 Abs. 2 BGB i. V. m. den von nationalen oder internationalen Organisationen entwickelten Normen über die Durchführung einer Zertifizierung. Aufgrund der privaten Rechtsetzung handelt es sich bei ihnen nicht um Rechtsnormen i. S. v. Art. 2 EGBGB.[893] Sie können daher allenfalls zur Konkretisierung allgemeiner Verkehrssicherungspflichten herangezogen werden, jedoch nicht im Rahmen von § 823 Abs. 2 BGB.[894]

4. Vorsätzliche sittenwidrige Schädigung

Eine vorsätzliche sittenwidrige Schädigung und mithin ein Anspruch aus § 826 BGB gegen die Zertifizierungsgesellschaft ist aus verschiedenen Gründen denkbar. Im Einzelfall muss geprüft werden, ob eine bestimmte Handlung nach seinem Inhalt oder Gesamtcharakter als „Verstoß gegen das Anstandsgefühl aller billig und gerecht Denkenden"[895] gewertet werden kann. Nicht ausreichend ist jedenfalls die bloße Verletzung vertraglicher Pflichten. Hinzutreten muss eine besondere Verwerflichkeit der Tat, die sich aus dem verfolgten Ziel, den eingesetzten Mitteln oder der Gesinnung des Schädigers ergeben kann.[896] Davon könnte ausgegangen werden, wenn die Zertifizierungsgesellschaft ein Zertifikat trotz festgestellter Konformität nicht ausstellt, um dem Besteller die wirtschaftlichen Vorzüge der Zertifizierung vorzuenthalten. Handelte das Geschäftsführungsmitglied oder ein sonstiger Repräsentant der Zertifizierungsgesellschaft mit Schädigungsvorsatz, kann der Besteller seinen Vermögensschäden ersetzt verlangen. § 826 BGB kommt ferner als Anspruchsgrundlage in Betracht, wenn die Zertifizierungsgesellschaft in geschäftsschädigender Absicht unwahre Tatsachenbehauptungen verbreitet und dem Besteller hierdurch Schäden entstehen.[897] Insgesamt dürften sich bei der Anwendung des § 826 BGB i. d. R. keine zertifizierungsspezifischen Besonderheiten ergeben.

---

893 *Hager*, in Staudinger, § 823 Rn. G13; *Wagner*, in MüKo BGB, § 823 Rn. 553.

894 *Hager*, in Staudinger, § 823 Rn. G13; *Sprau*, in Grüneberg, § 823 Rn. 57; BGH, Urt. v. 1.3.1988 – VI ZR 190/87 = NJW 1988, 2667.

895 Ständige Rspr. seit RG, Urt. v. 11.4.1901 – VI 443/00 = RGZ 48, 114 (124); jüngst bspw. BGH, Urt. v. 20.7.2017 – IX ZR 310/14 = NJW 2017, 2613 (2613 Rn. 16); zustimmend und m. w. N. *Förster*, in BeckOK BGB, § 826 Rn. 9 ff.; krit. hingegen *Wagner*, in MüKo BGB, § 826 Rn. 9 ff.

896 BGH, Urt. v. 15.10.2013 – VI ZR 124/12 = NJW 2014, 1380 (1380 Rn. 8); hierzu jeweils m. w. N. *Sprau*, in Grüneberg, § 826 Rn. 4; *Wagner*, in MüKo BGB, § 826 Rn. 9.

897 Im Falle unwahrer Tatsachenbehauptungen verdrängt § 826 BGB das Recht am eingerichteten und ausgeübten Gewerbebetrieb, vgl. Kap. 4 A.II.2.b.

5. Haftung für Verrichtungsgehilfen

§ 831 Abs. 1 BGB erlangt praktische Bedeutung, wenn die Schädigung von einer Person ausgeht, die kein Repräsentant der Zertifizierungsgesellschaft ist, deren Verhalten also nicht analog § 31 BGB zugerechnet werden kann, und auch ansonsten keine allgemeinen Organisationpflichten verletzt wurden. Konkret geht es um das Verhalten von Personen, die einzelne Prüfungsmaßnahmen schlicht durchführen, ohne hierbei in leitender Funktion zu stehen, sowie sonstiges einfaches Personal der Zertifizierungsgesellschaft.[898] Bei ihnen handelt es sich jedenfalls um Verrichtungsgehilfen i. S. v. § 831 Abs. 1 S. 1 BGB, denn bei der Durchführung der ihnen übertragenen Tätigkeiten stehen sie zur Zertifizierungsgesellschaft in einem Verhältnis der Abhängigkeit und Weisungsgebundenheit.[899] Begehen sie in Ausführung der Verrichtung eine rechtswidrige unerlaubte Handlung, haftet die Zertifizierungsgesellschaft, sofern sie sich nicht nach § 831 Abs. 1 S. 2 BGB exkulpieren kann. Bei fahrlässigen Eigentumsverletzungen durch das bei Betriebsprüfungen eingesetzte Personal dürfte dieser Entlastungsbeweis in der Praxis regelmäßig gelingen.[900]

Fraglich ist, ob auch die Betreiber externer Labore oder sonstige Prüfunternehmen, die von der Zertifizierungsgesellschaft ggf. zur teilweisen Leistungserbringung eingeschaltet werden, als Verrichtungsgehilfen anzusehen sind. Wenngleich sie im Auftrag der Zertifizierungsgesellschaft tätig werden, kann aufgrund ihrer organisatorischen Selbständigkeit nicht davon ausgegangen, dass sie von der Zertifizierungsgesellschaft abhängig sind bzw. deren Weisungen unterliegen. Es handelt sich bei ihnen vielmehr um selbständige Unternehmen, die nicht von § 831 BGB erfasst werden.[901] Ähnlich wie ein Bauunternehmer nicht für das Fehlverhalten eines von ihm hinzugezogenen Subunternehmers einzustehen hat,[902] zeichnet auch eine Zertifizierungsgesellschaft nicht für externe Labore verantwortlich. Zu beachten ist jedoch, dass es sich bei ihnen um Erfüllungsgehilfen i. S. v. § 278 BGB

898 Vgl. Kap. 4 A.II.1.

899 Eingehend zum Begriff des Verrichtungsgehilfen *Wagner*, in MüKo BGB, § 831 Rn. 14 ff.; m. w. N. auch BGH, Urt. v. 6.11.2012 – VI ZR 174/11 = NJW 2013, 1002 (1003 Rn. 15).

900 So auch *Hoffmeyer*, Die zivilrechtliche Haftung von Zertifizierungsstellen, S. 169.

901 *Förster*, in BeckOK BGB, § 831 Rn. 20; *Larenz/Canaris*, Schuldrecht Bd. II BT, § 79 III 2 (S. 478); *Kötz*, ZEuP 2017, 283 (291 ff.); *Sprau*, in Grüneberg, § 831 Rn. 6; *Wagner*, in MüKo BGB, § 831 Rn. 16; BGH, Urt. v. 6.11.2012 – VI ZR 174/11 = NJW 2013, 1002 (1003 Rn. 16).

902 BGH, Urt. v. 21.6.1994 – VR ZR 215/93 = NJW 1994, 2756; OLG Brandenburg, Urt. v. 20.6.2001 – 13 U 7/01 = VersR 2003, 215; OLG Stuttgart, Urt. v. 13.1.2000 – 7 U 208/99 = VersR 2002, 587; *Wagner*, in MüKo BGB, § 831 Rn. 16.

handelt, weshalb deren schuldhaftes Verhalten im Rahmen der *vertraglichen* Haftung zugerechnet wird.[903]

III. Verjährung

Der Primäranspruch des Bestellers sowie die Sekundäransprüche, die sich aus dem allgemeinen Leistungsstörungsrecht ergeben, unterliegen der Regelverjährung. Grundsätzlich gilt also gem. § 195 BGB eine dreijährige Verjährungsfrist. Dies gilt im Ausgangspunkt auch für die deliktischen Ansprüche, wobei im seltenen Fall von Körperverletzungen die §§ 197 Abs. Nr. 1, 199 Abs. 2 BGB zu beachten sind.

Fraglich ist, was für die Mängelansprüche aus § 634 Nr. 1, 2 oder 4 BGB gilt. Eine Abweichung von der Regelverjährung könnte sich aus § 634a Abs. 1 Nr. 1 BGB ergeben, sofern es bei der Zertifizierung um die Herstellung einer Sache oder um Planungs- und Überwachungsleistungen geht, die der Herstellung zugutekommen sollen.[904] Nicht überzeugend ist es, wenn die Anwendung des § 634a Abs. 1 Nr. BGB abgelehnt wird, weil die Überwachungsleistungen der Zertifizierungsgesellschaft erst im Anschluss an die Ausstellung eines Zertifikats erfolgen und deshalb nicht dessen Herstellung zu Gute kämen.[905] Dabei wird verkannt, dass auch diese Überwachungsleistungen einer Werkleistung dienen, zwar nicht derjenigen der erstmaligen Zertifikatsausstellung, wohl aber der zu leistenden Entscheidung über die Aufrechterhaltung der Zertifizierung.[906] In diesem Sinne finden also auch die Überwachungsleistungen der Zertifizierungsgesellschaft im Vorfeld einer Werkleistung statt.

Entscheidend ist vielmehr, ob überhaupt von der Herstellung einer Sache i. S. v. § 634a Abs. 1 Nr. 1 BGB ausgegangen werden kann. Dies wird bei unkörperlichen Leistungen wie z. B. Gutachten grundsätzlich abgelehnt.[907] Etwas anderes gilt, wenn sich die unkörperliche Werkleistung tatsächlich in einer Sache oder einem Bauwerk (dann: § 634a Abs. 1 Nr. 2 BGB) verkörpert hat. So entschied etwa das OLG Düsseldorf in einem Fall, in dem ein Gutachter im Auftrag des Bauherrn Nachbesserungsarbeiten einer Bauunternehmerin überprüfen und überwachen sollte. Da sich „das Ergebnis seiner Leistung mit der Ausführung der Sanierung im Bauwerk *verkörpert*" habe, sei die gutachterliche Leistung mit derjenigen eines Architekten vergleichbar, weshalb sich die Verjährung in diesem Fall nach § 634a Abs. 1 Nr. 2 BGB

903 Vgl. Kap. 4 A. I.6.d.bb.
904 *Busche*, in MüKo BGB, § 634a Rn. 30.
905 So aber *Hoffmeyer*, Die zivilrechtliche Haftung von Zertifizierungsstellen, S. 189 f.
906 Vgl. bereits Kap. 4 A. I. 1.b.
907 *Voit*, in BeckOK BGB, § 634a Rn. 12.

richte.[908] Freilich können körperliche Sachen oder Bauwerke Gegenstand einer Zertifizierung sein. Die im weitesten Sinne gutachterliche Tätigkeit eines Zertifizierers findet jedoch keine gegenständliche Verkörperung im Zertifizierungsgegenstand. Sie ist schlicht auf die Überprüfung der Zertifizierungsmaßstäbe gerichtet und mündet in einer Aussage über die Konformität des Zertifizierungsgegenstands. Eine gestalterische Auswirkung auf die zu zertifizierende Sache ist nicht zu erkennen und wäre auch nicht mit der Unabhängigkeit der Zertifizierungsgesellschaft vereinbar. Folglich bliebt es bei der für unkörperliche Werkleistungen geltenden Regelverjährung gem. §§ 634 Abs. 1 Nr. 3, 195 ff. BGB.

IV. Zulässigkeit von Haftungsausbeschränkungen in Allgemeinen Geschäftsbedingungen

Zertifizierungsgesellschaften nehmen in der Praxis regelmäßig Haftungsausschlüsse bzw. -begrenzungen in ihre AGB auf. Derartige Klauseln sind am Maßstab der § 307 Abs. 1, 2 BGB zu messen.[909] Die Anwendung der §§ 308 Nr. 1, 2–8 und 309 BGB ist i. d. R. gem. § 310 Abs. 1 S. 1 BGB ausgeschlossen, da es sich bei den Bestellern der Zertifikate ganz überwiegend um Unternehmen handelt. Die Wertungen der Klauselverbote sind jedoch im Rahmen von § 307 BGB indiziell zu berücksichtigen.[910]

Ausgeschlossen wird beispielsweise die Haftung für Schäden, die dem Besteller durch die Ablehnung oder Zurückziehung eines Zertifikats entstehen.[911] Unproblematisch ist diese Klausel jedenfalls, sofern es um die *berechtigte* Ablehnung bzw. Zurückziehung geht. Eine Klausel, die sich auch auf die unberechtigte Ablehnung erstreckt, käme einem weitgehenden Ausschluss der Mängelrechte gleich und würde daher (unter Berücksichtigung des § 309 Nr. 8 lit. b. aa) BGB) gegen § 307 Abs. 1 BGB verstoßen.

908 OLG Düsseldorf, Urt. v. 23.3.2012 – I – 5U 65/11 = NJW 2012, 914 (915).

909 Eingehend bereits *Hoffmeyer*, Die zivilrechtliche Haftung von Zertifizierungsstellen, S. 177 ff.

910 Vgl. BGH, Urt. v. 26.2.2016 – V ZR 208/14 = NJW 2016, 2173; BGH, Urt. v. 8.3.1984 – VII ZR 349/82 = NJW 1984, 1750; *Grüneberg*, in Grüneberg, § 307 Rn. 38; *H. Schmidt*, in BeckOK BGB, § 307 Rn. 93; *Wurmnest*, in MüKo BGB, § 307 Rn. 79; krit. hingegen *Maier-Reimer*, NJW 2017, 1 (3 f.).

911 Vgl. Nr. II.9. der Allgemeinen Prüf-und Zertifizierungsordnung der TÜV Nord Systems GmbH & Co KG, abrufbar unter https://www.tuev-nord.de/fileadmin/Content/TUEV_NORD_DE/pdf/2019_01_Allgemeine_Pruef-_und_Zertifizierungsordnung_der_TUEV_NORD_Systems.pdf (Stand: 24.5.2023); Nr. 5.14 der Allgemeinen Zertifizierungsbedingungen der DEKRA Certification GmbH für Systemzertifizierungen, abrufbar unter https://www.dekra.de/media/d-030-17-allgemeine-zertifizierungsbedingungen-azb.pdf (Stand: 24.5.2023).

Üblich ist ferner die Beschränkung der Haftung auf grob fahrlässiges oder vorsätzliches Verhalten.[912] Wirksamkeitsvoraussetzung einer solchen Klausel ist zunächst, dass vor dem Hintergrund des § 309 Nr. 7 lit. a BGB, dessen spezielle Wertungen auch im unternehmerischen Rechtsverkehr weitgehend zu berücksichtigen sind,[913] Verletzungen des Lebens, des Körpers und der Gesundheit von der Klausel ausgenommen sind, wenngleich derartige Verletzungen in der Realität unwahrscheinlich sind.[914] Die Freizeichnung von grober Fahrlässigkeit darf sich ferner nicht auf gesetzliche Vertreter oder leitende Angestellte der Zertifizierungsgesellschaft erstrecken.[915] Besonderheiten gelten außerdem für sog. Kardinalspflichten bzw. wesentliche Vertragspflichten. Bereits die diesbezügliche Freistellung von der Haftung für einfaches Verschulden von Erfüllungsgehilfen ist nach der Rechtsprechung des BGH unzulässig.[916] Der Begriff der Kardinals- oder wesentlichen Vertragspflichten bereitet einige Schwierigkeiten.[917] Der BGH spricht denkbar weit von „Verpflichtungen (…), deren Erfüllung die ordnungsgemäße Durchführung des Vertrags überhaupt erst ermöglicht und auf deren Einhaltung der Vertragspartner regelmäßig vertraut und vertrauen darf.“[918] Im Falle der Zertifizierung fällt darunter jedenfalls die Pflicht, die Konformitätsprüfung, die Zertifizierungsentscheidung sowie die Überwachung ordnungsgemäß und im Einklang mit den Vorgaben des Zertifizierungssystems durchzuführen. Um nicht mit dem Transparenzgebot des § 307 Abs. 1 S. 2 BGB in Konflikt zu geraten, sind auch Zertifizierungsgesellschaften dazu übergegangen, die Formel des BGH in ihre AGB aufzunehmen.[919] Da sich wohl die meisten Schäden aus einer derart weit verstandenen „wesentlichen

---

912 Nr. 12.1 und 12.2 der AGB der TÜV Rheinland LGA Products GmbH, abrufbar unter https://www.tuv.com/germany/de/allgemeine-gesch%C3%A4ftsbedingungen.html (Stand: 24.5.2023).

913 BGH, Urt. v. 19.9.2007 – VIII ZR 141/06 = NJW 2007, 3774; *Becker*, in BeckOK BGB, § 309 Nr. 7 Rn. 46; *Wurmnest*, in MüKo BGB, § 309 Nr. 7 Rn. 33.

914 Vgl. *Hoffmeyer*, Die zivilrechtliche Haftung von Zertifizierungsstellen, S. 178 f.

915 BGH, Urt. V. 29.11.1988 – X ZR 112/87 = NJW-RR 1989, 953 (955); *Becker*, in BeckOK BGB, § 309 Nr. 7 Rn. 48; *Lapp/Salomon*, in jurisPK-BGB, § 309 Rn. 124.

916 Bspw. BGH, Urt. v. 23.8.1984 – VII ZR 274/82 = NJW 1985, 3016 (3017); m. w. N. *Becker*, in BeckOK BGB, § 309 Nr, 7 Rn. 46; *Lapp/Salomon*, in jurisPK-BGB, § 309 Rn. 126.

917 Zur Unvereinbarkeit des Begriffs „Kardinalpflicht“ ohne nähere Erläuterung mit dem Transparenzgebot vgl. BGH, Urt. v. 20.7.2005 – VIII ZR 121/04 = NJW-RR 2005, 1496; krit. hierzu *Graf von Westphalen*, NJW 2006, 2228 (2232); *Kappus*, NJW 2006, 15.

918 BGH, Urt. v. 20.7.2005 – VIII ZR 121/04 = NJW-RR 2005, 1496 (1505).

919 Vgl. Nr. 12.2 der AGB der TÜV Rheinland LGA Products GmbH, abrufbar unter https://www.tuv.com/germany/de/allgemeine-gesch%C3%A4ftsbedingungen.html (Stand: 24.5.2023); Nr. X.1 der AGB der TÜV Nord Group, abrufbar unter https://www.tuev-nord.de/de/agb/ (Stand: 24.5.2023).

Vertragspflicht“ ergeben, sind die Möglichkeiten einer Haftungsfreizeichnung stark eingeschränkt.

Zertifizierungsgesellschaften adressieren in ihren AGB zum Teil auch die Verjährung etwaiger Schadensersatzansprüche. Üblich ist eine Frist von einem Jahr,[920] womit von der gesetzlichen Regelverjährung abgewichen wird.[921] Sofern Ansprüche wegen der Verletzung von Leben, Körper und Gesundheit hiervon ausgenommen sind, ist die Fristverkürzung jedenfalls mit den Wertungen des § 309 Nr. 7 lit. a BGB vereinbar.[922] Im Übrigen darf gem. § 309 Nr. 8 lit. b ff) Alt. 2 BGB die Verjährungsfrist aber nicht weniger als ein Jahr betragen.[923]

Verbreitet ist ferner die Beschränkung der Haftung auf vertragstypische Schäden und/oder die Festlegung einer Haftungshöchstsumme.[924] Hinsichtlich der Begrenzung auf vertragstypische Schäden müssen erneut Ausnahmen für die Verletzung von Leben, Körper und Gesundheit sowie für vorsätzliches bzw. grob fahrlässiges Verhalten gesetzlicher Vertreter und leitender Angestellter vorgesehen sein.[925] Begrenzungen des Haftungsumfangs dürfen sich wiederum nicht auf vertragstypische, vorhersehbare Schäden erstrecken.[926] Vertragstypisch sind jedenfalls Schäden, die sich aus einer verspäteten oder mangelhaften Zertifizierung ergeben. Eine entsprechende Obergrenze würde den Besteller unangemessen benachteiligen. Sofern eine Obergrenze zulässigerweise festgelegt werden darf, muss sich ihre Höhe an den mit der jeweiligen Zertifizierung verbundenen Haftungsrisiken messen lassen.

Es gilt festzuhalten, dass die Freizeichnungsmöglichkeiten in AGB hinsichtlich der Haftung von Zertifizierungsgesellschaften gegenüber ihren Kunden stark eingeschränkt sind. Das relativ strenge deutsche AGB-Recht macht auch im unternehmerischen Rechtsverkehr präzise Differenzierungen im Hinblick auf die handelnden Personen und die unterschiedlichen Verschul-

---

920 Vgl. z. B. Nr. XI. der AGB der TÜV Nord Group, abrufbar unter https://www.tuev-nord.de/de/agb/ (Stand: 24.5.2023).

921 Vgl. zur gesetzlichen Regelung Kap. 4 A.III.

922 *Hoffmeyer*, Die zivilrechtliche Haftung von Zertifizierungsstellen, S. 185 f.; zur Anwendbarkeit des § 309 Nr. 7 BGB im Zusammenhang mit AGB über die Verjährung vgl. BGH, Urt. v. 15.11.2006 – VIII ZR 3/06 = NJW 2007, 674.

923 Zur Berücksichtigung dieser Vorschrift im unternehmerischen Rechtsverkehr m. w. N. *Wurmnest*, in MüKo BGB, § 309 Nr. 8, Rn. 83.

924 Z. B. Nr. X.2 der AGB der TÜV Nord Group (Höchstsumme: 300.000,00 Euro), abrufbar unter https://www.tuev-nord.de/de/agb/ (Stand: 24.5.2023).

925 *Hoffmeyer*, Die zivilrechtliche Haftung von Zertifizierungsstellen, S. 183 ff.

926 BGH, Urt. v. 11.11.1992 – VIII ZR 238/91 = NJW 1993, 335; BGH, Urt. v. 23.2.1984 – VII ZR 274/82 = NJW 1985, 3016 (3018); *Grüneberg*, in Grüneberg, § 309 Rn. 51; *Wurmnest*, in MüKo BGB, § 309 Nr. 7 Rn. 39; vgl. auch die Kritik an der BGH-Rspr. sowie die großzügigere Linie bei *Langer*, WM 2006, 1233 (1235 ff.).

densgrade erforderlich. Der kursorische Blick auf die zitierten AGB zeigt allerdings, dass die Zertifizierungsgesellschaften den Anforderungen ganz überwiegend gerecht werden.

V. Fazit zur Haftung gegenüber dem Vertragspartner

Eine Haftung der Zertifizierungsgesellschaft gegenüber ihren Vertragspartnern kommt bei der Verletzung vertraglicher Pflichten in Betracht. Das Mängelgewährleistungsrecht der §§ 633 ff. BGB begründet ein umfassendes und ausdifferenziertes Schutzregime zugunsten der Vertragspartner in sämtlichen Phasen der Vertragsdurchführung. Im Einzelnen können sich rechtstechnische Schwierigkeiten aufgrund der Qualifizierung als Dauerschuldverhältnis, der Unterschiedlichkeit der Leistungen in den einzelnen Phasen und der unkörperlichen Werkleistung ergeben. Die identifizierten zentralen Aspekte einer mangelfreien Zertifizierung sind die inhaltliche Richtigkeit der Zertifizierungsentscheidung, die Einhaltung der Maßstäbe und Methoden des Zertifizierungssystems sowie die Akkreditierung bzw. Zulassung der Zertifizierungsgesellschaft. Die im Falle von Mängeln verursachten Vermögensschäden können bei Verschulden geltend gemacht werden. Von einer Garantie i. S. v. § 276 Abs. 1 S. 1 BGB für die Richtigkeit der Zertifizierungsentscheidungen ist nicht auszugehen, sodass auch die Haftung für Fehlzertifizierungen vom Verschulden der Zertifizierungsgesellschaft abhängt.

Zugunsten der Vertragspartner kommt die relativ hohe Freizeichnungsfestigkeit der Ansprüche zum Tragen. Eingeschränkt und im Einzelfall besonders begründungsbedürftig ist hingegen die Möglichkeit, die Zertifizierungsgesellschaft bei Ansprüchen Dritter gegen die Besteller in Regress zu nehmen. Dies gilt im Besonderen für die obligatorischen Zertifizierungssysteme. Interessanterweise konnten jenseits dieses Spezialproblems nur wenige haftungsrechtliche Unterschiede zwischen den Zertifizierungssystemen festgestellt werden. Wenn auch zum Teil mit unterschiedlichen Begründungen, sind die Ergebnisse überwiegend identisch.

Ergänzt wird die vertragliche durch die deliktische Haftung. Da die (Vermögens)Schäden des Bestellers nahezu immer auch auf einer Vertragspflichtverletzung beruhen, ist die praktische Relevanz des Deliktsrechts begrenzt. Dies ist auch darauf zurückzuführen, dass, außer bei Körperverletzungen, keine Abweichungen hinsichtlich der Verjährung zu beachten sind und bei der Schädigung durch einfache Arbeitnehmer die Exkulpationsmöglichkeit des § 831 Abs. 1 S. 2 BGB zum Tragen kommt.

Die vorliegend festgestellte, relativ weitreichende Haftung der Zertifizierungsgesellschaft gegenüber ihren Vertragspartnern soll noch einmal vor dem Hintergrund der zertifizierungstypischen Anreizstruktur reflektiert werden. Die Zertifizierungsgesellschaften sind nach ihrem Geschäftsmodell darauf angewiesen, von ihren Kunden, die sie objektiv und unvoreingenommen überprüfen sollen, beauftragt zu werden.[927] Dieses Spannungsverhältnis wird durch das strenge Haftungsrecht nochmals verstärkt. Die Gefahr einer Zertifikatsausstellung trotz bestehender Restzweifel hinsichtlich der Konformität des untersuchten Gegenstands ist aufgrund drohender Schadensersatzklagen durch den Auftraggeber nicht von der Hand zu weisen. Der Vertiefung des Anreizproblems kann indes mit der Ausgestaltung der *Dritthaftung* der Zertifizierungsgesellschaft begegnet werden. Sie vermag eine Verhaltenssteuerung auf Seiten der Zertifizierungsgesellschaft zu bewirken, die dem *race to the bottom* hinsichtlich der Prüfungsintensität entgegenwirkt. Inwiefern dieses Korrektiv im deutschen Recht bemüht wird, wird im folgenden Abschnitt untersucht.

B. Die Haftung gegenüber Dritten

Zertifikate stellen nach ihrem Sinn und Zweck unabhängige und objektive Informationsquellen dar. Die unterschiedlichsten Akteure aus Handel, Wirtschaft und Verwaltung sollen auf sie vertrauen können, wodurch eigene, wirtschaftlich unrentable Nachforschungen vermieden werden. Aus diesem Grund ist die Zertifizierung als Lebenssachverhalt keine rein private Angelegenheit zwischen den Parteien des Zertifizierungsvertrages. Fraglich ist, inwiefern dieser phänomenologische Befund durch eine privatrechtliche Haftung der Zertifizierungsgesellschaften gegenüber vertragsfremden Dritten gespiegelt wird. Damit das Recht seinen verhaltenssteuernden Auftrag erfüllt, muss es gelingen, die Position der faktischen Leistungsadressaten haftungsrechtlich zu würdigen. Wie bei anderen Konstellationen der Expertenhaftung offenbart sich hierbei ein Spannungsverhältnis zwischen dem Grundsatz der Souveränität der Schuldverhältnisse und der über das jeweilige Vertragsverhältnis hinausreichenden Funktion der Zertifizierung. Im folgenden Abschnitt soll dieses Problem aus der Perspektive des deutschen Rechts näher untersucht werden. Ausgangspunkt ist der typische Fall einer vertragsfremden Person, die im Vertrauen auf die Richtigkeit eines tatsächlich fehlerhaften Zertifikats in Kontakt mit dem Zertifizierungsgegenstand getreten ist und in der Folge einen Schaden erlitten hat. Eine Haftung gegenüber den faktischen Adressaten der Zertifizierung kann auf unterschiedliche Weise begründet werden. In Betracht kommen sowohl vertragliche bzw. vertragsähnliche als auch deliktische Anspruchsgrundlagen, wobei erhebliche Unterschiede bestehen, je nachdem ob Rechtsgüter des Dritten oder lediglich dessen Vermögen verletzt wurden.

927 Eingehend hierzu Kap. 3 B.

I. Vorbemerkungen zur sogenannten Expertenhaftung und zum methodischen Vorgehen

Zertifizierungsgesellschaften nehmen als qualifizierte und i. d. R. akkreditierte Experten besonderes Vertrauen in Anspruch. Die Dritthaftung von Zertifizierungsgesellschaften stellt daher eine Fallgruppe der sog. Expertenhaftung dar. Unter diesem Oberbegriff wird die Dritthaftung berufsmäßiger Experten, insbesondere von Immobiliengutachtern, Rechtsanwälten, Wirtschaftsprüfern und Rating-Agenturen, für die fehlerhafte Erstellung von Gutachten, Expertisen, Ratschlägen und Testaten aller Art diskutiert.[928] An dieser Stelle sind daher einige Vorbemerkungen zu der übergeordneten Problematik dieses Themenkomplexes angezeigt.

Die besondere Aufmerksamkeit, die die Expertenhaftung in Rechtsprechung und Literatur erhalten hat, ist darauf zurückzuführen, dass die verschiedenen Expertisen vertragsfremden Dritten regelmäßig als Entscheidungsgrundlage für Vermögensdispositionen dienen. Führt eine fehlerhafte Expertise aufseiten des Dritten zu einem Vermögensschaden, beruht dies typischerweise lediglich auf einem fahrlässigen Verhalten des Experten.[929] Eine allgemeine Fahrlässigkeitshaftung für sog. reine Vermögensschäden sieht das BGB jedoch bekanntlich nicht vor.[930] Da zwischen dem Schädiger und dem Geschädigten kein Vertrag besteht, können reine Vermögensschäden *prima facie* nur in den engen Grenzen der §§ 823 Abs. 2, 826, 831 BGB geltend gemacht werden. Ein umfangreicherer vermögensrechtlicher Drittschutz bzw. eine Korrektur der als unbefriedigend empfundenen[931] Ungleichbehandlung zwischen „reinen" und durch Rechtsgutsverletzungen vermittelten Vermögensschäden ist nur mit einigem Begründungsaufwand möglich. Fehlt es an einer vertraglichen oder gesetzlichen Sonderverbindung, bereitet insbesondere die Ermittlung der anspruchsberechtigten Personen, mithin also die sachgerechte Eingrenzung des Haftungsrisikos erhebliche praktische und dogmatische Schwierigkeiten. Die Korrekturversuche laufen dabei Gefahr, die gesetzliche Grundentscheidung gegen eine Fahrlässigkeitshaftung für reine Vermögensschäden (*contra legem*) zu umgehen.[932]

Eine weiterreichende Expertenhaftung wurde vor allem durch die Ausdehnung der vertraglichen Haftung erreicht. Insbesondere die Rechtsprechung gelangt zu diesem Ergebnis, indem sie den Dritten in den Schutzbereich des

928 Zu den unterschiedlichen Konstellationen im Überblick *Gottwald*, in MüKo BGB, § 328 Rn. 216 ff.
929 *Picker*, in Medicus-FS (1999), S. 397 (426 f.).
930 Eingehend *Wagner*, in MüKo BGB, § 823 Rn. 423 ff.
931 Vgl. *Picker*, in Medicus-FS (1999), S. 397 (428 f.).
932 *Wagner*, in MüKo BGB, § 823 Rn. 432.

Vertrages zwischen dem Experten und seinem Auftraggeber einbezieht.[933] Andere Vorschläge zielen darauf ab, den Drittschutz nicht an den Expertenvertrag anzuknüpfen, sondern unmittelbar an ein rechtsgeschäftliches oder zumindest rechtsgeschäftsähnliches Schuldverhältnis zwischen dem Experten und Dritten.[934] Andererseits wurden auch Korrekturen im Rahmen des Deliktsrechts vorgeschlagen, etwa indem der Anwendungsbereich des § 823 Abs. 2 BGB auf Verkehrspflichtverletzungen ausgedehnt[935] oder das Vorsatzerfordernis des § 826 BGB abgeschwächt werden.[936] Schließlich gibt es Vorschläge, die Haftung jenseits der Kategorien von Vertrag und Delikt gerade an die Berufsmäßigkeit der ausgeübten Tätigkeit, das entsprechende Auftreten des Experten am Markt und die dadurch geweckten Erwartungen anknüpfen zu wollen.[937]

Eine eingehende Untersuchung der dogmatischen Grundlagen kann im Rahmen dieser Arbeit freilich nicht erfolgen.[938] Vielmehr sollen die gebührend zu würdigenden Lösungsvorschläge auf die Konstellation der Zertifizierung übertragen werden,[939] sodass sich auf dem Boden der herrschenden Meinung ein Gesamtbild der Dritthaftung von Zertifizierungsgesellschaften ergibt, das auch im Rahmen der rechtsvergleichenden und kollisionsrechtlichen Untersuchung fruchtbar gemacht werden kann.

Schon an dieser Stelle sei auf eine Besonderheit der Zertifiziererhaftung hingewiesen. Zertifikate werden zum einen wie andere Expertisen von Dritten als Entscheidungsgrundlage für Vermögensdispositionen herangezogen, beispielsweise wenn Gesellschaftsübernahmen oder die Eingehung von Geschäftsbeziehungen vom Vorliegen eines Zertifikats abhängig gemacht wer-

---

933 Eingehend zum Vertrag mit Schutzwirkung, Kap. 4 B.II.2.

934 Vgl. zur Lösung über die culpa in contrahendo *Canaris*, ZHR 1999, 206 (220); ähnlich W. *Lorenz*, in Larenz-FS (1973), S. 575 (615 ff.); *Koch*, Archiv für die civilistische Praxis (AcP) 2004, 59; zur Konzeption einer quasivertraglichen Berufshaftung aus „kommunikativem Handeln mit Geltungsanspruch" *Köndgen*, Selbstbindung ohne Vertrag, S. 352 ff. (356); zugunsten einer teleologischen Extension des § 311 Abs. 3 S. 2 BGB argumentiert *Schinkels*, JZ 2008, 272 (277 f.); zur Haftung aus „Garantieerklärung" siehe *Grunewald*, AcP 1987, 285.

935 *Huber*, in von Caemmerer-FS (1978), S. 359 (377 ff.); *Mertens*, AcP 1978, 227; *von Bar*, Verkehrspflichten, S. 233 ff.

936 Vgl. zum Merkmal der „Leichtfertigkeit" bspw. BGH, Urt. v. 6.5.2008 – XI ZR 56/07 = NJW 2008, 2245; BGH, Urt. v. 3.12.2013 – XI ZR 295/12 = NJW 2014, 1098; ausführlich zu § 826 BGB unter Kap. 4 B.III.4.

937 *Hirte*, Berufshaftung, S. 412 ff., er qualifiziert seine „unternehmerische Außenhaftung" dennoch als „genuines Vertragsrecht" (S. 424 ff.); *Hopt*, AcP 1983, 115; *Lammel*, AcP 1979, 337.

938 Vgl. bereits *Hirte*, Berufshaftung; *Plötner*, Expertenhaftung; zum Meinungsbild im Überblick auch *Büttner*, Dritthaftung von Experten, S. 173 ff.

939 Vgl. auch bereits die Arbeit von *Hoffmeyer*, Die zivilrechtliche Haftung von Zertifizierungsstellen, S. 193 ff.

den oder ein Produkt aufgrund eines Zertifikats gekauft wird. Anders als fehlerhafte Ratings, Bilanzprüfungen oder Wertgutachten kann eine fehlerhafte Zertifizierung jedoch auch Verletzungen absolut geschützter Rechtsgüter nach sich ziehen. Dies gilt speziell für obligatorische Sicherheitszertifizierungen, also z. B. wenn unerkannt gefährliche Medizinprodukte fälschlicherweise zertifiziert werden. In diesen Fällen stellt sich das typische Problem der Expertenhaftung für Vermögensschäden nicht, da der Patient, der durch das Medizinprodukt geschädigt wurde, die Verletzung seines Körpers oder seiner Gesundheit geltend machen kann. Im steht daher prinzipiell ein deliktischer Anspruch gem. § 823 Abs. 1 BGB zu, sofern der eingetretene Schaden der Zertifizierungsgesellschaft zugerechnet werden kann.[940] Die betroffenen Dritten haben andererseits auch im Falle von Rechtsgutsverletzungen ein Interesse an einer *vertraglichen* Haftung, da sich die Zertifizierungsgesellschaft im Rahmen der deliktischen Haftung regelmäßig gem. § 831 Abs. 1 S. 2 BGB exkulpieren kann.[941]

II. Vertragliche und vertragsähnliche Haftungsgrundlagen

Die Heranziehung des Vertragsrechts ist der traditionelle Reflex des deutschen Rechts, wenn über die außervertraglichen Haftungsregime keine befriedigenden Ergebnisse erzielt werden können. Die Annahme eines vertraglichen oder vertragsähnlichen Schuldverhältnisses zwischen Zertifizierungsgesellschaft und Drittem eröffnet diesem den Zugang zu § 280 Abs. 1 BGB und damit den Ersatz reiner Vermögensschäden. Zudem gilt § 278 BGB für die Haftung von Hilfspersonen anstelle des restriktiveren § 831 BGB im Rahmen der deliktischen Haftung. Prinzipiell kann für die Ausweitung des Vertragsrechts an den tatsächlich geschlossenen Vertrag zwischen der Zertifizierungsgesellschaft und ihrem Auftraggeber angeknüpft oder ein eigenständiges Schuldverhältnis zwischen der Zertifizierungsgesellschaft und dem Dritten angenommen werden. Subjektive und objektive Haftungsvoraussetzungen werden dabei in Literatur und Rechtsprechung unterschiedlich stark betont.

1. Vorliegen eines Vertrages zwischen Zertifizierungsgesellschaft und Drittem

In der Rechtsprechung wurde bisweilen ein stillschweigend geschlossener Auskunftsvertrag i. S. v. § 675 Abs. 1 BGB zwischen dem Experten und

940 Vgl. Kap. 4 B.III.2.

941 Anders *Wagner*, JZ 2018, 130 (137), der im Falle von Rechtsgutsverletzungen kein praktisches Bedürfnis für eine vertragliche Haftung sieht.

dem Adressaten der Expertise angenommen.[942] Dies sei der Fall, wenn ein sachkundiger Experte an den Verhandlungen zum Abschluss eines Vertrages teilnimmt und unmittelbar Auskünfte erteilt, die für den Empfänger erkennbar von erheblicher Bedeutung sind. Die Annahme eines Auskunftsvertrages muss sich daher auf Fallkonstellationen beschränken, in denen ein unmittelbarer Kontakt zwischen dem Experten und Dritten besteht und der Anlass für die Verwendung der Auskunft erkennbar ist.[943] In den Zertifizierungsfällen sind diese Voraussetzungen typischerweise nicht erfüllt. Zertifizierungsgesellschaften nehmen an Vertragsverhandlungen, die den Zertifizierungsgegenstand betreffen, in der Regel nicht Teil. Die Adressaten des Zertifikats oder auch nur dessen zahlenmäßige Verwendung sind ihr daher nicht bekannt. Dennoch von einem stillschweigenden Auskunftsvertrag auszugehen, wäre eine unzulässige Fiktion.[944] Erschöpft sich der Kontakt zwischen Zertifizierungsgesellschaft und Drittem in der Vorlage des Zertifikats durch den Auftraggeber, fehlt es bereits am objektiven Tatbestand einer Willenserklärung.[945] Das Zertifikat stellt nach seinem Sinn und Zweck lediglich eine Informationsquelle dar, die Aufschluss gibt über die Konformität des untersuchten Gegenstands. Es handelt sich daher nach dem objektiven Empfängerhorizont um eine rein deklaratorische Wissenserklärung.[946] Ein Auskunftsvertrag zwischen Zertifizierungsgesellschaft und Drittem kommt folglich nicht zustande.

2. Vertrag mit Schutzwirkung für Dritte

Kommt also kein Auskunftsvertrag zwischen dem Dritten und der Zertifizierungsgesellschaft zustande, ist fraglich, inwiefern Dritte Rechte aus dem Zertifizierungsvertrag ableiten können. Ein sog. echter Vertrag zugunsten Dritter gem. § 328 Abs. 1 BGB scheidet jedenfalls aus.[947] Das Zertifikat wird zwar zur Vorlage gegenüber Dritten ausgestellt, Gläubiger der Zertifizierungsleistung ist jedoch ausschließlich der Besteller des Zertifikats, der dann über dessen Verwendung gegenüber Dritten entscheidet. Ohnehin haben Dritte kein Interesse an einem Leistungsanspruch, sondern an einem

---

942 Z.B. BGH, Urt. v. 29.10.1952 – II ZR 283/51 = NJW 1953, 60 (Wirtschaftstreuhänder); BGH, Urt. v. 13.2.1992 – III ZR 28/90 = NJW 1992, 2080 (Steuerberater); OLG Köln, Urt. v. 20.10.1987 – 15 U 55/87 = NJW-RR 1988, 335 (Architekt); vgl. hierzu auch *Heermann*, in MüKo BGB, § 675 Rn. 129.

943 *Leyens*, JuS 2018, 217 (219).

944 Vgl. *Canaris*, ZHR 1999, 206 (213); *Hirte*, Berufshaftung, S. 387 f.; *Leyens*, JuS 2018, 217 (219).

945 Zum fehlenden subjektiven Tatbestand vgl. auch *Hoffmeyer*, Die zivilrechtliche Haftung von Zertifizierungsstellen, S. 210 f.

946 *Canaris*, ZHR 1999, 206 (213); *Pinger/Behme*, JuS 2008, 675 (677).

947 Allgemein zur Expertenhaftung *Löwisch*, in Staudinger, § 328 Rn. 267.

Anspruch auf Schadensersatz aufgrund der sie betreffenden Schlechterfüllung der vertraglichen Hauptleistung.[948]

Ein solcher Anspruch könnte sich daraus ergeben, dass Dritte in den Schutzbereich des Zertifizierungsvertrages einbezogen werden. Durch die Rechtsfigur des Vertrages mit Schutzwirkung können Schuldner unter bestimmten Voraussetzungen verpflichtet werden, vertraglich begründete Integritätsschutzpflichten auch gegenüber Dritten beachten zu müssen. Auf diesem Wege wird der wegen § 831 BGB als zu eng empfundene deliktische Drittschutz durch eine vertragsähnliche Haftung ergänzt.[949] Die Haftung nach den Grundsätzen des Vertrages mit Schutzwirkung für Dritte kann jedoch auch zur Anwendung kommen, wenn der Schuldner seine Hauptleistungspflichten verletzt hat und Dritte hierdurch Vermögensschäden erlitten haben.[950] Insbesondere die Rechtsprechung, die den Vertrag mit Schutzwirkung maßgeblich entwickelt hat, bewältigt verschiedene Fallgruppen der Expertenhaftung auf diesem Wege.

Sie stützt sich dabei ganz überwiegend auf eine ergänzende Auslegung des Hauptvertrages gem. §§ 133, 157, 242 BGB[951] oder – seltener – auf eine Analogie zu § 328 BGB;[952] zum Teil wurde die Entscheidung über die dogmatische Grundlage auch offengelassen.[953] Mit der Einführung des § 311 Abs. 3 BGB im Zuge der Schuldrechtsreform stellte sich die Frage nach dem Verhältnis der dort normierten Sachwalter- bzw. Vertrauenshaftung zum Vertrag mit Schutzwirkung für Dritte. Teilweise wurde vertreten, der Gesetzgeber habe mit dieser Vorschrift die Expertenhaftung nunmehr gänz-

---

948 Vgl. *Gottwald*, in MüKo BGB, § 328 Rn. 181.

949 *Gottwald*, in MüKo BGB, § 328 Rn. 166; vgl. auch *Büttner*, Dritthaftung von Experten, S. 7 f.

950 *Löwisch*, in Staudinger, § 328 Rn. 118.

951 BGH, Urt. v. 27.2.2020 – VII ZR 151/18 = NJW 2020, 1514 (1516); BGH, Urt. v. 24.6.2004 – I ZR 26/02 = NJW 2004, 3035 (3036); BGH, Urt. V. 2.4.1998 – III ZR 245-96 = NJW 1998, 1948 (1949); BGH, Urt. v. 2.7.1996 – X ZR 104/94 = NJW 1996, 2927 (2928); umfassende Nachweise bei *Löwisch*, in Staudinger, § 328 Rn. 105; zustimmend *Grüneberg*, in Grüneberg, § 328 Rn. 14; *Hadding*, in Soergel, Anh. § 328 Rn. 6; *Leyens*, JuS 2018, 217 (220); *Ott*, in Schäfer-FS (2008), S. 171 (175).

952 Vgl. BGH, Urt. v. 12.1.2011 – VIII ZR 346/09 = NJW 2011, 462 (463); bereits das RG entwickelte den Vertrag mit Schutzwirkung in Anlehnung an § 328 BGB, vgl. Urt. v. 5.10.1919 – III 145/17 = RGZ 91, 21 (24); heute ist weitgehend anerkannt, dass die §§ 328 ff. BGB nicht direkt oder analog zur Anwendung kommen, da sie einen Leistungsanspruch des Dritten voraussetzen, grundlegend hierzu *Larenz*, Schuldrecht Bd. I AT, § 17 II (S. 225 f.); ebenso und m. w. N. *Gottwald*, in MüKo BGB, § 328 Rn. 169; *Löwisch*, in Staudinger, § 328 Rn. 100; eine Analogie zu § 328 BGB vertritt bspw. *Zugehör*, NJW 2000, 1601 (1603).

953 Diese sei „gleichgültig“, BGH, Urt. v. 11.1.1977 – VI ZR 261/75 = NJW 1977, 2073 (2074).

lich dem Regime der CIC unterstellt,[954] andere sehen in § 311 Abs. 3 BGB gerade die bis dato fehlende gesetzliche Verankerung des Vertrages mit Schutzwirkung.[955] Der BGH hingegen hielt jedoch auch nach Einführung der Vorschrift am Vertrag mit Schutzwirkung und der von ihm bevorzugten subjektiven Begründung fest.[956]

In der Literatur wird die Anknüpfung des vermögensrechtlichen Drittschutzes an den Willen der Vertragsparteien zunehmend kritisiert und als Fiktion abgelehnt. Beim Vertrag mit Schutzwirkung handle es sich um eine durch richterliche Rechtsfortbildung entwickelte, auf dem Prinzip von Treu und Glauben beruhende Erweiterung des Hauptvertrages, mithin also um ein gesetzliches Schuldverhältnis.[957] Hierdurch soll in komplexen wirtschaftlichen Verhältnissen den „Sozialwirkungen der Schuldverhältnisse" Rechnung getragen werden.[958] Die *objektiv*-rechtliche Qualifikation hat den Vorteil, das Schutzinteresse des Gläubigers an der Einbeziehung des Dritten in den Vertrag ohne die widersprüchliche Fiktion eines hypothetischen Willens, erklären zu können, wenn die Interessen des Gläubigers und des Dritten tatsächlich gegenläufig waren.[959] In den meisten Fällen wirkt sich der dogmatische Streit aufgrund der inzwischen gewohnheitsrechtlich etablierten Voraussetzungen des Vertrages mit Schutzwirkung nicht auf das Ergebnis aus.[960] Im Folgenden wird auf die unterschiedlichen Ansichten Bezug genommen, sofern diese zu unterschiedlichen Ergebnissen führen. Generell ist zu beachten, dass die Voraussetzungen der Einbeziehung Dritter eng auszulegen sind, um die Grenze zwischen Vertrags- und Deliktsrecht nicht zu verwischen und das Haftungsrisiko des Experten kalkulier- und versicherbar zu halten.[961]

---

954 *Canaris*, Juristenzeitung 2001, 499 (520); *Gellmann*, Haftung von Experten, S. 31 ff.; *Kersting*, Dritthaftung für Informationen, S. 105 ff.; *Mäsch*, JuS 2013, 935 (936 f.); *Pinger/Behme*, JuS 2008, 675 (678).

955 Dafür *Kilian*, NZV 2004, 489 (494); dagegen *Bayer*, in Erman, § 328 Rn. 66; *Löwisch*, in Staudinger, § 328 Rn. 102.

956 Z. B. BGH, Urt. v. 24.6.2004 – I ZR 26/02 = NJW 2004, 3035.

957 *Bayer*, in Erman, § 328 Rn. 66; *Gernhuber*, Das Schuldverhältnis, § 21 II 6. grds. auch *Gottwald*, in MüKo BGB, § 328 Rn. 172, wobei für die Fallgruppe der Expertenhaftung § 311 Abs. 3 S. 2 BGB als Anspruchsgrundlage heranzuziehen sei, Rn. 174; *Larenz*, Schuldrecht Bd. I AT, § 17 II (S. 227). *Löwisch*, in Staudinger, § 328 Rn. 106; *Stadler*, in Jauernig, § 328 Rn. 21; differenzierend *Zenner*, NJW 2009, 1030 (1033 ff.).

958 *Gernhuber*, Das Schuldverhältnis, § 21 II 6d.

959 *Bayer*, in Erman, § 328 Rn. 66.

960 *Bayer*, in Erman, § 328 Rn. 66; *Stürner*, in Prütting/Wegen/Weinreich, Vor §§ 328–335 Rn. 2; vgl. aber *Hadding*, in Soergel, Anh. § 328 Rn. 8; sowie *Löwisch*, in Staudinger, § 328 Rn. 107, die die gewohnheitsrechtliche Anerkennung ablehnen.

961 Vgl. z. B. BGH, Urt. v. 27.2.2020 – VII ZR 151/18 = NJW 2020, 1514 (1516 Rn. 21); m. w. N. *Löwisch*, in Staudinger, § 328 Rn. 112.

a. Leistungsnähe des Dritten

Erste Voraussetzung für die Einbeziehung des Dritten ist, dass er bestimmungsgemäß mit der geschuldeten Leistung in Berührung kommt, er also den potenziellen Gefahren einer fehlerhaften Leistung in gleichem Maße ausgesetzt ist wie der Gläubiger.[962] Zunächst soll das Merkmal der *vergleichbaren Gefährdungslage* in den Blick genommen werden. Hierzu muss man sich die Konsequenzen einer Fehlzertifizierung für die beteiligten Personen vor Augen führen. Dem Besteller eines Zertifikats drohen bei einer Pflichtverletzung der Zertifizierungsgesellschaft in erster Linie wirtschaftliche Konsequenzen. Die Vergleichbarkeit der Gefährdungslagen ist daher jedenfalls gegeben, wenn ein inhaltlich unrichtiges Zertifikat auch für Dritte Vermögenseinbußen nach sich zöge. In vergleichbaren Konstellationen der Wertgutachter- und Wirtschaftsprüferhaftung wird die Leistungsnähe der Adressaten des Gutachtens bzw. Testats auf diese Weise begründet. Dem Käufer einer Immobilie dient das Wertgutachten gleichermaßen als Entscheidungsgrundlage für seine Vermögensdisposition wie dem Verkäufer, der den Gutachter beauftragt hat.[963] Beide sind also vergleichbaren Risiken einer Fehlbewertung ausgesetzt. Diese Argumentation kann regelmäßig auf Zertifizierungsfälle übertragen werden.[964] Auch die Zertifikatinhaber und ihre Geschäftspartner nehmen aufgrund der Konformitätsaussagen eines ausgestellten Zertifikats Vermögensverfügungen vor. Sofern also auf beiden Seiten Vermögensinteressen betroffen sind, ist eine Vergleichbarkeit der Gefährdungslagen – unabhängig vom jeweiligen Zertifizierungssystem – gegeben.

Fraglich ist, was bei der Zertifizierung von Sicherheitsstandards gilt. Hier ist ohne Weiteres denkbar, dass Dritte Rechtsgutsverletzungen erleiden, etwa wenn ein zu Unrecht zertifiziertes und tatsächlich gesundheitsschädliches Medizinprodukt erworben wird. Integritätsinteressen der Zertifizierungsgesellschaft sind hingegen nicht betroffen, es drohen weiterhin lediglich wirtschaftliche Konsequenzen. Der Dritte wird in dieser Konstellation also nicht *in gleicher Weise* wie der Gläubiger der Hauptleistung durch ein pflichtwidriges Fehlverhalten gefährdet. Der BGH lehnte die Leistungsnähe in seinem grundlegenden Urteil aus dem Jahr 2020 über die Haftung be-

---

962 Zuletzt BGH, Urt. v. 27.2.2020 – VII ZR 151/18 = NJW 2020, 1514 (1516); m.w.N. *Gottwald*, in MüKo BGB, § 328 Rn. 184; *Janoschek*, in BeckOK BGB, § 328 Rn. 56; *Löwisch*, in Staudinger, § 328 Rn. 114.

963 *Löwisch*, in Staudinger, § 328 Rn. 118, 268; *Pinger/Behme*, JuS 2008, 675 (675); BGH, Urt. v. 24.4.2014 – III ZR 156/13 = NJW 2014, 2345.

964 Ähnlich auch *Hoffmeyer*, Die zivilrechtliche Haftung von Zertifizierungsstellen, S. 218 f., der jedoch nicht zwischen Rechtsgutsverletzungen und Vermögensschäden differenziert.

nannter Stellen im sog. PIP-Skandal unter anderem aus diesem Grund ab;[965] in einer früheren Entscheidung hatte er das Vorliegen eines Vertrages mit Schutzwirkung noch ausdrücklich offengelassen.[966] In der Tat scheint der Vertrag mit Schutzwirkung auf den ersten Blick ungeeignet, wenn es darum geht, dem Dritten einen Integritätsschutz zukommen zu lassen, der im Verhältnis zum Vertragspartner keine Rolle spielt. Es geht dann nicht mehr um eine Ausweitung bestehender, sondern um die Begründung neuer Pflichten, was aber nur durch eine ausdrückliche Vereinbarung der Parteien möglich sein könnte. Andererseits stellt das Merkmal der Leistungsnähe nach dem subjektiven Konzept der Rechtsprechung ein Indiz für den hypothetischen Einbeziehungswillen der Vertragsparteien dar, mithilfe dessen die Einbeziehung von Personen verhindert werden soll, die vollkommen abseits des Vertrages stehen.[967] Die Leistungsnähe definiert gewissermaßen die äußere Grenze dieser Rechtsfigur. Der Vertrag mit Schutzwirkung wird aber nicht überstrapaziert, wenn es um den Schutz von Personen geht, die mit der Leistung in Kontakt geraten und lediglich in qualitativer Hinsicht anders gefährdet werden als der Gläubiger der Leistung. Die Tatsache, dass die Endabnehmer zertifizierter Produkte aufgrund der schwerwiegenderen Konsequenzen einer Pflichtverletzung sogar schutzbedürftiger sind als die Besteller des Zertifikats, könnte dann gerade als besonders starkes Indiz für entsprechende Schutzpflichten in die Ermittlung des hypothetischen Willens einfließen. Jedenfalls ist es nicht überzeugend die Leistungsnähe lediglich aufgrund unterschiedlich betroffener Interessen abzulehnen.

Freilich zweifelt der BGH die Leistungsnähe auch deshalb an, weil es bereits an der Leistungsberührung fehle: „Die Leistungsverpflichtung (…) bestand im Streitfall in der Zertifizierung des Qualitätssicherungssystems und der Auslegungsdokumentation des Herstellers der Silikonbrustimplantate. Mit dieser Leistung als solcher kamen die Versicherten, denen die Silikonbrustimplantate später eingesetzt wurden, weder bestimmungsgemäß noch faktisch unmittelbar in Kontakt. Vielmehr wirkten sich die (…) zu unterstellenden Pflichtverletzungen (…) nur mittelbar auf die Versicherten aus, nämlich durch die in der Folge nicht aufgedeckte Herstellung von Implantaten mit minderwertigem Industriesilikon.“[968]

---

965 BGH, Urt. v. 27.2.2020 – VII ZR 151/18 = NJW 2020, 1514 (1516); vgl. hierzu *Bellinghausen/Krause*, NJW 2020, 1480; zum Sachverhalt des PIP-Falls Kap. 1 A. I.

966 BGH, Urt. v. 22.6.2017 – VII ZR 36/14 = NJW 2017, 2617 (2619).

967 Vgl. *Zenner*, NJW 2009, 1030 (1031).

968 BGH, Urt. v. 27.2.2020 – VII ZR 151/18 = NJW 2020, 1514 (1516); ähnlich auch die Vorinstanz, OLG Nürnberg, Urt. v. 27.6.2018 – 4 U 979/14 = BeckRS 2018, 51171 (Rn. 25); vgl. ferner OLG Zweibrücken, Urt. v. 30.1.2014 – 4 U 66/13 = MPR 2014, 62 (66); die Ablehnung des Vertrages mit Schutzwirkung vertreten mit mehr oder weniger ausführlichen Begründungen auch *Beyerbach*, GesR 2015, 522 (525); *Handorn*, MPR 2014, 84 (84 f.); *Nietsch/Osmanovic*, ZIP 2020, 2316 (2319 f.); *Rott/Glinski*,

Diese Argumentation erscheint zunächst kritikwürdig, weil Dritte in keiner Fallgruppe der Expertenhaftung mit der Begutachtung, Prüfung oder Bewertung unmittelbar in Berührung kommen.[969] Die Rechtsprechung hatte in der Vergangenheit keine Schwierigkeiten, die Leistungsnähe anzunehmen, wenn Dritten lediglich das Ergebnis der Begutachtung, Prüfung oder Bewertung vorgelegt wurde.[970] Dies ist für diese Konstellationen geradezu typisch. Anzuerkennen ist jedoch, dass zwischen der unsorgfältigen Konformitätsprüfung und der tatsächlichen Schädigung der Patienten durch das Produkt mehrere Zwischenschritte erforderlich sind, sodass Zweifel an der Unmittelbarkeit der Leistungsberührung bestehen. Das ist insbesondere der Fall, wenn wie im PIP-Fall nicht jedes einzelne Produkt auf seine Konformität geprüft wurde, sondern die Produktsicherheit durch eine Prüfung des QM-Systems bzw. der technischen Dokumentation sichergestellt werden soll.[971]

Gegen die erforderliche Leistungsnähe spricht aber vor allem die *Bestimmungsgemäßheit* der Leistungsberührung.[972] Die Konformitätsbescheinigung sowie das durch den Hersteller angebrachte CE-Zeichen haben die Funktion, gegenüber staatlichen Behörden die Einhaltung des Produktsicherheitsrechts und damit die Freiverkehrsfähigkeit des Produkts nachzuweisen, indem sie zugunsten des Herstellers eine Vermutungswirkung über die Einhaltung der wesentlichen Sicherheitsanforderungen entfalten.[973] Die Zertifizierungsleistung ist daher auf den Hersteller bezogen, um diesem den Zugang zum Binnenmarkt zu ermöglichen.[974] Die designierten Adressaten der vertraglich geschuldeten Expertise sind nach Sinn und Zweck des Zertifizierungssystems die nationalen Marktaufsichtsbehörden. Dass Marktteilnehmer sich auf die Aussagen der Konformitätsbescheinigung oder des CE-Zeichens verlassen, stellt daher allenfalls eine faktische Leistungsberührung dar, die aber für einen Vertrag mit Schutzwirkung gerade nicht ausreicht.[975] Festzuhalten ist daher, dass hinsichtlich der durch die benannten Stellen durchgeführten EU-Konformitätsbewertungsverfahren ein Vertrag

ZEuP 2015, 192 (201); *Wagner*, JZ 2018, 130 (137); offener zeigen sich *Friedrich*, in MAH MedizinR, § 17 Rn. 349; sowie *Rehmann*, in Rehmann/Wagner MPG, Einf. Rn. 77.

969 Ähnlich bereits *Mäsch*, LMK 2020, 430884.

970 Z. B. BGH, Urt. v. 24.6.2004 – I ZR 26/02 = NJW 2004, 3035.

971 OLG Nürnberg, Urt. v. 27.6.2018 – 4 U 979/14 = BeckRS 2018, 51171 (Rn. 22).

972 Vgl. auch OLG Nürnberg, Urt. v. 27.6.2018 – 4 U 979/14 = BeckRS 2018, 51171 (Rn. 20 ff.); OLG Zweibrücken, Urt. v. 30.1.2014 – 4 U 66/13 = MPR 2014, 62 (66).

973 Kap. 2 C. I.5. und 6.

974 OLG Nürnberg, Urt. v. 27.6.2018 – 4 U 979/14 = BeckRS 2018, 51171 (Rn. 25); OLG Zweibrücken, Urt. v. 30.1.2014 – 4 U 66/13 = MPR 2014, 62 (66).

975 *Gottwald*, in MüKo BGB, § 328 Rn. 184; *Janoschek*, in BeckOK BGB, § 328 Rn. 56; *Löwisch*, in Staudinger BGB, § 328 Rn. 114.

mit Schutzwirkung zugunsten Dritter bereits mangels Leistungsnähe des Dritten ausscheidet.

Die hierfür maßgeblichen Gründe gelten indessen nicht für die Varianten der freiwilligen Zertifizierung. Sowohl die GS-Zertifizierung als auch die rein privatvertragliche Zertifizierung nach ISO 9001 erfolgt zur Vorlage gegenüber anderen Marktteilnehmern.[976] Sie sind die vertragsexternen Adressaten der Leistung der Zertifizierungsgesellschaft. Ihr Kontakt zur Leistung ist nicht lediglich zufällig oder rein faktisch, sondern nach Sinn und Zweck der Zertifizierungssysteme vorgesehen, mithin also bestimmungsgemäß.[977] Dass sich der Kontakt auf das jeweilige Zertifikat oder Zertifizierungszeichen und nicht auf die eigentlichen Prüfungen erstreckt, ist aus den oben genannten Gründen unerheblich. Die Konstellation unterscheidet sich im Wesentlichen nicht von dem anerkannten Fall der Gutachterhaftung.

b. Schutzwürdiges Interesse des Gläubigers

Zweite Voraussetzung des Vertrags mit Schutzwirkung ist, dass der Vertragsgläubiger nicht nur selbst an der sorgfältigen Ausführung der vertraglichen Leistung interessiert ist, sondern auch ein berechtigtes Schutzinteresse zugunsten des Dritten hat.[978] Diese Voraussetzung bereitet bei der Begründung der Expertenhaftung besondere Schwierigkeiten, denn ursprünglich verlangte die Rechtsprechung ein „Verhältnis mit personenrechtlichem Einschlag“, das vorliege, wenn der Gläubiger für das „Wohl und Wehe“ des Dritten einzustehen habe.[979] Der Vertrag mit Schutzwirkung war nach dieser Formel vor allem auf familien-, arbeits- oder mietrechtliche Beziehungen zwischen Gläubiger und Drittem beschränkt. Die Rechtsprechung hat den Anwendungsbereich des Vertrags mit Schutzwirkung mittlerweile erheblich ausgeweitet. Das Einbeziehungsinteresse des Gläubigers wird unter Anwendung allgemeiner Auslegungsgrundsätze ermittelt.[980] Die flexible Handhabung des Merkmals der Gläubigernähe wurde in der Literatur zum Teil stark kritisiert und als Schwäche des subjektiven Erklärungsmodells identifiziert.[981] Diese Kritik adressiert speziell die vertragliche Dritthaftung von Experten, die durch den BGH schließlich dadurch ermöglicht wurde, dass

976 Vgl. Kap. 2 C.II.5 (GS-Zeichen) sowie Kap. 2 C.III.5. (ISO-9001-Zeichen).

977 So auch *Hoffmeyer*, Die zivilrechtliche Haftung von Zertifizierungsstellen, S. 218 f., allerdings soll dies offenbar auch für die EU-Konformitätsbewertungsverfahren gelten, was aus den genannten Gründen nicht überzeugt.

978 Jeweils m. w. N. *Gottwald*, in MüKo BGB, § 328 Rn. 185; *Löwisch*, in Staudinger, § 328 Rn. 120.

979 Bspw. BGH, Urt. v. 26.6.2001 – X ZR 231/99 = NJW 2001, 3115 (3116); BGH, Urt. v. 26.11.1968 – VI ZR 212/66 = NJW 1969, 269 (272).

980 *Schinkels*, in jurisPK-BGB, § 328 Rn. 77; *Zenner*, NJW 2009, 1030 (1031).

981 *Bayer*, in Erman, § 328 Rn. 66; *Canaris*, ZHR 1999, 206 (215 f.); *Faust*, AcP 2010,

man sogar von einem Einbeziehungswillen des Gläubigers ausging, obwohl zwischen ihm und dem einzubeziehenden Dritten gegenläufige Interessen bestanden.[982] Typischerweise ist etwa der Besteller eines Wertgutachtens an einer besonders hohen Bewertung seiner Immobilie interessiert, während der Dritte an einem niedrigeren Kaufpreis, mithin also eine niedrigeren Bewertung interessiert ist.[983] Dieser Gegensatz stehe dem Einbeziehungswillen nicht entgegen, denn „wer bei einer sachkundigen Person ein Gutachten bestellt, um davon gegenüber Dritten Gebrauch zu machen, ist daran interessiert, dass die Ausarbeitung die entsprechende Beweiskraft besitzt."[984] Dass es dem Besteller auf die Beweiskraft ankommt, wurde insbesondere angenommen, wenn der beauftragte Experte über eine staatlich anerkannte Sachkunde verfügt und die Vertragsleistung erkennbar zum Gebrauch gegenüber Dritten bestimmt ist.[985] Die staatlich anerkannte Sachkunde ist jedoch auch nach der Rechtsprechung des BGH kein zwingendes Erfordernis; das Einbeziehungsinteresse des Gläubigers kann sich im Einzelfall auch aus anderen Umständen ergeben.[986]

Es stellt sich zunächst die Frage, ob in den Zertifizierungsfällen überhaupt von einem Interessengegensatz wie in der Fallgruppe der Wertgutachterhaftung auszugehen ist. In der Literatur wurde dies unterschiedlich bewertet.[987] *Hoffmeyer* argumentiert, dass der Auftraggeber aufgrund der Risiken, die mit der Verwendung eines unrichtigen Zertifikats verbunden seien, vor allem an einer inhaltlich richtigen Zertifizierungsentscheidung interessiert sei, was wiederum dem Interesse der Adressaten entspreche.[988] Dies verkennt jedoch, dass Zertifizierungsgesellschaften hinsichtlich der Prüfungsdichte sowie bei der Auswahl der erforderlichen Maßnahmen zum Teil erhebliche

---

555 (568); *Picker*, in Medicus-FS (1999), S. 397 (400 ff.); zur Gegenansicht *Gottwald*, in MüKo BGB, § 328 Rn. 188.

982 Vgl. BGH, Urt. v. 24.4.2014 – III ZR 156/13 = NJW 2014, 2345 (2345); BGH, Urt. v. 2.4.1998 – III ZR 245-96 = NJW 1998, 1948 (1948); BGH, Urt. v. 10.11.1994 – III ZR 50/94 = NJW 1995, 392 (392).

983 Zu diesem Beispiel *Faust*, AcP 2010, 555 (568); *Pinger/Behme*, JuS 2008, 675 (675 f.).

984 BGH, Urt. v. 24.4.2014 – III ZR 156/13 = NJW 2014, 2345 (2345); so auch BGH, Urt. v. 10.11.1994 – III ZR 50/94 = NJW 1995, 392 (392).

985 BGH, Urt. v. 14.6.2012 – IX ZR 145/11 = NJW 2012, 3165 (3167); BGH, Urt. v. 2.7.1996 – X ZR 104/94 = NJW 1996, 2927 (2927), hierzu *Löwisch*, in Staudinger, § 328 Rn. 269; vgl. hingegen *Picker*, in Medicus-FS (1999), S. 397 (401).: „[Es] müßte auch und erst recht der Besteller eines Privatgutachtens darauf erpicht sein, daß dieses objektiv richtig erstellt wird, gerade weil ihm die Autorität des „Amtlichen" fehlt."

986 BGH, Urt. v. 20.4.2004 – X ZR 205/02 = NJW 2004, 3035; BGH, Urt. v. 14.11.2000 – X ZR 203/98 = NJW 2001, 514; vgl. hierzu auch *Eggert*, NZV 2009, 367 (371).

987 *Hoffmeyer*, Die zivilrechtliche Haftung von Zertifizierungsstellen, S. 222, argumentiert zugunsten eines Interessengleichlaufs; hingegen gehen *Unger*, EuZW 2017, 299 (302); und *Wagner*, JZ 2018, 130 (137), offenbar von gegenläufigen Interessen aus.

988 *Hoffmeyer*, Die zivilrechtliche Haftung von Zertifizierungsstellen, S. 222.

Handlungsspielräume zustehen. Bestehen beispielsweise lediglich Zweifel an der Konformität des Zertifizierungsgegenstands, muss die Zertifizierungsgesellschaft entscheiden, ob sie nur zusätzliche Nachforschungen unternimmt, oder das Zertifikat vorsichtshalber zurückzieht. Der Auftraggeber wird eher an einer Aufrechterhaltung der Zertifizierung interessiert sein, da sie für ihn ggf. von großer wirtschaftlicher Bedeutung ist,[989] während Dritte freilich eher an einer Zurückziehung interessiert sind. Dass der Auftraggeber seine kurzfristigen wirtschaftlichen Interessen in Zweifelsfällen hintanstellt, kann nur schwer unterstellt werden. Er wird daran interessiert sein, dass die Zertifizierungsgesellschaft dies bei der Ausübung ihrer Befugnisse berücksichtigt. Hiervon scheint jedenfalls im Ergebnis auch der BGH auszugehen, da er in seiner Maßstabsbildung ohne Weiteres die Rechtsprechung zur Unbeachtlichkeit gegenläufiger Interessen rezitiert.[990] Ein Gleichlauf der Interessen liegt folglich nicht vor.

Im Folgenden wird daher geprüft, ob die von der Rechtsprechung entwickelten Grundsätze für eine vertragliche Dritthaftung von Experten, ungeachtet gegenläufiger Interessen, auf Zertifizierungsgesellschaften übertragen werden können. Hierfür muss zwischen den einzelnen Zertifizierungssystemen unterschieden werden.

aa. EU-Konformitätsprüfung

Nach den Maßstäben der Rechtsprechung spräche jedenfalls für das Einbeziehungsinteresse des Auftraggebers einer benannten Stelle, dass letztere über eine obligatorische behördliche Zulassung verfügt.[991] Die staatlich anerkannte Sachkunde eines Experten stellt zumindest ein Indiz dafür dar, dass der Auftraggeber an der Anerkennungsfähigkeit und Beweiskraft der Expertise interessiert ist. Dennoch wurde das Einbeziehungsinteresse in der Rechtsprechung zum PIP-Fall – im Ergebnis zu Recht – abgelehnt.[992] Laut dem BGH würde dies den Anwendungsbereich des Vertrages mit Schutzwirkung „überdehnen".[993] Wie bereits bei der Leistungsnähe stellt er auf den Zweck des Zertifizierungsvertrages ab, der darin liege, dem Hersteller den Vertrieb der Produkte auf dem Binnenmarkt zu ermöglichen. „Selbst wenn unterstellt werden kann, dass der Hersteller eines Medizinprodukts in der

---

989 In diesem Sinne auch *Wagner*, JZ 2018, 130 (137).

990 Vgl. das Urt. v. 27.2.2020 zum PIP-Fall – VII ZR 151/18 = NJW 2020, 1514 (1517 Rn. 27).

991 Vgl. Kap. 2 C. I. 3.

992 BGH, Urt. v. 27.2.2020 – VII ZR 151/18 = NJW 2020, 1514 (1516 f.); OLG Nürnberg, Urt. v. 27.6.2018 – 4 U 979/14 = BeckRS 2018, 51171 (Rn. 26); OLG Zweibrücken, Urt. v. 30.1.2014 – 4 U 66/13 = MPR 2014, 62 (64 f.); ohne nähere Begründung LG Frankenthal, Urt. v. 14.3.2013 – 6 O 304/12 = MPR 2013, 134 (138).

993 BGH, Urt. v. 27.2.2020 – VII ZR 151/18 = NJW 2020, 1514 (1517 Rn. 26).

Regel ein allgemeines Interesse daran hat, dass durch seine Produkte niemand zu Schaden kommt, führt diese generelle Erwägung hier nicht dazu, dass aus der Sicht von *P[IP]* Vertragszweck des Zertifizierungsvertrags (...) der Schutz künftiger Patientinnen vor Gesundheitsgefahren (...) war. Dem EU-Konformitätsbewertungsverfahren kommt aus Herstellersicht nicht die Aufgabe zu, ihn im Verhältnis zu Patienten abzusichern oder seine Rückgriffmöglichkeiten gegenüber der Benannten Stelle bei Fehlerhaftigkeit von Produkten zu erweitern, sondern es dient der Eröffnung des Marktzugangs für den Hersteller ähnlich einem behördlichen Zulassungsverfahren."[994] Ferner bezwecke die Zertifizierung nicht, das Vertrauen Dritter zu erwecken, sodass diese auf Grundlage des Zertifikats wirtschaftliche Entscheidungen treffen können, weshalb sich die Konstellation von anderen Fallgruppen der Expertenhaftung unterscheide.[995] Es sei nicht ersichtlich, dass die betroffenen Frauen „ihre Entscheidung zum Einsetzen der Implantate aufgrund der Zertifizierungsleistung (...) getroffen haben." Außerdem sei die Tätigkeit des TÜV Rheinland nicht „nach außen in Erscheinung" getreten und das CE-Zeichen stelle überdies kein Qualitätssiegel dar, dem ein „gesteigertes Vertrauen" entgegengebracht werden könne.[996]

Bei seiner Bewertung des CE-Zeichens ließ der BGH unberücksichtigt, dass durch die mit dem Zeichen verbundene Kennnummer der benannten Stelle deren Tätigwerden durchaus nach außen und für jeden erkennbar in Erscheinung tritt.[997] Dennoch entsteht hierdurch kein hinreichender Vertrauenstatbestand, da lediglich die Hinzuziehung einer benannten Stelle dokumentiert wird, ohne dass Verbraucher unmittelbar Rückschlüsse auf die Art der Konformitätsprüfung oder die Prüfungsstandards ziehen können.[998] Entscheidendes Argument gegen das Einbeziehungsinteresse ist jedoch, dass Hersteller mit der Zertifizierung lediglich eine gesetzliche Vermarktungsvoraussetzung erfüllen, ohne dabei einen zusätzlichen Schutz Dritter zu bezwecken. Erneut kommt zum Tragen, dass die Zertifikate in erster Linie staatliche Marktüberwachungsbehörden adressieren und lediglich die Einhaltung gesetzlicher Mindeststandards feststellen. Im Wege der Vertragsauslegung kann daher keine Ausweitung der vertraglichen Schutzwirkung begründet werden. Doch auch wer stattdessen auf Treu und Glauben abstellt und eine an objektiven Umständen festzumachende Sonderbeziehung zum

994 BGH, Urt. v. 27.2.2020 – VII ZR 151/18 = NJW 2020, 1514 (1517 Rn. 26).

995 BGH, Urt. v. 27.2.2020 – VII ZR 151/18 = NJW 2020, 1514 (1517 Rn. 28).

996 BGH, Urt. v. 27.2.2020 – VII ZR 151/18 = NJW 2020, 1514 (1517 Rn. 29); in diesem Sinne argumentierte auch das OLG Nürnberg, Urt. v. 27.6.2018 – 4 U 979/14 = BeckRS 2018, 51171 (Rn. 26); anders aber ohne nähere Begründung *Hager*, in JA 2020, 545 (547).

997 Vgl. Kap 2 C. I. 5.

998 Vgl. Kap 2 C. I. 5.

Dritten verlangt,[999] muss erkennen, dass es an einer solchen regelmäßig fehlt. Das Schutzinteresse des Herstellers gegenüber den Endverbrauchern beschränkt sich auf seine produkthaftungsrechtliche Verantwortung.[1000] Die Konformitätsbewertung führt nicht dazu, dass sich das Verhältnis des Herstellers zu den Endverbrauchern in qualitativer Hinsicht vertieft.

bb. GS-Zertifizierung

Zertifizierungsgesellschaften benötigen eine behördliche Genehmigung, um als GS-Stelle tätig zu werden (vgl. § 21 Abs. 1 ProdSG).[1001] Die offizielle Anerkennung ihrer Sachkunde spricht dafür, dass dem Auftraggeber an der Beweiskraft des Zertifikats gelegen ist.[1002] Ein Hersteller, der seine Produkte *freiwillig* einer Prüfung durch nachweislich qualifizierte und unabhängige Zertifizierungsgesellschaften aussetzt, ist an der Anerkennung des Prüfergebnisses durch Dritte interessiert. Neben der Freiwilligkeit der GS-Zertifizierung muss beachtet werden, dass der Prüfungsmaßstab über die gesetzlichen Mindestanforderungen hinausgeht, weshalb das GS-Zeichen ein echtes Qualitätssiegel darstellt.[1003] Es verleiht dem Produkt eine „Aura umfassender Verwendungssicherheit“,[1004] dient Dritten also als vertrauenswürdige Informationsquelle über das jeweilige Produkt. Zudem wird das GS-Zeichen immer mit einem individuellen Symbol der Zertifizierungsgesellschaft kombiniert (vgl. Anlage Nr. 7 zum ProdSG), sodass diese für jeden erkennbar in Erscheinung tritt. Genauso wie ein Eigentümer seine Immobilie mithilfe eines Gutachtens bewirbt, nutzen Hersteller die GS-Zertifizierung als Marketinginstrument, um Dritte von ihren Produkten zu überzeugen. Dass der Hersteller jedenfalls mit den Endverbrauchern selbst i. d. R. nur über eine Vertragskette verbunden ist, steht der Annahme eines entsprechenden Gläubigerinteresses nicht entgegen.[1005] Eine unmittelbare vertragliche Beziehung zwischen dem Gläubiger des Hauptvertrages und des einzubeziehenden Dritten ist keine Voraussetzung des Vertrages mit Schutzwirkung.

Problematisch könnte sein, dass Dritte ihre Entscheidung für ein zertifiziertes Produkt nicht ausschließlich auf Grundlage des Zertifikats treffen, son-

999 Zum Merkmal des Gläubigerinteresses nach den verschiedenen Ansichten vgl. *Zenner*, NJW 2009, 1030 (1031).
1000 So auch *Wagner*, JZ 2018, 130 (137).
1001 Vgl. zu den GS-Stellen, Kap. 2 C.II.3.
1002 So auch *Hoffmeyer*, Die zivilrechtliche Haftung von Zertifizierungsstellen, S. 222; vgl. auch *Möslein*, in: Burgi/Möslein, Zertifizierung nachhaltiger Kapitalgesellschaften, S. 411 (427).
1003 Vgl. Kap. 2 C.II.5.
1004 *Schucht*, NJW 2019, 1335 (1136).
1005 Vgl. *Hoffmeyer*, Die zivilrechtliche Haftung von Zertifizierungsstellen, S. 223.

dern ggf. weitere Informationsquellen heranziehen.[1006] So entschied etwa das OLG Düsseldorf, dass eine Rating-Agentur nicht nach den Grundsätzen des Vertrages mit Schutzwirkung gegenüber dem Anlegepublikum hafte, da das fehlerhafte Unternehmensrating nicht das alleinige „Kaufargument" der Anleger darstelle.[1007] In dem Fall wurde jedoch das emittierende Unternehmen bewertet und nicht das konkrete Finanzprodukt.[1008] Von der Bewertung des Unternehmens sollte in der Tat nicht per se auf die Qualität des Produkts geschlossen werden. Das Urteil zeigt, dass es darauf ankommt, ob die Entscheidungsrelevanz für Dritte nach Sinn und Zweck des jeweiligen Testats vorgesehen ist. Das GS-Zertifikat trifft eine konkrete und belastbare Aussage über das zertifizierte Produkt. Es soll dem Hersteller den entscheidenden Marktvorteil bringen und daher das ausschlaggebende „Kaufargument" darstellen.[1009] Dass ein Käufer im Einzelfall keinen Wert auf die Zertifizierung legt, ist im Rahmen dieser typisierenden Betrachtung irrelevant. Aus diesen Gründen kann eine vertragliche Dritthaftung der GS-Stellen nach den Maßstäben der Rechtsprechung begründet werden.

cc. ISO 9001-Zertifizierung

Fraglich ist, ob der Besteller eines ISO 9001-Zertifikats ein berechtigtes Schutzinteresse an der Einbeziehung Dritter hat. Zu beachten ist zunächst, dass im gesetzlich ungeregelten Bereich im Unterschied zu den zuvor untersuchten Zertifizierungssystemen keine behördliche Zulassung bzw. obligatorische Akkreditierung vorgesehen ist. Unternehmen können vielmehr zwischen akkreditierten und nicht akkreditierten Zertifizierungsgesellschaften wählen, wobei das Vorliegen einer Akkreditierung in der Praxis zu einer deutlich höheren Anerkennung des Zertifikats führt und regelmäßig vom Markt gefordert wird.[1010] Nach den Grundsätzen der vertraglichen Dritthaftung von Experten spricht die Beauftragung einer *akkreditierten*, also nachweislich qualifizierten und unabhängigen Zertifizierungsgesellschaft für das Interesse des Auftraggebers an der berufsspezifischen Beweiskraft des ausgestellten Zertifikats. Im Umkehrschluss legt das Fehlen einer Akkreditierung nahe, dass es dem Auftraggeber nicht darauf ankam, dass Dritte auf

---

1006 Vgl. *Löwisch*, in Staudinger, § 328 Rn. 269.

1007 OLG Düsseldorf, Urt. v. 8.2.2018 – I-6 U 50/17 = NJW 2018, 1615 (1617 f. Rn. 26), vgl. zur vertraglichen Dritthaftung von Rating-Agenturen m. w. N. zum Streitstand, *Wagner*, in MüKo BGB, § 826 Rn. 148.

1008 Wie ein Anleiherating zu bewerten sei, wurde ausdrücklich offengelassen, OLG Düsseldorf, Urt. v. 8.2.2018 – I-6 U 50/17 = NJW 2018, 1615 (1618 Rn. 26).

1009 *Schucht*, NJW 2019, 1335 (1136).

1010 Vgl. *Drechsel*, in: Pfeifer/Schmitt, Masing Handbuch Qualitätsmanagement, S. 348 (353); *Kohl*, Standards for Management Systems, S. 669.

das Zertifikat vertrauen. In diesem Fall wird ein Vertrag mit Schutzwirkung regelmäßig nicht in Betracht kommen.

Die freiwillige Zertifizierung von Qualitätsmanagementsystemen erfolgt in der Praxis zur Vorlage des Zertifikats gegenüber Dritten. Allerdings muss deutlich zwischen den einzelnen Adressaten unterschieden werden. Die Zertifizierung ist einerseits in manchen Branchen eine Voraussetzung zur Aufnahme von Geschäftsbeziehungen,[1011] andererseits erhoffen sich zertifizierte Unternehmen auch einen Imagegewinn bzw. einen Marketing-Effekt bei ihren Endkunden.[1012] Wird berücksichtigt, dass es sich um die Zertifizierung betriebsinterner Prozesse handelt, kann ein berechtigtes Schutzinteresse lediglich gegenüber gewerblichen Geschäftspartnern des zertifizierten Unternehmens begründet werden. Konkrete Rückschlüsse auf die Qualität der Produkte oder Dienstleistungen des zertifizierten Unternehmens sind nicht möglich.[1013] Endkunden können berechtigterweise lediglich auf ein gewisses Qualitätsbewusstsein des Unternehmens schließen. Ein Nachweis über die Einhaltung der ISO 9001-Standards kann sich schon wegen des Maßstabs und Gegenstands dieses Zertifizierungssystems nur an Personen richten, die auf die Einhaltung betriebsinterner Prozesse vertrauen sollen. Dies sind Unternehmen, die mit dem Zertifikatinhaber in Geschäftsbeziehungen treten, bspw. im Rahmen einer Lieferkette oder einer Kapitalbeteiligung. In diesen Konstellationen hat der Besteller des Zertifikats ein berechtigtes Interesse daran, dass sich Dritte auf die Aussagen des Zertifikats verlassen.

Freilich wird eine geschäftliche Kooperation in der Praxis selten ausschließlich vom Vorliegen eines zertifizierten Qualitätsmanagements abhängen. Dennoch wird mit der Zertifizierung bezweckt, eine Informationsasymmetrie aufseiten der Marktteilnehmer auszugleichen.[1014] Die Zertifikate stellen eine von mehreren Entscheidungsgrundlagen für Vermögensdispositionen Dritter dar, was allen Beteiligten bekannt sein muss. Hinzu kommt, dass die Konformität von Unternehmensprozessen mit branchenunspezifischen Normen nur von qualifizierten Zertifizierungsgesellschaften festgestellt werden kann, die die erforderliche Transferleistung für die Implementierung eines QM-Systems zu bewerten im Stande sind.[1015] Der Aufwand, den Dritte hierfür bewältigen müssten, wäre immens.

Es gilt festzuhalten, dass die Besteller von ISO 9001- Zertifikaten nach den Maßstäben der Rechtsprechung ein berechtigtes Einbeziehungsinteresse zugunsten gewerblicher Geschäftspartner haben. Dies gilt jedoch in der Regel nur für den Fall der Beauftragung einer akkreditierten Zertifizierungsgesell-

---

1011 Vgl. Kap. 2 C.III.1.a.
1012 Vgl. Kap. 2 C.III.5.
1013 Kap. 2 C.III.5.
1014 Vgl. Kap. 2 C.III.1.a.
1015 Vgl. Kap. 3 A. II.1.c.

schaft, da andernfalls nicht von einer hinreichenden Vertrauensgrundlage auszugehen ist.

dd. Zwischenfazit und Stellungnahme

Hinsichtlich der EU-Konformitätsprüfungen hat die Rechtsprechung das Gläubigerinteresse zu Recht abgelehnt. Diese Zertifizierung dient aus der Sicht des Herstellers in erster Linie dazu, die rechtlichen Voraussetzungen für das Inverkehrbringen seiner Produkte auf dem Binnenmarkt zu erfüllen. Das Konformitätsbewertungsverfahren stellt allerdings mitnichten eine rein formale „Anmeldung" des jeweiligen Produkts zum Binnenmarkt dar. Es soll selbstverständlich zur Produktsicherheit beitragen, erfolgt letztlich also zum Wohle der Endabnehmer.[1016] Der einzelne Zertifizierungsvertrag ist jedoch der falsche Anknüpfungspunkt zur Begründung des Drittschutzes. Dies zeigt sich auch daran, dass Verbraucher typischerweise lediglich *abstrakt* darauf vertrauen, dass auf dem Markt angebotene Produkte den gesetzlichen Mindestanforderungen entsprechen, ohne sich vom Vorliegen eines CE-Zeichens oder gar der Konformitätsbescheinigung zu überzeugen. Kristallisationspunkt ihres Vertrauens ist, dass alle in die Gewährleistung der Produktsicherheit involvierten Parteien die geltenden *Gesetze* einhalten. Richtigerweise ist die Haftung der benannten Stellen daher im Deliktsrecht zu verorten.

In Anlehnung an andere Fallgruppen der vertraglichen Expertenhaftung könnte jedoch zumindest für die freiwilligen Zertifizierungssysteme ein schutzwürdiges Gläubigerinteresse begründet werden. Das Vorgehen der Rechtsprechung, sich über die gegenläufigen Interessen des Experten und des einzubeziehenden Dritten hinwegzusetzen, sieht sich freilich erheblichen dogmatischen Bedenken ausgesetzt. Das subjektive Erklärungsmodell kann den Vorwurf der Fiktion nur schwerlich entkräften, wenn von dem Beweiskraftinteresse des Zertifikatbestellers auf dessen konkludenten Einbeziehungswillen geschlossen wird. Wie die Ausführungen gezeigt haben, kam es entscheidend auf die *objektive* Interessenlage sowie den Sinn und Zweck der jeweiligen Zertifizierung an. Diese Umstände könnten im Rahmen der Auslegung des Vertrages, die sich bekanntlich nach dem objektiven Empfängerhorizont richtet, berücksichtigt werden. Methodenehrlicher erschiene es jedoch, die vertragsähnliche Dritthaftung von Zertifizierungsgesellschaften und sonstigen Experten als gesetzliches Schuldverhältnis anzuerkennen, das unter den entsprechenden Voraussetzungen zu einer Ausdehnung der vertraglichen Schutzpflichten führt.

1016 Zum Schutzzweck der gesetzlich geregelten Zertifiziererpflichten i. S. v. § 823 Abs. 2 BGB vgl. Kap. 4 B.III.3.

c. Erkennbarkeit für den Schuldner

Unabhängig von der dogmatischen Herleitung des Vertrages mit Schutzwirkung wird einhellig verlangt, dass die Leistungsnähe des Dritten und dessen Einbeziehung in den Schutzbereich des Vertrages für den Schuldner erkennbar und zumutbar sein muss.[1017] Diese Merkmal dient dazu, das Haftungsrisiko des Schuldners zu begrenzen und dessen Versicherbarkeit zu gewährleisten.[1018] Anzahl und Namen der geschützten Personen müssen nicht bekannt sein,[1019] jedoch ist erforderlich, dass es sich bei den einzubeziehenden Dritten um einen objektiv abgrenzbaren Personenkreis handelt.[1020] Im Falle von fehlerhaften Wertgutachten soll es genügen, dass diese für alle potentiellen Käufer, Kreditgeber und sonstigen Vertragspartner des Auftraggebers bestimmt sind.[1021] Umstritten ist das Merkmal der Erkennbarkeit hingegen bei der Haftung von Ratingagenturen, sofern diese ihre Ratings im Auftrag des bewerteten Unternehmens erstellten (sog. *solicited raiting*).[1022] Überwiegend wird vertreten, der Kreis der anspruchsberechtigten Personen sei nicht ausreichend erkennbar, da die Ratings von einem unüberschaubaren Personenkreis zur Kenntnis genommen und als Entscheidungsgrundlage für Vermögensdispositionen herangezogen werden, ohne dass die Ratingagenturen das Ausmaß der Verwendung beeinflussen könnten.[1023]

Im Hinblick auf die Zertifizierung muss zunächst festgehalten werden, dass den Zertifizierungsgesellschaften jedenfalls bekannt ist, dass ihre Zertifikate

---

1017 Zur Unabhängigkeit von der dogmatischen Herleitung vgl. *Gottwald*, in MüKo BGB, § 328 Rn. 190; *Schinkels*, in jurisPK-BGB, § 328 Rn. 79; *Medicus/Petersen*, Bürgerliches Recht, Rn. 846; *Zenner*, NJW 2009, 1030 (1031 f.); vgl. hingegen *Brors*, ZGS 2005, 142 (148), die das Merkmal bei objektiver Begründung des Vertrages mit Schutzwirkung für entbehrlich hält; vgl. zum Merkmal aus der Rspr. zuletzt BGH, Urt. v. 27.2.2020 – VII ZR 151/18 = NJW 2020, 1514 (1516 Rn. 22); BGH, Urt. v. 17.11.2016 – III ZR 139/14 = NJW 2017, 888 (890 Rn. 17); umfassende Nachweise bei *Löwisch*, in Staudinger, § 328 Rn. 124.

1018 BGH, Urt. v. 20.4.2004 – X ZR 250/02 = NJW 2004, 3035 (3038); *Löwisch*, in Staudinger, § 328 Rn. 124; *Martiny*, JZ 1996, 19 (24 f.).

1019 BGH, Urt. v. 20.4.2004 – X ZR 250/02 = NJW 2004, 3035 (3038); *Gottwald*, in MüKo BGB, § 328 Rn. 190.

1020 *Löwisch*, in Staudinger, § 328 Rn. 124.

1021 BGH, Urt. v. 13.11.1997 – X ZR 144-94 = NJW 1998, 1059 (1062); *Gottwald*, in MüKo BGB, § 328 Rn. 190.

1022 Vgl. zur Unterscheidung zum auftragslosen (*unsolicited*) Rating, *Seibold*, Die Haftung von Ratingagenturen, S. 9 ff.

1023 OLG Düsseldorf, Urt. v. 8.2.2018 – I-6 U 50/17 = NJW 2018, 1615 (1618 Rn. 27); *Gottwald*, in MüKo BGB, § 328 Rn. 190, 248; *Seibold*, Die Haftung von Ratingagenturen, S. 94 f.; *Wagner*, in Blaurock-FS (2013), S. 467 (480 ff.); *Wojcik*, NJW 2013, 2385 (2386); die Gegenansicht vertreten hingegen *Grundmann*, JZ 2013, 379 (383); *Peters*, Die Haftung und die Regulierung von Rating-Agenturen, S. 112 ff.; *Wildmoser u. a.*, RIW 2009, 657 (664 ff.).

bestimmungsgemäß gegenüber den designierten Adressaten zur Anwendung kommen. Das Merkmal der Erkennbarkeit ist dennoch in den meisten Fällen nicht erfüllt. Dies gilt speziell für die Varianten der Produktzertifizierung. Während der BGH im PIP-Fall die Erkennbarkeit offenließ,[1024] wurde sie in der oberlandesgerichtlichen Rechtsprechung ausdrücklich verneint.[1025] Zu berücksichtigen ist, dass bei der Produktzertifizierung jedes einzelne Produkt, das mit dem Zertifizierungszeichen versehen wurde, als Bezugsgegenstand der Konformitätsprüfung im Umlauf ist.[1026] Die Anzahl der Produkte ist für die Zertifizierungsgesellschaft in der Regel nicht erkennbar und kann durch den Hersteller beliebig an die aktuelle Nachfrage angepasst werden. Ferner ist die Anzahl der Kauf- und Verwendungsvorgänge, also der potenziell haftungsauslösenden Ereignisse, nicht vorhersehbar.[1027] Anders als in anderen Fallgruppen der Expertenhaftung existiert auch regelmäßig kein Vertrag zwischen dem Hersteller, also dem Auftraggeber des Experten, und den zu schützenden Dritten, da der Hersteller seine Produkte üblicherweise über Zwischenhändler vertreibt. Die Länge der Absatzkette ist für die Zertifizierungsgesellschaft nicht erkennbar. Dass Zertifizierungsgesellschaften gegenüber sämtlichen Endabnehmern zertifizierter Produkte haftbar gemacht werden können, ist daher nach den Grundsätzen des Vertrages mit Schutzwirkung aufgrund des unkalkulierbaren Haftungsrisikos nicht zumutbar.

Eine gewisse Begrenzung des Haftungsrisikos liegt andererseits vor, wenn sich die Produktzertifizierung auf ein bestimmtes Kontingent beschränkt.[1028] Namentlich § 20 Abs. 5 S. 2 ProdSG sieht eine solche Möglichkeit im Rahmen der GS-Zertifizierung vor. Dies führt dazu, dass jedenfalls die Anzahl der zertifizierten Produkte vorhersehbar ist.[1029] Das hat zur Konsequenz, dass die Zahl der erstmaligen Käufe des Produkts feststeht und der Zertifizierungsgesellschaft bekannt ist. Gleichwohl bleiben auch in diesem Fall Unsicherheiten bestehen, etwa wenn das Produkt bestimmungsgemäß von einer Vielzahl von Personen genutzt wird oder die Zahl der Verwendungsvorgänge unüberschaubar ist. Wie bereits *Hoffmeyer* überzeugend herausgearbeitet hat, scheint eine hinreichende Kalkulierbarkeit nur vorzuliegen, wenn die auf ein Kontingent beschränkte Zertifizierung Produkte zum Gegenstand hat, die zum einmaligen Gebrauch oder zur Nutzung durch eine

---

1024 BGH, Urt. v. 27.2.2020 – VII ZR 151/18 = NJW 2020, 1514 (1517 Rn. 29).

1025 OLG Nürnberg, Urt. v. 27.6.2018 – 4 U 979/14 = BeckRS 2018, 51171 (Rn. 27); OLG Zweibrücken, Urt. v. 30.1.2014 – 4 U 66/13 = MPR 2014, 62 (66); so auch *Beyerbach*, GesR 2015, 522 (525).

1026 *Hoffmeyer*, Die zivilrechtliche Haftung von Zertifizierungsstellen, S. 226.

1027 So auch *Hoffmeyer*, Die zivilrechtliche Haftung von Zertifizierungsstellen, S. 226 f.

1028 Vgl. auch *Hoffmeyer*, Die zivilrechtliche Haftung von Zertifizierungsstellen, S. 228 f.

1029 Vgl. hierzu bereits *Hoffmeyer*, Die zivilrechtliche Haftung von Zertifizierungsstellen, S. 228 f.

Person vorgesehen sind.[1030] Der Kreis der geschützten Personen ist dann objektiv abgrenzbar.

Mit dieser Fallkonstellation vergleichbar ist die Zertifizierung von Unternehmen, da auch hier die Zahl der Zertifizierungsgegenstände von vornherein feststeht. Üblicherweise ist der Zertifizierungsgesellschaft jedoch nicht bekannt, wie viele Kooperationen das Unternehmen aufgrund der Zertifizierung mit Dritten eingehen wird.[1031] Wo dies ausnahmsweise der Fall ist, etwa weil die Zertifizierung zu einem spezifischen Anlass erfolgte oder die Verwendung des Zertifikats für diesen Anlass beschränkt wurde, kann hingegen von einer Kalkulierbarkeit des Haftungsrisikos ausgegangen werden.

Unabhängig vom jeweiligen Zertifizierungssystem spricht jedoch ein weiterer Grund für die Unkalkulierbarkeit des Haftungsrisikos. Es muss beachtet werden, dass sich z. B. im Falle von Wertgutachten, die zur Erlangung eines Kredits in Auftrag gegeben wurden, die Höhe der potenziellen Haftung des Gutachters aus dem von ihm ermittelten Wert des untersuchten Grundstücks ergibt.[1032] Das Haftungsrisiko bleibt trotz einer Vielzahl an Kreditgebern konstant und kalkulierbar. Das gleiche Argument wird auch im Falle von sog. Emissionsratings angeführt, wo die Haftung nicht über die beitragsgemäße Höhe der Emission hinausgehen könne.[1033] Eine solche, sich bereits aus dem Inhalt der Expertise ergebende Haftungshöchstgrenze existiert bei der Zertifizierung nicht. Dies gilt für sämtliche Formen der Zertifizierung. Der zahlenmäßig schwer eingrenzbare Adressatenkreis geht auch tatsächlich mit einem höheren Haftungsrisiko einher.[1034]

Es gilt festzuhalten, dass das Merkmal der Erkennbarkeit nicht erfüllt ist, wenn die Zahl der zertifizierten Gegenstände oder der möglichen haftungsauslösenden Ereignisse bei Vertragsschluss nicht eingrenzbar ist. Dies wird in den meisten Konstellationen der Fall sein. Ausnahmen gelten für den Fall der Kontingentzertifizierung oder der auf bestimmte Anlässe begrenzten Zertifizierung von Unternehmen.

1030 *Hoffmeyer*, Die zivilrechtliche Haftung von Zertifizierungsstellen, S. 229.

1031 Vgl. auch *Hoffmeyer*, Die zivilrechtliche Haftung von Zertifizierungsstellen, S. 229; ähnlich *Basedow/Wurmnest*, VersR 2005, 328, zur Haftung von Klassifikationsgesellschaften.

1032 „Denn der Gutachter, der weiß, dass sein Gutachten einer kreditgebenden Bank zum Nachweis von Sicherheiten vorgelegt wird, muss damit rechnen, dass eine Beleihung des bewerteten Grundstücks bis zu der banküblichen Beleihungsgrenze vorgenommen wird.“, BGH, Urt. v. 20.4.2004 – X ZR 250/02 = NJW 2004, 3035 (3038).

1033 *Seibold*, Die Haftung von Ratingagenturen, S. 94 f.; *Wildmoser u. a.*, RIW 2009, 657 (666).

1034 *Hoffmeyer*, Die zivilrechtliche Haftung von Zertifizierungsstellen, S. 227 ff.

d. Schutzbedürftigkeit des Dritten

Die vierte Voraussetzung des Vertrages mit Schutzwirkung ist, dass der Dritte schutzbedürftig ist. Das ist der Fall, wenn er aufgrund des gleichen Sachverhalts keinen eigenen gleichwertigen Anspruch hat,[1035] wobei es nicht darauf ankommt, gegen wen dieser Anspruch besteht.[1036] Die Gleichwertigkeit erfordert einen vertraglichen oder quasivertraglichen Anspruch, insbesondere deliktische Ansprüche gelten nicht als gleichwertig, da deren Schwächen gerade durch den Vertrag mit Schutzwirkung ausgeglichen werden sollen.[1037] Auf die praktische Durchsetzbarkeit des gleichwertigen Anspruchs kommt es grundsätzlich nicht an.[1038]

In den Zertifizierungsfällen muss insbesondere geprüft werden, ob dem Dritten Ansprüche gegen seinen Vertragspartner oder – sofern es sich nicht um dieselbe Person handelt – den Inhaber des Zertifikats zustehen. Im Falle der Produktzertifizierung kämen etwa produkthaftungsrechtliche Ansprüche gegen den Hersteller oder Einführer des Produkts in Betracht (§ 1 Abs. 1 ProdHaft. Zwar ist dieser Anspruch verschuldensunabhängig,[1039] doch greift er nur im Falle von Verletzungen des Körpers oder der Gesundheit. Ein Ersatz reiner Vermögensschäden ist nicht möglich, weshalb der Anspruch nicht gleichwertig ist. Der Gleichwertigkeit steht ferner die gem. § 10 Abs. 1 ProdHaftG geltende Haftungshöchstgrenze entgegen. Der BGH lehnt im Übrigen in ständiger Rechtsprechung die Vergleichbarkeit von Ansprüchen aus Prospekthaftung gegen den Prospektverantwortlichen und vertraglicher Wirtschaftsprüferhaftung ab, da jeweils unterschiedliche Ziele verfolgt werden.[1040] Erstere ist eine Haftung für die Vollständigkeit und Richtigkeit von Werbeaussagen, letzte hingegen eine Berufshaftung, die auf dem besonderen Vertrauen gegenüber dem Experten beruht.[1041] Diese Argumentation kann

---

1035 Aus der Rspr. bspw. BGH, Urt. v. 7.12.2017 – VII ZR 204/14 = NJW 2018, 1537 (1539 Rn. 25); jeweils m. w. N. *Gottwald*, in MüKo BGB, § 328 Rn. 191; *Janoschek*, in BeckOK BGB, § 328 Rn. 59; *Löwisch*, in Staudinger, § 328 Rn. 126 ff.; *Schinkels*, in jurisPK-BGB, § 328 Rn. 80.

1036 BGH, Urt. v. 22.7.2004 – IX ZR 132/03 = NJW 2004, 3630 (3632); *Janoschek*, in BeckOK BGB, § 328 Rn. 59; vgl. zur Gegenansicht insbes. *Schwarze*, AcP 2003, 348.

1037 Vgl. BGH, Urt. v. 24.4.2014 – III ZR 156/13 = NJW 2014, 2345 (2347 Rn. 22); *Löwisch*, in Staudinger, § 328 Rn. 127.

1038 BGH, Urt. v. 24.4.2014 – III ZR 156/13 = NJW 2014, 2345 (2347 Rn. 22); BGH, Urt. v. 22.7.2004 – IX ZR 132/03 = NJW 2004, 3630 (3632); anders *Zugehör*, NJW 2008, 1105 (1106).

1039 Vgl. *Förster*, in BeckOK BGB, § 1 ProdHaftG, Rn. 2.

1040 BGH, Urt. v. 24.4.2014 – III ZR 156/13 = NJW 2014, 2345 (2347 Rn. 22); BGH, Urt. v. 14.6.2007 – III ZR 300/05 = NJW-RR 2007, 1329 (1332); BGH, Urt. v. 8.6.2004 – X ZR 283/02 = NJW 2004, 3420 (3421).

1041 BGH, Urt. v. 8.6.2004 – X ZR 283/02 = NJW 2004, 3420 (3421).

auf die Situation der Produktzertifizierung übertragen werden, sodass produkthaftungsrechtliche und vertragliche Ansprüche auch aus diesem Grund nicht gleichwertig sind. Vor diesem Hintergrund ist es nicht überzeugend, wenn das OLG Nürnberg in seinem Urteil zum PIP-Fall die Schutzbedürftigkeit der Patientinnen unter Verweis auf nicht näher benannte Ansprüche gegen den Hersteller ablehnt.[1042]

Womöglich kann sich der Käufer eines zu Unrecht zertifizierten Produkts aber an den Verkäufer wenden, sofern die Aussagen des Zertifikats auch Bestandteil einer Beschaffenheitsvereinbarung über die Kaufsache geworden sind. Ein gleichwertiger Schadensersatzanspruch gem. §§433 Abs. 1 S. 2, 437 Nr. 3, 280 Abs. 1 BGB gegen den Verkäufer setzt dessen Verschulden voraus, welches vorliegt, wenn er den zertifizierungsrelevanten Mangel des Produkts kannte oder kennen musste. Fehlt es am Verschulden, weil der Mangel nur von der Zertifizierungsgesellschaft hätte entdeckt werden können, kann der Käufer nur die verschuldensunabhängigen Gewährleistungsrechte gegen den Verkäufer geltend machen. Die Rechtsprechung zur Gutachterhaftung geht jedoch generell davon aus, dass die Gewährleistungsrechte gegen den Verkäufer mit dem Anspruch aus Vertrag mit Schutzwirkung gegen den Gutachter gleichwertig seien,[1043] selbst wenn es sich lediglich um einen Nacherfüllungs- und nicht um einen Schadensersatzanspruch handelt.[1044] Demnach wäre je nach Lage des Einzelfalls auch die Schutzbedürftigkeit des Zertifizierungsadressaten nicht gegeben.

Sind Hersteller und Verkäufer personenverschieden, käme ein vertraglicher Schadensersatzanspruch gegen den Hersteller in Betracht, wenn der Käufer in den Schutzbereich des Vertrages zwischen Hersteller und Verkäufer einbezogen werden könnte. Eine derartige Einbeziehung scheitert aber i. d. R. am fehlenden Gläubigerinteresse des Herstellers, da sich seine Verantwortung auf § 1 ProdHaftG beschränkt.[1045] Vertragliche Ansprüche gegen den Hersteller liegen also nicht vor.[1046]

Auch in dem Fall der zu Unrecht zertifizierten Silikonimplantate schieden vertragliche Ansprüche gegen den Hersteller (PIP) aus. Fraglich war jedoch, ob die Betroffenen gegen den verantwortlichen Arzt wegen Verletzungen des Behandlungsvertrages vorgehen konnten. In einer Entscheidung des LG

1042 OLG Nürnberg, Urt. v. 27.6.2018 – 4 U 979/14 = BeckRS 2018, 51171 (Rn. 28).

1043 OLG Hamm, Urt. v. 29.5.2013 – 12 U 178/12 = NJW-RR 2013, 1522 (1523); kritisch zu dieser Entscheidung, *Mäsch*, JuS 2013, 935.

1044 BGH, Urt. v. 12.1.2011 – VIII ZR 346/09 = NJW-RR 2011, 462 (463 Rn. 12); vgl. hierzu die Anm. von *Stöber*, EWiR 2011, 271 f.

1045 Vgl. *Grüneberg*, in Grüneberg, § 328 Rn. 17a; *Löwisch*, in Staudinger, § 328 Rn. 121.

1046 Andernfalls würde sich ggf. das Problem zweier „konkurrierender" Verträge mit Schutzwirkung stellen, wobei unklar ist, welcher Anspruch Vorrang genießt, vgl. hierzu *Schinkels*, in jurisPK-BGB, § 328 Rn. 80.

Karlsruhe wurde dies zu Recht abgelehnt.[1047] Grundsätzlich soll sich der Arzt auf die Tauglichkeit und Unbedenklichkeit zertifizierter Medizinprodukte verlassen können. Zum Zeitpunkt der Operation im Dezember 2007 war zudem nicht erkennbar, dass die Implantate nicht dem Stand von Wissenschaft und Technik entsprachen. Mangels gleichwertiger Ansprüche war also zumindest das Merkmal der Schutzbedürftigkeit hinsichtlich der Betroffenen des PIP-Skandals erfüllt.

Im Falle fehlerhafter Unternehmenszertifizierungen, etwa nach ISO 9001, fehlt es an der Schutzbedürftigkeit des Dritten, wenn dieser Ansprüche gegen das zertifizierte Unternehmen geltend machen kann. Dritte sind mit dem zertifizierten Unternehmen üblicherweise vertraglich verbunden, weshalb die Ansprüche als gleichwertig anzusehen wären. Das zertifizierte Unternehmen müsste seinem Geschäftspartner die Aussagen des Zertifikats vertraglich zugesichert haben. Wenn man wie die Rechtsprechung zur Gutachterhaftung auch im Falle von verschuldensunabhängigen Ansprüchen von Vergleichbarkeit ausgeht, kommt es auch nicht darauf an, ob das zertifizierte Unternehmen selbst in der Lage war, die Konformitätsabweichungen zu erkennen.

Es gilt festzuhalten, dass insbesondere Ansprüche gegen den Vertragspartner des Dritten einer Schutzbedürftigkeit im Sinne der Dogmatik des Vertrages mit Schutzwirkung entgegenstehen. Dies gilt sowohl für Produkt- als auch für Unternehmenszertifizierungen. Aufgrund der Vielzahl der involvierten Personen ist eine sorgfältige Prüfung des Einzelfalls erforderlich. Der PIP-Fall hat indes gezeigt, dass das Merkmal der Schutzbedürftigkeit trotz mehrerer potenzieller Haftungsgegner erfüllt sein kann.

e. Haftungsausschlüsse und Einwendungen aus dem Hauptvertrag

Experten haben ein Interesse daran, den Umfang ihrer Haftung gegenüber vertragsfremden Dritten zu beeinflussen. Prinzipiell können sie hierzu entweder den Aussagegehalt der Expertise entsprechend ausgestalten, etwa indem der Prüfungsumfang oder der vorgesehene Adressatenkreis beschrieben wird, oder sie regeln die Rechtsfolgen einer fehlerhaften Expertise im Rahmen des Hauptvertrages, indem sie mit dem Gläubiger vereinbaren, dass Dritten gegenüber nicht oder nur eingeschränkt gehaftet wird.[1048] Wertgutachter können in ihren Gutachten bspw. festhalten, dass bestimmte Infor-

---

1047 LG Karlsruhe, Urt. v. 8.2.2013 – 7 O 94/12; vgl. hierzu *Rott/Glinski*, in: Josef Falke zum 65. Geburtstag, S. 137 (139).

1048 Eingehend zu den Gestaltungsmöglichkeiten *Büttner*, Dritthaftung von Experten, S. 148 ff.; *Canaris*, ZHR 1999, 206 (230 ff.).

mationen ungeprüft übernommen wurden oder das Gutachten nur mit seiner Zustimmung gegenüber Dritten verwendet werden darf.[1049]

Zertifizierungsgesellschaften stehen diese flexiblen Gestaltungsmöglichkeiten nicht in gleicher Weise zur Verfügung, da sich der Inhalt von Zertifikaten üblicherweise auf die Feststellung der Normkonformität beschränkt. Der Prüfungsmaßstab und das -verfahren ergeben sich zudem aus dem jeweiligen Zertifizierungssystem. Maßgebliches Instrument zur Steuerung des Haftungsrisikos sind daher entsprechende Vereinbarungen im Hauptvertrag. In der Praxis schließen Zertifizierungsgesellschaften die Einbeziehung Dritter in den Schutzbereich des Zertifizierungsvertrages zum Teil ausdrücklich in ihren allgemeinen Geschäftsbedingungen (AGB) aus.[1050] Aus der Perspektive der Adressaten ist problematisch, dass ihnen derartige Haftungsausschlüsse womöglich nicht bekannt sind. Etwas anderes gilt nur, wenn im Zertifikat auf die Geltung der AGB hingewiesen wird.[1051]

Die Zulässigkeit der Ausschlussklauseln hängt u. a. davon ab, wie der Vertrag mit Schutzwirkung dogmatisch begründet wird.[1052] Wer auf den Willen der Vertragsparteien abstellt, muss konsequenterweise auch den willensbasierten Ausschluss des Drittschutzes zulassen.[1053] In der Literatur wird mehrheitlich, wenn auch mit unterschiedlicher Begründung angenommen, dass die Haftung in den Grenzen der §§ 138, 242, 307, 309 Nr. 7 BGB abbedungen werden kann.[1054] Zunächst bestehen Bedenken, eine auf Treu und Glauben gestützte Haftung in das Belieben der Parteien zu stellen, da § 242 BGB grundsätzlich nicht zur Disposition steht.[1055] Andererseits muss der Wille der Parteien bei der vorzunehmenden Interessenbewertung berücksichtigt werden, wodurch sie auf die Begründung eines auf § 242 BGB ge-

1049 Vgl. *Canaris*, ZHR 1999, 206 (230).

1050 Vgl. Ziffer 3.6 der AGB der TÜV Rheinland LGA Products GmbH, abrufbar unter https://www.tuv.com/germany/de/allgemeine-gesch%C3%A4ftsbedingungen.html (Stand: 24.5.2023).

1051 Vgl. das Musterzertifikat über eine GS-Zertifizierung auf der Internetseite des TÜV Rheinland, https://www.tuv.com/germany/de/gs-zeichen-%E2%80%93-gepr%C3%BCfte-sicherheit.html (Stand: 24.5.2023).

1052 Eingehend zur Problematik *Büttner*, Dritthaftung von Experten, S. 152 ff.; vgl. im Überblick auch *Zenner*, NJW 2009, 1030 (1033).

1053 Vgl. BGH, Urt. v. 23.1.1985 – IVa ZR 66/83 = NJW 1986, 484 (486); OLG Karlsruhe, Urt. v. 14.8.2013 – 7 U 63/13 = BeckRS 2013, 14476 (Rn. 23); vgl. auch *Schinkels*, in jurisPK-BGB, § 328 Rn. 84.

1054 Vgl. *Gottwald*, in MüKo BGB, § 328 Rn. 197; *Hadding*, in Soergel, Anh. § 328 Rn. 20; *Löwisch*, in Staudinger, § 328 Rn. 152; *Larenz*, Schuldrecht Bd. I AT, § 17 II (S. 229); *Schinkels*, JZ 2008, 272 (277); vgl. auch *Canaris*, ZHR 1999, 206 (230), freilich im Rahmen der von ihm vertretenen „Vertrauenshaftung"; vgl. zur Gegenansicht *Zenner*, NJW 2009, 1030 (1033).

1055 Vgl. *Zenner*, NJW 2009, 1030 (1033), jedoch begrenzt auf die Fälle mit personenrechtlichem Einschlag.

stützten Rechtssatzes Einfluss üben können.[1056] Vor diesem Hintergrund ist die Ansicht überzeugend, die einen Haftungsausschluss in den allgemeinen gesetzlichen Grenzen zulässt. Übertragen auf die Situation der Zertifizierungsgesellschaften könnte ein Haftungsausschluss an dem Verbot widersprüchlichen Verhaltens scheitern. Sofern tatsächlich eine bestimmungsgemäße Leistungsberührung des Adressaten vorliegt, die dessen Einbeziehung in den Schutzbereich des Vertrages rechtfertigt, wäre es widersprüchlich, wenn die Zertifizierungsgesellschaft auf diese Weise Vertrauen in ihre Tätigkeit beansprucht, andererseits jedoch die Haftung ausschließt. Anders zu behandeln wäre nur der Fall, wenn den Adressaten ein *disclaimer*[1057] bzw. ein Hinweis auf den Haftungsausschluss bekannt gemacht wird, was jedoch nicht erfolgt, wenn die Zertifizierung nur durch das Führen eines Zeichens nach außen dokumentiert wird. Weniger problematisch wäre bspw. die Festlegung einer angemessen Haftungshöchstgrenze, sofern die Zertifizierungsgesellschaft auf diesem Wege die Versicherbarkeit potenzieller Schäden gewährleistet.[1058]

Unabhängig von einer isolierten Haftungsausbeschränkung zulasten des Dritten stellt sich die Frage, ob sich der Schuldner gegenüber dem Dritten auf Einwendungen berufen kann, die ihm nach dem Hauptvertrag gegenüber seinem Gläubiger zustünden. Praktisch bedeutsam ist vor allem, ob dem Dritten ein Mitverschulden des Gläubigers entgegengehalten werden kann, etwa wenn der Gläubiger Informationen über den Zertifizierungsgegenstand zurückgehalten hat. Die Rechtsprechung lässt dies grundsätzlich zu, indem sie den Rechtsgedanken des § 334 BGB heranzieht bzw. die Vorschrift analog anwendet.[1059] Bei der Dritthaftung von Gutachtern, also im Falle von gegenläufigen Interessen, sei § 334 BGB hingegen stillschweigend abbedungen worden.[1060] Wenngleich diese dogmatische Begründung besonders deutlich die Schwächen des subjektiven Erklärungsmodells hervorhebt,[1061] ist es in der Sache überzeugend, dem Dritten in dieser Konstellation ausnahmsweise eine stärkere Rechtsposition zu geben als dem Vertragsgläubiger. Das Vertrauen Dritter in die Richtigkeit eines Zertifikats bedarf gerade in den Fällen, in denen die Zertifizierungsgesellschaft durch den Besteller

---

1056 Vgl. *Schubert*, in MüKo BGB, § 242 Rn. 92; *Sutschet*, in BeckOK BGB, § 242 Rn. 38.

1057 Vgl. zum englischen Recht, Kap. 5 A.II.4.

1058 Vgl. *Leyens*, JuS 2018, 217 (221).

1059 BGH, Urt. v. 13.11.1997 – X ZR 144/94 = NJW 1998, 1059 (1061); BGH, Urt. v. 10.11.1994 – III ZR 50/94 = NJW 1995, 392 (393).

1060 BGH, Urt. v. 13.11.1997 – X ZR 144/94 = NJW 1998, 1059 (1061); BGH, Urt. v. 10.11.1994 – III ZR 50/94 = NJW 1995, 392 (393).

1061 *Canaris*, ZHR 1999, 206 (217); *Medicus*, JZ 1995, 306 (309); *Picker*, in Medicus-FS (1999), S. 397 (406 ff.).

getäuscht wurde, eines rechtlichen Schutzes.[1062] Diese Lösung dem Willen der Vertragsparteien zu entnehmen, stellt eine reine Fiktion dar, kann aber auch bei objektiv-rechtlicher Qualifikation des Vertrages mit Schutzwirkung begründet werden, da der durch die Einbeziehung bezweckte vollwertige Schutz des Dritten durch die Anwendung des § 334 BGB vereitelt werden würde.[1063] Einwendungen aus dem Hauptschuldverhältnis muss sich der Dritte auch nach dieser Ansicht nicht entgegenhalten.

f. Fazit zum Vertrag mit Schutzwirkung für Dritte

Die Anwendung des Vertrages mit Schutzwirkung bereitet dogmatische und praktische Schwierigkeiten, wenn wie in den Zertifizierungsfällen die Interessen des Auftraggebers und des Dritten nicht gleichläufig sind. Die vorstehenden Ausführungen haben indes gezeigt, dass es ohnehin in den meisten Fällen an der einen oder anderen Einbeziehungsvoraussetzung fehlen wird. Dies gilt besonders für obligatorische Sicherheitszertifizierungen wie die EU-Konformitätsbewertungen, wenngleich der PIP-Fall[1064] die Schutzbedürftigkeit der Patientinnen erkennen ließ. Die Einbeziehung Dritter nach den Maßstäben der Rechtsprechung ist lediglich in den Fallgruppen der freiwilligen Zertifizierung denkbar, sofern die Zertifizierungsgesellschaft akkreditiert und die Anzahl der zertifizierten Gegenstände und potenziell haftungsauslösenden Ereignissen überschaubar ist. Im Einzelfall können gleichwertige Ansprüche gegen den Vertragspartner des Dritten und/oder den Inhaber des Zertifikats der Schutzbedürftigkeit Dritter entgegenstehen.

3. Vorvertragliche Vertrauenshaftung

Möglicherweise können Zertifizierungsgesellschaften nach §§ 280 Abs. 1, 311 Abs. 3 S. 2, 241 Abs. 2 BGB haftbar gemacht werden. Dieses Haftungsmodell nimmt den Vertrag zwischen dem Adressaten der Expertise und dem Auftraggeber des Experten in den Blick. Zu dessen Zustandekommen hat der Experte möglicherweise pflichtwidrig beigetragen, was zur Folge hätte, dass er in den Tatbestand der *culpa in contrahendo* (CIC) einbezogen wird. „Dritter" ist hierbei nicht der Adressat der Expertise, sondern der Experte selbst.[1065] Der Haftungsgrund ist anders als beim Vertrag mit Schutzwirkung nicht in der bestimmungsgemäßen Leistungsberührung des Adressaten und seiner Nähebeziehung zum Auftraggeber zu sehen, sondern in dem besonde-

1062 In diesem Sinne zur Haftung von Gutachtern BGH, Urt. v. 10.11.1994 – III ZR 50/94 = NJW 1995, 392 (393).

1063 *Zenner*, NJW 2009, 1030 (1033).

1064 Vgl. zum PIP-Fall Kap. 1 A. I.

1065 *Leyens*, JuS 2018, 217 (219).

ren Vertrauen, das der Experte als „Vertragshelfer“[1066] seines Auftraggebers gegenüber dem Geschädigten in Anspruch genommen hat.[1067]

Bereits vor der Kodifikation des § 311 Abs. 3 BGB war anerkannt, dass Vertreter oder qualifizierte Verhandlungsgehilfen, die eine zusätzliche Gewähr für das Geschäft bieten oder mit dem Geschäft ein für den Vertragspartner erkennbares erhebliches wirtschaftliches Eigeninteresse verfolgen, aufgrund der pflichtwidrigen Herbeiführung des Vertrages haften.[1068] Die Haftung von Sachverständigen und „Auskunftspersonen“, die unter dem Begriff der „Sachwalterhaftung“ geläufig ist, soll nunmehr von dem Regelbeispiel des § 311 Abs. 3 S. 2 BGB erfasst sein;[1069] auch die sog. bürgerlich-rechtliche Prospekthaftung im weiteren Sinne wird hier verortet.[1070] Tatbestandlich setzt die Sachwalterhaftung voraus, dass der Dritte besonderes Vertrauen in Anspruch genommen hat und dadurch die Vertragsverhandlungen und den Vertragsschluss erheblich beeinflusst hat.[1071] „Für die Annahme eines besonderen persönlichen Vertrauens ist dabei erforderlich, dass der Anspruchsgegner eine über das normale Verhandlungsvertrauen hinausgehende persönliche Gewähr für die Seriosität und ordnungsgemäße Erfüllung des Vertrags übernommen hat.“[1072] Die Gewähr kann sich ferner auch auf die „Richtigkeit und Vollständigkeit der Erklärungen, die für den Willensentschluss des anderen Teils bedeutsam sind“, beziehen.[1073]

Jedenfalls akkreditierte Zertifizierungsgesellschaften nehmen aufgrund ihrer anerkannten Sachkunde und Objektivität das Vertrauen der Öffentlichkeit in Anspruch. Sie treten als Informationsintermediäre auf, um den Adressaten der Zertifizierung eigene, wirtschaftlich unrentable Prüfungen zu ersparen.[1074] Die Zertifizierung soll gerade dazu beitragen, dass Endkunden oder gewerbliche Geschäftspartner Verträge mit dem Zertifikatinhaber abschlie-

---

1066 *Löwisch*, in Staudinger, § 328 Rn. 267.

1067 Vgl. zu diesem Perspektivwechsel, *Koch*, Archiv für die civilistische Praxis (AcP) 2004, 59 (67).

1068 Vgl. z. B. BGH, Urt. v. 29.1.1997 – VIII ZR 356/95 = NJW 1997, 1233; BGH, Urt. v. 17.6.1991 – II ZR 171/90 = NJW-RR 1991, 1241; zum Hintergrund der Kodifizierung von § 311 Abs. 3 BGB, *Emmerich*, in MüKo BGB, § 311 Rn. 188; *Kaiser*, in Staudinger, § 311 Rn. 183.

1069 Vgl. die Begründung für den Gesetzesentwurf, BT-Drs. 14/6040, S. 163; sowie BT-Drs. 14/7052, S. 190.

1070 Vgl. BGH, Urt. v. 17.7.2018 – II ZR 13/17 = NJW-RR 2018, 1202; *Kaiser*, in Staudinger, § 311 Rn. 213 ff.

1071 OLG Düsseldorf, Urt. v. 6.10.2015 – I-21 U 70/15 = BeckRS 2016, 12278 (Rn. 35); vgl. zum Kausalitätserfordernis, das bei Vorliegen des Vertrauenstatbestands vermutet werde, *Lapp*, in jurisPK-BGB, § 311 Rn. 107.

1072 BGH, Urt. v. 22.10.2015 – III ZR 264/14 = NJW-RR 2016, 169 (169 Rn. 15); ähnlich OLG Düsseldorf, Urt. v. 6.10.2015 – I-21 U 70/15 = BeckRS 2016, 12278 (Rn. 35).

1073 BGH, Urt. v. 29.1.1997 – VIII ZR 365/95 = NJW 1997, 1233 (1234).

1074 So auch *Hoffmeyer*, Die zivilrechtliche Haftung von Zertifizierungsstellen, S. 235 f.

ßen. Dass im Einzelfall weitere interne oder externe Motive für den Vertragsabschluss hinzukommen, ist unschädlich.[1075] Entscheidend ist, dass bei normativer Betrachtung auf die Zertifikate vertraut werden darf.[1076] Bei den EU-Konformitätsbewertungsverfahren wird indessen kein Vertrauenstatbestand zugunsten der Endabnehmer zertifizierter Produkte geschaffen, denn diese Zertifizierung adressiert in erster Linie die Marktaufsichtsbehörden. Hier kommen die gleichen Argumente zum Tragen, die bereits gegen eine bestimmungsgemäße Leistungsberührung im Rahmen des Vertrages mit Schutzwirkung sprachen.[1077] Eine Vertrauenshaftung der benannten Stellen scheidet also bereits aus diesem Grunde aus.

Doch auch in den übrigen Fallgruppen ist fraglich, ob die strengen Haftungsvoraussetzungen erfüllt sind. Es ist erforderlich, dass der Sachwalter gerade *persönliches* Vertrauen in Anspruch nimmt,[1078] was sich in § 311 Abs. 3 S. 2 BGB in der Formulierung „für sich" niederschlägt.[1079] Nach einer Ansicht kommt daher eine Vertrauenshaftung nicht in Betracht, wenn der Sachwalter lediglich *typisiertes* Vertrauen, das an seine Funktion oder seinen Beruf geknüpft ist, in Anspruch genommen hat.[1080] Es bedarf dann eines mit Vertragsverhandlungen vergleichbaren Kontaktes zwischen dem Sachwalter und dem Geschädigten, der vor allem anzunehmen sei, wenn der Sachwalter unmittelbar oder mittelbar durch eine für ihn handelnde Person am Vertragsschluss teilgenommen hat.[1081] Das ist jedoch in den Zertifizierungsfällen üblicherweise nicht der Fall. Zertifizierungsgesellschaften nehmen bei Verträgen, die den Zertifizierungsgegenstand betreffen i. d. R. keine parteiähnliche Stellung ein. Ein persönlicher Kontakt zu den Adressaten besteht nicht. Speziell im Falle der Produktzertifizierung sind ggf. sogar mehrere Händler zwischengeschaltet. Das Vertrauen, das Zertifizierungsgesellschaften entgegengebracht wird (und entgegengebracht werden darf), beruht vor allem auf ihrer Reputation und Erfahrung, der durch die Akkreditierung sichergestellten Sachkunde sowie den gesetzlichen oder durch internationale Normen verfestigten Strukturen des jeweiligen Zertifizierungssystems.[1082] Sie nehmen insofern lediglich typisiertes Vertrauen in Anspruch. Eine Sachwalterhaftung von Zertifizierungsgesellschaften scheidet demnach aus.

1075 *Lapp*, in jurisPK-BGB, § 311 Rn. 107.

1076 Vgl. *Koch*, Archiv für die civilistische Praxis (AcP) 2004, 59 (75).

1077 Kap. 4 B.II.2.b.aa.

1078 Vgl. vor der Schuldrechtsreform z. B. BGH, Urt. 3.10.1989 – XI ZR 157/88 = NJW 1990, 389.

1079 *Canaris*, Juristenzeitung 2001, 499 (520 f.).

1080 *Leyens*, JuS 2018, 217 (219 f.); *Hoffmeyer*, Die zivilrechtliche Haftung von Zertifizierungsstellen, S. 237 ff.

1081 Vgl. BGH, Urt. v. 4.5.2004 – XI ZR 40/03 = NJW 2004, 2523 (2525).

1082 So auch *Hoffmeyer*, Die zivilrechtliche Haftung von Zertifizierungsstellen, S. 242 ff.

Die Haftung für die Inanspruchnahme typisierten Vertrauens ist nach der Rechtsprechung nur im Rahmen der sog. Prospekthaftung im engeren Sinne möglich. Dabei handelt es sich um einen Unterfall der Haftung aus *culpa in contrahendo* wegen unrichtiger Prospektangaben auf dem vormals unregulierten, sog. „grauen“ Kapitalmarkt.[1083] Sie ist zu unterscheiden von der Prospekthaftung im weiteren Sinne, die eine Haftung für die Verletzung von Aufklärungspflichten bei den Verhandlungen mit Anlegern darstellt und mangels spezialgesetzlicher Ausformung weiter auf § 311 Abs. 2 und 3 BGB gestützt wird.[1084] Auf diesem Wege können auch Garanten für die Richtigkeit des Prospekts, bspw. Rechtsanwälte, Steuerberater oder Wirtschaftsprüfer haftbar gemacht werden.[1085] Die Inanspruchnahme lediglich typisierten Vertrauens genügt jedoch gerade nicht.[1086] Eine Haftung der Zertifizierungsgesellschaften kann daher nur angenommen werden, wenn die Grundsätze der Prospekthaftung im *engeren* Sinne analoge Anwendung fänden. Dagegen spricht aber, dass es sich bei ihr um eine von der Rechtsprechung entwickelte spezielle Haftung handelt, mit der Regelungslücken im Kapitalmarktrecht geschlossen werden sollten.[1087] Die Interessenlage ist nicht vergleichbar, weil Anleger mangels alternativer Informationsmöglichkeiten in besonderem Maße auf die Richtigkeit von Prospekten angewiesen sind.[1088] Einen vergleichbaren Stellenwert nehmen Zertifikate i. d. R. nicht ein, da alternative Informationsquellen, insbesondere die Inaugenscheinnahme des Zertifizierungsgegenstands in Betracht kommen.[1089] Damit fehlt es aber an dem speziellen Geltungsgrund der Haftung für typisiertes Vertrauen. Die Prospekthaftung im engeren Sinne kann daher in den Zertifizierungsfällen nicht analog herangezogen werden.

Die CIC könnte als Haftungsgrundlage allerdings fruchtbar gemacht werden, wenn man mit Teilen der Literatur die restriktive Handhabung des § 311 Abs. 3 S. 2 BGB aufgibt und die Haftung von Experten generell diesem Regime unterstellt. Das Merkmal „für sich“ soll nach dieser Ansicht

---

1083 *Grüneberg*, in Grüneberg, § 311 Rn. 67; *Kaiser*, in Staudinger, § 311 Rn. 201, 203 ff.; *Schneider*, MDR 2016, 496 (496).

1084 *Grüneberg*, in Grüneberg, § 311 Rn. 71; *Kaiser*, in Staudinger, § 311 Rn. 201, 213 ff.; *Schneider*, MDR 2016, 496 (497).

1085 Vgl. *Kaiser*, in Staudinger, § 311 Rn. 207; *Schneider*, MDR 2016, 496 (499).

1086 Vgl. BGH, Urt. v. 17.7.2018 – II ZR 13/17 = NJW-RR 2018, 1202 (1203 Rn. 12); BGH, Urt. v. 22.10.2015 – III ZR 265/14 = BeckRS 2015, 18540 (Rn. 15).

1087 Vormals existierte lediglich § 44 BörsG als spezialgesetzliche Haftungsgrundlage. Durch die Einführung der §§ 20, 21 VermAnlG sowie § 306 KAGB ist der Anwendungsbereich der Prospekthaftung im engeren Sinne deutlich zurückgegangen; vgl. hierzu *Grüneberg*, in Grüneberg, § 311 Rn. 68.

1088 Vgl. zu diesem Aspekt, BGH, Urt. v. 26.9.1991 – VII ZR 376/89 = NJW 1992, 228 (229); BGH, Urt. v. 31.5.1990 – VII ZR 340/88 = NJW 1990, 2461 (2461).

1089 Vgl. bereits *Hoffmeyer*, Die zivilrechtliche Haftung von Zertifizierungsstellen, S. 271 f.

lediglich Fallkonstellationen ausschließen, in denen ein Sachwalter oder Experte seine Vertrauensstellung nur aus dem Vertrauen ableitet, das dem Vertragspartner entgegengebracht wird.[1090] Eine persönlicher Kontakt zum Geschädigten ist dann nicht mehr zwingend erforderlich. Generell spricht für eine Haftung von „Sachverständigen und Auskunftspersonen" nach CIC-Grundsätzen, dass der Gesetzgeber der Rechtsprechung mit der Einführung von § 311 Abs. 3 S. 2 BGB aufgezeigt hat, „dass diese Fälle auch auf diesem Wege zu lösen sind."[1091] Spätestens mit Einführung dieser Vorschrift ist die CIC also eine dogmatisch tragfähige Lösung für die Fälle der Expertenhaftung.[1092] Indem die Rechtsprechung weiterhin überwiegend den Vertrag mit Schutzwirkung bemüht, zudem mit teilweise fragwürdiger dogmatischer Begründung, widersetzt sie sich dem ausdrücklichen Willen des Gesetzgebers.[1093] Die CIC erlaubt zudem einen unverstellten Blick auf das Verhältnis zwischen dem Experten und den Adressaten. Speziell die Zertifizierungsfälle zeigen, dass die Inanspruchnahme von Vertrauen, dem wichtigsten Kapital der Zertifizierungsgesellschaften, einen tragfähigen Anknüpfungspunkt für die Begründung ihrer Haftung darstellt. Ferner werden die konstruktiven Schwierigkeiten durch die Heranziehung des Expertenvertrages vermieden. Insbesondere das Problem der Anwendung von § 334 BGB würde sich dann nicht mehr stellen, da die CIC ein eigenständiges Schuldverhältnis darstellt, in dem Einwendungen aus dem Expertenvertrag unbeachtlich sind.[1094] Freilich bedarf der Vertrauensbegriff einer notwendigen Konkretisierung, um eine uferlose Haftung zu vermeiden.[1095] Umso schwerer wiegen die Vorwürfe gegen die Rechtsprechung, die sich dieser Aufgabe bisher verschließt.

4. Zusammenfassung

Die maßgebliche Grundlage für eine vertragliche bzw. vertragsähnliche Dritthaftung von Zertifizierungsgesellschaften, die auch den Ersatz reiner Vermögensschäden ermöglichen würde, ist nach der Rechtsprechung der Vertrag mit Schutzwirkung für Dritte. Dogmatisch tragfähig ist dies jedoch nur, wenn die Haftung vom Willen der Vertragsparteien entkoppelt und als gesetzliches Schuldverhältnis anerkannt wird. Eine subjektive Begründung würde, ebenso wie die Annahme eines Auskunftsvertrages zwischen Zer-

1090 *Canaris*, Juristenzeitung 2001, 499 (520 f.); ders. ZHR 1999, 206 (232 f.); *Koch*, Archiv für die civilistische Praxis (AcP) 2004, 59 (72 f.).

1091 Begründung für den Gesetzesentwurf, BT-Drs. 14/6040, S. 163.

1092 Vgl. *Koch*, Archiv für die civilistische Praxis (AcP) 2004, 59 (70); zu den Bedenken vor der Schuldrechtsreform, *Picker*, in Medicus-FS (1999), S. 397 (413 ff.).

1093 *Mäsch*, JuS 2013, 935 (937).

1094 *Canaris*, ZHR 1999, 206 (229); *Pinger/Behme*, JuS 2008, 675 (678).

1095 Vgl. etwa die Bemühungen von *Koch*, Archiv für die civilistische Praxis (AcP) 2004, 59 (74 ff.); sowie *Wendelstein*, JA 2018, 144 (151 f.).

tifizierungsgesellschaft und Drittem, eine Fiktion darstellen. Die genauere Untersuchung der Einbeziehungsvoraussetzungen hat indes gezeigt, dass es regelmäßig an der einen oder anderen Einbeziehungsvoraussetzung fehlen wird. In der Rechtspraxis haben Zertifizierungsgesellschaften daher tatsächlich nur in Ausnahmekonstellationen mit einer vertragsähnlichen Haftung zu rechnen.

In der Literatur wurden die unterschiedlichsten Versuche unternommen, eine vertragsähnliche Haftung von Zertifizierungsgesellschaften und anderen Expertengruppen zu begründen. Denkbar wäre eine Lösung nach den Grundsätzen der *culpa in contrahendo*, der nicht zuletzt der Gesetzgeber mit der Einführung von § 311 Abs. 3 S. 2 BGB den dogmatischen Weg bereitet hat. Solange die Rechtsprechung jedoch einen persönlichen Kontakt zwischen dem Experten und dem Geschädigten verlangt, wird auch eine Sachwalterhaftung der Zertifizierungsgesellschaften, die lediglich typisiertes Vertrauen in Anspruch nehmen, regelmäßig ausscheiden.

III. Deliktische Haftung

Aufgrund der hohen Anforderungen für eine vertragliche Haftung, kommt den außervertraglichen Anspruchsgrundlagen entscheidende Bedeutung zu. Im Folgenden wird daher geprüft, inwiefern die Geschädigten einer fehlerhaften Zertifizierung deliktische Ansprüche gegen die Zertifizierungsgesellschaft geltend machen können.

1. Produkthaftung

Jedenfalls für die Varianten der Produktzertifizierung scheint eine produkthaftungsrechtliche Dritthaftung der Zertifizierungsgesellschaften erwägenswert. Schließlich soll die Zertifizierung von Sicherheitsstandards zur allgemeinen Produktsicherheit beitragen. Zurechnungssubjekte der Produkthaftung sind nach § 4 ProdHaftG nicht lediglich der Hersteller des Produkts (Abs. 1 S. 1), sondern auch Quasi-Hersteller (Abs. 1 S. 2), Importeure (Abs. 2) und ggf. Lieferanten (Abs. 3). Hierdurch wird eine Gesamtverantwortung sämtlicher Akteure begründet, die an der Produktion und dem Vertrieb des Produkts beteiligt sind, sodass den Geschädigten bei der in der Praxis ggf. schwierigen Identifikation des Herstellers, insbesondere bei Sachverhalten mit Auslandsbezug, eine effektive Rechtsdurchsetzung ermöglicht wird.[1096] Die benannten Stellen, die mit der Durchführung der EU-Konformitätsverfahren betraut sind, stellen einen weiteren Akteur in diesem Verantwortungsgeflecht dar. Als Hersteller i. S. v. § 4 Abs. 1 ProdHaftG gilt

1096 *Wagner*, in MüKo BGB, § 4 ProdHaftG Rn. 1; vgl. auch ErwGr Nr. 4 der RL 85/374/EWG.

jedoch nur, wer die Organisationsgewalt über den Herstellungsprozess ausübt.[1097] Die benannten Stellen sind in die Kontrolle und Überwachung des Herstellungsprozesses eingebunden, haben jedoch keinerlei unmittelbaren Einfluss auf den eigentlichen Produktionsvorgang. Die Herstellereigenschaft der benannten Stellen wird daher zu Recht einhellig abgelehnt.[1098] Auch eine Haftung als Quasi-Hersteller kommt nicht in Betracht. Durch die Anbringung eines Zertifizierungszeichens geben sich Zertifizierungsgesellschaften nicht als Hersteller aus (§4 Abs. 1 S. 2 ProdHaftG), zumal Zertifizierungszeichen durch die Zertifizierungsgesellschaften lediglich vergeben und nicht unmittelbar angebracht werden. Im Übrigen wurde bereits gezeigt, dass eine verschuldensunabhängige Haftung der Zertifizierungsgesellschaften, wie sie durch § 1 ProdHaftG begründet werden würde, der Sache nach nicht gerechtfertigt ist.[1099] Produkthaftungsrechtlich können Zertifizierungsgesellschaften folglich nicht zur Verantwortung gezogen werden.

Auch die geplante Neufassung der Produkthaftungsrichtlinie,[1100] die eine Änderung des ProdHaftG nach sich ziehen wird, ändert hieran nichts. Mit der Reform wird eine umfassende Modernisierung des Produkthaftungsrechts bezweckt.[1101] So ist bspw. vorgesehen, den Produktbegriff auf Software und andere digitale Produkte zu erweitern (Art. 4 RL-E). Der Änderungsentwurf erweitert ferner auch den Kreis der möglichen Schuldner (Art. 7 RL-E). Nunmehr sollen auch sog. Fulfillment-Dienstleister, die Anbieter von Onlinemarktplätzen oder Unternehmen, die ein Produkt ohne Zustimmung des ursprünglichen Herstellers wesentlich verändern, haftbar gemacht werden können. Eine Ausweitung auf Zertifizierungsgesellschaften ist indessen nicht vorgesehen.

2. Haftung nach §823 Abs. 1 BGB

Verletzungen der Rechtsgüter Leben, Körper, Gesundheit und Eigentum infolge von Pflichtverletzungen von Zertifizierungsgesellschaften sind insbesondere denkbar, wenn die Zertifizierung Sicherheits- und Qualitätsstandards eines Produkts oder einer Dienstleistung zum Gegenstand hat. Doch

---

1097 BGH, Urt. v. 25.2.2014 – VI ZR 144/13 = NJW 2014, 2106 (2108 Rn. 16); *Oechsler*, in Staudinger, §4 ProdHaftG Rn. 10; *Wagner*, in MüKo BGB, §4 ProdHaftG Rn. 10.

1098 *Friedrich*, in MAH MedizinR, § 17 Rn. 349; *Handorn*, MPR 2014, 84 (84); *Madejska*, GuP 2020, 219 (221); Nietsch, in *Tamm u. a.*, Verbraucherrecht, §22 Rn. 32a. *Rehmann*, in Rehmann/Wagner MPG, Einf. Rn. 77; *Wagner*, in MüKo BGB, §4 ProdHaftG Rn. 4, 20; *Weiß*, Die rechtliche Gewährleistung der Produktsicherheit, S. 454.

1099 Vgl. Kap. 3 B.III.

1100 COM(2022) 495 – Proposal for a directive of the European Parliament and of the Council on liability for defective products v. 28.9.2022.

1101 Krit. zu den geplanten Änderungen *Kapoor/Klindt* BB 2023, 67 (71).

auch die Zertifizierung eines Unternehmens kann dazu führen, dass Dritte dessen Produkte oder Dienstleistungen in Anspruch nehmen und in der Folge Verletzungen erleiden. Anknüpfungspunkt für eine Haftung ist entweder die von vornherein unberechtigte Ausstellung oder die unterlassene Zurückziehung eines Zertifikats. Sofern auf die Ausstellung des Zertifikats, also ein aktives Tun abgestellt wird, ist zu beachten, dass dieses nicht unmittelbar zu Rechtsgutsverletzungen aufseiten Dritter führt, sondern diese allenfalls ermöglicht oder fördert. Die finale Ursache einer Rechtsgutsverletzung setzt der Geschädigte vielmehr selbst, indem er den Zertifizierungsgegenstand erwirbt, verarbeitet oder benutzt. Die Ausstellung des Zertifikats stellt daher eine mittelbare Verletzungshandlung dar,[1102] weshalb dieses Verhalten – wie auch eine Rechtsgutsverletzung durch Unterlassen – nur dann eine Haftung begründet, wenn die Zertifizierungsgesellschaft eine Verkehrssicherungspflicht verletzt hat.[1103] Weitere Schwierigkeiten bei der Begründung einer Haftung nach § 823 Abs. 1 BGB ergeben sich auf den Ebenen der Kausalität sowie des Verschuldens.

a. Verkehrssicherungspflichten der Zertifizierungsgesellschaften

Die Zertifizierungsgesellschaften könnten durch die Zertifizierung Verkehrssicherungspflichten des Zertifikatinhabers übernommen haben. In Betracht käme dies im Bereich der Produktzertifizierung. Zertifizierungsgesellschaften könnten in gewissem Umfang die Verkehrssicherungspflichten des Herstellers hinsichtlich Konstruktion, Fabrikation, und Produktbeobachtung übernommen haben.[1104] Dafür spricht, dass es je nach Zertifizierungsgegenstand zu Überschneidungen der Aufgabenbereiche kommen kann. Andererseits wurde bereits festgestellt, dass die Hersteller trotz einer EU-Konformitätsprüfung oder GS-Zertifizierung vollumfänglich für ihre Produkte verantwortlich bleiben.[1105] Die Zertifizierung bezweckt keine Entlastung der Hersteller, sondern soll gerade eine zusätzliche Gewähr für die Einhaltung der geprüften Standards bieten. Eine Delegation der herstellerspezifischen Verkehrssicherungspflichten findet daher nicht statt.[1106] Dies gilt erst recht für die freiwillige Zertifizierung nach ISO 9001. Dies ergibt sich bereits aus

1102 Vgl. bereits *Hoffmeyer*, Die zivilrechtliche Haftung von Zertifizierungsstellen, S. 286 f.; *Weiß*, Die rechtliche Gewährleistung der Produktsicherheit, S. 443.

1103 Eingehend zur Bedeutung von Verkehrspflichten im Deliktsrecht und m. w. N. zu den Gegenansichten *Wagner*, in MüKo BGB, § 823 Rn. 433 ff., zur Berücksichtigung auf Tatbestandsebene vgl. Rn. 444; vgl. ferner *Förster*, in BeckOK BGB, § 823 Rn. 295 ff.; *Medicus/Petersen*, Bürgerliches Recht, Rn. 646 f.; *Wilhelmi*, in Erman, § 823 Rn. 74b ff.

1104 Vgl. zu diesen Herstellerpflichten im Überblick *Förster*, in BeckOK BGB, § 823 Rn. 703 ff.

1105 Vgl. Kap. 3 A. I.

1106 So auch *Hoffmeyer*, Die zivilrechtliche Haftung von Zertifizierungsstellen, S. 287 f.

dem Gegenstand dieses Zertifizierungssystems. Qualitätsmanagementsysteme können zwar dazu beitragen, dass das Unternehmen seine Verkehrssicherungspflichten einhält, mit der bloßen Prüfung und Überwachung von dessen Normkonformität übernehmen die Zertifizierungsgesellschaften aber faktisch keine Aufgaben des zertifizierten Unternehmens.[1107]

Haftungsrechtliche Entsprechung findet die Funktion der Zertifizierung vielmehr in der Anerkennung eigenständiger Verkehrssicherungspflichten. Zu deren Begründung kommt es entscheidend darauf an, ob die Zertifizierungsgesellschaften durch ihre Tätigkeit eine Gefahrenquelle kontrollieren und daher eine entsprechende Fürsorgepflicht angenommen werden muss.[1108] In der Rechtsprechung wurde eine Verkehrssicherungspflicht der benannten Stellen abgelehnt, da alleine der Hersteller das Produkt als Gefahrenquelle zu verantworten habe.[1109] Eine unmittelbare Möglichkeit zur Steuerung, der von dem Zertifizierungsgenstand ausgehenden Gefahren, haben Zertifizierungsgesellschaften tatsächlich nicht. Ihre Tätigkeit beschränkt sich auf die Feststellung der Normkonformität. Berücksichtigt man die praktische Verwendung der Zertifikate, kann jedoch ein gewisser Einfluss auf die Intensität der Gefahren festgestellt werden. Die Vergrößerung einer bereits existieren Gefahr genügt zur Begründung einer eigenständigen Verkehrssicherungspflicht.[1110] In Bezug auf die GS-Zertifizierung wird argumentiert, dass durch die Wettbewerbsvorteile zertifizierter Produkte, die Gefahren, die mit der Verwendung dieses Produkts ohnehin einhergehen, nochmals intensiviert werden.[1111] Ein potenziell gefährliches Produkt wird eher genutzt, wenn seine Sicherheit durch externe Stellen zertifiziert wurde.[1112] Es ist dann auch wahrscheinlicher, dass Endverbraucher auf eigenständige Prüfungen verzichten und das Produkt ohne Bedenken in Betrieb nehmen.[1113] Insofern werden die von dem Produkt ausgehenden Gefahren tatsächlich intensiviert. Im Falle der EU-Konformitätsprüfungen kann sogar argumentiert werden, dass die Gefahren erst durch die Ausstellung der Konformitätsbescheinigung begründet werden, denn erst dann darf das Produkt überhaupt auf dem Binnenmarkt angeboten werden.[1114] Nach dem

---

1107 Vgl. *Hoffmeyer*, Die zivilrechtliche Haftung von Zertifizierungsstellen, S. 288 f.

1108 *Wagner*, in MüKo BGB, § 823 Rn. 450 f.

1109 OLG Nürnberg, Urt. v. 27.6.2018 – 4 U 979/14 = BeckRS 2018, 51171 (Rn. 38); OLG Zweibrücken, Urt. v. 30.1.2014 – 4 U 66/13 = MPR 2014, 62 (67).

1110 Vgl. *Hager*, in Staudinger, § 823 Rn. E13; BGH, Urt. v. 13.7.1967 – III ZR 165/66 = VersR 1967, 981 (982).

1111 Eingehend *Hoffmeyer*, Die zivilrechtliche Haftung von Zertifizierungsstellen, S. 289 ff.; *Weiß*, Die rechtliche Gewährleistung der Produktsicherheit, S. 443 ff.

1112 *Weiß*, Die rechtliche Gewährleistung der Produktsicherheit, S. 445.

1113 *Hoffmeyer*, Die zivilrechtliche Haftung von Zertifizierungsstellen, S. 291.

1114 Vgl. Kap. 2 C.I.6.; ebenfalls von einer Haftung der benannten Stellen nach § 823 Abs. 1 BGB ausgehend, *Wagner*, JZ 2018, 130 (136); anders hingegen, *Nietsch/Os-*

Inverkehrbringen der Produkte ergibt sich die tatsächliche und rechtliche Steuerungsmöglichkeit schließlich aus der Befugnis, Konformitätsbescheinigungen im Rahmen der Überwachung des Herstellers auszusetzen oder zurückzuziehen.[1115] Daher üben auch die benannten Stellen – entgegen der teilweise anders lautenden Rechtsprechung – Einfluss auf die von dem Produkt ausgehenden Gefahren aus.

Generell wird mit der Zertifizierung die berechtigte Erwartung des Verkehrs geweckt, dass die Zertifizierungsgesellschaft mit der notwendigen Sorgfalt gehandelt hat. Inhalt und Umfang der entsprechenden Verkehrssicherungspflicht ergeben sich aus dem jeweiligen Zertifizierungssystem, wobei die gesetzlichen Vorgaben und technischen Normen als Mindeststandard für die Sorgfaltspflichten der Zertifizierungsgesellschaften zu berücksichtigen sind.[1116] Als deliktische Verkehrssicherungspflicht muss sie die Zertifizierungsgesellschaft gegenüber Dritten beachten. Ansatzpunkte für Sorgfaltspflichten, die über die Vorgaben des jeweiligen Zertifizierungssystems hinausgehen, bestehen nicht.[1117] Nur in diesem Umfang kann die Zertifizierungsgesellschaft die Gefahrenquelle kontrollieren, ferner können berechtigte Erwartungen des Verkehrs auch nicht über diese Standards hinausgehen.

Das Argument der Intensivierung, der von einem Produkt ausgehenden Gefahren, kann auch bei Unternehmenszertifizierungen fruchtbar gemacht werden. Wenn die Zertifizierung nach ISO 9001 eine Voraussetzung für die Aufnahme von Lieferbeziehungen ist, werden Rechtsgutsverletzungen Dritter infolge des Kontakts mit den Leistungen des zertifizierten Unternehmens ermöglicht oder zumindest wahrscheinlicher.[1118] Berechtigte Verkehrserwartungen entstehen aufgrund des Prüfungsmaßstabs indessen nur hinsichtlich der sorgfältigen Prüfung der Unternehmensprozesse, und nicht der Leistungen des Unternehmens. Konkrete Rückschlüsse über die Sicherheit oder Qualität der Leistungen eines zertifizierten Unternehmens sind nämlich nicht möglich.[1119] Dieser Umstand steht der Annahme einer Verkehrssicherungspflicht nicht entgegen, macht aber Differenzierungen im Rahmen der Kausalitätsprüfung erforderlich.

---

manovic, ZIP 2020, 2316 (2323 f.), die eine generelle Garantenstellung ablehnen und eine solche nur nach den Umständen des Einzelfalls in Betracht ziehen.

1115 Vgl. *Rott*, NJW 2017, 1146 (1147).

1116 Allgemein zur Bedeutung öffentlich-rechtlicher und privater Standards *Förster* in BeckOK BGB, § 823 Rn. 345 ff.

1117 So auch BGH, Urt. v. 27.2.2020 – VII ZR 151/18 = NJW 2020, 1514 (1520 Rn. 50); insoweit zustimmend *Nietsch/Osmanovic*, ZIP 2020, 2316 (2323).

1118 *Hoffmeyer*, Die zivilrechtliche Haftung von Zertifizierungsstellen, S. 295 f.; *Weiß*, Die rechtliche Gewährleistung der Produktsicherheit, S. 444.

1119 Kap. 2 C.III.5.

b. Kausalität und Zurechnung

Die haftungsbegründende Kausalität[1120] setzt zunächst nach der Äquivalenztheorie voraus, dass die Verletzung der Verkehrssicherungspflichten nicht hinweggedacht werden kann, ohne dass die Rechtsgutsverletzung entfiele.[1121] Für den Fall einer fehlerhaften, erstmalig ausgestellten EU-Konformitätsbescheinigung gelingt dieser Nachweis, denn ohne die obligatorische Zertifizierung hätte der Hersteller das Produkt nicht auf dem Binnenmarkt anbieten können.[1122] Der Geschädigte hätte ohne die Zertifizierung also gar keine Möglichkeit gehabt, das Produkt zu erwerben und in Betrieb zu nehmen. Wurden im Rahmen der Überwachung erforderliche Maßnahmen unterlassen, kommt es nach den Umständen des Einzelfalls darauf an, ob diese die konkrete Rechtsgutsverletzung hätten verhindern können.[1123]

Im Unterschied zu den EU-Konformitätsverfahren erfolgt die GS-Zertifizierung ausschließlich freiwillig und stellt daher keine Voraussetzung für das Inverkehrbringen des Produkts dar. Zwar ist denkbar, dass ein Hersteller in Folge einer negativen Zertifizierungsentscheidung aufgrund von Sicherheitsbedenken von einem Inverkehrbringen absieht,[1124] doch ist dies nicht zwingend, denn die Anforderungen für eine GS-Zertifizierung gehen gerade über die öffentlich-rechtlichen Mindeststandards hinaus.[1125] Der Geschädigte muss dann den ggf. schwierigen Nachweis führen, dass er das Produkt zumindest auch aufgrund der erfolgten Zertifizierung erworben und benutzt hat.[1126] Gelingt der Nachweis adäquater Kausalität, könnte sich eine Einschränkung des Zurechnungszusammenhangs aus der Schutzzwecklehre ergeben. Der Verletzte muss in den persönlichen Schutzbereich und das Rechtsgut in den sachlichen Schutzbereich der verletzten Verkehrssicherungspflicht fallen.[1127] Inhalt und Umfang der Verkehrssicherungspflichten der benannten Stellen sowie der GS-Stellen ergeben sich aus den öffentlich-rechtlichen Gesetzen des jeweiligen Zertifizierungssystems.[1128] Diese

---

1120 Eingehend hierzu bereits *Hoffmeyer*, Die zivilrechtliche Haftung von Zertifizierungsstellen, S. 305 ff.

1121 Jeweils m. w. N. *J. Flume*, in BeckOK BGB, § 249 Rn. 280; *Oetker*, in MüKo BGB, § 249 Rn. 103; *Schiemann*, in Staudinger, § 249 Rn. 8.

1122 So auch *Nietsch/Osmanovic*, ZIP 2020, 2316 (2325).

1123 Vgl. *Nietsch/Osmanovic*, ZIP 2020, 2316 (2325).

1124 *Hoffmeyer*, Die zivilrechtliche Haftung von Zertifizierungsstellen, S. 306; *Weiß*, Die rechtliche Gewährleistung der Produktsicherheit, S. 444.

1125 Kap. 2 C.II.2.

1126 Vgl. auch *Hoffmeyer*, Die zivilrechtliche Haftung von Zertifizierungsstellen, S. 307, der eine Beweislastumkehr ablehnt aber zumindest von einer Beweiserleichterung im Rahmen der Würdigung der Anscheinsbeweise ausgeht.

1127 *Sprau*, in Grüneberg, § 823 Rn. 53; *Wagner*, in MüKo BGB, § 823 Rn. 74; BGH, Urt. v. 27.1.1987 – VI ZR 114/86 = NJW 1987, 2671.

1128 Siehe oben, Kap. 4 B.III.2.a.

bezwecken wiederum den Schutz der Endabnehmer zertifizierter Produkte vor Rechtsgutsverletzungen infolge der bestimmungsgemäßen Benutzung des zertifizierten Produkts.[1129] Der Zurechnungszusammenhang wird bei der Produktzertifizierung daher nicht aufgrund von Schutzzweckerwägungen unterbrochen.

Der Erfolg oder Misserfolg einer Unternehmenszertifizierung nach ISO 9001 wirkt sich üblicherweise nicht darauf aus, ob das Unternehmen seine Leistungen überhaupt am Markt anbietet. Die Ausstellung eines Zertifikats ist daher nicht generell ursächlich für den Kontakt des Geschädigten mit dem zertifizierten Unternehmen oder seinen Leistungen. Vielmehr ist wie bei der GS-Zertifizierung entscheidend, dass sich der Geschädigte zumindest auch wegen des Zertifikats für das zertifizierte Unternehmen entschieden hat. Sofern die Zertifizierung nach ISO 9001 in einer Branche für die Aufnahme von Geschäftsbeziehungen üblich ist oder sich dies aus dem Vertrag oder den Umständen seines Zustandekommens ergibt, kann ein geschädigter Geschäftspartner den Nachweis der Kausalität führen. Denkbar ist auch, dass sich ein Endabnehmer aufgrund der ISO 9001-Zertifzierung für das zertifizierte Unternehmen entscheidet. Allerdings steht in dieser Konstellation der Schutzzweck der Verkehrssicherungspflicht einer Zurechnung entgegen. Der Schutzbereich der Verkehrssicherungspflicht zur sorgfältigen Durchführung des Zertifizierungsverfahrens kann sich nicht auf Personen erstrecken, die die jeweilige Zertifizierung nach ihrer Funktion überhaupt nicht adressiert. Da das Zertifikat keine konkreten Aussagen über die eigentliche Qualität oder Sicherheit der Leistungen fällt, sollen die Endabnehmer der Leistungen auch nicht vor den Gefahren unerkannt unsicherer Produkte geschützt werden.[1130] Aufgrund dieses Schutzzwecks können der Zertifizierungsgesellschaft die Rechtsgutsverletzungen der Endabnehmer nicht zugerechnet werden. Etwas anderes gilt wiederum für gewerbliche Geschäftspartner. Das ISO 9001-Zertifikat trifft eine Aussage über die Fähigkeit des Unternehmens konstant ein selbstdefiniertes Qualitätsniveau zu erreichen.[1131] Geschäftspartner, die mit dem Unternehmen bspw. in einer Lieferkette verbunden sind, sollen nach dem Sinn und Zweck des Zertifikats auf diese Aussage vertrauen dürfen und mithin vor den mit einer Fehlzertifizierung einhergehenden Qualitätsschwankungen geschützt werden. Insofern steht der Schutzweck der Verkehrssicherungspflicht einer Zurechnung nicht im Wege.

Im Ergebnis ist festzuhalten, dass zunächst zwischen freiwilligen und obligatorischen Produktzertifizierungen zu unterscheiden ist, da nur letztere ursächlich sind für das rechtmäßige Inverkehrbringen des Produkts. Der an-

1129 Eingehend zum Schutzzweck der Begleitgesetze, Kap. 4 B.III.3.
1130 Ähnlich *Hoffmeyer*, Die zivilrechtliche Haftung von Zertifizierungsstellen, S. 310.
1131 Vgl. Kap. 2 C.III.5.

dernfalls erforderliche Nachweis, dass das Zertifikat ursächlich war für die Kaufentscheidung, ist in der Praxis ggf. schwer zu führen. Bezüglich der Unternehmenszertifizierungen nach ISO 9001 gebietet die Schutzzwecklehre eine Differenzierung zwischen Endverbrauchern und gewerblichen Geschäftspartnern. Nur letztere werden vom persönlichen Anwendungsbereich der Verkehrssicherungspflicht erfasst.

c. Verschulden

Voraussetzung für die Haftung nach § 823 Abs. 1 BGB ist, dass die Zertifizierungsgesellschaft die Rechtsgutsverletzung zu verschulden hat. Bereits zu Haftung gegenüber dem Vertragspartner wurde festgestellt, dass der Zertifizierungsgesellschaft nach Maßgabe des § 31 BGB Schädigungshandlungen von Geschäftsführungsmitgliedern sowie weiteren Repräsentanten, insbesondere Angestellten, die die Zertifizierungsentscheidungen treffen oder in leitender Funktion für die Prüfungs- und Überwachungstätigkeiten zuständig sind, zugerechnet werden können.[1132] Sofern anderen Personen die schädigende Handlungen vorgenommen haben und kein Organisationsverschulden feststellbar ist, haftet die Zertifizierungsgesellschaft für Dritte lediglich in den engen Grenzen des § 831 BGB. Die für die Haftung gegenüber Dritten maßgeblichen Pflichtverletzungen, nämlich die fehlerhafte Zertifizierungsentscheidung, wird indessen regelmäßig von Personen vorgenommen, die als Repräsentanten zu qualifizieren sind. Die Exkulpationsmöglichkeit gem. § 831 Abs. 1 S. 2 BGB steht dann nicht zur Verfügung.

d. Fazit

Zertifizierungsgesellschaften können aufgrund entsprechender Verkehrssicherungspflichten nach § 823 Abs. 1 BGB haften, wenn eine falsche Zertifizierungsentscheidung dazu führt, dass Rechtsgüter Dritter durch den Zertifizierungsgegenstand verletzt wurden. Der Kausalitätsnachweis kann insbesondere bei obligatorischen Zertifizierungen geführt werden, ist jedoch auch in den übrigen Varianten möglich. Einschränkungen können sich aus dem Schutzzweck der Verkehrssicherungspflichten, für deren Umfang der Sinn und Zweck der jeweiligen Zertifizierung heranzuziehen ist, ergeben. Aus diesem Grund scheidet etwa die Haftung der ISO 9001-Zertifizierungsstellen gegenüber Endverbrauchern aus. Die wegen § 831 BGB eingeschränkte Geschäftsherrenhaftung wirkt sich in den Konstellationen der Dritthaftung indessen regelmäßig nicht zulasten der Geschädigten aus.

1132 Kap. 4 A.II.1.

3. Haftung nach § 823 Abs. 2 BGB

Die Haftung wegen der Verletzung eines Schutzgesetzes gem. § 823 Abs. 2 BGB ermöglicht möglicherweise auch den Ersatz reiner Vermögensschäden aufgrund eines lediglich fahrlässigen Verhaltens und ist daher aus der Sicht der Geschädigten besonders attraktiv.[1133] Sie kommt ausschließlich in den Varianten der gesetzlich geregelten Zertifizierungssysteme in Betracht. Sofern sich die Pflichten der Zertifizierungsgesellschaften im gesetzlich ungeregelten Bereich aus technischen Normen ergeben, auf die der Vertrag Bezug nimmt, scheidet eine Haftung bereits deshalb aus, weil es sich bei ihnen nicht um verbindliche Rechtsnormen i. S. v. Art. 2 EGBGB, sondern private Rechtsregeln mit Empfehlungscharakter handelt.[1134] Im Falle eincr rein vertraglich vereinbarten Zertifizierung nach ISO 9001 ist eine Haftung gem. § 823 Abs. 2 BGB daher von vornherein ausgeschlossen. Sie kann auch nicht generell auf die Verletzung von Verkehrssicherungspflichten gestützt werden. Deren Qualifikation als Schutzgesetz i. S. v. § 823 Abs. 2 BGB wurde teilweise vertreten,[1135] führt jedoch zu einer Umgehung der gesetzgeberischen Grundentscheidung gegen eine generelle Fahrlässigkeitshaftung für reine Vermögensschäden und ist daher mit dem gelten Recht nicht vereinbar.[1136]

Im Zentrum steht daher die Frage, ob einzelne Vorschriften der gesetzlichen Zertifizierungssysteme Schutzgesetze darstellen.[1137] Um den deliktischen Vermögensschutz nicht ausufern zu lassen, ist es erforderlich, dass das Gesetz ein bestimmtes Gebot oder Verbot ausspricht und nicht lediglich allgemeine Grundsätze aufstellt.[1138] Sodann kommt es entscheidend darauf an, ob die verletzte Vorschrift den Schutz von Individualinteressen bezweckt.[1139] Der Individualschutz muss nicht der ausschließliche Zweck des Gesetzes sein, darf andererseits aber nicht lediglich reflexhaft eintre-

1133 Vgl. *Förster*, in BeckOK BGB, § 823 Rn. 266; *Wagner*, in MüKo BGB, § 823 Rn. 534.

1134 Vgl. BGH, Urt. v. 14.5.1998 – VII ZR 184-97 = NJW 1998, 2814 (2815); *Förster*, in BeckOK BGB, § 823 Rn. 275; *Hager*, in Staudinger, § 823 Rn. G13; *Wagner*, in MüKo BGB, § 823 Rn. 553.

1135 Vgl. *Huber*, in von Caemmerer-FS (1978), S. 359 (377 ff.); *Mertens*, AcP 1978, 227; *von Bar*, Verkehrspflichten, S. 233 ff.

1136 Vgl. *Canaris*, in Larenz-FS (1983), S. 27 (83); *Larenz/Canaris*, Schuldrecht Bd. II BT, § 76 III 2c (S. 406); *Wagner*, in MüKo BGB § 823 Rn. 426 ff., 534.

1137 Vgl. zu den Voraussetzungen das BGH-Urteil zum PIP-Fall, BGH, Urt. v. 27.22020 – VII ZR 151/18 = NJW 2020, 1514 (1517 Rn. 33 f.).

1138 BGH, Urt. v. 9.12.1964 – I b ZR 181/62 = NJW 1965, 2007; zur besonderen Bedeutung im Rahmen des Vermögensschutzes, *Wagner*, in MüKo BGB, § 823 Rn. 555 f.; das Bestimmtheitsgebot hingegen ablehnend, *Spickhoff*, Gesetzesverstoß und Haftung, S. 118 ff.

1139 Mit umfassenden Nachweisen aus der Rspr., *Hager*, in Staudinger, § 823 Rn. G19; *Wagner*, in MüKo BGB, § 823 Rn. 562.

ten.[1140] Der Zweck des Gesetzes muss sich gerade auf den deliktsrechtlichen Schutz der betroffenen Person und des jeweils betroffenen Rechtsguts bzw. des Vermögens erstrecken.[1141] Die Rechtsprechung prüft dies, indem sie die Tragbarkeit des individuellen Schadensersatzanspruchs im Lichte des haftungsrechtlichen Gesamtsystems untersucht.[1142] Im Folgenden wird geprüft ob die benannten Stellen des europäischen Produktsicherheitsrechts sowie die GS-Stellen des nationalen ProdSG nach diesen Grundsätzen haften.

a. Schutzgesetzeigenschaft der gesetzlichen Pflichten der benannten Stellen

Die Haftung der benannten Stellen nach § 823 Abs. 2 BGB soll am Beispiel des Medizinprodukterechts untersucht werden. In der zu dieser Frage ergangenen Rechtsprechung ging es um den Schutzgesetzcharakter von § 6 Abs. 1 und 2 i. V. m. § 37 MPG a. F., § 7 Abs. 1 Nr. 1 MPV a. F. und Anhang II der RL 93/42/EWG, also um die gesetzlichen Vorschriften hinsichtlich des Konformitätsbewertungsverfahrens für Medizinprodukte der Klasse III, einschließlich der Pflichten der benannten Stellen. Abzustellen war auf den deutschen Umsetzungsakt der zugrundeliegenden EU-Richtlinie, da diese mangels unmittelbarer Geltung im Verhältnis zum Bürger von vornherein nicht als Schutzgesetz i. S. v. § 823 Abs. 2 BGB in Betracht kam.[1143] In der seit dem 25. Mai 2017 geltenden Medizinprodukteverordnung (MPVO) wurde das Konformitätsbewertungsverfahren für Medizinprodukte der Klasse III teilweise reformiert. Die Pflichten der benannten Stellen ergeben sich nun aus Art. 53 Abs. 5, 52 Abs. 3 i. V. m. Anhang IX der MPVO. Diese Vorschriften kommen nunmehr als Schutzgesetze in Betracht, denn die Verordnung entfaltet gem. Art. 288 Abs. 3 AEUV unmittelbare Geltung.[1144] Da mit der Reform keine grundlegenden Änderungen hinsichtlich des Konformitätsverfahrens einhergingen, kann die ältere Rechtsprechung weiterhin herangezogen werden. Im Übrigen bleibt es bei der identischen Sachfrage, nämlich ob die benannten Stellen nach ihrer Funktion und Stellung im Gesamtsystem des europäischen Produktsicherheitsrechts einer Haftung aus § 823 Abs. 2 BGB ausgesetzt werden sollen.

Keine Zweifel bestehen jedenfalls hinsichtlich der Bestimmtheit der gesetzlichen Pflichten der benannten Stellen. In dem anders lautenden Urteil des OLG Nürnberg wurde lediglich § 6 Abs. 2 MPG a. F. herangezogen,[1145]

1140 *Hager*, in Staudinger, § 823 Rn. G19; *Wagner*, in MüKo BGB, § 823 Rn. 562.

1141 *Hager*, in Staudinger, § 823 Rn. G25 f.

1142 Z. B. BGH, Urt. V. 8.6.1976 – VI ZR 50/75 = NJW 1976, 1740 (1740 f.); hierzu m. w. N. *Wagner*, in MüKo BGB, § 823 Rn. 567.

1143 *Förster*, in BeckOK BGB, § 823 Rn. 269; *Wagner*, in MüKo BGB, § 823 Rn. 539.

1144 *Förster*, in BeckOK BGB, § 823 Rn. 269; *Wagner*, in MüKo BGB, § 823 Rn. 539.

1145 Vgl. OLG Nürnberg, Urt. v. 27.6.2018 – 4U 979/14 = BeckRS 2018, 51171 (Rn. 35).

der in der Tat keine konkreten Ge- oder Verbote aufstellte und sich nach seinem Inhalt primär an den Hersteller richtete. Die Pflichten der benannten Stellen ergaben sich jedoch aus Anhang II der RL 93/42/EWG, auf die die §§6 Abs. 2, 37 MPG a. F., §7 Abs. 1 Nr. 1 MPV a. F. verwiesen.[1146] Das Konformitätsverfahren und die Rolle der benannten Stelle wurde über diese Verweisungskette detailliert geregelt. Sofern den benannten Stellen Einschätzungsspielräume hinsichtlich der konkreten Maßnahmen eingeräumt werden,[1147] berücksichtigt dies ihre berufsspezifische, durch behördliche Zulassung nachgewiesene Expertise. Die Betonung ihrer Verantwortung darf die benannten Stellen haftungsrechtlich nicht dergestalt entlasten, dass eine Haftung nach §823 Abs. 2 BGB bereits mangels Bestimmtheit des Gesetzes ausscheidet.

Ebenfalls unzweifelhaft ist, dass mit der Einschaltung der benannten Stellen gerade der Schutz der Endabnehmer zertifizierter Produkte bezweckt wird.[1148] Zwar werden die benannten Stellen aus der Sicht des Herstellers beauftragt, um die rechtmäßige Vermarktung der Produkte zu ermöglichen. Dass es aber überhaupt einer Regulierung des Zugangs zum Binnenmarkt in Form obligatorischer Sicherheitszertifizierungen bedarf, ergibt sich aus dem gesetzgeberischen Willen, die Endabnehmer vor unsicheren Produkten zu schützen. Nach ihrer tatsächlichen Stellung sind die benannten Stellen nicht lediglich „Begleiter des Herstellers“,[1149] sondern übernehmen Aufgaben der Marktzugangskontrolle und -überwachung.[1150] Dieses Regelungsanliegen zeigen auch die Erwägungsgründe 3 und 5 der RL 93/42/EWG.[1151] Auch der EuGH entschied unter Verweis auf diese Erwägungsgründe, dass die Richtlinie „nicht nur auf den Schutz der Gesundheit im engeren Sinne, sondern auch auf die Sicherheit von Personen gerichtet ist und dass sie außerdem nicht nur die Anwender von Medizinprodukten und die Patienten,

1146 So auch BGH, Urt. v. 27.22020 – VII ZR 151/18 = NJW 2020, 1514 (1518 Rn. 36).

1147 Vgl. bspw. Anhang II Nr. 5.4. RL 93/42/EWG: Die benannte Stelle „kann“ unangemeldete Besichtigungen durchführen.

1148 So auch *Rott*, NJW 2017, 1146 (1147); *Unger*, EuZW 2017, 299 (300); *Wagner*, JZ 2018, 130 (136 f.).

1149 So noch das LG Frankenthal, Urt. v. 13.3.2013 – 6 O 304/12 = MPR 2013, 134 (137); sowie *Lücker*, in Spickhoff MedizinR, § 15a MPG Rn. 3.

1150 Vgl. auch *Merten*, DVBl. 2004, 1211 (1212); *Unger*, EuZW 2017, 299 (300 ff.).

1151 ErwGr. 3: „Die einzelstaatlichen Bestimmungen, die der Sicherheit und dem Gesundheitsschutz der Patienten, der Anwender und gegebenenfalls Dritter im Hinblick auf die Anwendung der Medizinprodukte dienen, bedürfen der Harmonisierung, um den freien Verkehr dieser Erzeugnisse auf dem Binnenmarkt zu gewährleisten.“ ErwGr. 5: „Medizinprodukte müssen für Patienten, Anwender und Dritte einen hochgradigen Schutz bieten und die vom Hersteller angegebenen Leistungen erreichen. Die Aufrechterhaltung bzw. Verbesserung des in den Mitgliedstaaten erreichten Schutzniveaus ist eines der wesentlichen Ziele dieser Richtlinie.“

sondern ganz allgemein „Dritte" betrifft."[1152] Entgegen der hier vertretenen Auffassung entschied sich der EuGH trotzdem gegen ein unionsrechtliches Haftungsgebot im Wege des *private enforcement*.[1153] Der BGH, der auch die Vorlagefrage gestellt hatte,[1154] bestätigte in der Folge die Schutzgesetzeigenschaft und ermöglichte damit dem Grunde nach eine Haftung der benannten Stellen nach § 823 Abs. 2 BGB.[1155] Er argumentierte dabei auch mit der Funktion der benannten Stelle als unabhängige Prüfstelle sowie ihren weitreichenden Befugnissen, „die denen einer Behörde im öffentlichen Recht (…) ähnlich sind."[1156]

Nach dem BGH ist die Haftung auch im Lichte des haftungsrechtlichen Gesamtsystems sinnvoll und tragbar. Unionsrechtlich zwingend war dies nach der Aberkennung eines Haftungsgebots durch den EuGH indessen nicht. Der primären Verantwortung des Herstellers steht eine parallele Inanspruchnahme der benannten Stellen nicht entgegen, denn ein solches Nebeneinander sich überschneidender Einstandspflichten ist dem Deliktsrecht auch ansonsten nicht fremd.[1157] Ferner berücksichtigt der BGH, dass mit der Privatisierung öffentlicher Aufgaben eine andernfalls in Betracht kommende Amtshaftung zugunsten der Geschädigten, wie sie z. B. im Bereich der Arzneimittelzulassung möglich ist, ausscheidet.[1158] Würde auf ein privatrechtliches Haftungsregime verzichtet werden, entstünde eine mit dem Rückzug des Staates im Bereich der Marktzugangskontrolle nicht beabsichtige Haftungslücke, weshalb diese Fortschreibung des Privatisierungsgedankens nur konsequent ist. Erfreulich ist ferner das der BGH das Problem asymmetrischer Anreize zulasten der Endempfänger in seiner Abwägung berücksichtigt und mithin den verhaltenssteuernden Einfluss des Haftungsrechts auf sog. *gatekeeper* anerkannt hat.[1159]

1152 EuGH, Urt. v. 16.2.2017 – C-219/15 *(Schmitt)* = NJW 2017, 1161 (1162 f. Rn. 50.); in diesem Sinne auch GA *Sharpston*, Schlussantrag vom v. 15.9.2016 – C-219/15 = PharmR 2016, 449 (453 f., Rn. 28 ff.); vgl. zuvor bereits EuGH, Urt. v. 19.11.2009 – C-288/08 *(Nordiska Dental AB)* = BeckRS 2009, 71282 (Rn. 29).

1153 Eingehend hierzu Kap. 3 C.III.

1154 BGH, Beschl. v. 9.4.2015 – VII ZR 36/14 = NJW 2015, 2737.

1155 BGH, Urt. v. 27.22020 – VII ZR 151/18 = NJW 2020, 1514 (1518 Rn. 35 ff.).

1156 BGH, Urt. v. 27.22020 – VII ZR 151/18 = NJW 2020, 1514 (1518 f. Rn. 39); krit., *Nietsch/Osmanovic*, ZIP 2020, 2316 (2320).

1157 BGH, Urt. v. 27.22020 – VII ZR 151/18 = NJW 2020, 1514 (1519 Rn. 42).

1158 BGH, Urt. v. 27.22020 – VII ZR 151/18 = NJW 2020, 1514 (1519 Rn. 42). Eine Amtshaftung gem. § 839 BGB, Art. 34 GG kommt im Kontext des Arzneimittelrechts in Betracht, wenn ein Medikament durch die zuständige Behörde zu Unrecht zugelassen wurde, vgl. hierzu m. w. N. *Ulsenheimer*, in Laufs/Kern/Rehborn, Hdb. ArztR, § 136 Rn. 42.

1159 BGH, Urt. v. 27.22020 – VII ZR 151/18 = NJW 2020, 1514 (1519 Rn. 43); vgl. zum Anreizproblem, Kap. 3 B.

Die insgesamt begrüßenswerte Entscheidung des BGH hinterlässt zwei offene Fragen. Zum einen ist zweifelhaft, ob die benannten Stellen auch jenseits des Medizinprodukterechts gem. § 823 Abs. 2 BGB haftbar gemacht werden können. Von besonderer Tragweite ist ferner die Frage, ob mit dem Urteil auch eine Einstandspflicht für reine Vermögensschäden begründet wurde. Hierzu gilt es zu beachten, dass die Betroffene in dem zu entscheidenden Fall eine Körper- und Gesundheitsverletzung erlitten hatte.[1160] Folgerichtig erstreckt sich das Urteil des BGH auch nur auf den sachlichen und persönlichen Schutzbereich der Schutzgesetze im Hinblick auf Gesundheitsgefährdungen.[1161] In der Tat kann der Medizinprodukterichtlinie oder der reformierten MPVO an keiner Stelle entnommen werden, dass mit den Konformitätsbewertungsverfahren unter Hinzuziehung der benannten Stellen ein Schutz vor reinen Vermögensschäden bezweckt wird. Die Einhaltung der Mindestsicherheitsanforderungen dient dem Gesundheitsschutz sowie der Sicherheit der Endverbraucher, die durch die Verwendung der Produkte gefährdet werden. Die wirtschaftliche Verwertbarkeit des zertifizierten Produkts zu gewährleisten, entspricht nicht der Funktion der benannten Stellen. Die Richtigkeit dieses Ergebnisses zeigt auch die vom BGH bemühte Parallele zur Amtshaftung im Falle unberechtigter Arzneimittelzulassungen.[1162] Auch eine solche Haftung setzt Rechtsgutsverletzungen aufseiten der Patienten voraus, denn das Zulassungsverfahren und die entsprechenden Amtspflichten dienen dem Schutz der körperlichen Unversehrtheit sowie der Gesundheit der Patienten.[1163]

Im Übrigen würde die zentrale Wertung des BGB gegen eine allgemeine Fahrlässigkeitshaftung für reine Vermögensentscheidung unterlaufen. Diese Grundentscheidung des BGB rechtfertigt die Zurückhaltung bei der Begründung einer Haftung nach § 823 Abs. 2 BGB für reine Vermögensschäden, insbesondere wenn eine Ausuferung der Haftung aufgrund eines unüberschaubaren Kreises potenziell Geschädigter droht.[1164] Wenn nun eine Fehl-

1160 Verlangt wurden die Kosten für eine Revisionsoperation, mit der die Klägerin einer Ruptur des fehlerhaften und potenziell gesundheitsgefährdenden Implantats zuvorkommen wollte. Laut EuGH sind derartige Revisionsoperationen produkthaftungsrechtlich als eine durch das Implantat verursachte Körperverletzung zu qualifizieren, vgl. EuGH, Urt. v. 5.3.2015 – C-503/13, C-504/13 (*Boston Scientific*) = NJW 2015, 1163 (1164 Rn. 44 ff.); die Konsequenzen für den PIP-Fall erkannte *Wagner*, JZ 2018, 130 (136).

1161 BGH, Urt. v. 27.22020 – VII ZR 151/18 = NJW 2020, 1514 (1519 Rn. 44); anscheinend von einer Vermögenshaftung ausgehend, *Nietsch/Osmanovic*, ZIP 2020, 2316 (2320).

1162 Vgl. BGH, Urt. v. 27.22020 – VII ZR 151/18 = NJW 2020, 1514 (1519 Rn. 42).

1163 Vgl. *Knothe*, Staatshaftung bei der Zulassung von Arzneimitteln, S. 74 ff.; *Ulsenheimer*, in Laufs/Kern/Rehborn, Hdb. ArztR, § 136 Rn. 42.

1164 *Wagner*, in MüKo BGB, § 823 Rn. 569; ders., in MüKo BGB, § 826 Rn. 14.

zertifizierung die Haftung gegenüber jedem einzelnen Endabnehmer auslösen würde, wäre der Kreis der Anspruchsberechtigten nicht zu überblicken. Im Lichte des Gesamtsystems des geltenden Deliktsrechts ist eine solche Haftung daher nicht tragbar.

Hinsichtlich der Übertragbarkeit der Entscheidung auf andere Regelungsbereiche muss zunächst berücksichtigt werden, dass sich EuGH und BGH ausdrücklich nur auf Vorschriften des Medizinprodukterechts bezogen. Zweifellos handelt es sich hierbei um eine besonders sensible Materie, da das Inverkehrbringen unsicherer Medizinprodukte schwerwiegende Gesundheitsgefährdungen bei einer Vielzahl von Personen nach sich ziehen kann. Dennoch legen die maßgeblichen Entscheidungsgründe nahe, dass die gesetzlichen Pflichten der benannten Stellen auch in anderen Spezialmaterien des Produktsicherheitsrechts als Schutzgesetze qualifiziert werden müssen.[1165] Die generelle Funktion und Stellung der benannten Stellen als private Zulassungs- und Überwachungsorgane besteht unabhängig von der Kategorie der zu zertifizierenden Produkte. Auch das Anliegen, systemische Fehlanreize auszugleichen, ist auf andere Regelungsbereiche übertragbar. Wenngleich Teilbereiche des EU-Produkterechts auch andere, etwa wettbewerbsrechtliche Ziele verfolgen,[1166] gilt dies nicht für das Recht der Konformitätsbewertungsverfahren, sofern diese die obligatorische Beteiligung benannter Stellen vorsehen. Die Vereinheitlichung der Marktzugangsregime erfolgt zwar zur Erleichterung des innergemeinschaftlichen Handels und stellt damit eine wichtige Voraussetzung für die Vervollständigung des Binnenmarkts dar.[1167] Dieses Anliegen hätte sich aber bereits mit der Harmonisierung der materiellen Produktanforderungen erledigt. Die Schaffung einer Kontrollinstanz mit weitreichenden Befugnissen zur Gewährleistung der Standards, erfolgt im Interesse der Endabnehmer, deren Schutzbedürftigkeit eine Standardisierung der Sicherheitsanforderungen überhaupt erst erforderlich gemacht hat.[1168] Der Schutz der Endabnehmer ist also kein bloßer Effekt einer Regelung zum Abbau von Handelshemmnissen, sondern Ausdruck eines nunmehr auf EU-Ebene angesiedelten, umfassenden Produkt*sicherheits*rechts. Die benannten Stellen sind integraler Bestandteil dieser Sicherheitsarchitektur. Der Drittschutzcharakter ihrer gesetzlichen Pflich-

---

1165 So auch Nietsch, in *Tamm u.a.*, Verbraucherrecht, § 22 Rn. 32a; krit. hingegen, *Nietsch/Osmanovic*, ZIP 2020, 2316 (2326).

1166 *Nietsch/Osmanovic*, ZIP 2020, 2316 (2326, Fn. 119) nennen bspw. die VO EG/715/2007 v. 20.6.2007 über die Typengenehmigung von Kraftfahrzeugen. Konformitätsbewertungsverfahren unter Beteiligung benannter Stellen sind hier nicht vorgesehen.

1167 Vgl. Kap. 2 C. I. 1. a.

1168 Wie auch im Medizinprodukterecht zeigt sich der Schutz von Personen als Regelungsanliegen in den Erwägungsgründen, vgl. z. B. ErwGr. 2 RL 2006/42/EG v. 17.5.2005 (Maschinen).

ten kann daher grundsätzlich vermutet werden. Eine nähere Untersuchung des jeweiligen Regelungsumfelds sowie der konkreten Ausgestaltung der Pflichten, die nicht zwingend den vordefinierten Prüfungsmodulen entsprechen müssen,[1169] wird dadurch freilich nicht entbehrlich.

Im Ergebnis ist festzuhalten, dass die benannten Stellen regelmäßig nach § 823 Abs. 2 BGB haften, wenn sie ihre gesetzlichen Pflichten hinsichtlich der Durchführung der Konformitätsprüfung und -überwachung verletzt haben. Dies gilt jedenfalls im Bereich des Medizinprodukterechts. Die entsprechend ergangene Rechtsprechung kann und sollte jedoch auf andere Produktkategorien übertragen werden. Die Haftung beschränkt sich dann allerdings auf Schäden infolge von Rechtsgutsverletzungen. Dass die benannten Stellen auch für reine Vermögensschäden haften sollen, ergibt sich nicht aus den zugrunde liegenden Rechtsakten und wäre mit der Dogmatik des deutschen Deliktsrechts nicht vereinbar.

b. Schutzgesetzeigenschaft der gesetzlichen Pflichten der GS-Stellen

Aus dem Recht der GS-Zertifizierung kommen § 20 Abs. 3 und § 22 Abs. 4, 5 und 7 ProdSG als Schutzgesetze in Betracht. Sie regeln die Pflichten der GS-Stelle im Rahmen der Zuerkennung des GS-Zeichens bzw. der sich anschließenden Überwachung des Herstellers. Insbesondere § 20 Abs. 3 ProdSG legt die Voraussetzungen für eine Zertifizierung fest. § 20 Abs. 3 Nr. 1 ProdSG verweist u. a. auf § 3 Abs. 1 und 2 ProdSG, deren Qualifikation als Schutzgesetze hinsichtlich der Rechtsgüter der Endverbraucher anerkannt ist.[1170] Eine Haftung der GS-Stellen kann daraus jedoch nicht gefolgert werden, denn § 3 ProdSG wird nur als Zertifizierungsmaßstab herangezogen. Von dem primären Anwendungsbereich des § 3 ProdSG, der Hersteller und Importeure verpflichtet, werden die GS-Stellen gerade nicht erfasst.[1171] Die Schutzgesetzeigenschaft muss sich daher aus den Pflichten der GS-Stellen selbst ergeben.

Mit der GS-Zertifizierung wurde ein freiwilliges Zertifizierungsregime geschaffen, das aufgrund seiner überobligatorischen Anforderungen in der Lage ist, zur tatsächlichen Sicherheit der Produkte beizutragen.[1172] Verletzt die GS-Stelle ihre Pflichten und wird ein Produkt zu Unrecht zertifiziert, bedeutet dies nicht per se, dass das Produkt gefährlich ist. Andererseits wurde bereits gezeigt, dass die von dem Produkt ausgehenden Gefahren durch

---

1169 Vgl. zur modularen Konzeption, Kap. 2 C. I. 1. c.

1170 Noch zu § 3 GSG a. F., BGH, Urt. v. 11.12.1979 – VI ZR 141/78 = NJW 1980, 1219 (1220); *Klindt*, in Klindt ProdSG, § 3 Rn. 55; *Sprau*, in Grüneberg, § 823 Rn. 68; *Weiß*, Die rechtliche Gewährleistung der Produktsicherheit, S. 448.

1171 Vgl. bereits *Hoffmeyer*, Die zivilrechtliche Haftung von Zertifizierungsstellen, S. 316.

1172 Vgl. auch *Weiß*, Die rechtliche Gewährleistung der Produktsicherheit, S. 361.

ein fehlerhaftes GS-Zertifikat intensiviert werden.[1173] Es wurde vertreten, dass dieser Schutz der Endverbraucher nicht dem Zweck der Norm entspreche, sondern vielmehr reflexhaft aus dem eigentlich bezweckten Schutz des GS-Zeichens folge.[1174] Diese Argumentation überzeugt jedoch nicht. Dass es sich um eine Regelung der GS-Zertifizierung handelt, ist offensichtlich, sagt aber nichts darüber aus, aus welchen Gründen der Gesetzgeber an einer rechtlichen Ausgestaltung und Absicherung dieses Systems interessiert war. In der amtlichen Begründung zum Gesetz über technische Arbeitsmittel und Verbraucherprodukte (Geräte- und Produktsicherheitsgesetz, GPSG), dem Vorläufer des heutigen ProdSG, wird deutlich, dass das übergeordnete Ziel dieses Gesetzes in der Sicherstellung eines wirksamen Verbraucherschutzes und der Verbesserung der Produktsicherheit zu sehen ist.[1175] Da es in den Gesetzgebungsmaterialien an einer näheren Spezifikation, der mit dem Recht der GS-Zertifizierung verfolgten Zwecke fehlt, kann davon ausgegangen werden, dass dieses übergeordnete Ziel auch hinsichtlich der GS-Regelungen gilt.[1176] Der Sache nach ist auch kein anderer Zweck denkbar. Mit den §§ 20 ff. ProdSG wurde ein überobligatorisches Zertifizierungssystem geschaffen, das es Verbrauchern ermöglicht, besonders sichere Produkte am Markt zu erkennen. Das GS-Zeichen als Vertrauenstatbestand zur Verbesserung der Produktsicherheit wäre erheblich entwertet, wenn die GS-Stellen nicht zur Verwirklichung dieses Ziels tätig werden würden. Der Zweck der gesetzlichen Ausgestaltung der Zertifiziererpflichten ist nach alledem im Schutz der Verbraucher vor fehlerhaft zertifizierten Produkten zu sehen.

Der sachliche Schutzbereich erstreckt sich indessen nicht auf den Ersatz reiner Vermögensschäden, die bspw. einem Lieferanten entstehen, wenn er infolge einer Fehlzertifizierung seine eigenen vertraglichen Pflichten nicht erfüllen kann.[1177] Eine solche Schutzwirkung kann dem Gesetz oder den amtlichen Begründungen nicht entnommen werden.[1178] Im Übrigen würde wie auch bei den EU-Konformitätsbewertungsverfahren eine Haftung gegenüber einer unüberschaubaren Personenzahl drohen, worin nach den Wertentscheidungen des BGB ein Grund für die Diskriminierung reiner Vermögensschäden zu sehen ist.[1179]

1173 Kap. 4 B.III.2.a.

1174 *Hoffmeyer*, Die zivilrechtliche Haftung von Zertifizierungsstellen, S. 316 f.

1175 Vgl. BT-Drs. 15/1620, S. 23.

1176 So wohl auch das OLG München, Hinweisbeschluss vom 26.03.2009 – 7 U 1586/09 = BeckRS 2009, 15553.

1177 Vgl. OLG München, Hinweisbeschluss vom 26.03.2009 – 7 U 1586/09 = BeckRS 2009, 15553; so auch *Hoffmeyer*, Die zivilrechtliche Haftung von Zertifizierungsstellen, S. 317.

1178 Allgemein zum öffentlich-rechtlichen Produktsicherheitsrecht, *Weiß*, Die rechtliche Gewährleistung der Produktsicherheit, S. 447 ff.

1179 *Wagner*, in MüKo BGB, § 826 Rn. 14.

Die in § 20 Abs. 3 und § 22 Abs. 4, 5 und 7 ProdSG normierten Pflichten der GS-Stellen stellen folglich nach hier vertretener Auffassung Schutzgesetze i. S. v. § 823 Abs. 2 BGB zugunsten der Endabnehmer zertifizierter Produkte dar. Der sachliche Schutzbereich erstreckt sich jedoch nur auf die Verletzung der Rechtsgüter Leben, Körper und Gesundheit. Der Schutz reiner Vermögensschäden wird hingegen nicht bezweckt.

c. Fazit

Zertifizierungsgesellschaften sind im gesetzlich geregelten Bereich einer Haftung gem. § 823 Abs. 2 BGB ausgesetzt. Die in den Begleitgesetzen der Zertifizierungssysteme kodifizierten Pflichten der Zertifizierungsgesellschaften sind als Schutzgesetze zu qualifizieren. Diese Schutzwirkung erstreckt sich indessen nur auf Schäden infolge von Rechtsgutsverletzungen. Der Ersatz reiner Vermögensschäden wird nach den hier untersuchten Zertifizierungssystemen nicht bezweckt und wäre mit der Grundentscheidung des BGB gegen eine entsprechende Fahrlässigkeitshaftung nicht vereinbar. Im Ergebnis geht die Haftung nach § 823 Abs. 2 BGB nicht weiter als die Haftung nach § 823 Abs. 1 BGB, denn beide setzen tatbestandlich eine Rechtsgutsverletzung voraus. In praktischer Hinsicht besteht daher auch kein Unterschied, ob die Pflichten der Zertifizierungsgesellschaft gesetzlich geregelt wurden oder nicht.

4. Haftung nach § 826 BGB

Jenseits von § 823 Abs. 2 BGB wird das Vermögen deliktsrechtlich lediglich nach Maßgabe des § 826 BGB geschützt. Aus diesem Grund spielt die Haftung wegen sittenwidriger und vorsätzlicher Schädigung bei der Dritthaftung von Experten oft eine fallentscheidende Rolle. Sofern reine Vermögensschäden vorliegen, die Voraussetzung für die Ausdehnung des Vertragsrechts nicht erfüllt sind und überdies kein das Vermögen schützendes Gesetz verletzt wurde, kommt nur noch eine Haftung nach § 826 BGB in Betracht. In der Rechtsprechung wurden die tatbestandlichen Haftungsvoraussetzungen des § 826 BGB daher im Bereich der Dritthaftung von Experten für fehlerhafte Äußerungen zum Teil sehr großzügig ausgelegt.[1180] Dennoch wird eine Haftung der Zertifizierungsgesellschaften wohl nur in Ausnahmefällen auf § 826 gestützt werden können.

In der Rechtsprechung näherte man sich dem zentralen objektiven Tatbestandsmerkmal der Sittenwidrigkeit zunächst an, indem man auf das „An-

1180 Krit. *Canaris*, ZHR 1999, 206 (214 f.); *Larenz/Canaris*, Schuldrecht Bd. II BT, § 78 III 1c (S. 454 f.); *Hopt*, AcP 1983, 115 (633); *Huber*, in von Caemmerer-FS (1978), S. 359 (372 ff.); *von Bar*, RabelsZ 1980, 455 (465 f.).

standsgefühl aller billig und gerecht Denkenden" abstellte.[1181] Diese kaum handhabbare Leerformel[1182] wurde weiter konkretisiert. Es genüge demnach „im Allgemeinen nicht, dass der Handelnde vertragliche Pflichten oder das Gesetz verletzt oder bei einem anderen einen Vermögensschaden hervorruft. Vielmehr muss eine besondere Verwerflichkeit seines Verhaltens hinzutreten, die sich aus dem verfolgten Ziel, den eingesetzten Mitteln, der zu Tage tretenden Gesinnung oder den eingetretenen Folgen ergeben kann."[1183] Der Tatbestand setzt ferner voraus, dass der Schädiger vorsätzlich hinsichtlich der die Sittenwidrigkeit begründenden Umstände, des Eintritts des Schadens sowie des Kausalzusammenhangs gehandelt hat.[1184] Nicht erforderlich ist die Kenntnis der exakten Anzahl der geschädigten Personen.[1185] Nach der Rechtsprechung wird nunmehr bereits bei besonders leichtfertigem Verhalten, insbesondere wenn Berufspflichten grob fahrlässig verletzt wurden, nicht nur Sittenwidrigkeit, sondern auch eine gleichgültige und gewissenlose Haltung gegenüber den Geschädigten und mithin Eventualvorsatz angenommen.[1186]

In der Fallgruppe der Auskunftshaftung geht man von einem sittenwidrigen Verhalten aus, wenn der Erklärende aus eigennützigem Interesse Angaben macht, obwohl er weiß, dass diese nicht der Wahrheit entsprechen.[1187] Es genügt, wenn die Auskunft in leichtfertiger Weise „ins Blaue hinein", also ohne eingehende Sachprüfung getroffen wurde, ihr Inhalt für den Adressaten erkennbar von Bedeutung ist und der Erklärende mit der möglichen Schädigung des Adressaten rechnet.[1188] Wirtschaftsprüfer haften etwa nach § 826 BGB, wenn sie selbst keine Prüfung vorgenommen haben oder in dem jeweiligen Testat Ergebnisse eines Dritten ungeprüft übernommen wur-

---

1181 Grdlg. RG, Urt. v. 11.4.1901 – VI 443/00 = RGZ 48, 114 (124); hierzu und m. w. N. *Förster*, in BeckOK BGB, § 826 Rn. 10; *Wagner*, in MüKo BGB, § 826 Rn. 9 ff.

1182 *Wagner*, in MüKo BGB, § 826 Rn. 10; krit. zur Anknüpfung an Moral und Ethik in einer pluralistischen Gesellschaftsordnung auch *Oechsler*, in Staudinger, § 826 Rn. 26; *Reichold*, in jurisPK-BGB, § 826 Rn. 9.

1183 BGH, Urt. v. 15.10.2013 – VI ZR 124/12 = NJW 2014, 1380 (1380 Rn. 8); zur Geeignetheit der Zweck/Mittel-Formel, *Wagner*, in MüKo BGB, § 826 Rn. 10, 21 f.

1184 *Wagner*, in MüKo BGB, § 826 Rn. 26; eingehend auch zu den Gegenansichten m. w. N. *Oechsler*, in Staudinger, § 826 Rn. 61 ff.

1185 Vgl. zuletzt zur Haftung eines Kfz-Herstellers im sog. „Dieselskandal", BGH, Urt. v. 25.5.2020 – VI ZR 252/19 = NJW 2020, 1962 (1969 Rn. 61).

1186 BGH, Urt. v. 3.12.2013 – XI ZR 295/12 = NJW 2014, 1098 (1100 Rn. 34); BGH, Urt. v. 11.9.2012 – VI ZR 92/11 = NZG 2012, 1303 (1305 Rn. 31); BGH, Urt. v. 6.5.2008 – XI ZR 56/07 = NJW 2008, 2245 (2249 Rn. 46); näher zu berufsspezifischen Verhaltensstandards, *Wilhelmi*, in Erman, § 826 Rn. 7.

1187 BGH, Urt. v. 22.6.1992 – II ZR 178/90 = NJW 1992, 3167 (3174); hierzu *Oechsler*, in Staudinger, § 826 Rn. 207 ff.; *Reichold*, in jurisPK-BGB, § 826 Rn. 57; *Sprau*, in Grüneberg, § 826 Rn. 27 f. *Wagner*, in MüKo BGB, § 826 Rn. 84.

1188 BGH, Urt. v. 22.6.1992 – II ZR 178/90 = NJW 1992, 3167 (3174).

den.[1189] Leichtfertigkeit ist zudem anzunehmen, wenn sich ein Wirtschaftsprüfer grob fahrlässig der Einsicht in die Unrichtigkeit seines Testats verschließt.[1190] Ein bloßer inhaltlicher Fehler genügt hingegen nicht, um einen Sittenverstoß anzunehmen.

Übertragen auf die Konstellation der Zertifizierung bedeutet dies, dass Zertifizierungsgesellschaften jedenfalls dann sittenwidrig handeln, wenn sie trotz positiver Kenntnis von der Nichtkonformität des Zertifizierungsgegenstands ein Zertifikat ausstellen.[1191] Dass die Zertifizierungsgesellschaft ein wirtschaftliches Interesse verfolgt, das über das Einstreichen der Zertifizierungsgebühr hinausgeht, ist für die Sittenwidrigkeit grundsätzlich nicht erforderlich.[1192] Denkbar ist, dass Zertifizierungsgesellschaften wissentlich unrichtige Zertifikate ausstellen, um die Beziehung zum Besteller zu festigen und auch künftig beauftragt zu werden. Aufgrund der schwerwiegenden Verletzung der beruflichen Sorgfaltspflichten ohne Rücksicht auf den berechtigterweise auf das Zertifikat vertrauenden Geschäftsverkehr, ist ein solches Verhalten als sittenwidrig anzusehen. Ein leichtfertiges Verhalten liegt ferner vor, wenn der Zertifizierungsgegenstand überhaupt nicht begutachtet oder das Zertifikat lediglich auf Grundlage der Auskünfte des Bestellers ausgestellt wurde. Sieht das Zertifizierungssystem die Prüfung eines Produkts oder eines Baumusters vor, wäre auch eine Zertifizierung auf Grundlage einer bloßen Dokumentationsprüfung als Leichtfertigkeit zu qualifizieren. In diesen Fällen würde die Rechtsprechung von Sittenwidrigkeit und Vorsätzlichkeit der Schädigungshandlung ausgehen.

Zu beachten ist allerdings, dass auch die Haftung gem. § 826 BGB durch den Schutzzweck der verletzten Verhaltensnorm bzw. Sittenpflicht beschränkt ist.[1193] Daraus folgt, dass der Schädiger nicht für jeden kausal hervorgerufenen Schaden haftet, selbst wenn diese Schädigung von seinem Vorsatz umfasst ist.[1194] Die Haftung für reine Vermögensschäden setzt daher auch bei § 826 BGB voraus, dass die Pflicht zur sorgfältigen Zertifizierung gerade auf den Schutz des Vermögens der Adressaten abzielt. Wie die Ausführungen zu

---

1189 OLG Düsseldorf, Urt. v. 19.11.1998 – 8 U 59/98 = NZG 1999, 901 (903); *Wagner*, in MüKo BGB, § 826 Rn. 144; vgl. zu § 826 BGB im Bereich der Kapitalmarktinformationshaftung, *Leyens*, Informationsintermediäre des Kapitalmarkts, S. 507 ff.

1190 BGH, Urt. v. 26.9.2000 – X ZR 94/98 = BGHZ 145, 187 (202); vgl. auch *Oechsler*, in Staudinger, § 826 Rn. 213.

1191 Vgl. *Hoffmeyer*, Die zivilrechtliche Haftung von Zertifizierungsstellen, S. 318 ff., der dann von „Gefälligkeitszertifizierungen" spricht.

1192 In diesem Sinne zur Haftung der Informationsintermediäre des Kapitalmarkts, *Leyens*, Informationsintermediäre des Kapitalmarkts, S. 5210.

1193 *Reichold*, in jurisPK-BGB, § 826 Rn. 116; *Wagner*, in MüKo BGB, § 826 Rn. 23; *Wilhelmi*, in Erman, § 826 Rn. 16.

1194 BGH, Urt. v. 20.2.1979 – VI ZR 189/78 = NJW 1979, 1599 (1600); *Wilhelmi*, in Erman, § 826 Rn. 16.

§ 823 Abs. 2 BGB gezeigt haben, trifft dies auf die hier untersuchten Varianten der Produktzertifizierung nicht zu.[1195] Sie erfolgen im Interesse der Endverbraucher und sollen sie vor den von dem Produkt ausgehenden Gefahren schützen. Verletzt eine benannte Stelle oder eine GS-Stelle leichtfertig ihre Pflichten, begründet dies also keine Vermögenshaftung nach § 826 BGB, selbst wenn sie wissen, dass Endverbraucher durch die Zertifizierung zum Kauf des Produkts, also einer Vermögensverfügung, veranlasst werden. Ihr Vermögen wird durch die sorgfältige Zertifizierung lediglich reflexhaft geschützt.

Ein Beispiel für eine auch das Vermögen schützende Zertifizierung ist in der freiwilligen Unternehmenszertifizierung nach ISO 9001 zu sehen. Diese trifft nach ihrer Funktion und ihrem Inhalt eine Aussage über betriebsinterne Prozesse, an der potenzielle Vertragspartner des zertifizierten Unternehmens interessiert sind und die als Voraussetzung für die Aufnahme von Geschäftsbeziehungen dienen. Derartige Zertifizierungen schützen das Vermögen der designierten Adressaten der Zertifizierung nicht lediglich reflexhaft, sondern nach der mit der Zertifizierung bezweckten Informationsmediation zur Vereinfachung geschäftlicher Beziehungen. Die grob fahrlässige oder leichtfertige Verletzung der zu diesem Zweck geltenden Sorgfaltspflichten ermöglicht dann auch den Ersatz reiner Vermögensschäden im Rahmen von § 826 BGB. Beachtet werden muss hierbei lediglich der persönliche Schutzbereich der Sorgfaltspflichten. Hinsichtlich der Unternehmenszertifizierung nach ISO 9001 bedeutet dies, dass nicht gegenüber den Endverbrauchern der Leistungen des zertifizierten Unternehmens gehaftet wird, da sie durch die Konformitätsaussage nicht adressiert werden.[1196]

Im Ergebnis haften Zertifizierungsgesellschaften nach § 826 BGB folglich bei bewussten Fehlzertifizierungen als auch bei grob fahrlässigen bzw. leichtfertigen Verletzungen ihrer Prüf- und Neutralitätspflichten, sofern diese gerade auf den Schutz des Geschädigten und ihres Vermögens gerichtet sind. Bei den hier untersuchten Zertifizierungssystemen kommt eine Haftung der ISO 9001-Stellen in Betracht. Die Anforderungen an ein sittenwidriges Verhalten werden überdies nur in Ausnahmefällen erfüllt sein. Die praktisch bedeutsamen Fälle der lediglich fahrlässig begangenen Fehlzertifizierung infolge von einzelnen Prüffehlern, lassen sich mit § 826 BGB nicht bewältigen. Wenngleich auch in diesen Konstellationen ein gesteigertes Verkehrsschutzinteresse besteht, sollte eine weitere Abschwächung des gesetzlichen Vorsatzmerkmals vermieden werden.

1195 Kap. 4 B.III.3.a. und b.
1196 Vgl. bereits Kap. 4 B.III.2.b.

IV. Fazit zur Haftung gegenüber Dritten

Die vorstehende Untersuchung hat gezeigt, dass hinsichtlich der Haftung von Zertifizierungsgesellschaften gegenüber Dritten deutlich danach differenziert werden muss, ob Rechtsgüter Dritter durch den zu Unrecht zertifizierten Gegenstand verletzt wurden oder ob es lediglich um den Ersatz von reinen Vermögensschäden geht. Rechtsgüterschutz wird insbesondere deliktisch gewährt. Ansprüche können sich aus § 823 Abs. 1 BGB wegen der Verletzung einer Verkehrssicherungspflicht zur sorgfältigen Durchführung der Zertifizierungstätigkeit ergeben. Im Falle von gesetzlich geregelten Zertifizierungssystemen kommen zudem Ansprüche nach § 823 Abs. 2 BGB in Betracht. In der Praxis dürfte § 823 Abs. 2 BGB als Haftungsgrundlage vorzugswürdig sein, da der Gesetzestext allen Parteien zur Verfügung steht und nach der gerichtlichen Feststellung der Schutzgesetzeigenschaft Rechtssicherheit besteht. Jedenfalls die Schutzgesetze der hier untersuchten gesetzlichen Zertifizierungssysteme bezwecken indessen nicht den Ersatz reiner Vermögensschäden. Deliktisch wird das Vermögen daher nur nach Maßgabe des § 826 BGB geschützt. Dies setzt jedoch ebenfalls voraus, dass die Zertifizierung nach ihrer Funktion gerade Vermögensdispositionen der Adressaten schützt. Wo Sicherheitsstandards zertifiziert werden, scheidet eine Vermögenshaftung daher regelmäßig aus.

Vermögensschäden könnten ersetzt werden, wenn Dritte in den Genuss einer vertragsähnlichen Haftung kommen können. Da ein eigenständiger Vertrag nicht angenommen werden kann, wird die Einbeziehung Dritter in den Schutzbereich des Zertifizierungsvertrages bemüht. Eine entsprechende Haftung der benannten Stellen scheidet bereits mangels Leistungsnähe des Dritten aus, da die Zertifizierungsleistung aus Sicht des Herstellers dazu dient, die rechtlichen Voraussetzungen für das Inverkehrbringen der Produkte zu erfüllen. Doch auch bei den Varianten der freiwilligen Zertifizierung dürften die Einbeziehungsvoraussetzungen regelmäßig nicht vorliegen, da entweder eine Ausuferung der Haftung gegenüber einer Vielzahl von Personen droht oder gleichwertige Ansprüche der Schutzbedürftigkeit der Dritten entgegenstehen. In konstruktiver Hinsicht bereitet die Begründung des Gläubigerinteresses aufgrund der gegenläufigen Interessen einige Schwierigkeiten. Überzeugend ist die Annahme eines Vertrages mit Schutzwirkung in den Konstellationen der Expertenhaftung nur, wenn man diese Figur als gesetzliches Schuldverhältnis anerkennt und vom Willen der Parteien entkoppelt. Dass Zertifizierungsgesellschaften nach deutschem Recht insgesamt nur selten mit einer Dritthaftung für reine Vermögensschäden zu rechnen haben, liegt schließlich auch daran, dass sich eine generelle Expertenhaftung für die Inanspruchnahme lediglich typisierten Vertrauens im Rahmen des § 311 Abs. 3 S. 2 BGB bisher nicht durchsetzen konnte. Übergeordneter Grund für die sehr eingeschränkte Vermögenshaftung ist die bei sämtlichen potenziellen Anspruchsgrundlagen aufblitzende Sorge vor einer ausufernden Haftung.

Hinsichtlich der verschiedenen Arten von Zertifizierungssystemen haben die Merkmale der Zertifizierungspflicht sowie der gesetzlichen Ausgestaltung auch haftungsrechtliche Konsequenzen. Eine Haftung nach § 823 Abs. 2 BGB ist im gesetzlich ungeregelten Bereich von vornherein ausgeschlossen. Im gesetzlich geregelten Bereich ist zumindest theoretisch ein umfassender Vermögensschutz denkbar, wenn das Zertifizierungssystem nicht wie in den hier untersuchten Varianten auf die Sicherheit vor unsicheren Produkten abzielt, sondern das Vermögen der Adressaten schützen soll. Im Hinblick auf obligatorische Zertifizierungen wie im EU-Produktsicherheitsrecht wurde erkennbar, dass sich das Vertrauen Dritter weniger auf die eigentliche Zertifizierungsleistung bezieht, sondern vielmehr abstrakt darauf gerichtet ist, dass alle in die Gewährleistung der Sicherheit involvierten Parteien ihren gesetzlichen Pflichten nachkommen. Eine Vereinzelung des Vertrauenstatbestands war hingegen möglich, wenn die Zertifizierung freiwillig erfolgte, mithin also die Konformität gesetzlich unverbindlicher Standards bestätigt wurde. Aus diesem Grund scheidet eine Haftung der benannten Stellen nach den Grundsätzen zum Vertrag mit Schutzwirkung aus, während sie bei den übrigen Varianten zumindest theoretisch möglich bleibt.

Kapitel 5: Rechtsvergleichende Untersuchung

Das Kapitel behandelt die Haftung von Zertifizierungsgesellschaften nach englischem und französischem Recht. Die Unterabschnitte widmen sich zunächst der Haftung gegenüber den Vertragspartnern. Da in diesem Verhältnis der Zertifizierungsvertrag maßgeblich ist und die vertraglichen Haftungsregime der unterschiedlichen Rechtsordnungen im Wesentlichen vergleichbar sind, ergeben sich nur geringe Systemunterschiede. Von besonderem Interesse ist sodann die Haftung gegenüber vertragsfremden Dritten. Zu deren Schutz vor vertragswidrigem Verhalten der Zertifizierungsgesellschaft kann sowohl das Vertragsrecht als auch das Deliktsrecht bemüht werden. Die jeweilige Abgrenzung der beiden Regime in den zu untersuchenden Rechtsordnungen spiegeln die Schwierigkeiten der kollisionsrechtlichen Behandlung der Dritthaftung und sind daher zur Lösung dieses Problems von besonderer Bedeutung. Die folgenden Kapitel konzentrieren sich daher insbesondere auf die Aufdeckung etwaiger Systemunterschiede in den einzelnen Rechtsordnungen.

A. Englisches Recht

Das englische *Common Law* beruht anders als das deutsche oder französische Zivilrecht kontinentaleuropäischer Prägung nicht auf parlamentarischen Gesetzen, sondern in erster Linie auf Richterrecht.[1197] Das bedeutet, dass sich die Entscheidung in einem Fall verbindlich an den zuvor ergangenen *precedent cases* orientieren muss. Lediglich ergänzend wird durch den Gesetzgeber kodifiziertes Recht (*statutory law*) für einige spezielle Materien herangezogen.[1198] Es existieren keine *statutes*, die die Haftung bzw. Dritthaftung von Zertifizierungsgesellschaften explizit regeln. Allerdings kann auf Präzedenzentscheidungen zu ähnlich gelagerten Konstellationen der Expertenhaftung zurückgegriffen werden. Deren Übertragbarkeit auf die Zertifiziererhaftung bildet den Schwerpunkt dieses Abschnitts.

I. Die Haftung gegenüber dem Vertragspartner

Eine Haftung der Zertifizierungsgesellschaft gegenüber ihrem Vertragspartner kommt nach englischem Recht in Betracht, wenn zugesicherte Leistungen nicht vertragsgemäß erfüllt wurden (*breach of contract*). Ferner ist auch

1197 *Heberer*, ZfRV 2002, 57 (57); *von Bernstorff*, Einführung in das englische Recht, S. 1 ff.

1198 *Heberer*, ZfRV 2002, 57 (58); *von Bernstorff*, Einführung in das englische Recht, S. 9 ff.

eine deliktische Haftung denkbar, insbesondere nach dem allgemeinen Deliktstatbestand des *tort of negligence*.

1. Vertragliche Haftung

Anders als im deutschen Recht wird im englischen Recht grundsätzlich nicht zwischen verschiedenen Vertragstypen wie etwa Werk- und Dienstvertrag unterschieden.[1199] Eine formale Qualifizierung des Zertifizierungsvertrages erübrigt sich daher. Sofern der Vertrag wirksam geschlossen wurde,[1200] haftet die Zertifizierungsgesellschaft im Falle eines *breach of contract*. Ein solcher liegt vor, „*when a party without lawful excuse fails or refuses to perform what is due from him under a contract, or performs defectively or incapacitates himself from performing.*"[1201] Zwischen verschiedenen Formen der Leistungsstörungen und der Haftung für Mängel wird im englischen Recht dabei nicht differenziert.[1202]

Ebenfalls unbekannt, ist die streng dogmatische Unterscheidung zwischen Pflichtverletzung und Haftungsmaßstab. Vielmehr trägt jede vertraglich vereinbarte Pflicht den für sie geltenden Haftungsmaßstab in sich.[1203] Hinsichtlich der Frage, ob die Haftung des Vertragspartners von dessen Verschulden abhängt, ist also der exakte Inhalt einer vertraglichen Pflicht zu bestimmen. Vor diesem Hintergrund ist die Haftung auf Schadensersatz im englischen Recht prinzipiell verschuldensunabhängig (*principle of strict liability*), da man davon ausgeht, dass sich die Parteien eines Vertrages die Erfüllung der zugesicherten Leistungen gegenseitig garantiert haben.[1204] Jede Abweichung von dem vertraglichen Leistungsprogramm stellt eine Verletzung des Garantieversprechens und mithin einen *breach of contract* dar, der zu Schadenser-

---

1199 *Cehave v Bremer Handelsgesellschaft mbH* [1976] QB 44, 71; *Furmston u. a.*, Cheshire, Fifoot and Furmston's law of contract, S. 30 f.; *von Bernstorff*, Einführung in das englische Recht, S. 43.

1200 Hinsichtlich eines vertraglichen Leistungsversprechens gilt im englischen Recht die Besonderheit, dass zu dessen Wirksamkeit auch eine Gegenleistung (*consideration*) versprochen werden muss, eingehend *Furmston u. a.*, Cheshire, Fifoot and Furmston's law of contract, S. 100 ff.; *Peel*, The Law of Contract, Rn. 3-001 ff.; vgl. auch *Doerfert*, JA 1998, 435 (436); *von Bernstorff*, Einführung in das englische Recht, S. 48 f. Im Falle der Zertifizierung wird dieses Erfordernis praktisch immer erfüllt sein.

1201 *Peel*, The Law of Contract, Rn. 17-049.

1202 *Rheinstein*, Die Struktur des vertraglichen Schuldverhältnisses im anglo-amerikanischen Recht, S. 149.

1203 *Magnus*, Schaden und Ersatz, S. 68.

1204 Grundlegend *Paradine v Jane* [1647] EWHC KB J5, 82 ER 897; vgl. hierzu *von Bernstorff*, Einführung in das englische Recht, S. 72 f.; *Kötz*, Europäisches Vertragsrecht, S. 369; *Zerres*, RIW 2003, 746 (748); krit. zum Grds. der verschuldensunabhängigen Garantiehaftung *Posner*, Mich. L. Rev. 2009, 1431.

satz führt. Gleichwohl existieren Ausnahmen zu diesem allgemeinen Grundsatz.[1205] Im Falle von Verträgen über die Durchführung einer Dienstleistung durch professionelle Experten wie etwa Architekten, Wirtschaftsprüfer oder Anwälte wird lediglich von einer *fault based liability* ausgegangen.[1206] Diese Berufsträger garantieren durch den Vertrag nicht die Herbeiführung eines bestimmten Ergebnisses, sondern die sorgfältige Durchführung der versprochenen Tätigkeit im Einklang mit den etablierten Standards der jeweiligen Profession. Schadensersatz ist nur zu leisten, wenn diese Standards nicht eingehalten wurden. Dies kann sich zum einen aus ausdrücklichen Bestimmungen des Vertrages ergeben. Ist dies nicht der Fall, wird im englischen Recht über den Mechanismus der sog. *implied terms* eine Beschränkung der Haftung bei bestimmten Vertragstypen begründet.[1207]

Im Hinblick auf die Zertifizierung muss zwischen den erfolgs- und handlungsbezogenen Pflichten der Zertifizierungsgesellschaft unterschieden werden. Das Versprechen, überhaupt eine Entscheidung über die Ausstellung des Zertifikats zu fällen und dabei die Akkreditierungsanforderungen einzuhalten, stellt ein konkretes Resultat dar, das die Zertifizierungsgesellschaft durch den Vertrag garantiert hat. Kommt die Zertifizierungsgesellschaft dieser Pflicht nicht nach, kann Schadensersatz geltend gemacht werden, unabhängig davon, ob sie dies zu vertreten hat (*strict liability*).[1208] Hingegen ist nicht davon auszugehen, dass die inhaltliche Richtigkeit des Zertifikats durch den Vertrag *garantiert* wird. Die Zertifizierungsgesellschaft verspricht lediglich die ordnungsgemäße und sorgfältige Prüfung und Überwachung des Zertifizierungsgegenstandes, auf deren Grundlage die Zertifizierungsentscheidung getroffen wird. Ist sie fehlerhaft, führt dies nur dann zu einer Haftung gegenüber dem Vertragspartner, wenn die Zertifizierungs-

---

1205 Vgl. bspw. Section 13 des Supply of Goods and Services Act 1982; hierzu *Peel*, The Law of Contract, Rn. 17-067.

1206 Vgl. bspw. *Clark v Kirby-Smith* [1964] Ch. 506 (Haftung eines *solicitors*); *Bagot v Stevens, Scanlan & Co Ltd* [1966] 1 Q.B. 197 (Architektenhaftung); *Atiyah/Smith*, Atiyah`s Introduction to the law of contract, S. 170 f.; *Kötz*, Europäisches Vertragsrecht, S. 372; m.w.N. aus der Rspr. *Peel*, The Law of Contract, Rn. 17-069; *Treitel*, Liber amicorum for Lord Wilberforce (1987), S. 185 (198); eingehend und aus rechtsvergleichender Perspektive *Magnus*, Schaden und Ersatz, S. 125 ff.

1207 Zu den *implied terms* gehören nicht nur konkludent oder stillschweigend getroffene Vereinbarungen. Vielmehr treffen Gerichte innerhalb dieser Doktrin (dann richtigerweise als sog. *terms implied in law*) *considerations of policy, reasonableness and fairness*. Der Sache nach handelt es sich also um eine Ausgestaltung des für professionelle Dienstleistungsverträge geltenden, dispositiven Rechts vgl. *Mückl*, Der Vertragsbruch des Dienstleisters, S. 63 ff.; *Peel*, The Law of Contract, Rn. 6-067 ff.; vgl. zum amerikanischen Recht auch *Cohen*, Mich. L. Rev. 2008, 1445 (1450 f.); vgl. zu Ratingagenturen *Edwards*, Law & Fin. Mkt. Rev. 2013, 186 (190); so auch *Seibold*, Die Haftung von Ratingagenturen, S. 61.

1208 So auch *De Bruyne*, Third-Party Certifiers, Rn. 103.

gesellschaft (oder ein eingeschalteter Subunternehmer)[1209] bei der Prüfung oder Überwachung fahrlässig gehandelt hat (*fault based liability*).[1210] In der Praxis haben einzelne Zertifizierungsgesellschaften, die ihre Verträge per Rechtswahl englischem Recht unterstellten, Klauseln über die Einhaltung der professionellen Sorgfalt in ihre AGB aufgenommen.[1211] Unabhängig davon kann in Anlehnung an vergleichbare Fallgruppen der Expertenhaftung von entsprechenden *implied terms* ausgegangen werden. Hierfür sprechen die hohe technische und wissenschaftliche Komplexität und die daraus resultierende Fehleranfälligkeit der tätigkeitsbezogenen Zertifiziererpflichten. Ferner sind die Zertifizierungsgesellschaften in hohem Maße auf die Kooperation mit ihren Vertragspartnern und mithin auf einen Umstand außerhalb ihres Einflussbereichs angewiesen.[1212] Aus diesen Gründen ist eine *fault based liability* interessengerecht. Wurden einzelne Prüfungsleistungen an Subunternehmer delegiert, muss sich die Zertifizierungsgesellschaft deren Fehlverhalten zurechnen lassen.

Der allgemeine Rechtsbehelf aus jedwedem *breach of contract* ist der Schadensersatzanspruch.[1213] Eine Kündigung des Vertrages (*termination*) ist hingegen nur bei einem *fundamental breach of contract,* also der Verletzung wesentlicher Vertragspflichten (*conditions*) möglich.[1214] Die Möglichkeiten, die Erfüllung des Vertrages gerichtlich einzuklagen (*decree of specific perfomance*), sind im englischen Recht traditionell stark eingeschränkt.[1215]

1209 Vgl. *Oliphant/Wilcox*, in Martin-Casals, Borderlines of Tort Law, S. 102.

1210 Vgl. *De Bruyne*, Third-Party Certifiers, Rn. 104; so zur Haftung von Gutachtern *Kötz*, Europäisches Vertragsrecht, S. 372.

1211 Vgl. Ziffer 6.1 (bzw. zur Rechtswahl Ziff. 23.1), Bureau Veritas, General Terms and Conditions for Certification Services, abrufbar unter https://www.bvna.com/sites/g/files/zypfnx386/files/media/document/General%20Conditions%20of%20Service%20UKAS.pdf (Stand: 24.5.2023).

1212 Vgl. zu den Faktoren, die eine verschuldensabhängige Haftung nahelegen *Magnus*, Schaden und Ersatz, S. 144 f.

1213 *Peel*, The Law of Contract, Rn. 20-002; *Rheinstein*, Die Struktur des vertraglichen Schuldverhältnisses im anglo-amerikanischen Recht, S. 154.

1214 Es sind aus diesem Grund nach dem Inhalt des Vertrages wesentliche Vertragspflichten (*conditions*) und unwesentliche Vertragsbestimmungen (*warranties*) voneinander abzugrenzen. Ist keine eindeutige Zuordnung möglich (bei sog. *innominate terms*), wird je nach Schwere der eingetretenen Schäden entschieden, ob sich der Geschädigte vom Vertrag lösen oder lediglich Schadensersatz verlangen kann, vgl. *Furmston u. a.*, Cheshire, Fifoot and Furmston's law of contract, S. 675; *von Bernstorff*, Einführung in das englische Recht, S. 54 f.

1215 Dies hat historische Gründe. Die streng formalen Rechtsbehelfe (*writs*) des mittelalterlichen *common law*, kannten noch keine Klage auf Erfüllung des Vertrags. Diese Möglichkeit wurde erst in der sich parallel entwickelten Billigkeitsrechtsprechung des sog. *equity* geschaffen, vgl. *Atiyah/Smith*, Atiyah`s Introduction to the law of contract, S. 378; *Heberer*, ZfRV 2002, 57 (57 f.); allgemein zur Bedeutung der equity *von Bernstorff*, Einführung in das englische Recht, S. 6 ff.

Denkbar ist dies, wenn ein finanzieller Ausgleich nicht interessengerecht ist, z. B. weil die zugesicherte Leistung ausschließlich durch die vertragsbrüchige Partei erbracht werden kann.[1216] Da sich der Besteller eines Zertifikats üblicherweise ohne Weiteres an eine andere Zertifizierungsgesellschaft wenden kann, wird i. d. R. kein Anspruch auf *specific perfomance* gegeben sein.

Schadensrechtlich ist der Geschädigte so zu stellen, wie er bei vertragsgemäßer Leistungserbringung stehen würden.[1217] Die entstandenen Schäden sind vollständig durch Geldersatz zu kompensieren.[1218] Zu den ersatzfähigen Schadenspositionen zählen die infolge einer ausgebliebenen Zertifizierung entgangenen Gewinne (*expectation loss*)[1219] sowie die ggf. entstandenen Mehrkosten eines Deckungsgeschäfts.[1220] Der Eintritt des entgangenen Gewinns muss wahrscheinlicher sein als dessen Ausbleiben, gelingt der entsprechende Nachweis nicht kann jedoch auch Ersatz für die entgangenen Gewinnchancen (*loss of chance*) verlangt werden.[1221] Hinsichtlich der Ersatzfähigkeit von Haftungsschäden, die dem Zertifikatinhaber infolge der Inanspruchnahme durch Dritte entstanden sind, kommen ähnliche Überlegungen zum Tragen wie im deutschen Recht.[1222] Sofern die ggf. schwer nachweisbare Kausalität zwischen Vertragsbruch und Haftungsschaden festgestellt werden konnte, ist es erforderlich, dass der Schaden nach dem *principle of remoteness* der Zertifizierungsgesellschaft zugerechnet werden kann.[1223] Entscheidend ist nach dieser Lehre grundsätzlich die Vorher-

---

1216 *Furmston u. a.*, Cheshire, Fifoot and Furmston's law of contract, S. 795 f.; die Zurückhaltung bei der Gewährung dieses Anspruchs wird zunehmend kritisiert, eine grundlegende Änderung der Rechtsprechung ist jedoch (noch) nicht erfolgt, vgl. *Atiyah/Smith*, Atiyah`s Introduction to the law of contract, S. 383 ff.

1217 *Robinson v Harman* (1848) 154 E. R. 363, 365; *Atiyah/Smith*, Atiyah`s Introduction to the law of contract, S. 399; *Magnus*, Schaden und Ersatz, S. 37; *Peel*, The Law of Contract, Rn. 20-024.

1218 *Magnus*, Schaden und Ersatz, S. 37. Für den Fall, dass infolge eines Vertragsbruchs kein bezifferbarer Schaden entstanden ist, sieht das englische Recht die Möglichkeit vor, sog. „*nominal damages*" anzuerkennen. Die vertragsbrüchige Partei wird zur Zahlung einer geringfügigen Summe (bspw. 1 Pfund) verurteilt. Neben der symbolischen Anerkennung des Vertragsbruchs ergeben sich auch kostenrechtliche Folgen, vgl. *Pearce/Halson*, Oxf. J. Leg. Stud. 2008, 73 (75 ff.).

1219 Allgemein zur Ersatzfähigkeit entgangenen Gewinns *Freudenberg*, ZIP 2015, 2354 (2357); *Peel*, The Law of Contract, Rn. 20-060.

1220 *Peel*, The Law of Contract, Rn. 20-051.

1221 *Kötz*, Europäisches Vertragsrecht, S. 393 f.

1222 Vgl. zum deutschen Recht Kap. 4 A. I.6.e.

1223 Vgl. den Fall in *Hammond & Co. v Bussey* (1887), 20 Q.B.D. 79, in dem einem Zwischenhändler Schäden entstanden sind, nachdem er aufgrund der mangelhaften Qualität der Kaufsache vom Endabnehmer in Anspruch genommen wurde. Das Gericht entschied, dass der Zwischenhändler den ursprünglichen Verkäufer in Regress nehmen darf, sofern die etablierten Grundsätze der *remoteness* (insbes. aus der bis

sehbarkeit und Wahrscheinlichkeit eines Schadens aus der Perspektive des Schuldners (*ordinary foreseeability*).[1224] Daneben kommt es nach einem jüngeren Urteil auch darauf an, ob die Haftung nach der objektiv zu ermittelnden Intention der Parteien im konkreten Fall vorgesehen war (*assumed responsibility*).[1225] Zertifizierungsgesellschaften ist freilich bekannt, dass Zertifikate zur Vorlage gegenüber Dritten vorgesehen sind. Dass Dritte auf die Richtigkeit des Zertifikats vertrauen und im Falle einer Fehlzertifizierung Ansprüche gegen den Zertifikatinhaber geltend machen, liegt daher im Bereich der erwartbaren Folgen eines Vertragsbruchs. Gleichwohl dürfte die Haftung wohl nur bei gesetzlich ungeregelten Zertifizierungen in der Intention der Parteien gelegen haben, da durch die obligatorischen Zertifizierungen üblicherweise nicht der Schutz des Vertragsinhabers vor den Ansprüchen Dritter bezweckt wird.[1226]

Insgesamt ist von einem ähnlichen Haftungsniveau wie im deutschen Recht auszugehen. Aus Sicht des Geschädigten ist das englische Recht vorteilhaft, wenn er Schadensersatz infolge der Verletzung einer erfolgsbezogenen Pflicht, etwa beim Ausbleiben der Zertifizierungsentscheidung, geltend machen will, da die Zertifizierungsgesellschaft insofern verschuldensunabhängig haftet. Wurden hingegen Prüfungs- oder Überwachungspflichten verletzt, muss nicht nur die Pflichtverletzung, sondern auch das Verschulden positiv nachgewiesen werden, was im Einzelfall schwierig sein kann. Im deutschen Recht kommt der Geschädigte jedenfalls auf der Ebene des Vertretenmüssens in den Genuss der Verschuldensvermutung nach § 280 Abs. 1 S. 2 BGB.

2. Deliktische Haftung

Zwischen vertraglichen und deliktischen Ansprüchen herrscht im englischen Recht Anspruchskonkurrenz (*concurrent liability*).[1227] Dies gilt seit der grundlegenden Entscheidung des House of Lords in *Henderson v Merret Syndicates Ltd.*: „*The plaintiff, who has available to him concurrent reme-*

heute grundlegenden Entscheidung *Hadley v Baxendale* (1854) 9 Ex. 341) erfüllt sind, vgl. hierzu *Ogus*, The law of damages, S. 354 ff.

1224 Grundlegend *Hadley v Baxendale* (1854) 9 Ex. 341, vgl. hierzu *Furmston u. a.*, Cheshire, Fifoot and Furmston's law of contract, S. 743 ff.; *Freudenberg*, ZIP 2015, 2354 (235 ff.).

1225 *Transfield Shipping Inc v Mercator Shipping Inc (The Achilleas)* [2009] 1 A.C. 61; eingehend hierzu *Peel*, The Law of Contract, Rn. 20-099 ff.

1226 Vgl. bereits die Argumentation in Kap. 4 A. I.6.e. zum deutschen Recht.

1227 Ursprünglich wurde im englischen Recht nicht zwischen Vertrags- und Deliktsrecht unterschieden. Es existierte eine einheitliche Klage auf Schadensersatz, *von Bar*, Common European Law of Torts, Vol. 1, Rn. 427; eingehend zur historischen Entwicklung *Kegel*, in: Hohloch/Rainer/Schlechtriem, Festschrift für Hans Stoll zum 75. Geburtstag, S. 195.

dies in contract and tort, may choose that remedy which appears to him to be the most advantageous."[1228] Im Einzelfall muss jedoch berücksichtigt werden, ob die Parteien die deliktische Haftung durch den Vertrag ausgeschlossen oder eingeschränkt haben.[1229] Derartige vertragliche Sonderregelungen dürfen nicht umgangen werden.

Zu beachten ist, dass das englische *tort law* über das deutsche Recht der unerlaubten Handlungen hinausgeht und neben Schadensersatzansprüchen auch Ansprüche auf Unterlassung und Herausgabe erfasst.[1230] Neben dem allgemeinen *tort of negligence* existiert eine Vielzahl speziellerer *torts*.[1231] Wird im Laufe der durchzuführenden Konformitätsprüfungen etwa das Eigentum des Vertragspartners beschädigt, kann dieser seine Schäden nach dem *trespass to goods* ersetzt verlangen. Praktisch am bedeutsamsten ist im Verhältnis der Zertifizierungsgesellschaft zu ihren Klienten aber der *tort of negligence*. Dieser Tatbestand erfasst die unterschiedlichsten Sorgfaltspflichtverletzungen und darf daher nicht mit Fahrlässigkeit im Sinne einer reinen Verschuldensform gleichgesetzt werden.[1232] Neben einer Sorgfaltspflicht (*duty of care*)[1233] setzt der Anspruch eine Verletzung dieser Pflicht (*breach*) sowie einen Schaden des Klägers (*damage*) voraus.[1234]

Im hier interessierenden Bereich der deliktischen Berufshaftung (*professional liability*) muss zwischen der deliktischen Haftung gegenüber dem Vertragspartner und der Haftung gegenüber Dritten differenziert werden. Im Verhältnis zu den Vertragspartnern werden die durch den Vertrag begründeten Sorgfaltspflichten als *duty of care* in das Deliktsrecht überführt.[1235] Aus diesem Grund können unter dem *tort of negligence* dann auch reine Vermögensschäden geltend gemacht werden, wenn der Experte den Maßstab von

---

1228 [1994] 3 All ER 506 (at 533); vgl. hierzu *Furmston u. a.*, Cheshire, Fifoot and Furmston's law of contract, S. 31 ff; *Hoffmann*, Koordination des Vertrags- und Deliktsrechts in Europa, S. 49 f.

1229 *Furmston u. a.*, Cheshire, Fifoot and Furmston's law of contract, S. 32; *Jones*, in Clerk/Lindsell, Rn. 3-135.

1230 *Heberer*, ZfRV 2002, 57 (63); *von Bernstorff*, Einführung in das englische Recht, S. 92.

1231 Im Überblick und m. w. N. *Heberer*, ZfRV 2002, 57 (63); sowie *von Bernstorff*, Einführung in das englische Recht, S. 92 ff.

1232 *Heberer*, ZfRV 2002, 57 (63).

1233 Allgemeine Kriterien zur Begründung einer *duty of care* sind *foreseeability* und *proximity*. Ferner muss die Annahme einer Sorgfaltspflicht *fair, just and reasonable* sein. Diese Kriterien werden ausführlicher im Rahmen der Dritthaftung untersucht, vgl. unten Kap. 5 A.II.2.b.

1234 *Zweigert/Kötz*, Einführung in die Rechtsvergleichung, S. 611.

1235 Dies folgt aus *Henderson v Merrett Syndicates Ltd.* [1995] 2 A. C. 145; vgl. *Atiyah/Smith*, Atiyah`s Introduction to the law of contract, S. 353; *Jackson/Powell*, On professional liability, Rn. 2-103 ff. *Tettenborn*, in Clerk/Lindsell, Rn. 9-06, Rn. 9-176 (zu Gutachtern).

reasonable care and skill nicht eingehalten hat. Dies ist im Verhältnis zu Dritten nur eingeschränkt möglich.[1236]

Bei der Missachtung von *reasonable care and skill* liegt also ein Vertragsbruch vor, gleichzeitig ist aber regelmäßig auch der Tatbestand des *tort of negligence* erfüllt. Der deliktische Anspruch kann insbesondere aus prozessualen Gründen vorteilhaft sein, etwa weil der vertragliche Anspruch bereits verjährt ist.[1237] Unterschiede bestehen jedoch auf der Rechtsfolgenseite. Während die vertragliche Haftung die berechtigten Erwartungen des Klienten an eine vertragsgemäße Leistung schützt, werden durch das Deliktsrecht lediglich die ohnehin bestehenden Rechte des Klienten geschützt.[1238] Schadensrechtlich ist der Geschädigte nur so zu stellen, wie er ohne das deliktische Verhalten des anderen stehen würde.[1239] Ein vertragsgemäßes Verhalten kann schadensrechtlich nicht fingiert werden. Aus diesem Grund können unter dem *tort of negligence* regelmäßig keine entgangenen Gewinne ersetzt werden.[1240]

Die Möglichkeit, der Zertifizierungsgesellschaft konkrete Schädigungshandlungen ihrer Mitarbeiter zurechnen zu können, scheint nach englischem Haftungsrecht unproblematischer zu sein als nach deutschem Recht.[1241] Im Rahmen der sog. *vicarious liability* wird das von einem Angestellten (*employee*) begangene Delikt der dahinterstehenden Organisation zugerechnet, ohne dass es auf deren Verschulden ankommt.[1242] Auch das deliktische Ver-

---

1236 Vgl. Kap. 5 A.II.2.

1237 Vgl. zur Verjährung Kap. 5 A. I.3.

1238 *Atiyah/Smith*, Atiyah`s Introduction to the law of contract, S. 356 f.; *Peel*, The Law of Contract, Rn. 20-024.

1239 *Atiyah/Smith*, Atiyah`s Introduction to the law of contract, S. 356 f.; *Oliphant/Wilcox*, in Martin-Casals, Borderlines of Tort Law, S. 74; *Peel*, The Law of Contract Rn. 20-024.

1240 Dies verdeutlicht folgender Beispielsfall: Das Unternehmen A beantragt bei der Zertifizierungsgesellschaft B die Zertifizierung ihrer Produkte nach einem bestimmten Industriestandard. Aufgrund veralteter Messtechnik konnte B die Normkonformität der Produkte nicht feststellen und lehnte den Antrag auf Zertifizierung fälschlicherweise ab. A konnte in der Folge ihre Produkte nicht gewinnbringend verkaufen, da die designierten Abnehmer auf die Vorlage eines Zertifikats bestanden. Ohne den Sorgfaltspflichtverstoß der B, hätte A noch kein Zertifikat erhalten, das die gewinnbringende Vermarktung der Produkte ermöglicht hätte. Diese Erwartung wird lediglich durch das Vertragsrecht geschützt. Zu ersetzen wären der A jedoch Kosten, die angefallen sind, um die von B fälschlicherweise monierten Mängel zu beseitigen. Diese Schäden beruhen auf dem deliktischen Verhalten der B und könnten unter dem *tort of negligence* geltend gemacht werden.

1241 Vgl. zum deutschen Recht Kap. 4 A.II.1.

1242 *Murphy*, in Clerk/Lindsell, Rn. 6-28; vgl. hierzu aus rechtsvergleichender Perspektive *Brüggemeier*, Prinzipien des Haftungsrechts, S. 115 f.; *Giliker*, JETL 2011, 31; *von Bar*, Common European Law of Torts, Vol. 1, Rn. 337 ff.

halten einfachen Personals, das keine leitende Funktion erfüllt, führt somit zu einer Haftung der Zertifizierungsgesellschaft, selbst wenn diesbezüglich kein Organisationsverschulden nachgewiesen werden kann. Ausgeschlossen ist hingegen auch nach englischem Recht die deliktische Haftung für das Fehlverhalten von (sorgfältig ausgewählten) Subunternehmern (*independent contractors*).[1243]

3. Verjährung

Die Verjährung (*limitation of action*) ist im englischen Recht als prozessuale Einrede ausgestaltet.[1244] Entsprechende Regeln finden sich im Limitation Act 1980. Ansprüche aus formlosen Verträgen (*simple contracts*), zu denen auch die Zertifizierungsverträge zählen, verjähren demzufolge regelmäßig sechs Jahre nach dem Vertragsbruch.[1245] Zu beachten ist, dass die Parteien auch abweichende Verjährungsfristen vereinbaren können.[1246] Die regelmäßige Verjährungsfrist für deliktische Ansprüche beträgt ebenfalls sechs Jahre, i. d. R. beginnt die Frist allerdings erst, wenn der Schaden eingetreten ist.[1247] Aus diesem Grund kann der deliktische ggü. dem vertraglichen Anspruch aus Klägersicht vorteilhaft sein. Abweichungen von der Regelverjährung gelten im Falle von Körperverletzungen: Unabhängig davon ob diese durch *breach of contract* oder *tort of negilgence* hervorgerufen wurden, gilt nach s. 11 des Limitation Act 1980 eine Verjährungsfrist von lediglich drei Jahren ab dem Zeitpunkt zu dem der Anspruch entstanden ist oder der Geschädigte Kenntnis von dem Schaden erlangt hat.

4. Zulässigkeit von Haftungsausbeschränkungen

Seit den 1960er Jahren hat sich die englische Rechtsprechung nach langjähriger Zurückhaltung zur einer Inhaltskontrolle unbilliger Klauseln durchgerungen.[1248] Die Zulässigkeit von *standard terms of business* wird heute außerdem durch eine Reihe von Spezialgesetzen geregelt, im unternehmerischen Rechtsverkehr insbesondere durch den Unfair Contract Terms Act 1977 (UCTA).[1249] Dieses Gesetz behandelt die Zulässigkeit verschiedener

---

1243 *Murphy*, in Clerk/Lindsell, Rn. 6-65; vgl. ferner *Brüggemeier*, Prinzipien des Haftungsrechts, S. 85; *Zweigert/Kötz*, Einführung in die Rechtsvergleichung, S. 642 ff.

1244 *von Bernstorff*, Einführung in das englische Recht, S. 75.

1245 Für Ansprüche aus Verträgen, die in einer formellen Urkunde festgehalten sind (*contracts under seal*) gilt gar eine Regelverjährungsfrist von 12 Jahren.

1246 *von Bernstorff*, Einführung in das englische Recht, S. 75.

1247 Vgl. *Oliphant/Wilcox*, in Martin-Casals, Borderlines of Tort Law, S. 92 f.

1248 Vgl. zu dieser Entwicklung *von Bernstorff*, Einführung in das englische Recht, S. 87 ff.

1249 Für Verbraucherverträge gelten daneben die Unfair Terms in Cosnumer Contracts Regulations 1999.

Haftungsklauseln, differenziert dabei aber zunächst nicht zwischen AGB und individuell ausgehandelten Klauseln.[1250] Unzulässig ist nach s. 2 UCTA jeglicher Ausschluss der vertraglichen oder deliktischen Haftung für Körperverletzungen aufgrund von *negligence*.[1251] Hinsichtlich Sach- und Vermögensschäden ist ein Ausschluss möglich, wenn die Klausel angemessen ist (*requirement of reasonableness*).[1252] Dieses Erfordernis gilt nach s. 3 UCTA außerdem für AGB-Klauseln, die die Haftung für Vertragsbruch ausschließen oder das Recht vorbehalten, eine wesentlich andere Leistung als vereinbart oder gar keine Leistung zu erbringen. Bei der Beurteilung, ob eine Klausel *fair and reasonable* ist (vgl. s. 11 (1) UCTA), kommt es auf den jeweiligen Einzelfall an. Zu berücksichtigen sind etwa die Stärke der Verhandlungsposition der Parteien, die Möglichkeit des Kunden, das Geschäft mit einem anderen Anbieter abzuschließen oder ob für die Klausel eine Gegenleistung gewährt wurde.[1253]

Ein kursorischer Blick auf die frei abrufbaren AGB international agierender Zertifizierungsgesellschaften offenbart, dass bei der Wahl englischen Rechts besonders weitreichende Haftungsfreizeichnungen vorgenommen werden.[1254] Ausgeschlossen wird u. a. die Haftung (einschließlich aus *negligence*) für *loss of business, loss of profit, loss of production, business interruption* sowie *consequential or pure economic loss*.[1255] Inwiefern ein englisches Gericht diese Klauseln für *fair and reasonable* hält, wird wohl entscheidend von den Gegebenheiten des jeweiligen Zertifizierungsmarktes, der Komplexität der Konformitätsprüfungen sowie den Umständen der Vertragsverhandlungen abhängen. Allgemeine Aussagen sind daher nur schwer zu treffen. Für grundsätzlich ausgeglichene Machtverhältnisse spricht, dass für eine gewünschte Zertifizierung i. d. R. aus einer Vielzahl von Anbietern gewählt werden kann. Andererseits genießen zumindest die global operierenden und besonders finanzstarken Zertifizierungsunternehmen aufgrund

1250 *Müller/Schilling*, BB 2012, 2319 (2320); *Peel*, The Law of Contract, Rn. 7-002.

1251 Vgl. hierzu *Atiyah/Smith*, Atiyah`s Introduction to the law of contract, S. 314.

1252 Vgl. zum Anwendungsbereich der Angemessenheitskontrolle *Weick*, ZHR 1981, 68 (74 f.).

1253 Vgl. Schedule 2 (a) – (e) des UCTA. Dem Wortlaut nach gelten diese *guidelines* nur für Warenkaufverträge (*contacts for the supply of goods*), sie werden jedoch auf andere Verträge analog angewendet, vgl. m. w. N. *Peel*, The Law of Contract, Rn. 7-066. Weitere Kriterien finden sich noch in s. 11 (4) UCTA; eingehend zu den Krieterien des *test of reasonableness Peel*, The Law of Contract, Rn. 7-061 ff.; im Überblick *Atiyah/Smith*, Atiyah`s Introduction to the law of contract, S. 315; *Landbrecht*, RIW 2011, 291 (292 f.); *Müller/Schilling*, BB 2012, 2319 (2320); *Weick*, ZHR 1981, 68 (76 ff.).

1254 Vgl. bereits die Nachweise unter Kap. 4 A.IV.

1255 Vgl. Ziffer 14, Bureau Veritas, General Terms and Conditions for Certification Services, abrufbar unter https://www.bvna.com/sites/g/files/zypfnx386/files/media/document/General%20Conditions%20of%20Service%20UKAS.pdf (Stand: 24.5.2023).

ihrer Größe und Reputation eine Sonderstellung am Markt, die sich auch in einer deutlich überlegenen Verhandlungsposition ausdrücken kann. Dass sie ihre Haftung für *negligence* nahezu vollständig ausschließen, mag daher im Einzelfall nicht mehr *fair and reasonable* sein.

Nichtsdestotrotz begünstigt das englische Recht die Position der Zertifizierungsgesellschaften. Die Freizeichnungsmöglichkeiten reichen tendenziell weiter als etwa bei Anwendung deutschen Rechts. Streng formale Differenzierungen zwischen den handelnden Personen und den unterschiedlichen Verschuldensgraden sind nicht zu beachten. Attraktiv ist das englische Recht auch aufgrund der besonderen Regelung in s. 27 (1) UCTA: Nach dieser Vorschrift ist die Anwendung des UCTA weitgehend ausgeschlossen, wenn das englische Recht lediglich aufgrund einer Rechtswahl der Parteien zur Anwendung kommt.[1256] Auf diese Weise könnten auch Zertifizierungsgesellschaften bei reinen Rechtswahlsachverhalten das Angemessenheitserfordernis gem. s. 2 und 3 UCTA umgehen.

5. Fazit zur Haftung gegenüber dem Vertragspartner

Im Mittelpunkt steht die vertragliche Haftung für *breach of contract*. In Anlehnung an die etablierten Fallgruppen der Berufshaftung, sind die Zertifizierungsgesellschaften im Rahmen der Konformitätsprüfung und -überwachung verpflichtet, die fachliche Kompetenz und Sorgfalt zu beachten, wie sie von ihrer Profession erwartet werden können. Fehlt es an einer ausdrücklichen vertraglichen Regelung, ist von entsprechenden *implied terms* auszugehen. Im Hinblick auf diese Pflichten gilt konsequenterweise eine verschuldensabhängige Haftung (*fault based liability*). Im Falle der Nichtleistung oder verzögerten Leistung ist die Haftung hingegen grundsätzlich verschuldensunabhängig (*strict liability*). Abgesehen von den regelmäßig ausgeschlossenen Klagen auf Erfüllung bzw. Nacherfüllung, ist die vertragsrechtliche Haftung auf mit deutschem Recht vergleichbarem, umfassenden Niveau. Zu beachten sind jedoch die relativ großzügigen Freizeichnungsmöglichkeiten, insbesondere in reinen Rechtswahlsachverhalten sowie die abweichenden Verjährungsfristen.

Deliktische Ansprüche kommen in Betracht, da die vertraglich begründeten Sorgfaltspflichten auch als *duty of care* im Rahmen des *tort of negligence* zu beachten sind. Das englische Recht sieht folglich auch einen deliktischen Schutz des Vertragspartners vor, der aufgrund der geltenden Anspruchskonkurrenz im Einzelfall praktische Bedeutung erlangen kann. Zu beachten ist aber, dass nicht sämtliche Schadenspositionen nach beiden Anspruchsgrundlagen ersatzfähig sind.

1256 Vgl. *Landbrecht*, RIW 2011, 291 (293 f.); *Mann*, I.C.L.Q. 1978, 661; *Richter*, AGB im B2B-Verkehr, S. 26 ff.; *Weick*, ZHR 1981, 68 (80 f.).

II. Die Haftung gegenüber Dritten

Im Folgenden werden Fälle untersucht, in denen Zertifizierungsgesellschaften zu Unrecht Zertifikate ausgestellt bzw. nicht zurückgezogen haben und hierdurch vertragsfremde Dritte geschädigt wurden. Die Ausführungen werden zeigen, dass das englische *common law* bei der Gewährung von Schadensersatz in diesen Fällen relativ restriktiv ist. Gemeinsam mit dem deutschen Recht bildet es einen Gegenpol zum großzügigeren französischen Recht. Eine Dritthaftung von Zertifizierungsgesellschaften ist indes auch bei reinen Vermögensschäden keinesfalls unmöglich. Sie ist im Grundsatz deliktisch zu qualifizieren und argumentiert offen mit *policy*-Erwägungen.

1. Ausgangspunkt: *Privity of contract*

Ausgangspunkt der Überlegungen zu den Ansprüchen vertragsfremder Dritter ist die für das *common law* charakteristische *doctrine of privity of contract*. Sie besagt, dass ausschließlich die Parteien eines Vertrages, Rechte und Pflichten aus diesem Vertrag ableiten können.[1257] Aufgrund dieser Lehre war es im *common law* lange nicht möglich, Dritte mit einem selbständigen Forderungsrecht auszustatten. Erst mit dem Contract (Rights to Third Parties) Act 1999 wurde ein dem Vertrag zugunsten Dritter gem. § 328 BGB vergleichbares Rechtsinstitut geschaffen. Dritte können laut diesem Gesetz jedoch nur begünstigt werden, wenn sie nach dem Vertrag eindeutig bestimmbar sind.[1258] Ihr vertraglicher Schutz hängt mithin vom Willen der Vertragsparteien ab, wobei die strengen Bestimmtheitsanforderungen des Contract Act 1999 einen erweiterten Drittschutz im Wege der Vertragsauslegung verhindern.[1259] Zertifizierungsverträge enthalten jedenfalls keine Klauseln über die Rechte vertragsfremder Dritter.[1260] Eine sorgfältige Zertifizierungsleistung wird nach dem Vertrag ausschließlich gegenüber dem Vertragspartner der Zertifizierungsgesellschaft geschuldet. Drittschutz nach dem Modell des Contract Act 1999 ist in solchen Konstellationen folglich ausgeschlossen.[1261] Jenseits des Anwendungsbereichs des Contract Act 1999 bleibt es grundsätzlich bei den strengen Aussagen der *doctrine of privity*. Die Grenzen des Vertragsrechts werden anders als im deutschen Recht nicht

1257 *Atiyah/Smith*, Atiyah`s Introduction to the law of contract, S. 337; *Furmston u. a.*, Cheshire, Fifoot and Furmston's law of contract, S. 556, mit zahlreichen Nachweisen aus der Rechtsprechung.

1258 Vgl. s. 1 (3) Contract (Rights to Third Parties) Act 1999.

1259 *Büttner*, Dritthaftung von Experten, S. 19; *Schinkels*, JZ 2008, 272 (274).

1260 Diese werden vielmehr ausdrücklich ausgeschlossen, vgl. z. B. Vgl. Ziffer 2.3 und 24, Bureau Veritas, General Terms and Conditions for Certification Services, abrufbar unter https://www.bvna.com/sites/g/files/zypfnx386/files/media/document/General%20Conditions%20of%20Service%20UKAS.pdf (Stand: 24.5.2023).

1261 Vgl. *Peel*, The Law of Contract, Rn. 14-003; *Schinkels*, JZ 2008, 272 (274).

durch Rechtsinstitute wie die culpa in contrahendo oder den Vertrag mit Schutzwirkung ausgedehnt.[1262] Dies hat zur Folge, dass Personen, die auf die Richtigkeit eines Zertifikats vertraut haben, ihre Schäden lediglich auf außervertragliche Anspruchsgrundlagen stützen können.

2. Deliktische Dritthaftung nach dem *tort of negligence*

Ansprüche Dritter können sich insbesondere aus dem *tort of negligence* ergeben.[1263] Entscheidend ist, ob eine *duty of care* der Zertifizierungsgesellschaft gegenüber Vertragsfremden angenommen werden kann. Eine *duty of care* kann nach der Rechtsprechung auf verschiedene Weise begründet werden.[1264] Auf der Grundlage der *HedleyByrne*-Entscheidung können Experten für Vermögensschäden infolge fehlerhafter Auskünfte haftbar gemacht werden.[1265] In *Caparo Industries v. Dickman* wurde ein Fall der Wirtschaftsprüferhaftung zum Anlass genommen, die Voraussetzungen einer *duty of care* zu verallgemeinern.[1266] Der in dieser Entscheidung entwickelte *threefold test* könnte auch für die Dritthaftung von Zertifizierungsgesellschaften fruchtbar gemacht werden.

a. *Duty of care* auf der Grundlage von *Hedley Byrne*

In *Hedley Byrne* ging es um die Haftung einer Bank für fehlerhafte Auskünfte, die gegenüber den Klägern, die keine Vertragskunden der Bank waren, abgegeben wurden und die Kreditwürdigkeit eines anderen Unternehmens betrafen.[1267] Auf der Grundlage dieser Entscheidung konnten erstmals fahrlässig verursachte reine Vermögensschäden ersetzt werden. Zuvor war dies nach englischem Recht nur bei einer vorsätzlichen Schädigung möglich.[1268] Voraussetzung für eine *duty of care* ist nach *Hedley Byrne*, eine besondere Vertrauensbeziehung (*special relationship*) zwischen der Zertifizierungsgesellschaft und dem Dritten. Der Auskunft erteilende, hier also die Zertifizierungsgesellschaft, muss selbst davon ausgegangen sein, für fehlerhafte Zertifikate gegenüber Dritten zu haften (*voluntary assumption of responsibi-*

1262 *Büttner*, Dritthaftung von Experten, S. 17 ff.; *Oliphant/Wilcox*, in Martin-Casals, Borderlines of Tort Law, S. 75 f.

1263 Vgl. zum *tort of negligence* (im Verhältnis zum Vertragspartner) bereits Kap. 5 A. I.2.

1264 Vgl. *Jackson/Powell*, On professional liability, Rn. 10-034 ff.; *De Bruyne*, Third-Party Certifiers, Rn. 240; *Yap*, Tort L. Rev. 2009, 80 (80).

1265 *Hedley Byrne & Co Ltd. v Heller & Partner Ltd.* [1964] A.C. 465.

1266 *Caparo Industries plc v Dickman* [1990] All E.R. 568, [1990] 2 A.C. 605.

1267 Eine Haftung wurde dem Grunde nach angenommen, aufgrund eines „*disclaimers*" im Schreiben der Bank aber i.E. abgelehnt, vgl. zum Fall auch *Atiyah/Smith*, Atiyah`s Introduction to the law of contract, S. 357; *Büttner*, Dritthaftung von Experten, S. 23 f.; *von Bar*, RabelsZ 1980, 455 (461 f.).

1268 Vgl. *Howarth*, in: Banakas, Civil Liability for Pure Economic Loss, S. 27 (28 ff.).

lity), sodass die Parteien zueinander in einem Verhältnis „*equivalent to contract*" stehen.[1269] Das House of Lords betont hier scheinbar ein subjektives Element, das dem Parteienverhältnis zugrunde liegen muss. Eine im engeren Sinne „freiwillige" Haftung der Zertifizierungsgesellschaft gegenüber Dritten dürfte allerdings so gut wie nie vorliegen.[1270]

Aus diesem Grund ist es überzeugend, die *assumed responsibility* nicht als subjektiv zu ermittelnden Tatbestand zu verstehen, sondern vielmehr nach den objektiven Umständen des Einzelfalls zu beurteilen, ob das Näheverhältnis vertragsähnliche Elemente aufweist.[1271] Erforderlich ist eine vertragslose, aber privatautonom begründete, faktische Leistungsbeziehung zwischen den Parteien.[1272] Ein solches Haftungsregime kombiniert Elemente des Vertrags- und Deliktsrechts, weshalb auch die eindeutige Zuordnung zu einer der beiden Sphären in Frage gestellt wurde.[1273]

Eine *duty of care* der Zertifizierungsgesellschaften gegenüber Dritten auf der Grundlage von *Hedley Byrne* zu begründen, dürfte in den meisten Fällen dennoch ausgeschlossen sein. Möglich scheint dies nur, wenn die Zertifizierungsgesellschaft ausnahmsweise in persönlichem Kontakt zum Adressaten des Zertifikats stand.[1274] Typischer Weise ist dies jedoch nicht der Fall. Die bloße Kenntnis der Zertifizierungsgesellschaften um die Verwendung ihrer Zertifikate gegenüber unbekannten Dritten begründet regelmäßig kein ausreichendes Näheverhältnis. Ausgeschlossen ist eine Dritthaftung nach *Hedley Byrne* daher im Falle der Produktzertifizierung. Die massenweise Verwendung eines Zertifikats bzw. eines Zeichens der Zertifizierungsgesellschaft gegenüber einer Vielzahl von Verbrauchern führt nicht zu einer faktischen Leistungsbeziehung gegenüber dem einzelnen Adressaten. Selbst wenn ein Gericht die Dritthaftung aus *policy*-Erwägungen, die unter *Hedley Byrne* durchaus möglich sind, befürwortet, verhindern die engen, quasi-vertraglichen Anforderungen an das Näheverhältnis die Begründung einer *duty of care* in den meisten Zertifizierungsfällen.

1269 *Hedley Byrne & Co Ltd. v Heller & Partner Ltd.* [1964] AC 465 (522).

1270 So auch *De Bruyne*, Third-Party Certifiers, Rn. 243.

1271 "*It is clear that the assumption of responsibility test is to be applied objectively [...] and is not answered by consideration of what the defendant thought or intended.*", vgl. *Customs and Excise Commissioners v Barclays Bank Plc* [2007] 1 A.C. 181, 190; *Jackson/Powell*, On professional liability, Rn. 10-035; *Plender/Wilderspin*, European PIL of obligations, Rn. 2-038.

1272 Vgl. *Schinkels*, JZ 2008, 272 (274); in Anlehnung an *Picker*, in Medicus-FS (1999), S. 397 (439).

1273 Vgl. *Ferrari*, JETL 2010, 266 (279 ff.), „hybrid model somewhere between tort and contract"; *Wagner*, in MüKo BGB, § 823 Rn. 431.

1274 So auch *De Bruyne*, Third-Party Certifiers, Rn. 243.

b. *Duty of care* auf der Grundlage des *threefold test*

Anders als der speziell auf fehlerhafte Auskünfte angepasste Haftungstatbestand aus *Hedley Byrne*, können die allgemeineren Anforderungen des sog. *threefold test* auf unterschiedliche Konstellationen der Berufshaftung übertragen werden. Grundlegend ist die Entscheidung in dem Fall *Caparo Industries v. Dickman*, in dem ein Kleinanleger – letztlich erfolglos – einen Schadensersatzanspruch gegen einen Wirtschaftsprüfer aufgrund fehlerhaft erstellter Jahresabschlüsse geltend machen wollte.[1275] Eine *duty of care* liegt nach dieser Entscheidung vor, wenn der eingetretene Schaden vorhersehbar war (*forseeability of harm*) und zwischen der Zertifizierungsgesellschaft und dem Dritten eine Nähebeziehung bestand (*relationship of proximity*). Schließlich muss die Haftung auch *fair, just and reasonable* sein. Die sich teilweise überschneidenden Elemente des *threefold test* stellen Orientierungspunkte dar, um das Für und Wider einer *duty of care* im Einzelfall abzuwägen.[1276]

aa. *Forseeability of harm*

Das Kriterium der *foreseeability* dient der Steuerung des Haftungsrisikos, insbesondere bei den schwer eingrenzbaren, reinen Vermögensschäden. Deren Kompensation ist grundsätzliche die Domäne des Vertragsrechts,[1277] weshalb eine *duty of care* regelmäßig abgelehnt wird, wenn der Dritte mit dem fahrlässig handelnden Dienstleister über eine Vertragskette verbunden ist und selbst Ansprüche gegen seinen Vertragspartner geltend machen kann.[1278] In der Drei-Parteien-Konstellationen eines Zertifizierungsfalles existiert eine Vertragskette, allerdings haben die Verträge unterschiedliche Leistungsgegenstände. Dennoch ist zu vermuten, dass ein englisches Gericht die *duty of care* eher ablehnen wird, wenn der Dritte seinen Vermögensschaden auch von seinem Vertragspartner ersetzt verlangen kann.

Es fehlt ferner an der *foreseeability*, wenn die Zertifizierungsgesellschaft droht, in einer unbestimmbaren Anzahl von Fällen bzw. gegenüber einer zahlenmäßig nicht überschaubaren Personengruppe und damit in unbestimmter Höhe, zu haften.[1279] Entscheidend ist demnach, ob Zertifizierungsgesellschaften erkennen konnten, welchen Adressaten ein Zertifikat zugänglich gemacht wird und aus welchen Gründen auf dessen Richtigkeit vertraut

1275 *Caparo Industries plc v Dickman* [1990] All E.R. 568, [1990] 2 A.C. 605; vgl. zur Entscheidung *Zweigert/Kötz*, Einführung in die Rechtsvergleichung, S. 616 f.

1276 *Jackson/Powell*, On professional liability, Rn. 2-032 f.

1277 Vgl. *Faust*, AcP 2010, 555 (556); *Jones*, in Clerk/Lindsell, Rn. 7-103; *Palmer*, in: Bussani/Sebok, Comparative Tort Law: Global Perspectives, S. 300 (307); *Zweigert/Kötz*, Einführung in die Rechtsvergleichung, S. 615 ff.

1278 *Tettenborn*, in Clerk/Lindsell, Rn. 9-12; *Peel*, The Law of Contract, Rn. 14-054.

1279 *Tettenborn*, in Clerk/Lindsell Rn. 9-12.

wird.[1280] Generell gilt, dass Zertifikate immer zur Vorlage gegenüber Dritten vorgesehen sind und Zertifizierungsgesellschaften vorhersehen müssen, dass die designierten Adressaten auf die Aussagen des Zertifikats vertrauen werden. Gegen die Vorhersehbarkeit spricht bei der Produktzertifizierung jedoch erneut die massenweise Verwendung des Zertifizierungszeichens gegenüber sämtlichen potenziellen Abnehmern. Die freie Zirkulation der Ware und mithin des durch das Zeichen repräsentierten Zertifikats führt zu einer kaum überschaubaren Anzahl an möglichen Haftungsfällen. Anders zu beurteilen sind Zertifizierungsgegenstände, die weniger stark zirkulieren, da in diesem Fall auch seltener auf die Richtigkeit des Zertifikats vertraut wird. Dies könnte etwa bei der Zertifizierung von Qualitätsmanagementsystemen der Fall sein, wenn das Zertifikat für einen konkreten Anlass benötigt wird und dieser der Zertifizierungsgesellschaft bekannt war.

Großzügiger scheint die Rechtsprechung zu verfahren, wenn das Eigentum oder die Gesundheit Dritter und nicht lediglich deren Vermögen verletzt wurden.[1281] Wird ein Sicherheitsstandard für bestimmte Produkte zertifiziert, muss die Zertifizierungsgesellschaft damit rechnen, dass Endabnehmer durch unerkannt unsichere Produkte verletzt werden könnten. Dies kann insbesondere bei den obligatorischen Sicherheitszertifizierungen relevant werden. Der Court of Appeal entschied in *Perrett v Collins*, dass der Zertifizierer eines Kleinflugzeuges gegenüber den Passagieren haftet, wenn das Flugzeug aufgrund eines nicht aufgedeckten Konstruktionsmangels abstürzt und die Passagiere verletzt werden.[1282] Die Zertifizierung der Flugtauglichkeit war nach englischem Recht verpflichtend vorgeschrieben und eine Voraussetzung für die Aufnahme des Flugbetriebs. Entscheidend für die Haftung war, dass die Flugtauglichkeit nicht von Amateurpiloten beurteilt werden kann, weshalb die Zertifizierungsgesellschaft eine besondere Verantwortung trug.[1283] Dieses Urteil bildet eine Ausnahme zu der Rechtsprechung, die sich im Bereich der Haftung von Schiffsklassifikationsgesellschaften herausgebildet hat.[1284] Da durch die Zertifizierung der Seetauglichkeit die Eigentümer der Schiffe nicht aus der Verantwortung genommen

---

1280 In *Caparo* wurde eine *duty of care* gegenüber Investoren abgelehnt, weil die durchgeführte Bilanzprüfung nicht als Grundlage für Investitionsentscheidungen dienen sollte, sondern lediglich als Information für die Anteilseigner vorgesehen war.

1281 M.w.N. *Tettenborn*, in Clerk/Lindsell, Rn. 9-09; *Howarth*, in: Banakas, Civil Liability for Pure Economic Loss, S. 27 (43 ff.).

1282 *Perrett v Collins* [1998] 2 Lloyd's Rep. 255, vgl. hierzu *Basedow/Wurmnest*, Die Dritthaftung von Klassifikationsgesellschaften, S. 16 f.

1283 *Perrett v Collins* [1998] 2 Lloyd's Rep. 255 (272).

1284 Vgl. *Marc Rich & Co. AG v Bishop Rock Marine Co. Ltd. (The Nicholas H)* [1996] A.C. 211; eingehend zu diesem Urteil *Basedow/Wurmnest*, Die Dritthaftung von Klassifikationsgesellschaften, S. 13 ff.; vgl. auch *De Bruyne*, Third-Party Certifiers, Rn. 252; *Howarth*, in: Banakas, Civil Liability for Pure Economic Loss, S. 27 (45 f.).

werden, scheidet die Haftung gegenüber Dritten häufig aus. Diese Rechtsprechung legt den Schluss nahe, dass es für das Vorliegen einer *duty of care* im Bereich obligatorischer Sicherheitszertifikate darauf ankommt, inwiefern der Zertifikatinhaber für die Einhaltung der Sicherheitsstandards selbst verantwortlich bleibt. Hinsichtlich dieser Frage muss also nach den Zertifizierungssystemen differenziert werden. Im Fall der obligatorischen Produktzertifizierung nach dem Modell der EU-Konformitätsprüfungen würde demnach eine *duty of care* abgelehnt werden, da die Hersteller nach diesem Regulierungsmodell selbst für die Gewährleistung der Produktsicherheit verantwortlich bleiben.[1285]

bb. *Relationship of proximity*

Auch nach dem *threefold test* wird eine Nähebeziehung zwischen der Zertifizierungsgesellschaft und dem Dritten gefordert. *Proximity* kann auf unterschiedliche Weise begründet werden, insbesondere durch *physical, circumstantial, causal or assumed closeness.*[1286] Eine vertragsähnliche Leistungsbeziehung ist nicht zwingend erforderlich, weshalb der *threefold test* größere Flexibilität erlaubt.[1287] Ein ausreichendes Näheverhältnis kann jedoch auch hier angenommen werden, wenn die Zertifizierungsgesellschaft ausnahmsweise in persönlichem Kontakt zu dem Dritten stand. Fehlt es an einem solchen Aufeinandertreffen stellen Zertifizierungsgesellschaft und Dritte lediglich zwei Glieder einer Vertragskette dar, in der alleine durch das Zertifikat eine physische Verbindung hergestellt wird. Ob diese mittelbare Nähe ausreicht, darf bezweifelt werden.

Das Merkmal soll jedoch gerade nicht nur im Falle physischer Nähe erfüllt sein, sondern nimmt das Verhältnis zwischen Zertifizierungsgesellschaft und Drittem als solches in den Blick. Vor diesem Hintergrund erscheint es sinnvoll nach dem Zweck einer Zertifizierung zu differenzieren. Handelt es sich um eine gesetzlich vorgeschriebene Zertifizierung, die gerade den Schutz Dritter bezwecken soll, ist die Beziehung zwischen Zertifizierungsgesellschaft und Drittem von einer anderen Qualität, als wenn die Zertifizierung nur durchgeführt wird, um dem Auftraggeber einen Wettbewerbsvorteil zu verschaffen. Im Falle der obligatorischen Zertifizierungen ist die Zertifizierungsgesellschaft gerade gesetzlich verpflichtet, die Interessen Dritter in den Vordergrund zu stellen. Unter diesen Umständen mag eine ausreichende Verbundenheit zwischen Zertifizierungsgesellschaft und Drittem vorliegen, um eine *relationship of proximity* zu begründen.

1285 Vgl. Kap. 3 A. I.

1286 *Jones*, in Clerk/Lindsell, Rn. 7-20; vgl. auch *De Bruyne*, Third-Party Certifiers, Rn. 248 f.

1287 Vgl. zum vertragsähnlichen Näheverhältnis im Sinne der *Hedley Byrne* Entscheidung Kap. 5 A.II.2.a.

cc. *Fair, just and reasonable*

Die Annahme einer *duty of care* müsste auch *fair, just and reasonable* sein. Dieses Element des *threefold test* kann schwerlich auf eine abstrakte Formel heruntergebrochen werden, da die die Gerichte mit einem großen Ermessensspielraum ausgestattet sind und die unterschiedlichsten Erwägungen zum Tragen kommen können. „*At its narrowest, it focuses on justice and fairness as between the parties. At a broader level, it will consider the reasonableness of a duty from the perspective of legal policy, focusing on the operation of the legal system and its principles. At a still wider but more controversial level, it may take account of the social and public policy implications of imposing a duty.*"[1288]

In der Rechtsprechung wurde die Haftung von Schiffsklassifikationsgesellschaften gegenüber Ladungseigentümern auch deshalb abgelehnt, weil die Annahme einer *duty of care* die Klagemöglichkeiten und mithin die Haftung in unzumutbarer Weise ausweiten würde (sog. *floodgate argument*).[1289] Außerdem wurde berücksichtigt, dass die Haftung von Klassifikationsgesellschaften nicht mit den völkerrechtlich etablierten Haftungsregeln dieser Branche[1290] zu vereinbaren sei, da dies die Position der Ladungseigentümer (also der zertifizierungsvertragsfremden Dritten) entgegen der Vorgaben dieses ausbalancierten Systems verbessern würde.[1291] Dabei handelt es sich freilich um eine Besonderheit dieses speziellen Zertifizierungssystems. Die Argumentation zeigt jedoch, dass unter dem Merkmal der *fairness* auch weitreichende Auswirkungen der Dritthaftung zu berücksichtigen sind.

Möglicherweise könnte im gesetzlich geregelten Bereich zugunsten einer *duty of care* berücksichtigt werden, dass hierdurch ein Anreiz für die Zertifizierungsgesellschaft geschaffen wird, ihre Sorgfaltsbemühungen nicht in erster Linie an ihren Vertragspartnern, sondern an Dritten auszurichten. Zwar war die Rechtsprechung bisher eher zurückhaltend, eine *duty of care* gegenüber Dritten anzunehmen, wenn diese droht, mit den Pflichten gegenüber den Vertragspartnern in Konflikt zu geraten.[1292] Doch könnten im Falle gesetzlicher Zertifizierungssysteme auch die dahinterstehenden öffentlich-

---

1288 *Jones*, in Clerk/Lindsell, Rn. 7-21.

1289 *Marc Rich & Co. AG v Bishop Rock Marine Co. Ltd. (The Nicholas H)* [1996] A.C. 211, 241; vgl. zu diesem Argument aus rechtsvergleichender Perspektive *Palmer*, in: Bussani/Sebok, Comparative Tort Law: Global Perspectives, S. 300 (315 ff.).

1290 Vgl. die sog. Haager Regeln von 1924 (*International Convention for the Unification of Certain Rules of Law Relating to Bills of Lading*), ergänzt durch die sog. Haag-Vsiby-Regeln von 1968, vgl. zur Umsetzung im deutschen Recht §§ 476 ff. HGB.

1291 *Marc Rich & Co. AG v Bishop Rock Marine Co. Ltd. (The Nicholas H)* [1996] A.C. 211, 238 ff.; vgl. hierzu auch *Basedow/Wurmnest*, Die Dritthaftung von Klassifikationsgesellschaften, S. 14 f.; *De Bruyne*, Third-Party Certifiers, Rn. 252.

1292 Vgl. *Tettenborn*, in Clerk/Lindsell, Rn. 9-12 m. w. N. aus der Rspr.

rechtlichen Zwecke den Ausschlag geben, sollte ein Gericht zu der Überzeugung gelangen, dass die Dritthaftung zur Funktionsweise der Zertifizierung erforderlich ist. Besteht andererseits die Sorge, dass durch das Haftungsrisiko zu viele Zertifizierungsgesellschaften vom Markt verdrängt werden und eine ausreichende Versorgung nicht mehr sichergestellt ist, sprechen diese *policy*-Gründe gegen eine *duty of care*.[1293]

dd. Fazit

Die Begründung einer *duty of care* gegenüber vertragsfremden Dritten nach dem *threefold test* bereitet einige Schwierigkeiten. Relativ wahrscheinlich ist die Annahme einer *duty of care* durch ein englisches Gericht nur, wenn die Zertifizierungsgesellschaft in Kontakt zu dem Dritten stand und wusste aus welchen praktischen Gründen, der Dritte auf das Zertifikat vertrauen würde. Jenseits dieses Ausnahmefalls ergibt sich kein eindeutiges Bild. Wenngleich sich auf allen Ebenen der Prüfung auch Argumente für eine Haftung finden lassen, ist deutlich geworden, dass der Begründungsaufwand bei der *foreseeability* und *proximity* sehr hoch ist. Die Annahme einer *duty of care* scheint vor allem möglich, wo dies unter *policy*-Erwägungen wünschenswert ist, der Reichweite der Haftung Grenzen gesetzt sind und die Haftung zudem nicht zu Verwerfungen innerhalb des jeweiligen Regelungsumfelds führt. Generell ist die Annahme einer *duty of care* wahrscheinlicher, wenn es um die Haftung für Rechtsgutsverletzungen geht. Bei reinen Vermögensschäden ist die Rechtsprechung hingegen zurückhaltender.

3. Deliktische Dritthaftung wegen *breach of statutory duty*

Sind die Prüfungs- und Überwachungspflichten der Zertifizierungsgesellschaften gesetzlich geregelt, könnten Dritte möglicherweise Ansprüche aus *breach of statutory duty* geltend machen. Dieser spezielle *tort* verlangt – ähnlich wie § 823 Abs. 2 BGB – die Verletzung eines Gesetzes, das den zivilrechtlichen Schutz des Anspruchsinhabers bezweckt.[1294] Erforderlich ist, dass der Gesetzgeber die Intention hatte, die durch das Gesetz geschützten Individuen mit einer privatrechtlichen Klage auszustatten.[1295] Der *tort* wurde insbesondere bei Personenschäden zur Anwendung gebracht, etwa bei der Verletzung von Arbeitsschutzvorschriften.[1296] Insofern käme der Anspruch prinzipiell auch bei obligatorischen Sicherheitszertifizierungen in Betracht, die gerade auf den Schutz bestimmter Personengruppen (Arbeiter, Verbrau-

1293 Vgl. *Ferrari*, JETL 2010, 266 (275).

1294 *Brüggemeier*, Haftungsrecht, S. 543; vgl. aus rechtsvergleichender Perspektive auch *von Bar*, Common European Law of Torts, Vol. 1, Rn. 302 ff.

1295 *Buckley*, in Clerk/Lindsell, Rn. 8-02.

1296 Vgl. die Nachweise bei *Buckley*, in Clerk/Lindsell, Rn. 8-17.

cher, Patienten) abzielen. Soweit ersichtlich wurde der *tort* in der Rechtsprechung auf mit der Zertifizierung vergleichbare Fälle der Berufshaftung noch nicht zur Anwendung gebracht.[1297] Der *threefold test* scheint besser geeignet, um den Besonderheiten der für die Zertifizierungsfälle typischen Mehr-Personen-Verhältnisse gerecht zu werden. Auch lässt er es aufgrund seiner flexiblen Voraussetzungen ohne Weiteres zu, *policy*-Gründe sowie das gesetzliche Regelungsumfeld bei der Abwägung zu berücksichtigen. Im Übrigen sprechen wohl die hohen Anforderungen an die gesetzgeberische Intention gegen die Annahme eines entsprechenden Anspruchs, insbesondere wenn es um den Ersatz reiner Vermögensschäden geht. Eine anspruchsberechtigte, hinreichend konkretisierte Personengruppe könne regelmäßig nicht identifiziert werden, da die gesetzlich verankerten Pflichten gegenüber der Allgemeinheit bestehen sollen.[1298] Die erfolgreiche Geltendmachung von Ansprüchen wegen *breach of statutory duty* ist vor diesem Hintergrund unwahrscheinlich.

4. Sonstige Haftungsmodalitäten

Der deliktische Anspruch verjährt ferner grundsätzlich nach sechs, im Falle von *personal injuries* nach drei Jahren.[1299] Im Rahmen der deliktischen Haftung wird das Verschuldenselement nicht gesondert geprüft. Der maßgebliche Verhaltensmaßstab wird beim allgemeinen *tort of negligence* im Rahmen der *duty of care* konkretisiert.[1300] Die beiden Ebenen werden also im Vertragsrecht zusammengefasst. Besteht eine *duty of care* der Zertifizierungsgesellschaft gegenüber Dritten unter dem *tort of negligence*, wird die Haftung im Einzelfall noch dadurch erschwert, dass der Dritte die Beweislast trägt.[1301] Es muss ihm also gelingen, eine Verletzung der *duty of care* und deren Ursächlichkeit für die eingetretenen Schäden nachzuweisen. Neben der Kausalität im Sinne der *conditio sine qua non*-Formel kennt das englische Recht auch normative Zurechnungskriterien. Dem Schädiger werden nur solche Schäden zugerechnet, die *reasonably foreseeable* waren.[1302] Dabei wird im Falle von Personenverletzungen ein großzügigerer Maßstab zugrunde gelegt als bei reinen Vermögensschäden.[1303] Schließlich darf die

1297 Vgl. nur die Entscheidung *AG v Carter* [2003] 2 NZLR 160 des neuseeländischen Court of Appeal zur Haftung von Schiffsklassifikationsgesellschaften wegen *breach of statutory duty*.

1298 Vgl. *Ferrari*, JETL 2010, 266 (284).

1299 S. 2 und 11 des Limitation Act 1980, vgl. zur Verjährung im englischen Recht bereits Kap. 5 A. I. 3.

1300 *Oliphant/Wilcox*, in Martin-Casals, Borderlines of Tort Law, S. 84.

1301 Allgemein zur Beweislast *Jones*, in Clerk/Lindsell, Rn. 7-201; vgl. auch *De Bruyne*, Third-Party Certifiers, Rn. 240.

1302 *Oliphant/Wilcox*, in Martin-Casals, Borderlines of Tort Law, S. 89 ff.

1303 *Oliphant/Wilcox*, in Martin-Casals, Borderlines of Tort Law, S. 89.

Schadensursache auch nicht zu fernliegend (*too remote*) sein, wodurch sich im Einzelfall ein Ausschluss der Haftung für reine Vermögensschäden ergeben kann.[1304]

Fraglich ist, inwiefern Zertifizierungsgesellschaften ihre Haftung gegenüber Dritten ausschließen können. In *Smith v. Eric S. Bush* entschied das House of Lords über die Zulässigkeit eines *disclaimers*, mit dem ein Immobiliengutachter seine Haftung gegenüber der Käuferin des begutachteten Wohnhauses (i. E. erfolglos) ausgeschlossen hatte.[1305] Zertifikate enthalten i. d. R. keine derartigen Haftungsausschlüsse. Allerdings wird in ihnen teilweise darauf hingewiesen, dass das Zertifikat den allgemeinen Zertifizierungsregularien der jeweiligen Prüfgesellschaft unterliegt.[1306] Werden in diesen Regularien auch die Rechte Dritter behandelt, müssen sich diese Klauseln an den Vorgaben aus *Smith v. Eric S. Bush* messen lassen. Das House of Lords unterwarf den *disclaimer* dem *reasonableness test* gem. s. 11 des Unfair Contract Terms Act 1977.[1307] Zu berücksichtigen sei dabei u. a., inwiefern von dem Käufer zu erwarten gewesen wäre, ein eigenes Gutachten in Auftrag zu geben, ferner die Komplexität der Prüfungstätigkeit, die Höhe des Preises für die Immobilie sowie die Versicherbarkeit des Haftungsrisikos durch den Gutachter.[1308] Die Abwägung dieser Kriterien hängt stark vom Einzelfall und dem jeweiligen Zertifizierungssystem ab. Generell gilt aber, dass es in den Zertifizierungsfällen für Dritte schwierig oder unmöglich ist, eigenständige Konformitätsprüfungen durchzuführen. Auch ist zu berücksichtigen, dass für Zertifizierungen anders als für Wertgutachten über Immobilien ein objektiver Prüfungsmaßstab existiert. Der geringere Grad an Subjektivität soll gerade ein gesteigertes Vertrauen in das Zertifikat ermöglichen. Haftungsausschlüsse dürften vor diesem Hintergrund den *reasonableness test* regelmäßig nicht bestehen.

5. Fazit zur Haftung gegenüber Dritten

Ausgehend von der strengen *privity of contract* existiert im *common law* für das Verhältnis zwischen professionellen Dienstleistern und vertragsfremden Dritten mittlerweile ein ausdifferenziertes Haftungsregime. Dieses wurde durch die Rechtsprechung unter dem *tort of negligence*, mithin also im außervertraglichen Bereich angesiedelt. Gleichwohl wurden in *Hedly Byrne*

1304 *Muirhead v Industrial Tank Specialties* [1986] Q. B. 507.

1305 *Smith v Eric S. Bush* [1990] 1 A. C. 831.

1306 Vgl. das Musterzertifikat über eine GS-Zertifizierung auf der Internetseite des TÜV Rheinland, https://www.tuv.com/germany/de/gs-zeichen-%E2%80%93-gepr%C3%BCfte-sicherheit.html (Stand: 24.5.2023).

1307 Vgl. zum UCTA bereits Kap. 5 A. I.4.

1308 *Smith v Eric S. Bush* [1990] 1 A. C. 831, 857 ff.; vgl. auch *Jones*, in Clerk/Lindsell Rn. 7-139 ff.

vertragsähnliche Haftungsvoraussetzungen aufgestellt, die in den Zertifizierungsfällen regelmäßig nicht erfüllt sein werden. Während der Fokus in *Hedley Byrne* zumindest vordergründig darauf gerichtet war, ob der fahrlässig Handelnde haften *will*, wird unter dem in *Caparo* entwickelten *threefold test* ein Perspektivwechsel vorgenommen. Entscheidend ist demnach vielmehr, ob der Handelnde haften *soll*. Dieser Ansatz ist grundsätzlich erfolgversprechender, um eine Dritthaftung der Zertifizierungsgesellschaften zu begründen.

Dennoch bestätigte sich die traditionelle Zurückhaltung des englischen Rechts im Bereich der *professional liability to third parties* auch in Bezug auf Zertifizierungsgesellschaften. Es konnten mehrere Faktoren identifiziert werden, die die Wahrscheinlichkeit für eine Haftung verringern. Dies sind insbesondere die Geltendmachung reiner Vermögensschäden, die freie Zirkulation des Zertifizierungsgegenstandes, die zahlenmäßig unüberschaubare Verwendung des Zertifikats, ein hoher Grad an Restverantwortung des Zertifikatinhabers, die Möglichkeit des Dritten Ansprüche gegen seinen Vertragspartner geltend zu machen sowie ggf. auftretende Wertungswidersprüche im Gesamtzusammenhang des Zertifizierungssystems. Umgekehrt sprechen für die Annahme einer *duty of care* die Verletzung des Eigentums oder der Gesundheit des Dritten, ein persönlicher Kontakt zwischen den Parteien, die Kenntnis der Zertifizierungsgesellschaft um die zweckgemäße Verwendung des Zertifikats in einer überschaubaren Anzahl von Fällen, ein gesetzlich bezweckter Drittschutz sowie generell Mechanismen, die das Haftungsrisiko eingrenzen und die Versicherbarkeit der Schäden ermöglichen. Die Erfolgsaussichten einer Klage variieren demzufolge je nach Zertifizierungssystem und den konkreten Umständen des Einzelfalls.

B. Französisches Recht

Das französische ist wie das deutsche Zivilrecht kodifiziertes Recht, dessen wichtigste Rechtsquelle der Code Civil (CC) von 1804 darstellt. Im Bereich des Vertragsrechts kam es 2016 zu einer umfassenden Reform, die den Code Civil an die mittlerweile veränderte Rechtswirklichkeit, die durch den über 200 Jahre alten Gesetzestext nicht mehr wiedergegeben wurde,[1309] anpassen sollte.[1310]

1309 *Rowan*, Int'l & Comp. L. Q. 2017, 805 (807 f.).

1310 Vgl. *ordonnance* Nr. 2016-131 vom 10.2.2016, in Kraft seit dem 1.10.2016; großen Einfluss auf die Reform hatten die wissenschaftlichen Vorentwürfe unter der Leitung von *Catala*, Avant-projet de réforme du droit des obligations et de la prescription; und *Terré*, Pour une réforme du droit des contrats; vgl. zur Reform insbes. die Beiträge in *Bien/Borghetti*, Die Reform des französischen Vertragsrechts; monographisch *Cauvin*, Das Leistungsstörungsrecht des französischen Code civil nach der Vertrags-

I. Die Haftung gegenüber dem Vertragspartner

Eine Haftung der Zertifizierungsgesellschaften gegenüber ihren Vertragspartnern kommt bei nicht ordnungsgemäßer Erfüllung des vertraglich zugesicherten Leistungsprogramms in Betracht. Zu beachten ist, dass anders als im deutschen und englischen Recht im Falle der Vertragshaftung die kumulative Geltendmachung deliktischer Ansprüche prinzipiell ausgeschlossen ist (Grundsatz des *non-cumul*).[1311] Aus diesem Grund liegt der Fokus im Folgenden auf der vertraglichen Haftung.[1312]

1. Vertragliche Haftung

Die Haftung professioneller Dienstleister für die Verletzung vertraglicher Pflichten gegenüber ihren Kunden richtet sich nach dem allgemeinen Vertragsrecht. Es gibt keine spezielleren Haftungsregeln wie etwa im *common law* für die *professional liability*.[1313] Die Verträge über die Herstellung geistiger Werke, zu denen auch Zertifikate gehören, werden im französischen Recht als Werkverträge (*contrat d'entreprise* bzw. *louage d'industrie*) qualifiziert.[1314] Beim Werkvertrag handelt es sich um einen sog. *contrat nommés*, der ausdrücklich, allerdings nur lückenhaft, im Code Civil geregelt wurde (vgl. Art. 1710, 1779 ff. CC).[1315] Im Übrigen gelten die allgemeinen schuldrechtlichen Vorschriften. Erforderlich ist zunächst, dass der Zertifizie-

---

rechtsreform 2016; vgl. auch die Kommentierung bei *Chantepie/Latina*, Le nouveau droit des obligations; im Überblick *Neumann/Berg*, Einführung in das französische Recht, Rn. 141 ff. *Klein*, RIW 2016, 328; *Rowan*, Int'l & Comp. L. Q. 2017, 805.

1311 Vgl. Kap. 5 B. I.2.

1312 Im März 2017 wurde ein weiterer Reformvorschlag des Justizministeriums veröffentlicht, abrufbar unter http://www.justice.gouv.fr/publication/Projet_de_reforme_de_la_responsabilite_civile_13032017.pdf (Stand: 24.5.2023), vgl. zum Vorentwurf *Zwickel*, RIW 2017, 104. Die Reform betrifft das vertragliche und außervertragliche Haftungsrecht, das erstmals in einem eigenen Abschnitt des Code Civil über die *responabilité civile* zusammengefasst werden soll. Auch die Art. 1231 ff. CC sollen dann in abgewandelter Form in diesem Abschnitt neu geregelt werden (vgl. Art. 1250 ff. CC des Reformvorschlags). Nachdem das Projekt zunächst nicht weiterverfolgt wurde, legte der *Sénat* am 29.7.2020 einen leicht abgewandelten Gegenentwurf vor, vgl. *Sénat* Nr. 678 (2019–2020), abrufbar unter https://www.senat.fr/leg/ppl19-678.html (Stand: 24.5.2023).

1313 Vgl. *Borghetti*, in Martin-Casals, Borderlines of Tort Law, S. 136, 160, spezielle Regelungen sind indes z. B. im Bereich der Arzthaftung zu beachten; hingegen plädiert *Serlooten*, in: Mélanges offerts à Pierre Hébraud, S. 805 zugunsten einer eigenständigen Berufshaftung, die unabhängig ist vom Vorliegen eines Vertrages.

1314 *Ferid/Sonnenberger*, Das französische Zivilrecht, Bd. 2, Rn. 2 K 102; Sonnenberger, in *Sonnenberger/Classen*, Einführung in das französische Recht, S. 198.

1315 Es gibt auch in Frankreich keinen Numerus clausus der Schuldverträge. Der Grundsatz der Vertragsfreiheit ist nunmehr in Art. 1102 CC festgehalten. Nach Art. 105 CC gelten die Regelungen des allgemeinen Schuldrechts auch für nicht kodifizierte

rungsvertrag wirksam zustande gekommen ist.[1316] Zentrale Voraussetzung der schuldrechtlichen Rechtsbehelfe gem. Art. 1217 ff. CC ist sodann die Nichterfüllung des Vertrages (*inéxecution du contrat)*. Darunter fallen neben der Nicht- und Schlechtleistung auch die Fälle der verspäteten oder teilweisen Leistung, mithin also sämtliche Abweichungen vom vertraglichen Leistungsprogramm.[1317] Der Gläubiger kann gem. Art. 1221 CC weiterhin die Naturalerfüllung des Vertrages verlangen oder gem. Art. 1222 CC nach erfolgloser Mahnung die Leistung selbst oder durch Dritte vornehmen lassen.[1318] Ein mit § 637 Abs. 3 BGB vergleichbarer Anspruch auf Vorschuss ist nicht vorgesehen.

Die weiteren Rechtsbehelfe sind in Art. 1217 CC aufgelistet und in den Folgevorschriften näher geregelt. Der Gläubiger kann die Einrede des nichterfüllten Vertrages geltend machen, die vertragsbrüchige Partei durch Zwangsvollstreckung zur Erfüllung bringen (*exécution forcée*), den Preis mindern (*réduction du prix*), den Vertrag aufheben (*résolution du contrat*) oder Schadensersatz verlangen (*dommages et intérêts*). Die Rechtsbehelfe können kumuliert werden, sofern sie kompatibel sind, wobei Schadensersatz (vgl. Art. 1231 ff. CC) immer neben den anderen Sanktionen geltend gemacht werden kann.[1319]

Die Geltendmachung von Schadensersatz setzt gem. Art. 1231 CC voraus, dass der Zertifizierungsgesellschaft zuvor erfolglos eine Frist zur Erfüllung des Vertrages gesetzt wurde, es sei denn die Nichterfüllung ist endgültig. Das Fristsetzungserfordernis gilt auch für die Minderung gem. Art. 1223 CC, an der die Vertragspartner aber regelmäßig kein Interesse haben werden. Im Falle einer mangelhaften Zertifizierung werden sie neben der Geltendmachung von Schadensersatz eher eine Auflösung des Vertrages anstreben. Dafür ist nach Art. 1224 CC eine *inexécution suffisamment grave* erforderlich.[1320] Ferner verlangt Art. 1226 Abs. 2 CC für die Vertragsauflösung die

---

Vertragstypen (*contrat innommés*), vgl. hierzu *Neumann/Berg*, Einführung in das französische Recht, Rn. 164 ff.

1316 Der Werkvertrag ist ein Konsensualvertrag (*contrat consensuel*) i. S. v. Art. 1109 Abs. 1 CC, der durch zwei übereinstimmende Willenserklärungen zustande kommt, ohne dass hierfür eine bestimmte Form vorgeschrieben wäre. Regelungen zum Vertragsschluss finden sich nunmehr in den Art. 1112 CC ff; vgl. zur Abschaffung des Merkmals der *cause Casas*, ZEuP 2017, 68.

1317 *Cauvin*, Das Leistungsstörungsrecht des französischen Code civil nach der Vertragsrechtsreform 2016, S. 218.

1318 Der Gläubiger hat insofern ein Wahlrecht, *Cauvin*, Das Leistungsstörungsrecht des französischen Code civil nach der Vertragsrechtsreform 2016, S. 235.

1319 *Dubarry*, in: Bien/Borghetti, Die Reform des französischen Vertragsrechts, S. 165 (168); *Sonnenberger*, ZEuP 2017, 6 (54).

1320 Eingehend zu diesem Begriff *Cauvin*, Das Leistungsstörungsrecht des französischen Code civil nach der Vertragsrechtsreform 2016, S. 223 ff.

Setzung einer angemessenen Frist sowie eine Mahnung mit Hinweis auf die Kündigungsabsicht. Die relativ strengen Anforderungen sind dadurch zu erklären, dass das französische Recht bei der Gewährung einseitiger Gestaltungsrechte traditionell sehr zurückhaltend war.[1321] Zu berücksichtigen ist, dass die Vertragsauflösung grundsätzlich mit Wirkung für die Zukunft erfolgt, bereits ausgetauschte Leistungen müssen nach Art. 1229 Abs. 3 CC nur zurückgegeben werden, wenn sie ohne die vollständige Erfüllung des Vertrages nutzlos sind.[1322]

Fraglich ist, ob die Vertragshaftung nach geltendem französischem Recht ein Verschulden der vertragsbrüchigen Partei voraussetzt und wenn ja, wer diesbezüglich die Beweislast trägt. Vor der Reform von 2016 wurde diskutiert, ob die bloße Nichterfüllung des Vertrages tatbestandlich ausreicht, um einen vertraglichen Schadensersatzanspruch zu begründen. Hintergrund ist der Streit, ob der vertragliche Schadensersatzanspruch überhaupt als „Haftung" zu qualifizieren ist oder vielmehr eine äquivalente Form der Vertragserfüllung darstellt.[1323] Problematisch ist daher, in welchem Verhältnis die *inéxecution* zu dem Merkmal der sog. *„faute contractuelle"* steht. Inhalt und Wesen der *faute* sind nach wie vor nicht hinreichend geklärt.[1324] Aus Sicht des deutschen Rechts umfasst die *faute* nach überzeugender Auffassung sowohl ein objektives Unwerturteil über die Nichterfüllung des Vertrages als auch ein subjektives Schuldelement, das mit dem Merkmal des Vertretenmüssens vergleichbar ist.[1325] Hinsichtlich der *faute* und deren Nachweises differenzierte die herrschende Meinung zwischen Handlungspflichten (*obligation*

1321 Vgl. *Cauvin*, Das Leistungsstörungsrecht des französischen Code civil nach der Vertragsrechtsreform 2016, S. 245; zur neuen Rolle von Richter und Parteien m. w. N. *Remien*, in: Bien/Borghetti, Die Reform des französischen Vertragsrechts, S. 181 (184 f.).

1322 Vgl. zu dieser Neuerung im Vergleich zum allten Recht *Dubarry*, in: Bien/Borghetti, Die Reform des französischen Vertragsrechts, S. 165 (178).

1323 Vgl. zur *responsabilité contractuelle* als *„faux concept"* insbes. *Rémy*, RTDCiv 1997, 223; zum Ganzen m. w. N. *Brieskorn*, Vertragshaftung und responsabilité contractuelle, S. 16 ff.

1324 Einige Bekanntheit erlangte die Definition von *Planiol*: *„La faute est un manquement à une obligation préexistante."*, vgl. *Planiol*, Revue critique de législation et de la jurisprudence 1905, 277 (283 ff.); vgl. zum Begriff m. w. N. *Brieskorn*, Vertragshaftung und responsabilité contractuelle, S. 128 f.; *Cauvin*, Das Leistungsstörungsrecht des französischen Code civil nach der Vertragsrechtsreform 2016, S. 80 f.; *Ferid/Sonnenberger*, Das französische Zivilrecht, Bd. 2, Rn. 2 O 102 ff.

1325 *Brieskorn*, Vertragshaftung und responsabilité contractuelle, S. 128 f.; *Fages*, in: Bien/Borghetti, Die Reform des französischen Vertragsrechts, S. 13 (23) spricht im vorvertraglichen Kontext von „Verschulden"; *Sonnenberger*, ZEuP 2017, 6 (24) übersetzt den Begriff mit „Pflichtwidrigkeit".

de moyens) und Erfolgspflichten (*obligation de résultat*).[1326] Die Haftung für die Verletzung einer Handlungspflicht setzte voraus, dass der Gläubiger nachweisen konnte, dass der Schuldner die erforderlichen Sorgfaltsanstrengungen einer vernünftigen Person in vergleichbarer Situation nicht eingehalten hat und hierdurch der Vertrag nicht erfüllt wurde (vgl. Art. 1137 CC a. F.).[1327] Wurde hingegen ein konkreter Erfolg geschuldet, wird im Falle von dessen Ausbleiben, die Nichterfüllung einschließlich der *faute* vermutet (vgl. Art. 1147 CC a. F.).[1328] Der Schuldner konnte sich nur noch durch den Nachweis einer von außen kommenden, unvorhersehbaren und unvermeidbaren Störung entlasten (*force majeure*), weshalb die Haftung für die Verletzung von Erfolgspflichten i. E. verschuldensunabhängig war.[1329]

Die neuen Vorschriften zur *inéxecution du contrat* (Art. 1217 f. CC) sowie diejenigen zur Vertragshaftung (Art. 1231 ff. CC) verzichten auf das Merkmal der *faute contractuelle*. Lediglich auf der Ebene des Schadensrechts wird die Ersatzfähigkeit unvorhersehbarer Schäden gem. Art. 1231-3 CC vom Vorliegen grober Fahrlässigkeit oder Vorsatz abhängig gemacht (*faute lourde ou dolosive*). Auch die in der Rechtsprechung anerkannte Differenzierung zwischen Handlungs- und Erfolgspflichten wurde nicht kodifiziert. Dies legt nahe, dass sie in ihrer bisherigen Form aufgegeben werden soll.[1330] Die neu geregelte Haftung für die Nichterfüllung des Vertrages ist Art. 1147 CC a. F. nachempfunden und damit *prima facie* verschuldensunabhängig.[1331] Die Beweislast hinsichtlich des Vorliegens einer *inéxecution* liegt beim Anspruchssteller, Art. 9 Code de procédure de civile. Allerdings muss beachtet werden, dass die Unterscheidung von *obligation de moyens* und *obligation de résultat* bei der Frage, ob tatbestandlich überhaupt eine Nichterfüllung vorliegt, weiterhin relevant ist.[1332] Eine *inéxecution* kann nur festgestellt werden, wenn Klarheit darüber besteht, ob der Schuldner nach

---

1326 Die Unterscheidung geht zurück auf *Demogue*, Traité des obligations en général – Band V, Rn. 1237.

1327 *Alessi*, ERPL, 657 (660); *Brieskorn*, Vertragshaftung und responsabilité contractuelle, S. 140; *Kötz*, Europäisches Vertragsrecht, S. 364 f.; *Terré u. a.*, Les obligations, Rn. 848.

1328 *Brieskorn*, Vertragshaftung und responsabilité contractuelle, S. 140 f.; *Kötz*, Europäisches Vertragsrecht, S. 365; *Terré u. a.*, Les obligations, Rn. 849; *Zweigert/Kötz*, Einführung in die Rechtsvergleichung, S. 499 f.

1329 *Brieskorn*, Vertragshaftung und responsabilité contractuelle, S. 141.

1330 *Terré u. a.*, Les obligations, Rn. 858; anders *Chantepie/Latina*, Le nouveau droit des obligations, die wegen Art. 1197 CC n. F. von einer Fortsetzung der bisherigen Unterscheidung ausgehen.

1331 *Borghetti*, in Martin-Casals, Borderlines of Tort Law, S. 138; *Cauvin*, Das Leistungsstörungsrecht des französischen Code civil nach der Vertragsrechtsreform 2016, S. 221.

1332 *Borghetti*, in Martin-Casals, Borderlines of Tort Law, S. 139; *Cauvin*, Das Leistungsstörungsrecht des französischen Code civil nach der Vertragsrechtsreform 2016,

dem Vertrag den Eintritt eines Erfolges oder die sorgfältige Ausübung einer Tätigkeit geschuldet hat. Ähnlich wie im *common law* kommt der im Einzelfall maßgebliche Verhaltensmaßstab auf der Ebene der Pflichtverletzung (hier: Nichterfüllung bzw. *inéxecution*) zum Tragen.[1333] Wenn nun aber der Gläubiger nachweisen muss, dass die vertragsbrüchige Partei nicht mit der erforderlichen Sorgfalt gehandelt hat, um die Nichterfüllung einer Handlungspflicht (*obligation de moyens*) darzulegen,[1334] kommt dies bei Lichte betrachtet einer Haftung für Verschulden sehr nahe.[1335] Legt man dieses Verständnis der *inéxecution* zu Grunde, ergeben sich letztlich keine Neuerungen im Vergleich zum Schadensersatzrecht vor der Reform.[1336]

Die demzufolge weiterhin relevante Abgrenzung der *obligation de moyens* und *obligation de résultat* erfolgt im Wege der Auslegung des Vertrages.[1337] Im Falle der Zertifizierung handelt es sich bei den Prüfungs- und Überwachungspflichten um o*bligations des moyens*, während die Pflicht zur Ausstellung, Verweigerung oder Zurückziehung eines Zertifikats als *obligation de résultat* zu qualifizieren ist.[1338] Dies entspricht auch der Unterteilung, wie sie im englischen Recht zur Bestimmung des Verschuldensmaßstabs vorgenommen wurde und führt hier wie dort zu interessengerechten Ergebnissen.[1339] Festzuhalten ist also, dass eine haftungsbegründende *inéxecution* vorliegt, wenn die Zertifizierungsgesellschaft die Entscheidung über die Ausstellung des Zertifikats nicht oder verspätet erbracht hat. Eine inhaltliche falsche Zertifizierungsentscheidung stellt hingegen nur dann eine *inéxecution* dar, wenn die Zertifizierungsgesellschaft oder ihre Subunternehmer[1340] bei der Konformitätsprüfung bzw. -überwachung nicht mit der erforderlichen Sorgfalt gehandelt haben, was der Anspruchsteller darlegen

---

S. 221; vgl. hingegen *Zwickel*, RIW 2017, 104 (105), nach dem die Differenzierung nunmehr irrelevant sei.

1333 Vgl. zum englischen Recht Kap. 5 A. I. 1.

1334 *Chantepie/Latina*, Le nouveau droit des obligations, Rn. 678.

1335 Vgl. *Borghetti*, in Martin-Casals, Borderlines of Tort Law, S. 139.

1336 Vgl. *Chantepie/Latina*, Le nouveau droit des obligations, Rn. 678; ohne nähere Begründung *Dubarry*, in: Bien/Borghetti, Die Reform des französischen Vertragsrechts, S. 165 (178 f.); *Sonnenberger*, ZEuP 2017, 6 (60).

1337 Vgl. *Terré u. a.*, Les obligations, Rn. 852; *Zweigert/Kötz*, Einführung in die Rechtsvergleichung, S. 500.

1338 Vgl. bereits *De Bruyne*, Third-Party Certifiers, Rn. 103, ferner Rn. 35 zur allgemeinen Abgrenzung mit Nachweisen zum belgischen und (unreformierten) französischen Recht; vgl. auch *Ferid/Sonnenberger*, Das französische Zivilrecht, Bd. 2, Rn. 2 K 132; zur Qualifikation der Prüfungen eines Gutachters als Handlungspflichten *Kötz*, Europäisches Vertragsrecht, S. 368 f.

1339 Vgl. Kap. 5 A. I. 1.

1340 Die Verantwortung des Schuldners für seine Subunternehmer entspricht der ständigen Rechtsprechung, vgl. bspw. Cass. Civ., Urt. v. 13.11.2008, No. 07-14.856, Bull. civ. 2008 I, Nr. 263; vor der Reform wurde bei der Zurechnung auf den deliktsrecht-

muss. Gem. Art. 1218 CC kann sich der Gläubiger nur im Falle von *force majeure* exkulpieren.[1341]

Schadensrechtlich ist der Vertragspartner so zu stellen, wie er bei ordnungsgemäßer Vertragserfüllung stehen würde.[1342] Die Nichterfüllung muss außer bei Vorsatz und grober Fahrlässigkeit zu einem direkten und bei Vertragsschluss vorgesehenen oder vorhersehbaren Schaden geführt haben, Art. 1231-3 CC. Ersetzt werden gem. Art. 1231-2 CC alle angefallenen Verluste, zu denen auch die frustrierten Aufwendungen zählen,[1343] sowie die entgangenen Gewinne. Kann der Vertragspartner nicht mit Gewissheit darlegen, dass ihm ein zu Unrecht verweigertes Zertifikat Gewinne beschert hätte, besteht nach französischem Recht die Möglichkeit, Ersatz für die verlorene Chance auf Gewinnerzielung (*perte d'une chance*) zu erlangen.[1344] Ferner können die Mehrkosten eines ungünstigen Deckungsgeschäfts schadensrechtlich geltend gemacht werden.[1345] Insgesamt kann also bei Anwendung französischen Rechts eine weitreichende vertragliche Haftung der Zertifizierungsgesellschaften gegenüber ihren Kunden festgestellt werden.

2. Deliktische Haftung

Nach dem für das französische Recht charakteristischen Grundsatz des *non-cumul* ist der Rückgriff auf das Deliktsrecht prinzipiell ausgeschlossen, wenn zwischen den Parteien eine Sonderverbindung in Form eines wirksamen Vertrages existiert.[1346] Der Schuldner kann sich demnach nicht auf ggf. günstigere deliktische Anspruchsgrundlagen berufen, wenn der Gläu-

lichen Art. 1384 CC a. F. abgestellt (jetzt Art. 1242 CC), vgl. Sonnenberger, in *Sonnenberger/Classen*, Einführung in das französische Recht, S. 195.

1341 Sie wird in Art. 1218 CC nunmehr wie folgt definiert: „*Il y a force majeure en matière contractuelle lorsqu'un événement échappant au contrôle du débiteur, qui nepouvait être raisonnablement prévu lors de la conclusion du contrat et dont les effets ne peuvent être évités pardes mesures appropriées, empêche l'exécution de son obligation par le débiteur. (...)* "; eingehend zur Entschuldigung wegen *force majeure* vor und nach der Reform *Cauvin*, Das Leistungsstörungsrecht des französischen Code civil nach der Vertragsrechtsreform 2016, S. 251 ff.

1342 *Cauvin*, Das Leistungsstörungsrecht des französischen Code civil nach der Vertragsrechtsreform 2016, S. 249.

1343 In diesem Sinne noch zum alten Recht *Brieskorn*, Vertragshaftung und responsabilité contractuelle, S. 317.

1344 *Kötz*, Europäisches Vertragsrecht, S. 393 f.; vgl. hierzu auch *Kadner Graziano*, ZEuP 2011, 171.

1345 *Brieskorn*, Vertragshaftung und responsabilité contractuelle, S. 330.

1346 *Borghetti*, in Martin-Casals, Borderlines of Tort Law, S. 156 ff.; *Terré u. a.*, Les obligations, Rn. 897; *von Bar*, Common European Law of Torts, Vol. 1, Rn. 431 ff.; *Wagner*, in MüKo BGB, Vor § 823 Rn. 82.

biger die Vertragsleistung nicht oder schlecht erfüllt hat.[1347] Laut dem 2017 vorgelegten Entwurf über die Reform des vertraglichen und außervertraglichen Haftungsrechts könnte der *non-cumul*-Grundsatz nun auch erstmals im Code civil verankert werden.[1348] Durch das Kumulationsverbot soll die vertragliche Risikoordnung, die bei einem Rückgriff auf die großzügigen deliktsrechtlichen Haftungstatbestände umgangen werden könnte, respektiert werden.[1349] Die Weite des französischen Deliktsrechts ergibt sich insbesondere aus der deliktischen Generalklausel (heute Art. 1240, 1241 CC, früher Art. 1382, 1383 CC a. F.), unter die man theoretisch auch jede Vertragsverletzung subsumieren könnte.[1350]

Der Rückgriff auf Art. 1240, 1241 CC ist indes trotz bestehenden Vertrages zwischen den Parteien nicht in jedem Fall versperrt. Vielmehr muss bei jeder Pflichtverletzung entschieden werden, ob diese dem vertraglichen oder außervertraglichen Regime zuzuordnen ist. Problematisch ist die Abgrenzung z. B. im Hinblick auf Integritätsschutzpflichten (*obligation de sécurité*). Ergeben sich diese entweder als *obligation de résultat* oder *obligation de moyens* aus der Auslegung des Vertrages (vgl. Art. 1194 CC bzw. Art. 1134 CC a. F.), ist die vertragliche Haftung einschlägig, wurden die Schutzpflichten hingegen gesetzlich geregelt, richtet sich die Haftung nach dem Deliktsrecht.[1351] Domäne des Deliktsrechts sind ferner die Fälle, die im deutschen Recht über die Figur der *culpa in contrahendo*, also in Ausweitung des Vertragsrechts, gelöst werden.[1352] Das Kumulationsverbot kommt hinsichtlich der Pflichtverletzungen im vorvertraglichen Stadium schon mangels Vertrages nicht zur Anwendung.

Festzuhalten bleibt, dass die Vertragspartner der Zertifizierungsgesellschaften bei Anwendung französischen Rechts im Falle von Leistungsstörungen nicht zwischen vertraglichen und außervertraglichen Anspruchsgrundlagen wählen können. Nach englischem Recht kann die Klage hingegen auch auf den *tort of negligence* gestützt werden. Im deutschen Recht überwiegt das

---

1347 *Borghetti*, in Martin-Casals, Borderlines of Tort Law, S. 156; *Ferid/Sonnenberger*, Das französische Zivilrecht, Bd. 2, Rn. 2 O 47.

1348 Vgl. Art. 1233 *Projet de réforme de la responsabilité Civile* v. 13.3.2017, abrufbar unter http://www.justice.gouv.fr/publication/Projet_de_reforme_de_la_responsabilite_civile_13032017.pdf (Stand 24.5.2023).

1349 *Brieskorn*, Vertragshaftung und responsabilité contractuelle, S. 218 ff.; *von Bar*, Common European Law of Torts, Vol. 1, Rn. 431 ff.; *Wagner*, in MüKo BGB, Vor § 823 Rn. 82, Fn. 268.

1350 *Brieskorn*, Vertragshaftung und responsabilité contractuelle, S. 218.

1351 Vgl. *Brieskorn*, Vertragshaftung und responsabilité contractuelle, S. 60 f., 220; *Cauvin*, Das Leistungsstörungsrecht des französischen Code civil nach der Vertragsrechtsreform 2016, S. 152 f.

1352 Vgl. jeweils m. w. N. *Lorenz*, ZEuP 1994, 218 (219 f.); *Mankowski*, IPRax 2003, 127 (132); *von Hein*, GPR 2007, 54 (56).

vertragliche Haftungsregime. Ein Rückgriff auf deliktische Ansprüche ist möglich, wenn die Leistungspflichtverletzung die Verletzung eines der in § 823 Abs. 1 BGB geschützten Rechtsgüter zur Folge hat, ein Schutzgesetz i. S. v. § 823 Abs. 2 BGB verletzt wurde oder ein Verstoß gegen die guten Sitten vorliegt (§ 826 BGB).

3. Verjährung

Das Verjährungsrecht wurde per Gesetz vom 17.6.2008 reformiert und findet sich jetzt in den Art. 2219 ff. CC.[1353] Die Verjährung führt zum Erlöschen der Schuld (*prescription extinctive*) und muss vom Schuldner geltend gemacht werden.[1354] Es gelten grundsätzlich dieselben Fristen für die vertragliche und deliktische Haftung. Die Regelfrist beträgt fünf Jahre (Art. 2224 CC) und beginnt an dem Tag, an dem der Inhaber des Rechts Kenntnis von den anspruchsbegründenden Tatsachen erlangt hat oder hätte erlangen müssen. Im Falle von Körperverletzungen gilt eine Frist von zehn Jahren (Art. 2226 CC). Vertragliche Abweichungen sind außer bei Verbraucherverträgen möglich, sofern die vereinbarte Frist nicht weniger als ein Jahr oder mehr als zehn Jahre beträgt (Art. 2254 CC).

4. Zulässigkeit von Haftungsbeschränkungen

Die Vertragsfreiheit (vgl. Art. 1102 CC) erlaubt es den Parteien ihre vertragliche Haftung im Vorfeld einzuschränken. Die Grenze der Gestaltungsfreiheit ist jedenfalls erreicht, wenn die Parteien die Haftung für vorsätzliches oder grob fahrlässiges Verhalten (*faute lourde*) ausschließen, da dies mit dem Grundsatz von Treu und Glauben (Art. 1104 CC) nicht vereinbar ist.[1355]

Während nach deutschem Recht die Klauselverbote der §§ 308, 309 BGB auch im unternehmerischen Rechtsverkehr über das Vehikel der indiziellen Wirkung weitgehende Berücksichtigung finden,[1356] werden die verbraucherschützenden Vorschriften (vgl. Art. L 212-1 ff. Code de la Consommation, früher Art. L 132-1 ff. a. F.) nach französischem Recht nicht auf Unternehmerverträge übertragen.[1357] Für Verträge zwischen Unternehmern bestimmt

1353 Vgl. Loi n° 2008-561 du 17 juin 2008 portant réforme de la prescription en matière civile; eingehend zum neuen Verjährungsrecht *Terré u. a.*, Les obligations, Rn. 1764 ff.

1354 *Neumann/Berg*, Einführung in das französische Recht, S. 78.

1355 *Borghetti*, in Martin-Casals, Borderlines of Tort Law, S. 154; *Leuschner*, ZEuP 2017, 335 (349 f.).

1356 Kap. 4 A.IV.

1357 So noch zu Art. L 132-1 ff Code de la Consommation a. F. *Leuschner*, ZEuP 2017, 335 (345); *Müller/Schilling*, BB 2012, 2319 (2319 f.); monographisch *Gräser*, Missbräuchliche Vertragsklauseln im unternehmerischen Geschäftsverkehr in Frankreich und Deutschland, S. 184 ff.

sich die Zulässigkeit von Haftungsbeschränkungen nach Art. 1170 und 1171 CC, die bei der Reform 2016 neu geschaffen wurden. Gem. Art. 1170 CC sind solche Klauseln unwirksam, die den wesentlichen Vertragspflichten (*obligation essentielle*) des Schuldners ihre Substanz berauben. Sie ist sowohl auf Klauseln in individuell ausgehandelten Verträgen als auch in allgemeinen Geschäftsbedingungen anwendbar[1358] und kodifiziert die zuvor entwickelten Grundsätze der Rechtsprechung.[1359] Eine Verpflichtung ist „essentiell", wenn der Vertrag ohne sie nicht bestehen oder einen gänzlich anderen Vertrag darstellen würde.[1360] Es kommt im Rahmen einer umfassenden Abwägung u. a. darauf an, ob eine Klausel ausgehandelt wurde und eine entsprechende preisliche Anpassung erfolgt ist.[1361] Es muss für den Schuldner trotz der Haftungsbeschränkung noch ein ausreichender Anreiz zur Leistungserbringung existieren.[1362]

Nach dem ebenfalls neu eingeführten Art. 1171 CC sind Klauseln unwirksam, die ein erhebliches Ungleichgewicht (*déséquilibre significatif*) zwischen den Rechten und Pflichten der Parteien hervorrufen.[1363] Die Norm ist in ihrem Anwendungsbereich auf sog. Beitrittsverträge (*contrat d'adhésion*) beschränkt. Art. 1110 Abs. 2 CC definiert den Beitrittsvertrag als Vertrag *„qui comporte un ensemble de clauses non négociables, déterminées à l'avancepar l'une des parties*." Auch die allgemeinen Geschäftsbedingungen von Zertifizierungsgesellschaften stehen regelmäßig nicht zur Disposition und dürften in diesem Fall in den Anwendungsbereich des Art. 1171 CC fallen. Die Qualifikation als *contrat d'adhésion* hat ferner zur Folge, dass im Zweifel die Auslegung zulasten des Verwenders geht, Art. 1190 CC.

Insgesamt bleiben den Zertifizierungsgesellschaften bei der Anwendung französischen Rechts aufgrund der flexibel handhabbaren Vorschriften einige Gestaltungsfreiheiten. Ein Blick auf die *Conditions Generals de Service* der größten französischen Zertifizierungsgesellschaft „Bureau Veritas" zeigt, dass diese Freiheiten in der Praxis auch in Anspruch genommen wer-

---

1358 *Sonnenberger*, ZEuP 2017, 6 (41).

1359 Vgl. insbesondere die auf Art. 1131 CC. a. F. gestützte sog. *Chronopost*-Rechtsprechung beginnend mit Cass. Com., Urt. v. 22.10.1996, No. 93-18.632, Bull. Civ. 1996 IV, No. 261 = D. 1997, 121 m. Anm. *Sériaux*; konkretisiert durch Cass. Com., Urt. v. 29.6.2010, No. 09-13.067, Bull Civ. 2010 IV, No. 115; vgl. hierzu *Niggemann/Jonglez de Ligne*, RIW 2011, 351 (353 f.); *Terré u. a.*, Les obligations, Rn. 884.

1360 *Chantepie/Latina*, Le nouveau droit des obligations, Rn. 437.

1361 *Niggemann/Jonglez de Ligne*, RIW 2011, 351 (355).

1362 *Leuschner*, ZEuP 2017, 335 (348).

1363 Eine vergleichbare Vorschrift existierte schon zuvor im Bereich des Handelsrechts, vgl. Art. L 442-1 Abs. 1 Nr. 2 Code de Commerce (Art. L 442-6 Abs. 1 Nr. 2 a. F.); Einzelheiten zu Art. 1171 CC bei *Chantepie/Latina*, Le nouveau droit des obligations, Rn. 440 ff.

den.[1364] So sieht Ziffer 8.2 etwa eine Haftungsbeschränkung auf das Fünffache der vereinbarten Vergütung vor. Starre Haftungshöchstsummen sind i. d. R. mit Art. 1170 CC vereinbar.[1365] Ziffer 8.1 schließt u. a. die Haftung für fahrlässig verursachte Folgeschäden, einschließlich entgangener Gewinne und zusätzlich entstandener Betriebs- und Produktionskosten aus. Selbst wenn dadurch die Haftungskonsequenzen für wesentliche Vertragspflichten, etwa die Pflicht zur sorgfältigen Konformitätsprüfung, deutlich beschränkt werden, kann noch nicht von einer „Aushöhlung" dieser Pflichten gesprochen werden. Wenngleich eine weitere Präzisierung der neu geschaffenen Vorschriften und insbesondere des Art. 1171 CC durch die Rechtsprechung abzuwarten ist, kann vermutet werden, dass auch nach der Reform von 2016 im unternehmerischen Rechtsverkehr weitreichende Freizeichnungen, von denen auch Zertifizierungsgesellschaften profitieren, zulässig bleiben.

5. Fazit zur Haftung gegenüber dem Vertragspartner

Durch die nach wie vor nicht abgeschlossenen Reformen zeigt sich der Code Civil in neuem und modernerem Gewand. Insbesondere das Vertragsrecht ist seit 2016 deutlich übersichtlicher geworden, wenngleich durch die Reform nicht sämtliche Unklarheiten gelöst wurden. Im Hinblick auf das hier interessierende Schadensersatzrecht verzichtet der Code Civil auf das schon zuvor umstrittene Merkmal der *faute contractuelle*. Aufgrund allgemeiner Beweislastregeln und der auf Pflichtverletzungsebene erforderlichen Differenzierung zwischen *obligation de moyens* und *obligation de résultat* haftet die Zertifizierungsgesellschaft für eine fehlerhafte Zertifizierungsentscheidung, sofern ihr Vertragspartner die Nichteinhaltung der erforderlichen und zu erwartenden Sorgfalt darlegt. Dies entspricht der Sache nach der alten Rechtslage und führt zu gleichen Haftungsvoraussetzungen wie bei Anwendung deutschen oder englischen Haftungsrechts. Der weitreichenden Haftung für Vertragsverletzungen stehen indes relativ großzügige Freizeichnungsmöglichkeiten gegenüber. Eine Besonderheit des französischen Rechts ist ferner der *non-cumul*-Grundsatz, nach dem die kumulierte Geltendmachung deliktischer Ansprüche ausgeschlossen ist, wenn zwischen den Parteien ein wirksamer Vertrag besteht. Da sich die Haftungsanforderungen des vertraglichen und deliktischen Regimes größtenteils decken und im Übrigen die gleichen Verjährungsfristen gelten, führt dies jedoch in den seltensten Fällen zu einem Nachteil der geschädigten Vertragsparteien.

1364 Abrufbar unter https://pro.bureauveritas.fr/media/document/CGS_BV-PRO-260115-1457960860-667.pdf (Stand: 24.5.2023).

1365 *Leuschner*, ZEuP 2017, 335 (350).

II. Die Haftung gegenüber Dritten

Die Haftung vertragsbrüchiger Parteien gegenüber Dritten ist ein seit Jahrzehnten umstrittener Themenkomplex des französischen Rechts, das in dieser Frage gemeinhin als besonders großzügig gilt. Ausgangspunkt der Überlegungen ist auch nach französischem Recht der Grundsatz der Relativität der Schuldverhältnisse zu dem sich Art. 1199 Abs. 1 CC (vgl. Art. 1165 CC a. F.) bekennt: „*Le contrat ne crée d'obligations qu'entre les parties.*" Ein eigenes Forderungsrecht steht Dritten nur zu, sofern die Vertragsparteien dies entsprechend vereinbart haben, Art. 1205 CC (*stipulation pour autrui*). Im Kontext der Dritthaftung von Zertifizierungsgesellschaften interessieren jedoch vor allem die willensunabhängigen Durchbrechungen des Relativitätsgrundsatzes, namentlich durch die Gewährung einer sog. *action directe* sowie insbesondere im Wege der deliktischen Haftung gem. Art. 1240, 1241 CC, die nach der Rechtsprechung der Cour de Cassation eine nahezu uneingeschränkte Haftung gegenüber vertragsfremden Dritten ermöglicht. Dieses auch im internationalen Vergleich einmalige Dritthaftungsregime hat einige Kritik nach sich gezogen und soll durch die geplante Reform des Haftungsrechts korrigiert werden.

1. Vertragliche Haftung aufgrund einer *action directe*

Unter dem Begriff der „*action directe*" werden im französischen Recht im Kontext von Mehrpersonenverhältnissen verschiedene Formen von Direktklagen zusammengefasst.[1366] Der Grundgedanke der *action directe* besteht darin, dem Gläubiger zu ermöglichen, sich wegen seines Anspruchs unmittelbar gegen den Schuldner des Schuldners zu wenden.[1367] Derartige Direktklagen sind zum Teil gesetzlich geregelt, so z. B. die Klage eines Geschädigten gegen den Versicherer des Schädigers.[1368] Ein weiterer Anwendungsbereich der gesetzlich geregelten *action directe* ist der Anspruch des Subunternehmers gegen den Bauherrn, wodurch ersterer vor der Zahlungsunfähigkeit des Generalunternehmers geschützt werden soll.[1369]

Von diesen gesetzlich geregelten Fällen zu unterscheiden ist der in der Rechtsprechung anerkannte Direktanspruch des Endkäufers einer mangelhaften Sache gegen den Hersteller oder Zwischenhändler, also gegen Personen, die ihm in einer ununterbrochenen Vertragskette vorgeschaltet sind, zu

---

1366 Vgl. die Systematisierung bei *Niggemann/Jonglez de Ligne*, RIW 2011, 351 (296).

1367 *Kötz*, Europäisches Vertragsrecht, S. 482.

1368 Art. L 124-3 Code des assurances; vgl. zu diesem Anspruch *Gotthard*, Deliktsrecht in Europa – Landesbericht Frankreich, S. 64 ff.; vgl. in Deutschland § 115 VVG und zum anwendbaren Recht Art. 18 Rom-II VO.

1369 Art. 12 Loi No. 75-1334 du 31 décembre 1975 relative à la sous-traitance; zur Qualifikation als Eingriffsnorm *Bauerreis*, ZEuP 2011, 406; *Kondring*, RIW 2009, 118.

denen aber kein direkter Kontakt besteht.[1370] Der Anspruch des Endkäufers unter Umgehung der Vertragsglieder wird in Frankreich vertraglich qualifiziert: Er ergibt sich aus dem Vertrag des Herstellers mit seinem Abnehmer und geht innerhalb der Kette zusammen mit dem Eigentum an der Kaufsache auf den Endabnehmer über.[1371] Konsequenz dieses Erklärungsmodells ist, dass die vertragliche *action directe* ausschließlich in Vertragsketten zur Anwendung kommt, in denen Eigentum übertragen wurde (*chaîne de contrat translatif de propriété*).[1372] Einer kaum eingrenzbaren Ausweitung der *action directe* auf andere wirtschaftlich verknüpfte Vertragsgruppen (*groupe de contrats*) erteilte der Kassationshof eine Abfuhr.[1373] Die vertragliche Natur des Anspruchs bedeutet ferner, dass sich der Beklagte weiterhin auf vertragliche Einreden berufen kann.[1374] Außerdem hat sie zur Folge, dass sich der Kläger aufgrund des *non-cumul*-Grundsatzes[1375] nicht gleichzeitig auf außervertragliche Anspruchsgrundlagen stützen kann.[1376]

Endabnehmer eines zu Unrecht zertifizierten Produkts oder Geschäftspartner eines zu Unrecht zertifizierten Unternehmens können ihre Schäden nicht im Wege der *action directe* bei der Zertifizierungsgesellschaft geltend machen. Dies folgt daraus, dass es sich nicht um eine Vertragskette mit identischem Leistungsgegenstand handelt. Die Zertifizierungsgesellschaften werden zu keinem Zeitpunkt Eigentümer des Zertifizierungsgegenstandes. Auch das Eigentum am Zertifikat geht nicht auf den Endabnehmer über. Eine *vertragliche* Dritthaftung der Zertifizierungsgesellschaften scheidet mithin aus.

2. Deliktische Haftung nach Art. 1240, 1241 CC

Maßgebliche Grundlage für einen Anspruch vertragsfremder Dritter gegen die vertragsbrüchige Partei ist Art. 1240 CC. Nach ihr verpflichtet *jedes* Handeln eines Menschen, das einem anderen Schaden zufügt, denjenigen, durch dessen Verschulden dieser eingetreten ist, zum Schadensersatz.[1377] Gemeinsam mit Art. 1241 CC, der ergänzt, dass der Schädiger nicht nur bei vorsätzlichem, sondern auch bei fahrlässigem Verhalten haftet, bildet Art. 1240 CC

1370 Vgl. hierzu *Niggemann/Jonglez de Ligne*, RIW 2011, 351 (296).

1371 Eingehend *Bauerreis*, Das französische Rechtsinstitut der action directe und seine Bedeutung in internationalen Vertragsketten, S. 61 ff.; m. w. N. aus der französischen Literatur *Borghetti*, ZEuP 2010, 279 (285); *Niggemann/Jonglez de Ligne*, RIW 2011, 351 (296).

1372 *Niggemann/Jonglez de Ligne*, RIW 2011, 351 (296).

1373 M. w. N. *Borghetti*, ZEuP 2010, 279 (287).

1374 *Borghetti*, ZEuP 2010, 279 (286); *Kötz*, Europäisches Vertragsrecht, S. 485.

1375 Vgl. bereits Kap. 5 B. I. 2.

1376 *Kötz*, Europäisches Vertragsrecht, S. 485.

1377 Art. 1240 CC lautet im Wortlaut: „*Tout fait quelconque de l'homme, qui cause à autrui un dommage, oblige celui par la faute duquel il est arrivéà le réparer.*“

die charakteristische deliktische Generalklausel des französischen Rechts. Ersetzt werden grundsätzlich alle materiellen und immateriellen Schäden, die auf der Verletzung eines Rechtsguts oder des Vermögens beruhen, sofern das zentrale Merkmal der *faute delictuelle* erfüllt ist.[1378] Dieses entspricht im Wesentlichen der *faute contractuelle*, umfasst also sowohl objektive Pflichtwidrigkeits- als auch subjektive Schuldelemente.[1379] Diese ohnehin schon weite deliktische Haftung wird noch ergänzt durch eine im Vergleich zu § 831 BGB strenge, weil verschuldensunabhängige Geschäftsherrenhaftung gem. Art. 1242 Abs. 5 CC.[1380]

Bei der Anwendung der Art. 1240, 1241 CC auf Dritthaftungsfälle stellt sich die Frage, ob die Vertragspflichtverletzung unmittelbar eine deliktische *faute* nach sich zieht, oder weitere Voraussetzungen erforderlich sind. Die hierfür maßgebliche Leitentscheidung ist die sog. „*Myr'ho*" oder „*Bootshop*"-Entscheidung der Assemblée plénière vom 6. Oktober 2006.[1381] In dem Fall klagte ein Einzelhändler aufgrund der mangelhaften Unterhaltung der von ihm genutzten Geschäftsräume. Diese wurden durch das Unternehmen *Myr'ho*, das selbst nicht Eigentümerin des Gebäudes war, untervermietet. Der Einzelhändler richtete seine Klage auf Ersatz der erlittenen Umsatzverluste jedoch nicht gegen seine Vertragspartnerin (*Myr'ho*), sondern gegen die Eigentümerin des Gebäudes. Die Assemblée plénière sprach dem Kläger einen Anspruch gem. Art. 1240, 1241 CC gegen die Eigentümerin zu, indem sie kurzerhand feststellte, dass „*le tiers à un contrat peut invoquer, sur le fondement de la responsabilité délictuelle, un manquement contractuel dès lors que ce manquement lui a causé un dommage.*"[1382]

Die überraschend anmutende Konsequenz dieser Entscheidung ist, dass jeder Vertragsfremde, der infolge einer Vertragspflichtverletzung einen Schaden erleidet, deliktische Schadensersatzansprüche gegen die vertragsbrüchige Partei geltend machen kann. Hierbei wird auch nicht zwischen Personen- und reinen Vermögensschäden differenziert; letztere sind dem französischen Recht als eigenständig zu behandelnde Schadenskatego-

---

1378 *Ferid/Sonnenberger*, Das französische Zivilrecht, Bd. 2, Rn. 2 O 101; *Gotthard*, Deliktsrecht in Europa – Landesbericht Frankreich, S. 16 f.

1379 Vgl. bereits Kap. 5 B I. 1. zur *faute contractuelle*.

1380 Noch zu Art. 1384 Abs. 5 CC a. F. aus rechtsvergleichender Perspektive *von Bar*, Common European Law of Torts, Vol. 1, Rn. 179 ff.

1381 Cass. ass. plén., Urt. v. 6.10.2006, Bull. ass. plén. No. 9 = D. 2006, 1825, m. Anm. *Viney*: eingehend zu dieser Entscheidung *Borghetti*, ZEuP 2010, 279 (289 ff.); *Carval*, in Viney-FS (2008), S. 229; aus rechtsvergleichender Perspektive *Ancel*, in Viney-FS (2008), S. 23; sowie *Kötz*, Europäisches Vertragsrecht, S. 486 f.

1382 Cass. ass. plén., Urt. v. 6.10.2006, Bull. ass. plén. No. 9 = D. 2006, 1825, m. Anm. *Viney*.

rie im Ausgangspunkt nicht bekannt.[1383] Kriterien zur Einschränkung des Kreises der anspruchsberechtigten Personen und damit zur Begrenzung des Haftungsrisikos wurden durch die Assemblée plénière nicht aufgestellt.[1384] Dass im Fall *Myr'ho* tatsächlich Anhaltspunkte für ein Näheverhältnis zwischen Geschädigtem und vertragsbrüchiger Partei vorlagen, lässt keine engere Interpretation der Entscheidung zu, denn *Myr'ho* wurde in der Folge auf unterschiedlichste Konstellationen übertragen, ohne dass eine entsprechende Konkretisierung erfolgte oder Fallgruppen gebildet wurden.[1385] Einschränkungen für die Vermögenshaftung könnten sich allenfalls aus den allgemeinen Kausalitäts- und Zurechenbarkeitserfordernissen ergeben. Mithilfe der Merkmale der „Direktheit" oder „Unmittelbarkeit" der Schadensverursachung ließe sich eine schrankenlose Ausuferung der Haftung eindämmen.[1386] Die französische Rechtsprechung zeigt sich bei der Kausalitätsprüfung jedoch wenig konsistent und tendenziell eher großzügig.[1387] Zu beachten ist ferner, dass es an einem Äquivalent zu dem aus dem deutschen Recht bekannten normativen Zurechnungskriterium des Schutzzwecks der Norm fehlt.[1388] Schließlich bleibt noch die Möglichkeit einer Korrektur auf Rechtsfolgenseite. In einem Haftungsfall für fehlerhafte Kapitalmarktinformationen wurde einem Kapitalanleger keine volle Entschädigung in Höhe des Differenzbetrages, sondern lediglich für den Verlust einer Chance auf Gewinn (*perte d'une chance*) zugesprochen.[1389] Auf diese Weise kann jedenfalls der Umfang der Vermögenshaftung eingeschränkt werden.

Im Nachgang der *Myr'ho*-Entscheidung wurden auch Zertifizierungsgesellschaften haftbar gemacht. Dies gilt zum einen für Klassifikationsgesellschaften,[1390] die die Seetauglichkeit von Schiffen beurteilen, als auch für die benannten Stellen des europäischen Produktsicherheitsrechts. Letz-

---

1383 Vgl. *Lapoyade Deschamps*, in: Banakas, Civil Liability for Pure Economic Loss, S.89 (89); *Radé/Bloch*, in: van Boom/Koziol/Witting, Pure Economic Loss, S.41 (41).

1384 Krit. *Sindres*, Clunet 2010, 411 (413).

1385 Eingehend und m.w.N. *Borghetti*, ZEuP 2010, 279 (290ff.).

1386 *Boom, van*, in: van Boom/Koziol/Witting, Pure Economic Loss, S. 1 (9f.).

1387 *Borghetti*, in Martin-Casals, Borderlines of Tort Law, S. 140f.; mit einem Fokus auf die sog. Kabelbruchfälle *von Hein*, in Kren Kostkiewicz-FS (2018), S.773 (788); krit. zur mangelnden Vorhersehbarkeit der Rechtsprechung *Radé/Bloch*, in: van Boom/Koziol/Witting, Pure Economic Loss, S.41 (Rn.23).

1388 *Borghetti*, in Martin-Casals, Borderlines of Tort Law, S.141.

1389 Cass. Com., Urt.v. 15.3.2017, No.15-14.419; siehe bereits *von Hein* in Kren Kostkiewicz-FS (2018), S.773 (788); zu diesem Korrekturmechanismus m.w.N. auch *Lapoyade Deschamps*, in: Banakas, Civil Liability for Pure Economic Loss, S.89 (93f.).

1390 Vgl. Cass. Civil, Urt.v. 27.3.2007, No.05-10.480, vgl. zu Klassifikationsgesellschaften auch *De Bruyne*, Third-Party Certifiers, Rn.237; *Basedow/Wurmnest*, Die Dritthaftung von Klassifikationsgesellschaften, S.26ff.

tere beschäftigte die Rechtsprechung im sog. PIP-Fall, in dem ein französischer Medizinproduktehersteller bei der Produktion von Implantaten giftiges Industriesilikon verwendete, was durch die benannte Stelle, den TÜV Rheinland, nicht aufgedeckt wurde.[1391] Die Cour de Cassation entschied, dass die durch den Zertifizierungsvertrag begründete Pflicht zur sorgfältigen Überwachung des Herstellers (*obligation de vigilance*) gleichermaßen eine allgemeine Verhaltenspflicht (*devoir général*) darstellt, weshalb bei deren Verletzung eine Haftung gegenüber Dritten nach Art 1240, 1241 CC ohne Weiteres in Betracht kommt.[1392] Entscheidend ist, dass es dabei im Unterschied zum deutschen Recht gerade nicht auf die Schutzwirkung der Überwachungspflichten ankommt.[1393] Unbeachtlich ist ferner, ob der Dritte berechtigterweise auf die Richtigkeit des Zertifikats vertraut hat, ob der Zertifizierungsgesellschaft die Verwendung des Zertifikats in einer überschaubaren Anzahl von Fällen bekannt war oder ob im Einzelfall Rechtsgüter oder lediglich das Vermögen verletzt wurden. Zwar finden sich gute Argumente für die Dritthaftung der benannten Stellen gegenüber Patienten und Verbrauchern,[1394] die generelle Gleichstellung von vertraglichen und allgemeinen Sorgfaltspflichten in der Tradition von *Myr'ho* öffnet jedoch Tür und Tor für eine nahezu uferlose Zertifiziererhaftung gegenüber Jedem, der in Folge der Vertragsverletzung einen Schaden erlitten hat.[1395]

Die Ausweitung des Deliktsrechts durch die *Myr'ho*-Rechtsprechung wurde in der französischen Literatur zu Recht kritisiert.[1396] Sie hat zur Folge, dass jeder vertragsfremde Dritte haftungsrechtlich bessergestellt ist als der eigentliche Vertragspartner, da sich die Zertifizierungsgesellschaft im Rahmen der deliktischen Haftung nicht auf ihre vertraglich vereinbarten Haftungsausschlüsse berufen kann.[1397] Die de facto Verabsolutierung *vertraglicher* Sorgfaltspflichten mit dem scheinbar hehren Ziel, einen umfassenden

---

1391 Kap. 1 A. I.

1392 Vgl. die drei Urteile (Cass. civil) vom 10.10.2018 No. 17-14401, No. 16-19430 sowie No. 15-26093; hierzu auch *Bacache*, JCP G 2018, 2135 (2137 f.). vgl. zur französischen Rspr. im PIP-Skandal bereits Kap. 3 A.II.3.b.bb. Die Rspr. wurde zuletzt am 25. Mai 2023 erneut durch die Cour de Cassation bestätigt, vgl. die Meldung unter https://rsw.beck.de/aktuell/daily/meldung/detail/rechtsstreit-um-brustimplantate-skandal-geht-in-frankreich-weiter (Stand: 30.5.2023).

1393 So auch *Ernst*, GPR 2019, 133 (136).

1394 Vgl. zu einem entsprechenden europäischen Haftungsgebot Kap. 3 B.III. sowie zur Haftung der benannten Stellen nach § 823 Abs. 1 und 2 BGB Kap. 4 B.2. und 3.

1395 In Betracht käme nicht nur eine Haftung gegenüber den Abnehmern des Zertifizierungsgegenstands, sondern auch gegenüber den Wettbewerbern eines zu Unrecht zertifizierten Unternehmens, das sich auf diesem Wege Marktvorteile gesichert hat, sofern es den Klägern gelingt, den Kausalzusammenhang zwischen Pflichtverletzung und Schaden nachzuweisen.

1396 Insbes. *Borghetti*, ZEuP 2010, 279.

1397 Allgemein *Borghetti*, ZEuP 2010, 279 (298 f.).

Opferschutzes zu etablieren, widerspricht dem Grundsatz der Relativität der Schuldverhältnisse.[1398] Die einseitige Lösung zugunsten vertragsfremder Dritter ist in dieser Form nicht nur dogmatisch fragwürdig, sondern schießt auch in der Sache über das Ziel hinaus.

Die französische Rechtsprechung hält ungeachtet der Kritik sowie der geplanten Reform des Haftungsrechts (hierzu sogleich) an der weitreichenden Dritthaftung fest. In der mit Spannung erwarteten Entscheidung *Sucrérie de Bois rouge* bestätigte die Assemblée plénière im Januar 2022 vollumfänglich die bisherige Rechtsprechung.[1399] In dem Fall konnte ein Energieversorger seinen Kunden, eine Zuckerfabrik, aufgrund eines von ihm unverschuldeten Brandes in seinem Betrieb für mehrere Wochen nicht mit Elektrizität versorgen. Ein weiteres Unternehmen war gegenüber der Zuckerfabrik aufgrund einer vertraglichen Beistandspflicht verpflichtet, für den Zeitraum des Betriebsausfalls Teile des Zuckerrohrs für diese zu verarbeiten. Aufgrund der hierdurch erlittenen Einnahmeausfälle verklagte das Unternehmen den Energieversorger, zu dem es in keiner vertraglichen Beziehung stand, auf Schadensersatz. Das Gericht gab dem Begehren statt. Die Verletzung des Vertrages durch den Energieversorger stellt nach dem Urteil ein Delikt gegenüber dem Dritten dar, ohne dass es auf eine deliktische Sorgfaltspflicht gegenüber dem Dritten ankäme.[1400] Die Entscheidung bestätigt damit die seit *Myr'ho* bestehende nahezu unbegrenzte deliktische Dritthaftung.

3. Neujustierung der Dritthaftung durch die geplante Reform des Haftungsrechts

Unter dem Eindruck der in der Literatur geäußerten Kritik an den Folgen der *Myr'ho*-Rechtsprechung plant der Gesetzgeber die Haftung gegenüber vertragsfremden Dritten deutlich einzuschränken. Nach dem im März 2017 vorgelegten Entwurf[1401] zur Reform des Haftungsrechts soll die Gleichstellung vertraglicher und deliktischer Pflichten aufgehoben werden.[1402] Die zentrale Vorschrift, die den Anwendungsbereich der vertraglichen und deliktischen Haftung neu koordiniert, ist Art. 1234 CC n. F. Sie lautet:

> *„Lorsque l'inexécution du contrat cause un dommage à un tiers, celui-ci ne peut demander réparation de sesconséquences au débiteur que sur le fondement de la responsabilité extracontractuelle, à char-*

1398 Vgl. die Kritik von *Borghetti*, ZEuP 2010, 279 (292).

1399 Cour de cass, Urt. v. 13.1.2020 No. 17-19.963 = ZEuP 2022, 198, mit Anm. *Kadner-Graziano*.

1400 Cour de cass, Urt. v. 13.1.2020 No. 17-19.963, Rn. 18 ff. = ZEuP 2022, 198 (200).

1401 Vgl. *Ministère de la Justice*, Projet de réforme de la responsabilité Civile v. 13.3.2017, abrufbar unter http://www.justice.gouv.fr/publication/Projet_de_reforme_de_la_responsabilite_civile_13032017.pdf. (Stand: 24.5.2023).

1402 Vgl. *Kadner-Graziano*, ZEuP 2022, 198 (213); *Zwickel*, RIW 2017, 104 (105).

ge pour lui derapporter la preuve de l'un des faits générateurs visés à la section II du chapitre II.

Toutefois, le tiers ayant un intérêt légitime à la bonne exécution d'un contrat peut également invoquer, sur lefondement de la responsabilité contractuelle, un manquement contractuel dès lors que celui-ci lui a causé undommage. Les conditions et limites de la responsabilité qui s'appliquent dans les relations entre lescontractants lui sont opposables. Toute clause qui limite la responsabilité contractuelle d'un contractant àl'égard des tiers est réputée non écrite."

Nach Art. 1234 Abs. 1 CC n. F. können Dritte zwar grundsätzlich eine deliktische Haftung gegenüber der vertragsbrüchigen Partei geltend machen, sie können sich diesbezüglich aber nicht mehr per se auf die Nichterfüllung des Vertrages stützen.[1403] Der Nachweis der *faute délictuelle* im Rahmen der deliktischen Tatbestände muss ihnen auf anderem Wege gelingen. Damit wird der Anwendungsbereich des Deliktsrechts deutlich zurückgedrängt.

Fraglich ist, ob sich hierdurch auch das Haftungsrisiko der Zertifizierungsgesellschaften reduziert oder ob die *faute délictuelle* anderweitig begründet werden kann. Dies könnte bei gesetzlich geregelten Zertifizierungen der Fall sein. Verletzt eine Zertifizierungsgesellschaft im gesetzlich geregelten Bereich den Zertifizierungsvertrag, indem sie nicht mit der nötigen Sorgfalt prüft, liegt i. d. R. gleichzeitig eine Verletzung des zugrundeliegenden Gesetzes vor. Nach bisherigem Recht stellte auch jeder Gesetzesverstoß eine *faute délictuelle* dar, und dies unabhängig vom Schutzzweck der jeweiligen Vorschrift.[1404] Dritte könnten sich im Rahmen der Art. 1240, 1241 CC daher künftig schlicht auf die Verletzung des Zertifizierungsgesetzes berufen, was im Ergebnis keinen Unterschied zur Haftung nach der *Myr'ho*-Rechtsprechung bedeuten würde. Zu beachten ist darüber hinaus, dass auch die Verletzung technischer Normen und Berufsregeln eine *faute délictuelle* begründet.[1405] Selbst im gesetzlich ungeregelten Bereich scheint daher eine deliktische Haftung möglich, wenn Dritte die Verletzung technischer Zertifizierungsnormen nachweisen können. Diese Haftungsbegründung wird durch Art. 1234 Abs. 1 CC n. F. nicht ausgeschlossen. Ob die Rechtsprechung dieses Vorgehen zulässt, bleibt dennoch abzuwarten. Dafür spricht jedenfalls, dass eine nicht ordnungsgemäße Konformitätsprüfung eben nicht nur eine Verletzung des Vertrages, sondern der ihr zugrunde liegenden vertrauensschaffenden Gesetze und Normen darstellt. Zertifizierungen sind nach ihrer Natur keine rein privaten Angelegenheiten zwischen zwei Parteien. Dieser

---

1403 Vgl. *Zwickel*, RIW 2017, 104 (105).

1404 M. w. N. *Ferid/Sonnenberger*, Das französische Zivilrecht, Bd. 2, Rn. 2 O 116; *Gotthard*, Deliktsrecht in Europa – Landesbericht Frankreich, S. 18.

1405 *Ferid/Sonnenberger*, Das französische Zivilrecht, Bd. 2, Rn. 2 O 122.

Umstand dürfte dazu führen, dass auch nach Abschluss der Reformen *jeder* Geschädigte ohne Einschränkungen gegen Zertifizierungsgesellschaften vorgehen kann. Problematisch an dieser Lösung bleibt, dass nicht zwischen dem Kreis der Anspruchsberechtigten differenziert wird, es bleibt also im Rahmen der deliktischen Haftung bei dem Prinzip „Alles-oder-nichts".[1406]

Eine solche Differenzierung nimmt endlich Art. 1234 Abs. 2 CC n. F. hinsichtlich der *vertraglichen* Haftung vor. Dritte können sich künftig auf die bloße Nichterfüllung des Vertrages berufen, wenn sie ein berechtigtes Interesse (*intérêt légitime*) an der Vertragserfüllung haben, freilich mit der Konsequenz, dass ihnen die vertragsbrüchige Partei die mit dem Vertragspartner vereinbarten Haftungsbeschränkungen entgegenhalten kann. Hierdurch wird das vertragliche Haftungsregime Dritten zugänglich gemacht, ohne den Grundsatz der Relativität der Schuldverhältnisse vollständig auszuhöhlen. Das Merkmal des berechtigten Interesses ist prinzipiell geeignet, um sachgerechte Differenzierungen hinsichtlich des anspruchsberechtigten Personenkreises zu erzielen. Konzeptionell erinnert die interessengeleitete Grenzziehung der vertraglichen Sphäre an den aus dem deutschen Recht bekannten Vertrag mit Schutzwirkung für Dritte.[1407] Sollte Art. 1234 CC n. F. geltendes Recht werden, bedarf das Merkmal freilich der Konkretisierung durch die Rechtsprechung. Konsequenz eines berechtigten Interesses ist jedenfalls, dass die jeweilige Person nur nach dem vertraglichen Haftungsregime vorgehen kann, der *non-cumul*-Grundsatz verbietet einen Rückgriff auf die günstigeren Art. 1240, 1241 CC. Im Falle einer fehlerhaften Zertifizierung bedeutet dies paradoxerweise, dass bspw. der Endabnehmer eines zertifizierten Gegenstandes, der der Zertifizierungsgesellschaft bekannt war und daher ein „berechtigtes Interesse" an der Vertragserfüllung haben könnte, haftungsrechtlich schlechtersteht als Personen, die nicht in einem vergleichbaren Näheverhältnis zur Zertifizierungsgesellschaft stehen und aus diesem Grund auf das günstigere Deliktsrecht verwiesen werden.

Das Beispiel zeigt, dass Art. 1234 CC n. F. nicht geeignet ist, das Problem der Dritthaftung interessengerecht zu lösen, wenn die schadensauslösende Handlung sowohl den Vertrag also auch Gesetze bzw. technische Normen verletzt. Dass der Gesetzgeber vor Abschluss der Reform auf diesen Spezialfall reagiert, etwa indem der Zugang zum Deliktsrecht von Schutzzweckerwägungen abhängig gemacht wird, ist unwahrscheinlich. Eine Korrektur durch die künftige Rechtsprechung scheint daher unausweichlich.

1406 Vgl. *Borghetti*, ZEuP 2010, 279 (296).

1407 Vgl. *Kadner-Graziano*, ZEuP 2022, 198 (214).

4. Sonstige Haftungsmodalitäten

Hinsichtlich der Geltendmachung vertraglicher Haftungsbeschränkungen gegenüber Dritten muss zwischen der vertraglichen und deliktischen Haftung unterschieden werden. Erhebt der Dritte im Wege der *action directe* oder im Anwendungsbereich von Art. 1234 Abs. 2 CC n. F. einen vertraglichen Haftungsanspruch, muss er sich sämtliche Ausschlüsse und Beschränkungen entgegenhalten, die die Parteien wirksam vereinbart haben.[1408] Richtet sich die Haftung nach dem Deliktsrecht, kann sich der Schuldner hingegen nicht auf Klauseln aus dem Vertrag berufen.[1409] Dritte werden daher immer versuchen, ihre Ansprüche auf Art. 1240, 1240 CC zu stützen.

Hinsichtlich der Verjährung der Ansprüche gilt nichts anderes als bei der Haftung gegenüber dem Vertragspartner.[1410] Die Regelfrist beträgt fünf Jahre (Art. 2224 CC) und beginnt an dem Tag zu laufen, an dem der Inhaber des Rechts Kenntnis von den anspruchsbegründenden Tatsachen erlangt hat oder hätte erlangen müssen.

5. Fazit zur Haftung gegenüber Dritten

Das französische Recht beschreitet hinsichtlich des haftungsrechtlichen Schutzes vertragsfremder Dritter einen Sonderweg. Die besonders großzügige Haltung ist auf die deliktische Generalklausel der Art. 1240, 1241 CC zurückzuführen. Seit der wegweisenden *Myr'ho*-Entscheidung der Assemblée plénière aus dem Jahr 2006 können Dritte ihre Deliktsklage auf die bloße Nichterfüllung des Vertrages stützen, da diese ohne Weiteres eine *faute délictuelle* darstellt. Anderweitige Haftungsvoraussetzungen sind nicht vorgesehen. Auch die Dritthaftung von Zertifizierungsgesellschaften richtet sich nach diesen Grundsätzen, weshalb sie einem besonders hohen Haftungsrisiko ausgesetzt sind. Die fragwürdigen Konsequenzen der *Myr'ho*-Rechtsprechung sollen im Zuge der Reform des vertraglichen und außervertraglichen Haftungsrechts korrigiert werden. Wie die Ausführungen in diesem Abschnitt gezeigt haben, dürfte sich aber hinsichtlich der Dritthaftung von Zertifizierungsgesellschaft auch nach der Einführung von Art. 1234 CC des Entwurfs wenig ändern, da Dritte gleichermaßen die Verletzung von Gesetzen oder technischen Normen geltend machen können.

Die Lösung des französischen Rechts stellt auch aus einem größeren Blickwinkel betrachtet, eine Besonderheit dar. Anders als nach deutschem oder englischem Recht, ist bei der Anwendung französischen Rechts eine Haf-

1408 *Borghetti*, in Martin-Casals, Borderlines of Tort Law, S. 155.

1409 Vgl. auch zur Kritik an dieser Regelung *Borghetti*, in Martin-Casals, Borderlines of Tort Law, S. 156.

1410 Vgl. Kap. 5 B. I. 3.

tung gegenüber Dritten sogar wahrscheinlicher als eine Haftung gegenüber dem Vertragspartner. Unterstellt man dem Haftungsrecht eine verhaltenssteuernde Wirkung, werden Zertifizierungsgesellschaften ihre Sorgfaltsbemühungen unter diesen Umständen stärker an den Interessen Dritter ausrichten. Dies mag in vielen Fällen rechtspolitisch wünschenswert sein und sichert mittelbar die Funktionsfähigkeit der Zertifizierung, speziell im gesetzlich geregelten Bereich. Dennoch dürfte die französische Lösung der Dritthaftungsproblematik über das Ziel hinausschießen, wenn ausnahmslos *jeder* Geschädigte in die Lage versetzt wird, Ansprüche gegen Zertifizierer geltend zu machen.

C. Rechtsvergleich

Im Folgenden wird die Haftung und Dritthaftung von Zertifizierungsgesellschaften nach dem deutschen, englischen und französischen Recht einem Vergleich unterzogen. Insgesamt kann festgehalten werden, dass die Haftung gegenüber dem Auftraggeber in den jeweiligen Rechtsordnungen relativ ähnlich ausgestaltet ist, während sich bei der Haftung gegenüber vertragsfremden Dritten deutliche dogmatische Unterschiede zeigen, die auch zu unterschiedlichen Ergebnissen führen können.

I. Die Haftung gegenüber dem Vertragspartner

Die Haftung der Zertifizierungsgesellschaften gegenüber ihren Auftraggebern richtet sich mangels spezieller Gesetze nach den allgemeinen schuldrechtlichen Regeln der jeweiligen Rechtsordnung. Im Mittelpunkt steht die Schadensersatzhaftung wegen einer Verletzung des Zertifizierungsvertrages. Selbst wenn dieser bei den Varianten der gesetzlich geregelten Zertifizierungssysteme objektivrechtliche Sorgfaltsstandards abbildet, die der privatautonomen Ausgestaltung entzogen sind, stellt die *selbstbestimmte* Verpflichtung zur Durchführung der Zertifizierung nach diesen Standards sowie die anschließende Verletzung dieser Pflichten das haftungsauslösende Moment dar. Vor diesem Hintergrund ist die vertragliche Qualifizierung dieser Haftungsfrage folgerichtig.

Der Zertifizierungsvertrag wird in Deutschland und Frankreich werkvertraglich qualifiziert,[1411] im englischen *common law* wird indessen keine formale Qualifizierung vorgenommen.[1412] Die Auslegung des Zertifizierungsvertrages und die Bewertung der Interessenlage ergibt, dass die Zertifizierungsgesellschaft bei der Prüfung und Überwachung der Normkonformität des

1411 Vgl. zum deutschen Recht Kap. 4 A. I. 1., zum französischen Recht Kap. 5 B. I. 1.
1412 Kap. 5 A. I. 1.

Zertifizierungsgegenstands verpflichtet ist, mit der erforderlichen und von ihr zu erwartenden Sorgfalt und Kompetenz zu handeln. Sie macht sich daher nicht bereits dadurch schadensersatzpflichtig, dass eine auf der Grundlage der vorgenommenen Prüfungen getroffene Zertifizierungsentscheidung, sei es über die Ausstellung eines Zertifikats oder über die Aufrechterhaltung einer Zertifizierung, inhaltlich fehlerhaft war. Dieses Ergebnis wird in allen untersuchten Rechtsordnungen erreicht, allerdings ergeben sich Unterschiede in der Begründung. Diese sind auf die unterschiedliche Handhabung der aus dem deutschen Recht bekannten Ebenen der Pflichtverletzung und des Vertretenmüssens zurückzuführen. Nach deutschem Recht stellt eine inhaltlich falsche Zertifizierungsentscheidung einen Sachmangel der geistigen Werkleistung und mithin eine Pflichtverletzung dar.[1413] Da nicht von einer Garantie i. S. v. § 276 Abs. 1 S. 1 BGB hinsichtlich der Richtigkeit der Entscheidung auszugehen ist, hängt die Haftung aber davon ab, ob die Zertifizierungsgesellschaft die Pflichtverletzung zu vertreten hat, was der Fall ist, wenn sie nicht mit der erforderlichen Sorgfalt vorgegangen ist.[1414] Die Besonderheit des deutschen Rechts besteht darin, dass die Nichteinhaltung der erforderlichen Sorgfalt gem. § 280 Abs. 1 S. 2 BGB vermutet wird.

Im englischen und französischen Recht wird nicht in gleicher Weise zwischen den Ebenen der Pflichtverletzung und des Vertretenmüssens differenziert.[1415] Diese werden vielmehr in einem Prüfungsschritt zusammengefasst. In Bezug auf die Haftung von Zertifizierungsgesellschaften führt dies zu einer im Vergleich zum deutschen Recht abweichenden terminologischen Konkretisierung des vertraglich geschuldeten „Erfolges". Bereits bei der Frage, ob ein *breach of contract* oder eine *inéxecution du contrat* vorliegt, ist zwischen handlungsbezogenen und erfolgsbezogenen Pflichten zu differenzieren. Erfolgsbezogen ist in diesem Sinne lediglich die Pflicht, zur vereinbarten Zeit eine Entscheidung über die Ausstellung des Zertifikats nach den Vorgaben des jeweiligen Zertifizierungssystems zu treffen. Hingegen ist von einer lediglich handlungsbezogenen Pflicht zur sorgfältigen Prüfung und Überwachung auszugehen. Deren Nichteinhaltung darzulegen, entspricht in der Sache der Darlegung fahrlässigen Verhaltens der Zertifizierungsgesellschaft, also einer verschuldensabhängigen Haftung. Was also im deutschen Recht als Erfolg versprochen, aber nicht garantiert wird, wird im englischen und französischen Recht als Handlungspflicht qualifiziert. In jedem Fall lautet die entscheidende Frage, ob die Zertifizierungsgesellschaft mit der erforderlichen Sorgfalt, wie sie von einem vernünftigen Vertragspartner in vergleichbarer Situation zu erwarten gewesen wäre, gehandelt hat.

1413 Vgl. zu diesem und weiteren Sachmängeln Kap. 4 A. I.3.
1414 Kap. 4 A.6.d.bb.
1415 Vgl. zum englischen Recht Kap. 5 A. I.1., zum französischen Recht Kap. 5 B. I.1.

Zwischen Pflichtverletzung und Vertretenmüssen wird im englischen Recht im Ausgangspunkt nicht unterschieden, weil grundsätzlich von einer verschuldensunabhängigen Garantiehaftung des Vertragsschuldners ausgegangen wird.[1416] Lediglich im Zusammenhang mit der Haftung von Berufsträgern (*professionals*) wird hiervon eine Ausnahme gemacht, da sie regelmäßig nicht die Herbeiführung eines bestimmten Ergebnisses, sondern lediglich die sorgfältige Durchführung eines Dienstes garantieren.[1417] Im Einzelnen muss geprüft werden, welche Pflichten als Erfolg oder lediglich als Durchführung einer Tätigkeit zugesichert werden, wodurch die Anwendungsbereiche der *strict* und *fault based liability* abgegrenzt werden. Auch im französischen Recht wurde bis zur jüngsten Reform des Vertragsrechts hinsichtlich der Frage, ob bereits die Nichterfüllung des Vertrages eine Schadensersatzpflicht auslöst, zwischen Handlungs- und Erfolgspflichten (*obligation de moyens* und *obligation de résultat*) unterschieden.[1418] Das Merkmal der *faute contractuelle* musste bei der Verletzung einer Handlungspflicht dargelegt werden, bei Nichteintritt eines geschuldeten Erfolges wurde es hingegen vermutet. Seit der Reform des Vertragsrechts wird auf die *faute contractuelle* verzichtet. Dennoch handelt es sich bei Lichte betrachtet nicht um eine verschuldensunabhängige Haftung, denn um die zentrale Voraussetzung einer *inéxecution* darzulegen, muss weiterhin zwischen der Nichterfüllung von Handlungs- und Erfolgspflichten unterschieden werden.[1419]

Praktische Unterschiede konnten hinsichtlich der Zulässigkeit von Haftungsbeschränkungen im Rahmen von allgemeinen Geschäftsbedingungen festgestellt werden. Die Freizeichnung von der Haftung für grobe Fahrlässigkeit erfordert bspw. nach deutschem Recht Differenzierungen hinsichtlich der handelnden Personen, darf sich also insbesondere nicht auf gesetzliche Vertreter oder leitende Angestellte erstrecken.[1420] Nach französischem Recht ist der Ausschluss der Haftung für *faute lourde* mit dem Grundsatz von Treu und Glauben generell nicht vereinbar.[1421] Im Übrigen wählt das französische Recht jedoch einen flexibleren Ansatz als das deutsche, denn die verbraucherschützenden AGB-Vorschriften werden im französischen Recht nicht auf Unternehmerverträge übertragen. Nach Art. 1170 CC dürfen die Haftungsbeschränkungen den wesentlichen Vertragspflichten (*obligation essentielle*) nicht ihre Substanz berauben. Unwirksam sind außerdem Klauseln, die ein erhebliches Ungleichgewicht (*déséquilibre significatif*) zwischen den

1416 Kap. 5 A. I. 1.
1417 Kap. 5 A. I. 1.
1418 Kap. 5 B. I. 1.
1419 Kap. 5 B. I. 1.
1420 Kap. 4 A. IV.
1421 Kap. 5 B. I. 4.

Rechten und Pflichten der Parteien hervorrufen, sofern es sich bei dem Vertrag um einen sog. Beitrittsvertrag handelt (Art. 1171 CC). Dieser generalklauselartige Ansatz, der die Umstände des Einzelfalls in den Mittelpunkt rückt, findet sich auch im englischen Recht, das mit seinem *requirement of reasonableness* einen ähnlich flexiblen Maßstab zugrunde legt.[1422] Nicht übersehen werden darf, dass die Anwendung des maßgeblichen Unfair Contract Terms Act 1977 (UCTA) in reinen Rechtswahlsachverhalten weitgehend ausgeschlossen werden kann, wodurch weitreichendere Freizeichnungen ermöglicht werden.

Ob neben vertraglichen auch deliktische Ansprüche geltend gemacht werden können, wird in den untersuchten Rechtsordnungen unterschiedlich gehandhabt. Nach englischem Recht erfüllt die Verletzung der vertraglichen Sorgfaltspflichten auch den Tatbestand des *tort of negligence*.[1423] Zwischen den Ansprüchen herrscht – wie auch im deutschen Recht – Anspruchskonkurrenz. Der deliktische Anspruch kann aus prozessualen Gründen vorteilhaft sein, ist in seiner Reichweite jedoch eingeschränkt, da der Geschädigte deliktsrechtlich nur im Bestand seiner Rechte geschützt wird und daher keine entgangenen Gewinne ersetzt werden können.[1424] Im deutschen Recht können durch die vertragliche Beziehung Verkehrssicherungspflichten begründet werden, die deliktische Haftung setzt jedoch entweder die Verletzung eines Rechtsguts (§ 823 Abs. 1 BGB), die Verletzung eines Schutzgesetzes (§ Abs. 2 BGB) oder einen Verstoß gegen die guten Sitten (§ 826 BGB) voraus.[1425] Nach dem in Frankreich geltenden Grundsatz des *non-cumul* ist der Rückgriff auf das Deliktsrecht hingegen grundsätzlich ausgeschlossen, wenn zwischen den Parteien eine Sonderverbindung in Form eines wirksamen Vertrages existiert.[1426] Vertraglich begründete Pflichten können daher keine parallele deliktische Haftung begründen.

Insgesamt kann davon ausgegangen werden, dass in den untersuchten Rechtsordnungen i. d. R. identische oder zumindest ähnliche Ergebnisse erzielt werden. Die Haftung einer Zertifizierungsgesellschaft gegenüber ihren Auftraggebern kann als wahrscheinlich angesehen werden.

1422 Kap. 5 A. I.4.
1423 Kap. 5 A. I.2.
1424 Kap. 5 A. I.2.
1425 Kap. 4 A.II.
1426 Kap. 5 B. I.2.

II. Die Haftung gegenüber Dritten

1. Vertrags- oder Deliktsrecht

Ungleich größer sind die Unterschiede hinsichtlich der Haftung gegenüber Dritten. Von besonderem Interesse ist zunächst die Frage, inwiefern zur Lösung dieses Haftungsproblems das Vertragsrecht bemüht wird. Der Rückgriff auf das Vertragsrecht erscheint zunächst naheliegend, da die Pflichten der Zertifizierungsgesellschaften durch den Zertifizierungsvertrag aktiviert werden. Erleiden Dritte aufgrund einer Fehlzertifizierung Schäden, kann dies auf eine Schlechterfüllung des Vertrages zurückgeführt werden. Personen, denen Zertifikate bestimmungsgemäß vorgelegt werden, sind demnach von den Pflichtverletzungen der Zertifizierungsgesellschaften betroffen, was den Zertifizierungsgesellschaften freilich bekannt ist. Andererseits gehen die untersuchten Rechtsordnungen vom Grundsatz der Relativität der Schuldverhältnisse aus. Zertifizierungsgesellschaften und Dritte sind sich typischerweise nicht bekannt und stehen nicht in unmittelbarem Kontakt zueinander. Hinzu kommt, dass regelmäßig eine kaum überschaubare Anzahl von Personen betroffen ist und die Höhe der potenziellen Schäden nur schwer kalkulierbar sind. Zu Begründung der Dritthaftung könnte einerseits auf das im Zertifizierungsvertrag verankerte Versprechen zur sorgfältigen Durchführung des Vertrages abgestellt werden, sofern man dessen Reichweite auf die Adressaten der Zertifizierung erstreckt. Andererseits könnten die objektive Funktion, berufsspezifische Expertise oder die tatsächliche Nähebeziehung der Zertifizierungsgesellschaften als haftungsauslösendes Element herangezogen werden.

Die rechtsvergleichende Untersuchung hat gezeigt, dass die zuletzt genannten objektiven Elemente überwiegen. Die Dritthaftung der Zertifizierungsgesellschaften kann und sollte vor diesem Hintergrund nicht auf deren Willen gestützt werden. Nach deutschem Recht kommt bspw. weder ein stillschweigend geschlossener Auskunftsvertrag zwischen der Zertifizierungsgesellschaft und den Adressaten der Zertifizierung noch ein Vertrag zu ihren Gunsten gem. § 328 BGB zustande.[1427] Auch im englischen Recht verhindern die strengen Bestimmtheitsanforderungen hinsichtlich der zu begünstigenden Dritten, deren Einhaltung vom willentlichen Entschluss der Vertragsparteien abhängt, die Annahme eines vertraglichen Drittschutzes.[1428] Nach französischem Recht stellt sich die Frage nach der Bemühung des Vertragsrechts bzw. des Parteiwillens nicht, da ohnehin die weite deliktische Generalklausel der Art. 1240,1241 CC herangezogen wird.[1429] Besonderheit des französischen Rechts ist, dass zur Begründung der *faute dé-*

1427 Vgl. Kap. 4 B.II.1. und 2.
1428 Kap. 5 A.II.1.
1429 Vgl. hierzu Kap. 5 B.II.2.

lictuelle ohne Weiteres auf die Verletzung des Vertrages abgestellt wird.[1430] Diese Rechtsfolge beruht aber nicht auf dem Willen der Parteien, sondern der in der Generalklausel zum Ausdruck kommenden gesetzgeberischen Entscheidung zur Verabsolutierung ursprünglich vertraglicher Pflichten.

Besonders resistent hält sich das Abstellen auf den Willen der Parteien beim Vertrag mit Schutzwirkung für Dritte, den die deutsche Rechtsprechung subjektiv begründet.[1431] Zumindest in der Fallgruppe der Expertenhaftung ist dieses Erklärungsmodell jedoch als Fiktion abzulehnen.[1432] Die Rechtsprechung zum Vertrag mit Schutzwirkung schloss der Sache nach die im deutschen Recht bestehende Lücke hinsichtlich der zwingenden, d.h. willensunabhängigen Dritthaftung von Experten für reine Vermögensschäden.[1433] Die Voraussetzungen für die Einbeziehung Dritter in die Schutzwirkung des Vertrages, insbesondere Leistungsnähe, Vorhersehbarkeit und Schutzbedürftigkeit finden sich auch im englischen Recht, dort jedoch nicht im Rahmen eines Vertrages mit Schutzwirkung für Dritte, der dem englischen Recht fremd ist. Stattdessen werden dieselben Voraussetzungen im Rahmen der deliktischen (!) Dritthaftung nach dem *tort of negligence* geprüft. Nach der *Caparo*-Rechtsprechung sind *foreseeability,* eine *relationship of proximity* sowie *fairness*, *justice* und *reasonableness* erforderlich, um eine *duty of care* zu begründen.[1434] Doch auch nach der in *Hedley Byrne* begründeten Auskunftshaftung werden die betont vertragsäquivalenten Anspruchsvoraussetzungen, insbesondere das Kriterium der *assumed responsibility*, nach objektiven Kriterien ermittelt.[1435] Nach alledem wird deutlich, dass die Zertifizierungsgesellschaften gegenüber Dritten nicht deshalb haften, weil sie dies *wollen*, sondern weil sie dies bei Vorliegen bestimmter objektiver Voraussetzungen *sollen*. Der im Abschluss des Zertifizierungsvertrages zum Ausdruck kommende Akt der Selbstbestimmung beschränkt sich auf die Verpflichtung zur sorgfältigen Zertifizierung gegenüber dem Auftraggeber. Den Parteiwillen darüber hinaus zu bemühen, kann den Einwand der Fiktion nicht entkräften.

2. Haftungsvoraussetzungen

Die Haftung von Zertifizierungsgesellschaften gegenüber Dritten setzt voraus, dass diese ihre Pflichten zur sorgfältigen Prüfung und Überwachung nach den Vorgaben des jeweiligen Zertifizierungssystems verletzt haben. Wenn Zertifikate zu Unrecht ausgestellt oder nicht zurückgezogen wer-

1430 Kap. 5 B.II.2.
1431 Kap. 4 B.II.2.
1432 Kap. 4 B.II.2.b.dd.
1433 Vgl. *Wagner*, in MüKo BGB, § 826 Rn. 87.
1434 Kap. 5 A.II.2.b.
1435 Kap. 5 A.II.2.a.

den, können Dritte dadurch geschädigt werden, dass sie fälschlicherweise auf die Konformität des zertifizierten Gegenstands vertraut haben. Denkbar sind insbesondere Verletzungen der Rechtsgüter Leben, Körper, Gesundheit und Eigentum. Doch auch reine Vermögensschäden können entstehen, etwa wenn ein fälschlich zertifiziertes Produkt oder Unternehmen zu einem aufgrund mangelnder Zertifizierung ungerechtfertigten Preis verkauft wurde. Hinsichtlich der Haftungsvoraussetzungen muss zwischen den Schadensarten differenziert werden.

a. Personenschäden

Der Schutz der Rechtsgüter Leben, Körper und Gesundheit wird in den untersuchten Rechtsordnungen deliktisch bewältigt. Die Haftung setzt zumindest Fahrlässigkeit voraus, wobei im englischen und französischen Recht terminologisch nicht zwischen der Pflichtverletzungs- und Verschuldensebene differenziert wird.

Nach deutschem Recht kommt eine Haftung nach § 823 Abs. 1 BGB in Betracht, wenn die Zertifizierungsgesellschaften entsprechende Verkehrssicherungspflichten zu beachten haben.[1436] Hierfür spricht, dass sie die von dem Zertifizierungsgegenstand ausgehenden Gefahren durch die Ausstellung des Zertifikats und den dadurch verbesserten Absatzchancen intensivieren. Im Falle der gesetzlich geregelten Zertifizierungssysteme kann zudem eine Haftung nach § 823 Abs. 2 BGB begründet werden, was eine Auseinandersetzung mit den Zwecken der jeweiligen Zertifizierungsgesetze erforderlich macht.[1437] Der Kreis der anspruchsberechtigten Personen kann über die Bestimmung der Reichweite der Verkehrssicherungspflichten bzw. die Reichweite der Schutzgesetze an die Funktionen der jeweiligen Zertifizierung angepasst werden.

Die Haftung für Personenschäden richtet sich im englischen Recht nach dem *tort of negligence*.[1438] Die im Ursprung gegenüber dem Auftraggeber, d. h. vertraglich begründete Pflicht zur sorgfältigen Zertifizierung stellt auch nach englischem Recht nicht automatisch eine allgemeine Handlungspflicht gegenüber jedermann dar. Vielmehr muss eine *duty of care* gegenüber Dritten gesondert festgestellt werden. Maßgeblich sind die Kriterien *foreseeability*, *proximity* sowie *fairness*, *justice* und *reasonableness*.[1439] Diese weiten Voraussetzungen sind besonders konkretisierungsbedürftig, erlauben aber sachgerechte Differenzierungen im Einzelfall. Das französische Recht kennt hingegen jenseits des allgemeinen Kausalitätserfordernisses keiner-

1436 Kap. 4 B.III.2.a.
1437 Kap. 4 B.III.3.
1438 Kap. 5 A.II.2.
1439 Kap. 5 A.II.2.b.

lei einschränkende Haftungsvoraussetzungen. Führt die Verletzung des Zertifizierungsvertrages zu einer Schädigung Dritter, ist die für die deliktische Generalklausel der Art. 1240, 1241 CC maßgebliche Voraussetzung der *faute délictuelle* erfüllt.[1440] Da auch die allgemeinen Zurechnungsvoraussetzungen sehr großzügig angewandt werden,[1441] haften die Zertifizierungsgesellschaften im Ergebnis gegenüber jedem, der durch die fehlerhafte Zertifizierung geschädigt wurde. Dass Zertifizierungen je nach Ausgestaltung unterschiedliche Vertrauenstatbestände zugunsten konkreter Personengruppen oder bestimmter Rechtsgüter darstellen, bleibt nach französischem Haftungsrecht unberücksichtigt. Die Hürden für eine Schadensersatzhaftung sind nach alledem im Vergleich zum deutschen oder englischen Recht deutlich niedriger.

b. Reine Vermögensschäden

Größere Unterschiede offenbaren die Rechtsordnungen hinsichtlich der Ersatzfähigkeit von fahrlässig verursachten reinen Vermögensschäden.[1442] Unter reinen Vermögensschäden versteht man wirtschaftliche Verluste, die nicht auf eine vorangehende Verletzung eines absolut geschützten Rechtsgutes wie die Gesundheit oder das Eigentum des Geschädigten zurückgeführt werden können.[1443] Während das englische und deutsche Recht diesbezüglich strengere Haftungsvoraussetzungen aufstellen, bleibt das französische Recht weitgehend bei seiner liberalen Grundhaltung.

Dem deutschen Recht ist eine generelle Fahrlässigkeitshaftung für reine Vermögensschäden fremd. Das Vermögen zählt bekanntlich nicht zu den in § 823 Abs. 1 BGB aufgezählten absolut geschützten Rechtsgütern. Es wird deliktsrechtlich möglicherweise nach Maßgabe des § 823 Abs. 2 BGB geschützt, wenn die Pflichten der Zertifizierungsgesellschaften gesetzlich geregelt sind und der Zweck dieses Gesetzes nach dem Willen des Gesetzgebers auf Vermögensschutz abzielt. Im Rahmen der in dieser Arbeit untersuchten Zertifizierungssysteme scheidet ein deliktsrechtlicher Vermögensschutz allerdings aus, da die Zertifizierungsgesetze lediglich Körper

1440 Kap. 5 B.II.2.

1441 Kap. 5 B.II.4.

1442 Vgl. zum Ersatz reiner Vermögensschäden aus rechtsvergleichender Perspektive *Banakas*, in: Banakas, Civil Liability for Pure Economic Loss, S. 1; *Boom, van*, in: van Boom/Koziol/Witting, Pure Economic Loss, S. 1; *Bussani/Palmer*, in: Bussani/Palmer, Pure Economic Loss in Europe, S. 120; *Casals*, in Martin-Casals, Borderlines of Tort Law, S. 805 f.; *Gauch/Sweet*, in Keller-FS (1989), S. 117; *von Hein*, in Kren Kostkiewicz-FS (2018), S. 773; *Kötz*, RabelsZ 1994, 423; *Palmer*, in: Bussani/Sebok, Comparative Tort Law: Global Perspectives, S. 300.

1443 Eingehend zum Begriff *Bussani/Palmer*, in: Bussani/Palmer, Pure Economic Loss in Europe, S. 1.

und Gesundheit, nicht jedoch das Vermögen der Betroffenen schützen.[1444] Es bleibt daher nur noch die Möglichkeit, Vermögensschäden im Falle einer vorsätzlichen sittenwidrigen Schädigung gem. § 826 BGB geltend zu machen. Die Rechtsprechung hat insbesondere die Anforderungen an das Vorsatzelement reduziert, um in bestimmten Fällen eine Haftung zu ermöglichen. Doch selbst wenn von Vorsatz in diesem Sinne ausgegangen werden kann und die Voraussetzungen für einen Sittenverstoß vorliegen, scheidet ein Anspruch aus, wenn der Vermögensschutz nicht von dem Zweck der verletzten Sittenpflicht umfasst ist.[1445] Diesbezüglich muss zwischen den einzelnen Zertifizierungssystemen differenziert werden.

Um einen großzügigeren Vermögensschutz zu ermöglichen, wird im deutschen Recht der Anwendungsbereich des Vertragsrechts erheblich ausgedehnt. Die gesetzliche Grundentscheidung gegen eine entsprechende Fahrlässigkeitshaftung darf jedoch nicht umgangen werden, weshalb die vertragsähnliche Haftung an strenge Voraussetzungen gekoppelt ist. Die Haftung nach dem Vertrag mit Schutzwirkung setzt Leistungsnähe, Gläubigerinteresse, Erkennbarkeit für den Schuldner sowie die Schutzbedürftigkeit des Dritten voraus.[1446] Eine auf der Grundlage der *culpa in contrahendo* konstruierte Vertrauenshaftung setzt nach der Rechtsprechung voraus, dass die Zertifizierungsgesellschaft beim Abschluss des Vertrages zwischen dem Dritten und seinem Vertragspartner konkretes (und nicht lediglich typisiertes) Vertrauen in Anspruch genommen hat, was i. d. R. deren physische Anwesenheit voraussetzt.[1447] Diese strengen Anforderungen werden in den meisten Fällen nicht erfüllt sein, weshalb eine vertragsrechtliche Haftung für reine Vermögensschäden zumeist ausscheidet.

Die Diskriminierung reiner Vermögensschäden ist vor allem auf die Sorge vor einer ausufernden Haftung zurückzuführen. Dahinter steht entweder die Sorge vor einer Überlastung der Gerichte oder einer erdrosselnden Wirkung für den Schädiger, der in einem Ausmaß in Anspruch genommen wird, das in keinem Verhältnis zu dem ihm zur Last gelegten Fahrlässigkeitsvorwurf steht.[1448] Auch das englische Recht ist daher bemüht, das Haftungsrisiko überschaubar und versicherbar zu halten, geht dabei allerdings pragmatischer vor als das deutsche Recht.[1449] Zwar bezweckt das Delikts-

---

1444 Kap. 4 B.III.3.

1445 Kap. 4 B.III.4.

1446 Kap. 4 B.II.2.a.-d.

1447 Kap. 4 B.II.3.

1448 Vgl. *Palmer*, in: Bussani/Sebok, Comparative Tort Law: Global Perspectives, S. 300 (316).

1449 Vgl. *Bussani/Palmer*, in: Bussani/Palmer, Pure Economic Loss in Europe, S. 120 (123 ff.); sowie *Palmer*, in: Bussani/Sebok, Comparative Tort Law: Global Perspectives, S. 300 (309 ff.), die hinsichtlich reiner Vermögensschäden zwischen liberalen

recht auch hier primär den Schutz von Personen und Sachwerten.[1450] Die Ersatzfähigkeit reiner Vermögensschäden ist im Deliktsrecht jedoch nicht generell ausgeschlossen oder auf Fallgruppen beschränkt, in denen dies dem ausdrücklichen Willen des Gesetzgebers entspricht.[1451] Vielmehr hängt die Haftung (wie immer) im Einzelfall davon ab, ob gegenüber dem Geschädigten eine entsprechende *duty of care* besteht.[1452] Die Rechtsprechung genießt einen sehr großen Entscheidungsspielraum. Eine solche „freie" Schaffung von Verkehrssicherungspflichten zum Schutz fremden Vermögens durch die Rechtsprechung ist im deutschen Recht *de lege lata* nicht möglich.[1453] Die Skepsis gegenüber reinen Vermögensschäden offenbart sich nach englischem Recht bei der Anwendung der allgemeinen Voraussetzungen für eine *duty of care*. Ob es sich um einen Personen- oder Vermögensschaden handelt, wird etwa bei dem Merkmal der *foreseeability* berücksichtigt.[1454] Ein flexibler Korrekturmechanismus ist ferner das *principle of remoteness*, mit dem besonders fernliegende Haftungsursachen ausgeschlossen werden können.[1455] Außerdem ist die Haftung regelmäßig ausgeschlossen, wenn der Geschädigte seinen eigenen Vertragspartner in Anspruch nehmen kann.[1456] Die grundsätzliche Wertung, dass der Ersatz von Vermögensschäden als Domäne des Vertragsrechts anzusehen ist, ist demnach auch im englischen Recht erkennbar,[1457] wird aber unter strengen Voraussetzungen im Rahmen des *tort of negligence* durchbrochen. In den Zertifizierungsfällen werden diese Voraussetzungen nur ausnahmsweise erfüllt sein.

Völlig anders ist die Situation bei der Anwendung französischen Rechts.[1458] Zwischen Vermögens- und Personenschäden wird generell und speziell

---

(u. a. Frankreich), pragmatischen (u. a. England) und konservativen (u. a. Deutschland) Rechtsordnungen unterscheidet.

1450 *Kötz*, RabelsZ 1994, 423 (428).

1451 Vgl. zum *breach of statutory duty*, Kap. 5 A.II,3.

1452 Vgl. zum *tort of negligence* Kap. 5 A.II.2.

1453 Die Qualifizierung von Verkehrssicherungspflichten als Schutzgesetze i. S. v. § 823 Abs. 2 BGB wäre de facto eine Umgehung des Enumerationsprinzips, vgl. Kap. 4 B.III.3.

1454 Kap. 5 A.II.2.b.aa.

1455 Kap. 5 A.II.4.

1456 Kap. 5 A.II.2.b.aa.

1457 Vgl. *Howarth*, in: Banakas, Civil Liability for Pure Economic Loss, S. 27 (27 ff.).

1458 Eine deliktische Generalklausel französisch geprägten Ursprungs existiert bspw. auch im schweizerischen Recht (vgl. Art. 41 OR). Die praktische Anwendung dieser Klausel führt jedoch zu größeren Übereinstimmungen mit der deutschen Konzeption, da Art. 41 Abs. 1 OR anders als Art. 1240 CC ausdrücklich die Widerrechtlichkeit der Schadenszufügung verlangt und diese bei reinen Vermögensschäden nur bei einem Verstoß gegen entsprechende Schutznormen angenommen wird, eingehend und m. w. N. *von Hein*, in Kren Kostkiewicz-FS (2018), S. 773 (775 ff.).

bei der deliktischen Generalklausel nicht differenziert.[1459] Die für die deliktische Haftung gegenüber vertragsfremden Dritten erforderliche *faute délictuelle* wird nach der *Myr'ho*-Entscheidung, der eine Fallkonstellation mit reinen Vermögensschäden zugrunde lag, alleine durch die Verletzung des Vertrages, an dem der Geschädigte nicht beteiligt war, begründet.[1460] Schutzzweck- oder Vorhersehbarkeitserwägungen werden nicht angestellt. Die Reichweite der Haftung wird üblicherweise auch nicht mithilfe des allgemeinen Kausalitätserfordernisses oder normativer Zurechnungsvoraussetzungen eingeschränkt.[1461] Allenfalls auf Rechtsfolgenseite kommt eine Begrenzung der Haftung in Betracht.[1462] Der französische Gesetzgeber hat die berechtigte Kritik an dieser Rechtsprechung mittlerweile erkannt und plant nunmehr, die Gleichsetzung von vertraglichen und deliktischen Pflichtverletzungen abzuschaffen (Art. 1234 CC Abs. 1 n. F.).[1463] Jedenfalls für Zertifizierungsgesellschaften wird dies jedoch kaum eine Verringerung des Haftungsrisikos bedeuten, denn Geschädigte können für das Vorliegen einer *faute délictuelle* auch die Verletzung von Gesetzen, technische Normen oder Berufsregeln geltend machen, ohne dass es dabei auf Schutzzweckerwägungen ankäme.[1464]

3. Haftungsrecht als Lösung für das Anreizproblem

Die Rechtsordnungen sollen noch vor dem Hintergrund des im Zusammenhang mit der *gatekeeper*-Haftung vielfach beschriebenen Anreizproblems beleuchtet werden.[1465] Nach deutschem und englischem Recht treffen eine umfassende Haftung gegenüber dem Auftraggeber und eine lediglich eingeschränkte Haftung gegenüber Dritten aufeinander.[1466] Die Dritthaftung ist insgesamt unwahrscheinlicher als die Haftung gegenüber dem Auftraggeber, weshalb Zertifizierungsgesellschaften geneigt sein könnten, ihre Sorgfaltsbemühungen an deren Interessen auszurichten. Nach französischem Recht scheint hingegen eine Dritthaftung wahrscheinlicher zu sein als eine Haftung gegenüber dem Auftraggeber. Dies ist auch darauf zurückzuführen, dass Einwendungen aus dem Vertrag im Rahmen der deliktischen Haftung

---

1459 Kap. 5 B.II.2.
1460 Kap. 5 B.II.2.
1461 Diesen Ansatz verfolgen bspw. das polnische Recht sowie die skandinavischen Rechtsordnungen, vgl. *Palmer*, in: Bussani/Sebok, Comparative Tort Law: Global Perspectives, S. 300 (311).
1462 Kap. 5 B.II.2.
1463 Kap. 5 B.II.3.
1464 Kap. 5 B.II.3.
1465 Vgl. Kap. 3 B.
1466 Freilich muss beachtet werden, dass das anwendbare Haftungs- und Dritthaftungsstatut nicht identisch sein müssen. Das anwendbare Recht muss für beide Haftungsfragen getrennt ermittelt werden.

nach Art. 1240, 1241 CC generell keine Rolle spielen.[1467] Das Anreizproblem, das im Ausgangspunkt dadurch entsteht, dass Zertifizierungsgesellschaften von demjenigen beauftragt und bezahlt werden, den sie unabhängig und objektiv prüfen sollen, wird also nach französischem Recht haftungsrechtlich korrigiert. Die Gefahr, dass sich die Qualität der Konformitätsprüfungen in einem *race to the bottom* zunehmend verschlechtert, scheint vor diesem Hintergrund gebannt.

1467 Kap. 5 B.II.4.

Kapitel 6: Internationales Privatrecht

Die der Haftung von Zertifizierungsgesellschaften zugrunde liegenden Sachverhalte weisen nicht selten Berührungspunkte zu mehr als einem Staat bzw. mehr als einer Rechtsordnung auf. Aus diesem Grund ist es erforderlich, das jeweils anwendbare Sachrecht zu ermitteln. Bei der Untersuchung der Zertifiziererhaftung aus internationalprivatrechtlicher Perspektive stellen sich eine Reihe komplexer und praktisch bedeutsamer Rechtsfragen, die in diesem Kapitel eingehend beleuchtet werden. Die Beantwortung der aufgeworfenen Fragen richtet sich dabei nach dem internationalen Schuldrecht, das in der Europäischen Union durch die Verordnungen über das auf vertragliche Schuldverhältnisse anzuwendende Recht (Rom I) bzw. über das auf außervertragliche Schuldverhältnisse anzuwendende Recht (Rom II) harmonisiert wurde. Zu Beginn dieses Kapitels steht daher eine allgemeine Einführung, in der u. a. die methodischen Besonderheiten bei der Anwendung des europäischen Kollisionsrechts in den Blick genommen werden (A.). Danach folgt eine Auseinandersetzung mit dem Anwendungsbereich der Rom-Verordnungen, insbesondere dem Begriff der Zivil- und Handelssache (B.), sowie dem internationalprivatrechtlichen Vertragsbegriff (C.), dem eine entscheidende Rolle bei der Abgrenzung der Rom I- und Rom II-VO zukommt. Im Anschluss erfolgt schließlich die kollisionsrechtliche Untersuchung der Haftung (D.) und Dritthaftung (E.) der Zertifizierungsgesellschaften. Wie die Kapitel zum materiellen Dritthaftungsrecht gezeigt haben, ist die Frage nach dem anwendbaren Recht aufgrund der materiellrechtlichen Unterschiede für den Ausgang eines Rechtsstreits von erheblicher praktischer Bedeutung.

A. Einführung

I. Zertifizierung als grenzüberschreitender Vorgang

Zertifizierungen stellen in einer globalisierten Welt regelmäßig grenzüberschreitende Lebenssachverhalte dar. Verbindungen zu verschiedenen Staaten bzw. Rechtsordnungen ergeben sich etwa durch Rechtswahlklauseln in Zertifizierungsverträgen oder durch grenzüberschreitende Aktivitäten von Zertifizierungsgesellschaften. Im Falle von rein vertraglich geregelten Zertifizierungen ist bspw. denkbar, dass eine in Deutschland ansässige Zertifizierungsgesellschaft von ausländischen Kunden beauftragt wird. Doch auch die gesetzlich geregelten Zertifizierungssysteme bilden hierzu keine Ausnahme, selbst wenn diese Systeme im nationalen Recht verankert sind. Ausweislich des § 21 Abs. 5 ProdSG können bspw. Zertifizierungsgesellschaften, die in einem anderen Mitgliedstaat der Union oder der Europäischen

Freihandelszone ansässig sind, als GS-Stelle zugelassen werden.[1468] Auch die benannten Stellen des europäischen Produktsicherheitsrechts können von Herstellern aus jedem EU-Mitgliedstaat beauftragt werden.[1469] Weitere Auslandsberührungen entstehen, wenn die durchzuführende Konformitätsprüfung Grenzübertritte erforderlich macht, etwa weil der Sitz eines Herstellers und der Standort seiner Produktionsstätten unterschiedlich belegen sind. Schließlich kann auch der Ort bzw. die Orte, an denen die Konformitätsprüfungen durchzuführen sind von dem Ort, an dem die Entscheidung über die Ausstellung des Zertifikats getroffen wird, abweichen.

Die Zertifizierung wird spätestens dann zum internationalen Sachverhalt, wenn man den Personenkreis der Adressaten einer Zertifizierung mit in den Blick nimmt. Wurde beispielsweise die Sicherheit oder Qualität eines Produkts fälschlich zertifiziert, erreicht diese Pflichtverletzung die identische Streuwirkung wie das Inverkehrbringen des gefährlichen Produkts. Dies hat insbesondere der PIP-Skandal gezeigt, in dem weltweit hunderttausende Personen aus den unterschiedlichsten Ländern betroffen waren. Doch auch bei anderen Zertifizierungsgegenständen entstehen Verbindungen zu einer Vielzahl von Staaten, etwa wenn ein zertifiziertes Unternehmen Zertifikate bei grenzüberschreitenden Geschäftsbeziehungen zum Einsatz bringt.

Fraglich ist, ob in all diesen Fällen überhaupt der Anwendungsbereich des europäischen internationalen Schuldrechts eröffnet ist. Bereits aus kompetenziellen Gründen (Art. 81 Abs. 1 AEUV) verlangen die einschlägigen EU-Verordnungen (vgl. Art. 1 Abs. 1 S. 1 Rom I-VO sowie Art. 1 Abs. 1 S. 1 Rom II-VO) eine „Verbindung zum Recht verschiedener Staaten“.[1470] Die Art des Auslandsbezugs wird indessen nicht näher präzisiert und muss daher in Bezug auf die jeweils in Betracht kommenden Kollisionsnormen geprüft werden.[1471] Fehlt es an einem irgendwie gearteten Auslandsbezug würden die jeweiligen Kollisionsnorm allerdings ohnehin zur Anwendung der *lex fori* führen,[1472] weshalb dem Merkmal jedenfalls in praktischer Hinsicht nur eine geringe Bedeutung zukommt.[1473] Zu beachten ist jedoch, dass etwa die Rechtswahlmöglichkeiten bei reinen Inlandssachverhalten gem. Art. 3 Abs. 3

1468 Vgl. Kap. 2 C.II.3.

1469 Vgl. Kap. 2 C.I.3.

1470 Eingehend *Magnus*, ZEuP 2018, 507 (509 ff.); *von Hein*, in MüKo BGB, Art. 3 EGBGB, Rn. 12.

1471 *von Hein*, in MüKo BGB, Art. 3 EGBGB Rn. 12; *Hausmann*, in Staudinger, Art. 3 EGBGB Rn. 8; *Spickhoff*, in BeckOK BGB, Art. 1 Rom I-VO Rn. 33; ders., in BeckOK BGB, Art. 1 Rom II-VO Rn. 11;.

1472 *Kegel/Schurig*, IPR, § 1 III; *Rauscher*, IPR, Rn. 4; *Spickhoff*, in BeckOK BGB, Art. 1 Rom I-VO Rn- 33.

1473 *Junker*, in Müko BGB, Art. 1 Rom II-VO Rn. 9; *Spickhoff*, in BeckOK BGB, Art. 1 Rom I-VO Rn. 33; *Thorn*, in Grüneberg, Art. 1 Rom I-VO Rn. 5; ders., in Grüneberg, Art. 1 Rom II-VO Rn. 8.

Rom I-VO und Art. 14 Abs. 2 Rom II-VO eingeschränkt sind, wodurch dem Merkmal des Auslandsbezugs in diesem Kontext Relevanz zukommt.[1474]

II. Einführung zum europäischen internationalen Schuldrecht

1. Die Verordnungen Rom I und II im Überblick

Maßgeblich zur Bestimmung des anwendbaren Rechts in den Fällen der Haftung und Dritthaftung von Zertifizierungsgesellschaften sind die Verordnungen Rom I und II.[1475] Mit ihrer Einführung wurden die Kerngebiete des internationalen Schuldrechts in der Union nahezu vollständig harmonisiert. Hierdurch soll das angestrebte Ideal des äußeren bzw. internationalen Entscheidungseinklangs maßgeblich gefördert werden.[1476] Die Anwendungsbereiche der beiden Verordnungen verhalten sich komplementär zueinander, d. h. das auf ein Schuldverhältnis anwendbare Recht wird entweder nach der einen oder nach der anderen Verordnung ermittelt, es sei denn es greift einer Bereichsausnahmen ein. Als Verordnungen sind die beiden Rechtsakte gem. Art. 288 Abs. 2 AEUV in den EU-Mitgliedstaaten unmittelbar anwendbar.[1477] Die Rom I-VO über vertragliche Schuldverhältnisse vom 17.6.2008 findet gem. Art. 28 Rom I-VO auf Verträge Anwendung, die ab dem 17.12.2009 geschlossen wurden. Bereits zuvor existierte mit dem Europäischen Schuldvertragsübereinkommen (EVÜ) ein noch auf völkervertraglicher Grundlage vereinheitlichtes internationales Vertragsrecht.[1478] Dessen Bestimmungen wurden in Art. 27–37 EGBGB a. F. inkorporiert und nach Inkrafttreten der Rom I-VO gestrichen; die frühere Rechtsprechung und Literatur können jedoch aufgrund der behutsamen Fortentwicklung des EVÜ durch die Rom I-VO weiterhin im Rahmen der Auslegung herangezogen werden.[1479] Die Rom II-VO über außervertragliche Schuldverhältnisse vom 11.7.2007 trat am 11.1.2009 in Kraft. Sie ersetzte insbesondere mitgliedstaatliche IPR-Gesetze auf dem Gebiet des außervertraglichen Schuldrechts, die sich zum Teil stark unterschieden;[1480] eine mit dem EVÜ vergleichbare Vorgängerregelung existierte nicht.[1481] Aufgrund des eingeschränkten Anwendungsbereichs gem. Art. 1 Abs. 2 Rom II-VO, etwa in Bezug auf Per-

1474 *von Hein*, in MüKo BGB, Art. 3 EGBGB Rn. 10 f.

1475 Vgl. im Überblick, *Magnus*, IPRax 2010, 27; *Martiny*, ZEuP 2015, 838; ders. ZEuP 2010, 747; *von Hein*, ZEuP 2009, 6.

1476 Vgl. jeweils Erwägungsgrund 6 der Rom I- und II-VO.

1477 Zum IPR-Verordnungsrecht m. w. N. *von Hein*, in MüKo BGB, Art. 3 EGBGB Rn. 45 ff.

1478 Übereinkommen von Rom über das auf vertragliche Schuldverhältnisse anzuwendende Recht vom 19.6.1980 (konsolidierte Fassung), ABl. 1998 C 27, 4.

1479 Vgl. *Magnus*, IPRax 2010, 27 (28).

1480 M. w. N. *Junker*, in MüKo BGB, Vor Art. 1 Rom II-VO Rn. 27.

1481 Vgl. *Junker*, in MüKo BGB, Vor Art. 1 Rom II-VO Rn. 2 ff.

sönlichkeitsrechtsverletzungen, wurden die autonomen Kollisionsnormen für außervertragliche Schuldverhältnisse (Art. 38–42 EGBGB) nicht gestrichen.[1482]

Aus Art. 2 Rom I-VO und Art. 3 Rom II-VO folgt, dass es sich bei den Vorschriften der beiden Rechtsakte um allseitige Kollisionsnormen (*lois uniformes)* handelt, die also nicht nur das Recht anderer EU-Mitgliedstaaten, sondern auch das Recht von Drittstaaten berufen können.[1483] Dabei gilt der Grundsatz der Sachnormverweisung (Art. 20 Rom I-VO, Art. 24 Rom II-VO), d. h. es wird nur auf die Sachvorschriften und nicht auf die Kollisionsnormen des berufenen Rechts verwiesen, wodurch Rück- und Weiterverweisungen ausgeschlossen sind.[1484]

Hinsichtlich der Auslegung der Rom-Verordnungen gelten zunächst dieselben Maßstäbe wie für sonstiges EU-Sekundärrecht, d. h. die Bestimmungen sind unionsrechtlich-autonom, also grundsätzlich unabhängig vom mitgliedsstaatlichen Recht auszulegen.[1485] Dieses Erfordernis ergibt sich auch aus dem Ziel des internationalen Entscheidungseinklangs, dessen Verwirklichung ohne eine autonome Auslegung gefährdet wäre.[1486] Verfahrensrechtlich wird die autonome Auslegung durch das Vorabentscheidungsverfahren vor dem EUGH nach Art. 267 AEUV abgesichert.[1487] Aus dem Kanon der klassischen Auslegungsmethoden spielen im europäischen IPR insbesondere die teleologische Auslegung und in diesem Zusammenhang die Anwendung des Effektivitätsgrundsatzes (*effet utile*) eine entscheidende Rolle.[1488] Generell liegt der Fokus darauf, neben dem Ziel des Entscheidungseinklangs, rechtssichere Lösungen zu finden, die die Vorhersehbarkeit des anwendbaren Rechts sicherstellen.[1489] Im Rahmen der systematischen Auslegung dient

---

1482 *Hausmann*, in Staudinger, Art. 3 EGBGB Rn. 40; *von Hein*, in MüKo BGB, Art. 3 EGBGB Rn. 47.

1483 Jeweils m. w. N. *Junker*, in MüKo BGB, Art. 3 Rom II-VO Rn. 1 ff.; *Martiny*, in MüKo BGB, Art. 2 Rom I-VO Rn. 1 ff.; allg. zu den verschiedenen Arten von Kollisionsnorm *von Hein*, in MüKo BGB, Einl. IPR Rn. 89 ff.

1484 Jeweils m. w. N. *Junker*, in MüKo BGB, Art. 24 Rom II-VO Rn. 1; *Martiny*, in MüKo BGB, Art. 20 Rom I-VO Rn. 3.

1485 *Hausmann*, in Staudinger, Art. 3 EGBGB Rn. 60; *von Hein*, in MüKo BGB, Art. 3 EGBGB Rn. 163; *Martiny*, ZEuP 2018, 218 (220); *Stürner*, in Erman BGB, Vor Art. 1 Rom I-VO Rn. 9; *Thorn*, in Grüneberg, Art. 3 EGBGB Rn. 9a.

1486 *Hausmann*, in Staudinger, Art. 3 EGBGB Rn. 60; *von Hein*, in MüKo BGB, Art. 3 EGBGB Rn. 163.

1487 Näher hierzu, *von Hein*, in MüKo BGB, Art. 3 EGBGB Rn. 148 ff.

1488 *Hausmann*, in Staudinger, Art. 3 EGBGB Rn. 62; *von Hein*, in MüKo BGB, Art. 3 EGBGB Rn. 171; *Spickhoff*, in BeckOK BGB, Art. 1 Rom I-VO Rn. 22; *Stürner*, in Erman BGB, Vor Art. 1 Rom I-VO Rn. 9.

1489 *von Hein*, in MüKo BGB, Art. 3 EGBGB Rn. 171; *Martiny*, ZEuP 2018, 218 (221).

das gesamte primäre und sekundäre Unionsrecht als Bezugsrahmen.[1490] Nach Erwägungsgrund 7 der Rom I- und II-VO *soll* nach Möglichkeit ein Gleichklang mit den anderen IPR- und IZVR-Verordnungen hergestellt werden.[1491] Ein hohes Maß an Kohärenz im rechtsaktübergreifenden Gesamtsystem des europäischen IPR und IZVR dient der Übersichtlichkeit und verhindert Wertungswidersprüche.[1492] Grundsätzlich sind Begriffe, die in beiden Rom-Verordnungen verwendet werden, also gleich auszulegen.[1493] Für diese Arbeit von besonderer Bedeutung ist der Auslegungszusammenhang zur Brüssel Ia-VO, denn ein Großteil der Rechtsprechung des EuGH etwa zum Begriff des „vertraglichen Schuldverhältnisses", der auch maßgeblich ist für die Abgrenzung der Rom I- und II-Verordnung, erging im Zusammenhang mit der Abgrenzung des Vertrags- und Deliktsgerichtsstands.[1494]

Die Anknüpfungsregeln des europäischen internationalen Schuldrechts beruhen auf dem von *Savigny* entwickelten Prinzip der engsten Verbindung.[1495] Das anwendbare Recht wird bestimmt, indem untersucht wird, zu welcher Rechtsordnung das Rechtsverhältnis die engste Verbindung aufweist.[1496] Dabei wird grundsätzlich von der Neutralität des IPR gegenüber dem Inhalt des anwendbaren Rechts ausgegangen.[1497] Die Rom-Verordnungen kodifizieren mit ihren ausdifferenzierten Grundanknüpfungen typisierte engste Verbindungen, die durch punktuelle Ausweichklauseln (z. B. Art. 4 Abs. 3 Rom I-VO und Art. 4 Abs. 3 Rom II-VO) aufgelockert werden; eine allgemeine Ausweichklausel zur Kontrolle des Ergebnisses anhand des Prinzips der engsten Verbindung ist indessen nicht vorgesehen.[1498] Dieses System soll ein relativ hohes Maß an Rechtssicherheit gewährleisten, gleichzeitig aber eine gewisse Flexibilität zur Bewältigung des Einzelfalls ermöglichen.[1499] Neben diesem objektiven Anknüpfungssystem zeichnen sich die Rom-

---

1490 *von Hein*, in MüKo BGB, Art. 3 EGBGB Rn. 168; *Magnus*, in Staudinger, Einl. Rom I-VO Rn. 62.

1491 Zur Berücksichtigung des Auslegungszusammenhangs im Rahmen der systematischen Auslegung *Lüttringhaus*, RabelsZ 2013, 31 (34 f.).

1492 Vgl. die Beiträge in *von Hein/Rühl*, Kohärenz im Internationalen Privat- und Verfahrensrecht der Europäischen Union.

1493 *Magnus*, in Staudinger, Einl. Rom I-VO Rn. 62; *Spickhoff*, in BeckOK BGB, Art. 1 Rom I-VO Rn. 20.

1494 Näher hierzu Kap. 6 A.II.4.

1495 Zur methodischen Kontinuität im Zuge der Europäisierung des IPR m. w. N. auch zu den Gegenstimmen *von Hein*, in MüKo BGB, Einl. IPR Rn. 40 ff.

1496 *von Hein*, in MüKo BGB, Einl. IPR Rn. 29; vgl. zu dieser Methode auch *Looschelders*, in Staudinger, Einl. IPR Rn. 54 ff.

1497 *von Hein*, in MüKo BGB, Einl. IPR Rn. 30; *Looschelders*, in Staudinger, Einl. IPR Rn. 55.

1498 *von Hein*, in MüKo BGB, Einl. IPR Rn. 31.

1499 *Kropholler*, IPR, § 4 II 2c.; *Magnus*, in Staudinger, Einl. Rom I-VO Rn. 70; vgl. auch ErwGr 14 der Rom II-VO.

Verordnungen durch eine großzügige, wenn auch nicht schrankenlose,[1500] Berücksichtigung der Parteiautonomie aus (Art. 3 Rom I-VO und Art. 14 Rom II-VO). Dies wird heute überwiegend nicht mehr als bloße „Verlegenheitslösung“ angesehen,[1501] sondern stellt einen eigenständigen Eckpfeiler des Kollisionsrechts dar, der besonders geeignet ist, zur Rechtssicherheit sowie zur Realisierung des Binnenmarkts beizutragen.[1502]

Die vorgenommene Verweisung kann schließlich in den engen Grenzen des *ordre public*-Vorbehalts korrigiert werden, wenn das anwendbare Recht gegen fundamentale Wertungen des inländischen Rechts verstößt (Art. 21 Rom I-VO, Art. 26 Rom II-VO). Ein weiteres Charakteristikum des europäischen internationalen Schuldrechts ist ferner die Sonderanknüpfung international zwingender Vorschriften des Forums oder des Unionsrechts gegen das eigentlich zur Anwendung berufene Recht (Art. 9 Rom I-VO, Art. 16 Rom II-VO).[1503]

2. Gerechtigkeit, Interessen und Wertentscheidungen im IPR

Dass das IPR gegenüber dem materiellen Recht einen eigenständigen Gerechtigkeitsgehalt hat, verwirklicht sich nach der klassischen Methode im Prinzip der engsten Verbindung.[1504] Das kollisionsrechtlich „beste Recht“ ist nicht das Recht, das die überzeugendste materiellrechtliche Lösung des Falls bereithält, sondern dasjenige, zu dem die engste Verbindung besteht.[1505] Konkretisiert wird die Gerechtigkeit durch eine umfassende Abwägung der kollisionsrechtlich relevanten Interessen.[1506] Diese wurden von *Kegel* und *Schurig* in Partei, Verkehrs- und Ordnungsinteressen unter-

---

1500 Zu den Schranken der Parteiautonomie, insbes. dem Schutz schwächerer Parteien im Überblick *von Hein*, in MüKo BGB, Einl. IPR Rn. 38.

1501 So noch *Kegel/Schurig*, IPR, § 18 I 1c.

1502 Vgl. *von Bar/Mankowski*, IPR Bd. I, § 7 6c. *von Hein*, in BGB, Einl. IPR Rn. 35 ff.; *Looschelders*, in Staudinger, Einl. IPR Rn. 62; *Maultzsch*, in: von Hein/Rühl, Kohärenz im Internationalen Privat- und Verfahrensrecht der Europäischen Union, S. 153 (160 ff.).

1503 Im Überblick, *Looschelders*, in Staudinger, Einl. IPR Rn. 45 ff.

1504 *von Hein*, in MüKo BGB, Einl. IPR Rn. 29 f.; *Looschelders*, in Staudinger, Einl. IPR Rn. 58; dennoch stellen kollisionsrechtliche und materiellrechtliche Gerechtigkeit zwei Facetten einer einzigen, unteilbaren Gerechtigkeit dar, vgl. *Kegel/Schurig*, IPR, § 2 I.

1505 *von Hein*, in MüKo BGB, Einl. IPR Rn. 29; *Looschelders*, in Staudinger, Einl. IPR Rn. 58; vgl. aus der Rspr., BGH, Urt. v. 20.6.1979 – IV ZR 106/78 = NJW 1979, 1776 (1778).

1506 *von Hein*, in MüKo BGB, Einl. IPR Rn. 30.

teilt.[1507] Wenngleich diese Unterteilung nicht zwingend ist[1508] und teilweise für ihr hohes Maß an Abstraktion und Formalismus kritisiert wurde,[1509] kann sie zur Strukturierung der Abwägung im Sinne eines heuristischen Mittels herangezogen werden.[1510] Zu berücksichtigen ist demnach zum einen das Interesse der Parteien, nach einer Rechtsordnung behandelt zu werden, mit der sie eng verbunden sind.[1511] Zum anderen ist dem Verkehr an einer Förderung des grenzüberschreitenden Rechtsverkehrs gelegen, welchem insbesondere durch einfache und leicht handhabbare Kollisionsnormen gedient ist.[1512] Schließlich existieren Ordnungsinteressen, wozu – neben dem allgemeinen Interesse an Rechtssicherheit und Vorhersehbarkeit[1513] – das Interesse am internationalen bzw. äußeren Entscheidungseinklang zu zählen ist. Es besagt, dass auf einen Sachverhalt immer das gleiche Recht angewendet werden soll, unabhängig davon, welches Gericht international zuständig ist.[1514] Hierdurch soll das *forum shopping* vermieden werden; die Parteien sollen nicht das anwendbare Recht durch die Anrufung eines bestimmten Gerichts beeinflussen können.[1515] Dieses Ziel ist am besten durch eine Vereinheitlichung der nationalen IPR-Gesetze und eine autonome Auslegung zu erreichen und ist daher das zentrale Motiv für die zunehmende Europäisierung des IPR. *Kegel* und *Schurig* nennen als weiteres Ordnungsinteresse den inneren Entscheidungseinklang. Es besagt, dass zur Vermeidung von Widersprüchen auf einen Sachverhalt möglichst eine einzige Rechtsordnung anwendbar sein soll, da deren Rechtssätze widerspruchsfrei aufeinander abgestimmt sind.[1516] Wenn hingegen Teile eines Sachverhalts verschiedenem Recht unterstellt werden (sog. *dépeçage*),[1517] drohen Widersprüche in Form von Normenmangel oder Normenhäufung.[1518] Um dies zu verhindern, müssten Kollisionsnormen möglichst weit gefasst werden.[1519] Der Gesetzgeber muss dieses Ziel gegen die möglicherweise aus anderen Gründen

---

1507 *Kegel/Schurig*, IPR, § 2 II.

1508 Eingehende Würdigung bei *Schinkels*, in von Hoffmann-FS (2011), S. 390; m. w. N. *von Hein*, in MüKo BGB; Einl. IPR Rn. 30 Fn. 110.

1509 *Looschelders*, in Staudinger, Einl. IPR Rn. 59.

1510 *von Hein*, in MüKo BGB, Einl. IPR Rn. 30 Fn. 110; ähnlich *Looschelders*, in Staudinger, Einl. IPR Rn. 60.

1511 *Kegel/Schurig*, IPR, § 2 II 1.

1512 *Kegel/Schurig*, IPR, § 2 II 2.

1513 *Kegel/Schurig*, IPR, § 2 II 3c.

1514 *Kegel/Schurig*, IPR, § 2 II 3a; *Kropholler*, IPR, § 6 I.

1515 *Kegel/Schurig*, IPR, § 2 II 3a; *Kropholler*, IPR, § 6 I.

1516 *Kegel/Schurig*, IPR, § 2 II 3b.

1517 Vgl. im Überblick *von Hein*, in MüKo BGB, Einl. IPR Rn. 104 ff.; monographisch zuletzt, *Aubart*, Die Behandlung der dépeçage im europäischen Internationalen Privatrecht.

1518 *Kegel/Schurig*, IPR, § 2 II 3b.; vgl. auch *von Hein*, in MüKo BGB, Einl. IPR Rn. 108.

1519 *Kegel/Schurig*, IPR, § 2 II 3b.

gerechtfertigte Aufspaltung der materiellrechtlichen Hauptfrage abwägen. Das Problem tritt z.B. im Kontext von vertraglichen Ansprüchen auf, wenn über die selbständige oder unselbständige Anknüpfung einer Teilfrage, etwa hinsichtlich der Wirksamkeit der Stellvertretung, der Geschäftsfähigkeit der Parteien oder der Formwirksamkeit des Vertrages, entschieden werden muss.[1520] Das Interesse an innerem Entscheidungseinklang kann sich jedoch auch auf ganze Teilbereiche einer Privatrechtsordnung erstrecken.[1521] Bspw. könnte der innere Sinnzusammenhang des Vertrags- und Deliktsrechts verloren gehen, wenn auf denselben Fall das Deliktsrecht des Staates A und das Vertragsrecht des Staates B anwendbar wäre.[1522]

Bei der Bildung von Kollisionsnormen beschränkt sich der Gesetzgeber freilich nicht auf die Abwägung abstrakter kollisionsrechtlicher Interessen, sondern berücksichtigt auch auf dieser Ebene Zwecke des materiellen Rechts.[1523] Eine materiellrechtliche Wertentscheidung, die auf das internationale Vertragsrecht durchschlägt, ist bspw. der Schutz schwächerer Parteien. So wird das Ziel des Verbraucher- und Arbeitnehmerschutzes durch das sog. Günstigkeitsprinzip in der Tendenz gefördert, indem verglichen wird, ob das gewählte Recht einen besseren Schutz verspricht als das objektiv anwendbare Recht, das an den gewöhnlichen Aufenthalt des Verbrauchers bzw. Arbeitnehmers anknüpft (Art. 6 und 8 Rom I-VO).[1524] Im internationalen Deliktsrecht treten materiellrechtliche Wertungen besonders bei Art. 7 Rom II-VO zutage. Diese dem Umweltschutz dienende Vorschrift überlässt es dem Geschädigten, zu entscheiden, ob das Recht des Erfolgsorts oder des Handlungsorts anzuwenden ist und stellt insofern eine Ausnahme zu Art. 4 Abs. 1 Rom II-VO dar, der das Ubiquitätsprinzip nicht kodifiziert hat.[1525] Wenngleich die kollisionsrechtliche Berücksichtigung materiellrechtlicher Wertungen im Wege von Alternativanknüpfungen rechtspolitisch umstritten ist, wird hierdurch das Prinzip der engsten Verbindung nicht grundsätzlich aufgegeben, solange es sich um eine maßvolle Verwendung handelt und sich die alternativen Anknüpfungsmomente an denen der klassischen IPR-Methoden orientieren.[1526]

1520 Bsp. bei *von Hein*, in MüKo BGB, Einl. IPR Rn. 104.

1521 *Kropholler*, IPR, § 18 I 1.

1522 *Czepelak*, J. Priv. Int'l L. 2011, 393 (403); *Kropholler*, IPR, § 18 I 1.

1523 *von Hein*, in MüKo BGB, Einl. IPR Rn. 30; *Looschelders*, in Staudinger, Einl. IPR Rn. 61; *Kegel/Schurig*, IPR, § 2 III; *Kropholler*, IPR, § 5 II.

1524 *von Hein*, in MüKo BGB, Einl. IPR Rn. 64; *Kropholler*, IPR, § 5 II 2.; *Looschelders*, in Staudinger, Einl. IPR Rn. 62.

1525 *von Hein*, in MüKo BGB, Einl. IPR Rn. 66.

1526 *von Hein*, in MüKo BGB, Einl. IPR Rn. 68 f.

3. Zu Theorie und Methode der Qualifikation

Unter Qualifikation[1527] versteht man nach überwiegender Ansicht den Subsumtionsvorgang unter den Anknüpfungsgegenstand einer Kollisionsnorm.[1528] Diese Subsumtion ist in methodischer Hinsicht von der Bestimmung des Anwendungsbereichs der in Betracht kommenden Kollisionsnormen im Wege der Auslegung zu unterscheiden, steht mit dieser aber praktisch in einer untrennbaren Wechselbeziehung, da die Auslegung der Kollisionsnorm im Hinblick auf die zu qualifizierende Rechtsfrage erfolgt.[1529]

Der vorzunehmende Einordnungsvorgang unterscheidet sich *prima facie* nicht von anderen, sachrechtlichen Einordnungsvorgängen, etwa wenn untersucht wird, ob eine Frage kaufrechtlich oder werkvertragsrechtlich zu beurteilen ist.[1530] Besondere methodische Herausforderungen ergeben sich im IPR jedoch dadurch, dass allseitige Kollisionsnormen sowohl in- als auch ausländisches Recht zur Anwendung berufen können.[1531] Die mehr oder weniger weit gefassten Systembegriffe bzw. Anknüpfungsgegenstände sollen unterschiedliche Sachverhalte zu einer konkreten Gattung *bündeln*.[1532] Dies führt dazu, dass unterschiedliche materiellrechtliche Systemverständnisse miteinander kollidieren können, Systemunterschiede zwischen dem eigenen materiellen Recht und dem IPR zu Tage treten oder ausländische Rechtsinstitute nicht durch selbständige Kollisionsnormen gespiegelt werden.[1533] Schwierig zu qualifizieren ist im Rahmen dieser Arbeit die Dritthaftung der Zertifizierungsgesellschaften.[1534] Vor allem wenn es um den Ersatz reiner Vermögensschäden geht, hat der Rechtsvergleich gezeigt, dass die Grenzen zwischen Vertrags- und Deliktsrecht in den einzelnen Rechtsordnungen teilweise unterschiedlich verlaufen.[1535] Es stellt sich die Frage, ob ein Gericht

1527 Monographisch hierzu *Mistelis*, Charakterisierungen und Qualifikation im internationalen Privatrecht; *Weber*, Die Theorie der Qualifikation.

1528 In diesem Sinne, *von Bar/Mankowski*, IPR Bd. I, § 7 I; *von Hein*, in MüKo BGB, Einl. IPR Rn. 109; *Looschelders*, in Staudinger, Einl. IPR Rn. 1083; *Lorenz*, in BeckOK BGB, Einl. IPR Rn. 53; *Kropholler*, IPR, § 15 I 1; nach der Gegenansicht bezeichnet die Qualifikation die „Auslegung" des Anknüpfungsgegenstandes im Tatbestand der Kollisionsnorm, vgl. Kegel/Schurig, IPR, § 7 III 1.

1529 *von Hein*, in MüKo BGB, Einl. IPR Rn. 113; *Looschelders*, in Staudinger, Einl. IPR Rn. 1083; *Kropholler*, IPR, § 15 I 3.

1530 *von Bar/Mankowski*, IPR Bd. I, § 7 2.

1531 *von Hein*, in MüKo BGB, Einl. IPR Rn. 109; *Rauscher*, IPR, Rn. 444.

1532 Vgl. zum Bild der „Bündelung" *Kegel/Schurig*, IPR, § 7 I; zust. *von Bar/Mankowski*, IPR Bd. I, § 7 II 2.

1533 Zu den unterschiedlichen Fallgruppen, *von Hein*, in MüKo BGB, Einl. IPR Rn. 110 ff.; *Kegel/Schurig*, IPR, § 7 II 1–3; *Rauscher*, IPR, Rn. 445 ff.

1534 Kap. 6 E.II.

1535 Kap. 5 C.II.2.a.

den Anspruch eines Dritten nach den Regeln des internationalen Vertrags- oder Deliktsrechts anknüpfen muss. Die Ausführungen in diesem Abschnitt dienen als methodische Vorarbeit für dieses Qualifikationsproblem.

Fraglich ist zunächst, was der exakte Gegenstand der Qualifikation ist. Die Frage ist seit langem umstritten, oftmals handelt es sich aber nur um terminologische Unterschiede, die keinen Einfluss auf das Ergebnis haben.[1536] Teilweise wurde auf das *Lebensverhältnis* bzw. den *Lebenssachverhalt* abgestellt,[1537] was jedoch schon deshalb nicht überzeugt, weil ein einziger Lebenssachverhalt unterschiedliche Rechts- und Qualifikationsfragen aufwerfen kann und daher eine gewisse Vorstrukturierung erforderlich ist.[1538] Andererseits sollte auch nicht eine bestimmte *Sachnorm*, z. B. die Haftung nach § 311 Abs. 3 S. 2 BGB, als Gegenstand der Qualifikation herangezogen werden, denn erst die Anwendung der Kollisionsnorm ergibt, welche Sachnormen heranzuziehen sind.[1539] Überzeugend ist daher eine vermittelnde Ansicht, die den Gegenstand der Qualifikation in einer nach funktionalen Kriterien bestimmten *Rechtsfrage* sieht, bzw. in einem bestimmten *Rechtsinstitut*, sofern mehrere funktional verknüpfte Rechtsfragen unter einem Systembegriff zusammengefasst werden können.[1540] Eine in diesem Sinne zu qualifizierende Rechtsfrage, die sich im Rahmen dieser Arbeit stellt, ist daher die nach der zivilrechtlichen Haftung einer Zertifizierungsgesellschaft gegenüber vertragsfremden Dritten. Wenn andererseits von der „Qualifikation des Vertrages mit Schutzwirkung" oder der „Qualifikation der Vertrauenshaftung" gesprochen wird und insofern konkrete Anspruchsgrundlagen einer potenziell berufenen Rechtsordnung qualifiziert werden, ist dies dogmatisch und terminologisch unpräzise. Der Sache nach werden jedoch die gleichen funktionalen Erwägungen angestellt, weshalb die unterschiedliche Konkretisierung des Qualifikationsgegenstands regelmäßig unschädlich ist.

Zentrales methodisches Problem der Qualifikation war seit jeher die Bestimmung des Qualifikationsstatuts, also die Frage, nach den Systemverständnissen welcher Rechtsordnung die Qualifikation vorzunehmen ist. Das Dilemma bestand vor der weitgehenden Harmonisierung des IPR darin, dass nationale Kollisionsnormen auf einen internationalen Sachverhalt angewendet werden mussten.[1541] Richtet sich also z. B. die Frage, ob eine

1536 *von Hein*, in MüKo BGB, Einl. IPR Rn. 115; *von Hoffmann/Thorn*, IPR, § 6 Rn. 1 Fn. 4.

1537 *Rabel*, RabelsZ 1931, 241 (243 f.).

1538 *von Hein*, in MüKo BGB, Einl. IPR Rn. 115; *Kropholler*, IPR, § 15 II 2.; *Looschelders*, in Staudinger, Einl. IPR Rn. 1085.

1539 *von Hein*, in MüKo BGB, Einl. IPR Rn. 115; *Kropholler*, IPR, § 15 II 3.

1540 *von Hein*, in MüKo BGB, Einl. IPR Rn. 116; ähnlich zur Rechtsfrage, *Kropholler*, IPR, § 15 II 3; zust. *Looschelders*, in Staudinger, Einl. IPR Rn. 1085.

1541 *von Hein*, in MüKo BGB, Einl. IPR Rn. 117.

Haftung vertragsrechtlich zu qualifizieren ist, nach den Vertragsvorstellungen der *lex fori*, der *lex causae* oder muss sie auf rechtsvergleichender Grundlage erfolgen? Gegen eine ausschließliche Heranziehung der Systembegriffe der materiellen *lex fori*, die früher vertreten wurde,[1542] spricht freilich, dass sie ausländische Rechtsinstitute, die dem inländischen Sachrecht unbekannt sind, von vornherein nicht erfassen könnte und zudem das Ziel des internationalen Entscheidungseinklangs gefährdet.[1543] Die *lex causae* heranzuziehen,[1544] wird ebenfalls einhellig abgelehnt, da auch sie nicht in der Lage ist, die bestehenden Systemunterschiede zu überwinden und in der praktischen Anwendung regelmäßig Normenhäufung oder Normenmangel drohen.[1545] Vor diesem Hintergrund war es eine Errungenschaft, die Qualifikation von dem Systemverständnis einer einzigen materiellen Rechtsordnung zu lösen und rechtsvergleichende Methoden heranzuziehen.[1546] Eine auf einem umfassenden Vergleich sämtlicher Rechtsordnungen beruhenden Qualifikation ist jedoch durch nationale Gerichte praktisch nur schwer umsetzbar.[1547] Der rechtsvergleichenden Qualifikation wurde zudem vorgeworfen, die verschiedenen Funktionen eines Rechtsinstituts lediglich beschreiben zu können; der Funktionszusammenhang einer Kollisionsnorm zu der aus rechtspolitischen Gründen vorgenommenen Begriffsbildung werde auf diese Weise verkannt.[1548] Gleichwohl ebnete der mit dieser Lehre verbundene funktionale Ansatz den Weg für die heute ganz überwiegend vertretene Methode der funktional-teleologischen Qualifikation.[1549] Diese geht im Ausgangspunkt von den Systembegriffen der *lex fori* aus, allerdings besteht keine strikte Bindung an die Systematik des inländischen Sachrechts.[1550] Es ist vielmehr geboten, die ausländischen Rechtsinstitute „nach ihrem Sinn und Zweck zu erfassen, ihre Bedeutung vom Standpunkt des ausländischen

1542 Insbes. *Bartin*, Clunet 1897, 225 (225 ff., 466 ff., 720 ff.); *Melchior*, IPR, S. 115 ff.

1543 *von Hein*, in MüKo BGB, Einl. IPR Rn. 118; *Looschelders*, in Staudinger, Einl. IPR Rn. 1088.

1544 Vgl. *Wolff*, IPR, S. 49 ff.

1545 *von Hein*, in MüKo BGB, Einl. IPR Rn. 119; *Looschelders*, in Staudinger, Einl. IPR Rn. 1089; vereinzelt wurde der Ansicht auch ein Zirkelschluss unterstellt, vgl. *Ferid*, IPR, Rn. 4-14.

1546 Grundlegend, *Rabel*, RabelsZ 1931, 241.

1547 Vgl. *Junker*, Internationales Privatrecht, § 7 Rn. 24; *Looschelders*, in Staudinger, Einl. IPR Rn. 1090; *Rauscher*, IPR, Rn. 466; anders hingegen *von Hein*, in MüKo BGB, Einl. IPR Rn. 120, der die Zumutungen für die Praxis mit denen der funktional-teleologischen Methode für vergleichbar hält.

1548 *Kegel/Schurig*, IPR, § 7 III 3a.; zust. *Looschelders*, in Staudinger, Einl. IPR Rn. 1090; krit., *von Hein*, in MüKo BGB, Einl. IPR Rn. 120.

1549 Vgl. *von Hein*, in MüKo BGB, Einl. IPR Rn. 121; *Kegel/Schurig*, IPR, § 7 III 3 b; *Kropholler*, IPR, § 17 I.; *Looschelders*, in Staudinger, Einl. IPR Rn. 1091; *Lorenz*, in BeckOK BGB, Einl. IPR Rn. 59 ff.; *Rauscher*, IPR, Rn. 474.

1550 *Looschelders*, in Staudinger, Einl. IPR Rn. 1091.

Rechts zu würdigen und sie mit Einrichtungen der deutschen Rechtsordnung zu vergleichen. Auf der so gewonnenen Grundlage ist sie den aus den Begriffen und Abgrenzungen der deutschen Rechtsordnung aufgebauten Merkmalen der deutschen Kollisionsnorm zuzuordnen."[1551] Maßgeblich sind demnach Funktion und Telos der ausländischen Sach- sowie der inländischen Kollisionsnorm, die miteinander verglichen werden müssen.[1552]

Die funktional-teleologische Methode gilt der Sache nach auch im europäischen IPR.[1553] Bereits aus dem Gebot der autonomen Auslegung folgt die Notwendigkeit einer autonomen Qualifikation, die die Rechtsinstitute nicht nach der *lex fori* des jeweiligen Mitgliedstaates, sondern mit Blick auf Systematik und Ziele der einschlägigen EU-Verordnung qualifiziert.[1554] Auch die autonome Qualifikation kann im Ausgangspunkt als funktionale *lex fori*-Qualifikation bezeichnet werden, allerdings mit der Besonderheit, dass mit der *lex fori* das Unionsrecht gemeint ist.[1555] Freilich unterscheidet sie sich dadurch, dass es regelmäßig an sachrechtlichen Systembegriffen fehlt, da das materielle EU-Privatrecht bei weitem nicht die Regelungsdichte des EU-Kollisionsrechts aufweist.[1556] Dies trifft auch auf das europäische Schuldrecht zu. Auch aus diesem Grund greift der EuGH vielfach auf die Methoden der Rechtsvergleichung zurück.[1557] Die auf diese Weise gewon-

---

1551 BGH, Urt. v. 22.3.1967 – IV ZR 148/65 = NJW 1967, 2109 (2111).

1552 *von Hein*, in MüKo BGB, Einl. IPR Rn. 121; *Kegel/Schurig*, IPR, § 7 III 3 b bb; *Kropholler*, IPR, § 17 I 1.; *Looschelders*, in Staudinger, Einl. IPR Rn. 1091.

1553 *von Hein*, in MüKo BGB, Einl. IPR Rn. 134; *Looschelders*, in Staudinger, Einl. IPR Rn. 1101 f.; ders., IPRax 2016, 349 (351); *Weber*, DNotZ 2016, 424 (430).

1554 Vgl. aus der Rspr. des EuGH bspw. Urt. v. 28.7.2016 – C-191/15 (*Verein für Konsumenteninformation*) = NJW 2016, 2727 (2728 Rn. 36); *Basedow*, JZ 2016, 269 (277 f.); *Heinze*, in Kropholler-FS (2008), S. 105 (108 ff.); *von Hein*, in MüKo BGB, Einl. IPR Rn. 134; *Heiss/Kaufmann-Mohi*, in: Leible/Unberath, Brauchen wir eine Rom-O-Verordnung?, S. 181 (189 ff.); *Lüttringhaus*, RabelsZ 2013, 31 (32 f.); vgl. auch ErwGR 11 der Rom II-VO: „Der Begriff des außervertraglichen Schuldverhältnisses ist von Mitgliedstaat zu Mitgliedstaat verschieden definiert. Im Sinne dieser Verordnung sollte der Begriff des außervertraglichen Schuldverhältnisses daher als autonomer Begriff verstanden werden. Die in dieser Verordnung enthaltenen Regeln des Kollisionsrechts sollten auch für außervertragliche Schuldverhältnisse aus Gefährdungshaftung gelten."; eine ähnliche Formulierung findet sich in ErwGR 30 bzgl. des Verschuldens bei Vertragsverhandlungen.

1555 *Heinze*, in Kropholler-FS (2008), S. 105 (111); *Heiss/Kaufmann-Mohi*, in: Leible/Unberath, Brauchen wir eine Rom-O-Verordnung?, S. 181 (193); *Schacherreiter*, JBl 2014, 487 (498); *Weller*, Europäisches Kollisionsrecht, Rn. 60 f.

1556 *von Hein*, in MüKo BGB, Einl. IPR Rn. 134; *Looschelders*, in Staudinger, Einl. IPR Rn. 1102.

1557 Bspw. bei der Ablehnung der vertraglichen Qualifikation der Produkthaftung unter dem damals geltenden EVÜ (mittlerweile Art. 5 Rom II-VO), vgl. EuGH, Urt. v. 17.6.1992 – C-26/91 (*Handte/TMCS*) = BeckRS 2004, 75771 (Rn. 20); zu diesem Bsp. bereits, *von Hein*, in MüKo BGB, Einl. IPR Rn. 135.

nenen Erkenntnisse können, die durch das Fehlen einer materiellen *lex fori* entstandenen Lücken schließen und insofern als Indiz für die autonome Qualifikation dienen.[1558] Gleichwohl wird auch im europäischen IPR keine rein rechtsvergleichende Qualifikation betrieben, denn im Zweifel geben die Systematik und die Ziele der jeweiligen Verordnung den Ausschlag.[1559]

Wurde die maßgebliche Rechtsfrage qualifiziert, steht fest, nach welcher Kollisionsnorm die anwendbare Rechtsordnung ermittelt werden muss. Die Systemunterschiede, die die Schwierigkeiten der Qualifikation begründet haben, setzen sich jedoch auch nach dem Auffinden der einschlägigen Kollisionsnorm fort. Es stellt sich die Frage, welche Teile der berufenen Rechtsordnung als Folge der Verweisung anzuwenden sind. Die Ermittlung des Umfangs der Verweisung wird teilweise als sekundäre Qualifikation bezeichnet.[1560] Nach der auch bei diesem Schritt vorzugswürdigen funktional-teleologischen Methode erstreckt sich die Verweisung „auf alle funktionsäquivalenten Rechtsinstitute der bezeichneten Rechtsordnung ohne Rücksicht auf ihre rechtssystematische Einordnung im Sachrecht."[1561] Dies gilt jedenfalls, wenn die einschlägige Kollisionsnorm eine Sachnormverweisung vornimmt, was gem. Art. 20 Rom I-VO und Art. 24 Rom II-VO bei den Normen des internationalen Schuldrecht der Fall ist.[1562] Würde also beispielsweise die Dritthaftung von Zertifizierungsgesellschaften außervertraglich qualifiziert werden und die Anknüpfung die Anwendbarkeit deutschen Rechts zur Folge haben, erstreckt sich diese Verweisung auch auf die aus deutscher Sicht vertraglich zu qualifizierenden Sachnormen wie etwa das Institut des Vertrages mit Schutzwirkung für Dritte.

4. Auslegungszusammenhang zwischen IPR und IZVR

Regelmäßig stellt sich bei der Auslegung der europäischen Verordnungen zum internationalen Schuldrecht die Frage, ob Entscheidungen des EuGH zu identischen Begriffen oder Regelungsgegenständen der Brüssel Ia-VO übertragen werden können.[1563] Eine rechtsaktübergreifende Auslegung ist

---

1558 Vgl. *Heiss/Kaufmann-Mohi*, in: Leible/Unberath, Brauchen wir eine Rom-O-Verordnung?, S. 181 (191 f.).

1559 *von Hein*, in MüKo BGB, Einl. IPR Rn. 135; *Weller*, Europäisches Kollisionsrecht, Rn. 61.

1560 *von Bar/Mankowski*, IPR Bd. I, § 7 I.; *Looschelders*, in Staudinger, Einl. IPR Rn. 1086.

1561 *von Hein*, in MüKo BGB, Einl. IPR Rn. 146; vgl. auch *Czepelak*, J. Priv. Int'l L. 2011, 393 (397 f.). *Looschelders*, in Staudinger, Einl. IPR Rn. 1102 f. 1094.

1562 Im Falle einer Gesamtverweisung muss im Bereich des fremden Kollisionsrechts *lege causae* qualifiziert werden, vgl. *von Hein*, in MüKo BGB, Einl. IPR Rn. 147; *Looschelders*, in Staudinger, Einl. IPR Rn. 1122.

1563 Eingehend hierzu *Lüttringhaus*, RabelsZ 2013, 31; mit einem Fokus auf das Verbraucherschutzrecht, *Rühl*, GPR 2013, 122; *Würdinger*, RabelsZ 2011, 102.

aus Sicht des Rechtsanwenders praktisch, denn ein einheitliches Begriffsverständnis verbessert die Übersichtlichkeit und damit die Handhabung der einzelnen Rechtsverordnungen.[1564] Gleichzeitig bringt die Orientierung am materiellen Unionsprivatrecht regelmäßig keinen Erkenntnisgewinn, da hier einerseits terminologische Inkonsistenzen beklagt werden und andererseits die Begrifflichkeiten des IPR und IZVR tendenziell weiter auszulegen sind als diejenigen des materiellen Rechts, um unterschiedliche ausländische Rechtsinstitute erfassen zu können.[1565] Aus diesem Grund liegt grundsätzlich eine rechtsaktübergreifende Auslegung nahe, die der EuGH auch schon früher bei der Konkretisierung des Vertragsbegriffs der Vorgängerregelungen EuGVÜ und EVÜ angenommen hat.[1566] Nach dem jeweils siebten Erwägungsgrund der nunmehr geltenden Rom-Verordnungen „sollen" die materiellen Anwendungsbereiche und die Bestimmungen der Verordnungen im Einklang mit denen der zivilverfahrensrechtlichen Rechtsakte stehen. Die Verwendung des Wortes „sollen" zeigt aber bereits, dass es sich lediglich um ein *Gebot* zur harmonischen Auslegung handeln kann;[1567] von einer automatischen Gleichsetzung der Begrifflichkeiten ist nicht auszugehen. Die grundsätzlich anzustrebende Kohärenz steht in einem Spannungsfeld zu den teilweise unterschiedlichen Regelungszwecken des IPR und IZVR. In der Literatur wird überwiegend vertreten, dass eine Durchbrechung des Auslegungszusammenhangs möglich ist, allerdings teleologisch begründet werden muss.[1568] Vereinzelt wird jedoch auch eine unabhängige Auslegung bevorzugt; die Argumentationslast zugunsten einer rechtsaktübergreifende Auslegung liege bei demjenigen, der von einem Gleichlauf ausgehe.[1569] Deutlich wird jedenfalls, dass die Annahme von Kohärenz mit einer Auseinandersetzung der unterschiedlichen Ziele des IPR und IZVR einhergehen muss.

Dabei gilt es zu beachten, dass Kollisions- und Verfahrensrecht zwar ein Gesamtsystem zur Bewältigung internationaler Sachverhalte bilden, im

1564 *Lehmann*, in: Ferrari/Leible, Ein neues Internationales Vertragsrecht für Europa, S. 17 (26); *Wendelstein*, Kollisionsrechtliche Probleme der Telemedizin, S. 144.

1565 M. w. N. *Lüttringhaus*, RabelsZ 2013, 31 (33), vgl. andererseits ErwGr 30 Rom I-VO sowie ErwGr 23 Rom II-VO.

1566 Vgl. EuGH, Urt. v. 8.3.1988 – C-9/87 (*Arcado*) = NJW 1989, 1424 (1424 Rn. 14 f.); hierzu m. w. N. *Heinze*, in Kropholler-FS (2008), S. 105 (110 f.); *Lüttringhaus*, RabelsZ 2013, 31 (46 f.); *Würdinger*, RabelsZ 2011, 102 (115 f.).

1567 Vgl. *von Hein*, in MüKo BGB, Einl. IPR Rn. 142; „Optimierungsgebot" *Hoffmann*, ZZP 2015, 465 (466); *Würdinger*, RabelsZ 2011, 102 (117 f.).

1568 Vgl. *von Hein*, in MüKo BGB, Einl. IPR Rn. 142; *Junker*, in MüKo BGB, Vor Art. 1 Rom II-VO Rn. 33; *Würdinger*, RabelsZ 2011, 102 (112 ff.).

1569 *Haftel*, Clunet 2010, 761 (766 ff.); jedenfalls gegen eine Vermutung zugunsten eines Auslegungszusammenhangs argumentiert *Lüttringhaus*, RabelsZ 2013, 31 (66); bzgl. Deliktsgerichtsstand und Deliktskollisionsrecht, *Thomale*, ZVglRWiss 2020, 59 (72 ff.).

Ausgangspunkt aber unterschiedliche Ziele verfolgen, was im Einzelfall ein Auseinanderfallen von *forum* und *ius* bedeuten kann. Während das IPR darum bemüht ist, die engste Verbindung zu einer Rechtsordnung zu ermitteln,[1570] geht es im Zuständigkeitsrecht vor allem um den Schutz des Beklagten, der insbesondere durch den allgemeinen Gerichtsstand an dessen Wohnsitz gewährleistet wird, indem eine praktisch schwierige Prozessführung im Ausland vermieden wird (vgl. Art. 4 Abs. 1 Brüssel Ia-VO).[1571] Der allgemeine wird durch die besonderen Gerichtsstände der Art. 7 Brüssel Ia-VO ff. ergänzt. Eine gewisse Parallele zum IPR offenbart Erwägungsrund 16 der Brüssel Ia-VO, der zur Rechtfertigung der besonderen Gerichtsstände u. a. das kollisionsrechtliche Ideal der engsten Verbindung bemüht.[1572] Ein konzeptioneller Unterschied besteht jedoch darin, dass das IZVR von der Parallelität mehrerer Gerichtsstände ausgeht, unter denen der Kläger wählen kann, während das IPR grundsätzlich eine einzige Rechtsordnung zur Anwendung berufen soll, die für beide Seiten gleichermaßen verbindlich ist.[1573]

Diese generellen Unterschiede konkretisieren sich freilich nicht in jedem potenziellen Anwendungsbereich der rechtsaktübergreifenden Auslegung. Aus diesem Grund sollte je nach Teleologie des konkreten Begriffs differenziert werden, ob im Einzelfall von Kohärenz auszugehen ist oder nicht. Auf der Hand liegt beispielsweise die grundsätzlich kohärente Auslegung des Begriffs der „Zivil- und Handelssache", mit dem die IZVR- und IPR-Verordnungen ihren jeweiligen Anwendungsbereich definieren (vgl. jeweils Art. 1).[1574] Der Begriff hat in beiden Welten die Funktion, die äußere Grenze zu mitgliedstaatlichen bzw. völkerrechtlichen Regelungen zu definieren.[1575] Wohl auch aus diesem Grund scheint der EuGH in *Lechouritou*, wo zur Auslegung des Art. 1 EuGVÜ a. F. andere Rechtsakte herangezogen wurden, von einem einheitlichen Begriff der Zivil- und Handelssache auszugehen.[1576]

1570 Vgl. zum Prinzip der engsten Verbindung, Kap. 6 A.II.2.

1571 *Lehmann*, in: Ferrari/Leible, Ein neues Internationales Vertragsrecht für Europa, S. 17 (24 ff.); *Lüttringhaus*, RabelsZ 2013, 31 (37 f.); *Würdinger*, RabelsZ 2011, 102 (106 ff.).

1572 Vgl. *Thomale*, ZVglRWiss 2020, 59 (71).

1573 *Basedow*, in: von Hein/Rühl, Köharenz im Internationalen Privat- und Verfahrensrecht der Europäischen Union, S. 3 (16); *Thomale*, ZVglRWiss 2020, 59 (73); *Würdinger*, RabelsZ 2011, 102 (108 f.).

1574 In diesem Sinne, Dutta, Zivil- und Handelssache, in *Basedow u. a.*, Handwörterbuch des Europäischen Privatrechts II; *Junker*, in MüKo BGB, Art. 1 Rom II-VO Rn. 4; *Lüttringhaus*, RabelsZ 2013, 31 (42 f.); *Magnus*, in Staudinger, Art. 1 Rom I-VO Rn. 16; *Mankowski*, RIW 2008, 177 (180); *Spickhoff*, in BeckOK BGB, Art. 1 Rom I-VO Rn. 31; ders., in BeckOK BGB, Art. 1 Rom II-VO Rn. 9; *Wurmnest*, in jurisPK-BGB, Art. 1 Rom II-VO Rn. 26.

1575 *Lüttringhaus*, RabelsZ 2013, 31 (42 f.).

1576 Vgl. EuGH, Urt. v. 15.2.2007 – C-292/05 (*Lechouritou*) = EuZW 2007, 252 (254 Rn. 45).

Vorbehaltlich spezifisch prozessrechtlicher Erwägungen im Einzelfall, wird daher auch im Rahmen dieser Arbeit die IZVR- Rechtsprechung zum Begriff der Zivil- und Handelssache im Rahmen der kollisionsrechtlichen Untersuchung herangezogen.

Von einem grundsätzlichen Auslegungszusammenhang kann auch hinsichtlich des Begriffs des „vertraglichen Schuldverhältnisses" i. S. v. Art. 1 Rom I-VO und „Vertrag oder Ansprüche aus einem Vertrag" i. S. v. Art. 7 Nr. 1 lit. a Brüssel Ia-VO ausgegangen werden.[1577] Der Vertragsbegriff hat eine zentrale Bedeutung für das europäische Privatrecht, wird in den Verordnungen aber nicht näher definiert.[1578] Er markiert im IPR die Trennlinie zwischen der Rom I- und II-Verordnung und im IZVR zwischen dem Vertrags- und Deliktsgerichtsstand. Der EuGH verlangt in seiner prozessrechtlichen Rechtsprechung für einen „Anspruch aus einem Vertrag" gem. Art. 7 Nr. 1 lit. a Brüssel Ia-VO eine „freiwillige Selbstbindung" des Verpflichteten gegenüber der anderen Partei.[1579] Diese Formel zieht er unter ausdrücklichem Verweis auf das in den Erwägungsgründen verankerte Kohärenzgebot auch zur Abgrenzung der Rom I- und II-VO heran.[1580] Mit dem weiten Vertragsbegriff wird gewissermaßen der rechtsvergleichend ermittelte Minimalkonsens hinsichtlich der Anforderungen an einen „Vertrag" als Begriffsdefinition herangezogen.[1581] Verfahrensrechtliche Ziele oder Funktionen werden mit dieser Definition üblicherweise nicht verfolgt.[1582] Es kann daher von einer Vermutung zugunsten eines rechtsaktübergreifenden Begriffsverständnisses ausgegangen werden. Bei der Übertragung der Rechtsprechung muss dennoch die Möglichkeit einer Durchbrechung des Auslegungszusammenhangs aufgrund der angesprochenen Unterschiede zwischen IPR und IZVR berücksichtigt werden.

1577 Vgl. *Bitter*, IPRax 2008, 96 (97 ff.); *Clausnitzer/Woopen*, BB 2008, 1798 (1799); *Dutta*, IPRax 2009, 293 (295 f.); *Lüttringhaus*, RabelsZ 2013, 31 (44 ff.); *von Hein*, in Rauscher, Art. 1 Rom I-VO Rn. 5; *Magnus*, in Staudinger, Art. 1 Rom I-VO Rn. 27, 31 ff.; *Spickhoff*, in BeckOK BGB, Art. 1 Rom I-VO Rn. 30; differenzierend, *Martiny*, in MüKo BGB, Art. 1 Rom I-VO Rn. 7; einen Auslegungszusammenhang ausdrücklich ablehnend, *Leible/Lehmann*, RIW 2008, 528 (529); *Wendelstein*, Kollisionsrechtliche Probleme der Telemedizin, S. 143 ff.

1578 Krit. *Bitter*, IPRax 2008, 96 (97); *Mankowski*, IPRax 2006, 101 (101).

1579 Vgl. noch zu Art. 5 Nr. 1 EuGVÜ a. F. EuGH, Urt. v. 20.1.2005 – C-27/02 (*Engler*) = NJW 2005, 811 (813 Rn. 50).

1580 Vgl. EuGH, Urt. v. 21.1.2016 – C359/14, C-475/14 (*ERGO*) = NJW 2016, 1005 (1006 Rn. 44 ff.).

1581 *Lüttringhaus*, RabelsZ 2013, 31 (46); nicht nur Mindest-, sondern auch Maximalbedingung, *Mankowski*, IPRax 2003, 127 (129).

1582 *Lüttringhaus*, RabelsZ 2013, 31 (46); anders *Leible/Lehmann*, RIW 2008, 528 (529).

B. Der Anwendungsbereich der Rom-Verordnungen

Das auf die Haftung von Zertifizierungsgesellschaften anwendbare Recht richtet sich nach den Rom-Verordnungen, wenn deren Anwendungsbereich eröffnet ist. Dies setzt nach Art. 1 Abs. 1 Rom I-VO bzw. Art. 1 Abs. 1 Rom II-VO eine „Zivil- und Handelssache" voraus. Auf den ersten Blick scheint dieses Merkmal ohne Weiteres erfüllt zu sein, schließlich haben die Zertifizierungsgesellschaft und ihr Auftraggeber einen Vertrag über die Durchführung der Zertifizierung geschlossen. Anlass zur näheren Auseinandersetzung mit dem Anwendungsbereich ist jedoch aufgrund der unterschiedlich stark ausgeprägten öffentlich-rechtlichen Überlagerung der verschiedenen Zertifizierungsvarianten geboten. Das Spektrum reicht von gesetzlichen Pflichtzertifizierungen (EU-Konformitätsverfahren) über freiwillige aber gesetzlich ausgestaltete Systeme (GS-Zertifizierung) bis hin zu gesetzlich ungeregelten Systemen (ISO 9001-Zertifizierung). Sofern ein öffentlich-rechtlicher Hintergrund besteht, sind durch die Zertifizierung zumindest auch staatliche Interessen betroffen.

I. Unproblematische Eröffnung bei freiwilligen Zertifizierungen

Es sei vorweggenommen, dass es nach der Rechtsprechung des EuGH entscheidend darauf ankommt, ob der jeweilige Vertrag im Zusammenhang mit der Wahrnehmung hoheitlicher Befugnisse steht.[1583] Von vornherein keine Probleme bereitet daher die Eröffnung des Anwendungsbereichs der Rom-Verordnungen bei den Varianten der freiwilligen Zertifizierung, unabhängig davon, ob diese gesetzlich geregelt wurden oder nicht.[1584] Diese Zertifizierungen stellen keine gesetzlichen Voraussetzungen für die Ausübung von Freiheitsrechten dar. Zertifizierungsgesellschaften im Bereich der GS- und ISO 9001-Zertifizierung nehmen folglich keine Hoheitsrechte wahr.[1585]

Hingegen erweisen sich die Konformitätsbewertungsverfahren des europäischen Produktsicherheitsrechts als problematisch. Die Durchführung dieser Verfahren unter Beteiligung der benannten Stellen ist eine Voraussetzung für die Anbringung des CE-Zeichens und das rechtmäßige Inverkehrbringen der Produkte auf dem Binnenmarkt. Nicht zuletzt der BGH betonte, dass die benannten Stellen mit Befugnissen ausgestattet sind, „die denen einer Behörde im öffentlichen Recht […] ähnlich sind."[1586]

1583 Hierzu sogleich in Kap. 6 B.II.

1584 So auch *Mankowski*, EWiR 2020, 541 (542).

1585 Hinsichtlich der GS-Stellen wurde in der deutschen Literatur vereinzelt vertreten, dass diese eine hoheitliche Tätigkeit ausüben, was jedoch nach überzeugender, mittlerweile ganz herrschender Ansicht abzulehnen ist, vgl. Kap. 2 C.II.7.b.

1586 Dies freilich „ungeachtet des privatrechtlichen und nicht-hoheitlichen Charakters ihrer Tätigkeit", BGH, Urt. v. 27.22020 – VII ZR 151/18 = NJW 2020, 1514 (1518 f.

Dementsprechend umstritten ist die Frage, ob es sich bei diesem Modell um eine Form der Beleihung handelt. Dies ist nach richtiger Ansicht abzulehnen.[1587] Gleichwohl muss geprüft werden, ob Verträge zwischen den benannten Stellen und den Produktherstellern eine Zivil- und Handelssache im Sinne der Rom-Verordnungen darstellen, denn dieser Begriff ist autonom, d.h. unabhängig von mitgliedstaatlichen Begriffsverständnissen auszulegen.[1588] Erforderlich ist vor diesem Hintergrund eine Auseinandersetzung mit der Rechtsprechung des EuGH, die den Begriff der Zivil- und Handelssache näher konkretisiert hat.

II. Der Begriff der Zivil- und Handelssache

Der Begriff der Zivil- und Handelssache (*civil and commercial matters, matière civile et commerciale*) definiert nicht nur den Anwendungsbereich der Rom-Verordnungen, sondern findet sich auch in Art. 1 Abs. 1 S. 1 Brüssel Ia-VO. Der Großteil der EuGH-Rechtsprechung erging zu dieser Vorschrift bzw. der wortgleichen Vorgängerregelung des Art. 1 Abs. 1 S. 1 EuGVÜ. Es wurde bereits festgestellt, dass der Begriff rechtsaktübergreifend und einheitlich auszulegen ist, weshalb die Rechtsprechung auch im Rahmen des IPR herangezogen werden kann.[1589] Diese ist deshalb von besonderer Bedeutung, weil der Begriff in keiner der Verordnungen positiv definiert wird. Es findet sich in allen drei Verordnungen lediglich die Ergänzung, dass die jeweilige Verordnung insbesondere nicht für Steuer- und Zollsachen sowie verwaltungsrechtliche Angelegenheiten gilt. Diese nicht abschließende Aufzählung verdeutlicht, dass der Begriff der Zivil- und Handelssache der Abgrenzung zum öffentlichen Recht dient.[1590] Noch deutlicher wird dies bei Art. 1 Abs. 1 S. 2 Rom II-VO sowie Art. 1 Abs. 1 S. 2 Brüssel Ia-VO mit dem ergänzenden Ausschluss von „Handlungen und Unterlassungen im Rahmen der Ausübung hoheitlicher Rechte (*acta iure imperii*)".[1591] Die Zivil- und

---

Rn. 39); vgl. zum Einfluss des öffentlich-rechtlichen Hintergrunds auf die Ausgestaltung des Zertifizierungsverfahrens *Pünder*, ZHR 2006, 567 (583).

1587 Eingehend Kap. 2 C.I.7.b.bb.

1588 Vgl. zu Art. 1 EuGVÜ a.F. bereits EuGH, Urt. v. 14.10.1976 – C-29/76 (*Eurocontrol*) = NJW 1977, 489 (490); *Kohler*, IPRax 2015, 52; *Magnus*, in Staudinger, Art. 1 Rom I-VO Rn. 17; *Martiny*, in MüKo BGB, Art. 1 Rom I-VO Rn. 6; Ringe, in jurisPK-BGB, Art. 1 Rom I-VO Rn. 20; *Stürner*, in Erman, Art. 1 Rom I-VO Rn. 3; *Thorn*, in Grüneberg, Art. 1 Rom I-VO Rn. 4.

1589 Vgl. Kap. 6 A.II.4.

1590 *Magnus*, in Staudinger, Art. 1 Rom I-VO Rn. 17; *Mankowski*, in Rauscher, Art. 1 Brüssel Ia-VO Rn. 1; *Martiny*, in MüKo BGB, Art. 1 Rom I-VO Rn- 6.

1591 Diese Ergänzung dient lediglich der Klarstellung und bedeutet keine weitere Einschränkung des Anwendungsbereichs im Vergleich zu Rechtsakten, die ohne sie auskommen, vgl. GA *Szpunar*, Schlussantrag v. 14.1.2020 – C-641/18 (*Rina SpA*) = BeckRS 2020, 44 (Rn. 56).

Handelssachen bilden einen Gegenbegriff zum öffentlichen Recht bzw. zu Handlungen die *iure gestionis* vorgenommen wurden.[1592] Die Einschränkung des Anwendungsbereichs ist mit Blick auf Art. 81 AEUV bereits aus kompetenziellen Gründen zwingend.[1593] Im Bereich des internationalen Vertragsrechts wird mit dem Ausschluss des öffentlichen Rechts berücksichtigt, dass die Kollisionsregeln der Rom I-VO nicht zu Verträgen passen, die Hoheitsträger in Ausübung hoheitlicher Gewalt abgeschlossen haben.[1594] Da der Hoheitsträger bei der Ausübung von Hoheitsgewalt an das Recht seines Staates gebunden ist, ist es naheliegend, einen solchen Vertrag generell dem Recht dieses Staates zu unterstellen.[1595]

Grundsätzlich geht man von einem weiten Begriffsverständnis bzw. einem weiten Anwendungsbereich der Verordnungen aus.[1596] Der Oberbegriff Zivilsache umfasst die eine Unterkategorie bildenden Handelssachen, zu denen nicht nur das Handelsrecht im engeren Sinne, sondern auch das sonstige zivilrechtliche Wirtschaftsrecht gehört.[1597] Grundlegend für das Begriffsverständnis war zunächst die *Eurocontrol*-Entscheidung zu Art. 1 EuGVÜ. Der EuGH stellte neben der Erforderlichkeit einer autonomen Auslegung fest „daß bestimmte Arten gerichtlicher Entscheidungen wegen der Natur der zwischen den Parteien bestehenden Rechtsbeziehungen oder wegen des Gegenstands des Rechtsstreits vom Anwendungsbereich des Übereinkommens ausgeschlossen sind."[1598] Sofern eine „Behörde" an dem Verfahren beteiligt ist, ist der Streitgegenstand öffentlich-rechtlicher Natur, „wenn die Behörde einen Rechtsstreit im Zusammenhang mit der Ausübung hoheitlicher Befugnisse führt."[1599] Der Streitgegenstand ist also nicht bereits deshalb öffentlich-rechtlich zu qualifizieren, weil irgendein Zusammenhang zu hoheitlichen Befugnissen besteht, sondern nur, wenn die anspruchsauslösende Handlung eine Wahrnehmung dieser Befugnisse darstellt.[1600] Kennzeichnend für hoheitliches Handeln ist zum einen die Wahrnehmung einer

---

1592 *Mankowski*, in Rauscher, Art. 1 Brüssel Ia-VO Rn. 30.

1593 Vgl. *Kohler*, IPRax 2015, 52 (52); *Reiher*, Vertragsbegriff im europ. IPR, S. 23.

1594 *Magnus*, in Staudinger, Art. 1 Rom I-VO Rn. 18.

1595 M. w. N. *Magnus*, in Staudinger, Art. 1 Rom I-VO Rn. 26, der allerdings eine Rechtswahl analog Art. 3 Rom I-VO für möglich hält; vgl. auch *Mankowski*, in Rauscher, Art. 1 Brüssel Ia-VO Rn. 30.

1596 EuGH, Urt. v. 28.2.2019 – C-579/17 = BeckRS 2019, 2434 (Rn. 47); *Kohler*, IPRax 2015, 52 (53). *Magnus*, in Staudinger, Art. 1 Rom I-VO Rn. 17; *Mankowski*, in Rauscher, Art. 1 Brüssel Ia-VO Rn. 1.

1597 *Magnus*, in Staudinger, Art. 1 Rom I-VO Rn. 17; *Martiny*, in MüKo BGB, Art. 1 Rom I-VO Rn- 6.

1598 EuGH, Urt. v. 14.10.1976 – C-29/76 (*Eurocontrol*) = NJW 1977, 489 (490).

1599 EuGH, Urt. v. 14.10.1976 – C-29/76 (*Eurocontrol*) = NJW 1977, 489 (490); vgl. auch EuGH, Urt. v. 16.12.1980 – C-814/79 (*Rüffer*) = BeckRS 2004, 73773; EuGH, Urt. v. 15.5.2003 – C-266/01 = IPRax 2003, 528 (530 Rn. 22).

1600 *Mankowski*, in Rauscher, Art. 1 Brüssel Ia-VO Rn. 33.

öffentlichen Aufgabe sowie zum anderen die Berechtigung, Gewalt in Form unmittelbarer Anordnungsbefugnisse auszuüben.[1601] Letzteres unterscheidet den Hoheitsträger von privaten Stellen, die möglicherweise öffentliche Aufgaben wahrnehmen, jedoch keine sonderrechtlichen Befugnisse ausüben, „die von den im Verhältnis zwischen Privatpersonen geltenden Regeln abweichen".[1602] Zivilrechtlich qualifiziert wurde auf dieser Grundlage bspw. die deliktsrechtliche Schadensersatzklage einer Steuerbehörde gegen Privatpersonen, die an der betrügerischen Hinterziehung von Mehrwertsteuer beteiligt waren.[1603] Der Anwendungsbereich der Brüssel Ia-VO wurde ferner auf ein Zwangsvollstreckungsverfahren erstreckt, das eine im Eigentum einer Gebietskörperschaft stehende Gesellschaft zur Betreibung einer Gebühr für die Nutzung eines öffentlichen Parkplatzes, mit dessen Betrieb die Gesellschaft betraut wurde, eingeleitet hat.[1604] Auch bei der vor einem Strafgericht geführten Schadensersatzklage gegen einen Lehrer einer öffentlichen Schule, der seine Aufsichtspflichten gegenüber einem Schüler verletzte, ist der EuGH von einer Zivilsache ausgegangen.[1605]

III. Die Entscheidung des EuGH in der Rechtssache Rina

Es ist fraglich, ob die Tätigkeit der benannten Stellen vor diesem Hintergrund zivilrechtlich oder öffentlich-rechtlich zu qualifizieren ist. Aufschlussreich ist in diesem Zusammenhang die 2020 ergangene prozessrechtliche Entscheidung in der Rechtssache *Rina*, in der sich der EuGH mit den Tätigkeiten einer Schiffsklassifikationsgesellschaft auseinandersetzen musste.[1606]

1. Sachverhalt und rechtlicher Hintergrund

Auslöser des Falls war die Havarie der *Al Salam Boccaccio '98*. Das unter panamaischer Flagge verkehrende Schiff sank in der Nacht vom 2. zum 3.

1601 *Magnus*, in Staudinger, Art. 1 Rom I-VO Rn. 20.

1602 Vgl. EuGH, Urt. v. 15.5.2003 – C-266/01 (*TIARD*) = IPRax 2003, 528 (530 Rn. 30); EuGH, Urt. v. 21.4.1993 – C-172/91 (*Sonntag*) = NJW 1993, 2091 (2092 Rn. 22); *Magnus*, in Staudinger, Art. 1 Rom I-VO Rn. 20; *Mankowski*, in Rauscher, Art. 1 Brüssel Ia-VO Rn. 39.

1603 EuGH, Urt. v. 12.9.2013 – C-49/12 (*Sunico*) = EuZW 2013, 828.

1604 EuGH, Urt. v. 9.3.2017 – C-551/15 (*Pula Parking*) = EuZW 2017, 686.

1605 EuGH, Urt. v. 21.4.1993 – C-172/91 (*Sonntag*) = NJW 1993, 2091.

1606 EuGH, Urt. v. 7.5.2020 – C-641/18 (*Rina SpA*) = EuZW 2020, 898, m. Anm. *Rentsch/Wollschläger*; vgl. zu diesem Urteil auch *Mankowski*, EWiR 2020, 541; sowie den Blogbeitrag des Autors auf conflictoflaws.net vom 13.5.2020, abrufbar unter https://conflictoflaws.net/2020/third-party-liability-of-classification-and-certification-societies-in-the-context-of-conflict-of-laws-and-public-international-law-a-comment-on-the-cjeus-recent-rina-judge/ (Stand: 24.5.2023).

Februar 2006 im roten Meer, wobei mehr als 1000 Personen ums Leben kamen. Angehörige und **Überlebende verklagten später die privatrechtlich organisierten** *Rina*-Gesellschaften vor dem Tribunale di Genova nach italienischem Recht auf Schadensersatz. Sie warfen den *Rina*-Gesellschaften vor, den Untergang des Schiffs durch eine fehlerhafte Klassifizierung und Zertifizierung der Seetauglichkeit des Schiffs mitverursacht zu haben. Die Parteien stritten einerseits um die Qualifizierung des Streitgegenstands als Zivil- und Handelssache im Sinne der temporal anwendbaren Brüssel I-VO sowie um den vonseiten der Beklagten erhobenen Einwand der Staatenimmunität. Zu beachten ist, dass es sich um einen Fall der Dritthaftung handelt, da die *Rina*-Unternehmen von Personen verklagt wurden, zu denen keine unmittelbare vertragliche Verbindung bestand. Dies hat jedoch keine Auswirkungen auf die Frage, ob die Klassifizierung und Zertifizierung Handlungen *iure imperii* darstellen. Eine hoheitliche Stellung nehmen die *Rina*-Unternehmen wenn überhaupt gegenüber ihrem Auftraggeber, also dem Eigentümer des Schiffes, nicht jedoch gegenüber Dritten ein.[1607]

Private Gesellschaften wie die *Rina*-Unternehmen spielen eine zentrale Rolle in der internationalen Schifffahrtswirtschaft sowie in dem völkerrechtlich regulierten System zur Gewährleistung der öffentlichen Sicherheit auf hoher See.[1608] Die von ihnen durchgeführten Dienstleistungen erfüllen eine rechtliche Doppelfunktion.[1609] Sie werden einerseits vom Eigentümer des Schiffes beauftragt, die Konformität mit internationalen Standards einer bestimmten Schiffsklasse zu prüfen und zu bescheinigen. Reedereien, Versicherungsgesellschaften und andere Akteure sind in hohem Maße auf diese Bescheinigungen angewiesen, weshalb ihnen im maritimen Sektor eine überragende Bedeutung zukommt.[1610] Die Klassifizierung ist nicht gesetzlich vorgeschrieben, in der Praxis aber quasi alternativlos.[1611] Sie ist zu unterscheiden, von der für den Betreiber des Schiffes gesetzlich vorgeschriebenen Zertifizierung der Seetauglichkeit, die üblicherweise von derselben Gesellschaft vorgenommen wird.[1612] In dieser öffentlich-rechtlichen Funktion dienen die Zertifizierer als *„unofficial police men of the maritime*

1607 Vgl. GA *Szpunar*, Schlussantrag v. 14.1.2020 – C-641/18 (*Rina SpA*) = BeckRS 2020, 44 (Rn. 91).

1608 *Basedow/Wurmnest*, VersR 2005, 328 (328); *Begines*, J. Mar. L. & Com. 2005, 487 (487).

1609 Vgl. *Begines*, J. Mar. L. & Com. 2005, 487 (487 f., 493 f.); *De Bruyne*, Eur. Rev. Priv. L. 2019, 429 (430 ff.); *De Bruyne/Vanleenhove*, JIML 2014, 103 (103); *Goebel*, RdTW 2018, 365 (365); *Jessen*, RdTW 2013, 387 (388 f.).

1610 Vgl. *Basedow/Wurmnest*, Die Dritthaftung von Klassifikationsgesellschaften, S. 6 f.; *Begines*, J. Mar. L. & Com. 2005, 487 (488); *De Bruyne*, Eur. Rev. Priv. L. 2019, 429 (431).

1611 *Begines*, J. Mar. L. & Com. 2005, 487 (488).

1612 EuGH, Urt. v. 7.5.2020 – C-641/18 (*Rina SpA*) = EuZW 2020, 898 (901 Rn. 44).

world".[1613] Hintergrund ist die völkerrechtliche Pflicht des Flaggenstaates, die Einhaltung internationaler Seerechtsstandards zum Schutz von Mensch und Umwelt zu gewährleisten.[1614] Die entsprechenden Prüf- und Zertifizierungsbefugnisse können die Staaten selbst vornehmen oder per Vertrag an akkreditierte Privatunternehmen delegieren,[1615] wovon in der Praxis reger Gebrauch gemacht wird. Konkret tätig werden sie nach Abschluss eines weiteren Vertrages mit dem Eigentümer oder Reeder des Schiffes.[1616] Die Zertifizierung ist eine Voraussetzung zur Führung der Flagge des jeweiligen Staates und damit zur Verwendung des Schiffes auf hoher See. In dem vom EuGH zu entscheidenden Fall führten die *Rina*-Unternehmen sowohl die Klassifizierung als auch die Zertifizierung durch. Letztere erfolgte im Auftrag der Republik Panama als Flaggenstaat der *Al Salam Boccaccio '98*. Dieser öffentlich-rechtliche Hintergrund – in der Literatur wird auch vereinzelt von hoheitlicher Prägung gesprochen[1617] – gab den Anlass zu den international-verfahrensrechtlichen Fragestellungen des Falls.

2. Klassifizierung und Zertifizierung von Schiffen als Zivil- und Handelssache

Der EuGH entschied in Übereinstimmung mit Generalanwalt *Szpunar*[1618] zugunsten einer zivilrechtlichen Qualifizierung. Zunächst werden die bekannten und bereits oben dargestellten allgemeinen Maßstäbe für die Abgrenzung von *acta iure imperii* und *acta iure gestiones* rezipiert.[1619] Sodann wird festgestellt, dass die Tätigkeiten der Klassifizierung und Zertifizierung nicht bereits deshalb hoheitlich sind, weil *Rina* im Auftrag und im Interesse der Republik Panama handelte und bestimmte Befugnisse durch einen

1613 *Miller*, Tul. Mar. L. J. 1997, 75 (75).

1614 Vgl. Art. 94 der *United Nations Convention on the Law of the Sea* („*UNCLOS*") vom 10.12.1982 (auch bekannt als „Montego Bay-Abkommen"), das am 16.11.1994 in Kraft trat. Alle EU-Staaten haben die Konvention ratifiziert, die EU hat es außerdem durch den Beschluss 98/392/EG genehmigt, vgl. ABl. 1998 L 179, 3. Die materiellen Mindestnormen für den Bau, die Ausrüstung und den Betrieb der Schiffe wurden in der *International Convention for the Safety of Life at Sea („SOLAS")* vom 1.11.1974 festgelegt, vgl. BGBl. 1979 II S. 141.

1615 In der EU müssen die Mitgliedstaaten die Organisationen in einem Komitologieverfahren bei der Kommission registrieren lassen, vgl. Art. 3 Abs. 1 VO 391/2009/EG v. 23.4.2009 über gemeinsame Vorschriften und Normen für Schiffsüberprüfungs- und -besichtigungsorganisationen.

1616 *De Bruyne*, Eur. Rev. Priv. L. 2019, 429 (432); *De Bruyne/Vanleenhove*, JIML 2014, 103 (105).

1617 *Jessen*, RdTW 2013, 387 (388).

1618 GA *Szpunar*, Schlussantrag v. 14.1.2020 – C-641/18 (*Rina SpA*) = BeckRS 2020, 44.

1619 EuGH, Urt. v. 7.5.2020 – C-641/18 (*Rina SpA*) = EuZW 2020, 898 (900 Rn. 29-35).

Hoheitsakt übertragen wurden.[1620] Auch der öffentliche Zweck stellt für sich genommen keinen Grund für eine öffentlich-rechtliche Qualifizierung dar.[1621] „Auch wenn die Tätigkeit der *Rina*-Gesellschaften darauf abzielt, die Sicherheit der Passagiere eines Schiffs zu gewährleisten, bedeutet dies nicht, dass ihre Tätigkeit in Ausübung hoheitlicher Befugnisse erfolgt."[1622]

Dafür, dass die Befugnisse der *Rina*-Gesellschaften auch im Übrigen nicht von den im Verhältnis zwischen Privatpersonen geltenden Regeln abweichen, spricht laut EuGH, dass die zu erbringende Dienstleistung lediglich in der Durchführung der Konformitätsprüfung sowie ggf. der Ausstellung der entsprechenden Zeugnisse zu sehen ist.[1623] Diese Leistung wurde auf der Grundlage einer „privatrechtlichen Geschäftsvereinbarung" mit dem Reeder des Schiffes durchgeführt.[1624] Wie der Generalanwalt deutlich macht, handelten die Parteien trotz der gesetzlichen Vorgaben zum Inhalt des Vertrages in Ausübung ihrer Vertragsfreiheit, denn es stand ihnen frei, den Preis für die Leistung festzusetzen und Haftungsbeschränkungen zu vereinbaren.[1625] Außerdem konnte der Reeder unter mehreren Zertifizierungsgesellschaften wählen.[1626]

Die Modalitäten des Rechts, unter der Flagge eines Staates zur See zu fahren, werden durch den Gesetzgeber vorgegeben.[1627] Die Möglichkeit der Zertifizierer, ein Zeugnis zu entziehen, ergebe „sich nicht aus der Entscheidungsbefugnis dieser anerkannten Stellen, die in einem zuvor festgelegten rechtlichen Rahmen tätig werden. Wenn ein Schiff nach dem Entzug eines Zeugnisses nicht mehr zur See fahren kann, dann wegen der Sanktion, die (…) gesetzlich vorgeschrieben ist."[1628] Der EuGH unterscheidet also deutlich zwischen der öffentlich-rechtlichen Rahmensetzung durch den Gesetzgeber und der rein technischen Durchführung der Zertifizierung durch private Gesellschaften. Entscheidend ist ferner, dass die Zertifizierungsge-

1620 EuGH, Urt. v. 7.5.2020 – C-641/18 (*Rina SpA*) = EuZW 2020, 898 (900 Rn. 39 f.); eingehend auch GA *Szpunar*, Schlussantrag v. 14.1.2020 – C-641/18 (*Rina SpA*) = BeckRS 2020, 44 (Rn. 67 ff.).

1621 EuGH, Urt. v. 7.5.2020 – C-641/18 (*Rina SpA*) = EuZW 2020, 898 (900 Rn. 41).

1622 EuGH, Urt. v. 7.5.2020 – C-641/18 (*Rina SpA*) = EuZW 2020, 898 (900 Rn. 41).

1623 EuGH, Urt. v. 7.5.2020 – C-641/18 (*Rina SpA*) = EuZW 2020, 898 (901 Rn. 45); vgl. auch GA *Szpunar*, Schlussantrag v. 14.1.2020 – C-641/18 (*Rina SpA*) = BeckRS 2020, 44 (Rn. 90 ff.).

1624 EuGH, Urt. v. 7.5.2020 – C-641/18 (*Rina SpA*) = EuZW 2020, 898 (901 Rn. 45).

1625 GA *Szpunar*, Schlussantrag v. 14.1.2020 – C-641/18 (*Rina SpA*) = BeckRS 2020, 44 (Rn. 92).

1626 GA *Szpunar*, Schlussantrag v. 14.1.2020 – C-641/18 (*Rina SpA*) = BeckRS 2020, 44 (Rn. 92).

1627 EuGH, Urt. v. 7.5.2020 – C-641/18 (*Rina SpA*) = EuZW 2020, 898 (901 Rn. 46).

1628 EuGH, Urt. v. 7.5.2020 – C-641/18 (*Rina SpA*) = EuZW 2020, 898 (901 Rn. 47); so auch GA *Szpunar*, Schlussantrag v. 14.1.2020 – C-641/18 (*Rina SpA*) = BeckRS 2020, 44 (Rn. 95).

sellschaften nicht befugt sind, im Falle des Entzugs eines Zeugnisses, sicherzustellen, dass das Schiff tatsächlich nicht mehr zur See fährt. Vielmehr müssen sie nach den gesetzlichen Vorgaben den Flaggenstaat über den Entzug unterrichten.[1629] Dieser trägt die finale Verantwortung für die Vollständigkeit und Gründlichkeit der Überprüfung und Besichtigung und hat sich verpflichtet, für die erforderlichen Vorkehrungen zu sorgen.[1630] Das Recht, Gewalt in Form unmittelbarer Anordnungsbefugnisse auszuüben, wurde nach diesem Modell in der Tat nicht an die Zertifizierungsgesellschaften delegiert. Aus diesem Grund ist die zivilrechtliche Qualifizierung folgerichtig und mit Blick auf die weite Auslegung des Begriffs der Zivil- und Handelssache konsequent.

Hilfsweise führt der EuGH noch ein systematisches Argument an. Bereits in einer früheren Entscheidung hatte der Gerichtshof festgestellt, dass sich Zertifizierungsgesellschaften als gewinnorientierte Unternehmen, die unter Wettbewerbsbedingungen tätig sind, auf die Niederlassungsfreiheit gem. Art. 49 Abs. 1 AEUV berufen können.[1631] Sie fallen insbesondere nicht unter den Ausnahmetatbestand des Art. 51 Abs. 1 AEUV. Die Zertifizierer übernehmen keine Tätigkeiten, die mit der Ausübung öffentlicher Gewalt verbunden sind, da sie unter unmittelbarer staatlicher Aufsicht stehen und die durchzuführenden Prüfungen gänzlich durch den nationalen Regelungsrahmen bestimmt werden.[1632] Aus der Tatsache, dass Zertifizierungsgesellschaften in den Genuss der Niederlassungsfreiheit kommen, scheint der EuGH nun zu schließen, dass Klagen gegen sie prozessrechtlich als Zivil- und Handelssache zu qualifizieren sind.[1633] Der damit postulierte Auslegungszusammenhang zwischen Art. 51 Abs. 1 AEUV und Art. 1 Brüssel I-VO (jetzt Art. 1 Brüssel Ia-VO) ist mit Blick auf die ähnlich gelagerten Fragestellungen und die Einheit der Unionsrechtsordnung zu begrüßen.[1634]

1629 EuGH, Urt. v. 7.5.2020 – C-641/18 (*Rina SpA*) = EuZW 2020, 898 (901 Rn. 48).

1630 EuGH, Urt. v. 7.5.2020 – C-641/18 (*Rina SpA*) = EuZW 2020, 898 (901 Rn. 48).

1631 EuGH, Urt. v. 16.6.2005 – C-593/13 (*Rina Services*) = EuZW 2015, 638 (638 Rn. 17 ff.).

1632 EuGH, Urt. v. 16.6.2005 – C-593/13 (*Rina Services*) = EuZW 2015, 638 (638 Rn. 19 f.); vgl. auch EuGH, Urt. v. 12.12.2013 – C-327/12 (*SOA Nazionale Costruttori*) = EuZW 2014, 356 (358 Rn. 54).

1633 Vgl. EuGH, Urt. v. 7.5.2020 – C-641/18 (*Rina SpA*) = EuZW 2020, 898 (901 Rn. 50-52); vgl. auch GA *Szpunar*, Schlussantrag v. 14.1.2020 – C-641/18 (*Rina SpA*) = BeckRS 2020, 44 (Rn. 96-98); ähnlich argumentierte der EuGH zuvor in seinem Urt. v. 21.4.1993 – C-172/91 (*Sonntag*) = NJW 1993, 2091 (2092 Rn. 24).

1634 Zust. auch *Mankowski*, EWiR 2020, 541 (542). Eine Definition des Begriffs der öffentlichen Gewalt i. S. v. Art. 51 Abs. 1 AEUV ist der EuGH bisher schuldig geblieben, vgl. *Korte*, in Calliess/Ruffert, Art. 51 AEUV Rn. 7; *Müller-Graff*, in Streinz, Art. 51 AEUV Rn. 5. Mit der neuerlichen Betonung des Auslegungszusammenhangs im *Rina*-Urteil hat der EuGH auch den Weg geebnet für eine Übertragung der prozessrechtlichen Rechtsprechung auf Fallkonstellationen, die die Niederlassungsfrei-

3. Keine Inanspruchnahme staatlicher Immunität

Die *Rina*-Unternehmen zweifelten die Zuständigkeit des italienischen Gerichts nach der Brüssel I-VO zudem unter Verweis auf den völkergewohnheitsrechtlichen Grundsatz der Staatenimmunität an. Dieser beruht auf dem Prinzip *par in parem non habet imperium*, wonach ein Staat nicht der Gerichtsbarkeit eines anderen Staates unterworfen werden kann.[1635] Nach der Theorie der relativen Immunität, der auch der EuGH folgt,[1636] kann ein Staat Immunität lediglich für hoheitliche, nicht jedoch für private Handlungen in Anspruch nehmen.[1637] *Rina* könnte sich also auf den Immunitätsgrundsatz berufen, wenn die von ihr vorgenommene Klassifizierung und Zertifizierung als hoheitliche Handlung der Republik Panama anzusehen wäre. Erneut kommt es also darauf an, ob es sich um *acta iure imperii* handelt, allerdings nicht im unionsrechtlich autonomen Sinne der IPR- und IZVR-Verordnungen, sondern im Sinne des Völkergewohnheitsrechts.[1638] Dieses bindet die Organe der Union und kann vom EuGH ausgelegt werden, wenn Auswirkungen auf die Auslegung des Unionsrechts bestehen.[1639] Die Geltendmachung des Immunitätsgrundsatzes steht allerdings in Konflikt zu dem in Art. 47 der EU-Grundrechtecharta sowie Art. 6 EMRK verankerten Recht auf effektiven Rechtsschutz.[1640] Der EuGH lässt es vorliegend nicht zum Schwur kommen und vermeidet eine Abwägung zwischen den Grundrechten der Betroffenen und dem Immunitätsgrundsatz. Er beschränkt sich vielmehr darauf, festzustellen, dass ein völkergewohnheitsrechtlicher Grundsatz, wonach sich private, im Auftrag eines Staates handelnde Klassifizierungs- und Zertifizierungsgesellschaften auf staatliche Immunität berufen können, gar nicht anerkannt ist.[1641] Außerdem zeige Erwägungsgrund 16 der RL 2009/15[1642] „den Willen des Unionsgesetzgebers, seiner Ausle-

---

heit betreffen. Diese muss im Einzelfall freilich einer teleologischen Kontrollprüfung standhalten, vgl. zur rechtsaktübergreifenden Auslegung bereits Kap. 6 A.II.4.

1635 EuGH, Urt. v. 7.5.2020 – C-641/18 (*Rina SpA*) = EuZW 2020, 898 (902 Rn. 56).

1636 EuGH, Urt. v. 7.5.2020 – C-641/18 (*Rina SpA*) = EuZW 2020, 898 (902 Rn. 56).

1637 Allgemein zur Staatenimmunität als völkerrechtliche Grenze des IPR m. w. N. *von Hein*, in MüKo BGB, Einl. IPR Rn. 49.

1638 EuGH, Urt. v. 7.5.2020 – C-641/18 (*Rina SpA*) = EuZW 2020, 898 (902 Rn. 56); vgl. *Mankowski*, in Rauscher, Art. 1 Brüssel Ia-VO Rn. 15.

1639 Vgl. EuGH, Urt. v. 7.5.2020 – C-641/18 (*Rina SpA*) = EuZW 2020, 898 (902 Rn. 54); GA *Szpunar*, Schlussantrag v. 14.1.2020 – C-641/18 (*Rina SpA*) = BeckRS 2020, 44 (Rn. 103 ff.); a. A. *Mankowski*, in Rauscher, Art. 1 Brüssel Ia-VO Rn. 15.

1640 EuGH, Urt. v. 7.5.2020 – C-641/18 (*Rina SpA*) = EuZW 2020, 898 (902 Rn. 55).

1641 EuGH, Urt. v. 7.5.2020 – C-641/18 (*Rina SpA*) = EuZW 2020, 898 (902 Rn. 57); in Anlehnung an GA *Szpunar*, Schlussantrag v. 14.1.2020 – C-641/18 (*Rina SpA*) = BeckRS 2020, 44 (Rn. 108-128).

1642 Dieser lautet: Stellen eine anerkannte Organisation, ihre Besichtiger oder ihre technischen Mitarbeiter die einschlägigen Zeugnisse für die Verwaltung aus, sollten die Mitgliedstaaten in Betracht ziehen, ihnen zu ermöglichen, im Hinblick auf diese dele-

gung des völkergewohnheitsrechtlichen Grundsatzes der Staatenimmunität eine begrenzte Tragweite zu verleihen, soweit es um Schiffsklassifikations- und – zertifizierungstätigkeiten geht."[1643] Wenngleich eine eingehende Analyse des Zusammenspiels von unionsrechtlichen Justizgrundrechten und völkergewohnheitsrechtlichen Prozesshindernissen Not tut, ist jedenfalls dem vom EuGH gefundenen Ergebnis zuzustimmen. Auch wenn mit dem völkergewohnheitsrechtlichen Hoheitsbegriff ein anderer Maßstab gilt,[1644] sind keine Anhaltspunkte ersichtlich, wieso hier im Ergebnis etwas anderes gelten sollte als bei der Qualifizierung der Tätigkeiten als Zivil- und Handelssache im Sinne des europäischen IPR und IZVR. Die *Rina*-Unternehmen konnten folglich zu Recht gem. Art. 2 Abs. 1 Brüssel I-VO vor italienischen Gerichten auf Schadensersatz verklagt werden. Auf die Immunität Panamas konnten sie sich nicht berufen.

IV. Bewertung der Tätigkeiten der benannten Stellen

Die *Rina*-Entscheidung ist einerseits in dem speziellen Kontext des internationalen Seerechts zu sehen. Andererseits stellen die durch den EuGH konkretisierten Voraussetzungen zur Annahme einer Zivil- und Handelssache auch im Zusammenhang mit anderen obligatorischen Zertifizierungen einen tauglichen Prüfungsmaßstab dar.[1645] Genauso wie die anerkannten Organisationen müssen die benannten Stellen von dem Eigentümer des Zertifizierungsgegenstands beauftragt werden, um dessen Konformität mit zuvor festgelegten Sicherheitsstandards prüfen und feststellen zu lassen. Das Befahren der hohen See unter der Flagge eines Staates bzw. das Inverkehrbringen von Produkten auf dem Binnenmarkt hängen beide von der Ausstellung des jeweiligen Zertifikats ab.

Für die Annahme einer Zivil- und Handelssache kann in Anlehnung an *Rina* argumentiert werden, dass die wesentlichen Modalitäten hinsichtlich der Regulierung des Binnenmarktzugangs durch den Gesetzgeber entschieden werden. Dass ein Hersteller seine Produkte nicht vermarkten kann, ergibt sich demnach nicht aus den Befugnissen der benannten Stellen, sondern den gesetzlichen Sanktionen aufgrund der Verstöße gegen das Produktsi-

---

gierten Tätigkeiten verhältnismäßige Rechtsgarantien und Rechtsschutz einschließlich der Ausübung angemessener Verteidigungsrechte in Anspruch zu nehmen, mit Ausnahme der Immunität, die ein Recht ist, das als untrennbares Hoheitsrecht nicht delegierbar ist und auf das sich daher nur die Mitgliedstaaten berufen können."

1643 EuGH, Urt. v. 7.5.2020 – C-641/18 (*Rina SpA*) = EuZW 2020, 898 (902 Rn. 59).

1644 Vgl. *Mankowski*, in Rauscher, Art. 1 Brüssel Ia-VO Rn. 15, der dann von einem Auslegungszusammenhang ausgeht. Der unionsrechtliche Begriff sei völkerrechtakzessorisch auszufüllen.

1645 So auch *Mankowski*, EWiR 2020, 541 (542).

cherheitsrecht.[1646] Das diesem Argument zugrunde liegende Verständnis von der Zertifizierung als rein technischem Durchführungsakt wird der tatsächlichen Stellung der benannten Stellen aber nicht ganz gerecht. Es lässt unberücksichtigt, dass die benannten Stellen insbesondere im Rahmen der Überwachung des Herstellers zum Teil schwierige Abwägungsentscheidungen treffen müssen, etwa wenn es darum geht, Hinweisen auf Konformitätsabweichungen nachzugehen und die erforderlichen Maßnahmen zu ergreifen.[1647] Die gesetzlichen Vorgaben sind hier zum Teil recht vage und daher stark konkretisierungsbedürftig. In diesem Sinne wird die konkrete Ausgestaltung der Binnenmarktregulierung zunächst an die benannten Stellen delegiert.

Dennoch handeln die benannten Stellen nicht *iure imperii*. Zwar führen sie die Zertifizierung, die funktional an die Stelle einer Behördentätigkeit tritt, im öffentlichen Interesse durch, doch üben sie dabei keine Gewalt in Form unmittelbarer Anordnungsbefugnisse aus. Bspw. können sich die benannten Stellen keinen Zugang zu den Produktionsstätten des Herstellers verschaffen, sondern sind hierbei auf dessen Kooperation angewiesen.[1648] Insbesondere kann die benannte Stelle auch keine Maßnahmen ergreifen, wenn ein Hersteller trotz negativer Zertifizierungsentscheidung seine Produkte auf dem Binnenmarkt anbietet. Dieser Aufgabenbereich ist die ausschließliche Domäne der mitgliedstaatlichen Marktaufsichtsbehörden.[1649] Zu beachten ist ferner, dass die ausgestellten Konformitätsbescheinigungen nur eine Vermutungswirkung bzgl. der Einhaltung der wesentlichen Sicherheitsanforderungen entfalten; die Marktüberwachungsbehörden können sich über die Entscheidungen der benannten Stellen hinwegsetzen, ohne diese formal aufheben zu müssen.[1650] Das bedeutet, dass die *finale* Entscheidungsgewalt über den Zugang zum Binnenmarkt bei den staatlichen Behörden liegt.

Für die Annahme einer Zivil- und Handelssache spricht schließlich, dass die Parteien des Zertifizierungsvertrages in Ausübung ihrer Privatautonomie handeln.[1651] Zwar ist der Inhalt des Vertrages hinsichtlich der Maßstäbe und Methoden der Zertifizierung vorgegeben, doch verbleiben den Parteien Spielräume, etwa hinsichtlich der Aushandlung der Vergütung. Hersteller können außerdem zwischen mehreren miteinander konkurrierenden Zertifizierungsgesellschaften wählen. Dass der Vertrag nicht einseitig durch eine Partei, sondern in Ausübung der Vertragsfreiheit festgelegt wurde, zeigt

---

1646 Vgl. EuGH, Urt. v. 7.5.2020 – C-641/18 (*Rina SpA*) = EuZW 2020, 898 (901 Rn. 47).

1647 Vgl. hierzu Kap. 3 A.II.3.b.

1648 Vgl. zu den Befugnissen der benannten Stellen Kap. 2 C.I.4.

1649 Vgl. Art. 15 ff. VO Nr. 765/2008/EG; vgl. auch Kap. 3 A.II.3.c.

1650 Kap. 2 C.I.6.

1651 Vgl. zu diesem Argument GA *Szpunar*, Schlussantrag v. 14.1.2020 – C-641/18 (*Rina SpA*) = BeckRS 2020, 44 (Rn. 92).

wiederum, dass es sachgerecht ist, Schadensersatzansprüche gegen die Zertifizierungsgesellschaft dem Anwendungsbereich der Rom I-VO zu unterstellen. Diese spiegelt die materiellrechtliche Vertragsfreiheit wider, indem den Parteien ermöglicht wird, das auf den Vertrag anwendbare Recht frei zu wählen (Art. 3 Abs. 1 Rom I-VO).[1652] Die öffentliche-rechtliche Qualifizierung des Rechtsverhältnisses würde zu der Anwendung des Rechts des Staates führen, dessen Behörde die benannte Stelle zugelassen hat. Da die Parteien wie gesehen nicht *iure imperii*, sondern im Gewand des Privatrechts tätig sind, ist die Berufung des Rechts der Zulassungsbehörde nicht zwingend erforderlich. Dies würde gerade unberücksichtigt lassen, dass die Parteien in Ausübung ihrer Vertragsfreiheit handelten. Die zivilrechtliche Qualifizierung ist vor diesem Hintergrund mit Blick auf das Telos der kollisionsrechtlichen Unterscheidung zwischen zivilrechtlichen und öffentlichrechtlichen Verträgen geboten.

V. Zusammenfassung

Das durch den Zertifizierungsvertrag begründete Schuldverhältnis zwischen einer benannten Stelle und einem Hersteller stellt eine Zivil- und Handelssache im Sinne der Rom-Verordnungen dar. Wie insbesondere das Urteil in der Rechtssache *Rina* zeigte, steht es der Annahme einer Zivil- und Handelssache nicht entgegen, wenn eine gesetzlich vorgeschriebene Zertifizierung im Interesse oder gar im Auftrag eines Staates erfolgt, um die Einhaltung bestimmter Sicherheitsanforderungen zu gewährleisten. Entscheidend ist, dass die Zertifizierungsgesellschaften keine eigenen Hoheitsbefugnisse wahrnehmen. Im Falle der EU-Konformitätsverfahren liegen die finalen, mit Gewalt durchsetzbaren Entscheidungsbefugnisse bei den mitgliedstaatlichen Behörden und nicht bei den benannten Stellen. Die Ermittlung des auf ihre Haftung anwendbaren Rechts richtet sich daher nach den Rom-Verordnungen. Dies bedeutet auch, dass hinsichtlich der Eröffnung von deren Anwendungsbereich nicht zwischen den im Rahmen dieser Arbeit untersuchten Zertifizierungsvarianten differenziert werden muss.

C. Der internationalprivatrechtliche Vertragsbegriff

Von zentraler Bedeutung für die kollisionsrechtliche Untersuchung der Haftung und Dritthaftung von Zertifizierungsgesellschaften ist der Begriff des „vertraglichen Schuldverhältnisses" (*contractual obligation, obligation contractuelle*) gem. Art. 1 Abs. 1 S. 1 Rom I-VO. Insbesondere im Kontext der Haftung gegenüber Dritten stellt sich die Frage, ob diese vertraglich oder de-

---

1652 Vgl. zur Rechtswahl Kap. 6 D.III.1.a.

liktisch zu qualifizieren ist. Doch auch bei der Haftung gegenüber dem Auftraggeber stellen sich komplexe Qualifikationsprobleme, etwa im Kontext deliktischer Ansprüche, die einige Rechtsordnungen vorsehen und die mit der vertraglichen Haftung in Konkurrenz stehen. Der Vertragsbegriff wird somit an verschiedenen Stellen dieser Arbeit relevant, weshalb es zweckmäßig ist, der übergelagerten Problematik, nämlich der Abgrenzung von Vertrag und Delikt im europäischen Kollisionsrecht, einen separaten Abschnitt zu widmen. Hierbei muss insbesondere eine Auseinandersetzung mit der prozessrechtlichen Rechtsprechung des EuGH erfolgen, die aufgrund des Auslegungsgebots der Erwägungsgründe Nr. 7 der Rom I- und II-VO auch für das IPR relevant ist.[1653] In den nach diesem Abschnitt folgenden Untersuchungen zur Haftung und Dritthaftung von Zertifizierungsgesellschaften werden die einzelnen Qualifikationsprobleme auf der Grundlage der in diesem Abschnitt herausgearbeiteten Abgrenzungskriterien behandelt.

I. Das Merkmal der „freiwillig eingegangenen Verpflichtung"

Um eine einheitliche Anwendung der IPR- und IZVR-Verordnungen in den Mitgliedstaaten zu gewährleisten, müssen die Begriffe Vertrag und unerlaubte Handlung autonom und unter Berücksichtigung der Systematik und Zielsetzungen dieser Verordnungen ausgelegt werden.[1654] Dies hat zur Folge, dass die Grenzziehung zwischen vertraglichen und außervertraglichen Ansprüchen unabhängig von der Qualifikation des fraglichen Rechtsverhältnisses nach dem jeweils anwendbaren nationalen Recht vorzunehmen ist.[1655] Der Vertragsbegriff wird durch den EuGH betont weit ausgelegt.[1656] So setzt die Anwendung des Vertragsgerichtsstands des Art. 7 Nr. 1 lit. a Brüssel Ia-VO nach ständiger Rechtsprechung voraus, dass eine von einer Person gegenüber einer anderen „freiwillig eingegangenen Verpflichtung" vorliegt, auf die sich die betreffende Klage stützt.[1657] Die Freiwilligkeit einer

1653 Zum Auslegungszusammenhang siehe Kap. 6 A.II.4.

1654 EuGH, Urt. v. 24.11.2020 – C-59/19 (*Wikingerhof*) = NJW 2021, 144 (146 Rn. 25); EuGH, Urt. v. 14.7.2016 – C-196/15 (*Granarolo*) = NJW 2016, 3087 (3088 Rn. 19); EuGH, Urt. v. 13.3.2014 – C-548/12 (*Brogsitter*) = NJW 2014, 1648 (1649 Rn. 18); EuGH Urt. v. 20.1.2005 – C-27/02 (*Engler*) = NJW 2005, 811 (812 Rn. 33); EuGH, Urt. v. 19.9.2002 – C-334/00 (*Tacconi*) = NJW 2002, 3159 (3159 Rn. 19); EuGH, Urt. v. 27.9.1988 – 189/87 (*Kalfelis*) = NJW 1988, 3088 (3089 Rn. 14 ff.).

1655 EuGH, Urt. v. 24.11.2020 – C-59/19 (*Wikingerhof*) = NJW 2021, 144 (146 Rn. 25); EuGH, Urt. v. 14.7.2016 – C-196/15 (*Granarolo*) = NJW 2016, 3087 (3088 Rn. 19); EuGH, Urt. v. 13.3.2014 – C-548/12 (*Brogsitter*) = NJW 2014, 1648 (1649 Rn. 18); EuGH, Urt. v. 19.9.2002 – C-334/00 (*Tacconi*) = NJW 2002, 3159 (3159 Rn. 19).

1656 EuGH Urt. v. 20.1.2005 – C-27/02 (*Engler*) = NJW 2005, 811 (813 Rn. 48).

1657 EuGH, Urt. v. 24.11.2020 – C-59/19 (*Wikingerhof*) = NJW 2021, 144 (146 Rn. 23); EuGH, Urt. v. 28.1.2015 – C-375/13 (*Kolassa*) = NJW 2015, 1581 (1583 Rn. 39); EuGH Urt. v. 20.1.2005 – C-27/02 (*Engler*) = NJW 2005, *811* (813 Rn. 50); EuGH,

rechtsgeschäftlichen Bindung ist das zentrale Merkmal, anhand dessen der EuGH die Abgrenzung zwischen dem Vertrags- und Deliktsgerichtsstand vornimmt, da der außervertragliche Bereich lediglich negativ, gleichsam als „Spiegelbild“[1658] des vertraglichen Bereichs definiert wird: Nach ständiger Rechtsprechung bezieht sich die Wendung „unerlaubte Handlung oder Handlung, die einer unerlaubten Handlung gleichgestellt ist, oder Ansprüche aus einer solchen Handlung“ gem. Art. 7 Nr. 2 Brüssel Ia-VO auf jede Klage, mit der eine Schadenshaftung des Beklagten geltend gemacht werden soll und die nicht an einen „Vertrag oder Ansprüche aus einem Vertrag“ im Sinne von Art. 7 Nr. 1 lit. a Brüssel Ia-VO anknüpft.[1659] Verpflichtungen aus unerlaubter Handlung i. S. v. Art. 7 Nr. 2 Brüssel Ia-VO sind also unabhängig vom Willen der Parteien und ergeben sich aus dem schädigenden Ereignis, das in der Verletzung einer gesetzlich auferlegten Pflicht besteht.[1660]

Die Annahme einer rechtlichen Sonderbeziehung zwischen zwei oder mehreren Parteien aufgrund autonomer Selbstbindung entspricht dem kleinsten gemeinsamen Nenner der in den Mitgliedstaaten vorherrschenden Vertragsverständnisse.[1661] Jenseits dieses Minimalkonsenses weichen die mitgliedstaatlichen Vertragsvorstellungen zum Teil erheblich voneinander ab, was insbesondere bei der teils vertragsrechtlich, teils deliktisch qualifizierten Haftung aus *culpa in contrahendo* deutlich wird.[1662] Auch vor diesem materiellrechtlichen Hintergrund ist es naheliegend, dass der EuGH von einem weiten Begriffsverständnis ausgeht. Das von ihm bemühte Merkmal der Freiwilligkeit geht auf die ursprünglich naturrechtliche und heute in allen

---

Urt. v. 19.9.2002 – C-334/00 (*Tacconi*) = NJW 2002, 3159 (3159 Rn. 19); EuGH, Urt. v. 17.6.1992 – C-26/91 (*Handte/TMCS*) = BeckRS 2004, 75771 (Rn. 15).

1658 GA *Saugmandsgaard Øe*, Schlussantrag v. 10.9.2020 – C-59/19 (*Wikingerhof*) = BeckRS 2020, 22699 (Rn. 46).

1659 EuGH, Urt. v. 24.11.2020 – C-59/19 (*Wikingerhof*) = NJW 2021, 144 (146 Rn. 23); EuGH, Urt. v. 14.7.2016 – C-196/15 (*Granarolo*) = NJW 2016, 3087 (3088 Rn. 20); EuGH, Urt. v. 28.1.2015 – C-375/13 (*Kolassa*) = NJW 2015, 1581 (1583 Rn. 44); EuGH, Urt. v. 13.3.2014 – C-548/12 (*Brogsitter*) = NJW 2014, 1648 (1649 Rn. 20); EuGH, Urt. v. 27.9.1988 – 189/87 (*Kalfelis*) = NJW 1988, 3088 (3089 Rn. 18).

1660 Instruktiv GA *Saugmandsgaard Øe*, Schlussantrag v. 10.9.2020 – C-59/19 (*Wikingerhof*) = BeckRS 2020, 22699 (Rn. 46).

1661 *Leible*, in Rauscher, Art. 7 Brüssel Ia-VO, Rn. 20; *Lüttringhaus*, RabelsZ 2013, 31 (46); *Magnus*, in Staudinger, Art. 1 Rom I-VO Rn. 31; *Mankowski*, in Rauscher, Art. 1 Brüssel Ia-VO Rn. 20; vgl. hingegen *Lehmann*, in: Ferrari/Leible, Ein neues Internationales Vertragsrecht für Europa, S. 17 (21)., der offenbar selbst diesen Minimalkonsens in Frage stellt.

1662 Jeweils m. w. N. *von Hein*, GPR 2007, 54; *Lehmann*, in: Ferrari/Leible, Ein neues Internationales Vertragsrecht für Europa, S. 17 (36 f.); zur außervertraglichen Qualifikation mangels freiwillig eingegangener Verpflichtung, EuGH Urt. v. 19.9.2002 – C-334/00 (*Tacconi*) = NJW 2002, 3159; der IPR-Gesetzgeber ist dem mit der Einführung von Art. 12 Rom II-VO gefolgt.

europäischen Privatrechtsordnungen verankerte Vorstellung zurück, dass die Bindungswirkung eines vertraglichen Versprechens auf der freien Betätigung des Parteiwillens beruht.[1663] Ausfluss der ausgeübten Privatautonomie ist demnach das subjektive Recht des Gläubigers, die Erfüllung des Vertrages beim Schuldner einfordern zu können. Freiwillig sind in diesem Sinne auch Haftungsansprüche wegen der Verletzung vertraglicher Pflichten, selbst wenn sie sich aus dem Gesetz ergeben, da sie ohne die entsprechende Ausübung der Vertragsfreiheit nicht zustande gekommen wären.[1664] Diesem Gedanken zugrunde liegt die Erstreckung des Vertragsstatuts auf Ansprüche wegen vollständiger oder teilweiser Nichterfüllung des Vertrages gem. Art. 12 Abs. 1 lit. c Rom I-VO.

Die vertragliche Qualifikation mithilfe des Merkmals der Freiwilligkeit zu begründen, kann im Einzelfall jedoch auch Schwierigkeiten bereiten. So wird beispielsweise ganz mehrheitlich vertreten, dass sich der Anwendungsbereich von Art. 7 Nr. 1 lit. a Brüssel Ia-VO bzw. Art. 1 Abs. 1 S. 1 Rom I-VO auch auf Verträge erstreckt, zu deren Abschluss eine der Parteien aufgrund eines Kontrahierungszwangs verpflichtet war.[1665] Der gesetzlich angeordnete Vertrag verliere seinen Vertragscharakter nicht, da es im Ergebnis genüge, dass eine vertragliche Sonderbeziehung angestrebt wurde.[1666] Die eingeschränkte Vertragsabschlussfreiheit einer Partei steht einer vertraglichen Qualifikation demnach nicht entgegen. Mit dem Freiwilligkeitskriterium in Einklang zu bringen ist dies nur, wenn es generell ausreicht, dass lediglich eine Partei privatautonom über das Vorliegen eines Vertrages entschieden hat.[1667] Dieses Verständnis ermöglicht dann auch die vertragliche Qualifikation einseitiger Rechtsgeschäfte mit verpflichtendem Charakter wie bspw. der Auslobung nach §§ 657 ff. BGB.[1668] Ebenfalls vertraglich einzuordnen sind nach Ansicht des EuGH die Klage einer Gesellschaft gegen ihren ehemaligen Geschäftsführer wegen der Verletzung gesellschaftsrechtlicher

---

1663 M. w. N. *Plender/Wilderspin*, European PIL of obligations, Rn. 2-006; *Wendelstein*, Kollisionsrechtliche Probleme der Telemedizin, S. 145 f.; *Zweigert/Kötz*, Einführung in die Rechtsvergleichung, S. 314 ff.; vgl. zu den rechtstheoretischen Hintergründen m. w. N. *Püls*, Parteiautonomie, S. 24 ff.

1664 *Wendelstein*, Kollisionsrechtliche Probleme der Telemedizin, S. 146.

1665 *Magnus*, in Staudinger, Art. 1 Rom I-VO Rn. 34; *Martiny*, in MüKo BGB, Art. 1 Rom I-VO Rn. 7; *Spickhoff*, in BeckOK BGB, Art. 1 Rom I-VO Rn. 30; *Rauscher*, in Rauscher, Art. 1 Brüssel Ia-VO Rn. 23; *Stürner*, in Erman, Art. 1 Rom I-VO Rn. 2; *Thorn*, in Grüneberg, Art. 1 Rom I-VO Rn. 3; vgl. hingegen *Bitter*, IPRax 2008, 96 (97), das Ergebnis sei praktisch vertretbar, die dogmatische Begründung indes kaum zu rechtfertigen.

1666 *Magnus*, in Staudinger, Art. 1 Rom I-VO Rn. 34.

1667 *Mankowski*, in Rauscher, Art. 1 Brüssel Ia-VO Rn. 23.

1668 *Bach*, IHR 2010, 17 (23); *Bitter*, IPRax 2008, 96 (97); *von Hein*, in Rauscher, Art. 1 Rom I-VO Rn. 7; *Mankowkski*, in Rauscher, Art. 1 Brüssel Ia-VO Rn. 23.

Pflichten[1669] sowie vereinsrechtliche Mitgliedschaftsverhältnisse.[1670] Eine Beschränkung des Vertragsbegriffs auf das Leitbild des zweiseitig geschlossenen Vertrages, wie es das Freiwilligkeitsmerkmal nahezulegen scheint, greift daher zu kurz.

Dies zeigt auch die Rechtsprechung des EuGH zur Qualifikation der Haftung für isolierte Gewinnzusagen wie § 661a BGB. In der Rechtssache *Engler* genügte dem Gerichtshof zur Annahme einer freiwillig eingegangenen Verpflichtung, dass die Gläubigerin (eine Verbraucherin) die Auszahlung des versprochenen Gewinns beim Schuldner (einem Versandhändler) eingefordert hat.[1671] Eröffnet war indes lediglich der Gerichtsstand des Erfüllungsorts und nicht der Verbrauchergerichtsstand (heute Art. 17 Brüssel Ia-VO). Zu dessen Eröffnung sei, wie der EuGH in einer späteren Entscheidung präzisierte, von einem engeren Vertragsbegriff auszugehen.[1672] Erforderlich sei ein „verbindliches Angebot"; die Gewinnzusage müsse den klaren Willen des Versandhändlers zum Ausdruck bringen, „im Fall einer Annahme durch die andere Partei an ihre Verbindlichkeit gebunden zu sein."[1673] Fehlt es daran, käme „höchstens [eine Qualifizierung] als vorvertraglich oder quasivertraglich" in Betracht, was „gegebenenfalls" die Eröffnung des Erfüllungsgerichtsstands zur Folge hätte.[1674] Wie der EuGH selbst deutlich macht, beschränkt sich das Erfordernis eines verbindlichen Angebots auf Verbraucherverträge. Wenngleich unterschiedliche Vertragsbegriffe aus praktischer Sicht unglücklich und dogmatisch fragwürdig sind,[1675] ist die Intention des EuGH, den Anwendungsbereich verbraucherschützender Vorschriften zu konturieren, nachvollziehbar. Die Haftung als vor- bzw. quasivertraglich zu qualifizieren, sollte aber jedenfalls im IPR angesichts von Art. 1 Abs. 2 lit. i Rom I-VO eher zur Anwendung der Kollisionsnormen der Rom II-VO führen.[1676] Festzuhalten ist jedenfalls das für das Kollisionsrecht der weite Vertragsbegriff des Art. 7 Nr. 1 Brüssel Ia-VO maßgeblich ist, da dem engeren Begriffsverständnis im Zusammenhang mit Art. 17 Brüssel Ia-

1669 EuGH, Urt. v. 10.9.2015 – C-47/14 (*Holterman*) = IPRax 2016, 151; m. Anm. *Kindler*, IPRax 2016, 115.

1670 EuGH, Urt. v. 22.3.1983 – C-34/82 (*Peters*) = IPRax 1984, 65.

1671 EuGH, Urt. v. 20.1.2005 – C-27/02 (*Engler*) = NJW 2005, *811* (813 Rn. 55 ff.).

1672 EuGH, Urt. v. 14. 5. 2009 – C-180/06 (*Ilsinger/Schlank & Schick GmbH*) = EuZW 2009, 489 (491 Rn. 57).

1673 EuGH, Urt. v. 14. 5. 2009 – C-180/06 (*Ilsinger/Schlank & Schick GmbH*) = EuZW 2009, 489 (491 Rn. 54 f.).

1674 EuGH, Urt. v. 14. 5. 2009 – C-180/06 (*Ilsinger/Schlank & Schick GmbH*) = EuZW 2009, 489 (491 Rn. 57).

1675 Vgl. *Mankowski*, GPR 2020, 281 (284).

1676 Konkret aufgrund der intendierten Wettbewerbsregulierung zu Art. 6 Rom II-VO, vgl. *von Hein*, in Rauscher, Art. 1 Rom I-VO Rn. 8; *Schwartze*, in Koziol-FS (2010), S. 407 (412 ff.); zur Gegenansicht m. w. N. *Junker*, in MüKo BGB, Art. 1 Rom II-VO Rn. 21 f.

VO prozessrechtliche Besonderheiten zugrunde lagen und damit die Voraussetzungen für eine rechtsaktübergreifende Auslegung nicht erfüllt sind.[1677]

Bereits dieser Blick auf die Rechtsprechung zum Merkmal der „freiwillig eingegangenen Verpflichtung“ zeigt, dass dieses Abgrenzungskriterium aufgrund seiner Weite und Allgemeinheit im Rahmen der Qualifikationsprüfung lediglich eine erste Orientierung bieten kann. Im Einzelnen bleiben zahlreiche Fragen offen. „Freiwilligkeit“ wurde in der Literatur wahlweise als Mindestbedingung,[1678] wahlweise als nicht zwingend erforderliche Voraussetzung für einen Vertrag angesehen,[1679] was angesichts der Großzügigkeit, die der EuGH bei der Annahme von Freiwilligkeit zeigt, nicht überrascht. Schon an dieser Stelle sei darauf hingewiesen, dass zur Konkretisierung des Vertragsbegriffs im Kollisionsrecht eine Rückbesinnung auf die zentrale Funktion dieses Begriffs als „Wegweiser“ zwischen der Rom I- und II-VO erforderlich ist und daher bei dem inneren Unterscheidungsgrund zwischen den vertraglichen und außervertraglichen Kollisionsregeln angesetzt werden muss.[1680]

II. Die Abgrenzung des Vertrags- und Deliktsgerichtsstand in der Rechtsprechung des EuGH

Eine besondere Herausforderung für das europäische IZVR und IPR stellen Fallkonstellationen dar, in denen zwischen den Parteien ein vertragliches Schuldverhältnis besteht, gleichzeitig aber auch eine deliktische Haftung in Betracht kommt.[1681] Der viel beachteten Entscheidung *Brogsitter* lag bspw. ein Fall zugrunde in dem ein möglicherweise wettbewerbswidriges Verhalten des Beklagten sowohl einen Verstoß gegen eine vertragliche Exklusivitätsabrede als auch die Erfüllung lauterkeitsrechtlicher Delikte darstellen könnte.[1682] Materiellrechtlich ist in solchen Fällen zunächst die Frage nach dem Konkurrenzverhältnis vertraglicher und deliktischer Ansprüche aufgerufen. Die nationalen Rechtsordnungen unterscheiden sich in dieser Frage bekanntlich stark. Während im deutschen und englischen Recht von einer freien Anspruchskonkurrenz ausgegangen wird,[1683] gilt im französischen Recht der Grundsatz des *non-cumul*, der dem Geschädigten bei Vorliegen

1677 So auch *Kieninger*, in Ferrari (et. al), Int. VertragsR Rn. 8.

1678 *Lehmann*, in: Ferrari/Leible, Ein neues Internationales Vertragsrecht für Europa, S. 17 (26 f.); *Wendelstein*, Kollisionsrechtliche Probleme der Telemedizin, S. 147.

1679 *Martiny*, in Geimer-FS (2002), S. 641 (649 f.); *Mankowkski*, in Rauscher, Art. 1 Brüssel Ia-VO Rn. 23.

1680 Vgl. Kap. 6 C.IV.4.

1681 Zuletzt hierzu *von Hein*, in Säcker-FS (2021), S. 219; *Rieländer*, RIW 2021, 103; *Segger-Piening*, EuZW 2021, 299.

1682 EuGH, Urt. v. 13.3.2014 – C-548/12 (*Brogsitter*) = NJW 2014, 1648.

1683 Kap. 4 A.II. (Deutschland); Kap. 5 A.I.2. (England).

eines Vertragsverhältnisses mit dem Schädiger die kumulative Geltendmachung außervertraglicher Ansprüche verbietet.[1684] Die Rechtsprechung des EuGH beschäftigte sich mit der internationalverfahrensrechtlichen Dimension dieses Problems. Konkret stellt sich die Frage, inwiefern vor dem am Erfüllungsort zuständigen Gericht gleichzeitig über außervertragliche Ansprüche verhandelt werden kann – bzw. ob umgekehrt der Deliktsgerichtsstand unter bestimmten Umständen auch für vertragliche Ansprüche maßgeblich ist. Für den Erfüllungsgerichtsstand kommt es bei Kauf- und Dienstleistungsverträgen gem. Art. 7 Nr. 1 lit. b Brüssel Ia-VO auf den Ort der charakteristischen Hauptleistungspflicht an.[1685] Der deliktische Gerichtsstand knüpft hingegen an den Ort des Eintritts des schädigenden Ereignisses an (Art. 7 Nr. 2 Brüssel Ia-VO), wobei das schädigende Ereignis nach der Ubiquitätstheorie sowohl am Handlungs- als auch am Erfolgsort eintritt.[1686]

Zur Reichweite des Deliktsgerichtsstands entschied der EuGH bereits 1988 in *Kalfelis*, dass sich die Kognitionsbefugnis des Gerichts des Handlungs- bzw. Erfolgsorts nicht auf konkurrierende vertragliche Ansprüche erstreckt.[1687] Er begründete dies damit, dass die besonderen Gerichtstände des (heutigen) Art. 7 Brüssel Ia-VO Ausnahmen vom Grundsatz der Zuständigkeit der Gerichte des Wohnsitzstaates des Beklagten darstellen und insofern einschränkend auszulegen sind.[1688] Den prozessökonomischen Nachteilen, die mit einer doppelten Klageerhebung vor verschiedenen Gerichten einhergehen, wird entgegnet, dass immerhin die Möglichkeit bestehe, die Klage unter sämtlichen Gesichtspunkten vor das Gericht des Wohnsitzes des Beklagten zu bringen.[1689] Ferner könne das zuerst angerufene Gericht nach Art. 30 Brüssel Ia-VO (Art. 22 EuGVÜ a. F.) unter bestimmten Umständen, über den gesamten Rechtsstreit befinden, wenn zwischen den verschiedenen Klagen ein Zusammenhang bestehe.[1690]

Es läge nahe, auf der Grundlage dieser Entscheidung auch in der umgekehrten Konstellation eine Annexkompetenz kraft Sachzusammenhangs des Erfüllungsgerichtsstands für außervertragliche Ansprüche abzulehnen.

1684 Kap. 5 B. I.2.

1685 Näher *Gottwald*, in MüKo ZPO, Art. 7 Brüssel Ia-VO Rn. 15 ff.

1686 Ständige EuGH-Rspr. seit dem Urt. v. 30.11.1976 – C-21/76 = NJW 1977, 493; m. w. N. *Gottwald*, in MüKo ZPO Art. 7 Brüssel Ia-VO Rn. 54.

1687 EuGH, Urt. v. 27.9.1988 – 189/87 (*Kalfelis*) = NJW 1988, 3088 (3089 Rn. 19-21); zur Gegenansicht m. w. N. *Magnus*, in Staudinger, Verfahrensrecht für int. Verträge Rn. 94.

1688 EuGH, Urt. v. 27.9.1988 – 189/87 (*Kalfelis*) = NJW 1988, 3088 (3089 Rn. 19); krit. zu dieser allgemeinen Auslegungsmaxime *Leible*, in Rauscher, Art. 7 Brüssel Ia-VO, Rn. 3.

1689 EuGH, Urt. v. 27.9.1988 – 189/87 (*Kalfelis*) = NJW 1988, 3088 (3089 Rn. 20); krit. hierzu die Anm. von *Geimer*, NJW 3089 (3090).

1690 EuGH, Urt. v. 27.9.1988 – 189/87 (*Kalfelis*) = NJW 1988, 3088 (3089 Rn. 20).

Ausdrücklich festgehalten wurde dies in *Kalfelis* freilich nicht. Im Schrifttum ist die Frage nach der Annexkompetenz des Erfüllungsgerichtsstands umstritten.[1691] Zugunsten einer Annexkompetenz werden vor allem die Prozessökonomie sowie die Effektivität des Rechtsschutzes ins Feld geführt.[1692] Besteht zwischen dem Schädiger und dem Geschädigten ein Vertragsverhältnis, sei dieses regelmäßig auch prägend für das Delikt.[1693] Außerdem werde ein Gleichlauf mit dem internationalen Deliktsrecht hergestellt, da in Art. 4 Abs. 3 S. 2 Rom II-VO die Möglichkeit einer vertragsakzessorischen Anknüpfung vorgesehen sei.[1694] Andererseits bestehen Zweifel, ob die damit einhergehende Zurückdrängung des Deliktsgerichtsstand mit der Teleologie der besonderen Gerichtsstände, die in der Berufung des sach- und beweisnächsten Gerichts gesehen wird,[1695] zur vereinbaren ist.[1696] Eine Aufspaltung der Zuständigkeit kann der Kläger auch in dieser Konstellation einfach vermeiden, indem er sämtliche Ansprüche im allgemeinen Gerichtsstand geltend macht.[1697] In *Brogsitter* scheint der EuGH dessen ungeachtet eine wesentliche Ausweitung des Vertragsgerichtsstands zulasten des Deliktsgerichtsstands vorzunehmen. Die Entscheidung wurde nach vielfacher Kritik im Schrifttum[1698] in *Wikingerhof* zumindest neu akzentuiert.

1. *Brogsitter*

a. Sachverhalt und Zusammenfassung der Entscheidungsgründe

Der in Nordrhein-Westfalen wohnhafte Uhrenhändler *Brogsitter* schloss im Jahr 2005 mit dem damals in Frankreich und mittlerweile in der Schweiz lebenden Herrn *Fräßdorf* einen Vertrag über die Entwicklung hochwertiger Uhren. Letzterer war Geschäftsführer und Alleingesellschafter der in Frank-

---

1691 Dafür bspw. *Kropholler/von Hein*, Art. 5 EuGVO a. F. Rn. 79; *Leible*, in Rauscher, Art. 7 Brüssel Ia-VO Rn. 101; *Magnus*, in Staudinger, Verfahrensrecht für Int. Verträge Rn. 95; vgl. zur Gegenansicht *Looschelders*, IPRax 2006, 14 (15 f.); *Spickhoff*, IPRax 2009, 128 (131 ff.); *Wendelstein*, Kollisionsrechtliche Probleme der Telemedizin, S. 488 ff.

1692 *Leible*, in Rauscher, Art. 7 Brüssel Ia-VO Rn. 101.

1693 *Leible*, in Rauscher, Art. 7 Brüssel Ia-VO Rn. 101; *Magnus*, in Staudinger, Verfahrensrecht für Int. Verträge Rn. 95.

1694 *Leible*, in Rauscher, Art. 7 Brüssel Ia-VO Rn. 101; *Pfeiffer*, IPRax 2016, 111 (114); *Wendenburg/Schneider*, NJW 2014, 1633 (1635).

1695 *Leible*, in Rauscher, Art. 7 Brüssel Ia-VO Rn. 2.

1696 *Spickhoff*, IPRax 2009, 128 (131).

1697 *Looschelders*, IPRax 2006, 14 (16); *Spickhoff*, IPRax 2009, 128 (131).

1698 Vgl. *Baumert*, EWiR 2014, 435; *Mankowski*, EWiR 2017, 515; *von Hein*, in Säcker-FS (2021), S. 219 (222 ff.); *Hoffmann*, ZZP 2015, 465 (467 f.); *Pfeiffer*, IPRax 2016, 111; *Segger-Piening*, EuZW 2021, 299 (301); *Spickhoff*, in Canaris-FS (2017), S. 547 (556 ff.); *Weller*, LMK 2014, 359127; vgl. für eine positive Bewertung hingegen *Wendenburg/Schneider*, NJW 2014, 1633.

reich ansässigen *Fabrication de Montres Normandes EURL*. Die Uhrwerke sollten für Rechnung von Herrn *Brogsitter* entwickelt und in Serie auf den Markt gebracht werden. Herr *Brogsitter* soll sämtliche Kosten im Zusammenhang mit der Herstellung der beiden vertragsgegenständlichen Uhrwerke getragen haben. Parallel zu diesen Arbeiten soll Herr *Fräßdorf* jedoch weitere Uhrwerke, Gehäuse und Ziffernblätter geschaffen haben, die 2009 für eigene Rechnung auf einer Fachmesse in Basel vorgestellt wurden. Sie wurden im eigenen Namen und für eigene Rechnung auf den Markt gebracht und online über eine deutsch- und französischsprachige Website beworben. Herr *Brogsitter* machte geltend, dass Herr *Fräsdorf* dadurch gegen seine vertraglichen Verpflichtungen verstoßen habe, da er sich verpflichtet habe ausschließlich für seine Rechnung zu arbeiten. Der Vertrieb von Uhrwerken für eigene Rechnung sei ihm untersagt, selbst wenn diese nicht mit den vertragsgegenständlichen Uhrwerken identisch seien. Neben Unterlassung verlangte Herr *Brogsitter* Schadensersatz wegen deliktischer Haftung nach dem UWG und § 823 Abs. 2 BGB. Herr *Fräsdorf* habe Vorlagenfreibeuterei, einen Eingriff in seinen Gewerbebetrieb, Betrug und Untreue begangen. Das vorlegende LG Krefeld zweifelte an seiner Zuständigkeit, da der Rechtsstreit trotz der nach nationalem Recht deliktisch einzustufenden Klage möglicherweise an den zwischen den Parteien geschlossenen Vertrag anzuknüpfen sei, was die Zuständigkeit französischer Gerichte bedeuten würde.[1699]

Der EuGH stellte zutreffend fest, dass das Vorliegen einer vertraglichen Beziehung nicht per se zur Folge hat, dass eine Klage wegen zivilrechtlicher Haftung generell einen „Vertrag oder Ansprüche" aus einem Vertrag betrifft.[1700] Dies sei nur dann so, „wenn das vorgeworfene Verhalten als Verstoß gegen die vertraglichen Verpflichtungen angesehen werden kann, wie sie sich anhand des Vertragsgegenstands ermitteln lassen."[1701] „Dies wiederum ist grundsätzlich der Fall, wenn eine Auslegung des Vertrags zwischen dem Bekl. und dem Kl. unerlässlich erscheint, um zu klären, ob das dem Bekl. vom Kl. vorgeworfene Verhalten rechtmäßig oder vielmehr widerrechtlich ist."[1702] Der EuGH legte hiermit den Grundstein für eine Ausweitung des Erfüllungsgerichtsstands zulasten des Deliktsgerichtstands. So entschied dann auch das LG Krefeld, dass die behaupteten deliktischen Ansprüche des Herrn *Brogsitter* an die zwischen den Parteien getroffenen vertraglichen Absprachen anknüpfen.[1703] Konkret komme es auf den Vertrag bzw. dessen Auslegung an, um die Rechtswidrigkeit des Verhaltens im Rahmen der deliktischen Ansprüche prüfen zu können.

1699 LG Krefeld, Beschl. v. 27.9.2012 – 12 O 28/12 = BeckRS 2014, 8305.
1700 EuGH, Urt. v. 13.3.2014 – C-548/12 (*Brogsitter*) = NJW 2014, 1648 (1649 Rn. 23).
1701 EuGH, Urt. v. 13.3.2014 – C-548/12 (*Brogsitter*) = NJW 2014, 1648 (1649 Rn. 24).
1702 EuGH, Urt. v. 13.3.2014 – C-548/12 (*Brogsitter*) = NJW 2014, 1648 (1649 Rn. 25).
1703 LG Krefeld, Urt. v. 26.8.2014 – 12 O 28/12 = BeckRS 2014, 16997.

b. Bewertung

Liest man die *Brogsitter*-Entscheidung in der Erwartung, eine Antwort auf die Frage nach der Annexkompetenz des Vertragsgerichtsstands zu erhalten, scheinen die Ausführungen des EuGH im ersten Moment zu enttäuschen. Der Gerichtshof umgeht dieses Problem, indem er sich ausschließlich mit der Qualifikation der geltend gemachten Ansprüche befasst.[1704] Bemerkenswert an der Entscheidung ist dabei, dass bereits ein minimales vertragsrechtliches Element zu genügen scheint, um die Klage dem Deliktsgerichtsstand zu entziehen. Selbst wenn nur das Tatbestandsmerkmal der Rechtswidrigkeit des nach nationalem Recht deliktisch einzuordnenden Anspruchs von der Vertragswidrigkeit des Verhaltens des Beklagten abhängt, ist nach *Brogsitter* eine vertragliche Qualifikation angezeigt. Daran wurde kritisiert, dass es sich bei der Vertragswidrigkeit nach der herkömmlichen IPR-Dogmatik lediglich um eine Vorfrage hinsichtlich des deliktischen Anspruchs handelt, die im Rahmen der Zuständigkeitsbestimmung jedoch üblicherweise keine Relevanz hat.[1705] Über die Vorfrage, ob die Begehung eines Delikts aufgrund einer vertraglichen Vereinbarung rechtmäßig ist, entscheidet herkömmlich das Gericht am Ort des Eintritts des schädigenden Ereignisses.[1706] Dabei handelt es sich nicht um eine Ausweitung des Deliktsgerichtsstands, sondern um die Prüfung eines Tatbestandsmerkmals des deliktischen Anspruchs.[1707] Die Qualifikation nach der Natur der Vorfrage vorzunehmen, hat zur Folge, dass auch die übrigen (deliktischen) Elemente der Hauptfrage am Vertragsgerichtsstand verhandelt werden müssen.[1708] Der Teleologie der besonderen Gerichtsstände des Art. 7 Brüssel Ia-VO, also der Berücksichtigung der Sach- und Beweisnähe des jeweiligen Gerichtsstands, wird dieses Vorgehen nicht gerecht.[1709] Es könnte zwar argumentiert werden, dass die vertragsrechtliche Präjudizierung in *Brogsitter* besonders ausgeprägt und daher im Wege einer Schwerpunktbetrachtung die vertragliche Qualifikation vertretbar war. Dem Verdikt der Rechtswidrigkeit generell eine solche Bedeutung beizumessen, lässt jedoch unberücksichtigt, dass in einem delikts-

1704 Krit. zur Einführung einer Annexkompetenz im Wege der „Umqualifikation" *Leible*, in Rauscher, Art. 7 Brüssel Ia-VO, Rn. 101; *Segger-Piening*, EuZW 2021, 299 (301); in Anlehnung an *Mankowski*, GPR 2020, 281 (283).

1705 *von Hein*, in Säcker-FS (2021), S. 219 (223 f.); *Hoffmann*, ZZP 2015, 465 (468); *Pfeiffer*, IPRax 2016, 111 (112 f.); *Segger-Piening*, EuZW 2021, 299 (301); *Weller*, LMK 2014, 359127.

1706 Vgl. BGH, Urt. v. 11.2.1988 – I ZR 201/86 = NJW 1988, 1466; vgl. auch GA *Saugmandsgaard Øe*, Schlussantrag v. 10.9.2020 – C-59/19 (*Wikingerhof*) = BeckRS 2020, 22699 (Rn. 103 f.).

1707 *von Hein*, in Säcker-FS (2021), S. 219 (223 f.); *Kropholler/von Hein*, Europäisches Zivilprozessrecht, (9. Aufl. 2011), Art. 5 EuGVO a. F. Rn. 80.

1708 *Segger-Piening*, EuZW 2021, 299 (301).

1709 *Pfeiffer*, IPRax 2016, 111 (114); *Segger-Piening*, EuZW 2021, 299 (301).

rechtlichen Fall genauso auch Fragen des tatbestandsmäßigen Handelns, der Zurechnung oder des Verschuldens den Schwerpunkt des Rechtsstreits bilden können.[1710]

Auch hinsichtlich miteinander konkurrierender Ansprüche wäre eine Zuständigkeitskonzentration am Erfüllungsgerichtsstand auf der Grundlage der *Brogsitter*-Entscheidung denkbar, also gewissermaßen ein prozessrechtliches *non-cumul*.[1711] Dies könnte auf die Formulierung gestützt werden, dass die Klage einen Vertrag betrifft, „wenn das vorgeworfene Verhalten als Verstoß gegen die vertraglichen Verpflichtungen angesehen werden kann." Stellt eine einzige Schädigungshandlung sowohl eine Vertragspflichtverletzung als auch ein Delikt dar, legt diese Formulierung eine umfassende Kognitionsbefugnis des Vertragsgerichtsstands nahe. Dies kann zur Vermeidung widersprüchlicher Entscheidungen im Einzelfall durchaus sinnvoll sein.[1712] Allerdings ist eine „Auslegung" des Vertrages in dieser Konstellation für die Geltendmachung der deliktischen Ansprüche nicht zwingend erforderlich, was gegen eine vertragliche Qualifikation spräche.[1713] Ob das strengere Auslegungserfordernis indes zwingend gegeben sein muss,[1714] geht aus dem Urteil nicht eindeutig hervor.[1715] Der ohnehin vorgenommenen Ausdehnung des Vertragsgerichtsstands fehlt es hier an klaren Konturen, weshalb die fehlende und im Zuständigkeitsrecht eigentlich anzustrebende Vorhersehbarkeit des einschlägigen Gerichtsstands zurecht kritisiert wurde.[1716]

2. *Wikingerhof*

Nachdem die *Brogsitter*-Doktrin zunächst in zwei Entscheidungen lediglich rezipiert wurde,[1717] bot sich dem EuGH in der Rechtssache *Wikingerhof*[1718] die Möglichkeit, diese einer Überprüfung zu unterziehen.

a. Sachverhalt, Vorinstanzen und Vorlagebeschluss

Die *Wikingerhof GmbH & Co KG*, eine Hotelbetreiberin aus Schleswig-Holstein, schloss einen Vertrag mit der niederländischen *Booking.com B. V.* über

1710 *Pfeiffer*, IPRax 2016, 111 (113).
1711 Krit. zu dieser Konequenz *Spickhoff*, IPRax 2017, 72 (74 f.).
1712 Vgl. *Pfeiffer*, IPRax 2016, 111 (113); *Wendenburg/Schneider*, NJW 2014, 1633 (1635).
1713 *Weller*, LMK 2014, 359127.
1714 So wohl das Verständnis von *Wendenburg/Schneider*, NJW 2014, 1633.
1715 Ähnlich *Mankowski*, EWiR 2017, 515 (516).
1716 Vgl. *Segger-Piening*, EuZW 2021, 299 (301).
1717 Vgl. EuGH, Urt. v. 10.9.2015 – C-47/14 (*Holterman*) = EuZW 2015, 922; EuGH, Urt. v. 14.7.2016 – C-196/15 (*Granarolo*) = NJW 2016, 3087.
1718 EuGH, Urt. v. 24.11.2020 – C-59/19 (*Wikingerhof*) = NJW 2021, 144, m. Anm. *Wagner*.

die Vermittlung von Hotelzimmern auf deren gleichnamiger Buchungsplattform. Die AGB der Beklagten sahen eine Gerichtsstandsklausel zugunsten der Gerichte von Amsterdam vor, die allerdings aus formalen Gründen nicht wirksam in den Vertrag einbezogen wurde.[1719] Der Gegenstand des Rechtsstreits betraf bestimmte per AGB-Änderung ermöglichte Praktiken von *Booking.com*, die nach der Rechtsauffassung von *Wikingerhof* den Missbrauch einer marktbeherrschenden Stellung darstellten (vgl. Art. 102 Abs. 2 lit. a AEUV bzw. § 19 Abs. 1, Abs. 2 Nr. 2 GWB). Als kleineres Hotelunternehmen sei *Wikingerhof* auf die Vermittlungsleistungen der Beklagten, die in diesem Bereich die Marktführerin sei, angewiesen. Geklagt wurde vor dem LG Kiel[1720] auf Unterlassung der angeblich unlauteren Praktiken. Diese seien in der ohne Zustimmung erfolgten Bezeichnung von Hotelzimmerpreisen als „vergünstigt" oder „rabattiert", der Vorenthaltung von Kontaktdaten sowie der Verknüpfung einer attraktiven Platzierung des Hotels bei Suchanfragen mit einer Provisionserhöhung um 15 Prozent zu sehen. Da der Erfüllungsort nicht in Deutschland lag, wären deutsche Gerichte nur bei Eröffnung des Tatortgerichtsstands gem. Art. 7 Nr. 2 Brüssel Ia-VO zuständig. Das OLG Schleswig ging unter Bezugnahme auf *Brogsitter* davon aus, dass die Unterlassungsklage trotz der kartellrechtlichen Einkleidung „im sachlichen Kern" an einen Vertrag anknüpfe.[1721] In seinem Vorlagebeschluss an den EuGH neigt der BGH hingegen zu einer deliktischen Qualifikation, selbst wenn der Vertrag die ggf. unlauteren Praktiken teilweise decke. „Denn im Vordergrund der rechtlichen Auseinandersetzungen zwischen den Parteien steht auch dann nicht die Auslegung des Vertrags, sondern die Frage, ob die Forderung bestimmter Vertragskonditionen oder die Berufung auf sie durch ein – unterstellt – marktbeherrschendes Unternehmen als missbräuchlich anzusehen ist und damit gegen Bestimmungen des Kartellrechts verstößt."[1722]

b. Die Schlussanträge des Generalanwalts

Generalanwalt *Saugmandsgaard Øe* erkannte, dass dieser Fall Gelegenheit bietet, die Rechtsprechung zur Abgrenzung von Vertrag und Delikt zusammenzufassen und zu konkretisieren.[1723] In diesem Zusammenhang adressierte er die durch *Brogsitter* hervorgerufenen Unsicherheiten hinsichtlich konkurrierender Ansprüche aus Vertrag und Delikt. Er attestierte eine gewisse

---

1719 Vgl. BGH, Beschl. v. 11.12.2018 – KZR 66/17 = GRUR 2019, 320 (321 Rn. 15).

1720 LG Kiel, Urt. v. 27.1.2017 – 14 HKO 108/15 = GRUR-RS 2017, 154337.

1721 OLG Schleswig, Urt. v. 12.10.2017 – 16 U 10/17 = GRUR -RS 2017, 154336 (Rn. 32 ff.).

1722 BGH, Beschl. v. 11.12.2018 – KZR 66/17 = GRUR 2019, 320 (322 Rn. 24).

1723 GA *Saugmandsgaard Øe*, Schlussantrag v. 10.9.2020 – C-59/19 (*Wikingerhof*) = BeckRS 2020, 22699 (Rn. 27); vgl. hierzu die Anm. von *Pres/Voßberg*, GRUR-Prax 2020, 490.

Abkehr von *Kalfelis*, die genaue Tragweite des *Brogsitter*-Urteils sei jedoch unklar.[1724] Zu unterscheiden sei zwischen der maximalistischen Lesart, nach der bei konkurrierenden Ansprüchen die vertragliche Einstufung der deliktischen vorgehe;[1725] sowie der minimalistischen Lesart, der zufolge eine vertragliche Qualifikation anzunehmen sei, wenn die Auslegung des Vertrages unerlässlich ist, um die Rechtmäßigkeit des vorgeworfenen Verhaltens, mithin also die Begründetheit des Anspruchs, beurteilen zu können.[1726] Letzterer Lesart sei der Vorzug einzuräumen. Andernfalls müsse das Gericht bereits im Stadium der Zuständigkeit eine umfangreiche Prüfung der Begründetheit vornehmen, um festzustellen, ob das deliktische Verhalten auch eine Vertragsverletzung darstellt.[1727] Die damit einhergehenden Unsicherheiten beeinträchtigten die Vorhersehbarkeit der Zuständigkeitsregeln.[1728] Insbesondere sei aber der nach der maximalistischen Lesart postulierte Vorrang des Vertragsgerichtsstands mit der Systematik der Brüssel Ia-VO und dem Ziel der Sachnähe nicht zu vereinbaren.[1729] Außerdem seien Inkonsistenzen mit dem internationalen Kartellrecht, namentlich eine Umgehung des Rechtwahlverbots gem. Art. 6 Abs. 3 Rom II-VO zu befürchten.[1730] Das praktische Bedürfnis einer Zuständigkeitskonzentration könne ferner durch Klageerhebung am allgemeinen Gerichtsstand befriedigt werden.[1731] Eine

1724 GA *Saugmandsgaard Øe*, Schlussantrag v. 10.9.2020 – C-59/19 (*Wikingerhof*) = BeckRS 2020, 22699 (Rn. 67 f.).

1725 GA *Saugmandsgaard Øe*, Schlussantrag v. 10.9.2020 – C-59/19 (*Wikingerhof*) = BeckRS 2020, 22699 (Rn. 69).

1726 GA *Saugmandsgaard Øe*, Schlussantrag v. 10.9.2020 – C-59/19 (*Wikingerhof*) = BeckRS 2020, 22699 (Rn. 70).

1727 GA *Saugmandsgaard Øe*, Schlussantrag v. 10.9.2020 – C-59/19 (*Wikingerhof*) = BeckRS 2020, 22699 (Rn. 76). Ob den Gerichten tatsächlich eine „umfassende" Prüfung abverlangt wird, ist fraglich. Dies geht aus *Brogsitter* nicht eindeutig hervor. Der EuGH spricht lediglich von einer „vernünftigen Betrachtungsweise", EuGH, Urt. v. 13.3.2014 – C-548/12 (*Brogsitter*) = NJW 2014, 1648 (1649 Rn. 26). Dies wurde bisher so interpretiert, dass eine vollständige Prüfung nach der *lex causae* nicht erforderlich ist, vgl. *Hoffmann*, ZZP 2015, 465 (481); *Pfeiffer*, IPRax 2016, 111 (113); *Wendelstein*, ZEuP 2015, 622 (632).

1728 GA *Saugmandsgaard Øe*, Schlussantrag v. 10.9.2020 – C-59/19 (*Wikingerhof*) = BeckRS 2020, 22699 (Rn. 77).

1729 GA *Saugmandsgaard Øe*, Schlussantrag v. 10.9.2020 – C-59/19 (*Wikingerhof*) = BeckRS 2020, 22699 (Rn. 78 ff.).

1730 GA *Saugmandsgaard Øe*, Schlussantrag v. 10.9.2020 – C-59/19 (*Wikingerhof*) = BeckRS 2020, 22699 (Rn. 81 f.); dieses Argument einschränkend, da kartellrechtliche Vorschriften als Eingriffsnormen gem. Art. 9 Abs. 1 Rom I-VO anwendbar blieben *von Hein*, in Säcker-FS (2021), S. 219 (230).

1731 GA *Saugmandsgaard Øe*, Schlussantrag v. 10.9.2020 – C-59/19 (*Wikingerhof*) = BeckRS 2020, 22699 (Rn. 85).

prozessökonomisch sinnvolle Annexkompetenz einzuführen sei Sache des Unionsgesetzgebers.[1732]

Sodann versucht der Generalanwalt, die Qualifikationsmethode der minimalistischen Lesart mit den bisherigen Grundsätzen, insbesondere aus *Kalfelis*, in Einklang zu bringen. „Im ersten Urteil [*Kalfelis*] ist der Gerichtshof von den materiellen Rechtsnormen ausgegangen, auf die sich der Kläger in seiner Klage berufen hatte. Im zweiten Urteil [*Brogsitter*] hat er eine Methode der Einstufung vorgeschlagen, die objektiver sein sollte, indem sie darauf abstellt, ob die ‚Auslegung' oder die ‚Berücksichtigung' eines Vertrags ‚unerlässlich erscheint', um ‚zu klären, ob das dem Beklagten vom Kläger vorgeworfene Verhalten rechtmäßig oder vielmehr widerrechtlich ist.'"[1733] Die Methoden seien „miteinander vereinbar, wenn nicht gar komplementär."[1734] Indizien über die rechtliche Natur einer Verpflichtung können sich entweder aus materiellen Rechtsvorschriften ergeben, die der Kläger vorgebracht hat.[1735] Der vertragliche oder deliktische Charakter einer Verpflichtung könne andererseits auch dadurch ermittelt werden, dass anhand der Unerlässlichkeit der Auslegung oder Berücksichtigung des Vertrages abgegrenzt werde.[1736] Stellt ein und dieselbe Handlung eine Vertragspflichtverletzung und gleichzeitig ein Delikt dar, das die Verletzung des Vertrages voraussetze, sei die Berücksichtigung des Vertrages unerlässlich und daher der Vertragsgerichtsstand eröffnet.[1737] Einschränkend stellt er fest, dass sich die Auslegung oder Berücksichtigung eines Vertrages gerade bei der Prüfung der Rechtmäßigkeit stellen müsse.[1738] Sofern sie sich im Rahmen anderweitiger Vorfragen stelle, folge daraus nicht die Eröffnung des Vertragsgerichtsstands.

Im vorliegenden Fall sei der Deliktsgerichtstand eröffnet. *Wikingerhof* berufe sich auf Vorschriften des deutschen Wettbewerbsrechts; die entsprechenden Pflichten von *Booking.com* bestünden unabhängig von einer freiwillig

---

1732 GA *Saugmandsgaard Øe*, Schlussantrag v. 10.9.2020 – C-59/19 (*Wikingerhof*) = BeckRS 2020, 22699 (Rn. 115); die Einführung einer optionalen Annexkompetenz in Parallelwertung zur vertragsakzessorischen Anknüpfung fordert etwa *von Hein*, in Säcker-FS (2021), S. 219 (237); ähnlich auch *Rieländer*, RIW 2021, 103 (107).

1733 GA *Saugmandsgaard Øe*, Schlussantrag v. 10.9.2020 – C-59/19 (*Wikingerhof*) = BeckRS 2020, 22699 (Rn. 92).

1734 GA *Saugmandsgaard Øe*, Schlussantrag v. 10.9.2020 – C-59/19 (*Wikingerhof*) = BeckRS 2020, 22699 (Rn. 93).

1735 GA *Saugmandsgaard Øe*, Schlussantrag v. 10.9.2020 – C-59/19 (*Wikingerhof*) = BeckRS 2020, 22699 (Rn. 94-96).

1736 GA *Saugmandsgaard Øe*, Schlussantrag v. 10.9.2020 – C-59/19 (*Wikingerhof*) = BeckRS 2020, 22699 (Rn. 97).

1737 GA *Saugmandsgaard Øe*, Schlussantrag v. 10.9.2020 – C-59/19 (*Wikingerhof*) = BeckRS 2020, 22699 (Rn. 99).

1738 GA *Saugmandsgaard Øe*, Schlussantrag v. 10.9.2020 – C-59/19 (*Wikingerhof*) = BeckRS 2020, 22699 (Rn. 102-104).

eingegangenen Verpflichtung.[1739] Um über die Rechtmäßigkeit des vorgeworfenen wettbewerbswidrigen Verhaltens zu entscheiden, sei eine Auslegung des Vertrages zudem nicht unerlässlich, da der hierfür maßgebliche Bezugspunkt in den wettbewerbsrechtlichen Vorschriften zu sehen sei.[1740] Der deliktischen Qualifikation stehe schließlich auch nicht entgegen, dass die Klage im Ergebnis auf die Anpassung des Vertrages bzw. der AGB an die wettbewerbsrechtlichen Anforderungen abziele, da dies die typische Folge eines Kartellverstoßes sei.[1741]

c. Zusammenfassung der Entscheidungsgründe

Der EuGH folgte im Ergebnis der Ansicht des BGH sowie des Generalanwalts und ermöglichte *Wikingerhof* die Klage vor den nach Art. 7 Nr. 2 Brüssel Ia-VO zuständigen deutschen Gerichten. Er stellte fest, dass eine zwischen Vertragspartnern erhobene Klage vertraglich oder deliktisch zu qualifizieren sei „und dabei darauf abzustellen [ist], ob die Verpflichtung, die ihr als Grundlage dient, vertraglicher Art ist oder eine unerlaubte Handlung bzw. eine dieser gleichgestellte Handlung zum Gegenstand hat."[1742] Ein Vorrang des Vertragsgerichtsstands, wie er nach der maximalistischen Lesart möglich gewesen wäre, wird demnach abgelehnt. Gleichwohl hält der EuGH formal an *Brogsitter* fest.[1743] „Beruft sich der Kläger (…) auf Regeln über die Haftung aus unerlaubter Handlung (…), das heißt auf einen Verstoß gegen eine gesetzliche Verpflichtung, und erscheint es nicht unerlässlich, den Inhalt des mit dem Beklagten geschlossenen Vertrages zu prüfen, um zu beurteilen, ob das diesem vorgeworfene Verhalten rechtmäßig oder rechtswidrig ist, da diese Verpflichtung unabhängig von diesem Vertrag besteht", so sei der Gegenstand der Klage ein Delikt i. S. v. Art. 7 Nr. 2 Brüssel Ia-VO.[1744] Im konkreten Fall berufe sich *Wikingerhof* aber „auf einen Verstoß gegen das deutsche Wettbewerbsrecht, das den Missbrauch einer beherrschenden Stellung unabhängig von einem Vertrag oder einer anderen freiwillig eingegangenen Verpflichtung allgemein verbiete."[1745] Im Kern gehe es um die Rechtsfrage, ob *Booking.com* eine marktbeherrschende Stellung im Sinne des Wettbewerbsrecht missbraucht habe.[1746] Die Auslegung

1739 GA *Saugmandsgaard Øe*, Schlussantrag v. 10.9.2020 – C-59/19 (*Wikingerhof*) = BeckRS 2020, 22699 (Rn. 119).
1740 GA *Saugmandsgaard Øe*, Schlussantrag v. 10.9.2020 – C-59/19 (*Wikingerhof*) = BeckRS 2020, 22699 (Rn. 122 ff.).
1741 GA *Saugmandsgaard Øe*, Schlussantrag v. 10.9.2020 – C-59/19 (*Wikingerhof*) = BeckRS 2020, 22699 (Rn. 132 ff.).
1742 EuGH, Urt. v. 24.11.2020 – C-59/19 (*Wikingerhof*) = NJW 2021, 144 (146 Rn. 31).
1743 EuGH, Urt. v. 24.11.2020 – C-59/19 (*Wikingerhof*) = NJW 2021, 144 (146 Rn. 32).
1744 EuGH, Urt. v. 24.11.2020 – C-59/19 (*Wikingerhof*) = NJW 2021, 144 (146 f. Rn. 33).
1745 EuGH, Urt. v. 24.11.2020 – C-59/19 (*Wikingerhof*) = NJW 2021, 144 (147 Rn. 34).
1746 EuGH, Urt. v. 24.11.2020 – C-59/19 (*Wikingerhof*) = NJW 2021, 144 (147 Rn. 35).

des Vertrages sei nicht unerlässlich, um die Rechtmäßigkeit des Verhaltens prüfen zu können, sondern allenfalls erforderlich, um das Vorliegen der ggf. unlauteren Praktiken festzustellen.[1747] Die Eröffnung des Gerichtsstands des Erfolgsorts, im wettbewerbsrechtlichen Kontext also die Gerichte des Marktortes, für die „Hauptfrage", ob ein Verhalten wettbewerbswidrig sei, stehe schließlich im Einklang mit dem Ziel einer effektiven Beweiserhebung.[1748]

d. Bewertung

Der Generalanwalt zeigte dem EuGH mit seinen umfassenden Schlussanträgen einen Weg auf, die anhaltende Rechtsunsicherheit bei der Abgrenzung von Vertrag und Delikt auszuräumen und dabei gesichtswahrend an der *Brogsitter*-Doktrin festzuhalten. Wenngleich der EuGH nicht zum ganz großen Wurf ansetzte – das Urteil erstreckt sich ausdrücklich nur auf den Konditionenmissbrauch[1749] – könnte *Wikingerhof* den Beginn einer Trendwende markieren. Festzuhalten ist zunächst, dass der maximalistischen Lesart der *Brogsitter*-Entscheidung erkennbar ein Riegel vorgeschoben wurde.[1750] Die teleologisch und systematisch nicht gerechtfertigte Subsidiarität des Deliktsgerichtsstands wurde also nicht bestätigt. Die Entscheidung wurde daher überwiegend positiv aufgenommen.[1751] Im Falle konkurrierender Ansprüche ist nicht von einem Vorrang des Vertragsdeliktsgerichtsstands im Wege der „Umqualifikation" auszugehen.[1752] Dies wäre in *Wikingerhof* theoretisch möglich gewesen, denn die Klägerin räumte in der mündlichen Verhandlung ein, dass sie ihre Klage auch auf eine Verletzung vertraglicher Pflichten aus Treu und Glauben hätte stützen können.[1753] Art. 7 Nr. 1 und 2 Brüssel Ia-VO schließen sich nach der Entscheidung des EuGH wechselsei-

---

1747 EuGH, Urt. v. 24.11.2020 – C-59/19 (*Wikingerhof*) = NJW 2021, 144 (147 Rn. 35); vgl. zuvor GA *Saugmandsgaard Øe*, Schlussantrag v. 10.9.2020 – C-59/19 (*Wikingerhof*) = BeckRS 2020, 22699 (Rn. 122 ff.).

1748 EuGH, Urt. v. 24.11.2020 – C-59/19 (*Wikingerhof*) = NJW 2021, 144 (147 Rn. 37); zustimmend *Neumann*, EuZW 2021, 266 (267).

1749 Krit. *Mankowski*, LMK 2020, 434668; vgl. zur Reichweite der Entscheidung auch *Rieländer*, RIW 2021, 103 (106); *Wurmnest*, IPRax 2021, 340 (343).

1750 *von Hein*, in Säcker-FS (2021), S. 219 (232); *Rieländer*, RIW 2021, 103 (106).

1751 *Mankowski*, LMK 2020, 434668; *Neumann*, EuZW 2021, 266; *Thiede*, NZG 2021, 127; *Wagner*, NJW 2021, 147; *Wendelstein*, JZ 2021, 100; *Wurmnest*, IPRax 2021, 340; differenzierend *von Hein*, in Säcker-FS (2021), S. 219 (229 ff.); *Rieländer*, RIW 2021, 103 (106 ff.); sowie *Segger-Piening*, EuZW 2021, 299 (301 f.); vernichtend fiel hingegen die Kritik von *Briggs* aus, Wikingerhof: A View from Oxford, Blogeintrag vom 7.12.2020, https://eapil.org/2020/12/07/briggs-on-wikingerhof/ (Stand: 24.5.2023); krit. auch *Kern/Uhlmann*, GPR 2021, 50 (53 ff.).

1752 So auch *Segger-Piening*, EuZW 2021, 299 (302).

1753 Vgl. GA *Saugmandsgaard Øe*, Schlussantrag v. 10.9.2020 – C-59/19 (*Wikingerhof*) = BeckRS 2020, 22699 (Rn. 117 Fn. 148).

tig aus,[1754] wobei sich die wechselseitige Exklusivität auf einzelne Ansprüche und nicht auf den Lebenssachverhalt als ganzen bezieht.[1755] Sofern ein Ereignis zugleich vertraglich und deliktisch zu qualifizierende Ansprüche nach sich zieht, muss der Kläger, sofern er nicht am allgemeinen Gerichtsstand klagen will, an zwei Orten klagen oder sich für einen der beiden Ansprüche entscheiden.[1756] Von einem Kumulationsverbot ist demnach nicht auszugehen.[1757] Es ist zu begrüßen, dass der EuGH zu einer prinzipiellen Gleichrangigkeit der besonderen Gerichtsstände des Art. 7 Brüssel Ia-VO zurückkehrt.[1758]

Der EuGH scheint sich erfreulicherweise wieder stärker auf die autonome bzw. heteronome Begründung der verletzten Verpflichtungen als Abgrenzungskriterium zu besinnen. Dies erfolgt freilich nicht unter Aufgabe der aus dem *Brogsitter*-Urteil bekannten Formel von der Unerlässlichkeit der Vertragsauslegung, die auch in *Wikingerhof* rezipiert wurde.[1759] Eine Akzentverschiebung ist aber jedenfalls dahingehend vorgenommen worden, dass nicht mehr bereits eine vertragliche Vorfrage, die nach der Auslegung des Vertrages verlangt, die Qualifikation determiniert.[1760] Ferner lässt die Urteilsbegründung den Schluss zu, dass es entscheidend darauf ankommt, ob zur Bestimmung des Pflichtenmaßstabs der Vertrag heranzuziehen ist oder dieser unabhängig vom Vertrag bestimmt werden kann.[1761] Sofern der Vertrag lediglich als Tatsache bei der Subsumtion unter einen gesetzlichen Tatbestand herangezogen werden muss, stellt dies noch keine „unerlässliche Auslegung" dar, die eine deliktische Qualifikation ausschließt.[1762] In diesem

---

1754 Vgl. EuGH, Urt. v. 24.11.2020 – C-59/19 (*Wikingerhof*) = NJW 2021, 144 (146 Rn. 26).

1755 Vgl. *von Hein*, in Säcker-FS (2021), S. 219 (232 f.).

1756 Krit. hierzu *Briggs*, Wikingerhof: A View from Oxford, Blogeintrag v. 7.12.2020, https://eapil.org/2020/12/07/briggs-on-wikingerhof/ (Stand: 24.5.2023); *Cuniberti*, Freedom of Choice in Wikingerhof, Blogeintrag v. 9.12.2020, https://eapil.org/2020/12/09/freedom-of-choice-in-wikingerhof/ (Stand: 24.5.2023).

1757 *von Hein*, in Säcker-FS (2021), S. 219 (232 f.); *Rieländer*, RIW 2021, 103 (106 f.).

1758 Für die Praxis wird als Konsequenz die Wichtigkeit einer wirksamen Gerichtsstandsvereinbarung nach Art. 25 Brüssel Ia-VO betont, vgl. *Neumann*, EuZW 2021, 266 (267); *Krümmel*, IWRZ 2021, 87; vgl. hierzu auch *von Hein*, in Säcker-FS (2021), S. 219 (237).

1759 EuGH, Urt. v. 24.11.2020 – C-59/19 (*Wikingerhof*) = NJW 2021, 144 (146 Rn. 32).

1760 Vgl. zur berechtigten Kritik an der in *Brogsitter* angelegten Qualifikation anhand der Vorfrage der Rechtswidrigkeit, Kap. 6 C.II.1.b.

1761 Vgl. EuGH, Urt. v. 24.11.2020 – C-59/19 (*Wikingerhof*) = NJW 2021, 144 (146 f. Rn. 33 f.); vgl. auch *Segger-Piening*, EuZW 2021, 299 (302).

1762 *Lehmann*, Wikingerhof: CJEU Reestablishes Equilibrium between Contract and Tort Jurisdiction, Blogeintrag v. 7.12.2020, https://eapil.org/2020/12/07/wikingerhof-cjeu-reestablishes-equilibrium-between-contract-and-tort-jurisdiction/ (Stand: 24.5.2023).

Sinne war eine Auslegung des Vertrages in *Wikingerhof* auch nur erforderlich, um das Vorliegen wettbewerbswidriger Praktiken festzustellen.[1763] Beruft sich der Kläger auf Vorschriften über die Haftung aus unerlaubter Handlung, also auf die Verletzung einer deliktischen Jedermann-Pflicht, wird der Deliktsgerichtsstand nur verdrängt, wenn diese Pflicht durch die Parteien vertraglich modifiziert wurde.[1764] Damit wird das Element der Autonomie wieder stärker in den Mittelpunkt der Abgrenzung gerückt. Allerdings sind zur praktischen Anwendung weitere Klarstellungen seitens des EuGH erforderlich. Der sehr weite Topos der „Unerlässlichkeit der Auslegung" könnte andernfalls weiterhin zu einer vorschnellen Bevorzugung des Vertragsgerichtstands führen, ohne dass die vorgenommene (Um-)Qualifikation an die für das Zuständigkeitsrecht maßgebliche Sach- und Beweisnähe rückgekoppelt wird.[1765]

Auch stellt sich die Frage, inwiefern der Anwendungsbereich von *Wikingerhof* über das Kartellrecht hinausreicht. Ausdrücklich entschieden wurde lediglich die deliktische Qualifikation des Konditionenmissbrauchs. Dieser zeichnet sich durch eine relativ stark ausgeprägte Vertragsnähe aus, weshalb in einem Erst-Recht-Schluss von der Übertragbarkeit auf weniger vertragsnahe Delikte ausgegangen werden könnte.[1766] Für Rechtssicherheit wird auch diesbezüglich nur eine weitere Klarstellung des EuGH sorgen. Dass er von der nunmehr eingeschlagenen Richtung wieder abweicht, dürfte allerdings eher unwahrscheinlich sein.[1767]

3. Bedeutung für das Kollisionsrecht

Die Entscheidungen *Brogsitter* und *Wikingerhof* treffen Ausführungen zum europäischen Vertragsbegriff, sind also aufgrund des Kohärenzgebots auch für das IPR von Bedeutung.[1768] Andererseits wurden sie vor dem Hintergrund des verfahrensrechtlichen Problems der Annexkompetenzen getroffen. Im IPR kann nach überwiegender Ansicht anders als im Zuständigkeitsrecht mithilfe der vertragsakzessorischen Anknüpfung gem. Art. 4 Abs. 3 S. 2 Rom II-VO im Falle konkurrierender Anspruchsgrundlagen ein Gleichlauf von Vertrags- und Deliktsstatut hergestellt werden.[1769] Speziell

1763 EuGH, Urt. v. 24.11.2020 – C-59/19 (*Wikingerhof*) = NJW 2021, 144 (147 Rn. 35).
1764 So auch *Segger-Piening*, EuZW 2021, 299 (302).
1765 So auch *Rieländer*, RIW 2021, 103 (109); *Pfeiffer*, IPRax 2016, 111 (113).
1766 *Mankowski*, LMK 2020, 434668.
1767 So auch *Rieländer*, RIW 2021, 103 (110).
1768 Vgl. zum Auslegungszusammenhang zwischen IPR und IZVR Kap. 6 A.II.4.
1769 Vgl. *Rieländer*, RIW 2021, 103 (111 f.); *Spickhoff*, IPRax 2009, 128 (133). Ein Statutengleichlauf kann allerdings auch dadurch hergestellt werden, dass von vornherein einheitlich danach qualifiziert wird, ob im Einzelfall das Leistungs- oder Integritätsinteresse des Geschädigten betroffen ist. Auf die vertragsakzessorische Anknüpfung

die *Brogsitter*-Entscheidung wurde auch deshalb kritisiert, weil der starre Vorrang der vertraglichen Qualifikation im Kollisionsrecht dazu führe, dass Art. 4 Abs. 3 S. 2 Rom II-VO funktionslos würde.[1770] Da in *Wikingerhof* die Subsidiarität des Deliktsgerichtsstand nicht bestätigt wurde, scheint jedenfalls insoweit die Tür für eine rechtsaktübergreifende Auslegung wieder etwas geöffnet worden zu sein. Gleichwohl dürfte der EuGH auch bei dieser Entscheidung die Fernwirkungen für das IPR nicht mitbedacht haben. Dies zeigt sich schon daran, dass er die deliktische Qualifikation des Konditionenmissbrauchs nicht zumindest hilfsweise mit der von Art. 6 Abs. 3 Rom II-VO vorgenommenen Zuordnung des Kartellprivatrechts zum Recht der außervertraglichen Haftung begründete.[1771]

Wenig hilfreich ist die Rechtsprechung schließlich für die Qualifikation der Ansprüche vertragsfremder Dritter. Zwar könnte insofern mit der Auslegung des Hauptvertrages argumentiert werden. Der EuGH ging bei der Entwicklung der Formel von der „Unerlässlichkeit der Auslegung" aber erkennbar von Zwei-Personen-Konstellationen aus.[1772] Dass die Unerlässlichkeit der Auslegung eines Vertrages, der nicht zwischen den Streitparteien, sondern von dem Beklagten mit einer weiteren Person geschlossen wurde, die Qualifikation der Ansprüche des Klägers determiniert, kann aus *Wikingerhof* nicht geschlossen werden. Die Rechtsprechung bedarf insofern einer weiteren Präzisierung durch den EuGH.

4. Zusammenfassung

Der internationalverfahrensrechtliche Vertragsbegriff wurde durch die Rechtsprechung des EuGH in Fallkonstellationen mit vertragsrechtlichen Vorfragen bzw. konkurrierenden Ansprüchen geprägt. Nachdem in *Brogsitter* die weitgehende Zurückdrängung des Deliktsgerichtsstands angedeutet und im Ergebnis eine Annexkompetenz im Erfüllungsgerichtsstand kraft methodisch fragwürdiger Umqualifikation erzielt wurde, stellt die Entscheidung *Wikingerhof* eine punktuelle Kehrtwende dar. Das Kriterium der Unerlässlichkeit der Vertragsauslegung wurde neu akzentuiert, indem danach differenziert wird, ob der Vertrag als bloße Tatsache im Rahmen der Anspruchsprüfung relevant wird oder die Rechtmäßigkeit des vorgeworfenen Verhaltens determiniert, weil die verletzte Pflicht nicht unabhängig von dem

---

kommt es dann nicht mehr an. Vgl. zu den Vorzügen der vermögensrechtlichen Abgrenzung Kap. 6 C.IV.4. und im Kontext konkurrierender Ansprüche Kap. 6 C.IV.4.c.

1770 *von Hein*, in Säcker-FS (2021), S. 219 (224).

1771 Hierzu bereits *Kern/Uhlmann*, GPR 2021, 50 (55); *Mankowski*, LMK 2020, 434668; *Segger-Piening*, EuZW 2021, 299 (302); *Wendelstein*, JZ 2021, 100 (101).

1772 Vgl. EuGH, Urt. v. 24.11.2020 – C-59/19 (*Wikingerhof*) = NJW 2021, 144 (146 f. Rn. 33), entscheidend sei die unerlässliche Auslegung „des mit dem Beklagten geschlossenen Vertrages".

Vertrag existiert. Ist Letzteres der Fall, richtet sich die Zuständigkeit nach Art. 7 Nr. 2 Brüssel Ia-VO. Gleichwohl bleiben einige Fragen offen, denn der EuGH entschied ausdrücklich nur über die Qualifikation des Konditionenmissbrauchs und ohne die parallel gelagerte Abgrenzungsproblematik im Kollisionsrecht zu würdigen. Der für den EuGH typisch kasuistische Ansatz führte in *Wikingerhof* zu einem überzeugenden Ergebnis, eine allgemein gültige Vertragsdefinition und eine tragfähige Abgrenzungsformel tun indes weiter Not.

III. Qualifikation von Dritthaftungsinstituten zwischen Vertrag und Delikt

Besonders schwierig und notorisch umstritten ist die Qualifikation der im Grenzbereich von Vertrag und Delikt angesiedelten Rechtsinstitute, die in den nationalen Rechtsordnungen entwickelt wurden, um eine Haftung gegenüber vertragsfremden Dritten zu begründen. Zu nennen sind in diesem Zusammenhang insbesondere die aus dem französischen Recht stammende *action directe*, die Haftung aus *culpa in contrahendo*, sowie der Vertrag mit Schutzwirkung für Dritte. Diese Rechtsinstitute erlauben eine im vertragsrechtlichen Gewand erscheinende Haftung gegenüber Personen, zu denen keine unmittelbare vertragliche Verbindung besteht. Für das europäische Kollisionsrecht, das um eine eindeutige Zuordnung zur Rom I- und II-VO nicht herumkommt, stellen sie eine besondere Herausforderung dar.

1. *Action directe*

Die von der französischen Rechtsprechung entwickelte *action directe* begründet einen Direktanspruch des Endkäufers einer mangelhaften Sache gegen den Hersteller oder Zwischenhändler, also gegen Personen, die ihm in einer ununterbrochenen Vertragskette vorgeschaltet sind, zu denen aber kein direkter Kontakt besteht.[1773] Der Anspruch des Endkäufers ergibt sich aus dem Vertrag des Herstellers mit seinem Abnehmer und geht entlang der Vertragskette (*chaîne de contrat*) zusammen mit dem Eigentum an der Kaufsache auf den Endabnehmer über. Diese Variante der *action directe* stellt also eine nach französischem Recht vertragsrechtlich einzustufende Lösung für das Problem der Produkthaftung dar. Für eine vertragliche Qualifikation könnte sprechen, dass die Herstellerhaftung nach dem materiellen Recht vom Vorliegen und von den Wirkungen eines Vertrages abhängt. In seiner grundlegenden, zuständigkeitsrechtlichen Entscheidung *Handte/TMCS* entschied der EuGH aber trotz dieses materiell-rechtlichen Hintergrunds zu-

1773 Vgl. Kap. 5 B.II.1.

gunsten der außervertragliche Qualifikation der Herstellerhaftung.[1774] In dem Fall klagte ein französischer Endabnehmer von Maschinen gegen einen deutschen Hersteller, da die von einem französischen Zwischenhändler erworbenen Maschinen nicht den einschlägigen Vorschriften über den Gesundheits- und Arbeitsschutz entsprachen und für den bestimmungsgemäßen Gebrauch untauglich waren. Der EuGH stellte fest, dass zwischen dem Endabnehmer und dem Hersteller keine vertragliche Beziehung vorliege, da es in diesem Verhältnis an einer freiwillig eingegangenen Verpflichtung fehle.[1775] Bei einer Kette international verknüpfter Verträge sei es möglich, dass sich die vertraglichen Verpflichtungen der Parteien „von Vertrag zu Vertrag unterscheiden, so dass die vertraglichen Ansprüche, die der spätere Erwerber gegen den unmittelbaren Verkäufer geltend machen kann, nicht notwendigerweise dieselben sind wie die, die der Hersteller in seinen Beziehungen zum ersten Käufer vereinbart hat."[1776] Außerdem sei die Eröffnung des Vertragsgerichtsstands in einem solchen Fall für den Hersteller nicht vorhersehbar und daher mit dem Grundsatz der Rechtssicherheit unvereinbar.[1777] Schließlich verweist der EuGH darauf, dass die Produkthaftung in der Mehrheit der Mitgliedstaaten deliktisch eingestuft wird, führt insofern also im Rahmen seiner autonomen Auslegung auch ein rechtsvergleichendes Argument ins Feld.[1778] Dass die Produkthaftung deliktisch zu qualifizieren ist, entsprach der überwiegend vertretenen Ansicht in den meisten nationalen Rechtsordnungen.[1779] Der EuGH hielt auch in einer späteren (ebenfalls prozessrechtlichen) Entscheidung an ihr fest.[1780] Für das Kollisionsrecht ist die außervertragliche Qualifikation seit der Einführung des Art. 5 Rom II-VO geklärt.[1781]

Dass der EuGH die *action directe* deliktisch qualifizierte, lässt darauf schließen, dass das Merkmal der freiwillig eingegangenen Verpflichtung formal zu verstehen ist, also eine direkte oder indirekte Einigung zwischen den Parteien erfolgt sein muss.[1782] Zwischen einem Hersteller und einem Endabnehmer besteht keine solche Verbindung. Die maßgeblichen Verträ-

---

1774 EuGH, Urt. v. 17.6.1992 – C-26/91 (*Handte/TMCS*) = BeckRS 2004, 75771.

1775 EuGH, Urt. v. 17.6.1992 – C-26/91 (*Handte/TMCS*) = BeckRS 2004, 75771 (Rn. 16); zust. *Freitag*, IPRax 2016, 418 (426 f.); *Kieninger*, in Ferrari et al., Art. 1 Rom I-VO Rn. 6; m. w. N. *Magnus*, in Staudinger, Art. 1 Rom I-VO Rn. 38.

1776 EuGH, Urt. v. 17.6.1992 – C-26/91 (*Handte/TMCS*) = BeckRS 2004, 75771 (Rn. 17).

1777 EuGH, Urt. v. 17.6.1992 – C-26/91 (*Handte/TMCS*) = BeckRS 2004, 75771 (Rn. 19).

1778 EuGH, Urt. v. 17.6.1992 – C-26/91 (*Handte/TMCS*) = BeckRS 2004, 75771 (Rn. 20).

1779 *Kadner Graziano*, Gemeineuropäisches IPR, S. 258 f.; vgl. auch *Sprenger*, Internationale Expertenhaftung, S. 111 ff.

1780 Vgl. EuGH, Urt. v. 16.7.2009 – C-189/08 (*Zuid-Chemie*) = NJW 2009, 3501; eingehend hierzu *von Hein*, IPRax 2010, 330.

1781 Vgl. *Freitag*, IPRax 2016, 418 (424).

1782 Vgl. *Dutta*, IPRax 2009, 293 (295).

ge wurden zwischen dem Zwischenhändler und dem Hersteller, sowie dem Zwischenhändler und dem Endabnehmer geschlossen. Zu beachten ist aber andererseits, dass im Wege der *action directe* nicht nur Verletzungen des Integritätsinteresses, sondern auch das Leistungsinteresse betreffende Gewährleistungsrechte geltend gemacht werden können, weswegen vertreten wurde, auch im Rahmen der Qualifikation entsprechend zu differenzieren.[1783]

2. Culpa in contrahendo

Die *culpa in contrahendo* (CIC) wurde zurecht als „Nagelprobe" für den europäischen Vertragsbegriff bezeichnet.[1784] Die Rechtsfigur spielt traditionell im deutschen Recht eine prominente Rolle, wo sie zur Bewältigung unterschiedlichster Fallgruppen herangezogen wird, die sich durch eine mehr oder weniger stark ausgeprägte Vertragsnähe auszeichnen.[1785] Grundsätzlich müssen vier Fallgruppen unterschieden werden: der Abbruch von Vertragsverhandlungen, die Verletzung von Aufklärungspflichten, die Eigenhaftung von Vertretern und Sachwaltern sowie die vorvertragliche Haftung für Integritätsverletzungen. Aus rechtsvergleichender Perspektive steht das deutsche Recht relativ isoliert da, lediglich in Österreich hat die CIC eine ähnliche Ausprägung erfahren.[1786] In den übrigen europäischen Rechtsordnungen wird die Rechtsfigur zumeist abgelehnt, entsprechende Fälle werden teilweise vertragsrechtlich, zumeist jedoch deliktsrechtlich gelöst.[1787]

Grundlegend für das europäische Zivilverfahrensrecht war die Entscheidung des EuGH in der Rechtssache *Tacconi*.[1788] In dem Fall wandte sich eine italienische Klägerin (*Tacconi*) gegen eine deutsche Beklagte (*HWS)* mit dem Vorwurf, die Beklagte habe laufende Vertragsverhandlungen treuwidrig abgebrochen. Zu klären war, ob in einem solchen Rechtsstreit der

---

1783 Vgl. zum IPR *Gebauer*, IPRax 2001, 471 (474); zum IZVR *Hoffmann*, ZZP 2015, 465 (490 f.); *Weller*, IPRax 2013, 501 (505). Diese Lösung wurde von Generalanwalt *Jacobs* ausdrücklich verworfen, vgl. seinen Schlussantrag v. 8.4.1992 – C-26/91 (*Handte/TMCS*), es sei „praktisch schwerlich zufriedenstellend (…), zwei Ansprüche, die in Wirklichkeit oft zusammen entstehen werden, unterschiedlich zu behandeln." (Rn. 33).

1784 *Mankowski*, IPRax 2003, 127.

1785 Vgl. *Emmerich*, in MüKo BGB, § 311 Rn. 35 ff.

1786 Z. B. OGH, Urt. v. 22.2.1995 – 3 Ob 509/95 = JBl 1995, 522.

1787 Zur Rechtsvergleichung siehe *von Bar*, Common European Law of Torts, Vol. 1, Rn. 472 ff. *von Hein*, GPR 2007, 54 (55 ff.); *Kötz*, Europäisches Vertragsrecht, S. 49 f.; *Lehmann*, ZEuP 2009, 693 (695 f.); ders. in: Ferrari/Leible, Ein neues Internationales Vertragsrecht für Europa, S. 17 (36 f.); *Mankowski*, IPRax 2003, 127 (132 f.); monographisch *Frick*, Culpa in contrahendo, eine rechtsvergleichende und kollisionsrechtliche Studie; ausf. auch *Nirk*, RabelsZ 1953, 310.

1788 EuGH, Urt. v. 17.9.2002 – C-334/00 (*Tacconi*) = NJW 2002, 3159.

Erfüllungsgerichtsstand oder der Gerichtsstand der unerlaubten Handlung eröffnet ist. Der EuGH stellte in seiner Entscheidung kurzerhand fest, dass es im vorvertraglichen Stadium, in dem sich der Fall abspielte, an einer freiwillig eingegangenen Verpflichtung fehle.[1789] Ein Anspruch „auf Ersatz des Schadens, der durch einen ungerechtfertigten Abbruch der Verhandlungen verursacht worden sein soll, [könnte] sich nur aus einem Verstoß gegen Rechtsvorschriften ergeben, namentlich denjenigen, wonach die Parteien bei Vertragsverhandlungen nach Treu und Glauben handeln müssen."[1790] Da der Rechtsstreit somit nicht vertraglicher Natur sei, könne am Gerichtsstand der unerlaubten Handlung geklagt werden. Vertrag und Delikt sind nach dieser Entscheidung zwei strikt zu trennende Sphären, wobei die Grenze zum Vertragsrecht erst nach dem formalen Abschluss eines Vertrages überschritten wird.

In der deutschen Literatur wurde gefordert, diese Qualifikationsentscheidung zumindest nicht auf das Kollisionsrecht zu übertragen.[1791] Auch der BGH hielt im Anwendungsbereich des autonomen IPRs an der vertraglichen Qualifikation dieser CIC-Fallgruppe fest und bestimmte das anwendbare Recht nach den Art. 27 ff. EGBGB a. F.[1792] Dies entsprach der überwiegend vertretenen Ansicht in Deutschland, die je nach Fallgruppe unterschiedlich qualifizieren wollte. Der Abbruch von Vertragsverhandlungen sei vertraglich, Ansprüche wegen Integritätsverletzungen seien hingegen deliktisch zu qualifizieren.[1793] *Mankowski* stützt die vertragliche Qualifikation des Abbruchs von Vertragsverhandlungen auf einen ökonomischen Vertragsbegriff: Die Grenze zur Vertragssphäre ist demnach bereits überschritten, wenn die Parteien nicht zufällig, sondern gezielt miteinander in Kontakt treten und die durch die Vertragsverhandlung betroffenen „transaktionsspezifischen" Risiken und Interessen regeln können.[1794] Ein Vertrag sei ein „planendender Mechanismus zur Stabilisierung unsicherer Erwartungen und zu Verringerung von Handlungskomplexität."[1795]

Die Rom-Verordnungen scheinen hingegen die vom EuGH vertretene Willenstheorie zugrundezulegen. Jedenfalls sprechen sie sich zunächst für eine

---

1789 EuGH, Urt. v. 17.9.2002 – C-334/00 (*Tacconi*) = NJW 2002, 3159 (3159 Rn. 24).

1790 EuGH, Urt. v. 17.9.2002 – C-334/00 (*Tacconi*) = NJW 2002, 3159 (3159 f. Rn. 25).

1791 *Lüttringhaus*, RIW 2008, 193 (195); *Schmidt-Kessel*, ZEuP 2004, 1019 (1025, 1031 ff.); vgl. auch die Kritik von *Stadler*, in Musielak-FS (2004), S. 569 (572 ff.).

1792 BGH, Urt. v. 26.7.2004 – VIII ZR 273/03 = NJW-RR 2005, 206 (208); krit. *von Hein*, GPR 2007, 54 (58).

1793 *Bernstein*, RabelsZ 1977, 281; *Henk*, Die Haftung für culpa in contrahendo im IPR und IZVR, S. 98 ff., 270 ff.; m. w. N. *Hoffmann*, Koordination des Vertrags- und Deliktsrechts in Europa, S. 244 ff.

1794 *Mankowski*, IPRax 2003, 127 (131); krit. *Lehmann*, in: Ferrari/Leible, Ein neues Internationales Vertragsrecht für Europa, S. 17 (23).

1795 *Mankowski*, IPRax 2003, 127 (131).

deliktische Qualifikation der CIC aus. Nach Art. 1 Abs. 2 lit. i Rom I-VO sind Schuldverhältnisse aus Verhandlungen vor Abschluss eines Vertrages vom Anwendungsbereich der Verordnung ausgenommen. Mit Art. 12 Rom II-VO hat der EU-Gesetzgeber eine eigenständige Kollisionsnorm für diese Rechtsfigur geschaffen. Zu beachten ist jedoch Erwägungsgrund Nr. 30 S. 2 der Rom II-VO. Er besagt, dass Art. 12 Rom II-VO die Verletzung von Offenlegungspflichten sowie den Abbruch von Vertragsverhandlungen erfassen soll. Die Verletzung von Personenschäden soll hingegen Art. 4 Rom II-VO oder anderen einschlägigen Bestimmungen der Verordnung unterfallen. Die Rom-Verordnungen verwenden also einen im Vergleich zum deutschen Recht engeren CIC-Begriff.[1796] Erwägungsgrund Nr. 30 S. 3 Rom II-VO verlangt einen „unmittelbaren Zusammenhang mit den Verhandlungen vor Abschluss eines Vertrags".[1797] Daran ist richtig, dass z. B. vorvertragliche Verletzungen von Integritätspflichten, wie etwa in dem berühmt gewordenen „Salatblattfall",[1798] keine ausgeprägte Vertragsnähe aufweisen und daher nach den allgemeinen deliktischen Anknüpfungsregeln der Art. 4 ff. Rom-VO behandelt werden sollten.[1799] Besteht hingegen ein unmittelbarer Zusammenhang zum Vertrag wird dies kollisionsrechtlich dadurch berücksichtigt, dass gem. Art. 12 Abs. 1 Rom II-VO grundsätzlich akzessorisch an das tatsächliche oder hypothetische Vertragsstatut angeknüpft wird. Auf diese Weise wird also nicht auf Ebene der Qualifikation, sondern erst bei der Anknüpfung ein Gleichlauf zwischen Vertragsstatut und CIC-Statut hergestellt. Nur wenn sich das anwendbare Recht nicht auf diese Weise bestimmen lässt, greift die deliktsähnliche Anknüpfung nach Abs. 2 lit. a-c mit den aus Art. 4 Rom II-VO bekannten Anknüpfungsregeln (gemeinsamer gewöhnlicher Aufenthalt, Ort des Schadenseintritts, Ausweichklausel).[1800] In den Fällen des Abbruchs von Vertragsverhandlungen, wo regelmäßig das hypothetische Vertragsstatut berufen wird, bedeutet dies im Ergebnis, dass trotz identischer Qualifikation der Gleichlauf von IPR und IZVR (vgl. *Tacconi*) durchbrochen wird.[1801]

Mithilfe dieser Anknüpfungsregeln wird kollisionsrechtlich in gewisser Weise doch eine dritte Spur zwischen Vertrag und Delikt anerkannt. Art. 12

1796 *Junker*, in MüKo BGB, Art. 12 Rom II-VO Rn. 18; *Spickhoff*, in BeckOK BGB, Art. 12 Rom II-VO Rn. 3.

1797 Wann dieser Zusammenhang genau vorliegen soll, ist umstritten, vgl. hierzu m. w. N. *Wendelstein*, in Soergel, Art. 12 Rom II-VO Rn. 9.

1798 BGH, Urt. v. 28.1.1976 – VIII ZR 246/74 = BGHZ 66, 51.

1799 *Junker*, in MüKo BGB, Art. 12 Rom II-VO Rn. 34; *Lüttringhaus*, RIW 2008, 193 (197); *Spickhoff*, in BeckOK BGB, Art. 12 Rom II-VO Rn. 5.

1800 Zur Systematik und Prüfungsreihenfolge im Überblick vgl. *Junker*, in MüKo BGB, Art. 12 Rom II-VO Rn. 7 ff.

1801 Vgl. *Hess*, Europäisches Zivilprozessrecht, Rn. 5.92; *Junker*, in MüKo BGB, Art. 12 Rom II-VO Rn. 24.

Abs. 1 Rom II-VO typisiert das Anknüpfungsziel, die Rechtsordnung, zu der die engste Verbindung besteht, zu berufen, indem für ein seiner Natur nach außervertragliches Rechtsverhältnis, das sich durch eine besondere Vertragsnähe auszeichnet, das tatsächliche oder hypothetische Vertragsstatut berufen wird. Jedenfalls wird deutlich, dass das IPR auch nach der formalen Qualifikationsentscheidung flexible Anknüpfungsregeln bereithält, mithilfe derer im Grenzbereich von Vertrag und Delikt interessengerechte Ergebnisse erzielt werden können.[1802] Die Möglichkeit einer vertragsakzessorischen Anknüpfung sieht insbesondere auch Art. 4 Abs. 3 S. 2 Rom II-VO vor. Dies muss bei der Bewältigung von Qualifikationsproblemen stets mitbedacht werden.

Für die CIC ist *de lege lata* letztlich eine Aufspaltung in drei Fallgruppen festzustellen:[1803] Gänzlich vertragsferne Konstellationen wie vorvertragliche Integritätsverletzungen stellen bereits keine CIC im Sinne der Rom-Verordnungen dar und unterfallen von vornherein Art. 4 ff. Rom II-VO. Hingegen existieren vertragsnahe CIC-Fälle, die zwar außervertraglich qualifiziert, doch nach Art. 12 Abs. 1 Rom II-VO vertragsakzessorisch angeknüpft werden (Abbruch von Vertragsverhandlungen, Aufklärungspflichtverletzungen). Daneben scheint es nach der Systematik der Rom II-VO Fallgruppen zu geben, die zwar als CIC im engen unionsrechtlichen Sinne zu qualifizieren sind, jedoch aufgrund ihrer relativen Vertragsferne Art. 12 Abs. 2 Rom II-VO unterfallen.[1804] Eine verbreitete Ansicht verortet hier die Eigenhaftung von Vertretern und Sachwaltern, also von Personen, die in einer gewissen Nähebeziehung zum Hauptvertrag stehen und zu dessen Zustandekommen beigetragen haben, selbst jedoch nie Vertragspartei werden sollten.[1805] Andere wollen für diese Fallgruppe unmittelbar Art. 4 Rom II-VO heranziehen.[1806] Da die Anknüpfungsregeln von Art. 12 Abs. 2 Rom II-VO

1802 *von Hein*, GPR 2007, 54 (58 f.).

1803 Krit. zu dieser dreigeteilten Konzeption des Gesetzgebers *von Hein*, GPR 2007, 54 (59); *Lüttringhaus*, RIW 2008, 193 (196 f.).

1804 *von Hein*, GPR 2007, 54 (59); *Junker*, in MüKo BGB, Art. 12 Rom II-VO Rn. 25.

1805 *Budzikiewicz*, in NK-BGB, Art. 12 Rom II-VO Rn. 42; *von Hein*, RabelsZ 2009, 461 (502); *Junker*, in MüKo BGB, Art. 12 Rom II-VO Rn. 32; *Lüttringhaus*, RIW 2008, 193 (198); *Picht*, in Rauscher, Art. 12 Rom II-VO Rn. 56; *Thorn*, in Grüneberg, Art. 12 Rom II-VO Rn. 5; anders hingegen *Schinkels*, JZ 2008, 272 (278 ff.), der (in den Gutachterfällen) analog Art. 12 Abs. 1 Rom II-VO an den hypothetischen Vertrag zwischen Drittem und Gutachter anknüpfen will; vgl. auch *Mansel*, in Schlosser-FS (2005), S. 545 (558 f.), der für diese Fallgruppe die direkte Anwendung von Art. 28 EGBGB a. F. vertrat; dessen analoge Anwendung bevorzugte *Henk*, Die Haftung für culpa in contrahendo im IPR und IZVR, S. 298 ff., jedenfalls wenn es um die Inanspruchnahme persönlichen Vertrauens geht.

1806 Zur Anwendung des allgemeinen Deliktsstatuts vgl. *Stürner*, in Erman BGB, Art. 12 Rom II-VO Rn. 14; *Wendelstein*, in Soergel, Art. 12 Rom II-VO Rn. 15; OLG Frank-

und Art. 4 Rom II-VO in der Regel zu identischen Ergebnissen führen,[1807] ist fraglich, was der Gesetzgeber mit der von Erwägungsgrund Nr. 30 Rom II-VO suggerierten dreigliedrigen Lösung bezwecken wollte. Die Qualifikation als vertragsferne CIC oder Delikt schlägt sich wohl niemals im Ergebnis nieder. Entscheidend bleibt daher die Abgrenzung zu Art. 12 Abs. 1 Rom II-VO. Gegen eine Anknüpfung an das Statut des Hauptvertrages spricht in den Fällen der Sachwalterhaftung die inhaltliche und personelle Verschiedenheit des Rechtsverhältnisses zwischen Sachwalter und Drittem.[1808] Eine Lösung über Art. 12 Abs. 1 Rom II-VO würde die Eigenständigkeit dieses Rechtsverhältnisses unberücksichtigt lassen und den Sachwalter ggf. einer Rechtswahl aussetzen, an der er nicht partizipiert hat und die daher für ihn nicht vorhersehbar war.[1809]

3. Vertrag mit Schutzwirkung für Dritte

Der von der deutschen Rechtsprechung subjektiv begründete Vertrag mit Schutzwirkung für Dritte ermöglicht den Schutz der Rechtsgüter und insbesondere des Vermögens von Personen, die selbst nicht Partei des Vertrages geworden sind.[1810] Die Dritthaftung nach vertragsrechtlichen Grundsätzen ist eine Reaktion auf die Schwächen bzw. Eigenheiten des deutschen Deliktsrechts, das mit seiner Beschränkung auf die in § 823 Abs. 1 BGB aufgezählten Rechtsgüter und der eingeschränkten Haftung für Verrichtungsgehilfen nach Maßgabe des § 831 BGB vielfach als zu restriktiv empfunden wird. Der Vertrag mit Schutzwirkung ist daher eine Besonderheit des deutschen Rechts,[1811] ist jedoch auch in anderen Rechtsordnungen, insbesondere in Österreich,[1812] bekannt. Die rechtsvergleichende Untersuchung der Dritthaftung von Zertifizierungsgesellschaften für reine Vermögensschäden hat gezeigt, dass diese Fälle in England und Frankreich überwiegend deliktisch bewältigt werden.[1813]

Die Qualifikation des Vertrages mit Schutzwirkung ist umstritten, eine höchstrichterliche Klärung des Problems steht weiter aus. Zuletzt ließ der

---

furt, Urt. v. 11.7.1985 – 1 U 134/84 = IPRax 1986, 373 (377 f.); OLG Hamburg, Urt. v. 14.12.1988 – 8 U 167/87 = IPRspr. 1988, Nr. 34.

1807 Vgl. *Spickhoff*, in BeckOK BGB, Art. 12 Rom II-VO Rn. 9.

1808 Vgl. *Ebke*, ZVglRWiss 2010, 397 (435); *Lüttringhaus*, RIW 2008, 193 (198); *Otto*, in jurisPK-BGB, Art. 12 Rom II-VO Rn. 16; *Wendelstein*, in Soergel, Art. 12 Rom II-VO Rn. 15.

1809 Vgl. *von Hein*, RabelsZ 2009, 461 (502); *Lüttringhaus*, RIW 2008, 193 (198); *Schinkels*, JZ 2008, 272 (279).

1810 Eingehend zum Vertrag mit Schutzwirkung für Dritte sowie zur Kritik am subjektiven Erklärungsmodell der Rechtsprechung, Kap. 4 B.II.2.

1811 Vgl. *Kötz*, Europäisches Vertragsrecht, S. 478 ff.

1812 Z. B. OGH, Urt. v. 28.11.2002 – 8 Ob 287/01s = JBl 2003, 379.

1813 Vgl. Kap. 5 C.II.2.b.

BGH die Frage in seinem Urteil zum PIP-Fall ausdrücklich offen.[1814] Der österreichische OGH argumentiert zugunsten einer objektiv-rechtlichen Einordnung und knüpft die von ihm als gesetzlich eingestuften Schutzpflichten zugunsten Dritter deliktisch an.[1815] Die außervertragliche Qualifikation wird mittlerweile auch im deutschen Schrifttum trotz der rechtstechnischen Verankerung im Vertragsrecht überwiegend vertreten.[1816] Vereinzelt wird jedoch noch an der vertraglichen Einordnung festgehalten.[1817] Diese zuletzt genannte Ansicht führt an, dass es sich schließlich um Wirkungen des Vertrages handle, auf die sich der Dritte berufe.[1818] Folglich soll auch nur das Vertragsstatut darüber bestimmen können, in welchem Umfang Dritte in den Schutzbereich des Vertrages einbezogen werden. In diesem Zusammenhang könnte argumentiert werden, dass es beim Vertrag mit Schutzwirkung um die Erfüllung vertraglicher Pflichten geht und sich das Vertragsstatut nach Art. 12 Abs. 1 lit. b Rom I-VO auch auf diesen Problemkreis erstrecken muss.

Andererseits spricht für die außervertragliche Qualifikation, dass mit dem Vertrag mit Schutzwirkung bei funktionaler Betrachtung gerade Lücken des deutschen Deliktsrechts geschlossen werden.[1819] Dass im Wege richterlicher Rechtsfortbildung gerade das Vertragsrecht bemüht wurde, um einen umfassenderen Vermögensschutz zugunsten vertragsfremder Dritter zu etablieren, ist in gewisser Hinsicht ein historischer Zufall. Die Grundentscheidung des Gesetzgebers gegen eine allgemeine Fahrlässigkeitshaftung für reine Vermögensschäden hätte auch innerhalb des Deliktsrecht korrigiert werden

---

1814 BGH, Urt. v. 27.2.2020 – VII ZR 151/18 = NJW 2020, 1514 (1516 Rn. 19); von einer vertraglichen Qualifikation geht das OLG Köln aus, vgl. Urt. v.17.9.1993 – 20 U 251/92 = RIW 1993, 1023 (1025).

1815 OGH, Urt. v. 23.2.2017 – 2 Ob 15/16v = ZfRV 2017, 93; noch zu § 48 Ö-IPRG OGH, Beschl. v. 26.6.2007 – 10 Ob 66/071 = IPRax 2009, 354.

1816 *von Bar/Mankowski*, IPR Bd. II, § 1 Rn. 20 f. instruktiv bereits *von Bar*, IPR, Bd. II (1. Aufl., 1991), Rn. 557; für eine generelle Anknüpfung von Schutzpflichtverletzungen *Canaris*, in Larenz-FS (1983), S. 27 (109); eingehend *Dutta*, IPRax 2009, 293; *von Hein*, in Rauscher, Art. 1 Rom I-VO Rn. 10; *Freitag*, IPRax 2016, 418 (421); *Leicht*, Haftung von Angehörigen rechts- und wirtschaftsberatender Berufe, S. 183 ff.; *Martiny*, in Magnus-FS (2014), S. 483 (491 f.); ders., in MüKo BGB, Art. 1 Rom I-VO Rn. 17; *Ringe*, in jurisPK-BGB, Art. 1 Rom I-VO Rn. 18; *Schinkels*, JZ 2008, 272 (278 f.); *Spellenberg*, in MüKo BGB, Art. 12 Rom I-VO Rn. 60; *Spickhoff*, in BeckOK, Art. 12 Rom I-VO Rn. 5; *Stürner*, in Erman, Art. 1 Rom I-VO Rn. 2b; *Thorn*, in Grüneberg, Art. 1 Rom II-VO Rn. 5.

1817 *von Hoffmann*, in Soergel (12. Aufl.), Art. 32 EGBGB Rn. 27; *Magnus*, in Staudinger, Art. 1 Rom I-VO Rn. 38.

1818 *Magnus*, in Staudinger, Art. 1 Rom I-VO Rn. 38.

1819 *von Bar/Mankowski*, IPR Bd. II, § 1 Rn. 21; *Dutta*, IPRax 2009, 293 (297); *von Hein*, in Rauscher, Art. 1 Rom I-VO Rn. 10; *Martiny*, in MüKo BGB, Art. 1 Rom I-VO Rn. 17.

können, etwa im Wege der großzügigeren sektoralen Anerkennung „sonstiger Rechte“ gem. § 823 Abs. 1 BGB oder der Qualifikation von Verkehrspflichten zum Schutz fremden Vermögens als Schutzgesetze i. S. v. § 823 Abs. 2 BGB.[1820] Die dogmatischen Vorwürfe gegen derartige Konstruktionen sind nicht von der Hand zu weisen, wiegen aber kaum schwerer als das als Fiktion entlarvte Vorgehen der Rechtsprechung, ausgerechnet den Willen der Vertragsparteien als haftungsauslösendes Moment zu bemühen. Berücksichtigt man vor diesem Hintergrund die „Lückenbüßer“-Funktion des Vertrages mit Schutzwirkung für Dritte sollte kollisionsrechtlich möglichst eine Identität zwischen dessen Statut und dem Deliktsstatut erzielt werden, denn nur letzteres kann über die Erforderlichkeit dieser Rechtsfigur entscheiden.[1821] Andernfalls drohen Anpassungsprobleme: Der Dritte wäre bspw. schutzlos gestellt, wenn das allgemeine Deliktsrecht des Deliktstatuts lückenhaft ist, aber das Vertragsstatut nicht den Vertrag mit Schutzwirkung kennt, weil dessen Deliktsrecht lückenlos ist.[1822]

Mit Blick auf die zuständigkeitsrechtliche Rechtsprechung des EuGH ist festzuhalten, dass das in *Brogsitter* und *Wikingerhof* herangezogene Abgrenzungsmerkmal der Erforderlichkeit der Auslegung des Vertrages in den Dritthaftungsfällen wenig ergiebig ist. Zwar könnte angeführt werden, dass nach dem materiellen Recht eine Auslegung des Vertrages erforderlich ist, um die Pflichtverletzungen des Vertragsschuldners festzustellen. Allerdings lagen derartige Fallkonstellationen ersichtlich nicht im Blickfeld des EuGH, weshalb eine Übertragung dieser Rechtsprechung zweifelhaft ist.[1823] Aufschlussreicher ist es, die Rechtsprechung des EuGH zur deliktischen Qualifikation der *actione directe*, die sich immerhin mit einer vergleichbaren Dritthaftungsproblematik beschäftigte, heranzuziehen.[1824] Das zu dieser Frage ergangene grundlegende Urteil *Handte/TMCS* legt auch die außervertragliche Qualifikation des Vertrages mit Schutzwirkung nahe.[1825] Auch bei diesem besteht kein unmittelbarer rechtsgeschäftlicher Kontakt zwischen dem Geschädigten und dem Schuldner. Freiwillig verpflichtet hat sich der Schuldner in diesem Sinne nur gegenüber seinem Vertragspartner. Es ist daher sehr wahrscheinlich, dass sich der EuGH für eine außervertragliche Qualifikation des Vertrages mit Schutzwirkung aussprechen würde.

1820 Vgl. zu den alternativen Lösungsvorschlägen im Überblick Kap. 4 B. I.

1821 Instruktiv *Dutta*, IPRax 2009, 293 (297); *Wandt*, Internationale Produkthaftung, Rn. 1207.

1822 *Dutta*, IPRax 2009, 293 (297).

1823 Vgl. bereits Kap. 6 C.II.3.

1824 Hierzu Kap. 6 C.III.1.

1825 Vgl. *Dutta*, IPRax 2009, 293 (295).

Schließlich wird auch auf die Parallelen zu dem verwandten Rechtsinstitut der *culpa in contrahendo* hingewiesen.[1826] Soweit es um die Verletzung von Offenlegungspflichten oder den Abbruch von Vertragsverhandlungen geht, sehen Art. 2 Abs. 1 und Art. 12 Rom II-VO sowie Art. 1 Abs. 2 lit. i Rom I-VO ausdrücklich die außervertragliche Qualifikation entsprechender Ansprüche vor, wenngleich jedenfalls im Anwendungsbereich von Art. 12 Abs. 1 Rom I-VO vertragsakzessorisch angeknüpft werden muss.[1827] Andere Ansprüche wegen Integritätsschutzpflichtverletzungen im Laufe von Vertragsverhandlungen sollen nach Erwägungsgrund Nr. 30 der Rom II-VO der allgemeinen deliktischen Kollisionsnorm des Art. 4 Rom II-VO unterstellt werden. Auch beim Vertrag mit Schutzwirkung geht es um die Anerkennung von Schutzpflichten gegenüber Personen, zu denen keine unmittelbare vertragliche Verbindung besteht, weshalb ebenfalls Art. 4 Rom II-VO heranzuziehen ist.[1828] Dass mithilfe des Vertrages mit Schutzwirkung Integritätsinteressen geschützt werden, liegt auf der Hand, wenn es darum geht, die Reichweite von Schutzpflichten, die der Vertragsschuldner gegenüber dem Gläubiger zu beachten hat, auch auf Ditte auszuweiten. Die Haftung nach den Grundsätzen des Vertrages mit Schutzwirkung kommt aber z. B. in den Fällen der Expertenhaftung auch dann zur Anwendung, wenn der Schuldner seine Hauptleistungspflichten verletzt hat und Dritte hierdurch Vermögensschäden erlitten haben.[1829] Bei genauer Betrachtung sind auch in diesen Fallgruppen Integritätsinteressen Dritter betroffen.[1830] Zwar wird die Dritthaftung durch eine fehlerhafte Expertise, also eine mangelhafte Leistung des Experten ausgelöst. Doch wird ein entsprechendes Äquivalent für diese Leistung nur durch den Auftraggeber geleistet.[1831] Der Dritte vertraut lediglich darauf, nicht durch eine fehlerhafte Expertise und eine anschließende Disposition in seinem Vermögensbestand verletzt zu werden. Die fehlerhafte Expertise betrifft daher das Äquivalenzinteresse des Auftraggebers und gleichzeitig das Integritätsinteresse des Dritten. Unter den zusätzlichen Voraussetzungen des Vertrages mit Schutzwirkung wird letzteres dann auch haftungsrechtlich geschützt. Sofern also die Trennlinie zwischen der Betroffenheit des Leistungs- und Integritätsinteresses gezogen wird, richtet sich die Haftung nach den Grundsätzen des Vertrages mit Schutzwirkung regelmäßig nach der Rom II-VO.

1826 *Dutta*, IPRax 2009, 290 (296); *Freitag*, IPRax 2016, 418 (426).

1827 Vgl. zuvor Kap. 6 C.III.2.

1828 *Dutta*, IPRax 2009, 290 (296); *Freitag*, IPRax 2016, 418 (426).

1829 Vgl. *Löwisch*, in Staudinger, § 328 Rn. 118.

1830 *von Bar*, IPR, Bd. II (1. Aufl., 1991), Rn. 556 f. *Leicht*, Haftung von Angehörigen rechts- und wirtschaftsberatender Berufe, S. 183 ff.

1831 Vgl. *Leicht*, Haftung von Angehörigen rechts- und wirtschaftsberatender Berufe, S. 184 f.

4. Fazit

Der vorstehende Überblick zu den im Grenzbereich von Vertrag und Delikt angesiedelten Dritthaftungsinstituten hat gezeigt, dass deren materiellrechtliche Einordnung im nationalen Recht keineswegs die kollisionsrechtliche Qualifikation determiniert. Trotz vertragsrechtlicher Einkleidung gibt es gute Argumente für eine außervertragliche Qualifikation. Angeführt werden insbesondere Überlegungen zur Funktion der einzelnen Rechtsfiguren. Speziell die Ausweitung des Vertragsrechts in Deutschland kann auf die engen Grenzen der deliktischen Haftung zurückgeführt werden. Die je nach Fallkonstellation mehr oder weniger stark ausgeprägte Vertragsnähe kann kollisionsrechtlich indes auch im Anschluss an die Qualifikation, insbesondere durch eine akzessorische Anknüpfung an das Vertragsstatut, hergestellt werden.

Die außervertragliche Qualifikation der drei Rechtsinstitute wurde zum Teil auch mit der Betroffenheit des Integritätsinteresses begründet. Ob sich dieses Merkmal als tragfähige Abgrenzungsformel für die Anwendungsbereiche von Rom I- und II-VO verallgemeinern lässt, wird im nächsten Abschnitt untersucht.[1832]

IV. Entwicklung einer tragfähigen Abgrenzungsformel

Die vorangehenden Abschnitte haben gezeigt, dass bei der Abgrenzung der Anwendungsbereiche der Rom I- und II-VO zwar regelmäßig überzeugende Lösungen gefunden werden können. Eine theoretisch fundierte und praktisch griffige Abgrenzungsformel konnte sich bisher jedoch nicht durchsetzen. Speziell der kasuistische Ansatz der Rechtsprechung geht zulasten der Rechtssicherheit. Dem Merkmal der freiwillig eingegangenen Verpflichtung fehlt es an trennscharfen Konturen. Auch die *Brogsitter-/Wikingerhof*-Doktrin kann nur schwer verallgemeinert werden, da zu viele Fragen offengeblieben sind, der EuGH ersichtlich nur das Thema der internationalen Zuständigkeit im Falle konkurrierender Ansprüche vor Augen hatte und speziell die Dritthaftungsproblematik nicht mitbedacht wurde.[1833] Die Qualifikation der Dritthaftungsinstitute zwischen Vertrag und Delikt zeigt sich schließlich als Spielwiese, auf der kollisionsrechtliche und insbesondere funktionalrechtsvergleichende Argumente ausgetauscht werden. Abgrenzungsformeln mit dem Anspruch auf Verallgemeinerungsfähigkeit werden indes nur selten aufgestellt. Entsprechende Vorschläge aus dem Schrifttum sollen im Folgenden vorgestellt und einer kritischen Stellungnahme unterzogen werden.

1832 Kap. 6 C.IV.4.

1833 Vgl. Kap. 6 C.II.1.b. und 2.d.

1. Freiwillig eingegangene Sonderbeziehung

Laut *Stadler* setzt ein Vertrag eine „freiwillig eingegangene Sonderbeziehung“ voraus.[1834] Dieser sehr weite Vertragsbegriff wurde im Kontext des internationalen Zivilverfahrensrechts entwickelt und bezweckt eine Zurückdrängung des Deliktsgerichtsstands. Die prozessuale Besserstellung des Geschädigten durch das Art. 7 Nr. 2 Brüssel Ia-VO zugrundeliegende Ubiquitätsprinzip sei nur bei rechtswidrigen Übergriffen des Schädigers in eine ihm völlig fremde Rechtssphäre gerechtfertigt.[1835] Wenn die Parteien hingegen ihre Rechtssphären freiwillig geöffnet und dadurch das Risiko von Pflichtverletzungen in Kauf genommen hätten, bestehe kein Grund mehr, dem Geschädigten ein Wahlrecht zwischen Handlungs- und Erfüllungsort einzuräumen. Eine hinreichende Sonderbeziehung entstehe bspw. schon durch die faktische und willensgetragene Aufnahme von Vertragsverhandlungen wie im Fall *Tacconi*,[1836] da hierdurch rechtliche Verpflichtungen begründet würden, die über die allgemeinen Verhaltensgebote des Deliktsrechts hinausgingen.[1837] Ferner müssten auch vertragliche Integritätsschutzpflichten nach dieser Ansicht vertraglich qualifiziert werden.[1838]

Insbesondere *Hoffmann* stellt die Eignung der Figur der Sonderbeziehung in Frage. Sie diene im deutschen Recht in Gestalt des Schuldverhältnisses gem. § 280 Abs. 1 BGB zur Überwindung der mangels deliktischer Generalklausel entstanden Rechtsschutzlücken.[1839] Diese materiell-rechtlich wenig geglückte Besonderheit des deutschen Rechts sei für unionsrechtlich-autonome Abgrenzungsfragen wenig geeignet. In der Sache könne die Konzeption außerdem nicht erklären, warum die Sonderbeziehung einen erhöhten materiell-rechtlichen Schutz des Geschädigten nach sich ziehe, prozessrechtlich aber einen für ihn ungünstigeren Gerichtsstand zur Folge habe.[1840] Außerdem könne nur schwerlich unterstellt werden, dass z. B. die Parteien eines Kaufvertrages, unter dem Gesichtspunkt der Risikoerhöhung durch Nähebeziehung, auch ihre körperliche Integrität zum Gegenstand der Kaufvertragsverhandlungen gemacht hätten.[1841]

1834 *Stadler*, in Musielak-FS (2004), S. 569 (586 ff.); zust. *Hess*, Europäisches Zivilprozessrecht, Rn. 6.54; ähnlich auch *Henk*, Die Haftung für culpa in contrahendo im IPR und IZVR, S. 190 ff.

1835 *Stadler* in Musielak-FS (2004), S. 569 (586).

1836 Vgl. Kap. 6 C.III.2.

1837 *Stadler*, in Musielak-FS (2004), S. 569 (590 f.).

1838 Vgl. *Hoffmann*, ZZP 2015, 465 (473).

1839 *Hoffmann*, ZZP 2015, 465 (473).

1840 *Hoffmann*, ZZP 2015, 465 (473 f.).

1841 *Hoffmann*, ZZP 2015, 465 (474 f.).

2. Ökonomischer Vertragsbegriff

Auch *Mankowski* vertritt einen weiten Vertragsbegriff und begründet diesen funktionell-ökonomisch.[1842] Verträge werden von ihm als Ausdruck sozialer Kooperationen verstanden. Der vertragliche Bereich sei bereits eröffnet, wenn sich die Parteien kennen, in einen gezielten Kontakt zueinander treten und damit in die Lage versetzt werden, ihre Interessen und Risiken durch vorangegangene Vereinbarungen zu regeln.[1843] Ein Vertrag sei ein „planender Mechanismus zur Stabilisierung unsicherer Erwartungen und zu Verringerung von Handlungskomplexität."[1844] Hiervon abzugrenzen seien zufällige bzw. ungeplante Begegnungen, die keine Möglichkeit zum (Selbst-)Schutz und zur strategischen Risikoverteilung böten. Ansprüche, die aus einem solchen Kontakt entstünden, müssten dann der Rom II-VO unterstellt werden.

Entscheidendes Abgrenzungsmerkmal für die Qualifikation eines Haftungsanspruchs ist nach dieser Theorie der Transaktionsbezug der im Einzelfall verletzten Pflicht. Da insbesondere ein formaler Vertragsschluss nicht erforderlich ist, könnten auf ihrer Grundlage Rechtsinstitute im Grenzbereich von Vertrag und Delikt wie die vertragsnahen Fallgruppen der CIC oder der Vertrag mit Schutzwirkung für Dritte dem Anwendungsbereich der Rom I-VO unterstellt werden. Unter Bezugnahme auf den ökonomischen Vertragsbegriff vertrat beispielsweise *Mansel* die vertragliche Qualifikation der Dritthaftung des Vertragsabschlusshelfers, der durch die Bereitstellung von Informationen im Hinblick auf den Hauptvertrag transaktionsbezogen handle.[1845] Dies verdeutlicht, dass dieser Ansatz eine Ausweitung des vertraglichen auf Kosten des deliktischen Bereichs zur Folge hat. Im Schrifttum wurde an dem ökonomischen Vertragsbegriff indes kritisiert, dass eine „urjuristische Kategorie" wie der Vertrag nicht den Wirtschaftswissenschaften, die für ihre Überlegungen gerade auf eine rechtswissenschaftliche Begriffsbildung angewiesen seien, überantwortet werden sollte.[1846]

3. Abgrenzung anhand vermögensrechtlicher Schadenskategorien

Vertrag und Delikt könnten danach abzugrenzen sein, ob im Einzelfall das Leistungs- oder Integritätsinteresse des Geschädigten betroffen ist. Macht der Geschädigte eine Verletzung des Integritätsinteresses geltend, müsste außervertraglich, im Falle der Verletzung des Leistungsinteresses hingegen vertraglich qualifiziert werden. Dieser Abgrenzungstheorie liegt im Aus-

1842 *Mankowski*, IPRax 2003, 127 (131).
1843 *Mankowski*, IPRax 2003, 127 (131).
1844 *Mankowski*, IPRax 2003, 127 (131).
1845 *Mansel*, in Schlosser-FS (2005), S. 545 (558).
1846 *Lehmann*, in: Ferrari/Leible, Ein neues Internationales Vertragsrecht für Europa, S. 17 (23).

gangspunkt ein bestimmtes materiellrechtliches Funktionsverständnis von Vertrag und Delikt zugrunde. Das Deliktsrecht hat demnach die Funktion, allgemeine Jedermannspflichten aufzustellen, um den Bestand der Rechtsgüter, die einer Person unabhängig vom Bestehen eines Vertrages zugeordnet sind, zu schützen.[1847] Hierzu gehört auch das bereits vorhandene Vermögen des Geschädigten.[1848] Hingegen wird mit einem Vertrag ein irgendwie gearteter Gütertransfer, also eine in der Zukunft stattfindende Vermögensaufstockung bezweckt.[1849] Das Vertragsrecht schützt dementsprechend das durch den Vertrag begründete subjektive Recht, die versprochene Leistung zu erhalten.[1850] Diese Differenzierung wurde insbesondere im zuständigkeitsrechtlichen Schrifttum zur Abgrenzung des Vertrags- und Deliktsgerichtsstands herangezogen.[1851] Auch im IPR und speziell bei der außervertraglichen Qualifikation der CIC sowie des Vertrages mit Schutzwirkung wird seit Langem mit der Betroffenheit des Integritätsinteresses argumentiert.[1852]

1847 Vgl. *von Bar/Drobning*, Study on Property Law and Non-contractual Liability Law as they relate to Contract Law, Rn. 38; *Brüggemeier*, Deliktsrecht, Rn. 9; *Decku*, Zwischen Vertrag und Delikt: Grenzfälle vertraglicher und deliktischer Haftung, dargestellt am Beispiel der Berufs- und Expertenhaftung zum Schutze des Vermögens Dritter im deutschen und englischen Recht, S. 150; *Leicht*, Haftung von Angehörigen rechts- und wirtschaftsberatender Berufe, S. 151 f.; *Medicus*, in Kern-FS (1968), S. 313 (327); *Wendelstein*, in Soergel, Art. 1 Rom II-VO Rn. 23; *Zweigert/Kötz*, Einführung in die Rechtsvergleichung, S. 598.

1848 *von Bar*, IPR, Bd. II (1. Aufl., 1991), Rn. 556.

1849 Vgl. *von Bar/Drobning*, Study on Property Law and Non-contractual Liability Law as they relate to Contract Law, Rn. 38; *Wendelstein*, in Soergel, Art. 1 Rom II-VO Rn. 21; *Leicht*, Haftung von Angehörigen rechts- und wirtschaftsberatender Berufe, S. 153.

1850 Vgl. hierzu jeweils im Kontext rechtsvergleichender Untersuchungen *Decku*, Zwischen Vertrag und Delikt: Grenzfälle vertraglicher und deliktischer Haftung, dargestellt am Beispiel der Berufs- und Expertenhaftung zum Schutze des Vermögens Dritter im deutschen und englischen Recht, S. 150; *Hoffmann*, Koordination des Vertrags- und Deliktsrechts in Europa, S. 26; *Zweigert/Kötz*, Einführung in die Rechtsvergleichung, S. 598.

1851 Instruktiv *Hoffmann*, ZZP 2015, 465 (475 ff.); vgl. auch *Gottwald*, in MüKo ZPO, Art. 7 Brüssel Ia-VO Rn. 14; *Schack*, in Int. ZVR, § 8 Rn. 315; *Schlosser*, IPRax 1984, 65 (67); *Segger-Piening*, EuZW 2021, 299 (303).

1852 Deutlich *von Bar*, IPR, Bd. II (1. Aufl., 1991), Rn. 556; vgl. ferner *Bernstein*, RabelsZ 1977, 281; *Dutta*, IPRax 2009, 293 (296); *Henk*, Die Haftung für culpa in contrahendo im IPR und IZVR, S. 98 ff., 270 ff.; *Hoffmann*, Koordination des Vertrags- und Deliktsrechts in Europa, S. 244 ff.; *Leicht*, Haftung von Angehörigen rechts- und wirtschaftsberatender Berufe, S. 183 ff.; *Spickhoff*, in Canaris-FS (2017), S. 547 (563); *Spellenberg*, in MüKo BGB (4. Aufl., 2006), Art. 32 EGBGB, Rn. 38.

Namentlich *Wendelstein* will die Anwendungsbereiche der Rom I- und II-VO generell mithilfe dieser Abgrenzungsformel bestimmen.[1853] Die oben angeführte funktionale Unterscheidung zwischen Vertrag und Delikt im materiellen Recht sei der Grund, warum das internationale Schuldrecht zwischen einem vertraglichen und einem außervertraglichen Bereich differenziere. Die Anknüpfungsregeln der Rom I- und II-VO seien Ausdruck einer kollisionsrechtlichen Interessenlage, die die materiellrechtlichen Funktionen von Vertrag und Delikt spiegle.[1854] Die Aufgabe des internationalen Vertragsrechts bestehe demzufolge darin, das subjektive Forderungsrecht bzw. das Leistungsinteresse kollisionsrechtlich zu schützen.[1855] Die Rom I-VO erfülle diese Aufgabe durch die großzügige Rechtswahlmöglichkeit gem. Art. 3.[1856] Die weitreichende Anerkennung der Parteiautonomie sei als Gegenstück zur materiellrechtlichen Privatautonomie „nur angebracht, wo die Parteien ihre Verhältnisse durch rechtsgeschäftliche Schaffung subjektiver Rechte selber regeln."[1857] Hingegen diene das internationale Deliktsrecht dem Schutz des Integritätsinteresses, also dem Interesse des Privatrechtssubjekts an der Unversehrtheit der ihm zugewiesenen vertragsunabhängigen subjektiven Rechte.[1858] Die Rom II-VO erreiche dies, indem grundsätzlich nach Art. 4 Abs. 1 Rom II-VO an den Erfolgsort, der regelmäßig mit dem gewöhnlichen Aufenthaltsort des Geschädigten übereinstimme, angeknüpft werde.[1859] Auf diese Weise werde der Erwartung des Geschädigten an die Anwendung „seines" Umweltrechts Rechnung getragen.[1860] Die Interessen des Schädigers würden andererseits dadurch berücksichtigt, dass der Erfolgsort auch für ihn typischerweise erkennbar sei, dem Geschädigten kein Wahlrecht zwischen Handlungs- und Erfolgsort zustehe und sich im Übrigen die maßgeblichen Sicherheits- und Verhaltensregeln gem. Art. 17 Rom II-VO nach dem Recht am Ort des schädigenden Ereignisses richteten.[1861] Seien vertragsunabhängige subjektive Rechte des Schädigers betroffen, seien die auf einen Interessenausgleich abzielenden Anknüpfungsregeln der Rom II-VO passgenauer.[1862]

1853 Vgl. *Wendelstein*, in Soergel, Art. 1 Rom II-VO Rn. 18 ff.; ders. GPR 2013, 70 (71 ff.); ders. ausführlich, Kollisionsrechtliche Probleme der Telemedizin, S. 142 ff.

1854 *Wendelstein*, in Soergel, Art. 1 Rom II-VO Rn. 23; ders. Kollisionsrechtliche Probleme der Telemedizin, S. 155 ff.; zuvor bereits *Lehmann*, in: Ferrari/Leible, Ein neues Internationales Vertragsrecht für Europa, S. 17 (28 f.).

1855 *Wendelstein*, in Soergel, Art. 1 Rom II-VO Rn. 23.

1856 *Wendelstein*, in Soergel, Art. 1 Rom II-VO Rn. 32.

1857 *Wendelstein*, in Soergel, Art. 1 Rom II-VO Rn. 32.

1858 *Wendelstein*, in Soergel, Art. 1 Rom II-VO Rn. 23.

1859 *Wendelstein*, in Soergel, Art. 1 Rom II-VO Rn. 34.

1860 *Wendelstein*, in Soergel, Art. 1 Rom II-VO Rn. 34; vgl. bereits *Lehmann*, in: Ferrari/Leible, Ein neues Internationales Vertragsrecht für Europa, S. 17 (29).

1861 *Wendelstein*, in Soergel, Art. 1 Rom II-VO Rn. 34.

1862 *Wendelstein*, in Soergel, Art. 1 Rom II-VO Rn. 35.

Im Unterschied zu den zuvor genannten Ansichten hat die Abgrenzung nach der Art des verletzten subjektiven Rechts einen deutlich engeren Anwendungsbereich der Rom I-VO zur Folge, erlaubt aber andererseits in den meisten Fällen eine vergleichsweise einfache und eindeutige Differenzierung.[1863] Im Rahmen der Qualifikation kann schlicht die Kontrollfrage gestellt werden, ob bei gleicher Faktizität der Ereignisse ohne eine privatautonome Abrede zwischen den Parteien eine Haftung bestehen würde.[1864] Gleichwohl gibt es Grenzfälle, bei denen die Zuordnung Schwierigkeiten bereiten kann.[1865] In der zivilverfahrensrechtlichen Literatur wurde auch an der Geeignetheit dieser Abgrenzungsformel für das IPR gezweifelt, da im Rahmen von Art. 4 Abs. 3 S. 2 und Art. 12 Abs. 1 Rom II-VO trotz außervertraglicher Qualifikation vertragsakzessorisch angeknüpft wird.[1866] An anderer Stelle wurde kritisiert, dass mit dem Leistungs- und Integritätsinteresse spezifische Kategorien des deutschen Rechts bemüht werden, die für eine autonome Begriffsbildung nur bedingt geeignet seien.[1867]

4. Stellungnahme: Vorzug der vermögensrechtlichen Abgrenzung

Gegen das Abgrenzungsmerkmal der freiwillig eingegangenen Sonderbeziehung spricht, dass es im Grenzbereich von Vertrag und Delikt nur bedingt leistungsfähig ist. Eine präzise Grenzziehung scheint mindestens so schwierig wie bei Verwendung des Topos von der freiwillig eingegangenen Verpflichtung. Speziell bei bestimmten Konstellationen der Dritthaftung von Experten, die wie Zertifizierungsgesellschaften am Vertragsschluss nicht unmittelbar beteiligt sind, fällt eine Subsumtion nicht leicht. Einerseits könnte argumentiert werden, dass sich Dritte freiwillig auf ein Gutachten oder Zertifikat verlassen und insofern bewusst Möglichkeiten zur Einwirkung auf ihren Rechtskreis schaffen. Andererseits erscheint die vertragliche Qualifikation nicht zwingend, denn an einem faktischen Näheverhältnis zum Experten kann gezweifelt werden, wenn dieser gegenüber Dritten gerade kein persönliches, sondern nur ein typisiertes Vertrauen in Anspruch nimmt und daher den Geschädigten vielmals gar nicht bekannt ist. Neben diesem praktischen Argument muss aber vor allem berücksichtigt werden, dass der von *Stadler* vertretene Vertragsbegriff speziell für das Zuständigkeitsrecht entwickelt wurde und nicht auf das IPR übertragen werden sollte.

1863 *Wendelstein*, in Soergel, Art. 1 Rom II-VO Rn. 26 f.

1864 *Hoffmann*, ZZP 2015, 465 (478); *Wendelstein*, Kollisionsrechtliche Probleme der Telemedizin, S. 157; *Schlosser*, IPRax 1984, 65 (67).

1865 Vgl. Kap. 6 C.IV.4.c.; krit. *Sprenger*, Internationale Expertenhaftung, S. 126 ff.

1866 *Hoffmann*, ZZP 2015, 465 (479 f.); vgl. hingegen *Wendelstein*, Kollisionsrechtliche Probleme der Telemedizin, S. 192 ff., der dennoch von Vereinbarkeit ausgeht; hierzu auch Kap. 6 C.IV.4.b.

1867 Vgl. *Kern/Uhlmann*, GPR 2021, 50 (55).

Die Zurückdrängung des Deliktsgerichtsstands wurde mit der prozessualen Bevorzugung des Geschädigten durch das Ubiquitätsprinzip begründet.[1868] Dieses wurde Art. 4 Abs. 1 Rom II-VO aber bekanntlich nicht zugrunde gelegt,[1869] weshalb eine Abgrenzungstheorie, die an die Rechtfertigung für die Wahlmöglichkeit zwischen Handlungs- und Erfolgsort anknüpft, für das geltende Kollisionsrecht nicht in Betracht kommt.

Für den ökonomischen Vertragsbegriff könnte sprechen, dass er als theoretisches Fundament für die vom EuGH geforderte weite Auslegung des Vertragsbegriffs dienen könnte.[1870] Deckungsgleich sind die Ansichten auch insofern, als dass beide die Natur der verletzten *Pflichten* in den Blick nehmen, die zur Eröffnung des Anwendungsbereichs von Art. 1 Rom I-VO laut EuGH „freiwillig" oder nach der ökonomischen Theorie „transaktionsbezogen" sein müssen. Andererseits muss berücksichtigt werden, dass die ökonomische Theorie im Zusammenhang mit Dritthaftungsfällen entwickelt wurde. Gerade in diesem Bereich verschließt sich der EuGH aber seit *Tacconi* einer Ausdehnung des vertraglichen Bereichs, denn das Merkmal der freiwillig eingegangenen Verpflichtung wird in diesem Kontext anders als sonst streng formal verstanden.[1871] Dem ökonomischen Ansatz dürfte daher in Luxemburg auch in Zukunft die Gefolgschaft verweigert werden. Ferner würde diese Abgrenzung entgegen der Grenzziehung in den meisten Rechtsordnungen deutlich zulasten des Deliktsrechts gehen, was Zweifel an ihrer Anerkennungsfähigkeit in den Mitgliedstaaten schürt. In der Sache spricht aber gegen den ökonomischen Vertragsbegriff, dass er sich einer Rückkoppelung an den Telos der Differenzierung zwischen Rom I- und II-VO entzieht. Geht man davon aus, dass der maßgebliche Grund für die Untergliederung des internationalen Schuldrechts in eine vertragliche und eine außervertragliche Sphäre darin besteht, unterschiedliche kollisionsrechtliche Interessenlagen zu berücksichtigen, je nachdem, ob das Leistungs- oder Integritätsinteresse betroffen ist, ist die Abgrenzung anhand dieser vermögensrechtlichen Schadenskategorien vorzugswürdig.[1872] Nicht die Verletzung einer transaktionsbezogenen, sondern einer vermögensaufstockenden Pflicht eröffnet dann den Anwendungsbereich der Rom I-VO.

Die Vertreter dieser zuletzt genannte Abgrenzungstheorie gehen von einem materiellrechtlichen Vertragsbegriff aus, decken dann allerdings durch einen funktionalen Vergleich der Rom I- und II-VO dessen Geltung für das

---

1868 *Stadler*, in Musielak-FS (2004), S. 569 (586 f.).

1869 M. w. N. zur Entstehungsgeschichte *Junker*, in MüKo BGB, Art. 4 Rom II-VO Rn. 3.

1870 Vgl. z. B. EuGH Urt. v. 20.1.2005 – C-27/02 (*Engler*) = NJW 2005, 811 (813 Rn. 48).

1871 EuGH, Urt. v. 17.9.2002 – C-334/00 (*Tacconi*) = NJW 2002, 3159; vgl. hierzu Kap. 6 C.III.2.

1872 Vgl. *Wendelstein*, in Soergel, Art. 2 Rom II-VO Rn. 28; ders. Kollisionsrechtliche Probleme der Telemedizin, S. 152 ff.

internationale Schuldrecht auf. Dieses maßgebliche Argument wird sogleich ausführlich bewertet.[1873] Jedenfalls nicht überzeugend ist die Kritik, die Leistungs- und Integritätsinteresse als deutsche Eigenheiten für ein autonomes Begriffsverständnis ungeeignet halten.[1874] Der Sache nach werden diese Kategorien nämlich durchaus auch in anderen europäischen Rechtsordnungen rezipiert.[1875] Dass sie im deutschen Recht vielfach herangezogen werden, könnte gerade darauf zurückzuführen sein, dass man sich aufgrund der verschwommenen Grenzen zwischen Vertrag und Delikt bemühen muss, die eigentliche Natur eines Haftungsinstituts zu ergründen. Im Übrigen wird bspw. auch im UN-Kaufrecht, also ebenfalls in einem internationalen Kontext, mit diesen Kategorien gearbeitet.[1876] Zur autonomen Begriffsbestimmung im Rahmen des EU-Kollisionsrechts sind sie daher nicht von vornherein ungeeignet.

a. Funktional-teleologischer Vergleich zwischen Rom I- und II-VO

Wenn das Vorliegen eines vertraglichen Schuldverhältnisses das entscheidende Kriterium zur Abgrenzung der Anwendungsbereiche von Rom I- und II-VO darstellt, der Vertragsbegriff also gleichsam als Weichenstellung zwischen den beiden Verordnungen fungiert, ist es folgerichtig, sich diesem Begriff mithilfe eines funktionalen Vergleichs der Rom-Verordnungen anzunähern. Berücksichtigt man diese Funktion des Vertragsbegriffs, ist zu vermuten, dass die Anknüpfungssysteme der Rom I- und II-VO induktiv einen Rückschluss auf dessen Definition zulassen.[1877] Methodisch entspricht dies der autonomen Auslegung anhand der „Systematik und Zielsetzun-

---

1873 Kap. 6 C.IV.4.a.

1874 So aber *Kern/Uhlmann*, GPR 2021, 50 (55).

1875 Vgl. aus dem englischen Recht bspw. *Jarvis v. Moy, Davies, Smith, Vandervell & Co.* [1936] 1 K. B. 399 (405): „The distinction in the modern view, for this purpose, between contract and tort may be put thus: where the breach of duty alleged arises out of a liability independently of the personal obligation undertaken by contract, it is tort, and it may be tort even though there may happen to be a contract between the parties, if the duty in fact arises independently of that contract. Breach of contract occurs where that which is complained of is a breach of duty arising out of the obligations undertaken by the contract."; rechtsvergleichend und m. w. N. *von Bar*, Gemeineuropäisches Deliktsrecht, Bd. I, § 5 Rn. 418 ff.

1876 Z. B. hinsichtlich der Frage, ob das UN-Kaufrecht den Rückgriff auf nationales Deliktsrecht ausschließt. Nach überwiegender Ansicht regelt das UN-Kaufrecht nur die Verletzung des Äquivalenzinteresses in abschließender Weise. Bei Verletzungen des Integritätsinteresses ist das nationale Deliktsrecht weiter anwendbar, in diesem Sinne und m. w. N. zum Streitstand *Huber*, in MüKo BGB, Art. 4 CISG Rn. 32; *Kaiser*, in Staudinger, Art. 5 CISG Rn. 11 ff.

1877 Vgl. bereits *Lehmann*, in: Ferrari/Leible, Ein neues Internationales Vertragsrecht für Europa, S. 17 (28); *Wendelstein*, GPR 2013, 70 (73); ders. *Wendelstein*, Kollisionsrechtliche Probleme der Telemedizin, S. 155.

gen" der jeweiligen Verordnung, wie sie auch der EuGH regelmäßig vornimmt.[1878]

Den Vertrag als Instrument des Gütertransfers zu verstehen, mithin die Abgrenzung anhand der Betroffenheit des Leistungs- und Integritätsinteresses vorzunehmen, beruht auf der These, dass diese beiden Fallkonstellationen unterschiedliche kollisionsrechtliche Interessenlagen nach sich ziehen und diese wiederum durch die Anknüpfungsregeln der Verordnungen gespiegelt werden.[1879] Kennzeichnend für einen Vertrag ist im materiellen Recht, dass die Parteien in Ausübung ihrer Privatautonomie, d.h. freiwillig und selbstbestimmt handeln. Damit korrespondiert das kollisionsrechtliche Interesse, auch das auf den Vertrag anwendbare Recht selbst zu bestimmen. Den Parteien ist an der Bestimmung des anwendbaren Rechts bspw. gelegen, um im Falle von Leistungsstörungen das zu ihren Vorstellungen am besten geeignete Haftungsrecht zu berufen. Auf diese Weise ist es den Parteien möglich, den versprochenen Gütertransfer im Vorfeld und unter jeglichem rechtlichen Gesichtspunkt zu regeln. Privat- und Parteiautonomie sind in diesem Sinne gleichermaßen Ausdruck der Zukunftsgerichtetheit eines Vertrages.

Ein Blick in die Rom I-VO offenbart, dass das Interesse an Selbstgestaltung auch kollisionsrechtlich geschützt wird. Sofern der Anwendungsbereich der Rom I-VO eröffnet ist, wird gem. Art. 3 Abs. 1 Rom I-VO subjektiv angeknüpft, d.h. die Parteien können das anwendbare Recht grundsätzlich frei wählen. Auch eine stillschweigende oder eine auf einen bestimmten Regelungsgegenstand begrenzte Rechtswahl ist möglich. Der Grundsatz der Parteiautonomie stellt nach Ansicht des Gesetzgebers einen „Eckstein"[1880] des internationalen Vertragsrechts dar und war bereits unter der Vorgängerregelung des Art. 3 EVÜ (Art. 27 EGBGB a.F.) sowie zuvor im autonomen deutschen und ausländischen IPR anerkannt.[1881] Selbst bei reinen Inlands- bzw. Binnenmarktsachverhalten, wenn also alle Elemente eines Sachverhalts mit einem einzigen Staat bzw. einem oder mehreren EU-Mitgliedstaaten verbunden sind, ist eine Rechtswahl möglich. Lediglich zwingende Bestimmungen des Inlands- bzw. EU-Rechts können in diesen Fällen gem. Art. 3 Abs. 3 und 4 Rom I-VO nicht abgewählt werden. Dass die Parteiautonomie im Rahmen der Rom I-VO eine zentrale Rolle spielt, zeigt sich daran,

1878 Z.B. EuGH, Urt. v. 13.3.2014 – C-548/12 (*Brogsitter*) = NJW 2014, 1648 (1649 Rn. 18).

1879 Vgl. *Wendelstein*, in Soergel, Art. 1 Rom II-VO Rn. 19 ff.; ders. GPR 2013, 70 (71 ff.); ders. Kollisionsrechtliche Probleme der Telemedizin, S. 155 ff.; zuvor bereits *Lehmann*, in: Ferrari/Leible, Ein neues Internationales Vertragsrecht für Europa, S. 17 (28 ff.).

1880 Vgl. ErwGr. Nr. 11 Rom I-VO.

1881 M.w.N. *Magnus*, in Staudinger, Art. 3 Rom I-VO, Rn. 27; *Martiny*, in MüKo BGB, Art. 3 Rom I-VO Rn. 1.

dass sie auch im ordnungspolitisch geprägten Verbraucher- und Arbeitsrecht anerkannt wurde, wenngleich zugunsten von Verbrauchern bzw. Arbeitnehmern nicht die zu ihrem Schutz vorgesehenen Bestimmungen der objektiv anwendbaren Rechtsordnung abbedungen werden können (Art. 6 Abs. 2 und Art. 8 Abs. 1 Rom I-VO). Die punktuellen Einschränkungen der Parteiautonomie zum Schutz schwächerer Parteien oder zur Durchsetzung zwingender Bestimmungen stellen indes nicht ihre Bedeutung als zentrales Anknüpfungsprinzip des internationalen Vertragsrechts infrage. So ist auch im materiellen Recht die Privatautonomie zur Verfolgung ordnungspolitischer Ziele unterschiedlichen Einschränkungen unterworfen.[1882]

Im Anwendungsbereich der Rom II-VO sind die Rechtswahlmöglichkeiten hingegen deutlich eingeschränkter. Art. 14 Abs. 1 lit. a Rom II-VO lässt sie grundsätzlich nur nach Eintritt des schadensbegründenden Ereignisses zu. Eine vorherige Rechtswahl ist – zum Schutz schwächerer Parteien – nur möglich, wenn alle Vertragsparteien einer „kommerziellen Tätigkeit" nachgehen, Art. 14 Abs. 1 lit. b Rom II-VO.[1883] Die Anerkennung der Parteiautonomie im internationalen Deliktsrecht dient insbesondere der Rechtssicherheit.[1884] Zu beachten ist aber, dass gerade die antizipierte Gestaltung deliktischer Rechtsbeziehungen materiell- und kollisionsrechtlich eine Ausnahme darstellt.[1885] Anders als bei vertraglichen Beziehungen werden die Parteien vor dem schädigenden Ereignis nur selten miteinander in Kontakt getreten sein.[1886] Aus diesem Grund liegt der Fokus der Rom II-VO auf den objektiven Anknüpfungsregeln. Diese sind Ausdruck der kollisionsrechtlichen Interessenlage, die typischerweise besteht, wenn die Verletzung vertragsunabhängiger subjektiver Rechte, also des Integritätsinteresses, im Raum steht. In solchen Fallkonstellationen geht es darum, das Schutzbedürfnis des Geschädigten gegen die allgemeine Handlungsfreiheit des Schädigers abzuwägen. Dies ist das Spannungsfeld, in dem sich das materielle Deliktsrecht bewegt und das durch das objektive Anknüpfungssystem der Rom II-VO gespiegelt wird. So verweist Art. 4 Abs. 1 Rom II-VO auf das Recht des Erfolgsorts. Diese allgemeine Anknüpfungsregel soll für Rechts-

---

1882 *von Hein*, in MüKo BGB, Einl. IPR, Rn. 38; ders., in Rauscher, Art. 3 Rom I-VO Rn. 3; *Hoffmann/Stegemann*, JuS 2013, 207 (207); *Magnus*, in Staudinger, Art. 3 Rom I-VO Rn. 29.

1883 Vgl. zur Kritik an der sprachlichen Fassung dieser Vorschrift m. w. N. *Picht*, in Rauscher, Art. 14 Rom II-VO Rn. 24 f.

1884 Vgl. ErwGr. Nr. 31 Rom II-VO.

1885 Vgl. *von Hein*, RabelsZ 2000, 595 (610); *Lehmann*, in: Ferrari/Leible, Ein neues Internationales Vertragsrecht für Europa, S. 17 (28 f.); *Wendelstein*, Kollisionsrechtliche Probleme der Telemedizin, S. 155 f., Fn. 123.

1886 Die praktische Relevanz von Art. 14 Abs. 1 lit. b Rom II-VO wird daher teilweise in Abrede gestellt, vgl. *Junker*, in MüKo BGB, Art. 14 Rom II-VO Rn. 6; anders hingegen *Picht*, in Rauscher, Art. 14 Rom II-VO Rn. 18.

sicherheit sorgen, führt jedoch auch zu einem gewissen Schutz des Geschädigten, denn der Erfolgsort entspricht regelmäßig seinem gewöhnlichen Aufenthaltsort.[1887] Die alternativ in Betracht kommende Anknüpfung an den Handlungsort oder ein Wahlrecht des Geschädigten wurden vom Gesetzgeber ausdrücklich als „Extremlösungen" verworfen.[1888] Art. 4 Abs. 1 Rom II-VO gleicht somit die für einen zufälligen Kontakt typischen kollisionsrechtlichen Interessen zwischen dem Schädiger und dem Geschädigten aus.[1889] Dieses Anliegen wird zudem durch Art. 17 Rom II-VO, der die Sicherheits- und Verhaltensregeln des Handlungsortes zur Anwendung beruft, unterstützt. An eben diesen Regeln wird der Schädiger typischerweise sein Verhalten ausrichten, weshalb deren Berufung einerseits die Erwartungen des Schädigers schützt und andererseits die verhaltenssteuernde Funktion des Haftungsrechts gewährleistet.[1890] Auch die Rom II-VO nimmt indes zur Verfolgung ordnungspolitischer Ziele punktuelle Korrekturen der allgemeinen Anknüpfungsregeln vor. So wird dem Geschädigten etwa im Falle von Umweltschädigungen ein Wahlrecht im Sinne der Ubiquitätslehre eingeräumt (Art. 7 Rom II-VO). An der grundlegenden Architektur der Rom II-VO ändert dies jedoch nichts. Sie ist darauf ausgerichtet, die betroffenen Interessen zum Ausgleich zu bringen, die bestehen, wenn vertragsunabhängige subjektive Rechte des Geschädigten verletzt wurden.

Zusammenfassend kann daher festgehalten werden, dass die Rom I- und II-VO unterschiedliche kollisionsrechtliche Interessenlagen abbilden. Bei genauer Betrachtung passen die Anknüpfungsregeln der Rom I-VO zu Fällen, in denen es um den Schutz privatautonom begründeter subjektiver Rechte geht. Nur in diesem Fall ist die kollisionsrechtliche Betonung der Parteiautonomie angebracht. Hingegen gleichen die Anknüpfungsregeln der Rom II-VO die bei einem zufälligen Kontakt bestehenden Interessen der Beteiligten aus. Zieht man diesen Befund zur Definition der jeweiligen Anwendungsbereiche heran, ist es konsequent, die Abgrenzung anhand der Betroffenheit des Leistungs- und Integritätsinteresses vorzunehmen.

b. Vereinbarkeit mit der vertragsakzessorischen Anknüpfung

Bei der soeben vorgenommenen Analyse der Kollisionsnormen der Rom II-VO wurde außer Acht gelassen, dass gem. Art. 4 Abs. 3 S. 2 und Art. 12 Abs. 1 Rom II-VO vertragsakzessorisch angeknüpft wird. Diese Anknüpfungsregeln lassen an der vermögensrechtlichen Abgrenzungstheorie zweifeln.

1887 Vgl. KOM (2003) 427 endg., S. 12; *Junker*, In MüKo BGB, Art. 4 Rom II-VO Rn. 3 f.; *Wendelstein*, in Soergel, Art. 1 Rom II-VO Rn. 34.

1888 KOM (2003) 427 endg., S. 13.

1889 Vgl. ErwGr. Nr. 16 Rom II-VO.

1890 *Junker*, in MüKo BGB, Art. 17 Rom II-VO Rn. 1.

Wenn Ansprüche wegen der Verletzung des Integritätsinteresses außervertraglich qualifiziert werden müssen, scheint es auf den ersten Blick widersinnig, wenn im Ergebnis dennoch mittels einer vertragsakzessorischen Anknüpfung die angeblich unpassenden Anknüpfungsregeln der Rom I-VO berufen werden. Trotz außervertraglicher Qualifikation wird also vertraglich angeknüpft. Vor diesem Hintergrund ist fraglich, ob an der im vorherigen Abschnitt dargestellten Dichotomie zweier voneinander abzugrenzenden Interessenlagen und deren Bedeutung als Abgrenzungsformel festgehalten werden kann. Insbesondere in der zivilverfahrensrechtlichen Literatur wurde aus diesen Gründen an der Geeignetheit der vermögensrechtlichen Abgrenzung für das IPR gezweifelt.[1891] Sofern sie vor Einführung der Rom II-VO für das IPR vertreten wurde, ging dies teilweise mit einer generellen Ablehnung der vertragsakzessorischen Anknüpfung einher.[1892]

Hinsichtlich Art. 12 Abs. 1 Rom II-VO muss zunächst beachtet werden, dass sich diese Vorschrift nach Erwägungsgrund Nr. 30 S. 4 nicht auf Personenschäden erstreckt.[1893] Hieraus wird geschlossen, dass auch vorvertragliche Eigentumsverletzungen nicht Art. 12 Abs. 1, sondern Art. 4 Rom II-VO unterfallen.[1894] Insofern wird die Lösung der vermögensrechtlichen Abgrenzungstheorie bestätigt, denn die Haftung für Personen- und Eigentumsschäden ist auch im vorvertraglichen Stadium Ausfluss gesetzlicher, d. h. vereinbarungsunabhängiger Integritätsschutzpflichten. Der Anwendungsbereich von Art. 12 Abs. 1 Rom II-VO beschränkt sich auf die Verletzung vorvertraglicher Offenlegungspflichten und den unredlichen Abbruch von Vertragsverhandlungen.[1895] Bei letzterer Fallgruppe geht es jedenfalls dann um die Verletzung des Integritätsinteresses, wenn der Geschädigte den Ersatz desjenigen Schadens verlangt, den er dadurch erlitten hat, dass er auf das Zustandekommen des Vertrages vertraut hat.[1896] Das Leistungsinteresse wird lediglich dann geltend gemacht, wenn der Geschädigte begehrt, so gestellt zu werden, als wäre der Vertrag zustande gekommen.[1897] Wenngleich Art. 12 Abs. 1 Rom II-VO also einen relativ engen Anwendungsbereich hat, bringt der Gesetzgeber mit dieser Vorschrift dennoch zum Ausdruck, dass trotz der außervertraglichen Qualifikation Fälle existieren, in denen die kollisionsrechtliche Interessenlage letztlich die Anwendung der Rom I-VO

1891 Vgl. *Hoffmann*, ZZP 2015, 465 (479 f.).

1892 Vgl. *von Bar*, IPR, Bd. II (1. Aufl., 1991), Rn. 561.

1893 Vgl. zur CIC bereits Kap. 6 C.III.2.

1894 Vgl. *Junker*, in MüKo BGB, Art. 12 Rom II-VO Rn. 18; *Lüttringhaus*, RIW 2008, 193 (198 f.); *Wendelstein*, in Soergel, Art. 1 Rom II-VO Rn. 36; ders., in Soergel, Art. 12 Rom II-VO Rn. 10; ders., Kollisionsrechtliche Probleme der Telemedizin, S. 163.

1895 ErwGr. Nr. 30 S. 2 Rom II-VO.

1896 M. w. N. *Hoffmann*, ZZP 2015, 465 (485).

1897 Ebd.

gebietet. Kennzeichnend für diese Fallgruppen ist, dass die eigentlich integritätsschützenden Pflichten einen irgendwie gearteten Transaktionsbezug aufweisen. Diesen näher zu bestimmen, bereitet einige Schwierigkeiten. Letztlich kämen insoweit aber die gleichen Erwägungen wie bei der Qualifikationsentscheidung zum Tragen. Solange die Rom II-VO vertragsakzessorische Anknüpfungen vorsieht, ist notgedrungen eine Abgrenzung zum internationalen Vertragsrecht sowohl auf der Qualifikations- als auch auf der Anknüpfungsebene vorzunehmen. Die Leistungsfähigkeit des kollisionsrechtlichen Vertragsbegriffs ist daher von vornherein eingeschränkt. Dass auch bei Heranziehung vermögensrechtlicher Kategorien mit der Qualifikationsentscheidung nicht jede Rechtsunsicherheit ausgeräumt wird, ist somit keine Schwäche dieser Abgrenzungsformel, sondern vielmehr im geltenden Recht angelegt. Im Umkehrschluss zeigt Art. 12 Rom II-VO gerade, dass der Gesetzgeber im Ausgangspunkt von der außervertraglichen Natur der CIC ausgeht. Dass für einzelne Fallgruppen dennoch auf die Rom I-VO verwiesen wird, stellt dann lediglich eine punktuelle Ausnahme von der Bewertung der hinter der vermögensrechtlichen Abgrenzung stehenden Interessenlagen dar.

Auch Art. 4 Abs. 3 S. 2 Rom II-VO führt nicht zu durchgreifenden Zweifeln an der hier vertretenen Abgrenzungstheorie. Einzugestehen ist, dass durch Ausweichklauseln und speziell durch die vertragsakzessorische Anknüpfung das mühsam gefundene Qualifikationsergebnis in gewisser Weise auf den Kopf gestellt wird. Der Einwand, es handle sich um eine „*façon de parler*“, ob man z. B. integritätsschützende Nebenpflichtverletzungen vertragsakzessorisch anknüpft oder unmittelbar dem Vertragsstatut unterstellt, kann nicht ganz von der Hand gewiesen werden.[1898] Unerwünschte Friktionen entstehen schließlich dadurch, dass durch die vertragsakzessorische Anknüpfung die für das Vertragsrecht geltende Rechtswahlfreiheit (Art. 3 Rom I-VO) auf das Deliktsstatut durchschlägt.[1899] Dies führt zu einer Umgehung der Einschränkungen des Art. 14 Rom II-VO zum Schutz schwächerer Parteien.[1900] Die teleologische Untersuchung der Parteiautonomie war aber gerade ein maßgebliches Argument für die hier vorgenommene funktionale Abgrenzung der vertraglichen und außervertraglichen Sphäre. Dennoch sollte aus der Existenz des Art. 4 Abs. 3 S. 2 Rom II-VO nicht geschlossen werden, dass die Anwendungsbereiche der Rom-Verordnungen nicht generell mithilfe vermögensrechtlicher Kategorien abzugrenzen sind. Die Vorschrift durchbricht die außervertragliche Qualifikation, um mithilfe eines

1898 *von Bar*, IPR, Bd. II (1. Aufl., 1991), Rn. 560.

1899 Zu diesem Problem *von Hein*, in Calliess/Renner, Art. 4 Rom II-VO Rn. 69; *Pabst*, in Rauscher, Art. 4 Rom II-VO Rn. 98 ff.

1900 Vgl. EuGH, Urt. v. 28.7.2016 – C-191/15 (*Verein für Konsumenteninformation*) = NJW 2016, 2727 (2729 Rn. 47).

flexiblen Instruments kollisionsrechtliche Einzelfallgerechtigkeit und einen Gleichlauf von Vertrags- und Deliktsstatut herzustellen.[1901] Art. 4 Abs. 3 S. 2 Rom II-VO räumt den Gerichten dabei einen ausreichenden Ermessenspielraum ein, um im Einzelfall abzuwägen, ob sich diese Anliegen gegenüber der funktional-teleologischen Qualifikation durchsetzen sollen. So kann beispielsweise die faktisch ermöglichte Rechtswahlfreiheit und die Umgehung des von Art. 14 Abs. 1 lit. b Rom II-VO intendierten Schutzes schwächerer Parteien in der Einzelfallabwägung berücksichtigt werden.[1902] Auch sollte bei Vorliegen eines Vertrages nicht vorschnell das Erfordernis der „engen Verbindung" zwischen Vertrag und Delikt übergangen werden. Unerlaubte Handlungen, die sich nur bei Gelegenheit einer Vertragserfüllung ergeben, sind nicht vertragsakzessorisch anzuknüpfen.[1903] So fehlt es etwa bei der Verletzung von „vertraglichen" Integritätsschutzpflichten gem. § 241 Abs. 2 BGB, die eine Reaktion auf deliktsrechtliche Schutzlücken darstellen, regelmäßig an der engen Verbindung zum Vertrag, sodass eine akzessorische Anknüpfung ausscheidet.[1904] Erforderlich ist vielmehr ein sachlicher oder inhaltlicher Zusammenhang zwischen Vertrag und Delikt.[1905] Die Vermutung des Gesetzgebers, dass es in diesem Fall den Parteiinteressen entspricht, eine einheitliche Rechtsordnung zu berufen, muss im Einzelfall im Wege einer umfassenden Interessenabwägung überprüft werden.

Zusammenfassend muss festgehalten werden, dass durch vertragsakzessorische Anknüpfungen die allgemeine kollisionsrechtliche Interessenlage, die durch die Anknüpfungsnormen der Rom I- und II-VO gespiegelt werden und die Abgrenzung anhand vermögensrechtlicher Kategorien nahelegen, punktuell durchbrochen wird. Dahinter steht die Überlegung, dass in Ausnahmefällen aufgrund der hinreichenden Nähe zum Vertrag eine Neubewertung der Interessenlagen erforderlich ist. Dass die Anwendungsbereiche der Rom I- und II-VO im Ausgangspunkt vermögensrechtlich abzugrenzen sind, wird hierdurch aber nicht infrage gestellt. Vielmehr muss bei der Anwen-

---

1901 Vgl. KOM (2003) 427 endg., S. 14; *Junker*, in MüKo BGB, Art. 4 Rom II-VO Rn. 46; *Lund*, in jurisPK-BGB, Art. 4 Rom II-VO Rn. 26; *Pabst*, in Rauscher, Art. 4 Rom II-VO Rn. 96; *Thorn*, in *Grüneberg*, Art. 4 Rom II-VO Rn. 10.

1902 Vgl. *von Hein*, ZEuP 2009, 6 (21); ders., in Calliess/Renner, Art. 4 Rom II-VO Rn. 69; krit. hierzu *Pabst*, in Rauscher, Art. 4 Rom II-VO Rn. 106 ff., der die ex-ante Rechtswahl zwischen Unternehmern und Verbrauchern als Konsequenz der vertragsakzessorischen Anknüpfung ohne Korrektur hinnehmen will; ein anderer Lösungsvorschlag geht dahin, die in Art. 14 Rom II-VO vorgesehenen Schranken der Rechtswahlfreiheit auch auf Art. 4 Abs. 3 S. 2 Rom II-VO anzuwenden, vgl. *Kadner Graziano*, RabelsZ 2009, 1 (21 ff.).

1903 *Spickhoff*, in BeckOK BGB, Art. 4 Rom II-VO Rn. 15; *Pabst*, in Rauscher, Art. 4 Rom II-VO Rn. 92.

1904 *Pabst*, in Rauscher, Art. 4 Rom II-VO Rn. 94; a. A. *Dutta*, IPRax 2009, 293 (299).

1905 *Spickhoff*, in BeckOK BGB, Art. 4 Rom II-VO Rn. 15; *Thorn*, in Grüneberg, Art. 4 Rom II-VO Rn. 11.

dung der Art. 12 Abs. 1 und Art. 4 Abs. 3 S. 2 Rom II-VO gerade berücksichtigt werden, dass von der eigentlichen Regelanknüpfung abgewichen wird.

c. Zur Problematik konkurrierender Ansprüche

Art. 4 Abs. 3 S. 2 Rom II-VO stellt die hier vertretene Abgrenzungsformel noch aus einem weiteren Grund auf die Probe. Die Vorschrift scheint zum Ausdruck zu bringen, dass vertragliche und außervertragliche Anspruchsgrundlagen auf kollisionsrechtlicher Ebene miteinander konkurrieren.[1906] Wenn im Einzelfall sowohl vertragliche als auch außervertragliche Anspruchsgrundlagen in Betracht kommen, geht die wohl herrschende Meinung davon aus, dass das anwendbare Recht teilweise nach der Rom I- und teilweise nach der Rom II-VO bestimmt werden muss, wobei durch die vertragsakzessorische Anknüpfung im Ergebnis ein Statutengleichlauf erzielt werden kann.[1907] Die vermögensrechtliche Abgrenzung hat bei konsequenter Anwendung jedoch zur Folge, dass es im Falle einer einzigen Pflichtverletzung von vornherein nicht zur einer Statutenkonkurrenz kommt. Ist das Integritätsinteresse betroffen, wird einheitlich deliktisch qualifiziert, auch wenn sich der Geschädigte auch auf „vertragsrechtliche" Anspruchsgrundlagen beruft. Geht man beispielsweise davon aus, dass die Pflicht eines Arztes, seine Patienten *lege artis* zu behandeln, integritätsschützend ist,[1908] liegen bei Verletzung dieser Pflicht aus kollisionsrechtlicher Sicht ausschließlich außervertraglich zu qualifizierende Ansprüche vor, selbst wenn nach deutschem Recht die Haftung auch auf die Verletzung des Behandlungsvertrages gestützt werden kann.

Durch die vermögensrechtliche Abgrenzung wird die Angleichungsfunktion des Art. 4 Abs. 3 S. 2 Rom II-VO im Falle konkurrierender Ansprüche daher in der Tat obsolet. Der Statutengleichlauf wird bereits durch die einheitliche Qualifikation hergestellt. An der Vorzugswürdigkeit dieser Abgrenzungsformel ändert dies jedoch nichts. Es muss insofern nämlich beachtet werden, dass der Gesetzgeber die Angleichungsfunktion des Art. 4 Abs. 3 S. 2 Rom II-VO selbst als Notlösung für ungeklärte Qualifikationsproble-

---

1906 Die Vorschrift sei „für Mitgliedstaaten interessant, deren Rechtssystem eine Kumulierung der vertraglichen und der außervertraglichen Haftung zulässt.", vgl. KOM (2003) 427 endg. S. 14.

1907 Vgl. *von Hein*, in Säcker-FS (2021), S. 219 (224)., ders., in Rauscher, Art. 1 Rom I-VO Rn. 7; *Magnus*, in Staudinger, Art. 1 Rom I-VO Rn. 32; *Martiny*, in MüKo BGB, Art. 1 Rom I-VO Rn. 12.

1908 Vgl. *Hoffmann*, ZZP 2015, 465 (486); *Schlosser*, IPRax 1984, 65 (67 f.); eingehend *Wendelstein*, Kollisionsrechtliche Probleme der Telemedizin, S. 167 ff.; vgl. zur deliktischen Qualifikation der Arzthaftung unter dem Luganer Übereinkommen, BGHZ 176, 342 (345, Rn. 12); zur Gegenansicht *Spickhoff*, RabelsZ 2013, 854 (855).

me betrachtet.[1909] Ausdrücklich erklärte die Kommission zur vertragsakzessorischen Anknüpfung, dass sich mit dieser „in rechtstechnischer Hinsicht *bis zu einer eigenständigen Begriffsbestimmung des Gerichtshofs* (…) die Folgen relativieren [lassen], die sich aus dem Umstand ergeben, dass ein und dasselbe Rechtsverhältnis dem Vertragsrecht eines Mitgliedstaats und dem zivilen Haftungsrecht eines anderen unterliegen kann."[1910] Dies zeigt jedenfalls, dass Art. 4 Abs. 3 S. 2 Rom II-VO nicht die im europäischen internationalen Schuldrecht angelegte Dichotomie zwischen vertraglicher und außervertraglicher Sphäre in Frage stellt. Vielmehr soll im Falle konkurrierender Ansprüche ein Statutengleichlauf erreicht werden, solange dieser nicht im Wege einer einheitlichen Qualifikation erzielt werden kann. Die vermögensrechtliche Abgrenzung könnte vor diesem Hintergrund gerade die angestrebte „eigenständige Begriffsbestimmung" ermöglichen.

Ein weiterer Vorteil dieser Lösung ist, dass die bisher ungeklärte Frage, welches Recht über die Konkurrenz vertraglicher und deliktischer Anspruchsgrundlagen entscheidet,[1911] aufgelöst wird. Wird durch die einheitliche Qualifikation von vornherein nur eine einzige Rechtsordnung zur Anwendung berufen, entscheidet diese freilich auch darüber, ob sich der Geschädigte gleichzeitig auf vertragliche und außervertragliche Anspruchsgrundlagen berufen kann.

d. Leistungsfähigkeit der Abgrenzungsformel

Die auf den ersten Blick einfache Abgrenzung anhand der Betroffenheit des Leistungs- oder Integritätsinteresses scheint in der praktischen Anwendung Schwierigkeiten zu bereiten, wenn ein Vertrag auf den Schutz des Integritätsinteresses gerichtet ist. In diesem Fall könnte es zu einem Überlappen von Leistungs- und Integritätsinteresse kommen und eine eindeutige Zuordnung scheitern. Dieses Problem zeigt sich z. B. bei der Qualifikation der Arzthaftung wegen Körper- und Gesundheitsschädigungen.[1912] Die Prüfung, ob bei gleicher Faktizität der Ereignisse ohne freiwillige Verpflichtung eine Haftung bestehen würde, mag in diesen Fällen schwieriger sein, führt jedoch regelmäßig zu eindeutigen Ergebnissen. So muss etwa die Arzthaftung deliktisch qualifiziert werden, da die Gesundheitsschädigung des Patienten die Haftung des Arztes nicht deshalb auslöst, weil sie vertraglich verspro-

---

1909 Vgl. bereits *Wendelstein*, Kollisionsrechtliche Probleme der Telemedizin, S. 192 f.; wohl ebenfalls von einer einheitlichen Qualifikation ausgehend *Reiher*, Vertragsbegriff im europ. IPR, S. 22.

1910 KOM (2003) 427 endg. S. 14.

1911 Vgl. m. w. N. *Spickhoff*, IPRax 2009, 128 (133 ff.).

1912 Vgl. bereits den vorherigen Abschnitt, Kap. 6 C.IV.4.c.

chen wurde, sondern weil der Arzt hinter den gesetzlichen Berufspflichten zurückgeblieben ist.[1913]

Die Praktikabilität der vermögensrechtlichen Abgrenzungsformel wurde auch bzgl. anderer Dienstleistungen in Abrede gestellt. *Sprenger* will dies am Beispiel der Haftung eines Gutachters gegenüber seinem Auftraggeber aufgrund einer fehlerhaften Bewertung veranschaulichen.[1914] Wird z. B. der Wert eines Grundstücks infolge einer Fehlbewertung zu niedrig angesetzt, führt dies dazu, dass der Eigentümer das Grundstück für ihn ungünstig verkaufen wird. In diesem Fall liege, so *Sprenger*, einerseits ein Integritätsschaden vor, da das bestehende Gesamtvermögen des Auftraggebers gemindert werde.[1915] Andererseits sei auch das Leistungsinteresse betroffen, denn bei einer korrekten Bewertung, also einer vertragsgemäßen Erfüllung des Vertrages, hätte der Eigentümer durch den Verkauf des Grundstücks mindestens dessen objektiven Verkehrswert erzielen können.[1916] Der Anspruch des Eigentümers gegen den Gutachter wegen des entgangenen Gewinns sollte vertraglich qualifiziert werden. Das angebliche Überlappen von Leistungs- und Integritätsinteresse löst sich auf, wenn man die Kontrollfrage heranzieht, ob bei gleicher Faktizität der Ereignisse ohne wirksamen Vertrag zwischen den Parteien eine Haftung in Betracht käme. Die Haftung des Gutachters für die entgangenen Gewinne des Eigentümers setzt aber gerade voraus, dass sich der Gutachter wirksam verpflichtet hat, dem Eigentümer zu diesem Zweck ein fehlerfreies Gutachten auszustellen. Eine vertragsunabhängige Einstandspflicht für die Folgen eines ungünstigen Weiterverkaufs besteht nicht. Die Auslegung des konkreten Vertrages ermöglicht regelmäßig eine Konkretisierung des Äquivalenzinteresses, sodass eine eindeutige Zuordnung möglich ist.[1917]

Die Leistungsfähigkeit der Abgrenzungsformel bestätigt sich auch in den Fällen der Dritthaftung von Experten und Gutachtern.[1918] Der Dritte strebt keine Verbesserung seiner bestehenden Vermögenslage, sondern einen Ausgleich für einen erlittenen Vermögensschaden an. Dass seine Schädigung auf eine Pflichtverletzung des Experten zurückgeführt werden kann, die im Verhältnis zum Auftraggeber eine Vermögensaufstockung bewirkt, ändert

1913 *Hoffmann*, ZZP 2015, 465 (486); *Wendelstein*, Kollisionsrechtliche Probleme der Telemedizin, S. 176; ders. in Soergel, Art. 1 Rom II-VO Rn. 48.

1914 *Sprenger*, Internationale Expertenhaftung, S. 128 ff.

1915 *Sprenger*, Internationale Expertenhaftung, S. 128 f.

1916 *Sprenger*, Internationale Expertenhaftung, S. 128.

1917 So auch *Leicht*, Haftung von Angehörigen rechts- und wirtschaftsberatender Berufe, S. 190; vgl. hingegen *Sprenger*, Internationale Expertenhaftung, S. 130, der hierin die „Heranziehung weiterer Kriterien“ sieht und der vermögensrechtlichen Abgrenzung daher eine eingeschränkte Aussagekraft attestiert.

1918 Zur Gegenansicht *Sprenger*, Internationale Expertenhaftung, S. 130 ff.; ähnlich auch *Büttner*, Dritthaftung von Experten, S. 189 f.

hieran nichts. Der Dritte hat gegen den Gutachter kein subjektiv begründetes Forderungsrecht auf ein korrektes Gutachten. In diesem Verhältnis haben die Beteiligten nicht in Ausübung ihrer Privatautonomie gehandelt, weshalb es an einem vertraglich ausgestaltetem Leistungsprogramm fehlt.[1919] Vielmehr ist der Gutachter unter den gesetzlichen Voraussetzungen der Expertenhaftung verpflichtet, das bestehende, d. h. gesetzlich zugewiesene Vermögen des Dritten nicht zu verletzen.[1920] Diese Haftung greift auch unabhängig von der Wirksamkeit eines Vertrages zwischen Drittem und Gutachter. Entscheidend ist alleine die Faktizität der Ereignisse, also etwa das tatsächliche Näheverhältnis zwischen dem Gutachter und dem Dritten. Es ist folglich ausschließlich das Integritätsinteresse betroffen, weshalb die vermögensrechtliche Abgrenzung auch in diesen Fällen zu einem eindeutigen Ergebnis führt.

5. Fazit

Die Abgrenzung von Vertrag und Delikt im europäischen internationalen Schuldrecht sollte anhand vermögensrechtlicher Kategorien vorgenommen werden. Demnach ist ein Rechtsverhältnis vertraglich zu qualifizieren, wenn der Geschädigte eine Verletzung seines Leistungsinteresses geltend macht. Hingegen muss außervertraglich qualifiziert werden, wenn die Verletzung eines vertragsunabhängigen subjektiven Rechts, also des Integritätsinteresses, im Raum steht. Es ist danach zu unterscheiden, ob im Einzelfall bei gleicher Faktizität der Ereignisse ohne wirksame Abrede zwischen den Parteien eine Haftung bestehen würde. Die Analyse der Anknüpfungsregeln der Rom-Verordnungen offenbarte, dass der dahinterstehende materiellrechtliche Begriff des Vertrages als Mittel des Gütertransfers geeignet ist, als Wegweiser zwischen der Rom I- und II-VO bzw. der jeweiligen kollisionsrechtlichen Interessenlagen zu dienen. Auch die im Rahmen der Rom II-VO vorgesehene vertragsakzessorische Anknüpfung führt nicht zu durchgreifenden Zweifeln an seiner Richtigkeit.

V. Zusammenfassung

Das vom EuGH bemühte Abgrenzungsmerkmal der „freiwillig eingegangenen Verpflichtung" stellt den Minimalkonsens der unterschiedlichen nationalen Vertragsverständnisse dar.[1921] Wenngleich der EuGH insofern deutlich den Parteiwillen als entscheidendes Kriterium hervorhebt, fehlt es

1919 So auch *Leicht*, Haftung von Angehörigen rechts- und wirtschaftsberatender Berufe, S. 184; *Wendelstein*, JA 2018, 144 (149).
1920 Vgl. *Wendelstein*, in Soergel, Art. 1 Rom II-VO Rn. 56.
1921 Kap. 6 A.II.4.

der Abgrenzungsformel an Konturen, weshalb ihre praktische Anwendung auch aufgrund der teilweise uneindeutigen Kasuistik mit Rechtsunsicherheiten behaftet ist.[1922] In der zuständigkeitsrechtlichen Rechtsprechung wurde schließlich das Kriterium der „Unerlässlichkeit der Vertragsauslegung" aus der Taufe gehoben. Nach der *Wikingerhof*-Entscheidung[1923] scheint festzustehen, dass der Deliktsgerichtsstand nicht bereits durch eine vertragsrechtliche Vorfrage verdrängt wird. Vielmehr könnte danach zu differenzieren sein, ob der Vertrag als bloße Tatsache im Rahmen der Anspruchsprüfung relevant wird oder die Rechtmäßigkeit des vorgeworfenen Verhaltens determiniert, weil die verletzte Pflicht nicht unabhängig von dem Vertrag existiert. Jenseits des engen Anwendungsbereichs der Entscheidung sind weitere Konkretisierungen durch den EuGH abzuwarten.

Die Diskussion um die besonders umstrittene Qualifikation der Dritthaftungsinstitute „zwischen" Vertrag und Delikt hat gezeigt, dass bei funktionaler Betrachtung trotz vertragsrechtlicher Einkleidung im nationalen Recht regelmäßig eine außervertragliche Qualifikation in Betracht kommt.[1924] Zumindest punktuell wird hierbei auch mit der Betroffenheit des Integritätsinteresses argumentiert. Im letzten Abschnitt wurde aufgezeigt, dass die Betroffenheit des Leistungs- oder Integritätsinteresses aufgrund der spiegelbildlichen Abbildung entsprechender kollisionsrechtlicher Interessenlagen durch die Rom-Verordnungen als teleologisch fundierte und leistungsfähige Abgrenzungsformel herangezogen werden sollte. Dieser Ansatz würde eine Grenzverschiebung in Richtung des außervertraglichen Bereichs nach sich ziehen. Wenngleich es zu Reibungen mit der vertragsakzessorischen Anknüpfung kommt, überwiegen die Vorzüge der vermögensrechtlichen Abgrenzung. Eine entsprechende Konkretisierung der Topoi von der „freiwillig eingegangenen Verpflichtung" bzw. der „Unerlässlichkeit der Vertragsauslegung" seitens der Rechtsprechung wäre jedenfalls sprachlich ohne Weiteres denkbar.

D. Die Haftung gegenüber dem Vertragspartner

Ebenso wie im materiellen Haftungsrecht muss auch hinsichtlich der kollisionsrechtlichen Prüfung zwischen der Haftung gegenüber dem Vertragspartner und der Haftung gegenüber Dritten differenziert werden. In diesem Abschnitt wird die Haftung gegenüber dem Vertragspartner untersucht.

1922 Kap. 6 C. I.
1923 Kap. 6 C. II. 2.
1924 Kap. 6 C. III.

I. Eröffnung des Anwendungsbereichs der Rom-Verordnungen

Das durch den Zertifizierungsvertrag begründete Schuldverhältnis zwischen einer Zertifizierungsgesellschaft und ihrem Vertragspartner stellt eine Zivil- und Handelssache im Sinne der Rom-Verordnungen dar. Wie bereits dargelegt wurde, führen die teilweise bestehenden gesetzlichen Begleitstrukturen bzw. die öffentlich-rechtliche Prägung einzelner Zertifizierungssysteme nicht zu einer abweichenden Beurteilung.[1925] Sofern eine Verbindung zum Recht verschiedener Staaten vorliegt,[1926] ist der Anwendungsbereich der Rom-Verordnungen also eröffnet.

II. Qualifikation

Zu prüfen ist, nach welcher Kollisionsnorm der Rom I- bzw. Rom II-VO das auf die privatrechtliche Haftung anwendbare Recht ermittelt werden muss.

1. Qualifikation des Zertifizierungsvertrages als vertragliches Schuldverhältnis

Die Kollisionsregeln der Rom I-VO wären einschlägig, wenn die Zertifizierungsgesellschaft und ihr Auftraggeber in einem „vertraglichen Schuldverhältnis" (*contractual obligation, obligation contractuelle*) i. S. v. Art. 1 Abs. 1 S. 1 Rom I-VO stünden. Aus Art. 12 Abs. 1 lit. c Rom I-VO ergibt sich, dass das nach dieser Verordnung berufene Recht nicht nur maßgebend ist für den vereinbarten Leistungsaustausch, sondern auch für die Folgen der vollständigen oder teilweisen Nichterfüllung der vertraglichen Verpflichtungen. Auch Sekundäransprüche aus einem Vertrag begründen daher ein vertragliches Schuldverhältnis.[1927] Der Vertragsbegriff wurde im Rahmen dieser Arbeit bereits eingehend untersucht. Im Mittelpunkt der Rechtsprechung des EuGH zum europäischen Vertragsbegriff steht das Merkmal der „freiwillig eingegangenen Verpflichtung".[1928] Hinsichtlich des Rechtsverhältnisses zwischen einer Zertifizierungsgesellschaft und ihrem Auftraggeber scheint eine vertragliche Qualifizierung auf den ersten Blick unproblematisch möglich zu sein. Zertifizierungsgesellschaften bieten ihre Dienste am Markt an und werden von Unternehmen, die für rechtliche oder wirtschaftliche Zwecke ein Zertifikat benötigen, mit der Durchführung der Zertifizierung betraut. Dass eine Zertifizierungsgesellschaft tätig wird, hängt mithin von dem willentlichen Entschluss beider Parteien ab.

1925 Kap. 6 B.
1926 Hierzu Kap. 6 A. I. am Ende.
1927 *Martiny*, in MüKo BGB, Art. 1 Rom I-VO Rn. 8.
1928 Kap. 6 C. I.

Zweifel an der vertraglichen Qualifizierung könnten sich indes dadurch ergeben, dass im Falle der gesetzlich geregelten Zertifizierungen wesentliche Pflichten der Zertifizierungsgesellschaften nicht zur Disposition der Parteien stehen. Sofern der Auftraggeber ein gesetzlich geregeltes Zertifikat benötigt, muss der Zertifizierungsvertrag die verpflichtend vorgeschriebenen Inhalte dieses Zertifizierungssystems aufnehmen, um die Rechtmäßigkeit des ausgestellten Zertifikats sicherzustellen. Es stellt sich vor diesem Hintergrund die Frage, ob die Kollisionsnormen der Rom I-VO auch Verträge erfassen, deren Inhalte weitgehend gesetzlich vorgegeben sind. Es könnte argumentiert werden, dass das Element der Freiwilligkeit aufgrund der eingeschränkten Gestaltungsfreiheit nicht hinreichend ausgeprägt ist. Sofern man bspw. die gesetzlich vorgegebenen Sorgfaltspflichten der Zertifizierungsgesellschaften deliktisch qualifiziert, müsste das auf einen Haftungsfall anwendbare Recht nach der Rom II-VO ermittelt werden.

Dem kann entgegengehalten werden, dass nach überwiegender Ansicht selbst bei Verträgen, die unter einem Kontrahierungszwang abgeschlossen wurden – ein solcher wäre theoretisch auch zulasten von Zertifizierungsgesellschaften denkbar[1929] – ein vertragliches Schuldverhältnis vorliegen soll, obwohl hier nicht nur die Gestaltungs-, sondern auch die Abschlussfreiheit zumindest einer Vertragspartei eingeschränkt ist.[1930] Der gesetzlich angeordnete Vertrag verliert seinen Vertragscharakter nicht, da es im Ergebnis genügt, dass eine vertragliche Sonderbeziehung angestrebt wurde.[1931] Wenn bereits ein unter solchen Bedingungen zustande gekommener Vertrag der Rom I-VO unterfallen soll, muss dies erst recht für Verträge gelten, deren Abschluss vollständig in das Belieben der Parteien gestellt wurde und bei dem lediglich hinsichtlich des Inhalts gesetzliche Vorgaben zu beachten sind.

In der Tat ist festzustellen, dass die Pflichten der Zertifizierungsgesellschaften trotz ihres gesetzlichen Ursprungs gerade erst durch den Vertragsschluss, also durch die subjektive Willenseinigung der Parteien „aktiviert" werden.[1932] Das Element der Freiwilligkeit verwirklicht sich im Moment der Entscheidung über den Abschluss des Vertrages. Die Parteien des Zertifizierungsvertrages handeln insofern in Ausübung ihrer Privatautonomie.

1929 Vgl. *Möslein*, in: Burgi/Möslein, Zertifizierung nachhaltiger Kapitalgesellschaften, S. 411 (412 ff.).

1930 *Magnus*, in Staudinger, Art. 1 Rom I-VO Rn. 34; *Martiny*, in MüKo BGB, Art. 1 Rom I-VO Rn. 7; *Spickhoff*, in BeckOK BGB, Art. 1 Rom I-VO Rn. 30; *Stürner*, in Erman, Art. 1 Rom I-VO Rn. 2; *Thorn*, in Grüneberg, Art. 1 Rom I-VO Rn. 3.

1931 *Magnus*, in Staudinger, Art. 1 Rom I-VO Rn. 34.

1932 Zur „Aktivierung" gesetzlicher Vertragspflichten in anderen Kontexten *Leicht*, Haftung von Angehörigen rechts- und wirtschaftsberatender Berufe, S. 154; *Wendelstein*, GPR 2013, 70 (75); ders. Kollisionsrechtliche Probleme der Telemedizin, S. 160.

Dies ist auf der Grundlage eines funktional-teleologischen Vergleichs der Rom I- und II-VO das maßgebliche Kriterium für die Annahme eines Vertrages.[1933] Wenn die Pflichten durch eine freiwillige Selbstbindung aktiviert werden, ist es sach-gerecht die besonderen Kollisionsregeln der Rom I-VO, die sich durch eine weitreichende Anerkennung der Rechtswahlfreiheit auszeichnen, heranzuziehen. Dies entspricht der Interessenlage im Verhältnis der Zertifizierungsgesellschaften und ihren Auftraggebern. Die Zertifizierungsgesellschaften sind nicht verpflichtet, gegenüber jedermann Zertifizierungen nach den einschlägigen gesetzlichen Vorgaben durchzuführen. Ohne einen entsprechenden Parteiwillen fehlt es an einem Gläubiger der gesetzlichen festgelegten Verhaltenspflichten. Diese sind mithin nicht deliktisch, sondern vertraglich zu qualifizieren. Dies zeigt sich auch daran, dass die Schadensersatzhaftung der Zertifizierungsgesellschaften gegenüber ihren Auftraggebern einen *wirksamen* Zertifizierungsvertrag voraussetzt, da nur in diesem Fall die Zertifiziererpflichten begründet werden.[1934] Wäre der Zertifizierungsvertrag bspw. mangels Geschäftsfähigkeit der beteiligten Personen nicht wirksam zustande gekommen, würde die Zertifizierungsgesellschaft nicht verpflichtet werden und eine Schadensersatzhaftung wegen Nicht- oder Schlechterfüllung ausscheiden.[1935] Es kann daher festgehalten werden, dass gesetzliche Vorgaben hinsichtlich des Vertragsinhalts der Annahme eines vertraglichen Schuldverhältnisses i. S. v. Art. 1 Rom I-VO nicht entgegenstehen.[1936] Auch das Rechtsverhältnis zwischen einer Zertifizierungsgesellschaft und ihrem Auftraggeber im gesetzlich geregelten Bereich ist daher vertraglich zu qualifizieren.

2. Qualifikation der Zertifiziererhaftung

Das Vorliegen eines Vertrages i. S. v. Art. 1 Abs. 1 S. 1 Rom I-VO bedeutet nicht zwangsläufig, dass die Haftung der einen gegenüber der anderen Vertragspartei nach der Rom I-VO angeknüpft werden muss.[1937] Im Verhältnis einer Zertifizierungsgesellschaft zu ihrem Auftraggeber kommen sowohl vertragliche als auch außervertragliche Haftungsansprüche in Betracht.

1933 Vgl. zur funktional-teleologischen Konkretisierung des Vertragsbegriffs anhand vermögensrechtlicher Kategorien Kap. 6 C.IV.3 und 4.

1934 Zu dieser Überprüfungsmethode *Wendelstein*, GPR 2013, 70 (74).

1935 Nach deutschem Recht ergibt sich das Erfordernis eines wirksamen Vertragsschlusses aus § 280 Abs. 1 BGB. Auch das englische und französische Recht setzen für eine Haftung wegen *breach of contract* oder *inéxecution du contrat* (Art. 1231 CC) die Wirksamkeit des Zertifizierungsvertrages voraus, vgl. Kap. 5 A. I. 1. (England) und Kap. 5 B. I. 1. (Frankreich).

1936 So auch *Mankowski*, IPRax 2003, 127 (131).

1937 *Stürner*, in Erman, Art. 1 Rom I-VO Rn. 2a.

a. Vertragliche Haftungsansprüche

Nach der hier vertretenen Abgrenzungstheorie ist ein Haftungsanspruch vertraglich zu qualifizieren, wenn das Leistungsinteresse des Auftraggebers betroffen ist, der Anspruch also auf der Verletzung des rechtsgeschäftlich vereinbarten subjektiven Forderungsrechts beruht.[1938] Durch den Zertifizierungsvertrag wird eine Zertifizierungsgesellschaft verpflichtet, in der vereinbarten Zeit die für die jeweilige Zertifizierung erforderlichen Prüfungs- und Überwachungsmaßnahmen durchzuführen, auf deren Grundlage die Zertifizierungsentscheidung zu treffen und ggf. das Zertifikat auszustellen.[1939] Diese Pflichten bezwecken eine Vermögensaufstockung aufseiten des Auftraggebers und stellen das Äquivalent zur Pflicht des Auftraggebers dar, der Zertifizierungsgesellschaft die vereinbarte Vergütung zu zahlen. Schadensersatzansprüche aufgrund der vollständigen oder teilweisen Nichterfüllung der Zertifizierungsleistungen sind daher vertraglich zu qualifizieren. Das Leistungsinteresse ist etwa betroffen, wenn der Auftraggeber eine andere Zertifizierungsgesellschaft zu einem höheren Preis engagieren musste. Auch in dem Fall einer zu Unrecht verweigerten Zertifizierung, also einer Schlechtleistung, wird die Leistungserwartung des Auftraggebers enttäuscht, sodass seine Haftungsansprüche vertraglich einzuordnen sind. Dies betrifft bspw. den Fall, dass einem Hersteller von Medizinprodukten die gesetzlich vorgeschriebene EU-Zertifizierung zu Unrecht vorenthalten wird und er deshalb seine Produkte nicht auf dem Binnenmarkt anbieten kann. Nichts anders gilt, wenn ein Zertifikat fälschlicherweise ausgestellt wurde, weil die Zertifizierungsgesellschaft einzelne Konformitätsabweichungen des Zertifizierungsgegenstandes nicht erkannt hat. All diese Haftungskonstellationen setzen einen wirksamen Zertifizierungsvertrag voraus. Würde eine Zertifizierungsgesellschaft ohne wirksamen Zertifizierungsvertrag tätig werden, würde die bloße Faktizität einer Pflichtverletzung keine Haftung begründen. Dies wird erst durch die wirksame Ausübung der Privatautonomie ermöglicht. Die Haftung den Anknüpfungsregeln der Rom I-VO zu unterstellen, einschließlich den weitreichenden Rechtwahlmöglichkeiten des Art. 3, entspricht daher typischerweise den Interessen der Parteien des Zertifizierungsvertrages.

b. Deliktische Ansprüche

Daneben kommen auch deliktisch zu qualifizierende Haftungsansprüche in Betracht.[1940] So ist das Integritätsinteresse des Auftraggebers betroffen,

---

1938 Kap. 6 C.IV.4.a.

1939 Eingehend zum Pflichtenkatalog Kap. 3 A.II.

1940 Dies ist nicht im Sinne einer Anspruchsgrundlagenkonkurrenz zu verstehen. Die vermögensrechtliche Abgrenzung hat bei konsequenter Anwendung zur Folge, dass eine

wenn Mitarbeiter der Zertifizierungsgesellschaft während der Besichtigung einer Produktionsstätte das Eigentum des Auftraggebers beschädigen. Dass eine Haftung nach deutschem Recht über die Figur „vertraglicher" Schutzpflichtverletzungen gem. §§ 280 Abs. 1, 241 Abs. 2 BGB konstruiert werden kann,[1941] steht dem nicht entgegen. Würde es in einem solchen Fall an einem wirksamen Vertrag fehlen, würde nach deutschem Recht schlicht eine Haftung aus *culpa in contrahendo* gem. §§ 280 Abs. 1, 311 Abs. 2 BGB angenommen werden.[1942] Haftungsauslösend ist allein die Faktizität der Ereignisse. Dass in dem Beispielsfall die tatsächliche Nähebeziehung im Zusammenhang mit der Durchführung eines Vertrages steht, der Auftraggeber seine Sphäre also *freiwillig* geöffnet hat, führt nicht zu einer vertraglichen Qualifikation des Haftungsanspruchs. Entscheidend ist, dass der haftungsrechtliche Schutz des Eigentums gerade nicht an eine privatautonom begründete Vermögensaufstockung anknüpft. Sach- und interessengerecht ist daher im Ausgangspunkt die Heranziehung der Rom II-VO, deren Anknüpfungsregeln auf den Ausgleich der kollisionsrechtlichen Interessen von Schädiger und Geschädigtem abzielen.

Außervertraglich zu qualifizieren wäre auch der Schadensersatzanspruch des Vertragspartners aufgrund der Veruntreuung betriebsinterner Informationen durch die Zertifizierungsgesellschaft. Denkbar wäre etwa, dass eine Zertifizierungsgesellschaft, die ihr zur Verfügung gestellte technische Dokumentation über ein zu zertifizierendes Produkt an die Konkurrenz ihres Auftraggebers verkauft. Auch wenn der Zugang zu betriebsinternen Informationen im Rahmen der Vertragsdurchführung gewährt wurde, muss der Haftungsanspruch außervertraglich qualifiziert werden. Haftungsauslösend ist die tatsächliche, unbefugte Verwendung der Informationen. Dass im Rahmen der deliktischen Haftung die Reichweite der vertraglichen Verwendungsbefugnisse geprüft werden muss, steht der Vertragsunabhängigkeit des Anspruchs nicht entgegen. Insoweit handelt es sich um eine bloße Vorfrage, die aber nach einhelliger Meinung im Schrifttum[1943] und nunmehr auch der Rechtsprechung des EuGH[1944] nicht die Qualifikation der Hauptfrage determiniert.

---

einzige Schädigungshandlung von vornherein nur vertraglich oder außervertraglich zu qualifizierende Ansprüche begründet, vgl. Kap. 6 C.IV.4.c.

1941 Vgl. Kap. 4 A. I.7.; eingehend *Hoffmeyer*, Die zivilrechtliche Haftung von Zertifizierungsstellen, S. 160 ff.

1942 Vgl. *Hoffmann*, ZZP 2015, 465 (478).

1943 Vgl. *von Hein*, in Säcker-FS (2021), S. 219 (223 f.); *Hoffmann*, ZZP 2015, 465 (468); *Pfeiffer*, IPRax 2016, 111 (112 f.); *Segger-Piening*, EuZW 2021, 299 (301); *Weller*, LMK 2014, 359127.

1944 Vgl. zum Zuständigkeitsrecht EuGH, Urt. v. 24.11.2020 – C-59/19 (*Wikingerhof*) = NJW 2021, 144, m. Anm. *Wagner*; vgl. zu dieser Entscheidung bereits Kap. 6 C.II.2.

III. Anknüpfung

Die Bestimmung des anwendbaren Rechts richtet sich für die vertraglich zu qualifizierenden Ansprüche nach der Rom I-VO. Hinsichtlich der außervertraglichen Ansprüche ist nach der Rom II-VO anzuknüpfen.

1. Das Vertragsstatut

Vorrangig zu prüfen ist, ob die Parteien des Zertifizierungsvertrages eine Rechtswahl getroffen haben. Ist dies nicht der Fall, muss der Vertrag objektiv angeknüpft werden.

a. Subjektive Anknüpfung

In der Praxis dürfte die Wahl einer bestimmten Rechtsordnung den Regelfall darstellen. Art. 3 Abs. 1 Rom I-VO erlaubt die freie Rechtswahl durch die Parteien des Vertrages. Diese muss ausdrücklich erfolgen oder sich eindeutig aus den Bestimmungen des Vertrags oder aus den Umständen des Falls ergeben. Die Rechtswahl kann sich auf den ganzen Vertrag oder einzelne Teile des Vertrags erstrecken. Gem. Art. 3 Abs. 2 Rom I-VO kann eine einmal getroffene Rechtswahl später geändert werden, auch das nach der objektiven Anknüpfung anwendbare Recht kann im Nachhinein abgewählt werden.

aa. Ausdrückliche Rechtswahl

Die Rechtswahl kommt durch einen kollisionsrechtlichen Verweisungsvertrag zustande und setzt daher einen übereinstimmenden Willen der Parteien voraus.[1945] Sie hat zur Folge, dass ein ausländisches Recht als Ganzes, also unter Einschluss seiner zwingenden Normen berufen und die Vorschriften der objektiv anwendbaren Rechtsordnung ausgeschlossen werden.[1946] Auch die Wahl eines „neutralen“ Rechts, das in keiner objektiven Beziehung zum Vertragsverhältnis steht, den Parteien aber geeignet erscheint, ist möglich.[1947] In der Praxis nehmen die Zertifizierungsgesellschaften regelmäßig Rechtswahlklauseln in ihre allgemeinen Geschäftsbedingungen auf.[1948] Da anders als im Rahmen von Art. 14 Abs. 1 S. 1 lit. b Rom II-VO keine „frei

1945 Vgl. *Martiny*, in MüKo BGB, Art. 3 Rom I-VO Rn. 15; *Sprau*, in Grüneberg, Art. 3 Rom I-VO Rn. 2, 4.

1946 Sog. kollisionsrechtliche Verweisung, vgl. hierzu *von Hein*, in Rauscher, Art. 3 Rom I-VO Rn. 4; *Martiny*, in MüKo BGB, Art. 3 Rom I-VO Rn. 15.

1947 *Martiny*, in MüKo BGB, Art. 3 Rom I-VO Rn. 23.

1948 Vgl. z. B. Ziffer 15.4 der AGB der TÜV Rheinland LGA Products GmbH, abrufbar unter https://www.tuv.com/germany/de/allgemeine-gesch%C3%A4ftsbedingungen.html (Stand: 24.5.2023).

ausgehandelte Vereinbarung" erforderlich ist, kann die Rechtswahl im internationalen Vertragsrecht grundsätzlich auch per AGB-Klausel erfolgen.[1949] Das Zustandekommen und die Wirksamkeit einer solchen Klausel richtet sich gem. Art. 3 Abs. 5 i. V. m. Art. 10 Abs. 1 Rom I-VO nach dem präsumtiv anwendbaren Recht.[1950] Wurde z. B. deutsches Recht gewählt, richtet sich jedenfalls die Frage nach der wirksamen Einbeziehung der Klausel nach §§ 305 ff. BGB. In Ausnahmefällen könnte die Einbeziehung etwa am Schutz vor überraschenden Klauseln gem. § 305c BGB scheitern.[1951] Nicht in Betracht kommt hingegen eine Inhaltskontrolle hinsichtlich der sachlichen Angemessenheit des gewählten Rechts nach § 307 Abs. 1 BGB. Auf diese Weise würde die von Art. 3 Abs. 1 Rom I-VO eingeräumte Möglichkeit, ein neutrales Recht wählen zu können, umgangen werden.[1952] Da Zertifizierungsverträge typischerweise keine Verbraucherverträge sind, kommt auch ein darüber hinaus gehender Schutz der Auftraggeber vor einer ungünstigen Rechtswahl nach Maßgabe des Art. 6 Abs. 2 Rom I-VO nicht in Betracht.[1953]

bb. Stillschweigende Rechtswahl

Fehlt es an einer ausdrücklichen Rechtswahl, muss geprüft werden, ob die Parteien eine stillschweigende Rechtswahl getroffen haben. Ein Indiz für einen entsprechenden Rechtswahlwillen kann z. B. darin liegen, dass eine Gerichtsstandsvereinbarung getroffen wurde.[1954] Auch vertragliche Bezugnahmen auf einzelne Vorschriften einer Rechtsordnung können eine still-

---

1949 *von Hein*, in Rauscher, Art. 3 Rom I-VO Rn. 6, 42 f.; *Magnus*, in Staudinger, Art. 10 Rom I-VO Rn. 80a; *Martiny*, in MüKo BGB, Art. 3 Rom I-VO Rn. 43; *Spellenberg*, in MüKo BGB, Art. 10 Rom I-VO Rn. 197.

1950 BGH, Urt. v. 25.1.2005 – XI ZR 78/04 = NJW-RR 2005, 1071 (1072); BGH, Urt. v. 26.10.1993 – XI ZR 42/93 = NJW 1994, 262 (262); *von Hein*, in Rauscher, Art. 3 Rom I-VO Rn. 42; *Pfeiffer*, IPRax 2015, 320 (320); *Spellenberg*, in MüKo BGB, Art. 10 Rom I-VO Rn. 195.

1951 *von Hein*, in Rauscher, Art. 3 Rom I-VO Rn. 43; denkbar ist aber auch, dass sich die Rechtswahl dann bereits nicht „eindeutig aus den Bestimmungen des Vertrages ergibt", vgl. *Spellenberg*, in MüKo BGB, Art. 10 Rom I-VO Rn. 199.

1952 *von Hein*, in Rauscher, Art. 3 Rom I-VO Rn. 43; *Roth*, IPRax 2013, 515 (521); *Spellenberg*, in MüKo BGB, Art. 10 Rom I-VO Rn. 198; vgl. bereits zum alten Recht *Stoll*, in Heini-FS (1995), S. 429 (439 f.); zur Gegenansicht vgl. OLG Frankfurt, Urt. v. 1.6.1989 – 6 U 76/88 = NJW-RR1989, 1018.

1953 Vgl. etwa LG Hamburg, Urt. v. 2.9.2014 – 327 O 187/14 = IPRax 2015, 348; krit. *Pfeiffer*, IPRax 2015, 320 (321 ff.); vgl. zur Rechtswahl in Verbraucherverträgen m. w. N. *Spellenberg*, in MüKo BGB, Art. 10 Rom I-VO Rn. 205 ff.; EuGH, Urt. v. 28.7.2016 – C-191/15 (*Verein für Konsumenteninformation*) = NJW 2016, 2727 (2730 Rn. 69).

1954 Vgl. Erw.Gr. Nr. 12 Rom I-VO; siehe hierzu *von Hein*, in Rauscher, Art. 3 Rom I-VO Rn. 20 ff.; *Martiny*, in MüKo BGB, Art. 3 Rom I-VO Rn. 9.

schweigende Rechtswahl nahelegen.[1955] Wurde die Durchführung einer gesetzlich geregelten Zertifizierung vereinbart, könnte dies auf eine stillschweigende Wahl desjenigen Rechts hinweisen, das die Zertifizierung regelt. Zwingend ist dies jedoch nicht. Ein Zertifizierungsvertrag stellt trotz des öffentlich-rechtlichen Hintergrunds eine genuin zivilrechtliche Vereinbarung dar. So muss etwa ein Vertrag über die Durchführung einer GS-Zertifizierung nach §§ 20 ff. ProdSG nicht zwingend deutschem Recht unterstehen.[1956] Die Bezugnahme auf das ProdSG bezweckt die Rechtmäßigkeit der GS-Zertifizierung und kann daher nicht generell so interpretiert werden, dass die Parteien auch ihre zivilrechtliche Vereinbarung deutschem Recht unterstellen wollten. Die vorschnelle Annahme einer stillschweigenden Rechtswahl würde außerdem unberücksichtigt lassen, dass die GS-Zertifizierung auch von ausländischen GS-Stellen, die möglicherweise kein Interesse an der Anwendung deutschen Vertragsrechts haben, durchgeführt werden kann.[1957]

cc. Einschränkungen der Parteiautonomie

Sofern eine wirksame Rechtwahl getroffen wurde, ist zu beachten, dass deren Wirkungen gem. Art. 3 Abs. 3 Rom I-VO bei reinen Inlandssachverhalten eingeschränkt werden. Fehlt es an objektiven Bezügen zu einer ausländischen Rechtsordnung, können die zwingenden Bestimmungen desjenigen Rechts, mit dem der Sachverhalt im Übrigen allein verbunden ist, nicht ausgeschaltet werden.[1958] Internationalität ist jedenfalls dann anzunehmen, wenn eines der im Rahmen der Art. 4 ff. Rom I-VO zu berücksichtigenden Anknüpfungsmomente auf einen anderen Staat als denjenigen verweist, dessen Recht gewählt wurde.[1959] Der Auslandsbezug würde bspw. fehlen, wenn eine in Deutschland ansässige Zertifizierungsgesellschaft von einem

---

1955 Bspw. wurde von der stillschweigenden Wahl deutschen Rechts durch eine Bezugnahme auf das WEG ausgegangen, BGH, Urt. v. 10.5.1996 – V ZR 154/95 = NJW-RR 1996, 1034 (1034); vgl. zum Ganzen *Martiny*, in MüKo BGB, Art. 3 Rom I-VO Rn. 58 ff.; zurückhaltender ist *Ferrari*, in Ferrari/Kieninger/Mankowski (et. al) Int. VertagsR, Art. 3 Rom I-VO Rn. 33, der aufgrund der Möglichkeit einer Teilrechtswahl zusätzliche Anhaltspunkte für erforderlich hält.

1956 Das OLG München knüpfte einen GS-Zertifizierungsvertrag ohne Rechtswahlklausel objektiv nach Art. 28 EGBGB a. F. an, ohne vorher eine stillschweigende Rechtswahl in Betracht zu ziehen, vgl. das Urt. v. 30.7.2009 – 23 U 2005/08 = NJOZ 2010, 2609.

1957 Vgl. Kap. 2 C.II.3.

1958 *von Hein*, in Rauscher, Art. 3 Rom I-VO Rn. 106 f.; *Magnus*, in Staudinger, Art. 3 Rom I-VO Rn. 131.

1959 *von Hein*, in Rauscher, Art. 3 Rom I-VO Rn. 107; *Magnus*, in Staudinger, Art. 3 Rom I-VO Rn. 138; *Martiny*, in MüKo BGB, Art. 3 Rom I-VO Rn. 91. *Spickhoff*, in BeckOK BGB, Art. 3 Rom I-VO Rn. 36.

deutschen Produkthersteller, dessen zu auditierende Produktionsstätten ausschließlich in Deutschland belegen sind, beauftragt wird. Die Internationalität dieses Sachverhalts ergibt sich auch nicht dadurch, dass der Hersteller seine zertifizierten Produkte später im Ausland vertreibt. Zwar kann ein hinreichender Auslandsbezug nach umstrittener Auffassung bereits durch international verknüpfte Vertragsketten entstehen.[1960] Zertifizierungs- und Kaufvertrag sind jedoch nicht in vergleichbarer Weise wirtschaftlich oder rechtlich verbunden. Insbesondere betreffen sie nicht denselben Vertragsgegenstand.[1961] Rechtsfolge des Art. 3 Abs. 3 Rom I-VO wäre in dem Beispielsfall, dass die Parteien zwar ein ausländisches Recht wählen können. Das nicht abdingbare deutsche Vertragsrecht verdrängt jedoch die ihm entgegenstehenden Regelungen des gewählten Rechts.[1962] Zwingend ist auch im Rahmen des unternehmerischen Geschäftsverkehr z. B. das AGB-Recht der §§ 305 ff. BGB.[1963] Eine kollisionsrechtliche Abwahl, der im internationalen Vergleich relativ strengen deutschen AGB-Vorschriften,[1964] scheidet somit aus.

Zum zwingenden Recht gehören schließlich auch Vorschriften nationaler Zertifizierungsgesetze, die sich auf das Privatrechtsverhältnis der Vertragsparteien auswirken. Zu nennen sind in diesem Zusammenhang insbesondere Vorschriften aus dem Recht der GS-Zertifizierung, namentlich die §§ 20 Abs. 3, 22 ProdSG, die die Pflichten der GS-Stellen festlegen. Sofern eine GS-Zertifizierung vereinbart wurde, kann von diesen Vorgaben nicht abgewichen werden. Dass es sich um zwingendes Recht handeln muss, geht zwar nicht ausdrücklich aus den Gesetzgebungsmaterialien hervor,[1965] ergibt sich aber aus dem allgemeinen Erfordernis, die Anerkennungsfähigkeit und Bedeutung des GS-Zeichens zu schützen. Willkürliche Abweichungen von den gesetzlichen Maßstäben der Zertifizierung stünden diesem Anliegen entgegen. Das GS-Zeichen würde jegliche Aussagekraft verlieren, wenn die Parteien des Zertifizierungsvertrages über die Modalitäten der Zertifizierung disponieren könnten. Sofern also ein reiner Inlandssachverhalt vorliegt, können die §§ 20 Abs. 3, 22 ProdSG nicht durch die Wahl eines ausländischen Rechts abgewählt werden. Handelt es sich hingegen nicht um einen reinen

---

1960 In diesem Sinne *Böhle*, ZEuP 2019, 72 (84 f.); *Martiny*, in MüKo BGB, Art. 3 Rom I-VO Rn. 91; krit. hingegen *Magnus*, in Staudinger, Art. 3 Rom I-VO Rn. 138.

1961 Vgl. zu diesem Aspekt im Zusammenhang mit der *action directe* nach französischem Recht Kap. 5 B.II.1.

1962 Eingehend zu den Rechtsfolgen *Magnus*, in Staudinger, Art. 3 Rom I-VO Rn. 143 ff.

1963 BGH, Urt. v. 20.3.2014 – VII ZR 248/13 = NJW 2014, 1725; *Grüneberg*, in Grüneberg, Überbl. vor § 305 Rn. 7.

1964 Vgl. Kap. 5 C.I.

1965 BT-Drs. 19/28406, S. 69 ff.; BT-Drs. 17/6276, S. 46 ff.

Inlandssachverhalt, kommt eine Sonderanknüpfung dieser Vorschriften nach Art. 9 Abs. 1, 2 Rom I-VO in Betracht.[1966]

Weitere Einschränkungen der Parteiautonomie ergeben sich gem. Art. 3 Abs. 4 Rom II-VO. Bei reinen Binnenmarktsachverhalten ist die Abwahl zwingenden Unionsrechts, bei Richtlinienrecht in der von dem Mitgliedstaat des angerufenen Gerichts umgesetzten Form, ausgeschlossen. Zum zwingenden unionalen Zertifizierungsrecht gehören die gesetzlichen Vorgaben hinsichtlich der EU-Konformitätsprüfungsverfahren, einschließlich der Pflichten der benannten Stellen. Zu denken ist beispielsweise an die Pflicht der benannten Stellen, bei den Herstellern von Medizinprodukten regelmäßig unangekündigte Audits durchzuführen.[1967] Der zwingende Charakter dieser Vorschrift ergibt sich aus dem Erfordernis, den Zugang von Medizinprodukten zum Binnenmarkt einheitlichen Sicherheitsbestimmungen zu unterwerfen. Auch hier ist zu beachten, dass eine Sonderanknüpfung dieser Vorschriften als Eingriffsnormen in Betracht kommt, wenn die engen Anwendungsvoraussetzungen des Art. 3 Abs. 4 Rom I-VO, also ein reiner Binnenmarktsachverhalt, nicht gegeben sind.[1968]

b. Objektive Anknüpfung

Zertifizierungsverträge fallen nicht unter die besonderen Vorschriften der Art. 5 – 8 Rom I-VO. Maßgeblich für die objektive Bestimmung des Vertragsstatuts sind daher die allgemeinen Regeln des Art. 4 Rom I-VO. Vorrangig ist zu prüfen, ob der Vertrag unter einen der in Art. 4 Abs. 1 Rom I-VO konkret bestimmten Vertragstypen subsumiert werden kann. Ist dies nicht der Fall, bestimmt Art. 4 Abs. 2 Rom II-VO die Grundanknüpfung an den gewöhnlichen Aufenthalt der Partei, die die charakteristische Vertragsleistung zu erbringen hat. Das erzielte Ergebnis kann ggf. nach der Ausweichklausel des Art. 4 Abs. 3 Rom I-VO aufgrund einer offensichtlich engeren Verbindung korrigiert werden. Erst wenn sich auch auf diesem Wege kein Ergebnis erzielen lässt, kommt es nach Art. 4 Abs. 4 Rom I-VO auf die engste Verbindung an.

1966 Kap. 6 D.III.1.d.aa.; vgl. zum Verhältnis von Art. 3 Abs. 3 und Art. 9 Rom I-VO *Martiny*, in MüKo BGB, Art. 3 Rom I-VO Rn. 94; *Ringe*, in jurisPK-BGB, Art. 9 Rom I-VO Rn. 4.

1967 Vgl. Anhang IX Nr. 3.4. VO 2017/745/EU (Medizinprodukte).

1968 Kap. 6 D.III.1.d.bb.

aa. Vorliegen eines Dienstleistungsvertrages

Zertifizierungsverträge stellen Dienstleistungsverträge i. S. v. Art. 4 Abs. 1 lit. b Rom I-VO dar.[1969] Der Begriff ist in autonomer Auslegung deutlich weiter zu verstehen als im deutschen Recht.[1970] Laut der Rechtsprechung des EuGH zu Art. 7 Nr. 1 lit. b Spiegelstrich 2 Brüssel Ia-VO zeichnet sich eine „Dienstleistung“ zumindest dadurch aus, dass „die Partei, die sie erbringt, eine bestimmte Tätigkeit gegen Entgelt durchführt.“[1971] Nach Erwägungsgrund Nr. 17 der Rom I-VO soll das verfahrensrechtliche Begriffsverständnis auch für das internationale Vertragsrecht maßgeblich sein. Unter den weiten Dienstleistungsbegriff der Rom I-VO fallen daher kaufmännische, handwerkliche und freiberufliche Tätigkeiten unterschiedlichster Art.[1972] Auch Verträge, die – wie Zertifizierungsverträge – im deutschen Recht werkvertraglich qualifiziert werden, stellen Dienstleistungsverträge in diesem Sinne dar.[1973]

bb. Der Ort des gewöhnlichen Aufenthalts

Der Zertifizierungsvertrag unterliegt gem. Art. 4 Abs. 1 lit. b Rom I-VO folglich dem Recht desjenigen Staates, in dem die Zertifizierungsgesellschaft ihren gewöhnlichen Aufenthaltsort hat. Im Rahmen der Rom I-VO ist der Ort des gewöhnlichen Aufenthalts von Gesellschaften, Vereinen und juristischen Personen gem. Art. 19 Abs. 1 Rom I-VO der Ort der Hauptverwaltung. Damit ist der faktische Sitz der tatsächlichen Hauptverwaltung gemeint, der dort liegt, wo die zentralen Leitentscheidungen der jeweiligen Personenvereinigung getroffen und umgesetzt werden.[1974] Der Ort der Hauptverwaltung einer Zertifizierungsgesellschaft wird sich in der Regel leicht feststellen lassen, weshalb diese Regelung Rechtssicherheit verspricht. Die objektive Anknüpfung führt im Ergebnis dazu, dass das Recht des sozio-ökonomischen

---

1969 Vgl. zur Qualifikation eines Wirtschaftsprüfungsvertrages als „Dienstleistungsvertrag“ *Ebke*, ZVglRWiss 2010, 397 (414); so auch *Magnus*, in Staudinger, Art. 4 Rom I-VO Rn. 40, vgl. auch Rn. 344 zu Werkverträgen mit unkörperlichem Leistungsgegenstand.

1970 *Martiny*, in MüKo BGB, Art. 4 Rom I-VO Rn. 39; *Thorn*, in Grüneberg, Art. 4 Rom I-VO Rn. 8.

1971 EuGH, Urt. v. 19.12.2013 – C-9/12 (*Corman-Collis*) = EuZW 2014, 181 (183 Rn. 37); EuGH, Urt. v. 23.4.2009 – C-533/07 (*Falco*) = NJW 2009, 1865 (1866 Rn. 29).

1972 M. w. N. *Magnus*, in Staudinger, Art. 4 Rom I-VO Rn. 40.

1973 Z. B. OLG München, Urt. v. 18.1.2018 – 23 U 57/17 = NJOZ 2018, 1390 (1391 Rn. 20) (Kfz-Reparaturvertrag); m. w. N. *Martiny*, in MüKo BGB, Art. 4 Rom I-VO Rn. 49; *Spickhoff*, in BeckOK BGB, Art. 4 Rom I-VO Rn. 35; *Thorn*, in Grüneberg, Art. 4 Rom I-VO Rn. 10.

1974 *Martiny*, in MüKo BGB, Art. 19 Rom I-VO Rn. 6; *Spickhoff*, in BeckOK BGB, Art. 19 Rom I-VO Rn. 2; *Thorn*, in Grüneberg, Art. 19 Rom I-VO Rn. 3.

und rechtlichen Umfelds der Zertifizierungsgesellschaft zur Anwendung kommt. Sie entspricht insofern dem Grundprinzip, das Recht des Erbringers der vertragscharakteristischen Leistung zu berufen.

Schwierigkeiten kann die Bestimmung des maßgeblichen Aufenthaltsorts bereiten, wenn die Zertifizierungsgesellschaft Niederlassungen in verschiedenen Staaten unterhält. Gem. Art. 19 Abs. 2 Rom I-VO steht der Ort des gewöhnlichen Aufenthalts dem Ort gleich, an dem sich die jeweilige Zweigniederlassung, Agentur oder sonstige Niederlassung befindet. Die Vorschrift bezweckt, den Vertrag mit dem Recht derjenigen Niederlassung zu verknüpfen, zu der die engste Verbindung besteht.[1975] Zudem werden die Vertragspartner geschützt, da sie regelmäßig eher mit der Anwendung des Rechts der Niederlassung rechnen.[1976] Der Niederlassungsbegriff wurde durch den EuGH im Zusammenhang mit Art. 7 Nr. 5 Brüssel Ia-VO als dauernde Außenstelle eines Stammhauses definiert, die auf Dauer geplant Mittelpunkt geschäftlicher Aktivitäten ist, eine eigene Geschäftsführung hat und sachlich so ausgestattet ist, dass von ihr aus Geschäfte mit Dritten betrieben werden können.[1977] Dieses Begriffsverständnis kann auf das internationale Vertragsrecht übertragen werden.[1978] Wenn eine Zertifizierungsgesellschaft Niederlassungen in diesem Sinne betreibt und der Zertifizierungsvertrag mit ihr geschlossen wurde – ohne dass es sich um einen Fall der Stellvertretung handelt[1979] – richtet sich der Vertrag nach dem Recht am Ort dieser Niederlassung. Das gleiche gilt, wenn der Vertrag zwar mit dem Stammhaus geschlossen wurde, die Niederlassung aber gemäß dem Vertrag für die Erfüllung verantwortlich ist. Hierfür genügt es in der Regel, wenn die Gegenseite sie für die zuständige Vertragspartei bzw. den maßgeblichen Ansprechpartner halten muss.[1980] Die Verantwortlichkeit für die Erfüllung des Vertrages sollte allerdings nur angenommen werden, wenn die Niederlassung auch befugt ist, über die Ausstellung des Zertifikats zu entscheiden. Nur dann hat sich der Mittelpunkt der geschäftlichen Aktivität verlagert. Handelt es sich lediglich um eine ausländische Prüfstelle, die mit der Durchführung einzelner Konformitätsprüfungen, etwa der Auditierung einer Produktionsstätte, betraut wird, liegen bereits die Voraussetzungen für eine Niederlassung i. S. v. Art. 19 Abs. 2 Rom I-VO nicht vor.[1981] Dass in diesem Fall das Recht

1975 *Magnus*, in Staudinger, Art. 19 Rom I-VO Rn. 21.
1976 *Mansel*, in Prütting-FS (2018), S. 51 (57); *Martiny*, in MüKo BGB, Art. 19 Rom I-VO Rn. 13.
1977 EuGH, Urt. v. 5.7.2018 – C-27/17 (*Lithuanian Airlines*) = BeckRS 2018, 14029 (Rn. 59); m. w. N. *Gottwald*, in MüKo ZPO, Art. 7 Brüssel Ia-VO Rn. 78.
1978 *Magnus*, in Staudinger, Art. 19 Rom I-VO Rn. 25; *Martiny*, in MüKo BGB, Art. 19 Rom I-VO Rn. 13; *Thorn*, in Grüneberg, Art. 19 Rom I-VO Rn. 4.
1979 *Magnus*, in Staudinger, Art. 19 Rom I-VO Rn. 23.
1980 *Magnus*, in Staudinger, Art. 19 Rom I-VO Rn. 24.
1981 Ähnlich bereits *Sprenger*, Internationale Expertenhaftung, S. 201.

der Hauptverwaltung, wo die Entscheidung über die Zertifizierung getroffen wird, zur Anwendung kommt, dürfte auch der Erwartungshaltung des Vertragspartners entsprechen, denn typischerweise wird er sich mit seinen Anliegen an die Hauptverwaltung wenden.

Zu beachten ist schließlich, dass sich der Niederlassungsbegriff auch nicht auf Tochtergesellschaften erstreckt, da sie in der Regel für sich selbst und nicht für die Muttergesellschaft tätig werden.[1982] Aus diesem Grund wird das Recht des Ortes der Tochtergesellschaft regelmäßig schon nach Maßgabe des Art. 19 Abs. 1 Rom I-VO berufen, ohne dass es auf die Voraussetzungen des Abs. 2 ankommt. Praktisch relevant ist dies im Zusammenhang mit den großen Zertifizierungskonzernen wie z. B. der TüV Nord Gruppe, die zahlreiche nationale und ausländische Tochtergesellschaften umfasst.[1983]

cc. Anknüpfung nach der vertragscharakteristischen Leistung

Im Vergleich zu Art. 4 EVÜ a. F. und Art. 28 EGBGB a. F. spielt die charakteristische Vertragsleistung im Rahmen der Rom I-VO eine weniger prominente Rolle, wenngleich die Mehrzahl der Anknüpfungsregeln des Art. 4 Abs. 1 Rom I-VO auf diesem Konzept beruht.[1984] Art. 4 Abs. 2 Rom I-VO knüpft nur dann ausdrücklich an den gewöhnlichen Aufenthaltsort derjenigen Vertragspartei an, die die vertragscharakteristische Leistung erbringt, wenn der Vertrag nicht unter Abs. 1 fällt oder einzelne seiner Bestandteile unter mehrere der in den Buchstaben a bis h vorgesehenen Vertragstypen subsumiert werden können. Da der Zertifizierungsvertrag ein Dienstleistungsvertrag i. S. v. Art. 4 Abs. 1 lit. b Rom I-VO darstellt, muss nicht auf Art. 4 Abs. 2 Rom I-VO zurückgegriffen werden. Im Übrigen führt die Anknüpfung auch nicht zu abweichenden Ergebnissen. Die vertragscharakteristische Leistung ist die Entscheidung über die Zertifizierung sowie die Durchführung der erforderlichen Prüfungs- und Überwachungsmaßnahmen.[1985] Art. 4 Abs. 2 Rom I-VO führt daher ebenfalls zum Recht des gewöhnlichen Aufenthaltsorts der Zertifizierungsgesellschaft.

1982 *Martiny*, in MüKo BGB, Art. 19 Rom I-VO Rn. 14.

1983 Vgl. zur Organisationsstruktur des TüV Nord https://www.tuev-nord-group.com/de/unternehmen/ueber-tuev-nord-group/ (Stand: 24.5.2023).

1984 *Magnus*, in Staudinger, Art. 4 Rom I-VO Rn. 97.

1985 Vgl. auch OLG München, Urt. v. 30.7.2009 – 23 U 2005/08 = NJOZ 2010, 2609 (2609): „Auf das Schuldverhältnis zwischen den Parteien ist gem. Art. 28 EGBGB [a. F.] deutsches Recht anwendbar. Zwar besteht ein Auslandsbezug, da die Bekl. zum Teil Leistungen bei dem Hersteller der Messgeräte in China, nämlich insbesondere das Ziehen von Stichproben, erbracht hat. Das Schuldverhältnis weist jedoch die engsten Verbindungen mit Deutschland auf, da beide Parteien ihren Sitz hier haben und die *Hauptleistung, nämlich die Überprüfung und Zertifizierung* nach § 7 GPSG [a. F.], hier zu erbringen war."

dd. Offensichtlich engere Verbindungen

Die Anknüpfungen nach Art. 4 Abs. 1 und 2 Rom I-VO werden verdrängt, wenn sich aus der Gesamtheit der Umstände ergibt, dass der Vertrag eine offensichtlich engere Verbindung mit einem anderen Staat aufweist. Art. 4 Abs. 3 Rom I-VO ermöglicht im Interesse der Einzelfallgerechtigkeit ausnahmsweise eine Korrektur der Regelanknüpfungen.[1986] Die Vorschrift ist grundsätzlich zurückhaltend anzuwenden.[1987] Sie setzt voraus, dass der Vertrag aufgrund mehrerer Anhaltspunkte wesentlich enger mit einer anderen Rechtsordnung verbunden ist, sodass es auf der Hand liegt, diese zur Anwendung zu berufen.[1988] Es sind alle Anknüpfungskriterien in Betracht zu ziehen, die auch sonst bei der objektiven Anknüpfung von Bedeutung sind. Nach überwiegender Auffassung sollen auch subjektive Kriterien wie z. B. der Abschlussort oder die Vertragssprache berücksichtigt werden, da Art. 4 Abs. 3 Rom I-VO ohne Einschränkung auf die „Gesamtheit der Umstände" abstellt.[1989]

In den Zertifizierungsfällen begründet bspw. der Belegenheitsort des Zertifizierungsgegenstandes eine gewisse Nähe zum Recht dieses Ortes, wenn dort laut Vertrag Prüfungs- und Überwachungsmaßnahmen durchgeführt werden müssen. Im Rahmen der Ausweichklausel sollte dieser Umstand jedoch nur berücksichtigt werden, wenn etwa im Bereich der Produktsicherheit nicht jedes einzelne Produkt, sondern die Qualitätssicherungsmaßnahmen an einer oder mehreren Produktionsstätten zertifiziert werden.[1990] Nur letzterer Zertifizierungsgegenstand weist eine hinreichend gefestigte Verbindung zu einem bestimmten Ort auf. Der Belegenheitsort eines Produkts ist hingegen flüchtig und daher weniger aussagekräftig.

Fraglich ist, ob der vorgesehene Verwendungsort des Zertifikats berücksichtigt werden kann.[1991] Bei der Bestimmung des objektiv geltenden Vertrags-

---

1986 *Magnus*, in Staudinger, Art. 4 Rom I-VO Rn. 126; *Martiny*, in MüKo BGB, Art. 4 Rom I-VO Rn. 295; *Thorn*, in Rauscher, Art. 4 Rom I-VO Rn. 134.

1987 *Magnus*, in Staudinger, Art. 4 Rom I-VO Rn. 128; *Thorn*, in Grüneberg, Art. 4 Rom I-VO Rn. 29.

1988 Vgl. noch zu Art. 28 Abs. 5 EGBGB a. F. BGH, Urt. v. 11.11.2010 – VII ZR 44/10 = NJW-RR 2011, 130; *Magnus*, in Staudinger, Art. 4 Rom I-VO Rn. 128; *Martiny*, in MüKo BGB, Art. 4 Rom I-VO Rn. 298; *Thorn*, in Grüneberg, Art. 4 Rom I-VO Rn. 29.

1989 M. w. N. *Magnus*, in Staudinger, Art. 4 Rom I-VO Rn. 131; *Martiny*, in MüKo BGB, Art. 4 Rom I-VO Rn. 298; *Spickhoff*, in BeckOK BGB, Art. 4 Rom I-VO Rn. 81; vgl. zur Gegenansicht *Thorn*, in Rauscher, Art. 4 Rom I-VO Rn. 136, der nur auf den Leistungsaustausch bezogene Kriterien berücksichtigen will.

1990 Vgl. zu den unterschiedlichen Zertifizierungsgegenständen nach der modularen Konzeption des europäischen Produktsicherheitsrechts Kap. 2 C. I. 1. c.

1991 So scheinbar *Sprenger*, Internationale Expertenhaftung, S. 205, der auch den „Sitz des Dritten" mitberücksichtigen will.

statuts spielt dieser Umstand keine Rolle. Er könnte allenfalls als subjektives Indiz Berücksichtigung finden, was jedoch voraussetzt, dass die Verwendungsmodalitäten des Zertifikats auch entsprechend vertraglich geregelt wurden. Jedenfalls bei den im Rahmen dieser Arbeit untersuchten Zertifizierungssystemen ist aber typischerweise keine Beschränkung auf bestimmte Verwendungsorte vorgesehen, da die Zertifikate in der Regel gerade gegenüber einer Vielzahl von Dritten in unterschiedlichen Staaten verwendet werden sollen. Doch selbst wenn ein konkreter Verwendungsort des Zertifikats ermittelt werden könnte, kommt diesem Indiz im Rahmen von Art. 4 Abs. 3 Rom I-VO nur ein geringes Gewicht zu, denn der Verwendungsort betrifft gerade nicht den Zertifizierungsvertrag als solchen, sondern alleine die Anschlussverwendung des Zertifikats. Eine Nähe zum Zertifizierungsvertrag wird insofern kaum hergestellt.

Eine weitere Verbindung besteht möglicherweise noch zum Akkreditierungsstaat, der ggf. vom Ort des gewöhnlichen Aufenthalts der Zertifizierungsgesellschaft abweicht.[1992] Schließlich ist die Zertifizierungsgesellschaft verpflichtet, die Akkreditierungsvoraussetzungen zu erfüllen, sofern die vertraglich bezweckte Anerkennungsfähigkeit des Zertifikats von einer Akkreditierung abhängt. Doch auch diesbezüglich ist die Verbindung zum Zertifizierungsvertrag nicht stark ausgeprägt, weshalb diesem Umstand kein großes Gewicht zukommt.

Insgesamt dürfte Art. 4 Abs. 3 Rom I-VO selten durchgreifen. Im Einzelfall mag jedoch im Wege einer Gesamtbetrachtung der angesprochenen Indizien und ggf. unter Bezugnahme auf weitere Umstände eine offensichtlich engere Verbindung vorliegen.

c. Umfang des Vertragsstatuts

Der Umfang des Vertragsstatuts ergibt sich aus dem Katalog des Art. 12 Abs. 1 Rom I-VO. Das Vertragsstatut ist demnach insbesondere maßgeblich für die Auslegung des Vertrages, die Erfüllung, die Folgen der vollständigen oder teilweisen Nichterfüllung einschließlich der Schadensbemessung, das Erlöschen der Verpflichtungen, der Verjährung, den Rechtsverlusten, die sich aus dem Ablauf einer Frist ergeben sowie den Folgen der Nichtigkeit des Vertrages.

d. Eingriffsnormen

Eingriffsnormen der *lex fori* gelten gem. Art. 9 Abs. 2 Rom I-VO unabhängig von dem nach Art. 3 ff. Rom I-VO berufenen Vertragsstatut. Der Begriff

---

1992 Allgemein zur Mitwirkung amtlicher Stellen *Thorn*, in Rauscher, Art. 4 Rom I-VO Rn. 141.

der Eingriffsnorm wird in Art. 9 Abs. 1 Rom I-VO legaldefiniert als zwingende Vorschrift, deren Einhaltung von einem Staat als so entscheidend für die Wahrung seines öffentlichen Interesses, insbesondere seiner politischen, sozialen oder wirtschaftlichen Organisation, angesehen wird, dass sie ungeachtet des nach Maßgabe dieser Verordnung auf den Vertrag anzuwendenden Rechts auf alle Sachverhalte anzuwenden ist, die in ihren Anwendungsbereich fallen.

Festzuhalten ist, dass es sich bei Regeln über die Haftung von Zertifizierungsgesellschaften gegenüber ihren Auftraggebern nicht um international zwingendes Recht handelt. Die Haftung richtet sich nach dem allgemeinen Zivilrecht und dient in erster Linie dem Interessenausgleich zwischen den involvierten Parteien. Wenngleich das allgemeine Haftungsrecht auch überindividuelle Regelungszwecke verfolgt,[1993] stehen diese im Kontext der Zertifiziererhaftung nicht im Mittelpunkt. Da Art. 9 Abs. 1 Rom I-VO aber gerade voraussetzt, dass es primär auf den öffentlichen Gemeinwohlzweck ankommt,[1994] scheidet eine Sonderanknüpfung der Zertifiziererhaftung aus. Etwas anderes gilt jedoch für einzelne Vorschriften öffentlich-rechtlicher Zertifizierungsgesetze, sofern diese zwingende Rechte und Pflichten der Parteien festlegen.

aa. Aus dem Recht der GS-Zertifizierung

Zu denken wäre im Zusammenhang mit der GS-Zertifizierung an §§ 20 Abs. 3, 22 ProdSG, die die Pflichten der GS-Stellen definieren und somit mittelbar auch auf das Verhältnis zu ihren Auftraggebern einwirken. Wenngleich die GS-Zertifizierung freiwillig ist und aus der Sicht des Zertifikatinhabers ein Marketinginstrument darstellt, soll sie zur tatsächlichen Verbesserung der Produktsicherheit beitragen,[1995] weshalb dem Regelungsanliegen des Gesetzgebers ein übergeordnetes staatliches Interesse zugrunde liegt. Mit der Einführung eines überobligatorischen, gesetzlich geregelten Sicherheitskennzeichens bezweckt der Gesetzgeber die Sichtbarkeit sicherer Produkte am Markt zu verbessern. Vor dem Hintergrund, dass ein Missbrauch des GS-Zeichens verhindert werden soll, um seine Funktionsweise nicht zu gefährden, kann ferner argumentiert werden, dass der deutsche Gesetzgeber auch von der internationalen Unabdingbarkeit dieser Vorschriften ausgegangen sein muss. Die Modalitäten der GS-Zertifizierung sollen unabhängig davon gelten, welchem Privatrecht der Zertifizierungsvertrag unterliegt. An-

---

1993 Vgl. zum Aspekt der Verhaltensteuerung im Kontext der Dritthaftung Kap. 3 B.II.

1994 Vgl. *Magnus*, in Staudinger, Art. 9 Rom I-VO Rn. 59 f.; *Martiny*, in MüKo BGB, Art. 9 Rom I-VO Rn. 13; *Stürner*, in Erman, Art. 9 Rom I-VO Rn. 12.

1995 Vgl. *Bieback*, Zertifizierung und Akkreditierung, S. 88; *Schucht*, NJW 2019, 1335 (1336); *Weiß*, Die rechtliche Gewährleistung der Produktsicherheit, S. 361.

dernfalls würde das GS-Zeichen seine Aussagekraft verlieren und der mit dem Gesetz verfolgte Zweck hinfällig. Dass dem Gesetzgeber in jedem Fall an der Einhaltung der gesetzlichen Verpflichtungen gelegen ist, zeigt sich auch daran, dass die Benennung einer ausländischen GS-Stelle ein Verwaltungsabkommen mit dem jeweiligen Staat voraussetzt (§21 Abs. 5 ProdSG), in dem u. a. die Pflichten der GS-Stellen nach §22 ProdSG sowie die Überwachung der GS-Stellen geregelt wird. Es sprechen daher insgesamt gute Gründe für eine Sonderanknüpfung der §§20 Abs. 3, 22 ProdSG gem. §9 Abs. 2 Rom I-VO.

bb. Aus dem Recht der EU-Konformitätsprüfungen

Fraglich ist was bezüglich unionsrechtlicher Zertifizierungsgesetze gilt. Angesprochen sind die in Verordnungen und Richtlinien festgelegten Pflichten der benannten Stellen des europäischen Produktsicherheitsrechts. Zu den Eingriffsnormen der *lex fori* i. S. v. Art. 9 Abs. 2 Rom I-VO gehören grundsätzlich auch Eingriffsnormen des Unionsrechts, sofern diese nicht ohnehin unmittelbar anwendbar sind und der jeweilige Fall einen hinreichend starken EU-Bezug aufweist.[1996] Gilt das EU-Recht wie im Falle von Verordnungen unmittelbar (Art. 288 Abs. 2 AEUV), hat es bereits kraft seines unionsrechtlichen Ursprungs Vorrang vor abweichendem nationalen Recht und ist deshalb unmittelbar anzuwenden.[1997] Das Verordnungsrecht legt also den Grad seiner Verbindlichkeit selbst fest, ohne dass es auf Art. 9 Rom I-VO ankäme. Wird also z. B. die Pflicht der benannten Stelle, unangekündigte Inspektionen bei Medizinprodukteherstellern durchzuführen, per Verordnung geregelt,[1998] ist diese Vorschrift ohnehin unmittelbar anwendbar.

Anders zu beurteilen ist das Richtlinienrecht.[1999] Mangels unmittelbarer Geltung können lediglich die nationalen Umsetzungsgesetze Eingriffsnormen i. S. v. Art. 9 Abs. 1 Rom I-VO darstellen.[2000] Im Wege der Auslegung der Richtlinie muss ermittelt werden, ob hinreichend starke Gemeinwohlinteressen die Sonderanknüpfung des nationalen Umsetzungsgesetzes rechtfertigen.[2001] In der *Ingmar*-Entscheidung qualifizierte der EuGH den in der

---

1996 *Magnus*, in Staudinger, Art. 9 Rom I-VO Rn. 34; *Martiny*, in MüKo BGB, Art. 9 Rom I-VO Rn. 27; *Staudinger*, in Ferrari/Kieninger/Mankoswki (et. al), Int. VertragsR, Art. 9 Rom I-VO Rn. 12 f.

1997 *Magnus*, in Staudinger, Art. 9 Rom I-VO Rn. 345; *Martiny*, in MüKo BGB, Art. 9 Rom I-VO Rn. 27; *Staudinger*, in Ferrari/Kieninger/Mankoswki (et. al), Int. VertragsR, Art. 9 Rom I-VO Rn. 13.

1998 Vgl. Anhang IX Nr. 3.4. VO 2017/745/EU (Medizinprodukte).

1999 Besonderheiten gelten, wenn das Richtlinienrecht eigene Kollisionsregeln aufstellt. Gem. Art. 23 Rom I-VO genießen sie Vorrang vor den übrigen Regeln der Rom I-VO.

2000 *Magnus*, in Staudinger, Art. 9 Rom I-VO Rn. 39.

2001 *Magnus*, in Staudinger, Art. 9 Rom I-VO Rn. 39.

Handelsvertreter-RL vorgesehenen Handelsvertreterausgleichsanspruch[2002] als Eingriffsnorm.[2003] Der Fall betraf einen britischen Handelsvertreter und seinen kalifornischen Prinzipal. Der Vertrag wurde kalifornischem Recht unterstellt, das keinen zwingenden Handelsvertreterausgleichsanspruch vorsah. Die Entscheidung des EuGH führte zur Sonderanknüpfung des englischen Umsetzungsgesetzes. Die Richtlinie schütze zum einen den Handelsvertreter unabdingbar, bezwecke aber auch „über die Gruppe der Handelsvertreter die Niederlassungsfreiheit und einen unverfälschten Wettbewerb im Binnenmarkt zu schützen."[2004] An dieser Rechtsprechung hat der EuGH in *Unamar* auch in einem reinen Binnenmarktfall festgehalten.[2005]

Im europäischen Produktsicherheitsrecht existieren Richtlinienvorschriften, die auch das Verhältnis der benannten Stellen und der sie beauftragenden Hersteller betreffen. So schreibt bspw. Art. 14 Abs. 6 der Maschinen-Richtlinie vor, unter welchen Voraussetzungen und nach welchem Verfahren eine benannte Stelle ein Zertifikat aussetzen, widerrufen oder mit Einschränkungen versehen kann.[2006] Die Richtlinie bezweckt, den Schutz von Personen beim Umgang mit Maschinen sicherzustellen und zu harmonisieren. Nationale Marktzugangsregime würden aufgrund ihrer Verschiedenheit ein Hemmnis für den innergemeinschaftlichen Handel darstellen.[2007] Die rechtliche Ausgestaltung des europäischen Produktsicherheitsrechts einschließlich der Konformitätsbewertung unter Beteiligung der benannten Stellen ist insofern wesentlich für die wirtschaftliche Organisation der Union. Es geht dem Gesetzgeber nicht in erster Linie darum, die privaten Interessen der Parteien des Zertifizierungsvertrages zum Ausgleich zu bringen, sondern die Voraussetzungen eines funktionierenden Binnenmarkts unter Gewähr-

---

2002 Art. 17–19 RL 86/653/EWG des Rates vom 18.12.1986 zur Koordinierung der Rechtsvorschriften der Mitgliedstaaten betreffend die selbständigen Handelsvertreter, ABl. 1986 L 382, 17.

2003 EuGH, Urt. v. 9.11.2000 – C-381/98 (*Ingmar*) = NJW 2001, 2007; vgl. hierzu *Jayme*, IPRax 2001, 190; krit. *Roth*, in Spellenberg-FS (2010), S. 309 (317 ff.); *Staudinger*, NJW 2001, 1974.

2004 EuGH, Urt. v. 9.11.2000 – C-381/98 (*Ingmar*) = NJW 2001, 2007 (2008 Rn. 24).

2005 EuGH, Urt. v. 17.10.2013 – C-184/12 (*Unamar*) = ZEuP 2014, 843, m. Anm. *Schilling*; krit. hierzu *Kühne*, in Wegen-FS (2015), S. 451 (455 ff.).

2006 „Stellt eine benannte Stelle fest, dass einschlägige Anforderungen dieser Richtlinie vom Hersteller nicht erfüllt wurden, nicht mehr erfüllt werden oder eine EG-Baumusterprüfbescheinigung oder die Zulassung des Qualitätssicherungssystems nicht hätte ausgestellt bzw. erteilt werden dürfen, so setzt sie unter Berücksichtigung des Grundsatzes der Verhältnismäßigkeit und unter Angabe ausführlicher Gründe die ausgestellte Bescheinigung oder die erteilte Zulassung aus, widerruft sie oder versieht sie mit Einschränkungen, es sei denn, dass der Hersteller durch geeignete Abhilfemaßnahmen die Übereinstimmung mit diesen Anforderungen gewährleistet. (…)", Art. 14 Abs. 6 RL 2006/42/EG v. 17.5.2006 (Maschinen), ABl. 2006 L 157, 24.

2007 Vgl. Erw.Gr. Nr. 5 RL 2006/42/EG (Maschinen).

leistung von Mindestsicherheitsstandards zu schaffen. Dieses übergeordnete Gemeinschaftsinteresse wird nur erzielt, wenn Vorschriften wie Art. 14 Abs. 6 Maschinen-RL ohne Rücksicht auf das anwendbare Privatrecht gelten. Folglich sollten die nationalen Umsetzungsakte als Eingriffsnormen gesondert angeknüpft werden.

e. Zusammenfassung

Die Ermittlung des Vertragsstatuts ist zumeist unproblematisch. In der Praxis werden die Parteien regelmäßig eine ausdrückliche Rechtswahl treffen. Aufgrund des Grundsatzes der Parteiautonomie genießen die Parteien hierbei weitreichende Freiheiten. So können sie etwa auch ein neutrales Recht wählen, das in keiner objektiven Beziehung zum Vertragsverhältnis steht. Verbreitet und rechtlich zulässig ist auch die Rechtswahl im Rahmen allgemeiner Geschäftsbedingungen. Die objektive Anknüpfung wiederum führt zum Recht des gewöhnlichen Aufenthaltsortes, also des Ortes der Hauptverwaltung der Zertifizierungsgesellschaft, denn bei einem Zertifizierungsvertrag handelt es sich um einen Dienstleistungsvertrag i. S. v. Art. 4 Abs. 1 lit. b Rom I-VO. Ist eine ausländische Niederlassung laut Vertrag für dessen Erfüllung verantwortlich, ist deren Umgebungsrecht maßgeblich, wobei hiervon nur auszugehen ist, wenn die Niederlassung auch befugt ist, über die Ausstellung des Zertifikats zu entscheiden. In Ausnahmefällen kann eine offensichtlich engere Verbindung zu einer anderen Rechtsordnung den Ausschlag zu deren Berufung geben.

Besonderheiten sind bei der Anknüpfung von Verträgen über gesetzlich geregelte Zertifizierungen zu beachten. Die zwingenden Vorschriften inländischer oder unionsrechtlicher Zertifizierungssysteme können nach Maßgabe des Art. 3 Abs. 3 bzw. 4 Rom I-VO nicht durch eine Rechtswahl umgangen werden. Ferner sprechen gute Gründe dafür, sie als Eingriffsnormen zu qualifizieren, sie also ohne Rücksicht auf das jeweilige Vertragsstatut anzuwenden.

2. Das Statut der außervertraglichen Haftung

Hinsichtlich der außervertraglichen Ansprüche wird das anwendbare Recht nach den Anknüpfungsregeln der Rom II-VO ermittelt. Die Fälle der Zertifizierungshaftung werfen hierbei keine spezifischen Probleme auf, weshalb eine überblicksweise Darstellung sachgerecht erscheint.

a. Subjektive Anknüpfung

Die Rechtswahlfreiheit wird nicht nur im internationalen Vertragsrecht, sondern auch im Anwendungsbereich der Rom II-VO anerkannt. Ausweislich des Art. 14 Rom II-VO ist es den Parteien eines außervertraglichen Rechtsverhältnisses gestattet, das anwendbare Recht frei zu wählen. Die Rechtswahl genießt trotz des systematischen Standorts des Art. 14 Rom II-VO Vorrang gegenüber der objektiven Anknüpfung des Schuldverhältnisses.[2008] Ohne weiteres zulässig ist die ausdrückliche oder konkludente Rechtswahl nach Eintritt des schadensbegründenden Ereignisses (Art. 14 Abs. 1 S. 1 lit. a Rom II-VO). Unter dem schadensbegründenden Ereignis versteht man hinsichtlich der unerlaubten Handlungen nicht den Deliktserfolg, sondern die deliktische Handlung als solche.[2009] In der Praxis bietet die nachträgliche Rechtswahl den Parteien die Möglichkeit, Klarheit bezüglich des anwendbaren Rechts zu schaffen.[2010] Sie bietet sich bspw. an, um einen Gleichlauf des Vertrags- und Deliktsstatuts herzustellen, wenn der deliktische Anspruch nicht bereits nach Art. 4 Abs. 3 S. 2 Rom II-VO vertragsakzessorisch angeknüpft wird.[2011]

Anders als im nationalen IPR, wo Art. 42 EGBGB nur die nachträgliche Rechtswahl gestattet,[2012] sieht Art. 14 Abs. 1 S. 1 lt. b Rom II-VO auch die Möglichkeit der vorherigen Rechtswahl vor, allerdings unter den zusätzlichen Voraussetzungen, dass die Parteien einer kommerziellen Tätigkeit nachgehen und eine frei ausgehandelte Vereinbarung getroffen haben. Auf diese Weise sollen vermeintlich schwächere Parteien geschützt werden.[2013] Die Vorschrift verwendet nicht die bekannten Begriffe des „Verbrauchers" bzw. „Unternehmers".[2014] Gleichwohl sollte man sich bei der Auslegung des Begriffs der „kommerziellen Tätigkeit" am Unternehmerbegriff, wie er u. a. in Art. 6 Rom I-VO verwendet und legaldefiniert wird, orientieren.[2015] Auch die Parteien eines Zertifizierungsvertrages sind typischerweise Unternehmer, gehen also einer kommerziellen Tätigkeit i. S. v. Art. 14 Abs. 1 S. 1 lit. b Rom II-VO nach. Hinsichtlich der Delikte, die in einem inneren Zusammenhang zu dieser Tätigkeit stehen, können sie also auch eine antizipierte Rechtswahl treffen. Das ausdrückliche Erfordernis einer frei ausgehandelten

---

2008 *Junker*, in MüKo BGB, Art. 14 Rom II-VO Rn. 38; *Thorn*, in Grüneberg, Art. 14 Rom II-VO Rn. 2; *Wurmnest*, in jurisPK-BGB, Art. 14 Rom II-VO Rn. 4.

2009 *Junker*, in MüKo BGB, Art. 14 Rom II-VO Rn. 18; *Picht*, in Rauscher, Art. 14 Rom II-VO Rn. 9; *Wurmnest*, in jurisPK-BGB, Art. 14 Rom II-VO Rn. 18.

2010 Vgl. Erw. Gr. Nr. 31 der Rom II-VO.

2011 *Wurmnest*, in jurisPK-BGB, Art. 14 Rom II-VO Rn. 2.

2012 Eingehend zum nationalen IPR *von Hein*, RabelsZ 2000, 595.

2013 Vgl. Erw. Gr. Nr. 31 der Rom II-VO.

2014 Zur Kritik an diesem Wortlaut m. w. N. *Junker*, in MüKo BGB, Art. 14 Rom II-VO Rn. 5.

2015 So die ganz herrschende Meinung *von Hein*, ZEuP 2009, 6 (20); *Junker*, in MüKo BGB, Art. 14 Rom II-VO Rn. 23; *Spickhoff*, in BeckOK BGB, Art. 14 Rom II-VO Rn. 4; *Thorn*, in Grüneberg, Art. 14 Rom II-VO Rn. 8; *Wurmnest*, in jurisPK-BGB, Art. 14 Rom II-VO Rn. 19.

Rechtswahl bedeutet allerdings, dass eine ex ante Rechtswahl in standardisierten Klauseln, also insbesondere in AGB, generell ausgeschlossen ist.[2016]

Die Freiheit ein unverbundenes, neutrales Recht zu wählen erfährt gem. Art. 14 Abs. 2 und 3 Rom II-VO wie auch im internationalen Vertragsrecht Einschränkungen bei reinen Inlands- und Binnenmarktsachverhalten. Auf diese Weise kann auch im internationalen Deliktsrecht eine Abwahl zwingenden Zertifizierungsrechts verhindert werden.[2017]

b. Objektive Anknüpfung

Fehlt es an einer wirksamen Rechtswahl, richtet sich die objektive Anknüpfung nach den Art. 4–13 Rom II-VO. Einzugehen ist im Folgenden insbesondere auf Art. 4 Rom II-VO, also die allgemeine Kollisionsnorm für unerlaubte Handlungen sowie Art. 12 Rom II-VO, der Anknüpfungsregeln für Ansprüche wegen eines Verschuldens bei Vertragsverhandlungen vorsieht.

aa. Unerlaubte Handlungen

Haben die Zertifizierungsgesellschaft und ihr Auftraggeber ihren gewöhnlichen Aufenthaltsort zum Zeitpunkt des Schadenseintritts in demselben Staat, so unterliegt eine unerlaubte Handlung gem. Art. 4 Abs. 2 Rom II-VO dem Recht dieses Staates. Diese Regelung ist entgegen ihrer systematischen Stellung vorrangig gegenüber Abs. 1.[2018] Der gewöhnliche Aufenthaltsort von juristischen Personen richtet sich dabei nach Art. 23 Abs. 1 Rom II-VO.[2019]

Fehlt es an einem gemeinsamen gewöhnlichen Aufenthaltsort richtet sich die die Haftung für unerlaubte Handlungen nach Art. 4 Abs. 1 Rom I-VO. Maßgeblich ist demnach das Recht desjenigen Staates, in dem der Schaden eintritt (*lex loci damni*), unabhängig davon, in welchem Staat das schadensbegründende Ereignis oder indirekte Schadensfolgen eingetreten sind. Maßgeblich ist demnach allein der Erfolgsort.[2020] Die Absage an den Ort des schadensbegründenden Ereignisses, also den Handlungsort, bedeutet eine im Interesse der Rechtssicherheit vollzogene Abkehr von dem nach Art. 40

2016 Vgl. *Gebauer*, in NK-BGB, Art. 14 Rom II-VO Rn. 36; *von Hein*, ZEuP 2009, 6 (20); *Leible*, RIW 2008, 257 (260); vgl. zur Gegenansicht, die trotz des Wortlauts der Vorschrift auch Rechtswahlklauseln in AGB für zulässig hält *Wagner*, IPRax 2008, 1 (13 f.); ähnlich und m. w. N. *Junker*, in MüKo BGB, Art. 14 Rom II-VO Rn. 35 f.; *Spickhoff*, in BeckOK BGB, Art. 14 Rom II-VO Rn. 5.

2017 Vgl. zu Art. 3 Abs. 3 und 4 Rom I-VO bereits Kap. 6 D.III.1.a.cc.

2018 *Thorn*, in Grüneberg, Art. 4 Rom II-VO Rn. 4.

2019 Vgl. zum gewöhnlichen Aufenthaltsort einer Zertifizierungsgesellschaft bereits Kap. 6 D.III.1.b.bb.

2020 *Junker*, in MüKo BGB, Art. 4 Rom II-VO Rn. 18; *Thorn*, in Grüneberg, Art. 4 Rom II-VO Rn. 1.

Abs. 1 EGBGB und Art. 7 Nr. 2 Brüssel Ia-VO geltenden Ubiquitätsprinzip, das dem Kläger ein Wahlrecht einräumt.[2021]

Die Ermittlung des Erfolgsorts im Falle von Sachschäden führt folglich zum Recht desjenigen Staates, in dem die Sache beschädigt wurde.[2022] Im Falle von Eigentumsverletzungen, die im Zuge von Konformitätsprüfungen durch die Zertifizierungsgesellschaft verursacht wurden, kommt es daher darauf an, an welchem Ort das Eigentum verletzt wurde. Wurde das Eigentum des Auftraggebers im Laufe eines Vor-Ort-Audits beschädigt, wird das Recht am Ort des zu auditierenden Betriebes zur Anwendung berufen. Wurden mobile Zertifizierungsgegenstände hingegen an einen anderen Ort verbracht, etwa an den Hauptsitz der Zertifizierungsgesellschaft, ist das Deliktsrecht dieses Ortes anzuwenden. Schwierigkeiten bereitet die Bestimmung des Erfolgsortes, wenn es um die Haftung für reine Vermögensschäden geht, denn das Vermögen kann als abstrakte Größe nur schwer einem realen Standort zugewiesen werden.[2023] Da reine Vermögensschäden typischer Weise im Zusammenhang mit Dritthaftungsfällen auftreten, wird das Problem der Lokalisierung dort ausführlicher behandelt.[2024]

Ausnahmsweise kommt gem. Art. 4 Abs. 3 S. 1 Rom II-VO eine abweichende Anknüpfung in Betracht, wenn der Sachverhalt nach den gesamten Umständen eine offensichtlich engere Verbindung mit einer anderen Rechtsordnung aufweist. Wichtigstes Regelbeispiel ist dabei die akzessorische Anknüpfung an einen bestehenden Vertrag, der mit der jeweiligen unerlaubten Handlung in enger Verbindung steht, Art. 4 Abs. 3 S. 2 Rom II-VO. Allgemein anerkannt ist der Ausnahmecharakter der Ausweichklausel bzw. das Gebot, diese eng auszulegen und anzuwenden.[2025] Andererseits wird argumentiert, dass bei Vorliegen eines Vertrages, die Interessen der Parteien regelmäßig die akzessorische Anknüpfung des außervertraglichen Schuldverhältnisses gebiete.[2026] Der Ermessensspielraum der Gerichte bei der Ausgestaltung der Ausweichklausel sei eingeschränkt, sodass sich das Regel-Ausnahme-Verhältnis umkehre.[2027] Auf dieser Grundlage müssten auch die außervertraglichen Ansprüche gegen eine Zertifizierungsgesellschaft regel-

---

2021 *Junker*, in MüKo BGB, Art. 4 Rom II-VO Rn. 19; *Thorn*, in Grüneberg, Art. 4 Rom II-VO Rn. 1, 6; zum Hintergrund der Regelung und zust. *von Hein*, ZVglRWiss 2003, 528 (542 ff.).

2022 Vgl. Erw.Gr. Nr. 17 S. 2 Rom II-VO.

2023 Vgl. *von Hein*, Das Günstigkeitsprinzip im internationalen Deliktsrecht, S. 343.

2024 Vgl. Kap. 6 E.III.2.c.

2025 Vgl. KOM (2003) 427 endg., S. 13; *von Hein*, ZVglRWiss 2003, 528 (547); *Junker*, in MüKo BGB, Art. 4 Rom II-VO; *Leible/Engel*, EuZW 2004, 7 (10); *Lund*, in jurisPK-BGB, Art. 4 Rom II-VO Rn. 25; *Pabst*, in Rauscher, Art. 4 Rom II-VO Rn. 82 ff., *Spickhoff*, in BeckOK BGB, Art. 4 Rom II-VO Rn. 12.

2026 Vgl. *Pabst*, in Rauscher, Art. 4 Rom II-VO Rn. 91.

2027 Vgl. *Pabst*, in Rauscher, Art. 4 Rom II-VO Rn. 91.

mäßig akzessorisch an den Zertifizierungsvertrag angeknüpft werden. Vor dem Hintergrund, der im Rahmen dieser Arbeit vertretenen vermögensrechtlichen Abgrenzung der Anwendungsbereiche der Rom I- und II-VO[2028] ist jedoch auch die vertragsakzessorische Anknüpfung äußerst zurückhaltend anzuwenden. Schließlich beruht die Abgrenzungsformel auf der Prämisse, dass die kollisionsrechtliche Interessenlage im Falle von Integritätsverletzungen durch die Anknüpfungsregeln der Rom II-VO gespiegelt wird. Eine generelle vertragsakzessorische Anknüpfung würde das mithilfe der vermögensrechtlichen Abgrenzung gewonnene Qualifikationsergebnis auf den Kopf stellen. Die Bedeutung des Art. 4 Abs. 3 S. 2 Rom II-VO ist ferner auch deshalb eingeschränkt, weil dessen Zweck, in den Fällen der Anspruchsgrundlagenkonkurrenz einen Gleichlauf des Delikts- und Vertragsstatuts herzustellen, bereits durch die einheitliche, vermögensrechtliche Qualifikation erreicht wird.[2029] Angezeigt ist daher, wie im Rahmen von Art. 4 Abs. 3 S. 1 Rom II-VO, eine eingehende Auseinandersetzung mit dem jeweiligen Einzelfall, wobei nur ausnahmsweise vertragsakzessorisch angeknüpft werden sollte. Zu beachten ist schließlich, dass das möglicherweise bestehende Interesse an der Berufung des Vertragsstatuts auch auf anderem Wege zur Geltung kommen kann, denn es steht den Parteien frei, dieses im Wege der nachträglichen Rechtswahl gem. Art. 14 Abs. 1 S. 1 lit. a Rom II-VO zur Anwendung zu bringen.

bb. Verschulden bei Vertragsverhandlungen

Mit Art. 12 Rom II-VO existiert eine besondere Kollisionsnorm für die außervertraglichen Schuldverhältnisse aus Verschulden bei Vertragsverhandlungen. Deren Anwendungsbereich erstreckt sich, wie sich aus Erwägungsgrund Nr. 30 Rom II-VO ergibt, nicht auf vertragsunabhängige Integritätsverletzungen, sondern auf die Verletzung von Offenlegungspflichten und den unredlichen Abbruch von Vertragsverhandlungen.[2030] Art. 12 Abs. 1 Rom II-VO beruft das Recht, das auf den Vertrag anzuwenden ist bzw. anzuwenden gewesen wäre, wenn er geschlossen worden wäre. Trotz der außervertraglichen Qualifikation der *culpa in contrahendo* wird also an das tatsächliche oder hypothetische Vertragsstatut angeknüpft, denn die kollisionsrechtliche Interessenlage bewertet der Gesetzgeber so, als ob die Parteien bereits einen Vertrag geschlossen hätten.[2031]

Sofern die Parteien den Vertrag geschlossen haben, richtet sich die vertragsakzessorische Anknüpfung nach den Art. 3 ff. Rom I-VO. Vorrangig ist

---

2028 Eingehend hierzu Kap. 6 C.IV.
2029 Vgl. Kap. 6 C.IV.4.c.
2030 Vgl. bereits Kap. 6 C.III.2.
2031 *Wendelstein*, in Soergel, Art. 12 Rom II-VO Rn. 8.

also zu prüfen, ob die Parteien eine Rechtswahl nach Maßgabe des Art. 3 Rom I-VO getroffen haben.[2032] Ist dies nicht der Fall, ist auf den als Dienstleistungsvertrag zu qualifizierenden Zertifizierungsvertrag Art. 4 Abs. 1 lt. b Rom I-VO anzuwenden.[2033] Die objektive Anknüpfung führt zum Recht des gewöhnlichen Aufenthaltsortes, also des Ortes der Hauptverwaltung der Zertifizierungsgesellschaft.[2034] Mit gewissen Unsicherheiten verbunden ist hingegen die Ermittlung des hypothetischen Vertragsstatuts. Bei der Annahme einer hypothetischen Rechtswahl ist prinzipiell Vorsicht geboten;[2035] sie sollte nur angenommen werden, wenn unzweifelhafte vorvertragliche Erklärungen vorliegen oder eindeutige Rückschlüsse aus den Umständen möglich sind.[2036] Sofern Zertifizierungsgesellschaften in ständiger Praxis Rechtswahlklauseln in ihren allgemeinen Geschäftsbedingungen verwenden, dürften diese auch bei der Ermittlung des hypothetischen Vertragsstatuts den Ausschlag geben.[2037] Etwas anderes gilt, wenn im Vorfeld des intendierten Vertrages über eine Rechtswahlklausel verhandelt wurde. Die AGB-Bestimmung lässt dann keinen unzweifelhaften Rückschluss auf die hypothetische Rechtswahl zu. Bei der Ermittlung des hypothetischen objektiven Vertragsstatuts ist wiederum nach Art. 4 Abs. 1 lit. b Rom I-VO anzuknüpfen.

Auf die subsidiären Anknüpfungen des Art. 12 Abs. 2 Rom II-VO, die nach dem Vorbild des Art. 4 Rom II-VO ausgestaltet sind, kommt es im Verhältnis einer Zertifizierungsgesellschaft gegenüber ihrem Auftraggeber praktisch niemals an. Sie kommen nach dem Wortlaut der Vorschrift nur zur Anwendung, wenn das anzuwendende Recht nicht nach Abs. 1 bestimmt werden kann. In Zwei-Personen-Konstellationen sind solche Fälle nur schwer vorstellbar.[2038] Jedenfalls das hypothetische objektive Vertragsstatut kann in der Regel bestimmt werden.

c. Zusammenfassung

Auch hinsichtlich außervertraglicher Schuldverhältnisse können die Parteien des Zertifizierungsvertrages das anwendbare Recht wählen. Da es sich

2032 Vgl. Kap. 6 D.III.1.a.
2033 Vgl. Kap. 6 D.III.1.b.aa.
2034 Vgl. Kap. 6 D.III.1.b.bb.
2035 *Junker*, in MüKo BGB, Art. 12 Rom II-VO Rn. 19; *Wendelstein*, in Soergel, Art. 12 Rom II-VO Rn. 18; ähnlich auch *Picht*, in Rauscher, Art. 12 Rom II-VO Rn. 23.
2036 *Junker*, in MüKo BGB, Art. 12 Rom II-VO Rn. 19; *Otto*, in jurisPK-BGB, Art. 12 Rom II-VO Rn. 14.
2037 Allgemein zur Bedeutung von Rechtswahlklauseln im Kontext des hypothetischen Vertragsstatuts *Leible/Lehmann*, RIW 2007, 721 (733); *Otto*, in jurisPK-BGB, Art. 12 Rom II-VO Rn. 14; *Thorn*, in Grüneberg, Art. 12 Rom II-VO Rn. 5.
2038 Eingehend *Junker*, in MüKo BGB, Art. 12 Rom II-VO Rn. 29 ff.; krit. auch *von Hein*, GPR 2007, 54 (59); *Stürner*, in Erman, Art. 12 Rom II-VO Rn. 1.

bei den Parteien in aller Regel um Unternehmer handelt, kann nicht nur eine nachträgliche Rechtswahl nach Art. 14 Abs. 1 lit. a Rom II-VO, sondern auch eine antizipierte Rechtswahl nach Art. 14 Abs. 1 lit. b Rom II-VO getroffen werden. Aufgrund des Erfordernisses einer frei ausgehandelten Verbindung wäre eine Rechtswahlklausel in allgemeinen Geschäftsbedingungen allerdings nicht ausreichend.

Die objektive Anknüpfung führt im Falle unerlaubter Handlungen nach Maßgabe des Art. 4 Abs. 1 Rom II-VO zum Recht des Erfolgsorts, es sei denn die Parteien haben ihren gewöhnlichen Aufenthaltsort in demselben Staat (Abs. 2). Ausnahmsweise kommt auch eine vertragsakzessorische Anknüpfung in Betracht (Abs. 3 S. 2), wenngleich hierbei nach hier vertretener Auffassung Zurückhaltung geboten ist. Im Rahmen von Art. 12 Abs. 1 Rom II-VO, dessen Anwendungsbereich im Falle von Offenlegungspflichtverletzungen dem Abbruch von Vertragsverhandlungen eröffnet ist, stellt die Anknüpfung an das (hypothetische) Vertragsstatut die Regel dar.

E. Die Haftung gegenüber Dritten

Die kollisionsrechtliche Behandlung der Zertifiziererhaftung gegenüber vertragsfremden Dritten wirft besondere Probleme auf. Zum einen müssen die Anwendungsbereiche der Rom I- und II-VO voneinander abgegrenzt werden, denn die Dritthaftung wird in den nationalen Rechtsordnungen teils vertragsrechtlich, teils deliktsrechtlich gelöst. Wird wie hier eine außervertragliche Qualifikation vertreten, stellt sich weiter die Frage, ob es sich um eine unerlaubte Handlung im Sinne der Art. 4 ff. Rom II-VO oder einen Fall des Verschuldens bei Vertragsverhandlungen nach Art. 12 Rom II-VO handelt. Im Rahmen der Anknüpfung muss schließlich der maßgebliche Erfolgsort bestimmt werden, was insbesondere bei reinen Vermögensschäden Schwierigkeiten bereitet.

I. Eröffnung des Anwendungsbereichs der Rom-Verordnungen

Bei den Rechtsverhältnissen zwischen Zertifizierungsgesellschaften und Dritten handelt es sich jedenfalls um Zivil- und Handelssachen i. S. v. Art. 1 Rom I-VO und Art. 1 Rom II-VO. Dass die Zertifizierungsgesellschaften gegenüber ihren Auftraggebern keine Hoheitsrechte ausüben, wurde bereits eingehend dargelegt.[2039] Zertifizierungsgesellschaften sind gegenüber vertragsfremden Dritten erst recht nicht berechtigt, Gewalt in Form unmittelbarer Anordnungsbefugnisse auszuüben. Sofern eine Verbindung zum Recht

2039 Kap. 6 B.

verschiedener Staaten vorliegt,[2040] ist der Anwendungsbereich der Rom-Verordnungen also eröffnet.

II. Qualifikation

1. Qualifikation als außervertragliches Schuldverhältnis

Das Rechtsverhältnis zwischen einer Zertifizierungsgesellschaft und einem vertragsfremden Dritten, der auf die Richtigkeit eines fehlerhaften Zertifikats vertraut hat, ist als außervertragliches Schuldverhältnis zu qualifizieren. Das auf die Dritthaftung anwendbare Recht muss folglich nach der Rom II-VO ermittelt werden.[2041] Die speziell im deutschen Recht bemühten Rechtsfiguren zur Ausweitung des Vertragsrechts begründen nach dem allein maßgeblichen unionsrechtlich-autonomen Vertragsbegriff nicht die Annahme eines vertraglichen Rechtsverhältnisses. Dies legt bereits die bisherige Rechtsprechung des EuGH zum kollisionsrechtlichen bzw. zuständigkeitsrechtlichen Vertragsbegriff nahe und wird durch die hier vertretene Abgrenzung anhand der Betroffenheit des Leistungs- und Integritätsinteresses bestätigt.

a. Freiwillig eingegangene Verpflichtung

Es fehlt in diesem Rechtsverhältnis am Merkmal der „freiwillig eingegangenen Verpflichtung“. Dieses wurde durch den EuGH zur Abgrenzung der vertraglichen von der außervertraglichen Sphäre entwickelt.[2042] Augenscheinlich gegen das Vorliegen einer freiwillig eingegangenen Verpflichtung spricht, dass sich eine Zertifizierungsgesellschaft ausdrücklich nur gegenüber ihrem Auftraggeber verpflichtet und typischerweise nicht mit Dritten, denen das Zertifikat oder der zertifizierte Gegenstand vorgelegt wird, in Kontakt tritt.

2040 Hierzu Kap. 6 A. I. am Ende.

2041 Jedenfalls im Kontext der Dritthaftung der benannten Stellen entspricht dies der überwiegend vertretenen Ansicht in der Literatur, vgl. *De Bruyne/Vanleenhove*, Eur. Rev. Priv. L. 2016, 823 (844 f.); *Fulli-Lemaire*, RIDE 2015, 99 (177 ff.); *Rott/Glinski*, ZEuP 2015, 192 (202 f.); *Rott/Glinski*, in: Josef Falke zum 65. Geburtstag, S. 137 (148); so auch die französische Rechtsprechung, vgl. Cour de cass., Urt. v. 10.10.2018 – no du pourvoi, 15-26093, vgl. hierzu *Ernst*, GPR 2019, 133.

2042 Hierzu bereits Kap. 6 C. I.; vgl. aus der Rechtsprechung u. a. EuGH, Urt. v. 24.11.2020 – C-59/19 (*Wikingerhof*) = NJW 2021, 144 (146 Rn. 23); EuGH, Urt. v. 28.1.2015 – C-375/13 (*Kolassa*) = NJW 2015, 1581 (1583 Rn. 39); EuGH Urt. v. 20.1.2005 – C-27/02 (*Engler*) = NJW 2005, *811* (813 Rn. 50); EuGH, Urt. v. 19.9.2002 – C-334/00 (*Tacconi*) = NJW 2002, 3159 (3159 Rn. 19); EuGH, Urt. v. 17.6.1992 – C-26/91 (*Handte/TMCS*) = BeckRS 2004, 75771 (Rn. 15).

Dass das Verpflichtungserfordernis in dieser und vergleichbaren Konstellationen formalistisch zu verstehen ist und es auf eine möglicherweise bestehende faktische Vertrauensbeziehung zwischen den Parteien nicht ankommt, legen verschiedene Judikate des EuGH nahe. Zum einen offenbarte der EuGH dieses Vertragsverständnis in der Entscheidung *Tacconi*, als er die Haftung für unredlich abgebrochene Vertragsverhandlungen mangels Zustandekommens eines Vertrages außervertraglich qualifizierte.[2043] Zum anderen qualifizierte der EuGH in seiner wegweisenden Entscheidung *Handte/TMCS* die Produkthaftung eines Herstellers gegenüber dem Endabnehmer als außervertragliches Schuldverhältnis.[2044] Der Hersteller ist gegenüber dem Endabnehmer keine freiwillige Verpflichtung eingegangen. Eine solche ergab sich in dem Fall auch nicht aufgrund einer Kette international verknüpfter Verträge, die nach französischem Recht den vertragsrechtlichen Anspruch des Endabnehmers ermöglicht (sog. *action directe*), denn die vertraglichen Verpflichtungen unterscheiden sich entlang der Kette von Vertrag zu Vertrag.[2045] Der Hersteller eines Produkts steht mit den Endabnehmern ebenso wenig in Verbindung wie eine Zertifizierungsgesellschaft mit den Adressaten eines Zertifikats. In beiden Konstellationen ist mit dem Zwischenhändler bzw. dem Auftraggeber der Zertifizierungsgesellschaft eine weitere Partei zwischengeschaltet. In den Zertifizierungsfällen kommt ferner hinzu, dass es bereits an einer Vertragskette im eigentlichen Sinne fehlt, denn die Verträge haben gänzlich unterschiedliche Leistungsgegenstände.

Der EuGH hielt an dem formalen Vertragserfordernis auch in der Entscheidung *Kolassa* fest.[2046] Ihr lag ein Fall zugrunde, in dem ein österreichischer Verbraucher aufgrund erlittener Wertverluste gegen den Wertpapieremittenten prospekthaftungsrechtliche Ansprüche geltend machte. Der EuGH verneinte ein verbrauchervertragliches (Art. 17 Brüssel Ia-VO) bzw. vertragliches Schuldverhältnis (Art. 7 Nr. 1 lit. a Brüssel Ia-VO) zu dem Emittenten.[2047] Die Klage war vielmehr im Deliktsgerichtstand zu erheben (Art. 7

2043 EuGH, Urt. v. 19.9.2002 – C-334/00 (*Tacconi*) = NJW 2002, 3159; hierzu bereits Kap. 6 C.III.2.

2044 EuGH, Urt. v. 17.6.1992 – C-26/91 (*Handte/TMCS*) = BeckRS 2004, 75771 (Rn. 16 ff.); hierzu bereits Kap. 6 C.III.1.; die Entscheidung wurde bestätigt durch EuGH, Urt. v. 16.7.2009 – C-189/08 (*Zuid-Chemie*) = NJW 2009, 3501; eingehend hierzu *von Hein*, IPRax 2010, 330.

2045 EuGH, Urt. v. 17.6.1992 – C-26/91 (*Handte/TMCS*) = BeckRS 2004, 75771 (Rn. 17).

2046 EuGH, Urt. v. 28.1.2015 – C-375/13 = NJW 2015, 1581 (*Kolassa*) = NJW 2015, 1581; neben dem Qualifikationsproblem behandelt die Entscheidung auch die Frage der Lokalisierung des Tatorts bei reinen Vermögensschäden, vgl. jeweils zu beiden Aspekten die Urteilsbesprechungen von *von Hein*, JZ 2015, 946; *Mankowski*, LMK 2015, 367447; *Steinrötter*, RIW 2015, 407; *Wendelstein*, GPR 2016, 140.

2047 EuGH, Urt. v. 28.1.2015 – C-375/13 = NJW 2015, 1581 (*Kolassa*) = NJW 2015, 1581 (1582 Rn. 20 ff.).

Nr. 2 Brüssel Ia-VO).[2048] Dies ist darauf zurückzuführen, dass der Kapitalanleger regelmäßig ein Kommissionsgeschäft abschließt und die Wertpapiere daher nicht persönlich von dem Emittenten erwirbt.[2049] Er muss seine Rechte gegenüber der zwischengeschalteten Bank geltend machen. Nur zu diesem Intermediär steht der Kapitalanleger in einer vertraglichen Beziehung. Laut EuGH verbietet sich also eine wirtschaftliche Betrachtungsweise, der zu Folge der Kapitalanleger als faktischer Inhaber der Wertpapiere angesehen werden könnte.[2050] Entscheidend ist, ob unter formalen Gesichtspunkten ein Vertrag geschlossen wurde;[2051] ein Umstand, der auch in diesem Kontext nicht durch eine Kette von Verträgen vermittelt werden kann.[2052] Da dieser Rechtsprechung keine spezifischen prozessualen Erwägungen zugrunde liegen, kann sie auch auf die kollisionsrechtliche Qualifikation übertragen werden.[2053]

Schließlich zeigt sich das formale Vertragsverständnis auch im materiellen Unionsrecht, genauer im Kontext der Dritthaftung von Ratingagenturen, die einige Parallelen zur Dritthaftung von Zertifizierungsgesellschaften aufweist. Im Schrifttum wird ganz überwiegend eine außervertragliche und deliktische Qualifikation dieser Haftung angenommen.[2054] Hiervon scheint auch der Unionsgesetzgeber auszugehen. Der von ihm geschaffene spezielle Haftungstatbestand des Art. 35a Rating-VO[2055] setzt keine Einigung zwischen der Rating-Agentur und dem Anleger voraus und muss daher deliktisch eingeordnet werden.[2056] Erwägungsgrund 32 betont gar ausdrücklich, dass der Haftungstatbestand dann eingreifen soll, wenn es an einer vertragli-

---

2048 EuGH, Urt. v. 28.1.2015 – C-375/13 = NJW 2015, 1581 (*Kolassa*) = NJW 2015, 1581 (1583 Rn. 42 ff.).

2049 Selbst wenn im Einzelfall kein Kommissionsgeschäft vorliegt und unmittelbar ein Vertrag zwischen dem Erwerber und dem Emittenten geschlossen wurde, ist die Haftung nicht zwingend vertraglich zu qualifizieren. Sofern die Verletzung allgemeiner kapitalmarktrechtlicher Informationen geltend gemacht wird, liegt wohl kein vertragliches Schuldverhältnis vor, denn die Informationspflichten sind nach umstrittener Auffassung gesetzlichen Ursprungs, in diesem Sinne *Wendelstein*, GPR 2016, 140 (143); zur Gegenansicht *Steinrötter*, RIW 2015, 407 (410).

2050 EuGH, Urt. v. 28.1.2015 – C-375/13 = NJW 2015, 1581 (*Kolassa*) = NJW 2015, 1581 (1582 Rn. 27 ff.).

2051 So auch die Lesart von *Mankowski*, LMK 2015, 367447.

2052 EuGH, Urt. v. 28.1.2015 – C-375/13 = NJW 2015, 1581 (*Kolassa*) = NJW 2015, 1581 (1582 Rn. 30).

2053 So auch *Steinrötter*, RIW 2015, 407 (412); vgl. zu den Anforderungen der rechtsaktübergreifenden Auslegung Kap. 6 A.II.4; ausführlich zur kollisionsrechtlichen Behandlung der Prospekthaftung *von Hein*, in Hopt-FS (2008), S. 371.

2054 Vgl. *Dutta*, IPRax 2014, 33 (39); *Wildmoser u. a.*, RIW 2009, 657 (662 f.); noch zum EGBGB *Däubler*, NJW 2013, 282 (282 f.).

2055 VO (EU) Nr. 462/2013 v. 21.5.2013.

2056 So bereits *Dutta*, IPRax 2014, 33 (40); *Wagner*, in Blaurock-FS (2013), S. 467 (487).

chen Einigung zwischen Rating-Agentur und Anleger fehlt und sich letztere „in vertretbarer Weise auf ein Rating verlassen haben." Das legt nahe, dass im Unionsprivatrecht zwischen Verträgen im technischen Sinne und faktischen Vertrauensbeziehungen differenziert werden muss und spricht daher für die außervertragliche Qualifikation der Zertifiziererhaftung.

b. Erforderlichkeit der Auslegung des Vertrages

Anhaltspunkte für eine vertragliche Qualifikation des Schuldverhältnisses könnten sich hingegen aus der *Brogsitter*- und *Wikingerhof*-Rechtsprechung des EuGH ergeben. In diesen Entscheidungen urteilte der EuGH, dass eine Klage einen Vertrag oder Ansprüche aus einem Vertrag zum Gegenstand hat, „wenn eine Auslegung des Vertrages zwischen dem Kläger und dem Beklagten unerlässlich erscheint, um zu klären, ob das Verhalten, das der Kläger dem Beklagten vorwirft, rechtmäßig oder vielmehr widerrechtlich ist."[2057]

Es könnte vor diesem Hintergrund argumentiert werden, dass die Auslegung des Zertifizierungsvertrages erforderlich sei, um die Rechtmäßigkeit des Verhaltens der Zertifizierungsgesellschaft gegenüber Dritten beurteilen zu können. Schließlich wird die Zertifizierungsgesellschaft aufgrund dieses Vertrages tätig und im Rahmen der Dritthaftung stellt sich regelmäßig die Frage, inwiefern die durch den Vertrag aktivierte Pflicht zur ordnungsgemäßen Zertifizierung gegenüber dem Auftraggeber auch Wirkungen gegenüber Dritten entfaltet.[2058] Das Erfordernis der Auslegung des Vertrages scheint besonders den Vertrag mit Schutzwirkung für Dritte des deutschen Rechts widerzuspiegeln.[2059] Speziell der BGH stellt bei der Entwicklung dieser Rechtsfigur vordergründig auf die ergänzende Auslegung des Hauptvertrages, mithin also auf den Willen der Parteien ab.[2060] Allerdings sprechen gewichtige Gründe gegen die vertragliche Qualifikation des Vertrages mit Schutzwirkung, denn bei funktionaler Betrachtung werden mit dieser Figur in erster Linie deliktsrechtliche Schutzlücken geschlossen.[2061] Im Übrigen

2057 EuGH, Urt. v. 24.11.2020 – C-59/19 (*Wikingerhof*) = NJW 2021, 144 (146 Rn. 32); EuGH, Urt. v. 13.3.2014 – C-548/12 (*Brogsitter*) = NJW 2014, 1648 (1649 Rn. 25); eingehend zu diesen Entscheidungen bereits Kap. 6 C.II.

2058 In diesem Sinne zum Vertrag mit Schutzwirkung *Magnus*, in Staudinger, Art. 1 Rom I-VO Rn. 38.

2059 Vgl. zur Qualifikation des Vertrages mit Schutzwirkung bereits Kap. 6 C.III.3.

2060 Vgl. z. B. BGH, Urt. v. 27.2.2020 – VII ZR 151/18 = NJW 2020, 1514 (1516); ausführlich zum Vertrag mit Schutzwirkung Kap. 4 B.II.2.

2061 Vgl. zur außervertraglichen Qualifikation des Vertrages mit Schutzwirkung *von Bar/Mankowski*, IPR Bd. II, § 1 Rn. 20 f. instruktiv bereits *von Bar*, IPR, Bd. II (1. Aufl., 1991), Rn. 557; für eine generelle Anknüpfung von Schutzpflichtverletzungen *Canaris*, in Larenz-FS (1983), S. 27 (109); eingehend *Dutta*, IPRax 2009, 293; *von Hein*, in Rauscher, Art. 1 Rom I-VO Rn. 10; *Freitag*, IPRax 2016, 418 (421); *Leicht*, Haf-

wurde bereits dargelegt, dass die *Brogsitter*- und *Wikingerhof*-Rechtsprechung erkennbar nicht mit Blick auf die Dritthaftungsproblematik getroffen wurde.[2062] Ihre Verallgemeinerungsfähigkeit ist stark eingeschränkt. Der Topos von der Erforderlichkeit der Vertragsauslegung sollte daher nicht zur vertragsrechtlichen Qualifikation der Dritthaftung von Zertifizierungsgesellschaften fruchtbar gemacht werden.

c. Qualifikation auf Grundlage der vermögensrechtlichen Abgrenzungsformel

Nach hier vertretener Ansicht ist ein Rechtsverhältnis immer dann vertraglich zu qualifizieren, wenn der Geschädigte eine Verletzung seines Leistungsinteresses geltend macht.[2063] Hingegen muss außervertraglich qualifiziert werden, wenn die Verletzung eines vertragsunabhängigen subjektiven Rechts, also des Integritätsinteresses, im Raum steht. Es ist im Zweifel danach zu unterscheiden, ob im Einzelfall bei gleicher Faktizität der Ereignisse ohne wirksame Abrede zwischen den Parteien eine Haftung bestehen würde.

Vertragsfremde Dritte, deren Vertrauen auf die Richtigkeit eines Zertifikats enttäuscht wurde, erleiden hierdurch Verletzungen ihres Integritätsinteresses,[2064] weshalb dieses Rechtsverhältnis außervertraglich zu qualifizieren ist. Typischerweise entstehen Vermögensschäden, wenn z. B. der Zertifizierungsgegenstand erworben wurde und aufgrund der Fehlzertifizierung nicht wie beabsichtigt verwendet werden kann. Im Falle von Produktzertifizierungen sind auch Verletzungen des Eigentums oder der Gesundheit denkbar. Sowohl diese Rechtsgüter als auch das Vermögen sind den Dritten gesetzlich zugewiesen. Sie wurden nicht erst konsensual bzw. in Ausübung der Privatautonomie begründet. Der Zertifizierungsvertrag begründet Leistungsinteressen ausschließlich zugunsten der Auftraggeber, denn nur in diesem Verhältnis einigten sich die Parteien auf ein konkretes und durch

---

tung von Angehörigen rechts- und wirtschaftsberatender Berufe, S. 183 ff.; *Martiny*, in Magnus-FS (2014), S. 483 (491 f.); ders., in MüKo BGB, Art. 1 Rom I-VO Rn. 17; *Ringe*, in jurisPK-BGB, Art. 1 Rom I-VO Rn. 18; *Schinkels*, JZ 2008, 272 (278 f.); *Spellenberg*, in MüKo BGB, Art. 12 Rom I-VO Rn. 60; *Spickhoff*, in BeckOK, Art. 12 Rom I-VO Rn. 5; *Stürner*, in Erman, Art. 1 Rom I-VO Rn. 2b; *Thorn*, in Grüneberg, Art. 1 Rom II-VO Rn. 5.

2062 Kap. 6 C.II.3.

2063 Eingehend hierzu Kap. 6 C.IV.4.

2064 In diesem Sinne zur Dritthaftung von Rechtsanwälten, Steuerberatern und Wirtschaftsprüfern *Leicht*, Haftung von Angehörigen rechts- und wirtschaftsberatender Berufe, S. 184; sowie zur Experten- bzw. Gutachterhaftung *Wendelstein*, in Soergel, Art. 1 Rom II-VO Rn. 56; zu uneindeutigen Ergebnissen kommt hingegen *Sprenger*, Internationale Expertenhaftung, S. 130 ff.

äquivalente Geldzahlung zu vergütendes Leistungsprogramm.[2065] Sofern der Vertrag wirksam geschlossen wurde, können die Auftraggeber von der Zertifizierungsgesellschaft eine ordnungsgemäße Konformitätsprüfung und Zertifizierungsentscheidung verlangen. Die Rechtsposition der Dritten setzt hingegen gerade keinen wirksamen Vertrag voraus. Dies gilt zum einen für das Verhältnis der Zertifizierungsgesellschaft und dem Dritten. Die Dritthaftung setzt ferner aber auch nicht voraus, dass der Zertifizierungsvertrag wirksam geschlossen wurde. Der Schutz der betroffenen Rechtsgüter wird also auch nicht durch *diesen* Vertrag begründet. Dies legen die rechtsvergleichenden Untersuchungen nahe. So kann etwa nach französischem Recht eine Haftung der Zertifizierungsgesellschaft ohne Weiteres nach der deliktischen Generalklausel begründet werden.[2066] Selbst das deutsche Recht, das zu einer Ausdehnung der vertraglichen und vertragsähnlichen Haftungsgrundlagen neigt, setzt nicht die Wirksamkeit des Zertifizierungsvertrages voraus. Ist der Zertifizierungsvertrag unwirksam, kann von einem vor- bzw. quasivertraglichen Schuldverhältnis zwischen Zertifizierungsgesellschaft und Auftraggeber ausgegangen werden, das wiederum unter den bekannten Voraussetzungen Schutzwirkungen für Dritte entfaltet.[2067]

Dass die verletzte Pflicht, die zu einer Haftung gegenüber Dritten führt, im Verhältnis zum Auftraggeber eine Leistungspflicht darstellt, wirkt sich nicht auf das Verhältnis gegenüber Dritten aus.[2068] In diesem Verhältnis sind es die Faktizität der Zertifikatsaustellung sowie die tatsächliche Nähebeziehung, die eine Dritthaftung der Zertifizierungsgesellschaften auslösen können, wobei die untersuchten Rechtsordnungen hierbei (speziell bei reinen Vermögensschäden) unterschiedliche objektive Anforderungen aufstellen.[2069] Wenngleich der durch das Zertifikat vermittelte Kontakt zwischen der Zertifizierungsgesellschaft und dem Dritten insofern nicht zufällig ist, als dass der Dritte der designierte Adressat des Zertifikats darstellt, ist nach hier vertretener Auffassung keine vertragsrechtliche Qualifikation geboten. Denn die kollisionsrechtlich relevante Schwelle zur Sphäre des Vertragsrechts wird erst überschritten, wenn das subjektive Recht des Dritten in Ausübung der Privatautonomie begründet wird, woran es vorliegend gerade fehlt.

2065 So auch *Leicht*, Haftung von Angehörigen rechts- und wirtschaftsberatender Berufe, S. 184; *Wendelstein*, JA 2018, 144 (149).

2066 Kap. 5 B.II.2. und 3.

2067 So bereits zur Haftung aus CIC *Hoffmann*, ZZP 2015, 465 (478); vgl. aus der Rspr. beispielsweise den bekannten „Gemüseblattfall“, BGH, Urt. v. 28.1.1976 – VIII ZR 246/74 = BGHZ 66, 51.

2068 Anders *Büttner*, Dritthaftung von Experten, S. 189 f.

2069 Kap. 5 C.II.2.b.

2. Qualifikation als unerlaubte Handlung

Nachdem feststeht, dass das anwendbare Recht nach der Rom II-VO ermittelt werden muss, stellt sich die Frage, welche der in dieser Verordnung vorgesehenen objektiven Anknüpfungsregeln maßgeblich ist. Sofern es sich um ein Schuldverhältnis aus unerlaubter Handlung handelt, wären die entsprechenden Kollisionsnormen des II. Kapitels, also der Art. 4–9 Rom II-VO einschlägig. Andererseits könnte die Dritthaftung auch unter Art. 12 Rom II-VO fallen, wenn das Schuldverhältnis als ein solches aus Verschulden bei Vertragsverhandlung zu qualifizieren wäre.

a. Kein Fall eines Verschuldens bei Vertragsverhandlungen i. S. v. Art. 12 Rom II-VO

Art. 12 Rom II-VO könnte auf unterschiedliche Weise zur Bewältigung von Dritthaftungskonstellationen fruchtbar gemacht werden, die jedoch bei Lichte betrachtet nicht überzeugen oder jedenfalls im Kontext der Zertifiziererhaftung nicht interessengerecht sind. Zum einen könnte Art. 12 Abs. 1 Rom II-VO mit der Maßgabe anzuwenden sein, dass akzessorisch an die Vertragsverhandlungen angeknüpft wird, die im Vertrauen auf die Richtigkeit des Zertifikats aufgenommen wurden.[2070] In einem Fall fehlerhafter Produktzertifizierung würde sich die Haftung der Zertifizierungsgesellschaft dann nach dem Recht richten, das für den (hypothetischen) Vertrag gilt, den der Käufer des Produkts mit dem Verkäufer abgeschlossen hat. Hintergrund dieser Überlegung wäre, dass die Zertifizierung den Abschluss *dieses* Vertrages begünstigt hat, wenn das Interesse des Käufers an dem Produkt aufgrund des Zertifikats geweckt wurde. Gegen diesen Ansatz wurde im Kontext der Gutachter- und Sachwalterhaftung mehrheitlich eingewandt, dass sich die personelle und inhaltliche Eigenständigkeit des Schuldverhältnisses zwischen dem Gutachter bzw. dem Sachwalter und der ihnen vertrauenden Personen kollisionsrechtlich durch eine selbständige Anknüpfung widerspiegeln muss.[2071] Die dahinterstehenden Bedenken kommen auch hier zum Tragen. Der Zertifizierungsgesellschaft ist regelmäßig nicht bekannt, mit wem ihr Auftraggeber in Vertragsverhandlungen über den Zertifizierungsgegenstand tritt. Das (hypothetische) Recht dieses Vertrages erscheint daher eini-

---

2070 Ohne dies zu näher begründen, ging der BGH in einer älteren Entscheidung davon aus, dass das Vertragsstatut auch für die Eigenhaftung des Verhandlungsführers, der selbst nicht Vertragspartei wurde, maßgeblich sei, vgl. BGH, Urt. v. 9. 10. 1986 – II ZR 241/85 = NJW 1987, 1141; krit. *Mansel*, in Schlosser-FS (2005), S. 545 (553).

2071 Instruktiv und m. w. N. *Mansel*, in Schlosser-FS (2005), S. 545 (554 ff.); vgl. ferner *von Hein*, RabelsZ 2009, 461 (502); *Lüttringhaus*, RIW 2008, 193 (198); *Schinkels*, JZ 2008, 272 (279); *Wendelstein*, in Soergel, Art. 12 Rom II-VO Rn. 15; die Anwendbarkeit der Vorschrift auf Drei-Personen-Verhältnisse generell ablehnend, *Otto*, in jurisPK-BGB, Art. 12 Rom II-VO Rn. 16.

germaßen fernliegend und ist aufgrund der weitreichenden Rechtswahlfreiheiten für die Zertifizierungsgesellschaft nicht vorhersehbar. Erschwerend kommt hinzu, dass z. B. der Käufer eines zertifizierten Produkts regelmäßig nicht in einer vertraglichen Beziehung zum Hersteller, der das Zertifikat bestellt hat, steht, sondern u. U. mehrere Zwischenhändler existieren.

Art. 12 Abs. 1 Rom II-VO könnte andererseits auch dergestalt zur Anwendung kommen, dass auf den hypothetischen Vertrag zwischen der Zertifizierungsgesellschaft und dem Geschädigten abgestellt wird. Namentlich *Schinkels* qualifiziert die Gutachterhaftung als ein der CIC nahestehendes, außervertragliches Schuldverhältnis für das Art. 12 Abs. 1 Rom II-VO aufgrund der faktischen Leistungsbeziehung zwischen dem Gutachter und dem Geschädigten analog gelten soll.[2072] Bereits vor der Harmonisierung des internationalen Schuldrechts wurde im Schrifttum vereinzelt eine selbständige vertragliche Anknüpfung nach Art. 28 EGBGB a. F. bevorzugt.[2073] Unter der Rom-II VO, die die *culpa in contrahendo* ausdrücklich außervertraglich qualifiziert, kann dieses Ergebnis nunmehr über eine Anknüpfung nach Art. 12 Abs. 1 Rom II-VO erzielt werden. Die besseren Argumente sprechen jedoch dagegen, die Zertifiziererhaftung dieser Vorschrift zu unterstellen. Zum einen ist die ohnehin mit Unsicherheiten behaftete Ermittlung des hypothetischen Vertragsstatuts zusätzlichen Schwierigkeiten ausgesetzt, wenn der Abschluss eines Vertrages in dem fraglichen Rechtsverhältnis tatsächlich zu keinem Zeitpunkt vorgesehen war. Dass auch im Rahmen von Art. 12 Abs. 1 Rom II-VO der hypothetischen subjektiven Anknüpfung der Vorzug einzuräumen ist, zeigt, dass die Vorschrift auf Sachverhalte abzielt, bei denen zu irgendeinem Zeitpunkt der Abschluss eines Vertrages im Raum stand. Wenngleich ferner das Bild einer „faktischen Leistungsbeziehung" zwischen Zertifizierungsgesellschaft und Geschädigtem einen Punkt trifft, ist nach hier vertretener Auffassung die Faktizität der Ereignisse gerade nicht ausreichend, um eine Anknüpfung nach den vertragsrechtlichen Regeln zu rechtfertigen.[2074] Die Gründe für einer außervertragliche Qualifikation kommen insoweit auch hier zum Tragen.

Schließlich sprechen auch Besonderheiten der Zertifizierungsfälle gegen die Annahme einer *culpa in contrahendo* i. S. v. Art. 12 Abs. 1 Rom II-VO. Sofern die vertragsrechtliche Anknüpfung der Eigenhaftung von Gutachten, Stellvertretern und Vertragsabschlusshelfern angenommen wurde, wurde dies regelmäßig mit dem besonderen Vertrauen begründet, das diese Personen gegenüber dem Geschädigten in Anspruch genommen haben. Kenn-

2072 *Schinkels*, JZ 2008, 272 (279).

2073 *Büttner*, Dritthaftung von Experten, S. 197; *Henk*, Die Haftung für culpa in contrahendo im IPR und IZVR, S. 298 ff.; m. w. N. *Mansel*, in Schlosser-FS (2005), S. 545 (556 ff.).

2074 Vgl. Kap. 6 C.IV.4.

zeichnend für diese Fälle ist, dass diese Akteure regelmäßig *persönliches* Vertrauen beanspruchen.[2075] Die räumliche und zeitliche Entfernung der Zertifizierungsgesellschaften zum Vertragsschluss ist hingegen deutlich größer. Sie nehmen lediglich *typisiertes* Vertrauen in Anspruch, was schon im deutschen Recht dazu führt, dass im Regelfall kein Schuldverhältnis i. S. v. § 311 BGB angenommen werden kann.[2076] Es besteht also ein qualitativer Unterschied hinsichtlich des in Anspruch genommenen Vertrauens, das in den Fallgruppen der Sachwalterhaftung eher die Annahme eines vertragsähnlichen Verhältnisses rechtfertigt als bei der Zertifiziererhaftung.

Liegt kein Fall des Art. 12 Abs. 1 Rom II-VO vor, könnte schließlich noch Art. 12 Abs. 2 Rom II-VO einschlägig sein. Die Bestimmung des Anwendungsbereichs dieser Vorschrift bereitet einige Schwierigkeiten.[2077] Gemeinhin wird angenommen, dass sie CIC-Konstellationen erfasst, die sich im Unterschied zu den Fällen des Abs. 1 durch eine weniger stark ausgeprägte Vertragsähnlichkeit auszeichnen.[2078] Da die Anknüpfungsregeln des Abs. 2 denen des Art. 4 Rom II-VO entsprechen und auch in diesem Sinne auszulegen sind,[2079] scheint eine sinnvolle Abgrenzung zur allgemeinen Kollisionsnorm für unerlaubte Handlungen kaum möglich, aber auch nicht entscheidend. Die Sachwalterhaftung stellt nach einer verbreitenden Ansicht jedenfalls eine der wenigen Fallkonstellationen dar, die unter diese Vorschrift fällt.[2080] Andere wollen unmittelbar Art. 4 Rom II-VO heranziehen.[2081] Auch für die Zertifiziererhaftung ist diese Anknüpfung letztlich

---

2075 Vgl. bereits *Budzikiewicz*, in NK-BGB, Art. 12 Rom II-VO Rn. 40 ff., der ausdrücklich zwischen der Inanspruchnahme persönlichen und typisierten Vertrauens differenziert; so auch *Henk*, Die Haftung für culpa in contrahendo im IPR und IZVR, S. 298 ff.; ähnlich auch *Picht*, in Rauscher, Art. 12 Rom II-VO Rn. 56.

2076 Eingehend hierzu Kap. 4 B.II.3.

2077 Vgl. bereits Kap. 6 C.III.2.; krit. zu Art. 12 Rom II-VO *von Hein*, GPR 2007, 54 (59); *Lüttringhaus*, RIW 2008, 193 (196 f.).

2078 Vgl. *von Hein*, GPR 2007, 54 (59); *Junker*, in MüKo BGB, Art. 12 Rom II-VO Rn. 25.

2079 Vgl. *Junker*, in MüKo, Art. 12 Rom II-VO Rn. 25; *Spickhoff*, in BeckOK BGB, Art. 12 Rom II-VO Rn. 9; *Wendelstein*, in Soergel, Art. 12 Rom II-VO Rn. 21 ff.; nach einer Gegenansicht enthält Abs. 2 hingegen gleichrangige Anknüpfungsalternativen zwischen denen frei gewählt werden kann, vgl. *Picht*, in Rauscher, Art. 12 Rom II-VO Rn. 30 ff.

2080 *Budzikiewicz*, in NK-BGB, Art. 12 Rom II-VO Rn. 42; *von Hein*, RabelsZ 2009, 461 (502); *Picht*, in Rauscher, Art. 12 Rom II-VO Rn. 56; *Junker*, in MüKo BGB, Art. 12 Rom II-VO Rn. 32; *Lüttringhaus*, RIW 2008, 193 (198); *Thorn*, in Grüneberg, Art. 12 Rom II-VO Rn. 5.

2081 Zur Anwendung des allgemeinen Deliktsstatuts vgl. *Stürner*, in Erman BGB, Art. 12 Rom II-VO Rn. 14; *Wendelstein*, in Soergel, Art. 12 Rom II-VO Rn. 15; noch zum EGBGB, *von Bar*, IPR, Bd. II (1. Aufl., 1991), Rn. 559; *Frick*, Culpa in contrahendo, eine rechtsvergleichende und kollisionsrechtliche Studie, S. 252 f.; *Kreuzer*, IPRax 1988, 16 (20); OLG Frankfurt, Urt. v. 11.7.1985 – 1 U 134/84 = IPRax 1986, 373 (377 f.); OLG Hamburg, Urt. v. 14.12.1988 – 8 U 167/87 = IPRspr. 1988, Nr. 34.

vorzugswürdig. Aus den bereits genannten Gründen stellt die Zertifiziererhaftung keine „vertragsferne" CIC-Fallgruppe dar. Noch nicht einmal das deutsche Recht, das den Anwendungsbereich der CIC stark ausgedehnt hat, kommt im Falle der Inanspruchnahme typisierten Vertrauens durch Zertifizierungsgesellschaften zu einer Haftung gem. §311 BGB. Vor diesem Hintergrund ist eine Qualifikation als CIC i. S. v. Art. 12 Abs. 2 Rom II-VO erst recht nicht überzeugend.

Es kann somit festgehalten werden, dass die Haftung von Zertifizierungsgesellschaften gegenüber Dritten unter keinem Gesichtspunkt in den Anwendungsbereich des Art. 12 Rom II-VO fällt. Sie ist daher nicht als Fallgruppe der *culpa in contrahendo* im kollisionsrechtlichen Sinne zu qualifizieren.

b. Kein Fall der Produkthaftung i. S. v. Art. 5 Rom II-VO

Folglich muss das anwendbare Recht also nach den Vorschriften über unerlaubte Handlungen ermittelt werden. Einschlägig ist hierbei in der Regel die allgemeine Kollisionsnorm des Art. 4 Rom II-VO. Dies gilt auch für die Variante der Produktzertifizierung. Die Haftung der in diesem Bereich tätigen Zertifizierungsgesellschaften stellt keinen Fall der Produkthaftung dar, unterfällt also nicht der speziell für die Produkthaftung geltenden Kollisionsnorm des Art. 5 Rom II-VO.[2082] Die Haftung der Zertifizierungsgesellschaften unterscheidet sich erheblich von der Haftung des Herstellers oder anderer Akteure, die in den Anwendungsbereich der Produkthaftungsrichtlinie fallen.[2083] Insbesondere sind sie nicht in den Produktionsvorgang eingebunden, sondern prüfen lediglich die Einhaltung, der nach dem jeweiligen Zertifizierungssystem maßgeblichen Vorschriften und Normen. Sie haften daher nicht im engeren Sinne für die Mangelfreiheit des Produkts, sondern für die Richtigkeit der von ihnen ausgestellten Zertifikate. Der in den Grundanknüpfungen des Art. 5 Abs. 1 S. 1 lt. a-c Rom II-VO vorgesehene Vorbehalt, dass der Staat, dessen Recht berufen wird, auch der Ort ist, an dem das Produkt in Verkehr gebracht wurde, passt dann aber nicht zu den Fällen der Zertifiziererhaftung. Der qualitative Unterschied zur Herstellerhaftung zeigt sich ferner daran, dass eine verschuldensunabhängige Haftung, wie sie die Produkthaftungsrichtlinie vorsieht, für die Zertifiziererhaftung nicht interessengerecht ist.[2084]

2082 So auch *Fulli-Lemaire*, RIDE 2015, 99 (118); *De Bruyne/Vanleenhove*, Eur. Rev. Priv. L. 2016, 823 (844).

2083 Zum materiellen Recht bereits Kap. 4 B.III.1.

2084 Vgl. Kap. 3 B.III.

c. Sonderfall der Umwelthaftung nach Art. 7 Rom II-VO

Art. 7 Rom II-VO stellt eine Sonderkollisionsnorm für Umweltschädigungen dar. Im Interesse des effektiven Umweltschutzes (vgl. Art. 191 AEUV) wird der Geschädigte nach dem Ubiquitätsprinzip befugt, zwischen dem Recht des Erfolgsorts und dem Recht des Handlungsorts zu wählen.[2085] Für den Schädiger hat dies u. U. erhebliche Konsequenzen, da er sich durch diesen Mechanismus regelmäßig nach dem aus seiner Sicht strengeren Haftungsrecht verantworten muss.

Im Kontext von Fehlzertifizierungen ist Art. 7 Rom II-VO in Betracht zu ziehen, wenn die unentdeckte oder unbeachtete Nichtkonformität des Zertifizierungsgegenstands eine Umweltschädigung im Sinne dieser Vorschrift nach sich zieht. Denkbar sind insbesondere Unfälle im Zusammenhang mit zertifizierten Industrieanlagen, Maschinen oder Schiffen. In der Praxis stellte sich die Frage nach dem Anwendungsbereich des Art. 7 Rom II-VO im Nachgang des verheerenden Staudammunglücks vom 25. Januar 2019 im brasilianischen Brumadinho im Bundesstaat Minas Gerais.[2086] Durch den Einbruch des Staudamms löste sich eine mit Giftstoffen versetzte Schlammlawine, die 272 Menschen in den Tod riss, unzählige Verletzte zurückließ und immense Sachschäden verursachte. Zuvor hatte die brasilianische Tochter des TÜV Süd den Staudamm überprüft und trotz bestehender Mängel dessen Stabilität bescheinigt, woraufhin der Betreiberfirma eine Betriebsgenehmigung erteilt wurde.[2087]

Anwendung findet Art. 7 Rom II-VO auf „außervertragliche Schuldverhältnisse aus einer Umweltschädigung oder einem aus einer solchen Schädigung herrührenden Personen oder Sachschaden". Der Begriff der Umweltschädigung sollte nach Erwägungsgrund Nr. 24 Rom II-VO „eine nachteilige Veränderung einer natürlichen Ressource, wie Wasser, Boden oder Luft, eine Beeinträchtigung einer Funktion, die eine natürliche Ressource zum Nutzen einer anderen natürlichen Ressource oder der Öffentlichkeit erfüllt, oder eine Beeinträchtigung der Variabilität unter lebenden Organismen umfassen." Bei dem Dammbruch in Brumadinho dürfte es sich um eine solche

---

2085 Vgl. zum Regelungsziel und zur Entstehungsgeschichte der Vorschrift m. w. N. *Junker*, in MüKo BGB, Art. 7 Rom II-VO Rn. 1 ff.; *von Hein*, in Calliess/Renner, Art. 7 Rom II-VO Rn. 1 f.; *Pabst*, in Rauscher, Art. 7 Rom II-VO Rn. 1 ff.

2086 Vgl. zu den Hintergründen https://www.lto.de/recht/hintergruende/h/dammbruch-brasilien-brumadinho-tuev-sued-vale-schadensersatz-schmerzensgeld-igbce-bestechung-fahrlaessige-toetung/ (Stand: 24.5.2023); zu den internationalprivat- und materiellrechtlichen Implikationen des Falls bereits *Müller-Hof/Oehm*, ZEuP 2022, 142 (144 ff.).

2087 Vgl. zu den besonderen kollisions- und sachrechtlichen Problemen im Zusammenhang mit öffentlich-rechtlichen Genehmigungen *Junker*, in MüKo BGB, Art. 7 Rom II-VO Rn. 28 ff.

Umweltschädigung gehandelt haben, denn die Böden und die Gewässer der umliegenden Ökosysteme wurden durch die Schlammlawine nachteilig verändert.[2088] Da sich der sachliche Anwendungsbereich des Art. 7 Rom II-VO nach dem eindeutigen Wortlaut nicht auf ökologische Schäden beschränkt, können die von dem Unglück Betroffenen auch die Schäden geltend machen, die sich aus der Umwelteinwirkung ergeben haben.

Dass Zertifizierungsgesellschaften durch ihre Tätigkeit nicht unmittelbar auf natürliche Ressourcen einwirken, steht einer Anwendung des Art. 7 Rom II-VO dabei nicht entgegen. Die Vorschrift setzt lediglich einen Zusammenhang zwischen der Umweltschädigung und dem geltend gemachten Schaden voraus.[2089] Ob die Umweltschädigung in zurechenbarer Weise durch die Fehlzertifizierung verursacht wurde, richtet sich nach dem vom Schädiger in Ausübung seines Wahlrechts zur Anwendung berufenen Recht.

3. Zwischenergebnis

Es ist festzuhalten, dass das Rechtsverhältnis zwischen einer Zertifizierungsgesellschaft und einem vertragsfremden Dritten als außervertragliches Schuldverhältnis und – genauer – als unerlaubte Handlung im Sinne der Rom II-VO zu qualifizieren ist. Die einschlägige Kollisionsnorm ist im Regelfall Art. 4 Rom II-VO. Im Falle von Umweltschädigungen ist hingegen der speziellere Art. 7 Rom II-VO heranzuziehen.

III. Anknüpfung

Im Folgenden werden zunächst die Möglichkeiten einer Rechtswahl durch die Parteien erörtert, denn auch im Anwendungsbereich der Rom II-VO genießt die subjektive Anknüpfung Vorrang.[2090] Maßgeblich für die objektive Anknüpfung ist regelmäßig Art. 4 Rom II-VO, also die allgemeine Kollisionsnorm für unerlaubte Handlungen. Sofern im Falle von Umweltschädigungen der Anwendungsbereich des Art. 7 Rom II-VO eröffnet ist, richtet sich die Anknüpfung nach dieser Vorschrift.

1. Subjektive Anknüpfung

Art. 14 Rom II-VO gestattet den Parteien die parteiautonome Bestimmung des anwendbaren Rechts. Nach Eintritt des schadensbegründenden Ereignis-

2088 So bereits *Müller-Hof/Oehm*, ZEuP 2022, 142 (148); zustimmend *Spickhoff*, in BeckOK BGB, Art. 7 Rom II-VO Rn. 3.

2089 *Junker*, in MüKo BGB, Art. 7 Rom II-VO Rn. 12; *Wurmnest*, in jurisPK-BGB, Art. 7 Rom II-VO Rn. 37.

2090 *Junker*, in MüKo BGB, Art. 14 Rom II-VO Rn. 38; *Thorn*, in Grüneberg, Art. 14 Rom II-VO Rn. 2; *Wurmnest*, in jurisPK-BGB, Art. 14 Rom II-VO Rn. 4.

ses ist die Rechtswahl gem. Art. 14 Abs. 1 S. 1 Nr. 1 Rom II-VO ohne Weiteres möglich und erlaubt den Parteien für Rechtsklarheit zu sorgen. Fraglich ist allerdings, inwiefern die Parteien auch eine antizipierte Rechtswahl treffen können. Denkbar wäre, dass die Zertifizierungsgesellschaften im Rahmen des Zertifizierungsvertrages oder in ihren allgemeinen Geschäfts- und Zertifizierungsbedingungen Klauseln vorsehen, die neben dem Statut der Haftung gegenüber dem Vertragspartner auch das Statut der Haftung gegenüber vertragsfremden Dritten festlegen. Die strengen Anforderungen, unter denen eine antizipierte Rechtswahl zulässig ist, werden in einem solchen Fall jedoch nicht erfüllt. Nach Art. 14 Abs. 1 S. 1 Nr. 2 Rom II-VO ist es erforderlich, dass die Parteien einer „kommerziellen Tätigkeit" nachgehen und eine „frei ausgehandelte Vereinbarung" getroffen haben.[2091] Wenngleich Art. 14 Abs. 1 S. 1 Nr. 1 Rom II-VO andere Begrifflichkeiten verwendet, zieht die ganz herrschende Meinung bei der Interpretation der Vorschrift den Unternehmerbegriff des Art. 6 Abs. 1 Rom I-VO heran.[2092] Aus diesem Grund scheidet eine antizipierte Rechtswahl gegenüber Verbrauchern, die auf das Zertifikat vertraut haben, von vornherein aus.

Handelt es sich bei dem Dritten um einen Unternehmer, ist die antizipierte Rechtswahl durch AGB-Klauseln ebenfalls regelmäßig unzulässig. Es fehlt hier an dem Merkmal der freiwillig ausgehandelten Vereinbarung. Nach richtiger Ansicht ist eine Rechtswahl durch AGB-Klauseln *de lege lata* generell unwirksam, da diese per Definition nicht „frei ausgehandelt" wurden.[2093] Doch auch, wenn man eine Rechtswahl durch AGB entgegen dem eindeutigen Wortlaut von Art. 14 Abs. 1 S. 1 Nr. 2 Rom II-VO grundsätzlich zulässt, wird man in den Zertifizierungsfällen in der Regel nicht von einer wirksamen Vereinbarung ausgehen können. Es fehlt nämlich an einer individuellen Bekräftigung des Rechtswahlwillens durch den Dritten, dem eine entsprechende AGB-Klausel regelmäßig nicht bekannt ist. Den Erwerb des Zertifizierungsgegenstandes wird man dann kaum als Manifestation des Rechtswahlwillens im Verhältnis zur Zertifizierungsgesellschaft auslegen können. Maßgeblich für die Frage, ob eine Rechtswahlvereinbarung wirksam zustande gekommen ist, ist allerdings analog Art. 3 Abs. 5 Rom I-VO

2091 Vgl. bereits im Zusammenhang mit der Haftung gegenüber dem Vertragspartner, Kap. 6 D.III.2.a.

2092 *von Hein*, ZEuP 2009, 6 (20); *Junker*, in MüKo BGB, Art. 14 Rom II-VO Rn. 23; *Spickhoff*, in BeckOK BGB, Art. 14 Rom II-VO Rn. 4; *Thorn*, in Grüneberg, Art. 14 Rom II-VO Rn. 8; *Wurmnest*, in jurisPK-BGB, Art. 14 Rom II-VO Rn. 19.

2093 Vgl. *Gebauer*, in NK-BGB, Art. 14 Rom II-VO Rn. 36; *von Hein*, ZEuP 2009, 6 (20); *Leible*, RIW 2008, 257 (260); vgl. zur Gegenansicht *Wagner*, IPRax 2008, 1 (13 f.); ähnlich und m. w. N. *Junker*, in MüKo BGB, Art. 14 Rom II-VO Rn. 35 f.; *Spickhoff*, in BeckOK BGB, Art. 14 Rom II-VO Rn. 5.

i. V. m. Art. 10, 11 und 13 Rom I-VO das jeweils gewählte Recht.[2094] Das Zustandekommen einer wirksamen Vereinbarung ist daher im Einzelfall nach diesem Recht zu beurteilen.

Einschränkungen erfährt die Parteiautonomie bei rein innerstaatlichen bzw. Binnenmarktsachverhalten nach Art. 14 Abs. 2 und 3 Rom II-VO. Als rechtswahlfest könnten sich spezielle Dritthaftungstatbestände erweisen. Bei den im Rahmen dieser Arbeit untersuchten gesetzlich geregelten Zertifizierungssystemen hat der Gesetzgeber von entsprechenden Regelungen bislang abgesehen. Denkbar und nach hier vertretener Auffassung sogar primärrechtlich geboten,[2095] wäre etwa die Einführung eines Haftungstatbestands zu Lasten der benannten Stellen. Deren öffentlich-rechtliche Funktion im Regelungsgeflecht des Marktzugangsregimes und des Produktsicherheitsrechts spricht für eine Harmonisierung der Haftung gegenüber Dritten. Ein entsprechender Haftungstatbestand hätte vor diesem Hintergrund eine besondere marktordnungsrechtliche Funktion, die es rechtfertigen würde, auch eine parteiautonome Abwahl zu untersagen. Regelungstechnisch könnte sich ein solches Vorhaben an Art. 35a Rating-VO orientieren. Mit dieser Vorschrift hat der Unionsgesetzgeber in einer vergleichbaren Dritthaftungskonstellation einen eigenständigen deliktischen Haftungstatbestand geschaffen, für dessen Rechtswahlfestigkeit ebenfalls gute Argumente vorgebracht wurden.[2096]

2. Objektive Anknüpfung nach Art. 4 Rom II-VO

a. Anknüpfung an den gemeinsamen gewöhnlichen Aufenthaltsort

Vorrang vor der Anknüpfung an den Erfolgsort genießt die Anknüpfung an den gemeinsamen gewöhnlichen Aufenthaltsort gem. Art. 4 Abs. 2 Rom II-VO.[2097] Sollten die Zertifizierungsgesellschaft und der Geschädigte also ihren gewöhnlichen Aufenthaltsort zum Zeitpunkt des Schadenseintritts in demselben Staat haben, so richtet sich die Dritthaftung nach dem Recht dieses Staates. Da durch diese Anknüpfung in der Regel das Recht des Forums zur Anwendung kommt, verspricht sie eine prozessökonomisch sinnvolle und einfache Rechtsfindung, die typischerweise auch im Interesse der Parteien liegt. Der Aufenthaltsort einer Zertifizierungsgesellschaft richtet sich gem. Art. 23 Abs. 1 S. 1 Rom II-VO nach dem Ort ihrer Hauptverwaltung.

2094 Jeweils m. w. N. *Junker*, in MüKo BGB, Art. 14 Rom II-VO Rn. 25; *Spickhoff*, in BeckOK BGB, Art. 14 Rom II-VO Rn. 3.

2095 Zur Frage, ob eine Haftung der benannten Stellen gegenüber Dritten primärrechtlich geboten ist, Kap. 3 C.III.3.

2096 Vgl. *Steinrötter*, RIW 2015, 407 (412); allgemein zur Rolle des IPR in diesem Kontext *Dutta*, IPRax 2014, 33.

2097 Vgl. zur Systematik und zum Vorrang der *lex domicilii communis Junker*, in MüKo BGB, Art. 4 Rom II-VO Rn. 37 ff.; *von Hein*, in Calliess/Renner, Art. 4 Rom II-VO Rn. 26 ff.

Wurde das Zertifikat aber von einer ausländischen Niederlassung ausgestellt, rührt das schadensbegründende Ereignis aus deren Betrieb, weshalb nach Art. 23 Abs. 1 S. 2 Rom II-VO das Recht ihres gewöhnlichen Aufenthaltsorts maßgeblich ist. Bei Pflichtverletzungen ausländischer Stellen, die im Auftrag der Zertifizierungsgesellschaft lediglich Konformitätsprüfungen durchführen, ist Art. 23 Abs. 1 S. 2 Rom II-VO indes nicht erfüllt. Das schadensbegründende Ereignis ist in den Dritthaftungsfällen in der Ausstellung des Zertifikats zu sehen. Hierfür trägt die Zertifizierungsgesellschaft die Verantwortung, selbst wenn ihre Entscheidung teilweise auf Prüfergebnissen externer Stellen beruht. Ferner handelt es sich bei Prüfstellen, die nicht in die eigentliche Zertifikatsaustellung involviert sind, bereits nicht um Niederlassungen im Sinne von Art. 23 Abs. 1 Rom II-VO,[2098] weshalb deren Aufenthaltsort bereits aus diesem Grund keine kollisionsrechtliche Relevanz hat.

b. Anknüpfung an den Erfolgsort

Fehlt es an einem gemeinsamen gewöhnlichen Aufenthalt, ist gem. Art. 4 Abs. 1 Rom II-VO an den Ort des Schadenseintritts anzuknüpfen (sog. *lex loci damni*). Gemeint ist damit der Ort der haftungsauslösenden Rechtsgutsverletzung, also der Erfolgsort.[2099] Die Erfolgsortbestimmung kann in den meisten Fällen und sofern es nicht um reine Vermögensschäden geht,[2100] ohne größere Probleme vorgenommen werden. Im Ergebnis dürfte zumeist das Recht des gewöhnlichen Aufenthaltsorts des Geschädigten zur Anwendung kommen, was typischer Weise seinen Erwartungen entsprechen wird. Zu beachten ist, dass die unsorgfältige Zertifizierung unter Umständen ein Distanzdelikt darstellt, Handlungs- und Erfolgsort also nicht deckungsgleich sind. Da der Handlungsort anders als bei Art. 7 Nr. 2 Brüssel Ia-VO im Rahmen von Art. 4 Abs. 1 Rom II-VO ausdrücklich kein Anknüpfungspunkt darstellt, kann es folglich dazu kommen, dass Zuständigkeit und anwendbares Recht voneinander abweichen, wenn sich der Geschädigte dazu entscheiden sollte, am Handlungsort zu klagen.

Wurde nicht nur ein einziger, sondern eine Vielzahl von Gegenständen zertifiziert – wie z. B. bei der Zertifizierung bestimmter Produktsicherheitsstandards – hat dies zur Folge, dass theoretisch auch eine Vielzahl von Personen in unterschiedlichen Staaten von einer Fehlzertifizierung betroffen ist. Eine einzige Fehlzertifizierung kann folglich eine große Streuwirkung entfalten

2098 Hierzu bereits im Kontext der Haftung gegenüber dem Vertragspartner Kap. 6 D.III.1.b.bb.

2099 *Junker*, in MüKo BGB, Art. 4 Rom II-VO Rn. 20; *von Hein*, in Calliess/Renner, Art. 4 Rom II-VO Rn. 13 f.; *Stürner*, in Erman, Art. 4 Rom II-VO Rn. 6 f.; *Wendelstein*, in Soergel, Art. 4 Rom II-VO Rn. 1, 41.

2100 Hierzu sogleich im nächsten Abschnitt.

und mithin zu multiplen Erfolgsorten führen. Die konsequente Anwendung von Art. 4 Abs. 1 Rom II-VO führt dazu, dass jede einzelne Rechtgutsverletzung nach der jeweiligen Rechtsordnung zu beurteilen ist, in deren Geltungsbereich sie eingetreten ist.[2101] Zertifizierungsgesellschaften müssen sich nach dieser sogenannten „Mosaikbetrachtung“ also darauf einstellen, dass sich die haftungsrechtlichen Folgen ihrer Pflichtverletzung nach mehreren Rechtsordnungen richten. Aufgrund der divergierenden Haftungsniveaus in den unterschiedlichen Rechtsordnungen bedeutet dies im Ergebnis ein relativ schwer kalkulierbares Haftungsrisiko.[2102]

Dass die konkrete Ermittlung des Erfolgsorts im Einzelfall auch Schwierigkeiten bereiten kann, hat indessen der PIP-Fall gezeigt. In diesem ging es um die Haftung des TÜV Rheinland für die fehlerhafte Zertifizierung von Brustimplantaten des französischen Herstellers PIP.[2103] In Rechtsprechung und Literatur wurden im Zusammenhang mit diesem Fall unterschiedliche Ansätze zur Bestimmung des Erfolgsorts vertreten. Sie sollen anhand eines fiktiven Falls veranschaulicht werden:

> Eine Belgierin reist für ihre Brustoperation in die Niederlande. Dort werden ihr die mit gesundheitsschädlichem Silikonöl gefüllten Implantate von PIP, die durch den TÜV zertifiziert wurden, eingesetzt. Nach ihrer Rückkehr nach Belgien kommt es zu einer Ruptur der Implantate, woraufhin die Frau eine Entzündung erleidet.

In einem ähnlichen Fall urteilte die *Cour de Cassation*, dass sich der Erfolgsort in Frankreich befinde; der Schaden sei in den Fabriken von PIP entstanden, weil die Implantate dort hergestellt und vom TÜV Rheinland unsorgfältig überprüft worden seien.[2104] In dem Beispielsfall wäre demnach französisches Recht anzuwenden. Die Argumentation der *Cour de Cassation*, den Erfolgsort am Herstellungs- und Konformitätsprüfungsort zu verorten, ist allerdings nicht überzeugend. Die knappen Ausführungen stellen der Sache nach eine (zweifelhafte[2105]) Annäherung an den Handlungsort dar, der aber im Rahmen von Art. 4 Abs. 1 Rom II-VO ausdrücklich keinen An-

---

2101 Vgl. zur „Mosaikbetrachtung“ *von Hein*, ZEuP 2009, 6 (16); ders., in Calliess/Renner, Art. 4 Rom II-VO Rn. 15; *Junker*, in MüKo BGB, Art. 4 Rom II-VO Rn. 32; *Pabst*, in Rauscher, Art. 4 Rom II-VO Rn. 48 ff.; *Spickhoff*, in BeckOK BGB, Art. 4 Rom II-VO Rn. 9.

2102 Eine Korrektur über die Ausweichklausel des Art. 4 Abs. 3 Rom II-VO kommt ebenfalls nicht in Betracht, vgl. Kap. 6 E.III.2.d.bb.

2103 Vgl. zum Sachverhalt Kap. 1 A. I.

2104 „*[L]e dommage était survenu dans les usines de la société PIP où les implants mammaires défectueux avaient été fabriqués et les inspections réalisées, faisant ainsi ressortir que le fait dommageable présentait également les liens les plus étroits avec la France, au sens de l'article 4, paragraphe 3, du règlement Rome II.*“, Cour de cass., Urt. v. 10.10.2018 – n° 15-26093.

2105 Der Handlungsort ist dort zu verorten, wo die Entscheidung über die Ausstellung

knüpfungspunkt darstellt. Allenfalls unter Art. 4 Abs. 3 Rom II-VO, auf den die *Cour de Cassation* immerhin hilfsweise abstellt, könnten der Herstellungs- und Konformitätsprüfungsort herangezogen werden. Sollte das Urteil in diesem Sinne zu verstehen sein, muss sich die *Cour* indes vorwerfen lassen, vorschnell auf die nur ausnahmsweise anzuwendende Ausweichklausel ausgewichen zu sein.

Nach einer Ansicht im Schrifttum müsse die deliktische Dritthaftung von Zertifizierungsgesellschaften hingegen mit dem Ort verknüpft werden, an dem die Geschädigten auf die Richtigkeit des Zertifikats vertraut haben.[2106] Der Ort, an dem die physische Verletzung der Patientinnen eingetreten sei, sei nicht der Ort des Erfolges der Pflichtverletzungen, die der Zertifizierungsgesellschaft vorgeworfen werden. Der Erfolg dieser Pflichtverletzungen trete an dem Ort ein, wo die Betroffenen auf die Leistung der Zertifizierungsgesellschaft vertrauten. Dies sei in den PIP-Fällen wiederum regelmäßig der Ort, an dem die Implantate operativ eingesetzt worden seien. In dem Beispielsfall käme folglich niederländisches Recht zur Anwendung, denn die Betroffene ließ sich in den Niederlanden operieren. Zweifel bestehen jedenfalls an der Begründung für dieses Ergebnis. Die Vertreter dieser Ansicht verkennen nämlich, dass das enttäuschte Vertrauen als solches haftungsrechtlich nicht geschützt wird. Auslöser für eine Haftung der Zertifizierungsgesellschaften ist die physische Verletzung der betroffenen Patientinnen. Zwar begründet diese Rechtsgutsverletzung in erster Linie eine Haftung des Herstellers bzw. des Zertifikatinhabers, doch entfaltet sie auch eine haftungsauslösende Wirkung gegenüber der Zertifizierungsgesellschaft. Die Abgrenzung der Verantwortungssphären bzw. die Frage, ob die Rechtsgutsverletzung der Zertifizierungsgesellschaft zugerechnet werden kann, ist dann eine Frage des jeweils anwendbaren Rechts. Gegen die Annahme des Erfolgsorts am Ort des Vertrauens spricht ferner, dass zur rechtspraktischen Ausfüllung dieses subjektiven Tatbestands wiederum objektive Anhaltspunkte gefunden werden müssen. Bezogen auf den Beispielsfall scheint es zudem naheliegend, dass die Betroffene auch noch nach ihrer Rückkehr nach Belgien auf die Zertifizierung durch den TÜV Rheinland vertraute, zumal die benannten Stellen gewissen Marktüberwachungspflichten unterliegen. Rechtssicherheit vermag die Annahme des Erfolgsorts am „Ort des Vertrauens“ vor diesem Hintergrund nicht zu versprechen.

---

des Zertifikats getroffen wird, vgl. Kap. 6 E.III.2.d.cc. Die Konformitätsprüfung ist hingegen eine Vorbereitungshandlung.

2106 Vgl. *De Bruyne/Vanleenhove*, Eur. Rev. Priv. L. 2016, 823 (843 f.); dieselben, ELSA Malta Law Rev. 2020, 47, die diesen Ansatz bei der Bestimmung des Erfolgsorts im Rahmen von Art. 7 Nr. 2 Brüssel Ia-VO vertreten, wohl aber auch von dessen Geltung für das IPR ausgehen.

Richtig ist im Rahmen von Art. 4 Abs. 1 Rom II-VO daher die Anknüpfung an den Ort, an dem die Rechtsgutsverletzung der Drittbetroffenen eingetreten ist. Hier ist die haftungsauslösende Verletzung der subjektiven Rechte der Betroffenen lokalisiert. In dem Beispielsfall kommt es daher darauf an, wo die körperliche Unversehrtheit und Gesundheit der Patientin verletzt wurde. In dem speziellen Kontext der Zertifizierung medizinischer Implantate stellt sich die Frage, ob bereits das Einsetzen der Implantate den kollisionsrechtlich relevanten Primärschaden i. S. v. Art. 4 Abs. 1 Rom II-VO darstellt.[2107] Bei der später aufgrund der Ruptur (in Belgien) eingetretenen Entzündung könnte es sich lediglich um eine „indirekte Schadensfolge" i. S. v. Art. 4 Abs. 1 Rom I-VO handeln, die für die Erfolgsortbestimmung außer Betracht bliebe. Davon wäre jedenfalls auszugehen, wenn die Entzündung als bloße Verschlechterung des Gesundheitszustandes anzusehen wäre.[2108] Trat eine Beeinträchtigung der Gesundheit hingegen erstmals durch die Ruptur der Implantate ein, läge der primäre Erfolgsort vorliegend in Belgien, mit der Folge, dass belgisches Recht anzuwenden wäre. Der Beispielsfall zeigt, dass sich bei der Erfolgsortanknüpfung unterschiedliche Sonderprobleme stellen können, je nach dem um welche Art von Zertifizierungsgegenstand es sich handelt und auf welche Weise Dritte mit ihm in Berührung kommen.

c. Bestimmung des Erfolgsorts bei reinen Vermögensschäden

Reine Vermögensschäden zeichnen sich dadurch aus, dass ihnen keine primäre Verletzung eines absolut geschützten Rechtsguts vorausgeht.[2109] Der Begriff ist vor allem im deutschen Recht aufgrund des eingeschränkten deliktischen Vermögensschutzes geläufig; in Rechtsordnungen, die wie die französische über eine deliktische Generalklausel verfügen, spielt er hingegen eine untergeordnete Rolle.[2110] Reine Vermögensschäden können typischerweise auch infolge von Fehlzertifizierungen auftreten. Dies ist

---

2107 In diesem Sinne *Fulli-Lemaire*, RIDE 2015, 99 (117 f.).

2108 Vgl. *Junker*, in MüKo BGB, Art. 4 Rom II-VO Rn. 30, der aber dann von einem weiteren Erfolgsort ausgeht, wenn ein Patient nach einer Gesundheitsschädigung in einem anderen Staat verstirbt; *Lund*, in jurisPK-BGB, Art. 4 Rom II-VO Rn. 13; *Pabst*, in Rauscher, Art. 4 Rom II-VO Rn. 39.

2109 Vgl. zum Begriff, *Boom, van*, in: van Boom/Koziol/Witting, Pure Economic Loss, S. 1 (2 ff.); *Bussani/Palmer*, in: Bussani/Palmer, Pure Economic Loss in Europe, S. 1 (1 ff.); *Lehmann*, J. Priv. Int'l L. 2011, 527 (531); *Thomale*, ZVglRWiss 2020, 59 (64).

2110 Vgl. bereits Kap. 5 C.II.2.b.; eingehend aus rechtsvergleichender Perspektive, *Bussani/Palmer*, in: Bussani/Palmer, Pure Economic Loss in Europe, S. 120; *Palmer*, in: Bussani/Sebok, Comparative Tort Law: Global Perspectives, S. 300; zum schweizerischen Recht *von Hein*, in Kren Kostkiewicz-FS (2018), S. 773; zum französischen Recht *Lapoyade Deschamps*, in: Banakas, Civil Liability for Pure Economic Loss, S. 89.

insbesondere der Fall, wenn die Geschädigten Transaktionen aufgrund von fehlerhaften Zertifizierungen vornehmen, also beispielsweise ein zu Unrecht zertifiziertes Produkt kaufen oder in ein zu Unrecht zertifiziertes Unternehmen investieren. Der primäre Vermögensschaden ist im Abschluss des den Zertifizierungsgegenstand betreffenden Vertrages sowie der anschließend im Vertrauen auf das Zertifikat vorgenommenen Zahlung zu sehen.[2111]

Die kollisionsrechtliche Erfolgsortbestimmung in solchen und vergleichbaren Fällen erweist sich als besonders schwierig, weil sich das Vermögen als solches schwer an einem konkreten Ort festmachen lässt. Anders als bei einem sekundären Vermögensschaden, der eintritt, weil z. B. eine im Eigentum des Geschädigten stehende Sache beschädigt wurde, fehlt es bei einem reinen Vermögensschaden an einem phänomenal wahrnehmbaren Gegenstand, der als Kristallisationspunkt der kollisionsrechtlichen Lokalisierung des dahinterstehenden Vermögensrechts herangezogen werden kann.[2112] Wichtig zu beachten ist, dass eine erstmalige Schädigung des Vermögens ihrerseits Folgeschäden am Vermögen des Betroffenen nach sich ziehen kann. Beispielsweise können dem Käufer eines zu Unrecht zertifizierten Produkts Folgeschäden in Gestalt von Haftungsschäden oder entgangenem Gewinn entstehen, wenn ein lukrativer Weiterverkauf mangels ordnungsgemäßer Zertifizierung scheitert. Nach den allgemeinen Regeln des Art. 4 Abs. 1 Rom II-VO ist für diese indirekten Schadensfolgen das Recht am Ort der erstmaligen Vermögensbeeinträchtigung maßgeblich.[2113]

An welchem konkreten Ort der Erstschaden nun lokalisiert werden kann, ist seit jeher umstritten. In der Diskussion standen im deutschen Schrifttum vor allem die Anknüpfung an den Belegenheitsort des betroffenen Vermögensstücks oder diejenige an den Wohn- bzw. Geschäftssitz des Vermögenssubjekts.[2114] Das Problem scheint sich indessen einer allgemein gültigen Lösung, die sämtliche Fallkonstellation interessengerecht erfasst, zu entziehen. Auch der EuGH, der sich bereits mit der parallel gelagerten IZVR-Problematik befasste,[2115] praktiziert eine kleinteilige und deliktstypspezifische

2111 Ähnlich in Bezug auf die Dritthaftung von Gutachtern, *Pabst*, in Rauscher, Art. 4 Rom II-VO Rn. 44.

2112 *Thomale*, ZVglRWiss 2020, 59 (63 f.).

2113 Vgl. *Pabst*, in Rauscher, Art. 4 Rom II-VO Rn. 40.

2114 Vgl. bereits vor über 90 Jahren *Raape*, in Staudinger, Bd. VI/2, EGBGB/IPR (9. Aufl., 1931), S. 203: „Wo ist eigentlich der Ort des Vermögens, wo folglich der Ort der Vermögensbeschädigung? Ist er überall da, wo sich Vermögensstücke befinden, oder da, wo der Wohnsitz des Vermögenssubjekts ist, gemäß dem Satz *res ossibus haerent*?“

2115 Vgl. insbes. EuGH, Urt. v. 9.7.2020 – C-343/19 (*Verein für Konsumenteninformation*) = NJW 2020, 2869; EuGH, Urt. v. 16.6.2016 – C-12/15 (*Universal Music*) = EuZW 2016, 583; EuGH, Urt. v. 28.1.2015 – C-375/13 (*Kolassa*) = NJW 2015, 1581.

Einzelfallkasuistik.[2116] Aufgrund des Auslegungszusammenhangs zwischen der Brüssel Ia- und Rom II-VO ist diese Rechtsprechung im Ausgangspunkt auch für das internationale Deliktsrecht von Bedeutung.[2117] Allerdings wird eine Übertragung durch den fallgruppenorientierten Ansatz sowie der Tatsache, dass die Judikate spezielle Rechtsgebiete wie das Prospekthaftungsrecht betreffen, erschwert.

Eine vertiefte Auseinandersetzung mit der Lokalisierung reiner Vermögensschaden kann an dieser Stelle nicht erfolgen.[2118] Vielmehr sollen im Folgenden – unter Beachtung der Wertungen der EuGH-Rechtsprechung – unterschiedliche Anknüpfungspunkte im Hinblick auf ihre Geeignetheit für die Zertifizierungsfälle untersucht werden. Wenngleich dies zulasten der Rechtssicherheit geht, bedarf es zur interessengerechten Lokalisierung reiner Vermögensschaden einer Abwägung, der im Einzelfall in Betracht kommenden Anknüpfungspunkte, die sich an den Zielen des Art. 4 Abs. 1 Rom II-VO zu orientieren hat.[2119]

aa. Der Ort der „Vermögenszentrale“

Denkbar ist zunächst die Anknüpfung an den Wohn- oder Geschäftssitz bzw. auch den gewöhnlichen Aufenthaltsort des Geschädigten als dessen „Vermögenszentrale“.[2120] Es ist dies der Ort, an dem sich ein Schaden letztlich bilanzmäßig auswirken wird.[2121] Diese Lösung hat den Vorzug, dass der Erfolgsort relativ einfach ermittelt werden kann. Indem im Wege der Schwerpunktbetrachtung ein einziger Erfolgsort identifiziert wird, wird zudem eine Aufspaltung des anwendbaren Rechts nach dem Mosaikprin-

---

2116 Vgl. *von Bar/Mankowski*, IPR Bd. II, § 2 Rn. 150, der EuGH habe kapituliert und versuche sich gar nicht mehr an über den Einzelfall hinausgehenden Leitentscheidungen; krit auch *Stadler/Krüger*, in Musielak/Voit, Art. 7 Brüssel Ia-VO Rn. 19c.

2117 Allgemein zum Auslegungszusammenhang, Kap. 6 A.II.4.; vgl. aber auch *Thomale*, ZVglRWiss 2020, 59 (71 ff.), der für eine elbständige Beurteilung von Deliktsgerichtsstand und Deliktskollisionsrecht eintritt.

2118 Eingehend zur Lokalisierung reiner Vermögensschäden im IPR und IZVR, *Lehmann*, J. Priv. Int'l L. 2011, 527; *Roth*, in Kronke-FS (2020), S. 471; *Stadler*, in Geimer-FS (2017), S. 715; *Thomale*, ZVglRWiss 2020, 59; *Wendelstein*, GPR 2018, 272; vgl. auch den Überblick bei *von Bar/Mankowski*, IPR Bd. II, § 2 Rn. 148 ff. monographisch *Meyle*, Reine Vermögensschäden; sowie *Odendahl*, Haftung für reine Vermögensschäden.

2119 Vgl. *Lehmann*, J. Priv. Int'l L. 2011, 527 (541 ff.).

2120 Vgl. *Dörner*, in Nomos Handkommentar-BGB, Art. 4 Rom II-VO Rn. 6; *Pabst*, in Rauscher, Art. 4 Rom II-VO Rn. 43.; *Roth*, in Kronke-FS (2020), S. 471 (483); jedenfalls hilfsweise wird diese Anknüpfung in Betracht gezogen von *Junker*, in MüKo BGB, Art. 4 Rom II-VO Rn. 21; *Spickhoff*, in BeckOK BGB, Art. 4 Rom II-VO Rn. 7; *Thorn*, in Grüneberg, Art. 4 Rom II-VO Rn. 9.

2121 *Pabst*, in Rauscher, Art. 4 Rom II-VO Rn. 43.

zip vermieden. Zu einer Aufspaltung käme es, wenn sich ein Schaden auf das Gesamtvermögen des Geschädigten erstreckt und dieser über Konten in mehreren Staaten verfügt. Gegen die Anknüpfung an die Vermögenszentrale kann hingegen eingewandt werden, dass sie zu einer nicht gerechtfertigten Privilegierung reiner Vermögensschäden gegenüber Vermögensschäden, die auf Rechtsgutsverletzungen beruhen, führt.[2122] Das Argument der bilanzmäßigen Auswirkung trifft auf beide Arten von Vermögensschäden zu, würde aber nur im Falle reiner Vermögensschäden zur Anwendung des Heimatrechts des Geschädigten führen.

In der wegweisenden verfahrensrechtlichen Entscheidung *Kronhofer* hat der EuGH dem Ort der Vermögenszentrale am Wohnsitz des Geschädigten eine Abfuhr erteilt.[2123] Der Fall betraf einen österreichischen Kläger, der einer Vermögensverwaltungsgesellschaft mit Sitz in Deutschland eine erhebliche Summe auf deren in Deutschland geführtes Bankkonto überwiesen hatte. Dieses Geld ging infolge hochriskanter Call-Options-Geschäfte an der Londoner Börse teilweise verloren. Der Kläger machte geltend, er sei zum Abschluss dieser Geschäfte telefonisch verleitet worden, ohne angemessen über deren Risiken aufgeklärt worden zu sein, weshalb er deliktische Ansprüche gegen den Geschäftsführer und Anlageberater der Vermögensverwaltungsgesellschaft vor einem österreichischen Gericht geltend machen wollte. Der EuGH lokalisierte den Erfolgsort hingegen in Deutschland. Die Wendung „Ort an dem das schädigende Ereignis eingetreten ist“ könne sich nicht schon deshalb auf den Ort des Klägerwohnsitzes – als Ort des Mittelpunkts seines Vermögens – beziehen, weil dem Kläger nach seinem Vorbringen durch Verlust von Vermögensbestandteilen in einem anderen Vertragsstaat ein finanzieller Schaden entstanden sei.[2124] Er begründete dies damit, dass der Ort der Vermögenszentrale für einen verständigen Beklagten nicht vorhersehbar sei und diese Anknüpfung überdies in den meisten Fällen zu einem Klägergerichtsstand führen würde.[2125] Gänzlich ausgeschlossen ist eine Anknüpfung an den Wohnsitz nach den Ausführungen des EuGH allerdings nicht. Der Wohnsitz des Geschädigten setzt sich lediglich „nicht allein deshalb“ durch, weil sich dort seine Vermögenszentrale befindet. Unter anderen Vorzeichen kann demnach der Wohn- bzw. Geschäftssitz maßgeblich sein.[2126]

2122 *Thomale*, ZVglRWiss 2020, 59 (75).

2123 EuGH, Urt. v. 10.6.2004 – C-168/2 (*Kronhofer*) = NJW 2004, 2441; vgl. hierzu die Anmerkung von *von Hein*, IPRax 2005, 17; ders., in Calliess/Renner, Art. 4 Rom II-VO, Rn. 23.

2124 EuGH, Urt. v. 10.6.2004 – C-168/2 (*Kronhofer*) = NJW 2004, 2441 (2442 Rn. 21).

2125 EuGH, Urt. v. 10.6.2004 – C-168/2 (*Kronhofer*) = NJW 2004, 2441 (2442 Rn. 20).

2126 Vgl. *von Hein*, IPRax 2005, 17 (21).

Die Sorge vor einer einseitigen Betonung der Interessen des Geschädigten spricht auch im Kollisionsrecht gegen die Anknüpfung an die Vermögenszentrale als Pauschallösung für derartige Fälle.[2127] Andererseits besteht die Gefahr, dass Anlageberater den Anknüpfungspunkt zu ihren Gunsten manipulieren, indem sie Einfluss auf den Lageort des geschädigten Vermögensteils nehmen.[2128] Der BGH ging u. a. deshalb davon aus, dass *Kronhofer* nur Fälle erfasse, in denen die schädigende Handlung *nach* der Überweisung des Anlagekapitals erfolgt sei.[2129] Handelt der Anlageberater aber von vornherein in der Absicht, den Anleger sittenwidrig zu schädigen, stellt bereits die Überweisung des Anlagekapitals den maßgeblichen Erfolg dar. Diese richtige Differenzierung unterstreicht die Notwendigkeit eines fallgruppen- und deliktstypisierten Lösungsansatzes.

Vor diesem Hintergrund stellt sich die Frage, ob die Anknüpfung an die Vermögenszentrale in den Fällen der Dritthaftung von Zertifizierungsgesellschaften interessengerecht wäre. Differenziert werden muss jedenfalls im Hinblick auf die Vorhersehbarkeit des anwendbaren Rechts aus Sicht der Zertifizierungsgesellschaften. Wurde etwa ein obligatorisches Sicherheitszertifikat ausgestellt, dass ein Unternehmen benötigt, um Produkte in bestimmten Staaten auf den Markt bringen zu können, ist die Zertifizierungsgesellschaft aufgrund dieser konkreten Zweckbindung zumindest in der Lage, die Wohn- und Geschäftssitze der potenziell Betroffenen zu überblicken. Zumeist wird sich dort auch deren Vermögenzentrale befinden. Von vornherein anders zu bewerten sind freiwillige Zertifizierungen, die nicht zu einem konkreten und für den Zertifizierer erkennbaren Anlass durchgeführt wurden. Insofern gilt, was bereits hinsichtlich anderer Informationsintermediäre wie Rating-Agenturen festgestellt wurde:[2130] Das Rating bzw. das Zertifikat kann als Information prinzipiell weltweit Verwendung finden, weshalb der Intermediär in der Tat damit rechnen müsste, nach sämtlichen Rechtsordnungen haftbar gemacht werden zu können. In einem solchen Fall würde die Lokalisierung des Vermögensschadens an der Vermögenszentrale zulasten der Interessen der Zertifizierungsgesellschaft gehen. Während also die Vorhersehbarkeit für die Zertifizierungsgesellschaft in den Fällen von Zertifizierungen mit klarer Zweckbindung für bestimmte Staaten eingeschränkt gegeben ist, fehlt sie bei Zertifizierungen ohne Zweckbindung.

Bei der Abwägung zu berücksichtigen ist ferner das Risiko von Rechtsspaltungen, die einen Rekurs auf die Vermögenszentrale nahelegen könnten. In dem einfachen Fall, dass ein Verbraucher ein zu Unrecht zertifiziertes Pro-

---

2127 Vgl. *Thomale*, ZVglRWiss 2020, 59 (75).

2128 Vgl. *von Hein*, YbPIL 2014, 241 (260 f.); *von Hein*, IPRax 2005, 17 (21).

2129 BGH, Urt. v. 13.7.2010 – XI ZR 57/08 = ZIP 2010, 2004; im Ergebnis zustimmend, *von Hein*, LMK 2010, 308395; vgl. hierzu auch *Lutzi*, IPRax 2019, 290 (292).

2130 *Dutta*, IPRax 2014, 33 (38).

dukt erwirbt, wird sich der Vermögensschaden typischerweise auf dem Konto niederschlagen, von dem aus die Zahlung vorgenommen wurde. Auf den Sitz der kontoführenden Bank als Belegenheitsort des betroffenen Vermögens abzustellen, würde dann keine Rechtsspaltung nach sich ziehen. Anders könnte sich dies darstellen, wenn ein Unternehmen entscheidet, in ein zertifiziertes Unternehmen zu investieren. In diesem Fall ist ohne Weiteres die Betroffenheit mehrerer Vermögensbestandteile denkbar, die im Einzelfall eine Schwerpunktbildung am Sitz des investierenden Unternehmens als dessen Vermögenszentrale rechtfertigen könnte.

Festzuhalten ist, dass die Lösung über die Vermögenszentrale generelle und zertifizierungsspezifische Schwächen hat, jedoch andererseits nicht pauschal von der Hand gewiesen werden sollte. Die *Kronhofer*-Rechtsprechung lässt hierfür ausreichend Spielraum. Unter den genannten Umständen könnte die hilfsweise Anknüpfung an die Vermögenszentrale pragmatisch und ausnahmsweise interessengerecht sein.

bb. Der Kontoführungsort als Belegenheitsort des betroffenen Vermögens

Im Schrifttum wird mehrheitlich auf den Belegenheits- bzw. Repräsentationsort des jeweils betroffenen Vermögenswerts abgestellt.[2131] Das bedeutet, dass z. B. im Falle des Verlusts einer konkreten Geldsumme das Recht am Sitz der kontoführenden Bank oder einer Zweigniederlassung zur Anwendung berufen wird.[2132] Wenngleich diesem Ort grundsätzlich eine gewisse Publizität für den Schädiger und Geschädigten beigemessen werden kann,[2133] ist die Vorhersehbarkeit des Belegenheitsorts doch eingeschränkt. Bei der Haftung von Informationsintermediären wie Zertifizierungsgesellschaften stellt sich immer das Problem, dass die potenziell Geschädigten schwer überblickt werden können. Nunmehr im Falle reiner Vermögensschäden auf den Sitz der kontoführenden Bank dieser Personen abzustellen, vertieft dieses Problem.

In der Rechtsprechung des EuGH stellt die Vorhersehbarkeit des Kontoführungsortes ein wesentlicher Abwägungsfaktor dar. In *Kolassa*, einem

---

2131 *Junker*, in MüKo BGB, Art. 4 Rom II-VO Rn. 21; *Lehmann*, J. Priv. Int'l L. 2011, 527 (543); *Spickhoff*, in BeckOK BGB, Art. 4 Rom II-VO Rn. 7; im Kontext von Herstellerhaftungsklagen *Thomale*, ZVglRWiss 2020, 59 (77 ff.); *Thorn*, in Grüneberg, Art. 4 Rom II-VO Rn. 9.

2132 Teils wird für die Lokalisierung des jeweils betroffenen Bankkontos in Anlehnung an Art. 2 Nr. 9 iii) der Insolvenz-Verordnung (VO 2015/848/EU v. 20.5.2015, ABl. L 141/19) auf den Staat abgestellt, der sich aus dem Länderkürzel der internationalen Kontonummer (IBAN) ergibt, hierzu m. w. N. *von Bar/Mankowski*, IPR Bd. II, § 2 Rn. 158 ff.

2133 *Thomale*, ZVglRWiss 2020, 59 (78).

prospekthaftungsrechtlichen Fall, definierte der Gerichtshof die unmittelbare Verwirklichung des Schadens auf einem Bankkonto des Klägers als Voraussetzung für die Zuständigkeit der Gerichte an dessen Wohnsitz.[2134] Neben der leichten Identifizierbarkeit betonte er, dass dieser Gerichtsstand auch für den Beklagten hinreichend vorhersehbar sei, da er sich durch die Notifizierung des Prospekts in einem anderen Mitgliedstaat „darauf einstellen muss, dass nicht hinreichend informierte Wirtschaftsteilnehmer, die in diesen Mitgliedstaaten ansässig sind, in dieses Zertifikat[2135] investieren und den Schaden erleiden."[2136] Entscheidend für die Vorhersehbarkeit ist hier also gerade das Zusammenfallen von Wohnsitz, Kontoführungsort und Verbreitungsort des Prospekts.[2137] Dies wurde später auch in der Rechtssache *Löber* bestätigt.[2138] In der Entscheidung *Universal Music* argumentierte der EuGH hingegen, dass „sich ein reiner Vermögensschaden, der sich unmittelbar auf dem Bankkonto des Klägers verwirklicht, für sich genommen nicht als ‚relevanter Anknüpfungspunkt' (…) qualifizieren lässt."[2139] Schließlich urteilte der EuGH in der kapitalmarktdeliktischen Rechtssache *Vereniging van Efectenbezitters*, dass der Eintritt eines Schadens auf einem Anlagekonto aufgrund von Anlageentscheidungen in Folge weltweit zugänglicher fehlerhafter Ad-hoc Mitteilungen keinen Erfolgsort begründet, wenn für das betreffende Unternehmen keine gesetzlichen Offenlegungspflichten für seine Börsennotierung entstehen.[2140]

Diese Judikate betreffen jeweils sehr spezifische Fallkonstellationen. Es scheint jedoch deutlich zu werden, dass der Kontoführungsort als Repräsentationsort des betroffenen Vermögens nach Ansicht des EuGH[2141] bei Vorliegen weiterer Umstände, die auf diesen Ort verweisen, als Erfolgsort anzusehen ist. Welche dies neben dem Wohn- oder Geschäftssitz sind, lässt sich abstrakt nur schwer formulieren. Bezogen auf Zertifizierungsgesellschaften

---

2134 EuGH, Urt. v. 28.1.2015 – C-375/13 (*Kolassa*) = NJW 2015, 1581 (1584 Rn. 55).

2135 Unter „Zertifikaten" sind in diesem Kontext freilich Finanzprodukte in Form von Schuldverschreibungen zu verstehen und nicht die Bescheinigungen von Zertifizierungsgesellschaften.

2136 EuGH, Urt. v. 28.1.2015 – C-375/13 (*Kolassa*) = NJW 2015, 1581 (1584 Rn. 56).

2137 Letzteren Umstand betonen *Thiede/Lorscheider*, EuZW 2019, 274 (278); vgl. auch *von Hein*, in Calliess/Renner, Art. 4 Rom II-VO Rn. 23.

2138 EuGH, Urt. v. 12.9.2018 – C-304/17 (*Löber*) = EuZW 2018, 998; vgl. die Besprechung von *Thiede/Lorscheider*, EuZW 2019, 274.

2139 EuGH, Urt. v. 16.6.2016 – C-12/15 (*Universal Music*) = EuZW 2016, 583 (585 Rn. 38).

2140 EuGH, Urt. v. 12.5.2021 – C-709/19 (*Verenigig van Effectenbezitters*) = NZG 2021, 842; vgl. hierzu *Gehann*, NZG 2021, 823, die in der Entscheidung eine Annäherung an das Marktortprinzip sieht; ähnlich auch *Mankowski*, LMK 2021, 808834.

2141 So auch LG Braunschweig, Urt. v. 30.4.2020 – 11 O 3092/19 = BeckRS 2020, 7267 Rn. 111; *Lund*, in jurisPK-BGB, Art. 4 Rom II-VO Rn. 15; *Thorn*, in Grüneberg, Art. 4 Rom II-VO Rn. 9; zur Gegenansicht *Rieländer*, RabelsZ 2021, 579 (596 ff.).

könnte darauf abgestellt werden, ob diese in dem jeweiligen Staat akkreditiert sind oder sich die Akkreditierung wie im Falle der benannten Stellen auf sämtliche EU-Mitgliedstaaten erstreckt. Die benannten Stellen müssen sich aufgrund der Funktion ihrer Zertifikate für den europäischen Binnenmarkt darauf einstellen, dass Verbraucher in sämtlichen Mitgliedsstaaten aufgrund von Fehlzertifizierungen Schäden erleiden. Kontoführungs- und mithin Erfolgsorte in jedem EU-Staat sind für sie vorhersehbar, denn es ist von vornherein klar, dass ihre Handlungen in diesen Staaten Wirkung zeigen werden. Da auch bei freiwilligen Zertifizierungen Akkreditierungen möglich sind, kann dieses Kriterium auch in diesem Bereich fruchtbar gemacht werden. Abstrakt formuliert, dürfte entscheidend sein, ob die Verwendung des Zertifikats in dem Staat, in dem die kontoführende Bank ihren Sitz hat, vorgesehen ist. Ist das der Fall, könnte der Erfolgsort dort nach den Maßstäben der EuGH-Rechtsprechung verortet werden.

Unabhängig von der Frage der Vorhersehbarkeit sprechen weitere Gründe dafür, Vermögensschäden auf diese Weise zu lokalisieren. *Thomale* betont, dass eine objektive Lokalisierung – also eine, die sich nicht an der Vermögenszentrale oder einer Handlung der Parteien orientiert – auch bei solchen Vermögensschäden vorgenommen wird, die auf der Verletzung absolut geschützter Rechtsgüter beruhen.[2142] In der Tat hat der Gesetzgeber in Erwägungsgrund 17 Rom II-VO deutlich gemacht, dass bei Personen- oder Sachschäden der Erfolgsort in dem Staat liegt, wo die Person oder die Sache verletzt bzw. beschädigt wurde. Die Anknüpfung an den Belegenheitsort des konkret betroffenen Vermögenswerts entspricht am ehesten dieser Wertentscheidung. Sie entspricht gleichermaßen einer rechtssicheren Bestimmung des Erfolgsorts und mithin des anwendbaren Rechts. Schließlich wird auch der Gefahr einer Manipulation durch den Schädiger bzw. einem unerwünschten *forum shopping* effektiv vorgebeugt;[2143] freilich um den Preis, dass der Anspruchsinhaber theoretisch Einfluss auf das anwendbare Recht nehmen könnte, indem er entscheidet, von welchem Konto aus er eine Überweisung vornimmt.[2144]

Die Anknüpfung an den Belegenheitsort setzt in gewisser Weise voraus, dass wie beim (Teil-)Verlust von Giralgeld überhaupt ein konkreter Vermögensteil oder Vermögenswert betroffen und als solcher identifizierbar ist.[2145] Diese Voraussetzung dürfte in den Zertifizierungsfällen regelmäßig erfüllt sein. In dem Fall, in dem aufgrund eines Zertifikats in den Zertifizierungs-

2142 *Thomale*, ZVglRWiss 2020, 59 (77 f.).
2143 Vgl. *Thomale*, ZVglRWiss 2020, 59 (78).
2144 Dies betont auch der EuGH in seinem Urt. v. 16.6.2016 – C-12/15 (*Universal Music*) = EuZW 2016, 583 (584 Rn. 38).
2145 Instruktiv *Lehmann*, J. Priv. Int'l L. 2011, 527 (543); vgl. auch *von Bar/Mankowski*, IPR Bd. II § 2 Rn. 152.

gegenstand investiert wird oder dieser erworben wird, fließt Giralgeld von einem oder mehreren Konten ab. Dementsprechend können ein einziger oder mehrere Kontoführungsorte ausgemacht und das anwendbare Haftungsrecht rechtssicher ermittelt werden. Verteilen sich die Kontoführungsorte auf mehrere Staaten, kommen nach der Mosaikbetrachtung grundsätzlich mehrere Rechtsordnungen zur Anwendung. Ist dies im Einzelfall nicht sachgerecht, könnte – dann aber unter Rückgriff auf die Ausweichklausel des Art. 4 Abs. 3 Rom II-VO[2146] – an den Ort der Vermögenszentrale angeknüpft werden.

Alles in allem kann festgehalten werden, dass das Abstellen auf den Kontoführungsort in den meisten Zertifizierungsfällen die vorzugswürdige Lösung darstellt. Reine Vermögensschäden von Personen, die auf eine Zertifizierung vertraut haben, sollten daher in erster Linie am Sitz der Bank, die das im Einzelfall betroffene Konto führt, lokalisiert werden. Der EuGH dürfte, entsprechend dem Muster seiner bisherigen Zuständigkeitsrechtsprechung, weitere Verbindungselemente zu diesem Ort verlangen. Denkbar wäre es insoweit, auf die Akkreditierung der Zertifizierungsgesellschaft in dem jeweiligen Staat abzustellen.

cc. Rückgriff auf den Handlungs- oder Verfügungsort

Im Zuständigkeitsrecht wurde bei Fallkonstellationen mit reinen Vermögensschäden teilweise auch auf den Handlungsort abgestellt. Vereinzelt wurde aufgrund der schwierigen Lokalisierung gar vom Ubiquitätsprinzip Abstand genommen, was zur Folge hätte, dass lediglich am Handlungsort bzw. den allgemeinen Gerichtsständen geklagt werden könnte.[2147] Der EuGH hält hingegen nach wie vor grundsätzlich am Ubiquitätsprinzip fest.[2148] Gleichwohl stellte er in *Universal Music* letztlich auf den Ort ab, an dem sich die Schlechterfüllung einer vertraglichen Pflicht durch den mutmaßlichen Schädiger konkretisiert hat.[2149] In Fallkonstellationen, in denen eine Partei zum Abschluss eines nachteiligen Vertrages veranlasst wurde, wurde der Vermö-

---

2146 *Junker*, in MüKo BGB, Art. 4 Rom II-VO Rn. 32.

2147 Vgl. für den Fall, dass eine Lokalisierung des Erfolgsorts nicht gelinge, *Hess*, Europäisches Zivilprozessrecht, Rn. 6.75; ähnlich auch *Meyle*, Reine Vermögensschäden, S. 328 ff.; mit anderer Begründung auch *Wendelstein*, GPR 2016, 140 (144 ff.), der argumentiert, dass sich das Vermögensrecht nur über die Pflichtenseite definieren lasse und daher ausschließlich am Handlungsort zu lokalisieren sei.

2148 EuGH, Urt. v. 12.5.2021 – C-709/19 (*Verenigig van Effectenbezitters*) = NZG 2021, 842 (843 Rn. 26).

2149 EuGH, Urt. v. 16.6.2016 – C-12/15 (*Universal Music*) = EuZW 2016, 583 (584 Rn. 30 ff.).

gensschaden teilweise am Vertragsabschlussort lokalisiert.[2150] So entschied auch der EuGH im Zuge des sog. „Dieselskandals" um manipulierte Motorsteuerungssoftware, dass in anderen EU-Mitgliedstaaten geschädigte Kunden den Autohersteller an dem Ort verklagen können, an dem sie das das Auto erworben haben.[2151]

In Anlehnung an diese Rechtsprechung könnte erwogen werden, ob bei einem zertifizierten Produkt ggf. der Erwerbsort als Erfolgsort in Betracht kommt. Es sprechen jedoch gewichtige Gründe dagegen, diesen Ansatz im Rahmen von Art. 4 Abs. 1 Rom-II-VO fruchtbar zu machen.[2152] Der Unionsgesetzgeber hat sich eindeutig dagegen ausgesprochen, das schadensbegründende Ereignis als Anknüpfungspunkt für das außervertragliche Schuldverhältnis heranzuziehen.[2153] Die Vorschrift erfordert unweigerlich die Lokalisierung des *Erfolgsorts*. Diese Orientierung am „Ergebnis" des Delikts verbietet eine handlungsbezogene Betrachtungsweise, zumal ein Abstellen auf Handlungen des *Geschädigten* auch zu einer sachlich nicht gerechtfertigten Ungleichbehandlung gegenüber Delikten ohne Verfügungsbeteiligung des Opfers führen würde.[2154] Dem Erwerbsort sollte daher kollisionsrechtlich keine Bedeutung zugesprochen werden.

Die Ergebnisorientierung des Art. 4 Abs. 1 Rom II-VO verbietet es ferner, auf die Ausstellung des Zertifikats – also die Handlung des Schädigers – als Erfolgsort abzustellen. Dies leuchtet auch deshalb ein, weil durch das bloße Ausstellen eines fehlerhaften Zertifikats noch kein Vermögensschaden begründet wird; dieser tritt vielmehr erst mit der Belastung des Kontos des Geschädigten, der auf das Zertifikat vertraut hat, ein.[2155]

2150 *Dickinson*, Rome II Regulation, Rn. 4.67; ausführlich hierzu *Lehmann*, J. Priv. Int'l L. 2011, 527 (546 ff.). Nach *Rieländer*, RabelsZ 2021, 579 (619) sei der Schadenserfolg beim Abschluss nachteiliger Verträge bereits in der Belastung mit einer „unwiderruflichen" Verbindlichkeit zu sehen, die wiederum grundsätzlich am Abschlussort lokalisiert werden müsse.

2151 EuGH, Urt. v. 9.7.2020 – C-343/19 (*Verein für Konsumenteninformation*) = NJW 2020, 2869.

2152 So auch *von Bar/Mankowski*, IPR Bd. II, § 2 Rn. 151; *Thomale*, ZVglRWiss 2020, 59 (76 f.); zur Gegenansicht *von Hein*, in Ebke-FS (2021), S. 1037 (1044); *Rieländer*, RabelsZ 2021, 579 (613 f.).

2153 Vgl. *von Bar/Mankowski*, IPR Bd. II, § 2 Rn. 151; *Thomale*, ZVglRWiss 2020, 59 (76 f.).

2154 *Thomale*, ZVglRWiss 2020, 59 (77).

2155 Allgemein *von Bar/Mankowski*, IPR Bd. II, § 2 Rn. 153 f., 162 ff.; anders *von Hein.*, IPRax 2005, 17 (21 f.).

dd. Fazit

Der Erfolgsorts bei reinen Vermögensschäden muss in Ermangelung pauschaler Lösungen normativ, d.h. im Wege der Abwägung zwischen der Interessenlage im Einzelfall sowie den Zielen des Art. 4 Abs. 1 Rom I-VO lokalisiert werden. Maßgeblich ist in den Zertifizierungsfällen in erster Linie der Belegenheitsort des konkret betroffenen Vermögensteils. Da Personen, die im Vertrauen auf ein Zertifikat Verträge abschließen, typischerweise Geld von einem bestimmten Konto aus überwiesen, liegt regelmäßig ein isolierter Vermögensteil vor, was eine Grundvoraussetzung für diese Anknüpfung darstellt. Der Belegenheitsort dieses Vermögensteils liegt am Sitz der kontoführenden Bank. Der hilfsweise Rückgriff auf die Vermögenszentrale am Wohn- oder Geschäftssitz des Geschädigten kommt nur ausnahmsweise in Betracht, etwa wenn mehrere Vermögensteile betroffen sind und eine Lösung nach den Grundsätzen des Mosaikprinzips nicht interessengerecht wäre. Zur Begründung dieser Korrektur sollte dann allerdings die Ausweichklausel des Art. 4 Abs. 3 Rom II-VO bemüht werden.[2156]

Es ist anzunehmen, dass rein empirisch in den meisten Fällen das Aufenthaltsrecht des Geschädigten zur Anwendung berufen wird. Wurde ein Zertifikat nicht für einen konkreten Anlass in einer begrenzten Anzahl von Staaten erlassen, stellt sich aus der Sicht der Zertifizierungsgesellschaften das Problem, dass sie womöglich einer Haftung nach den unterschiedlichsten nationalen Rechtsordnungen ausgesetzt sind, ohne dies im Vorfeld absehen zu können. Dies ist eine Folge der Wertentscheidung des Gesetzgebers, im Rahmen von Art. 4 Abs. 1 Rom II-VO strikt auf den Erfolgsort abzustellen, die auch nicht durch einen Rekurs auf Handlungsorte des Geschädigten oder des Schädigers umgangen werden darf.

d. Ausweichklausel

aa. Vertragsakzessorische Anknüpfung

Die Ausweichklausel des Art. 4 Abs. 3 Rom II-VO ermöglicht ausnahmsweise eine Korrektur der Regelanknüpfungen von Abs. 1 oder 2, wenn diese im Einzelfall nicht zu sachgerechten Ergebnissen führen. Der Hauptanwendungsfall der Ausweichklausel ist die akzessorische Anknüpfung des Delikts an einen zwischen den Parteien geschlossenen Vertrag gem. Art. 4 Abs. 3 S. 2 Rom II-VO. Da es zwischen der Zertifizierungsgesellschaft und den Geschädigten an einem Vertrag fehlt, besteht insoweit kein Raum für eine vertragsakzessorische Anknüpfung.

Fraglich ist hingegen, ob aufgrund der „tatsächlichen" Verbindung des Dritten zum Zertifizierungsvertrag eine akzessorische Anknüpfung an diesen

---

2156 Hierzu auch sogleich im nächsten Abschnitt.

Vertrag in Betracht kommt. Im Schrifttum wird teilweise vertreten, dass der – deliktisch zu qualifizierende – Vertrag mit Schutzwirkung für Dritte an *diesen* Vertrag anzuknüpfen sei.[2157] Da Art. 4 Abs. 3 S. 2 Rom II-VO lediglich einen Beispielsfall nennt („insbesondere"), können nach umstrittener Auffassung prinzipiell auch tatsächliche Verbindungen im Rahmen der Ausweichklausel berücksichtigt werden.[2158] Aufgrund des eindeutigen Wortlauts des Art. 4 Abs. 3 S. 2 Rom II-VO, der gerade einen Vertrag zwischen den Parteien des außervertraglichen Schuldverhältnisses voraussetzt, müsste die Anknüpfung dogmatisch aber wohl eher auf Art. 4 Abs. 3 S. 1 Rom II-VO gestützt werden.[2159] Unabhängig von der dogmatischen Grundlage sprechen allerdings gewichtige Gründe gegen die Anknüpfung der Dritthaftung einer Zertifizierungsgesellschaft an den Zertifizierungsvertrag. Insbesondere beschränkt sich die tatsächliche Verbindung typischerweise auf den bloßen Kontakt des Dritten mit dem Zertifikat oder gar nur dem zertifizierten Gegenstand. Eine Nähe zum Zertifizierungsvertrag besteht lediglich insoweit, als dass die deliktischen Schutzpflichten der Zertifizierungsgesellschaft gegenüber Dritten durch den Abschluss des Zertifizierungsvertrages aktiviert werden.[2160] In den klassischen Konstellationen des Vertrages mit Schutzwirkung für Dritte im Bereich familien-, arbeits- oder mietrechtlicher Beziehungen zwischen Gläubiger und Drittem mag im Einzelfall eine vertragsakzessorische Anknüpfung gerechtfertigt sein, denn in diesen Fällen werden die durch die Vertragsbeziehung begründeten Schutzpflichten inhaltsgleich auf vertragsfremde Dritte ausgeweitet.[2161] Die Zertifizierungsfälle zeichnen sich demgegenüber dadurch aus, dass die Interessen des Auftraggebers und des Dritten gerade nicht deckungsgleich sind.[2162] Dementsprechend spiegelt der Zertifizierungsvertrag nicht die Interessen des Dritten wider. Eine Verdrängung der Erfolgsortanknüpfung zugunsten des Statuts des Zertifizierungsvertrages ist daher nicht interessengerecht.

2157 Dafür *Martiny*, in Geimer-FS (2002), S. 641 (663); *Spellenberg*, in MüKo BGB, Art. 12 Rom I-VO Rn. 60; dagegen *Dutta*, IPRax 2009, 293 (298); so auch in einem Fall der Produzentenhaftung OGH, Urt. v. 29.10.1987 – 7 Ob 623/87 = IPRax 1988, 363 (364 f.), m. Anm. *Lorenz*.

2158 *von Hein*, in Calliess/Renner, Art. 4 Rom II- VO Rn. 65; ders., in YbPIL 2011, 523 (531); ähnlich *Lund*, in jurisPK-BGB, Art. 4 Rom II-VO Rn. 29 („zurückhaltend, aber nicht ganz ausgeschlossen"); zur Gegenansicht *Junker*, in MüKo BGB, Art. 4 Rom II-VO Rn. 54; *Pabst*, in Rauscher, Art. 4 Rom II-VO Rn. 115.

2159 Vgl. *von Hein*, in Calliess/Renner, Art. 4 Rom II-VO Rn. 66; *Spickhoff*, in BeckOK BGB, Art. 4 Rom II-VO Rn. 19.

2160 Ähnlich *Dutta*, IPRax 2009, 293 (298).

2161 Vgl. Kap. 4 B.II.2.b.

2162 Ebd. Aus diesem Grund bereitet die Annahme eines Vertrages mit Schutzwirkung für Dritte in den Fällen der Expertenhaftung auch dogmatische Schwierigkeiten.

bb. Sonstige offensichtlich engere Verbindung

Denkbar sind jedoch sonstige offensichtlich engere Verbindungen im Sinne von Art. 4 Abs. 3 S. 1 Rom II-VO. Über diese Vorschrift kann in besonderen Ausnahmefällen die Anwendung mehrerer Rechtsordnungen zur Geltendmachung eines reinen Vermögensschadens, der sich auf mehrere Konten in unterschiedlichen Staaten verteilt, korrigiert werden, indem an den Handlungsort oder insbesondere an die Vermögenszentrale am Wohn- bzw. Geschäftssitz des Geschädigten angeknüpft wird.[2163]

Die ausnahmsweise Vermeidung einer Rechtsspaltung ist bei einem Streudelikt jedenfalls geboten, wenn dieses zu multiplen Schäden eines Geschädigten in mehreren Staaten geführt hat und der Geschädigte den gesamten Schaden an einem Gerichtsstand geltend machen will.[2164] Fraglich ist hingegen, ob Art. 4 Abs. 3 Rom II-VO bemüht werden kann, wenn eine einzige deliktische Handlung eine Vielzahl von Geschädigten in unterschiedlichen Staaten nach sich zieht. Durchbrechungen der Erfolgsortanknüpfung zugunsten einer Statutenkonzentration am Handlungsort werden insoweit unter dem Topos sog. Massenschadensfälle diskutiert.[2165] Dieses Problem stellt sich ggf. auch in den Zertifizierungsfällen. Wie der PIP-Fall gezeigt hat,[2166] können von fehlerhaften Produktzertifizierungen mehrere zehntausend Personen betroffen sein. Von der Berufung einer einzigen Rechtsordnung erhofft man sich u. a. eine erleichterte Schadensabwicklung sowie die rechtliche Gleichbehandlung der Betroffenen infolge eines im Wesentlichen gleichen Schadensereignisses.[2167] So soll bspw. deutsches Recht anwendbar sein, wenn die (deutschen) Hinterbliebenen eines Flugzeugabsturzes in Frankreich gegen die Enkelgesellschaft des deutschen Luftfahrtunternehmens klagen.[2168] Hingegen wird bzgl. der Haftung von Autoherstellern wegen der Manipulation von Abgassteuerungssoftware im sog. „Dieselskandal" trotz einer Vielzahl von Betroffenen eine Statutenkonzentration am Herstellersitz überwiegend abgelehnt.[2169]

2163 Vgl. *Junker*, in MüKo BGB, Art. 4 Rom II-VO Rn. 32; *Pabst*, in Rauscher, Art. 4 Rom II-VO Rn. 51; *Stürner*, in Erman, Art. 4 Rom II-VO Rn. 9.

2164 *Junker*, in MüKo BGB, Art. 4 Rom II-VO Rn. 32.

2165 Instruktiv *Rieländer*, RabelsZ 2017, 344 (345 ff.).

2166 Vgl. zum Sachverhalt und den Hintergründen Kap. 1 A. I.

2167 Im Überblick *Rieländer*, RabelsZ 2017, 344 (346); die prozessökonomischen Vorteile betont insbes. *Mankowski*, RIW 2021, 93 (97).

2168 LG Essen, Urt. v. 1.7.2020 – 16 O 11/18 = BeckRS 2020, 17643 Rn. 103; krit. zur Vereinheitlichung des „Unfallstatuts" über die Ausweichklausel *Rieländer*, RabelsZ 2017, 344 (364 ff.).

2169 LG Ingolstadt, Verf. V. 9.12.2020 – 82 O 2885/20 = BeckRS 2020, 36444 Rn. 5 ff.; *von Hein*, in Ebke-FS (2021), S. 1037 (1044 f.); *Stadler/Krüger*, IPRax 2020, 512 (518); anders hingegen *Mankowski*, RIW 2021, 93 (96 ff.).

Gegen eine Statutenkonzentration in Dritthaftungsfällen wie dem PIP-Fall sprechen sowohl dogmatische als auch fallspezifische Argumente. Im Ausgangspunkt ist zu beachten, dass sich der EU-Gesetzgeber bei Art. 4 Abs. 1 Rom II-VO bewusst gegen das Ubiquitätsprinzip entschieden hat, weshalb die Ausweichklausel sehr restriktiv ausgelegt werden muss.[2170] Auch im Falle eines Massenschadens ist daher bei der Anwendung von Art. 4 Abs. 3 Rom II-VO Zurückhaltung geboten.[2171] Nach richtiger Ansicht sollte der eigentlich irrelevante Handlungsort nur dann über das Vehikel der Ausweichklausel „wiederbelebt" werden, wenn noch weitere gewichtige Anknüpfungspunkte auf das entsprechende Recht verweisen.[2172] Dies entspricht der allgemeinen Auffassung zu Art. 4 Abs. 3 Rom II-VO.[2173] Um den internationalen Entscheidungseinklang nicht zu gefährden,[2174] verbieten sich auch prozessökonomische Erwägungen des im Einzelfall zuständigen Gerichts zugunsten der *lex fori*.[2175]

Zu berücksichtigen ist ferner, dass die Dritthaftung einer Zertifizierungsgesellschaft in Massenfällen zwar auf demselben Delikt, nämlich der fehlerhaften Ausgabe des Zertifikats, beruht, die Einzelfälle aber im Übrigen nicht in der Weise gleich gelagert sind, wie dies etwa bei einem Flugzeugabsturz der Fall ist. Beispielsweise wurden im PIP-Fall, der insoweit symptomatisch für Fälle der fehlerhaften Produktzertifizierung sein dürfte, die mangelhaften Implantate über mehrere Jahre auf dem Binnenmarkt vertrieben. Dies hat zur Folge, dass die Schäden zu völlig unterschiedlichen und weit auseinander liegenden Zeitpunkten eintreten. Die von Art. 4 Abs. 3 Rom II-VO geforderte Abwägung der „Gesamtheit der Umstände" bezieht sich aber auf den Zeitpunkt des Schadenseintritts im Einzelfall, also auf einen Zeitpunkt, zu dem unter Umständen noch gar nicht absehbar ist, ob es überhaupt zu einem Massenschadensfall kommen wird.[2176]

Die engste Verbindung besteht vielmehr zum nach Art. 4 Abs. 1 Rom II-VO berufenen Recht am Erfolgsort. Gewichtige Anknüpfungsmomente, die unter den Aspekten der Vorhersehbarkeit oder Einzelfallgerechtigkeit eine Ab-

---

2170 *Pabst*, in Rauscher, Art. 4 Rom II-VO Rn. 82; *Thorn*, in Grüneberg, Art. 4 Rom II-VO Rn. 29.

2171 *Leible/Engel*, EuZW 2004, 7 (10 f.); *von Hein*, in Ebke-FS (2021), S. 1037 (1044 f.).

2172 *von Hein*, in Ebke-FS (2021), S. 1037 (1045); *Stadler/Krüger*, IPRax 2020, 512 (518).

2173 *Junker*, in MüKo BGB, Art. 4 Rom II-VO Rn. 55; *Lund*, in jurisPK-BGB, Art. 4 Rom II-VO Rn. 24 f.; *Pabst*, in Rauscher, Art. 4 Rom II-VO Rn. 82 ff.

2174 Vgl. zu diesem zentralen Anliegen der Rom II-VO dessen Erwägungsgrund Nr. 6.

2175 *von Hein*, in Calliess/Renner, Art. 4 Rom II-VO; ders., in FS-Ebke (2021), S. 1037 (1045); ders., in FS-Kropholler (2008), S. 553 (569 ff.); LG Ingolstadt, Verf. V. 9.12.2020 – 82 O 2885/20 = BeckRS 2020, 36444 Rn. 12 f.

2176 In diesem Sinne zu den „Dieselfällen" LG Ingolstadt, Verf. V. 9.12.2020 – 82 O 2885/20 = BeckRS 2020, 36444 Rn. 10.

weichung zuließen, sollten die absolute Ausnahme sein, zumal ein gemeinsamer gewöhnlicher Aufenthaltsort schon nach Maßgabe des Art. 4 Abs. 2 Rom II-VO zur Anwendbarkeit dieses Rechts führt.[2177] Wenn wie hier vertreten wird, dass der Erfolgsort nicht mit dem Ort des Abschlusses des den Zertifizierungsgegenstand betreffenden Vertrages zusammenfällt,[2178] könnte der Vertragsabschlussort ein im Rahmen der Ausweichklausel zu berücksichtigendes Anknüpfungsmoment darstellen.[2179] Dem bloße Zusammenfallen des Handlungs- und Vertragsabschlussorts dürfte allerdings noch kein ausreichendes Gewicht zukommen, um von der Erfolgsortanknüpfung abzuweichen. Weitere Elemente, die berücksichtigt werden könnten, wären die Orte an denen Vorbereitungshandlungen der Zertifizierungsgesellschaft wie Werksbesichtigungen, Laborprüfungen oder anderweitige Konformitätsprüfungen stattgefunden haben. Die räumliche Verbindung verfestigt sich zudem, wenn auch der Zertifizierungsgegenstand an diesem Ort lokalisiert ist, also etwa im Falle von Unternehmens- oder Anlagenzertifizierungen. Werden hingegen einzelne Produkte, die grenzüberschreitend gehandelt werden, zertifiziert, ist die Verbindung aufgrund der Mobilität des Zertifizierungsgegenstands weniger stark ausgeprägt. In der Mehrzahl der Fälle werden die engen Voraussetzungen einer Statutenkonzentration aber nicht vorliegen. Es bleibt dann auch im Falle von Massenschäden bei der Mosaikbetrachtung, die für jedes Rechtsverhältnis die eigenständige Anknüpfung an den jeweiligen Erfolgsort nach sich zieht.

cc. Lokalisierung des Handlungsorts

Sofern über die Ausweichklausel ausnahmsweise an den Handlungsort angeknüpft werden soll, stellt sich in den Zertifizierungsfällen die Frage, wo sich dieser überhaupt befindet.[2180] Es könnte insoweit darauf abgestellt werden, an welchem Ort die Zertifizierungsgesellschaft eine Konformitätsprüfung nicht oder nicht ordnungsgemäß durchgeführt hat.[2181] Überzeugender ist es jedoch die unzureichende Konformitätsprüfung als Vorbereitungshandlung der eigentlichen Pflichtverletzung, nämlich das Zertifikat trotz Nichtkonformität des Zertifizierungsgegenstands ausgestellt zu haben, anzusehen. Erst die Zertifizierungsentscheidung führt dazu, dass ein unrichtiges Zertifikat ausgegeben und die Gefahr begründet wird, dass dieses im Rechts- und Geschäftsverkehr gegenüber Dritten verwendet wird. Der Handlungsort ist da-

---

2177 Hierzu Kap. 6 E.III.2.a.

2178 Kap. 6 E.III.2.c.cc.

2179 Vgl. *Mankowski*, RIW 2021, 93 (99) im Kontext der „Dieselfälle“.

2180 Zu den unterschiedlichen Ansätzen im IZVR-Kontext, allerdings ohne eindeutige Präferenz, *De Bruyne/Vanleenhove*, Eur. Rev. Priv. L. 2016, 823 (842 f.); dieselben, ELSA Malta Law Rev. 2020, 47 (68).

2181 In diesem Sinne Cour de cass., Urt. v. 10.10.2018 – n° 15-26093.

her am Hauptsitz der Zertifizierungsgesellschaft oder der verantwortlichen Niederlassung bzw. Organisationseinheit zu verorten, denn an diesem Ort wird auf Grundlage der vorangegangenen Prüfungs- und Überwachungsmaßnahmen über die Zertifizierung entschieden.[2182]

dd. Fazit

Über die Ausweichklausel kann keine Anknüpfung an den Zertifizierungsvertrag begründet werden. Entsprechende Überlegungen zum Vertrag mit Schutzwirkung für Dritte können im Zusammenhang mit der Dritthaftung von Zertifizierungsgesellschaften nicht fruchtbar gemacht werden. Eine Anknüpfung an den Handlungsort – der am Ort, der die Zertifizierungsentscheidung treffenden Organisationseinheit zu lokalisieren ist – kommt im Falle von Massenschäden nur in besonderen Ausnahmekonstellationen in Betracht. Erforderlich sind weitere gewichtige Anknüpfungsmomente, die im Einzelfall auf den Handlungsort verweisen. Eine Abweichung von der strengen Erfolgsortanknüpfung ist jedoch zu erwägen, wenn sich ein reiner Vermögensschaden auf mehrere Konten in unterschiedlichen Staaten erstreckt. In diesem Fall könnte an die Vermögenszentrale am Wohn- bzw. Geschäftssitz des Geschädigten angeknüpft werden.

3. Anknüpfung nach Art. 7 Rom II-VO

Im Anwendungsbereich des Art. 7 Rom II-VO[2183] genießt der Geschädigte das Recht, zwischen dem Erfolgsort nach Art. 4 Abs. 1 Rom II-VO sowie dem Recht desjenigen Staates zu wählen, in dem das schadensbegründende Ereignis eingetreten ist. Sofern es bei der Erfolgsortanknüpfung nach Art. 7 Hs. 1 Rom II-VO bleibt, kann auf die Ausführungen des vorherigen Abschnitts verwiesen werden.[2184] Wird nicht eine reine Umweltschädigung geltend gemacht, sondern Schäden, die „auf dem Umweltpfad" aus einer solchen herrühren, kann es zu einer Abweichung des Orts der Umweltschädigung und dem maßgeblichen Ort, an dem der Schaden eingetreten ist, kommen.[2185] Zu beachten ist, dass im Anwendungsbereich des Art. 7 Rom II-VO ein Rückgriff auf den gemeinsamen gewöhnlichen Aufenthalt (Art. 4 Abs. 2 Rom II-VO) oder die Ausweichklausel (Art. 4 Abs. 3 Rom II-

2182 Die Frage, ob sich ein etwaiges Überwachungsversagen der Muttergesellschaft auf die Lokalisierung des Handlungsorts auswirkt, wird im nächsten Abschnitt (Kap. 6 E.III.3.) im Kontext von Art. 7 Rom II-VO behandelt. Richtigerweise handelt es sich dabei aber um eine unbeachtliche Vorbereitungshandlung.

2183 Vgl. Kap. 6 E.II.2.c.

2184 Kap. 6 E.III.2.b. und c.

2185 *Junker*, in MüKo BGB, Art. 7 Rom II-VO Rn. 20; *Thorn*, in Grüneberg, Art. 7 Rom II-VO Rn. 7.

VO) ausgeschlossen ist, da dies mit der Ratio des Wahlrechts nicht vereinbar wäre.[2186]

Mit dem Ort des schadensbegründen Ereignisses gem. Art. 7 Hs. 2 Rom II-VO ist der Handlungsort gemeint, also der Ort, an dem der Schädiger die für die Umweltschädigung maßgebliche Ursache durch positives Tun oder durch Unterlassen gesetzt hat.[2187] Probleme bereitet die Lokalisierung des Handlungsorts insbesondere im Falle arbeitsteiliger und grenzüberschreitender Unternehmens- bzw. Konzernstrukturen, wie sie auch im Zertifizierungsbereich regelmäßig auftreten. So wurde nach dem Staudammunglück in Brasilien[2188] die Frage aufgeworfen, ob der Handlungsort am Sitz der brasilianischen Tochtergesellschaft des TÜV Süd oder am Sitz des Mutterkonzerns in Deutschland lokalisiert werden muss.[2189] Dass die Tochtergesellschaft als Vertragspartnerin des Minenbetreibers die mutmaßlich fehlerhaften Stabilitätserklärungen abgeben hat, spricht dafür, den Handlungsort in Brasilien zu verorten. Fraglich ist aber, ob bei einem Management- oder Überwachungsversagen der Muttergesellschaft nicht deren Sitz maßgeblich ist. Im Kontext deliktischer Menschenrechtsklagen mit Umweltbezug wird teilweise vertreten, dass es entscheidend auf den Ort ankomme, an dem die deliktsrelevanten Organisationsentscheidungen getroffen werden.[2190] Ähnlich argumentierte ein niederländisches Gericht in einem Verfahren gegen das Mineralölunternehmen Shell: Der Handlungsort für die verursachten Emissionen liege nicht am Standort des emittierenden Unternehmens, sondern dort, wo die Unternehmenspolitik formuliert werde, also in den Niederlanden.[2191]

Dieses Ergebnis kann jedenfalls nicht damit begründet werden, dass nur das Recht an dem hypothetischen Handlungsort darüber entscheiden könne, ob ein bestimmtes Verhalten haftungsrechtliche Konsequenzen nach sich ziehe.[2192] Den Handlungsort auf diese Weise vom Inhalt der konkreten Hand-

---

2186 *Junker*, in MüKo BGB, Art. 7 Rom II-VO Rn. 6; *von Hein*, in Calliess/Renner, Art. 7 Rom II-VO Rn. 9; *Pabst*, in Rauscher, Art. 7 Rom II-VO Rn. 27a.; *Wurmnest*, in jurisPK-BGB, Art. 7 Rom II-VO Rn. 53.

2187 *Junker*, in MüKo BGB, Art. 7 Rom II-VO Rn. 21 f.; *von Hein*, in Calliess/Renner, Art. 7 Rom II-VO Rn. 18; *Spickhoff*, in BeckOK BGB, Art. 7 Rom II-VO Rn. 4; *Wagner*, RabelsZ 2016, 717 (743); *Wurmnest*, in jurisPK-BGB, Art. 7 Rom II-VO Rn. 52.

2188 Vgl. zum Sachverhalt Kap. 6 E.II.2.c.

2189 Vgl. *Müller-Hof/Oehm*, ZEuP 2022, 142 (147 f.).

2190 *Hübner*, Unternehmenshaftung für Menschenrechtsverletzungen, S. 159 ff.; hierzu scheinen auch *Müller-Hof/Oehm*, ZEuP 2022, 142 (147) zu tendieren.; anders hingegen *Wagner*, RabelsZ 2016, 717 (743 f.).

2191 Rechtbank den Haag, Urt. v. 26.5.2021 = EWeRK 2021, 163; vgl. hierzu *Kieninger*, IPRax 2022, 1 (6).

2192 So aber *Mansel*, ZGR 2018, 439 (459 ff.); im Kontext von Art. 4 Abs. 3 Rom II-VO auch *Mankowski*, RIW 2021, 93 (100).

lungspflicht abhängig zu machen, würde bedeuten, auf das materielle Recht zu rekurrieren. Dieses soll aber durch die Lokalisierung des Handlungsorts gerade erst ermittelt werden, weshalb dem Ansatz zurecht Zirkularität vorgeworfen wurde.[2193]

Auf den Ort der Organisationentscheidungen abzustellen, steht aber auch in Konflikt mit der weit überwiegend vertretenen Auffassung im Schrifttum, dass Vorbereitungshandlungen im Vorfeld des eigentlichen Delikts kollisionsrechtlich unbeachtlich sind.[2194] Auf diese Weise wird der Handlungsort auch im Rahmen von Art. 40 Abs. 1 EGBGB und Art. 7 Nr. 2 Brüssel Ia-VO lokalisiert.[2195] Ausgeklammert werden sollen damit wohl nicht nur zeitlich frühere Tatbeiträge *eines* Schädigers,[2196] sondern jegliche Tatbeiträge, die nicht unmittelbar zur Rechts- oder Interessenverletzung geführt haben.[2197] Irrelevant wären demnach auch die Organisationsentscheidungen einer hierarchisch vorgelagerten Muttergesellschaft.[2198] Wenngleich eine Ausweitung des Wahlrechts des Geschädigten im Sinne des von Art. 7 Rom II-VO bezweckten Umweltschutzes wäre, würde es erheblich zulasten der Vorhersehbarkeit des anwendbaren Rechts gehen, wenn jeder Tatbeitrag entlang der Konzernhierarchie einen kollisionsrechtlich relevanten Handlungsort begründen würde.[2199] Bloße Organisationsentscheidungen einer Muttergesellschaft können daher unter dem geltenden Art. 7 Rom II-VO nicht zu einer Anknüpfung des Deliktsstatuts an deren Verwaltungssitz führen.

Die maßgebliche Schädigungshandlung ist in den Zertifizierungsfällen vielmehr die pflichtwidrige Entscheidung, ein Zertifikat auszustellen oder nach Bekanntwerden von Konformitätsabweichungen nicht zurückzuziehen.[2200] Durch dieses Tun bzw. Unterlassen wird die Ursache für die Zirkulation des fehlerhaften Zertifikats gesetzt. Der Handlungsort ist daher der tatsächliche Sitz der Organisationseinheit einer Zertifizierungsgesellschaft, die die finale Zertifizierungsentscheidung trifft. Verfügt ein Zertifizierungsunternehmen über ausländische Niederlassungen oder Tochterunternehmen, dürfte der

---

2193 *Hübner*, Unternehmenshaftung für Menschenrechtsverletzungen, S. 160 f.

2194 *Junker*, in MüKo BGB, Art. 7 Rom II-VO Rn. 22; *von Hein*, in Calliess/Renner, Art. 7 Rom II-VO Rn. 18; *Pabst*, in Rauscher, Art. 7 Rom II-VO Rn. 29; *Spickhoff*, in BeckOK BGB, Art. 7 Rom II-VO Rn. 4; *Thorn*, in Grüneberg, Art. 7 Rom II-VO Rn. 7; *Wurmnest*, in jurisPK-BGB, Art. 7 Rom II-VO Rn. 52.

2195 Jeweils m. w. N. *Junker*, in MüKo BGB, Art. 40 EGBGB Rn. 25; *Stadler/Krüger*, in Musielak/Voit, Art. 7 Brüssel Ia-VO Rn. 19a; vgl. bereits *Wagner*, RabelsZ 2016, 717 (743 f.).

2196 So aber *Hübner*, Unternehmenshaftung für Menschenrechtsverletzungen, S. 160.

2197 *Thorn*, in Grüneberg, Art. 7 Rom II-VO Rn. 7.

2198 *Wagner*, RabelsZ 2016, 717 (744).

2199 Vgl. zu beiden Argumenten bereits *von Hein*, in Caliess/Renner, Art. 7 Rom II-VO Rn. 18.

2200 Vgl. bereits im Kontext der Ausweichklausel Kap. 6 E.III.2.d.cc.

Handlungsort daher regelmäßig an deren Sitz zu verorten sein, sofern dort auch über die Zertifizierung entschieden wurde.

Bezogen auf den Staudammfall wäre daher von einer Verlagerung des Handlungsorts nach Deutschland erst dann auszugehen, wenn der Muttergesellschaft ein Verhalten vorgeworfen wird, das sich unmittelbar auf die Zertifizierungsentscheidung der Tochtergesellschaft ausgewirkt hat. Der bloßen Schaffung von Unternehmensstrukturen, die eine fehlerhafte Zertifizierungsentscheidung begünstigt oder ermöglicht haben, fehlt der notwendige Bezug zu dem konkreten Delikt der pflichtwidrigen Zertifizierung. Sollte sich hingegen herausstellen, dass der TÜV Süd auf die Entscheidung seiner brasilianischen Tochter, den Staudamm zu zertifizieren, eingewirkt hat, könnte der Handlungsort in Deutschland lokalisiert werden.

4. Zusammenfassung

Das außervertragliche Schuldverhältnis zwischen einer Zertifizierungsgesellschaft und einem vertragsfremden Dritten, der auf die Richtigkeit eines Zertifikats vertraut hat, ist vorrangig subjektiv anzuknüpfen. Art. 14 Rom II-VO gestattet den Parteien die parteiautonome Bestimmung des anwendbaren Rechts. Die Voraussetzungen für eine antizipierte Rechtswahl zwischen der Zertifizierungsgesellschaft und Dritten sind jedoch in der Regel nicht erfüllt, weshalb allenfalls eine nachträgliche Rechtswahl in Betracht kommt. Sollten der nationale oder europäische Gesetzgeber im Falle der gesetzlich geregelten Zertifizierungssysteme spezielle Dritthaftungsinstitute einführen, sprechen gute Gründe dafür, diese nach Maßgabe der Art. 14 Abs. 2 bzw. 3 Rom II-VO der parteiautonomen Abwahl zu entziehen.

Die objektive Anknüpfung richtet sich im Regelfall nach Art. 4 Rom II-VO. Haben die Zertifizierungsgesellschaft und der Geschädigte zum Zeitpunkt des Schadenseintritts ihren gewöhnlichen Aufenthalt in demselben Staat, ist das Deliktsrecht dieses Staates anwendbar. Der Aufenthaltsort einer Zertifizierungsgesellschaft richtet sich dabei gem. Art. 23 Abs. 1 S. 1 Rom II-VO nach dem Ort ihrer Hauptverwaltung. Fehlt es an einem gemeinsamen Aufenthaltsort ist nach Art. 4 Abs. 1 Rom II-VO an den Erfolgsort anzuknüpfen. Faktisch führt diese Anknüpfung meistens zur Anwendung des Aufenthaltsrechts des Geschädigten. Charakteristisch für die Zertifiziererhaftung ist zum einen, dass es sich um ein Distanzdelikt handelt. Außerdem können Fehlzertifizierungen eine große Streuwirkung entfalten und eine Vielzahl von Personen in unterschiedlichen Staaten betreffen. Nach der Mosaikbetrachtung kommt für jedes Rechtsverhältnis das Recht an dem jeweiligen Erfolgsort zur Anwendung.

Der Ort, an dem die Rechtsgutsverletzung der Drittbetroffenen eingetreten ist, kann bei absolut geschützten Rechtsgütern zumeist unproblematisch ermittelt werden. Bei den sogenannten reinen Vermögensschäden, denen keine Verletzung eines absolut geschützten Rechtsguts vorausgeht, ist die richtige Lokalisierung nach wie vor nicht abschließend geklärt. Vorzugswürdig ist in den Fällen der Zertifiziererhaftung die Anknüpfung an den Belegenheitsort des konkret betroffenen Vermögensteils, also des Kontos von dem aus im Vertrauen auf die Zertifizierung Zahlungen vorgenommen wurden. Der Belegenheitsort dieses Vermögensteils liegt am Sitz der kontoführenden Bank. Der Rückgriff auf die Vermögenszentrale am Wohn- oder Geschäftssitz des Geschädigten kommt nur ausnahmsweise in Betracht, etwa wenn mehrere Vermögensteile betroffen sind und eine Lösung nach den Grundsätzen des Mosaikprinzips nicht interessengerecht wäre. Dieses Ergebnis kann unter Rückgriff auf die Ausweichklausel des Art. 4 Abs. 3 Rom II-VO erzielt werden.

Sofern im Falle von Umweltschädigungen der Anwendungsbereich des Art. 7 Rom II-VO eröffnet ist, kann der Geschädigte zugunsten des Rechts am Ort des schadensbegründenden Ereignisses, also des Handlungsorts, optieren. Für die Zertifizierungsgesellschaft bedeutet dies ein erhöhtes Haftungsrisiko, denn der Geschädigte wird sich für das für ihn günstigere Haftungsrecht entscheiden. Der Handlungsort ist der Ort, an dem über die pflichtwidrige Zertifizierung bzw. unterlassene Zurückziehung eines Zertifikats entschieden wurde. Vorbereitungshandlungen wie fehlerhafte Konformitätsprüfungen sind insoweit unbeachtlich. Im Übrigen darf im Falle eines Management- oder Organisationsversagens nicht auf den Sitz der Muttergesellschaft als maßgeblichen Handlungsort abgestellt werden.

Kapitel 7: Zusammenfassung und Fazit

Die vorliegende Arbeit untersuchte die Haftung von Zertifizierungsgesellschaften aus unionsrechtlicher, rechtsvergleichender und kollisionsrechtlicher Perspektive. Im Folgenden werden die wichtigsten Ergebnisse und Thesen zusammengefasst.

A. Das Instrument der privaten Zertifizierung und die unionsrechtlichen Haftungsvorgaben

Unter dem Begriff der Zertifizierung versteht man die von einer unabhängigen Stelle durchgeführte Überprüfung eines Produkts, einer Dienstleistung, eines Verfahrens, einer Person oder einer Einrichtung auf seine bzw. ihre Übereinstimmung mit vorher festgelegten Anforderungen sowie die formale Bestätigung dieser Konformität.[2201] Von anderen Prüftätigkeiten unterscheidet sich die Zertifizierung dadurch, dass mithilfe der Inbezugnahme technischer Normen, Konformitätsaussagen generiert werden, die für Dritte in besonderem Maße anerkennungsfähig sind.[2202] Solche Zertifizierungen im funktional-normbezogenen Sinne spielen in einer arbeitsteiligen Wissensgesellschaft eine zentrale Rolle. Sie können entweder dem privatwirtschaftlichen oder öffentlich-rechtlichen Bereich zugeteilt werden, je nachdem, ob die Zertifizierung gesetzlich vorgeschrieben oder freiwillig ist.[2203] Weiter kann danach differenziert werden, ob eine Zertifizierung gesetzlich geregelt ist oder nicht. Vor dem Hintergrund dieser Kategorien offenbaren sich unterschiedliche Funktionen entlang des Grades der öffentlich-rechtlichen Prägung der jeweiligen Zertifizierungssysteme: Die Konformitätsprüfungen des europäischen Produktsicherheitsrechts sind etwa verpflichtend vorgeschrieben und dienen der Regulierung des Zugangs zum Binnenmarkt sowie der Einhaltung von Mindestsicherheitsstandards im Interesse des Gemeinwohls.[2204] Die GS-Zertifizierung nach §§ 20 ff. ProdSG ist ebenfalls gesetzlich geregelt, bleibt dabei jedoch freiwillig.[2205] Es handelt sich um ein durch den Gesetzgeber ausgestaltetes Marketinginstrument, das zur Verbesserung der Produktsicherheit beitragen soll. Ferner existieren Zertifizierungssysteme wie die Zertifizierung nach ISO 9001, die gänzlich ohne gesetzliche Begleitstrukturen auskommt und der Vereinfachung von Geschäftsbezie-

2201 Kap. 2 A. I.
2202 Kap. 2 B.IV.
2203 Für einen tabellarischen Vergleich siehe Kap. 2 C.IV.
2204 Kap. 2 C. I.
2205 Kap. 2 C.II.

hungen sowie als Marketinginstrument dient.[2206] Trotz dieser strukturellen Unterschiede und unabhängig davon, ob Behörden, Verbraucher oder Handelspartner adressiert werden, werden Zertifizierungsgesellschaften auf der Grundlage eines privatrechtlichen Vertrages mit ihrem Auftraggeber und gegen Zahlung eines Entgelts tätig. Selbst wenn Zertifizierungsgesellschaften wie im europäischen Produktsicherheitsrecht bei funktionaler Betrachtung Aufgaben der öffentlichen Verwaltung wahrnehmen, sind sie nicht als Beliehene des Staates zu qualifizieren.[2207]

Die primäre Verantwortung für die Beschaffenheit und Eigenschaften des Zertifizierungsgegenstandes liegt bei den Inhabern der ausgestellten Zertifikate.[2208] Gleichwohl existieren Fälle, in denen eine alleinige oder parallele Haftung der Zertifizierungsgesellschaften in Betracht kommt. Anknüpfungspunkte für eine zivilrechtliche Haftung der Zertifizierungsgesellschaften ergeben sich aus ihren gesetzlichen und vertraglichen Pflichten entlang des Zertifizierungsprozesses.[2209] Zentral ist zunächst die Pflicht, die geschuldete Konformitätsprüfung sorgfältig und im Einklang mit den Vorgaben des jeweiligen Zertifizierungssystems durchzuführen. Im Anschluss an diese Prüfungsphase ist die Zertifizierungsgesellschaft zur Ausstellung des Zertifikats oder bei negativer Prüfung zur begründeten Ablehnung des Zertifikats verpflichtet. Zertifizierungsgesellschaften unterliegen schließlich nach der Zertifikatsaustellung strengen Überwachungspflichten. Das bedeutet, dass sie während des Gültigkeitszeitraums des Zertifikats den Zertifizierungsgegenstand überwachen müssen, um sicherzustellen, dass die Zertifizierungsanforderungen eingehalten werden.

Die Zertifizierungssysteme offenbaren eine asymmetrische Anreizstruktur:[2210] Während einerseits das zertifizierte Unternehmen durch zu strenge Prüfungen geschädigt werden kann, werden andererseits die Interessen Dritter durch unsorgfältige Prüfungen gefährdet. Inwiefern die Zertifizierungsgesellschaften gegenüber ihren Auftraggebern und/oder Dritten haften, wirkt sich, vor dem Hintergrund der zu vermutenden verhaltenssteuernden Effekte des Haftungsrechts, auf das Gesamtgefüge und die Funktionsweise eines Zertifizierungssystems aus.

In den untersuchten Rechtsordnungen fehlen indessen ausdrückliche gesetzliche Regelungen zur Haftung von Zertifizierungsgesellschaften. Dies gilt auch für das Unionsrecht, was den EuGH in seiner Rechtsprechung zur Haftung der benannten Stellen veranlasste, das Ob und Wie der Haftung dem jeweils anwendbaren nationalen Privatrecht zu überlassen. Nach hier ver-

2206 Kap. 2 C.III.
2207 Kap. 2 C. I.7.b.bb.
2208 Kap. 3 A. I.
2209 Kap. 3 A.II.
2210 Kap. 3 B. I.

tretener Auffassung ist jedoch die Haftung der benannten Stellen gegenüber den Endabnehmern zertifizierter Produkte zur Gewährleistung der praktischen Wirksamkeit des europäischen Zertifizierungsrechts primärrechtlich geboten.[2211] Der dahinterstehende Gedanke der funktionalen Subjektivierung folgt aus dem Effektivitätsgrundsatz des Art. 4 Abs. 3 EUV. Es wäre daher zu begrüßen, wenn der Gesetzgeber die Haftung der benannten Stellen künftig harmonisieren würde. Orientieren könnte sich ein solches Vorhaben an Art. 35a der Rating-VO. Die Vorschrift normiert einen speziellen Haftungstatbestand für Rating-Agenturen, die ähnlich wie die benannten Stellen als *Gatekeeper* des jeweiligen Marktes fungieren.

B. Das materielle Haftungsrecht

Einen Schwerpunkt der Arbeit bildete die Untersuchung des deutschen, englischen und französischen Rechts.[2212] Sie hat gezeigt, dass die Haftung gegenüber den Auftraggebern der Zertifizierungsgesellschaft relativ ähnlich ausgestaltet ist und zumeist identische Ergebnisse zu erwarten sind. Hingegen weist die Haftung gegenüber vertragsfremden Dritten größere dogmatische Unterschiede auf. In der Praxis dürften die Erfolgsaussichten der Klage eines vertragsfremden Dritten auch stark davon abhängig sein, welches Recht Anwendung findet.

Die Haftung gegenüber den Auftraggebern richtet sich jeweils nach den allgemeinen schuldrechtlichen Regeln. Im Mittelpunkt steht die Schadensersatzhaftung wegen einer Verletzung des Zertifizierungsvertrages. Der Zertifizierungsvertrag wird in Deutschland und Frankreich werkvertraglich qualifiziert,[2213] im englischen *common law* wird indessen keine formale Qualifizierung vorgenommen.[2214] Die Auslegung des Zertifizierungsvertrages und die Bewertung der Interessenlage ergibt, dass die Zertifizierungsgesellschaft bei der Prüfung und Überwachung der Normkonformität des Zertifizierungsgegenstands verpflichtet ist, mit der erforderlichen und von ihr zu erwartenden Sorgfalt und Kompetenz zu handeln. Sie macht sich nicht bereits dadurch schadensersatzpflichtig, dass eine auf der Grundlage der vorgenommenen Prüfungen getroffene Zertifizierungsentscheidung inhaltlich fehlerhaft war. Nach deutschem Recht stellt eine inhaltlich falsche Zertifizierungsentscheidung einen Sachmangel der geistigen Werkleistung und mithin eine Pflichtverletzung dar.[2215] Da nicht von einer Garantie

2211 Kap. 3 C.III.
2212 Vgl. zur Rechtsvergleichung Kap. 5.C.
2213 Kap. 4 A.I.1. und Kap. 5 B.I.1.
2214 Kap. 5 A.I.1.
2215 Kap. 4 A.I.3.a.aa.(1).

i. S. v. § 276 Abs. 1 S. 1 BGB hinsichtlich der Richtigkeit der Entscheidung auszugehen ist, hängt die Haftung davon ab, ob die Zertifizierungsgesellschaft die Pflichtverletzung zu vertreten hat.[2216] Im englischen und französischen Recht gilt dem Grunde nach nichts anderes. Allerdings differenzieren diese Rechtsordnungen nicht in gleicher Weise zwischen den Ebenen der Pflichtverletzung und des Verschuldens. Vielmehr wird bei der Frage, ob ein *breach of contract* oder eine *inéxecution du contrat* vorliegt, zwischen handlungsbezogenen und erfolgsbezogenen Pflichten differenziert.[2217] Erfolgsbezogen ist in diesem Sinne lediglich die Pflicht, zur vereinbarten Zeit eine Entscheidung über die Ausstellung des Zertifikats nach den Vorgaben des jeweiligen Zertifizierungssystems zu treffen. Hingegen ist von einer lediglich handlungsbezogenen Pflicht zur sorgfältigen Prüfung und Überwachung auszugehen. Deren Nichteinhaltung vorzutragen, entspricht in der Sache der Darlegung fahrlässigen Verhaltens der Zertifizierungsgesellschaft, also einer verschuldensabhängigen Haftung.

Größere Schwierigkeiten bereitet hingegen die Haftung gegenüber Dritten. Zu beachten ist, dass sich Zertifizierungsgesellschaft und Dritte typischerweise nicht bekannt sind und in keinerlei unmittelbarem Kontakt stehen. Hinzu kommt, dass regelmäßig eine kaum überschaubare Anzahl von Personen betroffen ist und die Höhe der potenziellen Schäden für die Zertifizierungsgesellschaft schwer kalkulierbar ist. Wenn Dritte auf die Konformitätsaussage eines Zertifikats vertrauen, speist sich dieses Vertrauen nicht aus dem persönlichen Vertrauen gegenüber einem Vertreter der Zertifizierungsgesellschaft, sondern vielmehr abstrakt aus den durch Normen und Gesetzen vorgegebenen Rahmenbedingungen des jeweiligen Zertifizierungssystems und ggf. aus einer Akkreditierung der Zertifizierungsgesellschaft.[2218] Aus diesen Gründen ist es richtig, die Dritthaftung deliktsrechtlich einzuordnen. Es wurde deutlich, dass Zertifizierungsgesellschaften gegenüber Dritten nicht deshalb haften, weil sie dies *wollen*, sondern weil sie dies bei Vorliegen bestimmter objektiver Voraussetzungen *sollen*. Der im Abschluss des Zertifizierungsvertrages zum Ausdruck kommende Akt der Selbstbestimmung beschränkt sich auf die Verpflichtung zur sorgfältigen Zertifizierung gegenüber dem Auftraggeber. Sofern im deutschen Recht zur Begründung einer Dritthaftung von Experten auf die Figur des Vertrages mit Schutzwirkung abgestellt wurde,[2219] sollten hierdurch Schutzlücken des Deliktsrechts geschlossen werden. Das subjektive Erklärungsmodell der Rechtsprechung überzeugt indessen nicht. Bei Lichte betrachtet handelt es sich um ein gesetzliches Haftungsregime, dessen Voraussetzungen schwerlich auf den Par-

---

2216 Kap. 4 A. I.6.d.bb.
2217 Kap. 5 A. I.1. und Kap. 5 B. I.1.
2218 Kap. 4 B.II.2. und 3.
2219 Kap. 4 B.II.2.

teiwillen gestützt werden können. Dementsprechend wird die Dritthaftung auch im englischen Recht vornehmlich auf den *tort of negligence* und im französischen Recht auf die deliktische Generalklausel der Art. 1240, 1241 CC gestützt.[2220]

Konkret wird in den nationalen Rechtsordnungen insbesondere die Ersatzfähigkeit reiner Vermögensschäden unterschiedlich bewertet. Unter reinen Vermögensschäden versteht man wirtschaftliche Verluste, die nicht auf die Verletzung eines absolut geschützten Rechtsgutes wie die Gesundheit oder das Eigentum des Geschädigten zurückgeführt werden können. Während das englische und deutsche Recht aus Sorge vor einer ausufernden Haftung strengere Haftungsvoraussetzungen aufstellen, können nach Art. 1240, 1241 CC ohne Weiteres auch reine Vermögensschäden ersetzt werden.[2221] Schutzzweck- oder Vorhersehbarkeitserwägungen wie nach deutschem oder englischem Recht werden nicht angestellt. Vermögensschutz ist nach deutschem Recht im Rahmen von § 823 Abs. 2 BGB oder den engen Grenzen des § 826 BGB möglich, setzt allerdings jeweils voraus, dass das verletzte Schutzgesetz bzw. die verletzte Sittenpflicht den Schutz des Vermögens bezweckt.[2222] Die Voraussetzungen der an das Vertragsrecht angelehnten Haftungsregime des Vertrages mit Schutzwirkung für Dritte oder der *culpa in contrahendo*, die auch den Ersatz reiner Vermögensschäden ermöglichen würden, sind in den Zertifizierungsfällen regelmäßig nicht erfüllt. Ähnlich restriktiv zeigt sich das *common law*.[2223] Die Rechtsprechung ist bei der Annahme einer *duty of care* deutlich zurückhaltender, wenn es um den Ersatz reiner Vermögensschäden geht. In den Zertifizierungsfällen werden die Voraussetzungen nur ausnahmsweise erfüllt sein.

Festzuhalten ist, dass nach deutschem und englischem Recht eine weitreichende Haftung gegenüber dem Auftraggeber und eine deutlich eingeschränktere Haftung gegenüber Dritten aufeinandertreffen. Die Dritthaftung ist insgesamt unwahrscheinlicher als die Haftung gegenüber dem Auftraggeber, weshalb Zertifizierungsgesellschaften geneigt sein könnten, ihre Sorgfaltsbemühungen an deren Interessen auszurichten. Nach französischem Recht scheint hingegen eine Dritthaftung mindestens so wahrscheinlich oder sogar wahrscheinlicher zu sein als eine Haftung gegenüber dem Auftraggeber.[2224] Das skizzierte Problem der asymmetrischen Anreizstruktur wird somit bei der Anwendung französischen Rechts haftungsrechtlich korrigiert, dies freilich um den Preis einer über das Ziel hinausschießenden

2220 Kap. 5 A.II.2. und Kap. 5 B.II.2.
2221 Kap. 5 C.II.2.b.
2222 Kap. 4 B.III.3. und 4.
2223 Kap. 5 A.II.2.b.
2224 Kap. 5 B.II.5.

Verabsolutierung vertraglicher Sorgfaltspflichten auf Grundlage der deliktischen Generalklausel.

C. Das Internationale Privatrecht

Die Fälle, in denen eine Zertifiziererhaftung in Betracht kommt, weisen nicht selten Berührungspunkte zu mehreren Staaten auf.[2225] Daher stellt sich die praktisch bedeutsame Frage, welches Recht im Einzelfall zur Anwendung berufen wird. Sie richtet sich nach dem internationalen Schuldrecht, das durch die Rom I- und II-VO weitgehend unionsrechtlich harmonisiert wurde. Von zentraler Bedeutung für die Abgrenzung des internationalen Rechts der vertraglichen und außervertraglichen Schuldverhältnisse und mithin für die Qualifikation der im Grenzbereich von Vertrag und Delikt angesiedelten Haftungsregime ist der internationalprivatrechtliche Vertragsbegriff. Der Begriff ist autonom auszulegen, d. h. die materiellrechtliche Einordnung eines Haftungsregimes im Recht der Mitgliedstaaten determiniert nicht dessen kollisionsrechtliche Qualifikation. Der EuGH bildet mit dem Topos der „freiwillig eingegangenen Verpflichtung“ einen Vertragsbegriff ab, der bei rechtsvergleichender Betrachtung dem Minimalkonsens der unterschiedlichen nationalen Rechtsordnungen entspricht.[2226] Die zuständigkeitsrechtliche Rechtsprechung wird schließlich seit *Brogsitter* und *Wikingerhof* durch das Merkmal der „Unerlässlichkeit der Vertragsauslegung“ geprägt.[2227] Eine theoretisch fundierte und praktisch griffige Abgrenzungsformel konnte sich bislang jedoch nicht durchsetzen, was zu Lasten der Rechtssicherheit geht.

Vorzugswürdig wäre nach hier vertretener Ansicht die Abgrenzung anhand vermögensrechtlicher Kategorien.[2228] Demnach ist ein Rechtsverhältnis vertraglich zu qualifizieren, wenn der Geschädigte eine Verletzung seines Leistungsinteresses geltend macht. Hingegen muss außervertraglich qualifiziert werden, wenn die Verletzung eines vertragsunabhängigen subjektiven Rechts, also des Integritätsinteresses, im Raum steht. Es ist danach zu unterscheiden, ob im Einzelfall bei gleicher Faktizität der Ereignisse ohne wirksame Abrede zwischen den Parteien eine Haftung bestehen würde. Die funktional-teleologische Analyse der Anknüpfungsregeln der Rom-Verordnungen offenbarte, dass der dahinterstehende materiellrechtliche Begriff des Vertrages als Mittel des Gütertransfers geeignet ist, als Wegweiser zwischen der Rom I- und II-VO bzw. der jeweiligen kollisionsrechtlichen Interessenlagen zu dienen. Zu Reibungen führt dieser Vertragsbegriff im Zusammen-

2225 Kap. 6 A. I.
2226 Kap. 6 C. I.
2227 Kap. 6 C.II.
2228 Kap. 6 C.IV.4.

hang mit der vertragsakzessorischen Anknüpfung gem. Art. 4 Abs. 3 S. 2 und Art. 12 Abs. 1 Rom II-VO sowie mit der Problematik konkurrierender Anspruchsgrundlagen, die jedoch keine durchgreifenden Zweifel an seiner Richtigkeit begründen.

Im Rahmen der kollisionsrechtlichen Untersuchung der Haftung von Zertifizierungsgesellschaften gegenüber ihren Auftraggebern stellte sich die Frage, ob insoweit überhaupt der Anwendungsbereich der Rom-Verordnungen eröffnet ist.[2229] Dies betrifft die Zertifizierungen, die gesetzlich vorgeschrieben sind, folglich also eine Voraussetzung für die Ausübung von Freiheitsrechten, etwa dem Zugang zum Binnenmarkt, darstellen. Gleichwohl stellen auch Zertifizierungsverträge „Zivil- und Handelssachen" im Sinne der Rom-Verordnungen dar. Wie insbesondere das Urteil des EuGH in der Rechtssache *Rina* zeigte, steht es der Annahme einer Zivil- und Handelssache nicht entgegen, wenn eine gesetzlich vorgeschriebene Zertifizierung im Interesse oder gar im Auftrag eines Staates erfolgt, um die Einhaltung bestimmter Sicherheitsanforderungen zu gewährleisten.[2230] Entscheidend ist, dass die Zertifizierungsgesellschaften keine eigenen Hoheitsbefugnisse wahrnehmen. Im Falle der EU-Konformitätsverfahren liegen die finalen, mit Gewalt durchsetzbaren Entscheidungsbefugnisse bei den mitgliedstaatlichen Behörden und nicht bei den benannten Stellen.[2231] Die Ermittlung des auf ihre Haftung anwendbaren Rechts richtet sich daher nach den Rom-Verordnungen.

Bei einem Zertifizierungsvertrag handelt es sich ferner um ein vertragliches Schuldverhältnis i. S. v. Art. 1 Abs. 1 Rom I-VO.[2232] Auch gesetzliche Vorgaben hinsichtlich des Vertragsinhalts, die bei den gesetzlich geregelten Zertifizierungssystemen zu beachten sind, stehen dem nicht entgegen. Schadensersatzansprüche aufgrund vollständiger oder teilweiser Nichterfüllung der Zertifizierungsleistungen sowie im Falle von zu Unrecht verweigerten Zertifizierungen sind entsprechend vertraglich zu qualifizieren. Die Ermittlung des Vertragsstatuts ist zumeist unproblematisch. In der Praxis werden die Parteien regelmäßig eine ausdrückliche Rechtswahl, ggf. im Rahmen allgemeiner Geschäftsbedingungen, nach Art. 3 Rom I-VO treffen.[2233] Die objektive Anknüpfung wiederum führt zum Recht des gewöhnlichen Aufenthaltsortes, also des Ortes der Hauptverwaltung der Zertifizierungsgesellschaft, denn bei einem Zertifizierungsvertrag handelt es sich um einen Dienstleistungsvertrag i. S. v. Art. 4 Abs. 1 lit. b Rom I-VO.[2234] Ist eine aus-

2229 Kap. 6 B.
2230 Kap. 6 B.III.2.
2231 Kap. 6 B.IV.
2232 Kap. 6 D.II.1.
2233 Kap. 6 D.III.1.a.
2234 Kap. 6 D.III.1.b.

ländische Niederlassung laut Vertrag für dessen Erfüllung verantwortlich, ist deren Umgebungsrecht maßgeblich, wobei hiervon nur auszugehen ist, wenn die Niederlassung auch befugt ist, über die Ausstellung des Zertifikats zu entscheiden. Besonderheiten sind schließlich bei der Anknüpfung von Verträgen über gesetzlich geregelte Zertifizierungen zu beachten. Die zwingenden Vorschriften inländischer oder unionsrechtlicher Zertifizierungssysteme können nach Maßgabe des Art. 3 Abs. 3 bzw. 4 Rom I-VO nicht per Rechtswahl umgangen werden.[2235] Ferner sprechen gute Gründe dafür, sie als Eingriffsnormen zu qualifizieren, sie also ohne Rücksicht auf das jeweilige Vertragsstatut anzuwenden.

Daneben kommen im Verhältnis der Zertifizierungsgesellschaft und ihrem Auftraggeber auch deliktisch zu qualifizierende Haftungsansprüche in Betracht.[2236] Das Integritätsinteresse des Auftraggebers ist z. B. betroffen, wenn Mitarbeiter der Zertifizierungsgesellschaft während der Besichtigung einer Produktionsstätte das Eigentum des Auftraggebers beschädigen oder betriebsinterne Informationen veruntreuen. Da es sich bei den Vertragsparteien in aller Regel um Unternehmer handelt, kann nicht nur eine nachträgliche Rechtswahl nach Art. 14 Abs. 1 lit. a Rom II-VO, sondern auch eine antizipierte Rechtswahl nach Art. 14 Abs. 1 lit. b Rom II-VO getroffen werden.[2237] Die objektive Anknüpfung führt im Falle unerlaubter Handlungen nach Maßgabe des Art. 4 Abs. 1 Rom II-VO zum Recht des Erfolgsorts, es sei denn die Parteien haben ihren gewöhnlichen Aufenthaltsort in demselben Staat (Abs. 2). Ausnahmsweise kommt auch eine vertragsakzessorische Anknüpfung in Betracht (Abs. 3 S. 2).

Das Rechtsverhältnis zwischen einer Zertifizierungsgesellschaft und einem vertragsfremden Dritten, der auf die Richtigkeit eines fehlerhaften Zertifikats vertraut hat, ist als außervertragliches Schuldverhältnis zu qualifizieren.[2238] Das auf die Dritthaftung anwendbare Recht muss folglich nach der Rom II-VO ermittelt werden. Dies legt die bisherige Rechtsprechung des EuGH zum kollisionsrechtlichen bzw. zuständigkeitsrechtlichen Vertragsbegriff nahe und wird durch die hier vertretene Abgrenzung anhand der Betroffenheit des Leistungs- und Integritätsinteresses bestätigt. Maßgeblich für die objektive Anknüpfung ist regelmäßig Art. 4 Rom II-VO. Insbesondere stellt die Dritthaftung keine Fallgruppe der *culpa in contrahendo* im Sinne von Art. 12 Rom II-VO dar.[2239] Die allgemeine Kollisionsnorm des Art. 4 Rom II-VO gilt auch für fehlerhafte Produktzertifizierungen. Die Haftung der in diesem Bereich tätigen Zertifizierungsgesellschaften stellt keinen Fall

2235 Kap. 6 D.III.1.a.cc.
2236 Kap. 6 D.II.2.b.
2237 Kap. 6 D.III.2.a.
2238 Kap. 6 E.II.1.
2239 Kap. 6 E.II.2.a.

der Produkthaftung dar, unterfällt also nicht der speziell für die Produkthaftung geltenden Kollisionsnorm des Art. 5 Rom II-VO.[2240] Die Haftung der Zertifizierungsgesellschaften unterscheidet sich erheblich von der Haftung des Herstellers oder anderer Akteure, die in den Anwendungsbereich der Produkthaftungsrichtlinie fallen. Insbesondere sind sie nicht in den Produktionsvorgang eingebunden, sondern prüfen lediglich die Einhaltung, der nach dem jeweiligen Zertifizierungssystem maßgeblichen Vorschriften und Normen. Sie haften daher nicht im engeren Sinne für die Mangelfreiheit des Produkts, sondern für die Richtigkeit der von ihnen ausgestellten Zertifikate.

Das außervertragliche Schuldverhältnis zwischen einer Zertifizierungsgesellschaft und einem vertragsfremden Dritten, der auf die Richtigkeit eines Zertifikats vertraut hat, ist vorrangig subjektiv anzuknüpfen.[2241] Art. 14 Rom II-VO gestattet den Parteien die parteiautonome Bestimmung des anwendbaren Rechts. Die Voraussetzungen für eine antizipierte Rechtswahl zwischen der Zertifizierungsgesellschaft und Dritten sind jedoch in der Regel nicht erfüllt, weshalb allenfalls eine nachträgliche Rechtswahl in Betracht kommt. Die objektive Anknüpfung richtet sich im Regelfall nach Art. 4 Rom II-VO. Haben die Zertifizierungsgesellschaft und der Geschädigte zum Zeitpunkt des Schadenseintritts ihren gewöhnlichen Aufenthalt in demselben Staat, ist das Deliktsrecht dieses Staates anwendbar.[2242] Der Aufenthaltsort einer Zertifizierungsgesellschaft richtet sich dabei gem. Art. 23 Abs. 1 S. 1 Rom II-VO nach dem Ort ihrer Hauptverwaltung. Fehlt es an einem gemeinsamen Aufenthaltsort ist nach Art. 4 Abs. 1 Rom II-VO an den Erfolgsort anzuknüpfen.[2243] Faktisch führt diese Anknüpfung meistens zur Anwendung des Aufenthaltsrechts des Geschädigten. Charakteristisch für die Zertifiziererhaftung ist zum einen, dass es sich um ein Distanzdelikt handelt. Außerdem können Fehlzertifizierungen eine große Streuwirkung entfalten und eine Vielzahl von Personen in unterschiedlichen Staaten betreffen. Nach der Mosaikbetrachtung kommt für jedes Rechtsverhältnis das Recht an dem jeweiligen Erfolgsort zur Anwendung. Eine Durchbrechung der Erfolgsortanknüpfung über die Ausweichklausel des Art. 4 Abs. 3 Rom II-VO zugunsten des Handlungsorts kommt bei sog. Massenschadensfällen nur in besonderen Ausnahmekonstellationen in Betracht, wenn weitere Anknüpfungsmomente auf diesen Ort verweisen.[2244] Über Art. 4 Abs. 3 Rom II-VO kann ferner keine Anknüpfung an den Zertifizierungsvertrag

2240 Kap. 6 E.II.2.b.
2241 Kap. 6 E.III.1.
2242 Kap. 6 E.III.2.a.
2243 Kap. 6 E.III.2.b.
2244 Kap. 6 E.III.2.d.bb.

begründet werden, da der Dritte gerade keine Partei dieses Vertrages ist und die Anknüpfung im Übrigen nicht interessengerecht wäre.[2245]

Der Ort, an dem die Rechtsgutsverletzung der Drittbetroffenen eingetreten ist, kann bei absolut geschützten Rechtsgütern zumeist unproblematisch ermittelt werden. Bei reinen Vermögensschäden ist die richtige Lokalisierung allerdings nach wie vor nicht abschließend geklärt. Vorzugswürdig ist in den Fällen der Zertifiziererhaftung die Anknüpfung an den Belegenheitsort des konkret betroffenen Vermögensteils, also des Kontos, von dem aus im Vertrauen auf die Zertifizierung Zahlungen vorgenommen wurden.[2246] Der Belegenheitsort dieses Vermögensteils liegt am Sitz der kontoführenden Bank. Der Rückgriff auf die Vermögenszentrale am Wohn- oder Geschäftssitz des Geschädigten kommt ausnahmsweise in Betracht, etwa wenn mehrere Vermögensteile betroffen sind und eine Lösung nach den Grundsätzen des Mosaikprinzips nicht interessengerecht wäre. Dieses Ergebnis kann im Einzelfall unter Rückgriff auf die Ausweichklausel des Art. 4 Abs. 3 Rom II-VO erzielt werden.

Wenn die unentdeckte oder unbeachtete Nichtkonformität des Zertifizierungsgegenstands eine Umweltschädigung nach sich zieht, richtet sich die Dritthaftung der Zertifizierungsgesellschaft nicht nach der allgemeinen Kollisionsnorm des Art. 4 Rom II-VO, sondern dem spezielleren Art. 7 Rom II-VO.[2247] Denkbar ist dies insbesondere im Zusammenhang mit Industrieunfällen, wenn die Sicherheit der jeweiligen Anlage zertifiziert wurde. Sofern der Anwendungsbereich des Art. 7 Rom II-VO eröffnet ist, kann der Geschädigte zugunsten des Rechts am Ort des schadensbegründenden Ereignisses, also des Handlungsorts, optieren. Der Handlungsort ist der Ort, an dem über die pflichtwidrige Zertifizierung bzw. unterlassene Zurückziehung eines Zertifikats entschieden wurde.[2248] Im Falle eines Organisationsversagens darf nicht auf den Sitz der Muttergesellschaft als maßgeblichen Handlungsort abgestellt werden, denn dabei handelt es sich um grundsätzlich unbeachtliche Vorbereitungshandlungen.

2245 Kap. 6 E.III.2.d.aa.
2246 Kap. 6 E.III.2.c.bb.
2247 Kap. 6 E.II.2.c.
2248 Kap. 6 E.III.3.

Literaturverzeichnis

Alessi, Dario, The Distinction between Obligations de Résultat and Obligations-de Moyens and the Enforceability of Promises, ERPL, 657.

Ancel, Pascal, Retour sur l'arrêt de l'Assemblée plénière du 6 octobre 2006, à la lumière du droit comparé, in: *Fabre-Magnan, Muriel/Ghestin, Jacques/Jourdain, Patrice/Labrusse-Riou, Catherine (Hrsg.)*, Études offertes à Genviève Viney, Paris 2008, 23–37.

Atiyah, Patrick S./Smith, Stephen A., Atiyah`s Introduction to the law of contract, 6th ed., Oxford 2005.

Aubart, Andrea, Die Behandlung der dépeçage im europäischen Internationalen Privatrecht, Tübingen 2013.

Bacache, Mireille, Prothèses PIP: résponsabilité por faute des organismes de certification, JCP G 2018, 2135–2139.

Bach, Ivo, Was ist wo Vertrag und was wo nicht?, IHR 2010, 17–25.

Backherms, Johannes, Die Haftung der Prüfstellen im Rahmen der Maschinenschutzgesetze, GewArch 1979, 119–121.

Banakas, Efstathios K., Tender is the Night: Economic Loss – the Issues, in: *Banakas, Efstathios K. (Hrsg.)*, Civil Liability for Pure Economic Loss, 1996, 1–25.

Bar, Christian von, Verkehrspflichten richterliche Gefahrsteuerungsgebote im deutschen Deliktsrecht, Köln [u. a.] 1980.

Bar, Christian von, Unentgeltliche Investitionsempfehlungen im Wandel der Wirtschaftsverfassungen Deutschlands und Englands, RabelsZ 1980, 455–486.

Bar, Christian von, Internationales Privatrecht, Band 2: Besonderer Teil, München 1991.

Bar, Christian von, Gemeineuropäisches Deliktsrecht, Band I: Die Kernbereiche des Deliktsrechts, seine Angleichung in Europa und seine Einbettung in die Gesamtrechtsordnungen, München 1996.

Bar, Christian von, The common European law of torts, Vol. 1 – The core areas of tort law, its approximation in Europe, and its accommodation in the legal system, München 1998.

Bar, Christian von/Mankowski, Peter, Internationales Privatrecht Band I – Allgemeine Lehren, 2. Aufl., München 2003.

Bar, Christian von/Mankowski, Peter, Internationales Privatrecht, Band II: Besonderer Teil, 2., neu bearbeitete Aufl., München 2019.

Bartin, Etienne-Adolph, De l'impossibilité d'arriver à la suppression définitive des conflits de lois, Clunet 1897, 225–255, 466–495, 720–738.

Basedow, Jürgen, Hundert Jahre Rechtsvergleichung: Von wissenschaftlicher Erkenntnisquelle zur obligatorischen Methode der Rechtsanwendung, JZ 2016, 269–280.

Basedow, Jürgen, Kohärenz im Internationalen Privat- und Verfahrensrecht: Eine einleitende Orientierung, in: *Hein, Jan von/Rühl, Giesela (Hrsg.)*, Kohärenz im Internationalen Privat- und Verfahrensrecht der Europäischen Union, Tübingen 2016, 3–23.

Basedow, Jürgen/Hopt, Klaus J./Zimmermann, Reinhard (Hrsg.), Handwörterbuch des Europäischen Privatrechts – 2: Kauf – Zwingendes Recht, Tübingen 2009.

Basedow, Jürgen/Wurmnest, Wolfgang, Die Dritthaftung von Klassifikationsgesellschaften, Tübingen 2004.

Basedow, Jürgen/Wurmnest, Wolfgang, Klassifikationsverträge als Verträge mit Schutzwirkung zugunsten Dritter, VersR 2005, 328–344.

Bauerreis, Jochen, Das französische Rechtsinstitut der action directe und seine Bedeutung in internationalen Vertragsketten, Berlin 2001.

Bauerreis, Jochen, Direkter Zahlungsanspruch des Subunternehmers gegen den Auftraggeber nach französischem Recht unabhängig von der durch die Parteien getroffenen Rechtswahl, ZEuP 2011, 406–419.

Baumann, Henrik, Zertifikate und Gütezeichen im Vergabeverfahren, VergabeR 2015, 367.

Becker, Florian, Öffentliches und Privates Recht, NVwZ 2019, 1385–1392.

Beck'sches M&A-Handbuch, Meyer-Sparenberg, Wolfgang/Jäckle, Christof (Hrsg.), 2. Aufl. München 2022 (zitiert als: Beck'sches M&A-Hdb.).

Beck'scher Online-Kommentar BGB, Hau, Wolfgang/Poseck, Roman (Hrsg.), 67. Edition, München 2023 (zitiert als: BeckOK BGB).

Begines, Juan L. Pulido, The EU Law on Classification Societies: Scope and Liability Issues, J. Mar. L. & Com. 2005, 487–544.

Bellinghausen, Rupert/Krause, Anke, Haftung Benannter Stellen für fehlerhafte Medizinprodukte, NJW 2020, 1480–1482.

Belson, Jeffrey, Certification and Collective Marks, Cheltenham, 2017.

Benicke, Christoph/Hellwig, Jan F., Das System der Schadensersatzhaftung wegen Leistungspflichtverletzung, NJW 2014, 1697–1702.

Bernstein, Herbert, Kollisionsrechtliche Fragen der culpa in contrahendo, RabelsZ 1977, 281–295.

Bernstorff, Christoph von, Einführung in das englische Recht, 5. Aufl., München 2018.

Beyerbach, Hannes, Haftung der Benannten Stelle für Mängel in der Medizinprodukteherstellung?, GesR 2015, 522–526.

Bieback, Karin, Zertifizierung und Akkreditierung, Baden-Baden 2008.

Bien, Florian/Borghetti, Jean-Sébastien (Hrsg.), Die Reform des französischen Vertragsrechts, Tübingen 2018.

Bitter, Anna-Kristina, Auslegungszusammenhang zwischen der Brüssel I-Verordnungund der künftigen Rom I-Verordnung, IPRax 2008, 96–101.

Bodewig, Theo, Der Rückruf fehlerhafter Produkte – Eine Untersuchung der Rückrufpflichten und Rückrufansprüche nach dem Recht Deutschlands, der Europäischen Union und der USA, Tübingen 1999.

Böhle, Jan, Die Abwahl zwingenden Rechts vor staatlichen Gerichten in Inlandsfällen, ZEuP 2019, 72–98.

Boom, Willem van, Pure Economic Loss – a Comparative Perspective, in: *Boom, Willem van/Koziol, Helmut/Witting, Christian (Hrsg.)*, Pure Economic Loss, Wien/New York 2004, 1–40.

Borghetti, Jean-Sébastien, Breach of Contract and Liability to Third Parties in French Law: How to Break the Deadlock?, ZEuP 2010, 279–303.

Brieskorn, Konstanze, Vertragshaftung und responsabilité contractuelle: Ein Vergleich zwischen deutschem und französischen Recht mit Blick auf das Vertragsrecht in Europa, Tübingen 2010.

Brors, Christiane, Vertrauen oder Vertrag – gibt es eine Haftung für Wertgutachten nach § 311 Abs. 3 BGB?, ZGS 2005, 142–149.

Brückner, Claudia, Kosten und Nutzen von Qualitätsmanagementsystemen, ZWF 2009, 889–892.

Brüggemann, Holger/Bremer, Peik, Grundlagen Qualitätsmanagement, 3. Aufl., Wiesbaden 2020.

Brüggemeier, Gert, Deliktsrecht, Ein Hand- und Lehrbuch, Baden-Baden 1986.

Brüggemeier, Gert, Prinzipien des Haftungsrechts, Baden-Baden 1999.

Brüggemeier, Gert, Haftungsrecht: Struktur, Prinzipien, Schutzbereich; ein Beitrag zur Europäisierung des Privatrechts, Berlin [u. a.] 2006.

Brüggemeier, Gert, Fehlerhafte Brustimplantate und die Haftung der Zertifizierungsinstitute – Das EuGH-Urteil in der Rechtssache Schmitt v. TÜV Rheinland, MedR 2017, 527–531.

Brüggemeier, Gert, Luxemburg locuta, causa finita? – Eine Nachbetrachtung der juristischen Behandlung der sogenannten PIP-Affäre in Deutschland, JZ 2018, 191–196.

Burgi, Martin, Der Beliehene – ein Klassiker im modernen Verwaltungsrecht, in: Staat, Kirche, Verwaltung – Festschrift für Hartmut Maurer, München 2001, 581–594.

Burgi, Martin/Möslein, Florian (Hrsg.), Zertifizierung nachhaltiger Kapitalgesellschaften, Tübingen 2021.

Bussani, Mauro/Palmer, Vernon Valentine, The liability regimes of Europe – their façades and interiors, in: *Bussani, Mauro/Palmer, Vernon Valentine (Hrsg.)*, Pure Economic Loss in Europe, Cambridge 2003, 120–159.

Bussani, Mauro/Palmer, Vernon Valentine, The notion of pure economic loss and its setting, in: *Bussani, Mauro/Palmer, Vernon Valentine (Hrsg.)*, Pure Economic Loss in Europe, Cambridge 2003, 1–24.

Büttner, Benjamin, Umfang und Grenzen der Dritthaftung von Experten: eine rechtsvergleichende Untersuchung, Tübingen 2006.

Calliess, Gralf-Peter; Renner, Moritz (Hrsg.), Rome Regulations, 3. Aufl., Alphen aan de Rijn 2020 (zitiert als: Calliess/Renner).

Canaris, Claus-Wilhelm, Schutzgesetze – Verkehrspflichten – Schutzpflichten, in: Festschrift für Karl Larenz zum 80. Geburtstag, München 1983, 27–110.

Canaris, Claus-Wilhelm, Die Reichweite der Expertenhaftung gegenüber Dritten, ZHR 1999, 206–245.

Canaris, Claus-Wilhelm, Die Reform des Rechts der Leistungsstörungen, Juristenzeitung 2001, 499–523.

Carval, Suzanne, La faute délictuelle du débiteur défaillant: quelques observations sur les pistes ouvertes par l'arrêt d'Assemblée plénière du 6 octobre 2006, in: *Fabre-Magnan, Muriel/Ghestin, Jacques/Jourdain, Patrice/Labrusse-Riou, Catherine (Hrsg.)*, Études offertes à Genviève Viney, Paris 2008, 229–242.

Casas, Manuel Gonzalo, Die causa-Lehre in der französischen und argentinischen Privatrechtsreform, ZEuP 2017, 68–101.

Catala, Pierre (Hrsg.), Avant-projet de réforme du droit des obligations et de la prescription, Paris 2005.

Cauvin, Morgane, Das Leistungsstörungsrecht des französischen Code civil nach der Vertragsrechtsreform 2016, 2020.

Chantepie, Gaël/Latina, Mathias, Le nouveau droit des obligations: commentaire théorique et pratique dans l'ordre du Code civil, 2e édition, Paris 2018.

Clausnitzer, Jochen/Woopen, Herbert, Internationale Vertragsgestaltung – Die neue EG-Verordnung für grenzüberschreitende Verträge (Rom I-VO), BB 2008, 1798–1808.

Coffee, John C., Gatekeepers: The professions and corporate governance, Oxford [u. a.] 2006.

Coffee, John C. Jr., Gatekeeper Failure and Reform: The Challenge of Fashioning Relevant Reforms, B. U. L. Rev. 2004, 301–364.

Cohen, George M., The Fault That Lies within our Contract Law, Mich. L. Rev. 2008, 1445–1460.

Czepelak, Marcin, Concurrent Causes of Action in the Rome I and II Regulations, J. Priv. Int'l L. 2011, 393–410.

Daskalova, Victoria I./Heldweg, Michiel A., Challenges for Responsible Certification in Institutional Context: The Case of Competition Law Enforcement in Markets with Certification, in: *Rott, Peter (Hrsg.)*, Certification – Trust, Accountability, Liability, 2019, 23–71.

Däubler, Wolfgang, Rechtsschutz gegen Giganten?, NJW 2013, 282–283.

Dauses/Ludwigs, Handbuch des EU-Wirtschaftsrechts, *Ludwigs, Markus* (Hrsg.), 57. Aktualisierung, München 2022 (zitiert als: Dauses/Ludwigs. Hdb. EU-WirtschaftsR).

De Bruyne, Jan, Third-Party Certifiers, 2019.

De Bruyne, Jan, Tort Law and the Regulation of Classification Societies: Between Public and Private Roles in the Maritime Industry, Eur. Rev. Priv. L. 2019, 429–450.

De Bruyne, Jan/Vanleenhove, Cedric, An EU perspective on the liability of classification societies: selected current issues and private international law aspects, JIML 2014, 103–120.

De Bruyne, Jan/Vanleenhove, Cedric, Liability in the Medical Sector: The „Breast-Taking" Consequences of the Poly Implant Prothèse Case, Eur. Rev. Priv. L. 2016, 823–854.

De Bruyne, Jan/Vanleenhove, Cedric, The European Court of Justice's Judgement in the PIP Breast Implant Case: An occasion to discusss the Liability of Notified Bodies, ELSA Malta Law Rev. 2020, 47–70.

Decku, Gregor W., Zwischen Vertrag und Delikt: Grenzfälle vertraglicher und deliktischer Haftung, dargestellt am Beispiel der Berufs- und Expertenhaftung zum Schutze des Vermögens Dritter im deutschen und englischen Recht, Frankfurt a. M. 1997.

Demogue, René, Traité des obligations en général – Band V, Sources des obligations, Paris 1925.

Deutsch, Erwin, Die Zwecke des Haftungsredits, JZ 1971, 244–248.

Deutsch, Erwin, Haftungsrecht und Strafrecht, in: Rechtswissenschaft und Gesetzgebung – Festschrift für Eduard Wahl, Heidelberg 1973, 339–352.

Dickinson, Andrew, The Rome II Regulation: The law applicable to non-contractual obligations, Oxford [u. a.] 2008.

Dimitropoulos, Georgios, Zertifizierung und Akkreditierung im Internationalen Verwaltungsverbund, Tübingen 2012.

Doerfert, Carsten, How to conclude a contract – Bemerkungen zum Vertragsschluss nach deutschem und englischem Recht, JA 1998, 435–438.

Drechsel, Martin, Zertifizierung von Qualitätsmanagementsystemen, in: *Pfeifer, Tilo/Schmitt, Robert (Hrsg.)*, Masing Handbuch Qualitätsmanagement, 6. Aufl., München, Wien, 348–359.

Dubarry, Julien, Grundsätze des neuen französischen Leistungsstörungsrechts, in: *Bien, Florian/Borghetti, Jean-Sébastien (Hrsg.)*, Die Reform des französischen Vertragsrechts, Tübingen 2018, 165–180.

Dutta, Anatol, Das Statut der Haftung aus Vertrag mit Schutzwirkung für Dritte, IPRax 2009, 293–299.

Dutta, Anatol, Die Haftung amerikanischer Ratingagenturen in Europa – Die Rolle des Internationalen Privatrechts, IPRax 2014, 33–41.

Ebke, Werner F., Das Internationale Privatrecht der Haftung des gesetzlichen Abschlussprüfers nach der Rom I-VO und der Rom II-VO, ZVglRWiss 2010, 397–444.

Edwards, Harry, CRA 3 and the Liability of Rating Agencies: Inconsistent Messages from the Regulation on Credit Rating Agencies in Europe Perspective, Law & Fin. Mkt. Rev. 2013, 186–191.

Eggert, Christoph, Verträge mit Schutzwirkung zu Gunsten Dritter nach einem Verkehrsunfall, NZV 2009, 367–374.

Ehlers, Dirk/Pünder, Hermann/Fehling, Michael (Hrsg.), Besonders Verwaltungsrecht – Band 1: Öffentliches Wirtschaftsrecht, 4. Aufl., Heidelberg 2019.

Ellis, Nan S./Fairchild, Lisa M./D'Souza, Frank, Is Imposing Liability on Credit Rating Agencies a Good Idea: Credit Rating Agency Reform in the Aftermath of the Global Financial Crisis, Stan. J. L. Bus. & Fin. 2012, 175–222.

Ensthaler, Jürgen, Qualitätsmanagement und Recht, in: *Pfeifer, Tilo/Schmitt, Robert (Hrsg.)*, Masing Handbuch Qualitätsmanagement, 6. Aufl., München [u. a.], 125–156.

Ensthaler, Jürgen/Strübbe, Kai/Bock, Leonie, Zertifizierung und Akkreditierung technischer Produkte, 2007.

Erman, Handkommentar Bürgerliches Gesetzbuch, *Grunewald, Barbara/Maier-Reimer, Georg/Westermann, Harm Peter* (Hrsg.), Band I und II, jeweils 16. Aufl., Köln 2020 (zitiert als: Erman).

Ernst, Simone, Die französische Antwort auf das EuGH-Urteil im PIP-Skandal, GPR 2019, 133–140.

Esser, Josef, Grundlagen und Entwicklung der Gefährdungshaftung, 2, München 1969.

Fabio, Udo di, Produktharmonisierung durch Normung und Selbstüberwachung, Köln [u. a.] 1996.

Fages, Bertrand, Die Vertragsverhandlungen im neuen französischen Schuldrecht, in: *Bien, Florian/Borghetti, Jean-Sébastien (Hrsg.)*, Die Reform des französischen Vertragsrechts, Tübingen 2018, 13–29.

Faust, Florian, Der Schutz reiner Vermögensschäden – illsutriert am Beispiel der Expertenhaftung, AcP 2010, 555–579.

Ferid, Murad, Internationales Privatrecht – Das neue Recht; ein Leitfaden für Praxis und Ausbildung, 3. Aufl., Frankfurt a.M. 1986.

Ferid, Murad/Sonnenberger, Hans Jürgen, Das französische Zivilrecht, Band 2 – Schuldrecht: Die einzelnen Schuldverhältnisse/Sachenrecht, 2. Aufl., Heidelberg 1986.

Ferrari, Matteo, The Liability of Private Certification Bodies for Pure Economic Loss: Comparing English and Italian Law, JETL 2010, 266–305.

Finkelmeier, Max, Rückruf und Regress – Durchsetzung von Regressansprüchen nach grenzüberschreitendem Produktrückruf, RIW 2020, 253–260.

Finn, Markus, Keine Haftung mangels nachgewiesener Hinweise auf minderwertige Brustimplantate, NJW 2017, 2590–2592.

Flume, Werner, Allgemeiner Teil des Bürgerlichen Rechts, Band I, zweiter Teil: Die juristische Person, Berlin [u.a.] 1983.

Flume, Werner, Vom Beruf unserer Zeit für Gesetzgebung, ZIP 2000, 1427.

Franck, Jens-Uwe, Marktordnung durch Haftung, Tübingen 2016.

Freitag, Robert, Art. 9 Rom I-VO, Art. 16 Rom II-VO als Superkollisionsnormen des Internationalen Schuldrechts? – Gedanken zum Verhältnis zwischen internen und externen Lücken des EuIPR, IPRax 2016, 418–426.

Freudenberg, Rainer, Haftung für „indirect and consequential damages“ unter deutschem Vertragsstatut, ZIP 2015, 2354–2359.

Freund, Ferdinand/Barthelmess, Jochen, Eigentumsverletzung durch Baumängel?, NJW 1975, 281–289.

Frick, Joachim G., Culpa in contrahendo, eine rechtsvergleichende und kollisionsrechtliche Studie, Zürich 1992.

Fröding, Veronique, PIP Brustimplantate: Warum das Berufungsgericht Aix-en-Provence die Haftung des TÜV abgelehnt hat, MPR 2015, 162–167.

Fulli-Lemaire, Samuel, Affaire PIP: quelques réflexions sur les aspects de droit international privé, RIDE 2015, 99–122.

Furmston, Michael P./Cheshire, Geoffrey C./Fifoot, Cecil H. S./Ibbetson, David J., Cheshire, Fifoot and Furmston's law of contract, 17 th ed., Oxford 2017.

Gauch, Peter/Sweet, Justin, Deliktshaftung für reinen Vermögensschaden, in: *Forstmoser, Peter (Hrsg.)*, Festschrift für Max Keller zum 65. Geburtstag, Zürich 1989, 117–140.

Gebauer, M., Zur Drittwirkung von Gerichtsstandsvereinbarungen bei Vertragsketten, IPRax 2001, 471–477.

Gehann, Franziska, Internationale Zuständigkeit am deliktischen Erfolgsort bei reinen Vermögensschäden – ein erster Schritt zum Marktortprinzip?, NZG 2021, 823–827.

Geiß, Regierungsdirektor Joachim/Felz, Regierungsrat Sebastian, Das neue Recht der Marktüberwachung im digitalen Zeitalter, NJW 2019, 2961–2966.

Gellmann, Nico, Die Haftung von Experten gegenüber Geschäftspartnern ihres Auftraggebers für die fehlerhafte Erstellung von Gutachten eine Fallgruppe des § 311 Abs. 3 S. 2 BGB?, Hamburg 2006.

Gernhuber, Joachim, Das Schuldverhältnis: Begründung und Änderung, Pflichten und Strukturen, Drittwirkungen, Tübingen 1989.

Giliker, Paula, Vicarious Liability or Liability for the Acts of Others in Tort: A Comparative Perspective, JETL 2011, 31–56.

Goebel, Felix, Classification Societies: Competition and Regulation of Maritime Information Intermediaries, Wien 2017.

Goebel, Felix, Klassifikationsgesellschaften – Aktuelle Erkenntnisse zu maritimen Informationsintermediären, RdTW 2018, 365–369.

Gotthard, Peter, Deliktsrecht in Europa – Landesbericht Frankreich, 1993.

Graf von Westphalen, Friedrich, AGB-Recht im Jahr 2005, NJW 2006, 2228–2235.

Gräser, Caroline, Missbräuchliche Vertragsklauseln im unternehmerischen Geschäftsverkehr in Frankreich und Deutschland, Hamburg 2013.

Grundmann, Stefan, Vertrag und Dritter – zwischen Privatrecht und Regulierung, JZ 2013, 379–389.

Grüneberg, Kommentar zum Bürgerlichen Gesetzbuch, bearb. von *Ellenberger, Jürgen/Götz, Isabell* et al., 82. Aufl., München 2023 (zitiert als: Grüneberg).

Grunewald, Barbara, Die Haftung des Experten für seine Expertise gegenüber Dritten, AcP 1987, 285–308.

Gsell, Beate, Die schadensrechtliche Einordnung der Mehrkosten eines vorzeitigen Deckungskaufes nach der „Zauberformel" als Beispiel für die Leistungsfähigkeit der Dogmatik, in: *Grigoleit, Hans Christoph/Petersen, Jens (Hrsg.)*, Privatrechtsdogmatik im 21. Jahrhundert: Festschrift für Claus-Wilhelm Canaris zum 80. Geburtstag, Berlin & Boston 2017, 451–478.

Haftel, Bernard, Entre „Rome II" et „Bruxelles I": l'interprétation communautaire uniforme du règlement „Rome I", Clunet 2010, 761–788.

Halfmeier, Axel, Liability of Rating Agencies Under German and European Law, in: *Rott, Peter (Hrsg.)*, Certification – Trust, Accountability, Liability, 2019, 230–250.

Hamdani, Assaf, Gatekeeper Liability, S. Cal. L. Rev. 2004, 53–121.

Handorn, Boris, Industriesilikon in Brustimplantaten – OLG Zweibrücken bestätigt fehlende Haftung der Benannten Stelle, MPR 2014, 84–86.

Harnos, Rafael, Einfluss des europarechtlichen Effektivitätsgebots auf das Anlegerschutzrecht, ZEuP 2015, 546–568.

Heberer, Nadja, Einführung in das englische Rechtssystem, ZfRV 2002, 57–65.

Hein, Jan von, Das Günstigkeitsprinzip im internationalen Deliktsrecht, Tübingen 1999.

Hein, Jan von, Rechtswahlfreiheit im Internationalen Deliktsrecht, RabelsZ 2000, 595–613.

Hein, Jan von, Die Kodifikation des europäischen Internationalen Deliktsrechts, ZVglRWiss 2003, 528–562.

Hein, Jan von, Deliktischer Kapitalanlegerschutz im europäischen Zuständigkeitsrecht, IPRax 2005, 17–23.

Hein, Jan von, Die culpa in contrahendo im europäischen Privatrecht: Wechselwirkungen zwischen IPR und Sachrecht, GPR 2007, 54–61.

Hein, Jan von, Die Internationale Prospekthaftung im Lichte der Rom II-Verordnung, in: Perspektiven des Wirtschaftsrechts – Beiträge für Klaus J. Hopt aus Anlass seiner Emeritierung, Berlin 2008, 371–396.

Hein, Jan von, Die Ausweichklausel im europäischen Internationalen Deliktsrecht, in Die richtige Ordnung, Festschrift für Jan Kropholler zum 70. Geburtstag, Tübingen 2008, 553–571.

Hein, Jan von, Europäisches Internationales Deliktsrecht nach der Rom II-Verordnung, ZEuP 2009, 6–33.

Hein, Jan von, Of Older Siblings and Distant Cousins: The Contribution of the Rome II Regulation to the Communitarisation of Private International Law, RabelsZ 2009, 461–508.

Hein, Jan von, Die Produkthaftung des Zulieferers im Europäischen Internationalen Zivilprozessrecht, IPRax 2010, 330–343.

Hein, Jan von, Medical Malpractice and Conflict of Laws: Two recent judgements by the German Federal Court of Justice, YbPIL 2011, 523–533.

Hein, Jan von, Protecting Victims of Cross-border torts under Art. 7 No. 2 Brussels Ibis: Towards a more differentiated and balanced approach, YbPIL 2014, 241–274.

Hein, Jan von, Anmerkung zu EuGH, Urt. v. 28.1.2015 – C-375/13 (Kolassa), JZ 2015, 946–950.

Hein, Jan von, Der Ersatz reiner Vermögensschäden im schweizerischen Deliktsrecht: Vergleich und Perspektiven, in: Festschrift für Jolanta Kren Kostkiewicz, Bern 2018, 773–798.

Hein, Jan von, Zur Abgrenzung des Vertrags- und Deliktsgerichtsstandes in international-kartellrechtlichen Streitigkeiten, in: Selbstverantwortete Freiheit und Recht: Festschrift für Franz Jürgen Säcker zum 80. Geburtstag, München 2021, 219–237.

Hein, Jan von, Zur Qualifikation der Haftung von Autoherstellern wegen der Manipulation von Abgassteuerungssoftware, in: Deutsches, Europäisches und Vergleichendes Wirtschaftsrecht, Festschrift für Werner F. Ebke zum 70. Geburtstag, München 2021, 1037–1045.

Heinze, Christian, Bausteine eines Allgemeinen Teils des europäischen Internationalen Privatrechts, in: *Baetge, Dietmar/Hein, Jan von/Hinden, Michael von (Hrsg.)*, Die richtige Ordnung: Festschrift für Jan Kropholler zum 70. Geburtstag, Tübingen 2008, 105–128.

Heinze, Christian, Schadensersatz im Unionsprivatrecht, Tübingen 2017.

Heiss, Helmut/Kaufmann-Mohi, Emese, „Qualifikation“ – Ein Regelungsgegenstand für eine Rom 0-Verordnung?, in: *Leible, Stefan/Unberath, Hannes (Hrsg.)*, Brauchen wir eine Rom-O-Verordnung?, Jena 2013, 181–200.

Hellgardt, Alexander, Europarechtliche Vorgaben für die Kapitalmarktinformationshaftung, AG 2012, 154–168.

Hellgardt, Alexander, Regulierung und Privatrecht – Staatliche Verhaltenssteuerung mittels Privatrecht und ihre Bedeutung für Rechtswissenschaft, Gesetzgebung und Rechtsanwendung, Tübingen 2016.

Henk, Alexander, Die Haftung für culpa in contrahendo im IPR und IZVR, Berlin 2007.

Hess, Burkhard, Europäisches Zivilprozessrecht, 2. Aufl., Berlin [u. a.] 2021.

Heynemann, Jörg, Haftung der Benannten Stellen für die fehlerhafte „Überwachung“ mangelhafter Medizinprodukte oder allgemeines Lebensrisiko?, GuP 2017, 98–101.

Hinsch, Martin, Die ISO 9001:2015 – das Wichtigste in Kürze, Wiesbaden 2019.

Hirte, Heribert, Berufshaftung – Ein Beitrag zur Entwicklung eines einheitlichen Haftungsmodells für Dienstleistungen, München 1996.

Hoeniger, Heinrich, Untersuchungen zum Problem der gemischten Verträge, Band I: Die gemischten Verträge in ihren Grundformen, Mannheim 1910.

Hoffmann, Bernd von/Thorn, Karsten, Internationales Privatrecht einschließlich der Grundzüge des internationalen Zivilverfahrensrechts, 9. Aufl., München 2007.

Hoffmann, Hermann/Stegemann, Lars, Die Parteiautonomie im internationalen Schuldvertragsrecht, JuS 2013, 207–210.

Hoffmann, Jan Felix, Die Gerichtsstände der EuGVVO zwischen Vertrag und Delikt, ZZP 2015, 465–494.

Hoffmann, Nadja, Die Koordination des Vertrags- und Deliktsrechts in Europa: Eine rechtsvergleichende Untersuchung zum Kollisionsrecht, Sachrecht und zum UN-Kaufrecht, Tübingen 2006.

Hoffmeyer, Hannes, Die zivilrechtliche Haftung von Zertifizierungsstellen, Hamburg 2015.

Hofmann, Ass Johanna M., Zertifizierungen nach der DS-GVO, ZD-Aktuell 2016, 05324.

Hofmann, Jens, Rechtsschutz und Haftung im europäischen Verwaltungsverbund, Berlin 2004.

Holtorf, Marc L./Traumann, Julia, Pflichten und Haftung der benannten Stelle im Medizinprodukterecht, GRUR-Prax 2017, 134.

Homburg, Christian/Becker, Jan, Zertifizierung von Qualitätssicherungssystemen nach den Qualitätssicherungsnormen DIN ISO 9000 ff., WiSt 1996, 444–450.

Hopt, Klaus J., Nichtvertragliche Haftung außerhalb von Schadens- und Bereicherungsausgleich, AcP 1983, 115.

Hornung, Gerrit/Bauer, Stefan, Privacy Through Certification?: The New Certification Scheme of the General Data Protection Regulation, in: *Rott, Peter (Hrsg.)*, Certification – Trust, Accountability, Liability, 2019, 108–131.

Howarth, David, Economic Loss in England: the Search for Coherence, in: *Banakas, Efstathios K. (Hrsg.)*, Civil Liability for Pure Economic Loss, 1996, 27–53.

Huber, Konrad, Verkehrsrechtliche Pflichten zum Schutz fremden Vermögens, in: *Ficker, Claudius/König, Detlef/Kreuzer, Karl F./Leser, Hans G./Taschner, Hans Claudius (Hrsg.)*, Festschrift für Ernst von Caemmerer zum 70. Geburtstag, Tübingen 1978, 359–388.

Huber, Peter/Faust, Florian, Schuldrechtsmodernisierung: Einführung in das neue Recht, München 2002.

Hübner, Leonhard, Unternehmenshaftung für Menschenrechtsverletzungen, Tübingen 2022.

Jackson, Rupert M./Powell, John L., On professional liability, 8 th. ed., London 2019.

Jacob, Jürgen, Qualitätsmanagement und Normung, in: *Pfeifer, Tilo/Schmitt, Robert (Hrsg.)*, Masing Handbuch Qualitätsmanagement, 6, München, Wien, 103–124.

Jahn, Gabriele/Schramm, Matthias/Spiller, Achim, The Reliability of Certification: Quality Labels as a Consumer Policy Tool, JCP 2005, 53–73.

Jauernig, Bürgerliches Gesetzbuch, *Stürner, Rolf* (Hrsg.), 18. Aufl., München 2021 (zitiert als: Jauernig).

Jayme, Erik, Zum internationalen Geltungswillen der europäischen Regeln über den Handelsvertreterausgleich, IPRax 2001, 190–191.

Jessen, Henning, Neues zur Dritthaftung privater Klassifikationsgesellschaften nach „Erika“ und „Prestige“?, RdTW 2013, 387–395.

Junker, Abbo, Internationales Privatrecht, 4. Aufl., München 2021.

Juris Praxiskommentar BGB, Herberger, Maximilian/Martinek, Michael et al. (Hrsg.) (zitiert als: jurisPK-BGB): Band 2, Schuldrecht, 10. Aufl., Saarbrücken 2023; Band 6, Internationales Privatrecht und UN-Kaufrecht, 9. Aufl., Saarbrücken 2020.

Kadelbach, Stefan, Allgemeines Verwaltungsrecht unter europäischem Einfluß, Tübingen 1999.

Kadner Graziano, Thomas, Gemeineuropäisches internationales Privatrecht Harmonisierung des IPR durch Wissenschaft und Lehre (am Beispiel der außervertraglichen Haftung für Schäden), Tübingen 2002.

Kadner Graziano, Thomas, Das auf außervertragliche Schuldverhältnisse anzuwendende Recht nach Inkrafttreten der Rom II-Verordnung, RabelsZ 2009, 1–77.

Kadner Graziano, Thomas, „Alles oder nichts” oder anteilige Haftung bei Verursachungszweifeln? – Zur Haftung für perte d'une chance/loss of a chance und eine Alternative, ZEuP 2011, 171–200.

Kadner Graziano, Thomas, Der „Vertrag mit Schutzwirkung für Dritte“ im französischen Recht – Auf dem Weg zu einer Annäherung zwischen französischem und deutschem Recht?, Anmerkung zum Urteil der Assemblée plénière der französischen Cour de cassation vom 13. Januar 2020, ZEuP 2022, 198–219.

Kapoor, Arun/Klindt, Thomas, Die Reform des Akkreditierungswesens im Europäischen Produktsicherheitsrecht, EuZW 2009, 134–138.

Kapoor, Arun/Klindt, Thomas, Die Reform des Akkreditierungswesens im Europäischen Produktsicherheitsrecht, EuZW 2009, 134–138.

Kapoor, Arun/Klindt, Thomas, Das neue deutsche Produktsicherheitsgesetz (ProdSG), NVwZ 2012, 719–724.

Kapoor, Arun/Klindt, Thomas, Verschärfung der Produkthaftung in Europa: Der Vorschlag der neuen Produkthaftungsrichtlinie, BB 2023, 67–71.

Kappus, Andreas, BGH „succurit ignoranti” – Transparenz des „Kardinalpflichten”-Begriffs im Unternehmerverkehr, NJW 2006, 15–17.

Kaufhold, Ann-Katrin, Gegenseitiges Vertrauen – Wirksamkeitsbedingung und Rechtsprinzip der justiziellen Zusammenarbeit im Raum der Freiheit, der Sicherheit und des Rechts, EuR 2012, 408–432.

Kegel, Gerhard, Zur Entwicklung der Auffassung vom Vertrag in England, in: *Hohloch, Gerhard/Rainer, Frank/Schlechtriem, Peter (Hrsg.)*, Festschrift für Hans Stoll zum 75. Geburtstag, Tübingen 2001, 195–232.

Kegel, Gerhard/Schurig, Klaus, Internationales Privatrecht, 9. Aufl., München 2004.

Kern, Christoph A./Uhlmann, Christian, Vertrags- und Deliktsgerichtsstand revisited – von Kalfelis bis Brogsitter zu Wikingerhof, GPR 2021, 50–56.

Kersting, Christian, Die Dritthaftung für Informationen im Bürgerlichen Recht, München 2007.

Kilian, Matthias, Der Begutachtungsvertrag nach der Schuldrechtsreform, NZV 2004, 489–496.

Klein, Christian, Die Vertragsrechtsreform in Frankreich, RIW 2016, 328–331.

Klindt, Thomas, 30 Jahre Gerätesicherheitsgesetz -Schieflagen in der Praxis, NVwZ 1999, 1177–1181.

Klindt, Thomas, Der „new approach" im Produktrecht des europäischen Binnenmarkts: Vermutungswirkung technischer Normung, EuZW 2002, 133–136.

Knopp, Lothar, EMAS II – Überleben durch „Deregulierung" und „Substitution"?, NVwZ 2001, 1098–1102.

Knothe, Franziska, Staatshaftung bei der Zulassung von Arzneimitteln, Frankfurt am Main [u. a.] 1990.

Koch, Jens, § 311 Abs. 3 BGB als Grundlage einer vertrauensrechtlichen Auskunftshaftung, Archiv für die civilistische Praxis (AcP) 2004, 59–80.

Kohl, Herfried, Standards for Management Systems, Cham 2020.

Kohler, Christian, Abschied von der autonomen Auslegung des Begriffs „Zivil- und Handelssachen" in Art. 1 EuGVVO ?, IPRax 2015, 52–56.

Komninos, Assimakis P., New Prospects for Private Enforcement of EC Competition Law: Courage vs- Crehan and the community right do damages, CMLR 2002, 447–487.

Köndgen, Johannes, Selbstbindung ohne Vertrag, Tübingen 1981.

Kondring, Jörg, Das französische Subunternehmergesetz als Eingriffsnorm – Trilogie einer Identitätsfindung, RIW 2009, 118–126.

Kötz, Hein, Haftung für besondere Gefahren – Generalklausel für die Gefährdungshaftung, AcP 1970, 1–41.

Kötz, Hein, Ziele des Haftungsrechts, in: Festschrift für Ernst Steindorff zum 70. Geburtstag, Berlin 1990, 643–666.

Kötz, Hein, Ist die Produkthaftung eine vom Verschulden unabhängige Haftung?, in: Festschrift für Werner Lorenz, Tübingen 1991, 109–121.

Kötz, Hein, Economic Loss in Tort and Contract, RabelsZ 1994, 423–429.

Kötz, Hein, Europäisches Vertragsrecht, 2. Aufl., Tübingen 2015.

Kötz, Hein, Deliktshaftung für selbständige Unternehmer, ZEuP 2017, 283–309.

Kötz, Hein/Wagner, Gerhard, Deliktsrecht, 13. Aufl., München 2016.

Kraakman, Reiner H., Gatekeepers: The Anatomy of a Third-Party Enforcement Strategy, J.L. Econ. & Org. 1986, 53–104.

Kreuzer, Karl, Zur Anknüpfung der Sachwalterhaftung – zu BGH, 9.10.1986 – II ZR 241/85, IPRax 1988, 16–20.

Kropholler, Jan, Internationales Privatrecht einschließlich der Grundbegriffe des Internationalen Zivilverfahrensrechts, 6. Aufl., Tübingen 2006.

Kühne, Gunther, Rechtswahl und Eingriffsnormen in der Rechtsprechung des EuGH, in: *Cascante, Christian/Spahlinger, Andreas/Wilske, Stephan (Hrsg.)*, Global Wisdom on Business Transactions, International Law and Dispute Resolution – Festschrift für Gerhard Wegen zum 65. Geburtstag, München 2015, 451–462.

Lammel, Siegbert, Zur Auskunftshaftung, AcP 1979, 337–366.

Landbrecht, Johannes, Ein Sonderprivatrecht für internationale Verträge, RIW 2011, 291–295.

Langer, Oliver, Haftungsausschluss und Haftungsbegrenzung gegenüber Unternehmern in Allgemeinen Geschäftsbedingungen, WM 2006, 1233–1237.

Langerfeldt, Michael, Das novellierte Umweltauditgesetz, NVwZ 2002, 1156–1164.

Lapoyade Deschamps, Christian, La réparation du préjudice économique pur en droit français, in: *Banakas, Efstathios K. (Hrsg.)*, Civil Liability for Pure Economic Loss, 1996, 89–101.

Larenz, Karl, Lehrbuch des Schuldrechts – Band 1: Allgemeiner Teil, 14. Aufl., München 1987.

Larenz, Karl/Canaris, Claus-Wilhelm, Lehrbuch des Schuldrechts – Band 2, Halbbd. 2: Besonderer Teil, 13. Aufl., München 1994.

Laufs, Adolf/Kern, Bernd-Rüdiger/Rehborn, Martin, Handbuch des Arztrechts, Laufs/Kern/Rehborn (Hrsg.), 5. Aufl., München 2019 (zitiert als: Laufs/Kern/Rehborn, Hdb. ArztR).

Lee, Ai-Lin, Credit rating agencies – do they adequately fulfil their gatekeeper role in debt capital markets?, J. Int. Bank. Law a. Reg. 2015, 82–103.

Lehmann, Matthias, Der Anwendungsbereich der Rom I-Verordnung – Vertragsbegriff und vorvertragliche Rechtsverhältnisse, in: *Ferrari, Franco/Leible, Stefan (Hrsg.)*, Ein neues Internationales Vertragsrecht für Europa, Jena 2007, 17–40.

Lehmann, Matthias, Die Zukunft der culpa in contrahendo im Europäischen Privatrecht, ZEuP 2009, 693–715.

Lehmann, Matthias, Where Does Economic Loss Occur, J. Priv. Int'l L. 2011, 527–550.

Leible, Stefan, Rechtswahl im IPR der außervertraglichen Schuldverhältnisse nach der Rom II-Verordnung, RIW 2008, 257–263.

Leible, Stefan/Engel, Andreas, Der Vorschlag der EG-Kommission für eine Rom II-VerordnungAuf dem Weg zu einheitlichen Anknüpfungsregeln für außervertragliche Schuldverhältnisse in Europa, EuZW 2004, 7–17.

Leible, Stefan/Lehmann, Matthias, Die neue EG-Verordnung über das auf außervertragliche Schuldverhältnisse anzuwendende Recht („Rom II"), RIW 2007, 721–735.

Leible, Stefan/Lehmann, Matthias, Die Verordnung über das auf vertragliche Schuldverhältnisse anzuwendende Recht („Rom I"), RIW 2008, 528–544.

Leicht, Steffen, Die Qualifikation der Haftung von Angehörigen rechts- und wirtschaftsberatender Berufe im grenzüberschreitenden Dienstleistungsverkehr, Tübingen 2002.

Lenz, Tobias, Das neue Produktsicherheitsgesetz und seine Auswirkungen auf die Produkthaftung, in: Weitsicht in Versicherung und Wirtschaft: Gedächtnisschrift für Ulrich Hübner, 2012, 531–552.

Leuschner, Lars, Grenzen der Vertragsfreiheit im Rechtsvergleich, ZEuP 2017, 335–372.

Leyens, Patrick C., Informationsintermediäre des Kapitalmarkts – Private Marktzugangskontrolle durch Abschlussprüfung, Bonitätsrating und Finanzanalyse, Tübingen 2017.

Leyens, Patrick C., Expertenhaftung: Ersatz von Vermögensschäden im Dreipersonenverhältnis nach Bürgerlichem Recht, JuS 2018, 217–225.

Lobinger, Thomas, Die Grenzen rechtsgeschäftlicher Leistungspflichten, Tübingen 2004.

Looschelders, Dirk, Internationale Zuständigkeit für Ansprüche aus Darlehen nach dem EuGVÜ, IPRax 2006, 14–16.

Looschelders, Dirk, Qualifikations- und Anpassungsprobleme bei deutsch-italienischen Erbfällen, IPRax 2016, 349–353.

Lorenz, Stephan, Die culpa in contrahendo im französischen Recht, ZEuP 1994, 218–243.

Lorenz, Stephan, Rücktritt, Minderung und Schadensersatz wegen Sachmängeln im neuen Kaufrecht: Was hat der Verkäufer zu vertreten?, NJW 2002, 2497–2505.

Lorenz, Werner, Das Problem der Haftung für primäre Vermögensschäden bei der Erteilung einer unrichtigen Auskunft, in: *Paulus, Gotthard/Diederich-*

sen, Uwe/Canaris, Claus-Wilhelm (Hrsg.), Festschrift für Karl Larenz zum 70. Geburtstag, München 1973, 575–620.

Lotmar, Philipp, Der Arbeitsvertrag, 2. Aufl./durchges. und hrsg. von Manfred Rehbinder, Berlin 2001.

Lüttringhaus, Jan D., Das internationale Privatrecht der culpa in contrahendo nach den EG-Verordnungen „Rom I" und „Rom II", RIW 2008, 193–199.

Lüttringhaus, Jan D., Übergreifende Begrifflichkeiten im europäischen Zivilverfahrens- und Kollisionsrecht, RabelsZ 2013, 31–68.

Lutzi, Tobias, Ein wenig Wind um nichts: Das Bankkonto als Schadensort?, IPRax 2019, 290–293.

Madejska, Daria, Haftung der Benannten Stelle im Medizinprodukterecht – Interessengerechte Aufteilung der Darlegungslasten zwischen Geschädigten und Benannter Stelle im PIP Skandal, GuP 2020, 219–222.

Magnus, Robert, Der grenzüberschreitende Bezug als Anwendungsvoraussetzung im europäischen Zuständigkeits- und Kollisionsrecht, ZEuP 2018, 507–540.

Magnus, Ulrich, Schaden und Ersatz: eine rechtsvergleichende Untersuchung zur Ersatzfähigkeit von Einbussen, 1987.

Magnus, Ulrich, Die Rom I-Verordnung, IPRax 2010, 27–44.

Maier-Reimer, Georg, AGB-Recht im unternehmerischen Rechtsverkehr – Der BGH überdreht die Schraube, NJW 2017, 1–6.

Mankowski, Peter, Die Qualifikation der culpa in contrahendo – Nagelprobe für den Vertragsbegriff des europäischen IZPR und IPR, IPRax 2003, 127–135.

Mankowski, Peter, Der Vorschlag für die Rom I-Verordnung, IPRax 2006, 101–113.

Mankowski, Peter, Das neue Internationale Kartellrecht des Art. 6 Abs. 3 der Rom II-Verordnung, RIW 2008, 177–193.

Mankowski, Peter, Schadensersatzklage gegen Zertifikatsemittenten – Internationale Zuständigkeit, LMK 2015, 367447.

Mankowski, Peter, Ein eigener Vertragsbegriff für das europäische Internationale Verbraucherprozessrecht?, GPR 2020, 281–285.

Mankowski, Peter, Gerichtliche Zuständigkeit – Grenze zwischen Vertrag und Delikt, LMK 2020, 434668.

Mankowski, Peter, Erfolgsort bei reinen Vermögensschäden infolge von Anlageentscheidungen, LMK 2021, 808834.

Mankowski, Peter, Deliktsrechtliche Ausweichklausel, Handlungsort und Gewichtung, RIW 2021, 93–103.

Mann, F.A., Unfair Contract Terms act 1977 and the Conflict of Laws, I.C.L.Q. 1978, 661–664.

Mansel, Heinz-Peter, Zum Kollisionsrecht der Eigenhaftung des Vertreters und des Vertragsabschlusshelfers wegen Verletzung von Informationspflichten, in: *Bachmann, Birgit/Breidenbach, Stephan/Coester-Waltjen, Dagmar/Heß, Burkhard/Nelle, Andreas/Wolf, Christian (Hrsg.)*, Grenzüberschreitungen – Festschrift für Peter Schlosser zum 70. Geburtstag, Tübingen 2005, 545–559.

Mansel, Heinz-Peter, Gesellschaften, Unternehmen und Kaufleute und ihr Niederlassungsaufenthalt im internationalen Vertragsrecht, in: *Brinkmann, Moritz/Effer-Uhe, Daniel Oliver/Völzmann-Stickelbrock, Barbara/Wesser, Sabine/Weth, Stephan (Hrsg.)*, Dogmatik im Dienst von Gerechtigkeit, Rechtssicherheit und Rechtsentwicklung: Festschrift für Hans Prütting, Köln 2018, 51–62.

Mansel, Heinz-Peter, Internationales Privatrecht de lege lata wie de lege ferenda und Menschenrechtsverantwortlichkeit deutscher Unternehmen, ZGR 2018 439–478.

Martin-Casals, Miquel (Hrsg.), The Borderlines of Tort Law: Interactions with Contract Law, Cambridge 2019.

Martiny, Dieter, Pflichtenorientierter Drittschutz beim Vertrag mit Schutzwirkung für Dritte – Eingrenzung uferloser Haftung, JZ 1996, 19–25.

Martiny, Dieter, Internationale Zuständigkeit für „vertragliche Streitigkeiten", in: *Schütze, Rolf A. (Hrsg.)*, Einheit und Vielfalt des Rechts: Festschrift für Reinhold Geimer zum 65. Geburtstag, München 2002, 641–667.

Martiny, Dieter, Neuanfang im Europäischen Internationalen Vertragsrecht mit der Rom I-Verordnung, ZEuP 2010, 747–782.

Martiny, Dieter, Zur Einordnung und Anknüpfung der Ansprüche und der Haftung Dritter im Internationalen Schuldrecht, in: Festschrift für Ulrich Magnus zum 70. Geburtstag, München 2014, 483–500.

Martiny, Dieter, Europäisches Internationales Schuldrecht – Rom I- und Rom II-Verordnungen in der Bewährung, ZEuP 2015, 838–868.

Martiny, Dieter, Europäisches Internationales Schuldrecht – Feinarbeit an Rom I- und Rom II-Verordnungen, ZEuP 2018, 218–249.

Mäsch, Gerald, Private Ansprüche bei Verstößen gegen das europäische Kartell verbot – „Courage" und die Folgen, EuR 2003, 825–846.

Mäsch, Gerald, Haftung des Gutachters gegenüber Dritten, JuS 2013, 935–937.

Mäsch, Gerald, Deliktische Haftung für Silikonbrustimplantate, LMK 2020, 430884.

Masing, Walter, Das Unternehmen im Wettbewerb, in: *Pfeifer, Tilo/Schmitt, Robert (Hrsg.)*, Masing Handbuch Qualitätsmanagement, 6, München, Wien, 4–14.

Matusche-Beckmann, Annemarie ; 1028433891, Das Organisationsverschulden, Tübingen 2001.

Maultzsch, Paul, Parteiautonomie im Internationalen Privat- und Zivilverfahrensrecht, in: *Hein, Jan von/Rühl, Giesela (Hrsg.)*, Köharenz im Internationalen Privat- und Verfahrensrecht der Europäischen Union, Tübingen 2016, 153–181.

Medicus, Dieter, Vertragliche und deliktische Ersatzansprüche für Schäden aus Sachmängeln, in: *Bachof, Otto (Hrsg.)*, Tübinger Festschrift für Eduard Kern, Tübingen 1968, 313–334.

Medicus, Dieter, Zur Haftung des Sachverständigen gegenüber Dritten: BGH, 10. 11. 1994 – III ZR 50/94, JZ 1995, 306–309.

Medicus, Dieter/Petersen, Jens, Bürgerliches Recht: Eine nach Anspruchsgrundlagen geordnete Darstellung zur Examensvorbereitung, 27. Aufl., München 2019.

Melchior, George, Die Grundlagen des deutschen internationalen Privatrechts, Berlin Leipzig 1932.

Merten, Jan O., Benannte Stellen: Private Vollzugsinstanzen eines europäischen Verwaltungsrechts, DVBl. 2004, 1211–1216.

Merten, Jan O., Private Entscheidungsträger und Europäisierung der Verwaltungsrechtsdogmatik, Berlin 2005.

Mertens, Hans-Joachim, Der Begriff des Vermögensschadens im bürgerlichen Recht, Stuttgart [u. a.] 1967.

Mertens, Hans-Joachim, Deliktsrecht und Sonderprivatrecht, AcP 1978, 227–262.

Meyle, Hannes, Reine Vermögensschäden im europäischen internationalen Deliktsrecht Zuständigkeit und anwendbares Recht, Berlin 2021.

Miller, Machale A., Liability of Classification Societies from the Perspective of United States Law, Tul. Mar. L. J. 1997, 75–116.

Mistelis, Loukas A., Charakterisierungen und Qualifikation im internationalen Privatrecht: Zur Lehre einer parteispezifischen Qualifikation im Kollisionsrecht der privaten Wirtschaft, Tübingen 1999.

Mittmann, Hans-Ulrich/Steffen, Bernd/Wlodka, Monika, Akkreditierungen von Prüflaboratorien und Zertifizierungsgesellschaften in Deutschland, in: *Hansen, Wolfgang (Hrsg.)*, Zertifizierung und Akkreditierung von Produkten und Leistungen der Wirtschaft, München 1993.

Möllers, Thomas, Qualitätsmanagement, Umweltmanagement und Haftung, DB 1996, 1455–1461.

Molsberger, Philipp, Das Subsidiaritätsprinzip im Prozess europäischer Konstitutionalisierung, Berlin 2009.

Möslein, Florian, Europäische Zertifizierung mitgliedstaatlichen GmbH-Rechts, ZHR 2012, 470–512.

Möslein, Florian, Privatrechtsfragen eines hybriden Zertifizierungsregimes, in: *Burgi, Martin/Möslein, Florian (Hrsg.)*, Zertifizierung nachhaltiger Kapitalgesellschaften, Tübingen 2021, 411–428.

Möslein, Florian, Zertifizierung nachhaltiger Kapitalgesellschaften: Regimevergleich und flankierende Maßnahmen, in: *Burgi, Martin/Möslein, Florian (Hrsg.)*, Zertifizierung nachhaltiger Kapitalgesellschaften, Tübingen 2021, 3–27.

Mückl, Der Vertragsbruch des Dienstleisters : Deutsches Recht, Englisches Recht und Entwurf des Gemeinsamen Referenzrahmens, München 2010.

Müller-Hoff, Claudia; Oehm, Franziska, Eine Alternative zur Haftung nach dem Sorgfaltspflichtengesetz? – Zur Anwendung ausländischer Rechtsnormen in transnationalen Schadensersatzklagen gegen deutsche Unternehmen, ZEuP 2022, 142–156.

Müller, Werner/Schilling, Alexander, AGB-Kontrolle im unternehmerischen Geschäftsverkehr – eine rechtsvergleichende Betrachtung, BB 2012, 2319–2324.

Münchener Kommentar zum Bürgerlichen Gesetzbuch, Säcker, Franz Jürgen/Rixecker, Roland/Oetker, Hartmut/Limperg, Bettina (Hrsg.) (zitiert als: MüKo BGB)
- Band 1, Allgemeiner Teil, 9. Aufl, 2021,
- Band 2, Schuldrecht – Allgemeiner Teil I, 9. Aufl., München 2022,
- Band 3, Schuldrecht – Allgemeiner Teil II, 9. Aufl., München 2022,
- Band 6, Schuldrecht – Besonderer Teil III, 9. Aufl., München 2023,
- Band 7, Schuldrecht – Besonderer Teil IV, 8. Aufl., München 2020,
- Band 12, Internationales Privatrecht I, 8. Aufl., München 2020,
- Band 13, Internationales Privatrecht II, 8. Aufl., München 2021.

Münchener Kommentar zur Zivilprozessordnung, Rauscher, Thomas/Krüger, Wolfgang (Hrsg.), Band 3, 6. Aufl., München 2020 (zitiert als: MüKo ZPO).

Musielak/Voit, Zivilprozessordnung, *Musielak, Hans-Joachim/Voit, Wolfgang* (Hrsg.), 20. Aufl., München 2023 (zitiert als: Musielak/Voit).

Neerhof, Richard, The Use of Conformity Assessment of Construction Products by the European Union and National Governments: Legitimacy, Effectiveness and the Functioning of the Union Market, in: *Rott, Peter (Hrsg.)*, Certification – Trust, Accountability, Liability, 2019, 72–106.

Neumann, Sybille/Berg, Oliver, Einführung in das französische Recht, 1. Auflage, Baden-Baden 2020.

Nietsch, Michael/Osmanovic, Daniel, Die Haftung Benannter Stellen im EU-Konformitätsverfahren, ZIP 2020, 2316–2327.

Niggemann, Friedrich/Jonglez de Ligne, Frédéric, Zulässigkeit und Grenzen von Haftungsbeschränkungen im französischen Recht, RIW 2011, 351–359.

Nirk, Rudolf, Rechtsvergleichendes zur Haftung für culpa in contrahendo, RabelsZ 1953, 310–355.

Odendahl, Tim, Internationales Deliktsrecht der Rom II-VO und die Haftung für reine Vermögensschäden, 2012.

Ogus, Anthony I., The law of damages, London 1973.

Ohly, Ansgar, Der Geheimnisschutz im deutschen Recht: heutiger Stand und Perspektiven, GRUR 2014, 1–11.

Ott, Claus, Die Haftung von Wirtschaftsprüfern Gegenüber Anlegern am Kapitalmarkt, in: *Eger, Thomas/Bigus, Jochen/Ott, Claus/Wangenheim, Georg von (Hrsg.)*, Internationalisierung des Rechts und seine ökonomische Analyse: Festschrift für Hans-Bernd Schäfer zum 65. Geburtstag, Wiesbaden 2008, 171–191.

Palmer, Vernon Valentine, A comparative law sketch of pure economic loss, in: *Bussani, Mauro/Sebok, Anthony J. (Hrsg.)*, Comparative Tort Law: Global Perspectives, Cheltenham 2017, 300–322.

Partnoy, Frank, Strict Liability for Gatekeepers: A Reply to Professor Coffee, B.U.L. Rev. 2004, 365–376.

Pearce, David/Halson, Roger, Damages for Breach of Contract: Compensation, Restitution and Vindication, Oxf. J. Leg. Stud. 2008, 73–98.

Peel, Edwin, The Law of Contract, 15. Aufl., London 2020.

Peters, Andreas C., Die Haftung und die Regulierung von Rating-Agenturen, Baden-Baden 2001.

Pfeiffer, Thomas, AGB-Kontrolle von Rechtswahlvereinbarungen und Fehlverständnisse beim Günstigkeitsvergleich, IPRax 2015, 320–323.

Pfeiffer, Thomas, Deliktsrechtliche Ansprüche als Vertragsansprüche im Brüsseler Zuständigkeitsrecht – vorfragenakzessorische Qualifikation der Hauptfrage?, IPRax 2016, 111–114.

Picker, Eduard, Gutachterhaftung – Außervertragliche Einstandspflichten als innergesetzliche Rechtsfortbildung, in: *Beuthien, Volker (Hrsg.)*, Festschrift für Dieter Medicus, 1999, 397–448.

Pinger, Winfried/Behme, Caspar, Der Vertrag mit Schutzwirkung für Dritte als Rechtsgrundlage der Gutachterhaftung, JuS 2008, 675–678.

Planiol, Marcel, Études sur la Responsabilité Civile, Revue critique de législation et de la jurisprudence 1905, 277.

Plender, Richard/Wilderspin, Michael, The European private international law of obligations, 4 Aufl., London 2015.

Plötner, Michael, Die Rechtsfigur des Vertrags mit Schutzwirkung für Dritte und die sogenannte Expertenhaftung, Berlin 2003.

Poelzig, Dörte, Normdurchsetzung durch Privatrecht, Tübingen 2012.

Poelzig, Dörte, Private enforcement im deutschen und europäischen Kapitalmarktrecht, ZGR 2015, 801–848.

Polly, Sebastian/Lach, Sebastian, Das neue Produktsicherheitsgesetz – was Wirtschaftsakteure beachten sollten, BB 2012, 71–74.

Posner, Eric A., Fault in Contract Law, Mich. L. Rev. 2009, 1431–1444.

Pres, Sascha/Voßberg, Tobias, Wo klagen Wickie und die starken Männer?, GRUR-Prax 2020, 490.

Püls, Joachim, Parteiautonomie: Die Bedeutung des Parteiwillens und die Entwicklung seiner Schranken bei Schuldverträgen im deutschen Rechtsanwendungsrecht des 19. und 20. Jahrhunderts, Berlin 1995.

Pünder, Hermann, Zertifizierung und Akkreditierung – private Qualitätskontrolle unter staatlicher Gewährleistungsverantwortung, ZHR 2006, 567–598.

Rabel, Ernst, Das Problem der Qualifikation, RabelsZ 1931, 241–288.

Radé, Christoph/Bloch, Laurent, Compensation for Pure Economic Loss Under French Law, in: *Boom, Willem van/Koziol, Helmut/Witting, Christian (Hrsg.)*, Pure Economic Loss, Wien/New York 2004, 41–47.

Rauscher, Europäisches Zivilprozess- und Kollisionsrecht, *Rauscher, Thomas* (Hrsg.) (zitiert als: Rauscher): Band I, Brüssel Ia-VO, 5. Aufl., Köln 2021; Band III, Rom I-VO, Rom II-VO, 5. Aufl., Köln 2023.

Rauscher, Thomas, Internationales Privatrecht mit internationalem Verfahrensrecht, 5. Aufl., Heidelberg 2017.

Reiher, Hannes, Der Vertragsbegriff im europäischen Internationalen Privatrecht, Baden-Baden 2010.

Reihlen, Helmut, Technische Normen und Zertifizierung für den EG-Binnenmarkt, EuZW 1990, 444–446.

Reimer, Franz, Qualitätssicherung: Grundlagen eines Dienstleistungsverwaltungsrechts, Baden-Baden 2010.

Remien, Oliver, Leistungsstörungen nach der Réforme du droit des contrats in deutscher und europäischer Sicht, in: *Bien, Florian/Borghetti, Jean-Sébastien (Hrsg.)*, Die Reform des französischen Vertragsrechts, Tübingen 2018, 181–196.

Rémy, Philippe, La „responabilité contractuelle“: histoire d'un faux concept, RTDCiv 1997, 223.

Rheinstein, Max, Die Struktur des vertraglichen Schuldverhältnisses im anglo-amerikanischen Recht, Berlin [u. a.] 1932.

Richter, Bettina Charlotte, Allgemeine Geschäftsbedingungen im B2B-Verkehr in Deutschland, der Schweiz und England, Köln 2013.

Rieländer, Frederick, Ein einheitliches „Unfallstatut" für Passagiergemeinschaften?, RabelsZ 2017, 344–399

Rieländer, Frederick, Zur Qualifikation außervertraglicher Ansprüche zwischen Vertragsparteien im europäischen IZVR und IPR, RIW 2021, 103–112.

Rieländer, Frederick, Der „Vertragsabschlussschaden" im europäischen Deliktskollisions- und Zuständigkeitsrecht, RabelsZ 2021, 579–619

Rohe, Mathias, Gründe und Grenzen deliktischer Haftung – die Ordnungsaufgabe des Deliktsrechts (einschließlich der Haftung ohne Verschulden) in rechtsvergleichender Betrachtung, AcP 2001, 117–164.

Röhl, Hans Christian, Akkreditierung und Zertifizierung im Produktsicherheitsrecht, Berlin [u. a.] 2000.

Röhl, Hans Christian, Konformitätsbewertung im Europäischen Produktsicherheitsrecht, in: Der europäische Verwaltungsverbund, Tübingen 2005, 153–180.

Röhl, Hans Christian, Internationale Standardsetzung, in: *Möllers, Christoph/Voßkuhle, Andreas/Walter, Christian (Hrsg.)*, Internationales Verwaltungsrecht, Tübingen 2007, 319.

Röhl, Hans Christian/Schreiber, Yvonne, Konformitätsbewertung in Deutschland, 2006.

Roth, Herbert, Der Gerichtsstand der unerlaubten Handlung nach Art. 7 Nr. 2 EuGVVO und die Bedeutung des Erfolgsorts für den Ersatz reiner Vermögensschäden, in: National, International, Transnational: Harmonischer Dreiklang im Recht – Festschrift für Herbert Kronke zum 70. Geburtstag, Bielefeld 2020, 471–483.

Roth, Wulf-Henning, Hendelsvertretung und Rom I-Verordnung – Eine Skizze, in: *Bernreuther, Jörn/Freitag, Robert/Leible, Stefan/Sippel, Harald/Wanitzek, Ulrike (Hrsg.)*, Festschrift für Ulrich Spellenberg, München 2010, 309–328.

Roth, Wulf-Henning, Rechtswahlklauseln in Verbraucherverträgen – eine schwierige Sache?, IPRax 2013, 515–524.

Rott, Peter, Pflichten und Haftung der „benannten Stelle" bei Hochrisiko-Medizinprodukten, NJW 2017, 1146–1148.

Rott, Peter (Hrsg.), Certification – Trust, Accountability, Liability, 2019.

Rott, Peter, Certification of Medical Devices: Lessons from the PIP Scandal, in: *Rott, Peter (Hrsg.)*, Certification – Trust, Accountability, Liability, 2019, 189–211.

Rott, Peter, Die nächste Runde: Neue Perspektiven für die Brustimplantate-Prozesse, VuR 2019, 41–43.

Rott, Peter/Glinski, Carola, „Ramsch-Implantate“ – Ein Lehrstück europäischer Produktsicherheit, in: Josef Falke zum 65. Geburtstag, 2014, 137–152.

Rott, Peter/Glinski, Carola, Die Haftung der Zertifizierungsstelle im Produktsicherheitsrecht, ZEuP 2015, 192–210.

Rowan, Solene, The New French Law of Contract, Int'l & Comp. L. Q. 2017, 805–832.

Ruffert, Matthias, Dogmatik und Praxis des subjektiv-öffentlichen Rechts unter dem Einfluss des Gemeinschaftsrechts, DVBl. 1998, 69–75.

Rühl, Giesela, Die rechtsaktübergreifende Auslegung im europäischen Internationalen Privatrecht: Art. 6 der Rom I-VO und die Rechtsprechung des EuGH zu Art. 15 Brüssel I-VO, GPR 2013, 122–133.

Rümelin, Gustav, Dienstvertrag und Werkvertrag, Tübingen 1905.

Sack, Rolf, Das Recht am Gewerbebetrieb: Geschichte und Dogmatik, Tübingen 2007.

Saria, Gerhard, Saria: Private Normung als staatliche Maßnahme (Teil 1), EuZW 2020, 53–58.

Saria, Gerhard, Private Normung als staatliche Maßnahme (Teil 2), EuZW 2020, 90–95.

Schacherreiter, Judith, Die Qualifikation im nationalen und europäischen Kollisionsrecht, JBl 2014, 487–498.

Schäfer, Hans-Bernd/Ott, Claus, Lehrbuch der ökonomischen Analyse des Zivilrechts, 5. Aufl., Berlin [u. a.] 2012.

Scheel, Kurt-Christian, Privater Sachverstand im Verwaltungsvollzug des europäischen Rechts, Berlin Wien Zürich 1999.

Scheel, Kurt-Christian, „Benannte Stellen“: Beliehene als Instrument für die Verwirklichung des Binnenmarkts, DVBl. 1999, 442–448.

Schinkels, Boris, »Dritthaftung« von Gutachtern in Deutschland und England im Lichte der Verordnung Rom II, JZ 2008, 272–280.

Schinkels, Boris, Das internationalprivatrechtliche Interesse – Gedanken und Zweckmäßigkeit eines Begriffs, in: *Kronke, Herbert/Thorn, Karsten (Hrsg.)*, Grenzen überwinden – Prinzipien bewahren: Festschrift für Bernd von Hoffmann zum 70. Geburtstag, Bielefeld 2011, 390–404.

Schlutz, Joachim H., Deutschland: Rechtliche Auswirkungen der ISO-Zertifizierung, insbesondere auf Produkthaftungsklagen, PHi 1996, 122–135.

Schmidt-Aßmann, Eberhard, Das allgemeine Verwaltungsrecht als Ordnungsidee, 2. Aufl., Berlin [u. a.] 2006.

Schmidt-Aßmann, Eberhard/Dimitropoulos, Georgios, Vertrauen in und durch Recht, in: Vertrauen in der Krise, Baden-Baden 2011, 129–151.

Schmidt-Kessel, Martin, Zur culpa in contrahendo im Gemeinschaftsprivatrecht, ZEuP 2004, 1019–1033.

Schmidt-Preuß, Matthias, Verwaltung und Verwaltungsrecht zwischen gesellschaftlicher Selbstregulierung und staatlicher Steuerung – 1. Bericht, VVDStRL 1997, 160–234.

Schmidt-Salzer, Joachim, Die EG-Richtlinie Produkthaftung, BB 1986, 1103–1111.

Schmolke, Klaus Ulrich, Private Enforcement und institutionelle Balance, NZG 2016, 721–728.

Schneider, André, Zertifizierung im Rahmen der CE-Kennzeichnung, 5. Aufl., Berlin 2018.

Schneider, Birgit, Anlegerschutz – Haftung aus Prospekt und Verschulden bei Vertragsverhandlungen, MDR 2016, 496–499.

Schneider, Christian, Erfüllungszwang bei Gewinnzusagen – verfassungsgemäß?, BB 2002, 1653–1658.

Schoch, Friedrich, Individualrechtsschutz im deutschen Umweltrecht unter dem Einfluß des Gemeinschaftsrechts, NVwZ 1999, 457–467.

Schoch, Friedrich, Gewährleistungsverwaltung: Stärkung der Privatrechtsgesellschaft?, NVwZ 2008, 241–247.

Scholl, Patrick, Der private Sachverständige im Verwaltungsrecht, Baden-Baden 2005.

Schucht, Carsten, Die neue Architektur im europäischen Produktsicherheitsrecht nach New Legislative Framework und Alignment Package, EuZW 2014, 848–853.

Schucht, Carsten, Kooperation zwischen Wirtschaftsakteuren und Marktüberwachungsbehörden – auch ein Compliance-Instrument im Produktsicherheits- und Technikrecht, BB 2015, 654–659.

Schucht, Carsten, Aktuelle Rechtsfragen im Recht des GS-Zeichens, InTeR 2016, 128–134.

Schucht, Carsten, 30 Jahre New Approach im europäischen Produktsicherheitsrecht – prägendes Steuerungsmodell oder leere Hülle?, EuZW 2017, 46–51.

Schucht, Carsten, Produktsicherheit durch Kennzeichnung, DÖV 2018, 431–441.

Schucht, Carsten, Produkt-Zertifikate beim Warenvertrieb – Risikosteuerung und Rechtspflicht, NJW 2019, 1335–1340.

Schucht, Carsten, Die Produktlebensdauer im Produktsicherheitsrecht, BB 2020, 1990–1996.

Schucht, Carsten, Das Recht des GS-Zeichens nach der Reform des ProdSG, CB 2021, 244–249.

Schuppert, Gunnar Folke, § 16 Verwaltungsorganisation und Verwaltungsorganisationsrecht als Steuerungsfaktoren, in: *Hoffmann-Riem, Wolfgang/Schmidt-Aßmann, Eberhard/Voßkuhle, Andreas (Hrsg.)*, Grundlagen des Verwaltungsrechts, Band I, 2. Aufl., München 2012.

Schürnbrand, Jan, Organschaft im Recht der privaten Verbände, Tübingen 2007.

Schwartze, Andreas, Die Bestimmung des auf grenzüberschreitende Gewinnzusagen anwendbaren Rechts nach Rom I und Rom II, in: *Apathy, Peter/Bollenberger, Raimund/Bydlinski, Peter/Iro, Gert/Karner, Ernst/Karollus, Martin (Hrsg.)*, Festschrift für Helmut Koziol zum 70. Geburtstag, Wien 2010, 407–426.

Schwarze, Roland, Subsidiarität des vertraglichen Drittschutzes?, AcP 2003, 348–365.

Schwarze, Roland, Das Recht der Leistungsstörungen, 2. Aufl., Berlin & Boston 2017.

Schwenker, Hans Christian, Keine Mängelrechte vor Abnahme, NJW 2017, 1579–1581.

Segger-Piening, Akademischer Rat a Z. Sören, Delikte des (potentiellen) Vertragspartners als Herausforderung für die internationale Zuständigkeit, EuZW 2021, 299–303.

Seibold, Stefanie, Die Haftung von Ratingagenturen nach deutschem, französischem, englischem und europäischem Recht, Tübingen 2016.

Seidel, Achim, Privater Sachverstand und staatliche Garantenstellung im Verwaltungsrecht, München 2000.

Sellmann, Christian, Privatisierung mit oder ohne gesetzliche Ermächtigung, NVwZ 2008, 817–823.

Serlooten, Patrick, Vers une responsabilité professionnelle?, in: Mélanges offerts à Pierre Hébraud, Toulouse 1981, 805–822.

Sindres, David, La violation du contrat au préjudice des tiers en droit international privé, Clunet 2010, 411–447.

Soergel, Bürgerliches Gesetzbuch mit Einführungsgesetz und Nebengesetzen, 13. Aufl., Stuttgart (zitiert als: Soergel).

Sonnenberger, Hans Jürgen, Die Reform des französischen Schuldvertragsrechts, des Regimes und des Beweises schuldrechtlicher Verbindlichkeiten durch Ordonnance Nr. 2016-131 vom 10.2. 2016, ZEuP 2017, 6–67.

Sonnenberger, Hans Jürgen/Classen, Claus Dieter (Hrsg.), Einführung in das französische Recht, 4. Aufl., Frankfurt a. M. 2012.

Spickhoff, Andreas, Gesetzesverstoß und Haftung, Köln [u. a.] 1998.

Spickhoff, Andreas, Anspruchskonkurrenzen, Internationale Zuständigkeit und Internationales Privatrecht, IPRax 2009, 128–134.

Spickhoff, Andreas, EuGH: Deliktsrechtlicher Drittschutz der unionsrechtlichen Pflichten „benannter Stellen“ im Rahmen der Konformitätserklärung zum Schutz der Endempfänger von Medizinprodukten, LMK 2017, 389314.

Spickhoff, Andreas, Privatrechtsdogmatik und Deliktsrecht: Das Deliktsrecht in der Konkurrenz zum Vertragsrecht im Spiegel von Kollisionsrecht und Gerichtsständen, in: *Auer, Marietta/Grigoleit, Hans Christoph/Hager, Johannes/Herresthal, Carsten/Hey, Felix/Koller, Ingo/Langenbucher, Katja/Neuner, Jörg/Petersen, Jens/Rhiem, Thomas/Singer, Reinhard (Hrsg.)*, Privatrechtsdogmatik im 21. Jahrhundert Festschrift für Claus-Wilhelm Canaris zum 80. Geburtstag, Berlin & Boston 2017, 547–567.

Spickhoff, Andreas, Der Eingehungsbetrug im System der Gerichtsstände – Zur Qualifikation von Anspruchsgründen und zur Annexzuständigkeit, IPRax 2017, 72–77.

Spindler, Gerald, Selbstregulierung und Zertifizierungsverfahren nach der DS-GVO: Reichweite und Rechtsfolgen der genehmigten Verhaltensregeln, ZD 2016, 407–414.

Sprenger, Carsten, Internationale Expertenhaftung: Die Dritthaftung von Experten im Internationalen Privat- und Zivilverfahrensrecht, Tübingen 2008.

Stadler, Astrid, Der deliktische Erfolgsort als internationaler Gerichtsstand bei reinen Vermögensschäden, in: *Schütze, Rolf A.* (Hrsg.), Fairness, justice, equity: Festschrift für Reinhold Geimer zum 80. Geburtstag, München 2017, 715–726

Stadler, Astrid, Vertraglicher und deliktischer Gerichtsstand im europäischen Zivilprozessrecht, in: *Heinrich, Christian (Hrsg.)*, Festschrift für Hans-Joachim Musielak zum 70. Geburtstag, München 2004, 569–594.

Stadler, Astrid; Krüger, Christian, Internationale Zuständigkeit und deliktischer Erfolgsort im VW-Dieselskandal, IPRax 2020, 512–519.

Staudinger, Ansgar, Die ungeschriebenen kollisionsrechtlichen Regelungsgebote der Handelsvertreter-, Haustürwiderrufs- und Produkthaftungsrichtlinie, NJW 2001, 1974–1978.

Staudinger, Kommentar zum Bürgerlichen Gesetzbuch mit Einführungsgesetz und Nebengesetzen (zitiert als: Staudinger)
- §§ 21–79 (Vereine), Neubearbeitung 2019,
- §§ 249–251 (Schadensersatzrecht), Neubearbeitung 2021,
- §§ 255–304 (Leistungsstörungsrecht 1), Neubearbeitung 2019,
- §§ 311, 311c (Vertragsschluss), Neubearbeitung 2018,
- §§ 315–326 (Leistungsstörungsrecht 2), Neubearbeitung 2020,
- §§ 328–345 (Vertrag zugunsten Dritter, u. a.), Neubearbeitung 2020,
- §§ 433–480 (Kaufrecht), Neubearbeitung 2013,
- Wiener UN-Kaufrecht (CISG), Neubearbeitung 2018,
- §§ 631–650v (Werkvertrag, u. a.), Neubearbeitung 2019,

– § 823 A–D (Unerlaubte Handlungen 1), Neubearbeitung 2017,
– §§ 823 E–I, 824, 825 (Unerlaubte Handlungen 2), Neubearbeitung 2021,
– §§ 826–829 (Vorsätzliche sittenwidrige Schädigung, u. a.), Neubearbeitung 2021,
– Internationales Privatrecht (Einl. zum IPR), Neubearbeitung 2019,
– Art. 3, 3a, 4 EGBGB, Anh. zu Art. 4 EGBGB (IPR – Anwendungsbereich, u. a.), Neubearbeitung 2019,
– Art. 1–10 Rom I-VO (Internationales Vertragsrecht 1), Neubearbeitung 2021,
– Art. 11–20 Rom I-VO (Internationales Vertragsrecht 2), Neubearbeitung 2021.

Stegmaier, Wolfgang, Chancen und Grenzen der Zivilstrafe als Regulierungsinstrument im Wirtschaftsleben, NJW 2020, 1642–1646.

Steinrötter, Björn, Der notorische Problemfall der grenzüberschreitenden Prospekthaftung, RIW 2015, 407–414.

Stibbe, Rosemarie, Compliance, Messung und Steuerung der nachhaltigen Entwicklung: EMAS auf dem Vormarsch, in: *Gadatsch, Andreas/Ihne, Hartmut/Monhemius, Jürgen/Schreiber, Dirk (Hrsg.)*, Nachhaltiges Wirtschaften im digitalen Zeitalter, Wiesbaden 2018, 307–320.

Stoll, Hans, Das Statut der Rechtswahlvereinbarung – eine irreführende Konstruktion, in: *Meier, Isaak/Siehr, Kurt (Hrsg.)*, Rechtskollisionen – Festschrift für Anton Heini zum 65. Geburtstag, Zürich 1995, 429–444.

Tamm, Marina/Tonner, Klaus/Brönneke, Tobias (Hrsg.), Verbraucherrecht: Rechtliches Umfeld, Vertragstypen, Rechtsdurchsetzung, 3 Aufl., Baden-Baden 2020.

Taschner, Hans Claudius, Die künftige Produzentenhaftung in Deutschland, NJW 1986, 611–616.

Taschner, Hans Claudius, Produkthaftung – Noch einmal: Verschuldenshaftung oder vom Verschulden unabhängige Haftung?, ZEuP 2012, 560–567.

Terré, François (Hrsg.), Pour une réforme du droit des contrats, Paris 2009.

Terré, François/Simler, Philippe/Lequette, Yves/Chénedé, François, Les obligations, 12e édition, Paris 2019.

Thiede, Thomas/Lorscheider, Steffen, Die internationale Zuständigkeit für Ansprüche von Anlegern aus Prospekthaftung, EuZW 2019, 274–280.

Thoma, Anselm Christian, Regulierte Selbstregulierung im Ordnungsverwaltungsrecht, Berlin 2008.

Thomale, Chris, Herstellerhaftungsklagen – Internationaler Deliktsgerichtsstand und anwendbares Recht bei reinen Vermögensschäden wegen versteckter Produktmängel, ZVglRWiss 2020, 59–110.

Tiede, Ass Wolfgang/Ryczewski, Christoph/Yang, stud Maximilian, Einführung in das Akkreditierungsrecht Deutschlands, NVwZ 2012, 1212–1216.

Treitel, Günter Heinz, Fault in the Common Law of Contract, in: *Bos, Maarten/ Brownlie, Ian (Hrsg.)*, Liber amicorum for Lord Wilberforce, Oxford 1987, 185–210.

Tünnesen-Harmes, Christian, Die CE-Kennzeichnung zum Abbau technischer Handelshemmnisse in der Europäischen Union, DVBl. 1994, 1334–1342.

Uekötter, Frank, Entstehung des TÜV, in: Handbuch Technikethik, 2013, 50–55.

Unger, Sebastian, Unger: Herstellerbegleitung oder Marktüberwachung?, EuZW 2017, 299–303.

Unseld, Christopher, Unseld: Grenzenloser Versicherungsschutz im Produkthaftungsrecht?, EuZW 2020, 421–425.

Verbruggen, Paul/Leeuwen, Barend van, The Liability of Notified Bodies under te EU's New Approach: The Implications of the PIP Breast Implant Case, ELR 2018, 394–409.

Voßkuhle, Andreas, Strukturen und Bauformen neuer Verwaltungsverfahren, in: *Hoffmann-Riem, Wolfgang/Schmidt-Aßmann, Eberhard (Hrsg.)*, Verwaltungsverfahren und Verwaltungsverfahrensgesetz, Baden-Baden 2003, 278–349.

Voßkuhle, Andreas, Der europäische Verfassungsgerichtsverbund, NVwZ 2010, 1–8.

Wagner, Eric/Ruttloff, Marc, Product Compliance – Dos and Don'ts für Praktiker, BB 2018, 1288–1294.

Wagner, Gerhard, Das neue Produktsicherheitsgesetz: Öffentlich-rechtliche Produktverantwortung und zivilrechtliche Folgen (Teil I), BB 1997, 2489–2498.

Wagner, Gerhard, Prävention und Verhaltenssteuerung durch Privatrecht – Anmaßung oder legitime Aufgabe?, AcP 2006, 352–476.

Wagner, Gerhard, Die neue Rom II-Verordnung, IPRax 2008, 1–17.

Wagner, Gerhard, Die Haftung von Ratingagenturen gegenüber dem Anlegerpublikum, in: Einheit und Vielfalt im Unternehmensrecht: Festschrift für Uwe Blaurock zum 70. Geburtstag, Tübingen 2013, 467–496.

Wagner, Gerhard, Die mangelhafte Haftungsverfassung der Finanzmärkte: Verantwortlichkeit von Wirtschaftsprüfern gegenüber dem Anlegerpublikum, in: *Calliess, Gralf-Peter (Hrsg.)*, Transnationales Recht, Tübingen 2014, 307–328.

Wagner, Gerhard, Haftung für Menschenrechtsverletzungen, RabelsZ 2016, 717–782.

Wagner, Gerhard, Marktaufsichtshaftung produktsicherheitsrechtlicher Zertifizierungsstellen, JZ 2018, 130–140.

Walgenbach, Peter, Zwischen Showbusiness und Galeere: Zum Einsatz der DIN EN ISO 9000er Normen in Unternehmen, IndBez 1998, 135–164.

Wallerman, Anna, Pie in the sky when you die? Civil liability of notified bodies under the Medical Devices Directive: Schmitt, CMLR 2018, 265–278.

Wandt, Manfred, Internationale Produkthaftung, Heidelberg 1995.

Wangenheim, Georg von, Certification as Solution to the Asymmetric Information Problem?, in: *Rott, Peter (Hrsg.)*, Certification – Trust, Accountability, Liability, 2019, 11–22.

Weber, Helmut, Die Theorie der Qualifikation: Franz Kahn, Etienne Bartin und die Entwicklung ihrer Lehre bis zur universalen Anerkennung der Qualifikation als allgemeines Problem des internationalen Privatrechts (1890 – 1945), Tübingen 1986.

Weber, Johannes, Interdependenzen zwischen Europäischer Erbrechtsverordnung und Ehegüterrecht – de lege lata und de lege ferenda, DNotZ 2016, 424–441.

Weick, Günter, Unfair Contract Terms Act und AGB-Gesetz, ZHR 1981, 68–82.

Weiß, Holger Tobias, Die rechtliche Gewährleistung der Produktsicherheit, Baden-Baden 2008.

Weller, Matthias, Keine Drittwirkung von Gerichtsstandsvereinbarungen bei Vertragsketten, IPRax 2013, 501–505.

Weller, Matthias, Vertragsrechtliche Qualifikation vertragsakzessorischer Ansprüche, LMK 2014, 359127.

Weller, Matthias (Hrsg.), Europäisches Kollisionsrecht, Baden-Baden 2016.

Wendelstein, Christoph, Kollisionsrechtliche Probleme der Telemedizin: Zugleich ein Beitrag zur Koordination von Vertrag und Delikt auf der Ebene des europäischen Kollisionsrechts, Tübingen 2012.

Wendelstein, Christoph, Ein gestörtes Zusammenspiel zwischen Europäischem IPR und dem GEK? – Probleme der Vorschaltlösung, GPR 2013, 70–77.

Wendelstein, Christoph, Die Behandlung der Prospekthaftung des Emittenten im europäischen Zuständigkeitsrecht, GPR 2016, 140–148.

Wendelstein, Christoph, Außervertragliche Haftung wegen der Verletzung vermögensrechtlicher Pflichten am Beispiel der Gutachterhaftung, JA 2018, 144–152.

Wendelstein, Christoph, Der Gerichtsstand nach Art. 7 Nr. 2 Brüssel Ia-VO bei „reinen" Vermögensschäden, GPR 2018, 272–280.

Wendenburg, Albrecht/Schneider, Maximilian, Vertraglicher Gerichtsstand bei Ansprüchen aus Delikt?, NJW 2014, 1633–1636.

Weyer, Hartmut, Schadenersatzansprüche gegen Private kraft Gemeinschaftsrecht, ZEuP 2003, 318–344.

Wiebe, Andreas, Wettbewerbs- und zivilrechtliche Rahmenbedingungen der Vergabe und Verwendung von Gütezeichen, WRP 1993, 156–167.

Wildmoser, Gerhard/Schiffer, Jan/Langoth, Bernd, Haftung von Ratingagenturen gegenüber Anlegern?, RIW 2009, 657–668.

Wilman, Folkert, Private enforcement of EU law before national courts, 2015.

Winkler, Daniela, Private Normsetzung – Staatstheoretische Grundlagen und dogmatische Fragestellungen, AL 2012, 92–98.

Wojcik, Karl-Philipp, Zivilrechtliche Haftung von Ratingagenturen nach europäischem Recht, NJW 2013, 2385–2389.

Wolff, Hans J./Bachof, Otto/Stober, Rolf, Verwaltungsrecht, Bd. 3, 5. Aufl., München 2004.

Wolff, Martin, Das Internationale Privatrecht Deutschlands, 3, Berlin Göttingen Heidelberg 1954.

Wollmann, Rüdiger, Warenkennzeichnung, in: *Pfeifer, Tilo/Schmitt, Robert (Hrsg.)*, Masing Handbuch Qualitätsmanagement, 6. Aufl., München, Wien, 769–786.

Würdinger, Markus, Das Prinzip der Einheit der Schuldrechtsverordnungen im Europäischen Internationalen Privat- und Verfahrensrecht, Eine methodologische Untersuchung über die praktische Konkordanz zwischen Brüssel I-VO, RabelsZ 2011, 102–126.

Wurmnest, Wolfgang, Der Missbrauch einer marktbeherrschenden Stellung im europäischen Zuständigkeitsrecht, IPRax 2021, 340–345.

Yap, Po Jen, Pure Economic Loss and Defects in the Law of Negligence, Tort L. Rev. 2009, 80–99.

Zenner, Andreas, Der Vertrag mit Schutzwirkung zu Gunsten Dritter – Ein Institut im Lichte seiner Rechtsgrundlage, NJW 2009, 1030–1034.

Zerres, Thomas, Recht auf Nacherfüllung im deutschen und englischen Kaufrecht: Vor und nach Umsetzung der Verbrauchsgüterkaufrichtlinie, RIW 2003, 746–757.

Zollondz, Hans-Dieter, Die Entwicklung des Qualitätsmanagements im 20. und 21. Jahrhundert, in: *Pfeifer, Tilo/Schmitt, Robert (Hrsg.)*, Masing Handbuch Qualitätsmanagement, 6. Aufl., München, Wien, 15–37.

Zugehör, Horst, Berufliche „Dritthaftung" – insbesondere der Rechtsanwälte, Steuerberater, Wirtschaftsprüfer und Notare – in der deutschen Rechtsprechung, NJW 2000, 1601–1609.

Zugehör, Horst, Uneinheitliche Rechtsprechung des BGH zum (Rechtsberater-) Vertrag mit Schutzwirkung zu Gunsten Dritter, NJW 2008, 1105–1110.

Zweigert, Konrad/Kötz, Hein, Einführung in die Rechtsvergleichung auf dem Gebiete des Privatrechts, 3, Tübingen 1996.

Zwickel, Martin, Der Vorentwurf für eine Reform des französischen Haftungsrechts (responsabilité civile), RIW 2017, 104–111.